DICK

VOM UNTERRICHTLICHEN WISSEN ZUR PRAXISREFLEXION

# VOM UNTERRICHTLICHEN WISSEN ZUR PRAXISREFLEXION

Das praktische Wissen von Expertenlehrern im Dienste zukünftiger Junglehrer

von

Andreas Dick

2. Auflage

KLINKHARDT

1996

VERLAG JULIUS KLINKHARDT · BAD HEILBRUNN

*An meine Eltern Sophie und Fritz*
*Für Susan und Juliano,*
*Jo und Bill*

*This book is dedicated to Stanford University:*
*Elliot W. Eisner, Rich J. Shavelson,*
*Lee S. Shulman*

Die Deutsche Bibliothek – CIP-Einheitsaufnahme

**Dick, Andreas:**
Vom unterrichtlichen Wissen zur Praxisreflexion : das praktische Wissen von Expertenlehrern im Dienste zukünftiger Junglehrer / von Andreas Dick. - 2. Aufl. - Bad Heilbrunn : Klinkhardt, 1996
Zugl.: Fribourg, Univ., Diss., 1992
ISBN 3-7815-0836-6


Gesamtherstellung: WB-Druck GmbH & Co. Buchproduktions-KG, Rieden
Printed in Germany 1996
Gedruckt auf chlorfrei gebleichtem alterungsbeständigem Papier
ISBN 3-7815-0836-6

# Inhaltsverzeichnis

# 1. Statt eines Vorwortes

"Ich habe mich auch schon gefragt, frühmorgens, wenn ich allein im leeren Klassenzimmer stehe, lediglich die Wandtafel als Gegenüber, was ich denn eigentlich hier tue, ob dies alles einen Sinn habe, wie ich denn ... etc. etc. ..., wenn dann die Kinder hereinquellen und sich meine brennenden Fragen in ihren Gesichtern, in ihren Augen auflösen, dann weiss ich: 'Jetzt ist alles wieder gut.' Deshalb schätze ich meinen Beruf." [NI, IG 8]

## 1.1. Komplexität von Unterricht

Unterrichten ist eine komplexe Handlung, welche Wissen, Fertigkeiten, Selbstreflexion, Intuition, Empathie, Fürsorge, Gerechtigkeit und - in all dem - auch noch Selbstsicherheit verlangt. Klassenzimmer sind komplizierte und geschäftige Orte, die einer ganzen Reihe von Zwecken dienen und in denen vielfältige Prozesse und Ereignisse stattfinden. Lehrerinnen und Lehrer[1] müssen Gruppen organisieren, individuellen Schülerbedürfnissen gerecht werden, Akten führen, Leistungen messen, Regeln durchsetzen, und nicht zuletzt natürlich Lernen fördern. Lehrer haben nicht nur viel zu tun, sie müssen auch gleichzeitig auf mehrere Dinge achten: So müssen sie Störungen antizipieren, Schüler aktivieren und permanent die Zeit beachten, d.h., wenn sie einem einzelnen Schüler helfen, müssen sie zugleich die ganze Klasse im Auge behalten. Zudem wird erwartet, dass Lehrer trotz diesem Handlungsdruck bedacht handeln. Dabei haben sie kaum Möglichkeiten des "timeout", welche es ihnen erlauben würde, in Ruhe und Musse den nächsten Handlungsschritt zu überlegen. Dies erfordert ein Denkvermögen, welches alle unterschiedlichsten Faktoren gleichzeitig in Betracht zieht. Unterricht verlangt das simultane Zusammenspiel einer Vielzahl von Intelligenzen und Kompetenzen, und wie so viele andere Praxisfelder ist es gekennzeichnet durch eine unglaubliche Komplexität und soziale Intensität: Es bedingt eine informierte, effektive und humane Interaktion, um der Vielzahl von Individuen - den Schülerinnen und Schülern - verantwortungsvoll begegnen zu können (Oser, Dick & Patry, 1992).
Lehrer müssen aber auch von sich selbst Abstand nehmen können, um ihren eigenen Unterricht einzuschätzen. Sie tun dies, während sie vortragen, mitteilen, erklären, beobachten, Fragen stellen, Schlussfolgerungen ziehen, reflektieren, d.h., sehr oft während sie unterrichten. Lehrer müssen auch um eine störungs-

[1] Aus Gründen der Übersichtlichkeit verzichte ich fortan auf die Verwendung sowohl der weiblichen als auch der männlichen Formen Lehrerin/Lehrer, Schülerin/Schüler; selbstverständlich sind die Lehrerkolleginnen, Lehrerinnen, Studentinnen, Schülerinnen immer auch miteingeschlossen, wenn von Lehrerkollegen, Lehrern, Studierenden, Schülern gesprochen wird.

freie Atmosphäre besorgt sein, ohne dabei die Energie, den Eifer und die Spannungsmomente innerhalb einer Klasse zu vermindern, welche einen Inhalt, einen Lerngegenstand möglicherweise zum lebendigen Lernereignis transformieren können (Dick, 1985). Lehrer müssen auch den relativ geringen Stellenwert erkennen, welche diese eine Lektion, dieser Fachinhalt im Leben eines Schülers haben wird; gleichzeitig muss dieser selbe Inhalt trotzdem als ganz besonders und einzigartiges thematisches Moment im Leben des Schülers unterrichtet werden, damit von einem sinnstiftenden Unterricht gesprochen werden kann (Oser, Patry & Klaghofer, 1991). Gerade unter dieser Prämisse müssen Lehrer unablässig eine Langzeitperspektive vor Augen haben, d.h., um das Wachsen und die Entwicklung ihrer Schüler bedacht sein, sei es mittels Wissenseinheiten oder mittels einstellungsförderndem, meinungsbildendem Unterricht. Sie tun all dies im Wissen, dass diese Entwicklung nicht befohlen oder deren Ausrichtung nur beschränkt gesteuert werden kann.
Der Lehrer ist nicht nur dem Primat der knappen Zeit und dem kontinuierlichen Handlungsdruck ausgesetzt, sondern vielfach sind für ihn zudem die Bedingungen seines Handelns nicht überschaubar. So kann er oft nicht nur 'Nicht-Handeln', sondern er muss zusätzlich noch bestmöglich richtig und wahrhaftig handeln. Nicht nur die Komplexität des Unterrichts-'Settings', sondern auch die unabsehbaren Folgen des eigenen wie auch des fremden Handelns (der Schüler, der Kollegen, der Eltern, der Behördenmitglieder etc.) können dabei oft nicht antizipierbare Quellen von Unsicherheit darstellen. Es kann deshalb davon ausgegangen werden - kognitionspsychologische Untersuchungen der Informationsverarbeitung belegen dies (Dreyfus, 1985) -, dass es für Lehrer aufgrund der Informationskapazität und -geschwindigkeit sowie der Komplexität und der Kompliziertheit des unterrichtlichen Handlungsgeschehens oft nicht möglich ist, eindeutig 'richtige' und 'wahre' Entscheidungen zu treffen. Dies ist deshalb schmerzhaft, weil immer wieder innere Ansprüche - vom Lehrer selbst - oder äussere Ansprüche - von Eltern, Interessengruppierungen, Bildungspolitikern etc. - nach richtigen und wahren' Entscheidungen wirksam werden und auf die Professionsmoral Auswirkungen haben (Oser, Patry, Rothbucher & Zutavern, 1988).

## 1.2. Konservativismus von Lehrern?

Mit diesen komplexen Anforderungen des Klassenzimmers ist auch der angebliche Konservativismus der Lehrer in Verbindung gebracht worden; d.h., die eben geschilderten Faktoren der Gleichzeitigkeit und Komplexität von Ereignissen im Klassenzimmer 'erklären' gewissermassen die Vorliebe vieler Lehrer für monokausale Erklärungen und praktische Lösungen sowie den Widerstand gegen Änderungsvorschläge: Die Anzahl und Geschwindigkeit der unterrichtlichen Abläufe verlange schnelle und entschlossene Handlungen, womit wenig Zeit zur Verfügung stehe, komplexe Kausalitäten zu entschlüsseln, denen sich ein Lehrer mehrfach gegenübersieht. So verweisen beispielsweise Doyle & Ponder (1977) darauf, dass Lehrer Änderungsvorschläge sehr schnell übernahmen, wenn diese mit bereits vorhandenen Formen ihres Unterrichts harmonierten und keine grossen Störungen hervorriefen. Bekannt geworden ist auch die 'Konstanzer-Untersuchung', welche die ebenso erstaunlichen wie ernüchternden Einstellungsrevisionen von Junglehrern bei Berufseintritt dokumentierte (Müller-Fohrbrodt, Cloetta & Dann, 1978). Diejenigen, welche die Lehrer für diese *'Praktikabilitätsethik'* kritisieren, unterschätzen vielleicht die Schwierigkeiten, die mit der Änderung eingespielter Praxiselemente verbunden sein können sowie die Tatsache, dass die vorgefundene Praxis oftmals genau auf äussere Gegebenheiten des Klassenzimmers abgestimmt ist. Zudem sind bei Veränderungen nebst den didaktischen Fertigkeitsmomenten noch andere zentrale, normative Elemente berufsethischer Natur mitinvolviert, die lange Zeit in der Literatur zur Lehrerforschung keine Berücksichtigung gefunden haben (Oser et al., 1988).

Ausgefeilte Theorien des Handelns[2] haben gezeigt, dass die Erziehungswirklichkeit selbst oder die fundierten Kenntnisse darüber dem planenden Lehrer nicht genügend Sicherheit bieten können, stellt doch das kulturelle Interaktionssystem Schule - wegen seiner multiplen Systemreferenz - keinen festen und wohldefinierten Bezugsrahmen dar (Kröll, 1989). Selbst dem besten und erfahrensten Lehrer, dem 'Experten' also, gibt beispielsweise eine ausgeklügelte Unterrichtsplanung keine Gewissheit. Erst der langjährige Erfahrungsschatz, seine Urteilskraft und sein subjektiv entwickeltes praktisches Berufswissen dienen ihm als Grundlage für eine sichere - und damit auch selbstsichere - Orientierung in seiner Berufswelt. Ein Experte kann seine Handlungssicherheit eigentlich immer nur aus sich selbst heraus schöpfen, weil er in den entscheidenden Situationen nicht nur 'Allein-Entscheider', sondern auch 'Allein-Verantwortlicher' seiner Handlungen und der kurz- sowie langfristigen Handlungskonsequenzen ist. Dieses in langen Jahren erworbene praktische Wissen verbürgt aber noch nicht, dass er vor unliebsamen Überraschungen gefeit ist. Der Expertenlehrer hat aber allmählich die Bereitschaft entwickelt, Unterricht so zu 'deuten', dass er auch weiterhin 'unter Unsicherheit' zu handeln hat, eine Unsicherheit, die ihn zwingt, seine Kompetenz und damit seine Urteilskraft ständig zu erweitern und zu verbessern (Salomon, 1992). Diese Feststellung 'erklärt' dann möglicherweise auch den Umstand, dass längst nicht alle Lehrer - trotz langjähriger Berufserfahrung - über dieses praktische Berufswissen verfügen: es ist ein Wissen, das metakognitiv - nebst der Bewältigung der Komplexität von Unterricht - reflektierend erarbeitet werden muss. Aus der Innensicht von Schule - durch die Lehrer - und aus der Aussensicht von Schule - durch die Forschung - können diesbezüglich folgende zwei Tendenzen konstatiert werden:

1. Im Berufsfeld Schule, d.h., innerhalb und ausserhalb der Lehrer-, Schüler- und der gesamten Schulkultur, machen sich angesichts der ständig steigen-

2 Für einen ausgezeichneten Überblick von Handlungstheorien sei auf Kröll (1989) verwiesen.

den Berufsanforderungen Demotivierung, Desillusionierung und Stress und damit auch vermehrt kommunikative Störungen und Irritationen zwischen Lehrern in der Schule breit. Der Forderung nach Fort- und Weiterbildung stehen Tendenzen des Schulsystems entgegen, das *Lernen der Lehrer* eher zu behindern oder in Randbereiche zu verweisen: Stabilität, Trägheit oder gar Resignation machen sich breit (Kunert, 1992). Dabei verbinden sich beispielsweise auch Schwierigkeiten einer Definition und Bestimmung von 'Unterrichtserfolg' - als wichtige Determinante von Berufszufriedenheit - mit institutionellen Anforderungen, d.h., die Vagheit des Erfolgskriteriums 'verführt' Lehrer nicht selten dazu, die Pflichterfüllung des Stoffplans und eine diszipliniert-ordentliche Klasse als primäre Ziele anzustreben.

2. Die Unterrichtsforschung und die Lehrerforschung steht bezüglich dieser beunruhigenden Tendenzen im Moment ebenfalls im Abseits. Denn es existieren immer noch zu wenig fundierte Kenntnisse darüber, *wie Lehrer lernen*, sei es im Beruf und/oder ausserhalb, und auf welche Weise dieses Lernen unterstützt werden könnte, d.h., unter welchen Bedingungen sich Lehrer möglicherweise positiv entwickeln und verändern. Es gibt zwar Untersuchungen, welche die beruflichen und persönlichen Entwicklungsschritte von Lehrern dokumentieren, wie jene von Huberman (1988, 1989) oder Hirsch, Ganguillet & Trier (1990). Dabei werden Lebenszyklen oder -phasen von Lehrern beschrieben, indem diese bezüglich ihres eigenen Berufsverständnisses rückschauend Bilanz ziehen.[3] In Bezug auf eine berufstypische und berufsbezogene Entwicklung der Professionsidentität wie auch der Professionspersönlichkeit sucht man aber noch vergebens nach erhärteten Erkenntnissen aus wissenschaftlichen Untersuchungen. Die Experten-Novizen-Forschung scheint dabei einen Beginn zu markieren, insbesondere deshalb, weil sie ihren Blickwinkel, der lange Zeit ausschliesslich verengend auf Unterrichtsfertigkeiten eingeschränkt war, in neuester Zeit dem breiteren Kontextfeld Schule gegenüber öffnet (Berliner, 1992; Welker, 1992).

Zwar sind in der Literatur zur beruflichen Sozialisation des Lehrers sowie zu "burnout"-Prozessen die Auswirkungen der Spannungen innerhalb der Berufskultur der Lehrer hinlänglich beschrieben worden (Farber, 1984; Feiman-Nemser & Floden, 1986; Houston, 1990; Lortie, 1975; Sakharov & Farber, 1983). Dabei verbinden sich mit der Metapher vom 'Ausgebranntsein' bestimmte Vorstellungen des Verschleisses innerpersönlicher Ressourcen. Bereits Freedman, Jackson & Boldes (1983) wiesen jedoch darauf hin, dass sich "burnout"-Syndrome bei Lehrern möglicherweise eher auf den Ärger und die Frustration angesichts konfligierender institutioneller und gesellschaftlicher Anforderungen beziehen könnten als nur auf innerpsychologische Stressphänomene.

[3] Huberman (1989) beschreibt die Phasen der Berufslaufbahn - als Lehrer älter werden - in folgenden Schritten: a) 1-3 Berufsjahre: Explorativer Einstieg (Entdecken und 'Überleben'); b) 4-6 Jahre: Stabilisierung; c) 7-18 Jahre: entweder Diversifikation/Experimentation, 'Aktivismus' oder Neubewertung/Selbstzweifel/Infragestellung); d) 19-30 Jahre: Heitere Gelassenheit/Distanz oder Konservativismus; e) 31-40 Jahre: Gelassenheit oder 'Desengagement'/Bitterkeit.

Deshalb ist es an der Zeit - die erschreckend hohe Zahl von Abwanderungen geistiger, psychischer oder professioneller Art bei Lehrern zwingt uns wahrhaft dazu (Blase, 1986; Farber, 1991; Kramis-Aebischer, 1990) -, raschestens den positiven Aspekten der Erziehungs- und Bildungsarbeit von Lehrern so viel wie möglich Wertschätzung entgegenzubringen, indem Lehrer aktiver - beispielsweise 'mitforschend' - in Untersuchungen miteinbezogen werden.
Eine einfache Möglichkeit, dies zu tun, ist, nicht über sie zu schreiben, sondern sie selber zu Wort kommen zu lassen; dies gilt nicht nur für am Unterricht interessierte Forscher und Bildungsexperten, sondern insbesondere auch für die öffentliche Meinung. Beispielsweise eignet sich das spezielle, hochexpertisierte Wissen erfahrener Lehrer dazu, publik gemacht zu werden. Allerdings muss dabei eine Übersetzung in die Alltagssprache vorgenommen werden, damit der öffentliche Diskurs fair und loyal geführt werden kann. Eine solche *'Veröffentlichung' des Diskurses von Lehrern über Lehrer* kann zur echten Auseinandersetzung zwischen Ausbildnern, Lehrern und den 'Betroffenen' führen. Davon handelt diese Arbeit sowie von Möglichkeiten, dieses professionelle Wissen zukünftigen Lehrerkollegen, die noch in der Ausbildung sind, weiterzugeben. Eine solche Lehrerforschung vermag dann gleichzeitig für beide Gruppen sowohl eine Standortbestimmung als auch eine Weiterbildungsmöglichkeit darzustellen.

## 1.3. PROBLEMSTELLUNG UND AUFBAU DER ARBEIT

"Ich habe Daniel[4] nicht als Durchschnittslehrer erlebt. Sein Beispiel lässt mir den Lehrerberuf als lebbare Herausforderung erscheinen, eine Tätigkeit, die weder zu Resignation und Verhärtung, noch in lustlose Routine führen muss. Ich habe durch und bei Daniel eine Berufseinstellung kennengelernt, die ich respektiere und achte, teilweise auch bewundernswert finde, ohne sie aber in dieser Konsequenz für mich persönlich übernehmen zu können. (...)
Aufgrund der verschiedenen Interviews mit ihm, aus Beobachtungen und aufgrund eigener Aussagen kann ich sagen, dass Daniel im Lehrerberuf verwachsen ist. Er nimmt den Beruf ernst, respektiert die Schüler und Schülerinnen als Gesprächspartner in ihren Eigenheiten und versucht, einen schülernahen Unterricht zu machen, der sie auf die kommenden Lebensphasen möglichst gut vorbereitet. Er ist zudem in dem Sinne ein überzeugter Lehrer, als dass er den Herausforderungen des Schulalltags nicht ausweicht, auch wenn sie vermehrten Einsatz erfordern; und wie er daran glaubt, dass der Lehrer immer noch und immer wieder eine wichtige Rolle in der Ausbildung werdender Menschen spielt, auch wenn sich die Schule als Institution im Laufe der Zeit ändern wird.
Aber er ist kein 'angefressener' Lehrer, da er nicht an alleinseligmachende Rezepte glaubt und auch nicht versucht, mit Zwang und (Noten-)Druck die Schüler bis zum Äussersten ihrer Leistungsfähigkeit und Möglichkeiten zu treiben. Sein menschliches Engagement und seine Erkenntnis, dass es auch das 'Menschenrecht der Beschränktheit' gebe - sei dies im Bereich fehlender Begabung oder charakterlicher Defizite -, lassen nicht zu, dass in seinem Schulzimmer der Leistungsdrill herrscht. Hingegen versucht er mit grossem Einsatz, den vereinzelt beschränkten Voraussetzungen seiner Schüler gerecht zu werden." [DP, 5/6]

[4] Alle Namen von Personen und Ortschaften sind aus Gründen der Anonymität verändert worden.

"Es scheint, dass Hubert eine sehr ausgeglichene und konstante Persönlichkeit besitzt, deren Parameter sowohl im Beruf als auch im Privatleben, in der Freizeit und in seinen 'Ämtern', die er ausübt, relativ konstant bleiben. Die Frage, die ich mir aber immer wieder gestellt habe, ist diejenige nach einem ausgewogenen Mass von Beruf und individueller Freizeit, also die Frage nach dem Verhältnis der Zeit intensiver Tätigkeit und der Zeit des Auftankens. Das Verhältnis der beiden Faktoren zueinander wird bei mir später - so hoffe ich - einmal anders aussehen als bei Hubert." [HP, 8]

Diese beiden Zitate stammen aus Porträts, die Lehrerstudierende am Pädagogischen Institut der Universität Freiburg in ihrem letzten Semester im Rahmen eines von mir geleiteten Projektseminars zum Thema 'Vom Reflexverhalten im Unterricht zu reflektierten Handlungen in der Schule' angefertigt hatten und welche der hier vorliegenden Arbeit die empirische Grundlage liefern. Die Porträtierungen - entstanden in intensiver Zusammenarbeit mit einem erfahrenen Lehrer - wiesen fast permanent Kontrastierungsmomente auf: Sie beinhalteten mal explizit, mal zwischen den Zeilen, Überlegungen bezüglich der eigenen Lehrerwerdung,[5] der eigenen Berufsauffassung, der eigenen Professionsmoral und deckten Hoffnungen, Ängste und Zweifel auf an der Unmöglichkeit dieses 'schönsten Berufs', wie er von Hartmut von Hentig (1982) genannt wird. Die vorliegende Arbeit berichtet davon, wie - zuerst zögernd, dann immer eigenwilliger und eindrücklicher - diese angehenden Junglehrer die Erziehungsphilosophie und die Unterrichtspraxis ihrer erfahrenen Kollegen ausleuchteten: Das breitangelegte, übergreifende Erfahrungswissen der 'Expertenlehrer' *ergänzt* das von der Natur der Sache her eher 'technologische' und damit situativ fragmentarisierte didaktische akademische Wissen der Lehrerstudierenden. Dem steht das praktische Wissen von Lehrerinnen und Lehrern gegenüber, welches täglich, durch die Kinder und Schüler, durch die Inhalte und 'Texte', durch die pädagogische Praxis auf den pragmatischen Prüfstand gelegt wird; d.h., die *'Anwendungsvalidität'* der Praxis wird wirksam, testet dieses Wissen und versieht es je nach Erfahrung mit dem Gütesiegel abgewogener Gültigkeit. Damit ist es ein affirmatives Wissen, ein durch die Praxis bejahtes Wissen, welches sich nicht selten in der ihr eigentümlich-prägnanten bildlichen Sprache der Praxis, mittels Metaphern, Analogien, Beispielen und anderen Repräsentationen, zeigt. Nicht zuletzt davon schreibt diese Arbeit: Wie sehr die Sprache dieses praktischen persönlichen Wissens von Lehrern bisher in der erziehungswissenschaftlichen Diskussion nur am Rande Eingang gefunden hat, und wie sich aber gerade die Forschersicht dieser bedeutungsvollen Dimension 'Sprache der Praxis' zuwenden muss, um das allseitig bedauerte Theorie-Praxis-Vakuum mit vitaler Energie erweitern und erneuern zu können.

---

[5] Persönlichkeitsbildende Aspekte, die möglicherweise mit dem Kurs ausgelöst wurden, mussten aus Gründen der schwierigen Überprüfbarkeit 'vernachlässigt' werden; denn während der Semesterzeit waren mit grosser Wahrscheinlichkeit auch andere - universitäre und/oder persönliche - Entwicklungseinflüsse bei der 'Lehrerwerdung' mehr oder minder wirksam.

### 1.3.1. Themenstellungen

**a)** Die Arbeit handelt vor allem vom Lehrerwissen, vom Erfahrungswissen, welches - so ungefiltert wie möglich durch wissenschaftliche Standards - zukünftigen Junglehrern dialogisch mitgeteilt, diskutiert, erfragt und kollegial 'erstritten' wurde. Da liegt beispielsweise ein grosses Reservoir an intuitivem, unausgesprochenem, manchmal auch nonkonformem Wissen über Unterricht und Schulkultur brach. Alle kennen wir wenigstens einen Lehrer, eine Lehrerin, die von uns als gut, als hervorragend oder gar als aussergewöhnlich bezeichnet wird (cf. Oser & Klaghofer, 1991). Wissen wir genau, weshalb? Worin besteht dieses 'Aussergewöhnliche'?
Wie kommt es - und diese Frage muss hier gestellt werden -, dass dieses jahrzehntelange Wissen von Lehrern, dieses pädagogisch-didaktische Expertentum nicht schriftlich kodiert, festgehalten und weitervermittelt wurde? Lange Zeit wohl deshalb, weil als Startpunkt normative Idealbilder von 'guten' Lehrern gewählt worden waren und die hiermit künstlich geschaffenen 'Ideal-Profile' im Feld nur höchst selten gefunden werden konnten. Anschliessend deshalb, weil diese normativen Vorstellungen im Design der meisten Forschungsinstrumente zur Erfassung des 'guten Lehrers' mitschwangen. Und schliesslich, weil die empirische Unterrichtsforschung aus erfolgs- und leistungsorientierten Parametern von Schülern oder Klassen lange Zeit monokausal auf den Unterrichtsprozess des Lehrers rückgeschlossen hat. Erst neuerdings wird quasi von vorne begonnen, d.h., man begegnet den Lehrern endlich so, wie diese das auch schätzen: vorurteilslos-unbefangen, bedingungslos-partnerschaftlich, unterstützend-kollegial. Man versucht, ihr Wissen aus ihrer Binnenperspektive zu erschliessen, was keineswegs ein leichtes Unterfangen ist: Davon handelt diese Arbeit insbesondere. Die lange vorherrschende Sichtweise des eher passiven Berufsrezipienten 'Lehrer' macht somit vermehrt einem konstruktivistischen Bild von Lehrern Platz: Unterrichtsforscher bemühen sich mit den Lehrern zusammen um die Aufdeckung des durch Berufserfahrungen aufgebauten *persönlichen praktischen Wissens*, welches dem Lehrer die tägliche Bewältigung der sich täglich verändernden Anforderungen im Kulturraum Schule ermöglicht (als Übersicht siehe Carter, 1990; Clandinin & Connelly, 1992; Oelkers & Tenorth, 1991; Terhart, 1991b).

**b)** Des weiteren zeigt die Arbeit auch auf, wie Kooperation und Kollaboration zwischen Forschung und Praxis möglich ist, eine Zusammenarbeit, in der Lehrer ihr Wissen weiterreichen können. Dabei zeigt sich, dass Lehrer dies sehr gerne tun, insbesondere zukünftigen jüngeren Berufskollegen gegenüber, indem sie diesen als 'Forscher-der-eigenen-Arbeit' mögliche Denkspuren im weiten Feld der Unterrichts- und Schulkomplexität aufdecken helfen. Es wird auch darüber berichtet, wie eine solche Zusammenarbeit den Status, das Selbstverständnis und das Selbstkonzept von Lehrern positiv beeinflussen kann, möglicherweise gar längerfristig (dies kann vorerst nur eine Hypothese bleiben, weil eine begleitende Forschung solche Entwicklungsverläufe längsschnittlich verfolgen müsste, was in dieser vorliegenden Arbeit nicht realisiert werden konnte). Wie das praktische Wissen von Lehrern authentisch zukünftigen Junglehrern mitgeteilt werden und damit ein professioneller Diskurs unter Lehrern entstehen kann, davon handelt diese Arbeit in ihrem Kern.

c) Was diese Arbeit hingegen *nicht* beinhaltet: Die Erkenntnisse wurden nicht aus grossen und repräsentativen Stichproben erhoben; es standen zwecks Validierungsgründen keine Kontrollgruppen zur Seite, somit können auch keine generalisierbaren Effektstärken aufgelistet werden. In der Arbeit finden sich hingegen Begründungen, weshalb ein solches analytisch-deduktives Design weder adäquat noch sinnvoll gewesen wäre, geschweige denn forschungspragmatisch durchführbar. Die Arbeit bietet auch Argumente dafür an, weshalb dieser vorliegende Forschungsansatz - mag er interpretativ, ethnographisch, handlungsorientiert oder qualitativ genannt werden - seine Legitimation im oben beschriebenen Konflikt zwischen öffentlicher Meinung und privater Arbeit des Lehrers begründen kann: Sie 'liefert' nämlich tatsächliche, lebendige *Fallexemplare* unterrichtlichen Tuns und Handelns, die in ihrer Authentizität nicht reduziert und deshalb für sich hoch valid und aussagekräftig sind. Gerade deshalb - dies die Synthese meiner Arbeit - können fallbezogene berufsspezifische Wissensaussagen von Expertenlehrern bei Lehrern, Praktikern, Bildungspolitikern und Forschern exemplarisch Aufnahme finden, was seinerseits wiederum den gemeinsamen Diskurs über effektiven und verantwortungsvollen Unterricht und über eine humane und wirksame Schule erweitern kann.

Im weiteren Sinne des wissenschaftstheoretischen und unterrichtspraktischen Disputs zwischen Lehrerforschung und Unterrichtspraxis werden in der vorliegenden Arbeit in loser Anlehnung an Hierdeis & Hug (1992) somit folgende Fragen aufgeworfen:

1. Wie müssen Wissenschaftler und Lehrer miteinander umgehen, damit einerseits das Alltagsbewusstsein der Praktiker durch Selbstreflexion erweitert wird, und somit die praktischen Wissensbestände, die das Alltagswissen auszeichnen, nicht verborgen bleiben, und andererseits das Theoriebewusstsein der Forscher durch praxisorientierte Forschung und aktive Perspektivenübernahme erweitert wird, damit die bisherigen wissenschaftlichen Wissensbestände verfeinert, ergänzt und systemübergreifender werden?

2. Lässt sich das praktische Wissen von Lehrern adäquat erfassen und darstellen, so dass dadurch bestimmte Erklärungsmuster für spezifische Handlungen, Ereignisse oder Situationen deutlich zutagetreten und möglicherweise (an zukünftige Junglehrer) 'weitergegeben' werden können?

3. Wie lassen sich irrige, unproduktive oder verfängliche praktische Theorien von erfahrenen Lehrern und zukünftigen Junglehrern - beispielsweise über Erfolge und Misserfolg unterrichtlichen Handelns, über Grenzen und Mög-

lichkeiten der Berufsvorstellungen - ausfindig machen, ins Bewusstsein der Betroffenen heben und nach Möglichkeit wirksam verändern?

4. Wie ist es zu verstehen, dass die verschiedenen praktischen Wissenstypen der Lehrer mit den wissenschaftlichen Wissenspropositionen so oft 'kollidieren', d.h., offenkundig unvereinbar sind?

5. Wie können die sprachlichen Unterschiede überwunden werden, die das praktische Wissen der Lehrer von den abstrakten Aussagen der Forschung auseinanderdividieren?

### 1.3.2. Inhaltsübersicht

Die Absicht dieser Arbeit besteht einmal im sorgfältigen Hinführen zum Phänomen des 'praktischen Lehrerwissens': dies wird durch die Aufarbeitung einer zusehends angereicherten Literatur geschehen, die sich zumindest vom Kriterium der Vielfältigkeit und Variabilität her insbesondere an die englischsprachige, d.h., präziser gesagt, an die nordamerikanische Forschung des "practical, personal, reflective knowledge" und des "wisdom of practice" orientiert.[6] (Die deutschsprachige Forschung war einem solchen 'offenen' Forschungsgegenstand gegenüber lange Zeit skeptisch eingestellt, möglicherweise aus methodenkritischen Überlegungen heraus.) Nebst dem Aufzeigen des phänomenologischen und epistemologischen Interesses am Wissen aus der Praxis - mittels vorwiegend interpretativ-qualitativer Forschungsmethoden - weist dieser Forschungsstrang auch grundlegend neue Richtungen bezüglich des Wissenschaftsverständnisses auf: Lehrer und Forscher nähern sich dabei einer Form der Zusammenarbeit, in welcher der Lehrer zum Forscher und der Forscher zum Lehrer werden. Diese Form der gemeinsamen Forschung, "collaborative research", öffnet dem Sozialwissenschaftler oft unsanft geschlossene Türen der Praxisfestung und dem Praktiker mühsam zu erschliessende Pforten des wissenschaftlichen Elfenbeinturms.
Diesem theoretischen und metatheoretischen Teil, welcher notgedrungen auch Methodenfragen streifen muss, folgt dann der empirische Teil des eigens durchgeführten Forschungsprojekts zum persönlichen, praktischen Wissen von Lehrern, und wie dieses möglicherweise für die Lehrerausbildung ausbau- und nutzbar gemacht werden kann. Dies ist - nebst dem ausführlichen ersten Teil - auch zugleich der eigenständige und kreative Teil dieser Arbeit.

Diese skizzierten Themen gliedern sich dabei in folgende *fünf Hauptteile*:

- Im *einleitenden* Teil werden Forschungserhebungen zur Berufskultur von

[6] In der vorliegenden Arbeit werden vor allem Unterrichtsforschungsarbeiten aus dem angelsächsischen Raum - Australien, Kanada, Grossbritannien, USA - dargestellt (vgl. Literaturverzeichnis am Ende des Buches). Ich habe dabei versucht, dort Verbindungen zur deutschsprachigen Literatur herzustellen, wo dies aus inhaltlichen und wissenschaftstheoretischen Überlegungen heraus sinnvoll erschien.

Lehrern dargestellt, die der Frage nachgehen, welches möglicherweise determinierende Beeinflussungs- und Gratifikationsmöglichkeiten der Professionsentwicklung von Lehrern sind.

• In einem *theoretischen* Teil wird der Versuch unternommen, verschiedene Unterrichtsforschungsparadigmen auf die Relevanz des Lehrerwissens hin zu unterscheiden, um daraus einen Bezugsrahmen für die darauf folgende ethnographische Lehrerforschung zu entwickeln.

• Im *methodologischen* Teil wird das empirische Vorgehen auf dem Hintergrund der ethnographisch-interpretativen Lehrerforschung diskutiert, begründet und festgelegt.

• Im *empirischen* Teil wird das von Lehrerstudierenden ethnographisch erhobene berufspraktische und professionsspezifische Wissen erfahrener Lehrer ausführlich dokumentiert, analysiert und nach Möglichkeit falltypisch systematisiert.

• Im *Schlussteil* wird mittels des dargestellten berufstypischen praktischen Wissens der professionserfahrenen Lehrer, welches das propositionale, deklarative lexikalische Wissen von Lehrerstudierenden fallbezogen und damit situationsspezifisch ergänzt, für eine vermehrt fallbezogene Lehrerausbildung plädiert.

Die weiteren *neun Kapitel* der Arbeit teilen sich dabei wie folgt auf:

- Im nächsten *zweiten Kapitel* wird systematisch der Frage nachgegangen, wie ein Lehrer sich in seine Berufskultur hineinentwickelt. Dabei richtet sich das Augenmerk insbesondere auf die Art und Weise, wie berufstypische Professionselemente einen Einfluss auf Lehrerstudierende ausüben, die kurz vor Berufseintritt stehen oder als Junglehrer den Berufseintritt gerade erst hinter sich gebracht haben. Damit in starkem Zusammenhang stehen Fragen zur Berufszufriedenheit und zu Gratifikationsmöglichkeiten, welche Lehrer ihrer Profession entnehmen können.

- Lautete die generelle Frage im zweiten Kapitel noch 'Wie wird man eigentlich Lehrer?', so gehen wir im *dritten Kapitel* über zur Frage, wie sich verschiedene forschungsmethodologische Schulen - seit dem Prozess-Produkt-Paradigma der Effizienzforschung - dieser Eingangsfrage angenommen hatten: von informationsverarbeitenden Modellen der Handlungsentscheidungstheorien und andern kognitionsorientierten Ansätzen hin zur interpretativen Lehrerforschung.

- Dies leitet über zur Lehrer- oder Praxisforschung im *vierten Kapitel*, die sich erst seit kürzester Zeit als eigenständige Forschung konstituiert hat. Dabei werden verschiedene Formen von Reflexionsansätzen diskutiert, die alle von der unmittelbaren 'Epistemologie der Praxis' ausgehen. Die integrative

Sicht der verschiedenen Ansätze der 'Lehrer-als-Forschung'-Bewegung liefert den theoretischen Begründungsrahmen für meinen empirischen Teil.

- Damit wendet sich das Forschungsinteresse vermehrt dem Wissen von Lehrern zu (*fünftes Kapitel*). Diese Erörterung führt über zur Betrachtung möglicher typischer Entwicklungsverläufe von erfahrenen Lehrern: Expertenlehrer zeichnen sich durch ein berufsspezifisches und berufstypisches Wissen aus, an dem sie gefühlsmässig stark beteiligt sind.

- Ausgehend von der vorgängig im dritten Kapitel erwähnten forschungsmethodologischen Diskussion innerhalb der Unterrichtsforschung führt das *sechste Kapitel* über zu qualitativen Unterrichtforschungsansätzen: die fallbezogene Ethnographie - als kultursoziologisches und -anthropologisches Forschungsinstrument historisch stark dem phänomenologisch-hermeneutisch-interpretativen Paradigmata verhaftet -, wird als methodischer Ansatz, so wie er in der vorliegenden Hauptstudie zur Anwendung gekommen ist, auf seine Vor- und Nachteile hin diskutiert.

- Dies führt über zur Hauptstudie im *siebten Kapitel*: Hier wird vorerst eine kleinere Vorstudie referiert, die - vom Verfasser erhoben - zur eigentlichen Vorbereitung und Durchführung der Hauptstudie beigetragen hat. Mit dieser 'Pilotstudie' wird auch das methodische Vorgehen der Datenerhebung in der Hauptstudie legitimiert und begründet.

- Das *achte Kapitel* berichtet über die Planungs- und Durchführungserfahrungen der ethnographischen Hauptstudie 'Vom Reflexverhalten im Unterricht zu reflektierten Handlungen in der Schule' (ethnographische Erkundung erfahrener Lehrer durch zukünftige Junglehrer), wie sie sowohl von den Expertenlehrern als auch von den Lehrerstudierenden gemacht worden sind.

- Die Ergebnisse der Hauptstudie werden sodann im *neunten Kapitel* ausführlich analysiert, dargestellt und diskutiert. Dabei werden Verlaufsbeschreibungen als Prozessanalysen wie auch Falldarstellungen vorgenommen, welche verschiedene Verwendungsmöglichkeiten dieser erhobenen Wissensbestände erfahrener Lehrer für die Lehrerbildung transparent machen mögen. Eine Typik des praktischen Wissens der Expertenlehrer sowie eine Entwicklungstypologie der Lehrerstudierenden als 'ethnographische Forscher' runden diesen Teil ab.

- Diese fallbestimmenden 'Typiken' des Lehrerwissens werden im *zehnten und letzten Kapitel* als reflexive und kognitionsorientierte Restrukturierungsmöglichkeiten des eigenen praktischen Wissens von Lehrern diskutiert, und zwar sowohl im Hinblick auf eine mögliche Fruchtbarmachung für die Lehreraus- und -fortbildung als auch inbezug auf die Weiterführung der Lehrerbildungsforschung.

- Während sich im Anhang *(11. Kapitel)* alle notwendigen Unterlagen der Projektstudie (Hauptstudie) finden, werden abschliessend im umfassenden Literaturverzeichnis *(12. Kapitel)* - auf das parallel zum dargestellten Inhalt immer wieder verwiesen wird - die wichtigsten Arbeiten zu diesem ebenso neuen wie faszinierenden Strang der Unterrichtsforschung des praktischen Lehrerwissen dokumentiert.

# 2. Die berufliche Entwicklung von Lehrern

*"Development as the Aim of Education" (Kohlberg & Mayer, 1972)*

Wie wird man Lehrer? Dieser Frage nach der Professionsentwicklung muss hier in einiger Ausführlichkeit nachgegangen werden, weil sie für meine Arbeit in zweifacher Hinsicht von Bedeutung ist:

- *Erstens* durch die klare Optik auf die erfahrenen Lehrer, welche in meiner Hauptstudie eine zentrale Rolle einnehmen, ist es von grosser Hilfe zu wissen, welchen Entwicklungsmomenten generell die Lehrerwerdung 'unterworfen' ist;
- *zweitens* durch die konkrete ethnographische Arbeit mit den Lehrerstudierenden - ebenfalls in der Hauptstudie - ist es sehr bedeutsam zu wissen, welche prägenden Faktoren bei der Berufsentwicklung wirksam sein können.

## 2.1. Einleitung

Bislang haben sich viele Unterrichtsforscher damit zufriedengegeben, Unterricht aus der Distanz und mit Hilfe von Konzepten aus der Psychologie und Soziologie zu untersuchen, indem die 'kalte abgewandte' neutrale Perspektive eines aussenstehenden Beobachters eingenommen wurde. Zunehmend jedoch haben immer mehr Forscher den Wert der *Binnenperspektive* erkannt (Terhart, 1991b) und verlassen sich dabei auf jene Informationen, die von den Lehrern selbst, oft im direkten Setting der Schule, gegeben werden.[7] Die Bedeutsamkeit eines solchen methodischen Vorgehens, die Lehrer über die Bedeutung ihrer Berufsarbeit selbst zu befragen, wird vorzugsweise in Shulmans (1987a,b; 1992a) Arbeiten, in Lamperts (1985; 1992) Diskussionen und in Leinhardts

[7] Dies hat grundsätzliche Auswirkungen auf die Sichtweise des Konzeptes eines 'guten Lehrers', welches sich teilweise auf empirische Forschungsbefunde stützt, aber parallel dazu auch andere Erfahrungen und Überlegungen mit Plausibilitätscharakter einschliessen muss. Erst so vermag man dem Dilemma zu begegnen, welches die empirische Suche nach dem 'guten Lehrer' lange Zeit begleitet hat, das Dilemma nämlich, ein Aussenkriterium zu definieren, welches gute von schlechten Lehrern unterscheidet, und man - um das Aussenkriterium definieren zu können - schon vorher wissen musste, wer ein 'guter' und wer ein 'schlechter' Lehrer war, auch wenn man nicht zu wissen vorgab, welche Merkmale zu ihrer Unterscheidung herangezogen wurden, weil man diese ja gerade erst erforschen wollte.

(Leinhardt & Greeno, 1986; Leinhardt & Putnam, 1987; Leinhardt, Weidman, & Hammond, 1987) Untersuchungen über erfahrene und unerfahrene Lehrer klar.

Bereits 1973, im Zweiten Handbuch der Unterrichtsforschung (Travers, 1973), wies Lortie auf den Umstand hin, dass zuwenig Erhebungen vorlagen, welche die subjektive Welt der Lehrer ergründeten, und zwar speziell hinsichtlich deren eigenen Auffassungen dessen, was im Unterrichtsalltag tatsächlich vordringlich ist. Dieses naheliegende Thema schien allzuvielen Forschern wohl zu vertraut, um sich näher damit zu befassen. Im Dritten Handbuch zur Unterrichtsforschung (Wittrock, 1986) zeigen Feiman-Nemser & Floden (1986), wieviel Arbeit in der Zwischenzeit geleistet worden ist: Forschungsarbeit, welche die Bedeutung des Unterrichts für Lehrer, und nicht für Forscher, beleuchten. Dabei fällt besonders auf, wie sehr sich die Fragestellungen der Unterrichtsforschung verändert haben, und zwar von einem Verständnis des Unterrichts als öffentliches, soziales Phänomen hin zu einem Selbst-Verständnis des Lehrers: Endlich erfolgen Antworten auf die Frage, wie ein *Lehrer* seine eigene unterrichtliche Arbeit definiert. Das Ergebnis, wonach der Prozess der Lehrersozialisation ein eigentliches Rätsel geblieben sei, wonach mehrere einleuchtende Erklärungsansätze nebeneinander stünden, wonach keineswegs 'Ein-Faktor-Erklärungen' zur Erhellung dieses komplexen Geschehens hinreichend seien, kann im Lichte neuerer Literatur zum Thema Lehrersozialisation nur bestätigt werden, nun aber immerhin beträchtlich differenzierter (Mc Nergney & Carrier, 1986). Von einem Konsens hinsichtlich des Einflusses und der Wirkungsweise der beteiligten Sozialisationsinstanzen und -mechanismen hingegen kann aber auch in der heutigen Forschung nicht die Rede sein.

Zu einer solchen Binnensicht von Lehrern haben Forscher aus den verschiedensten Denkschulen beigetragen: aus der Psychologie (Jackson, 1986), der Soziologie (Cazden & Mehan, 1989), der Psycholinguistik und (Kultur)-Anthropologie (Florio-Ruane, 1987, 1989; Spindler & Spindler, 1987a,b), der Curriculum- und Unterrichtsforschung (Eisner, 1985a,b; Zumwalt, 1989), welche allesamt in der Aspektauswahl des zu erforschenden Schulfeldes divergieren. Alle aber teilen eine gemeinsame Absicht miteinander, nämlich Forschung - durch Interpretation - als Bedeutungssuche zu verstehen (Geertz, 1973, 1983). Ihr erklärtes Ziel ist es, den Lehr- und Lernprozess von der Perspektive des Partizipierenden her zu verstehen, das heisst also, insbesondere aus der Sicht des Lehrers, der Schüler, der Schulbehörden, der Eltern, usw. (Erickson, 1986; Evertson & Green, 1986). Die wesentlichsten Unterschiede zu bisherigen Ansätzen können denn unter anderem wie folgt zusammengefasst werden:

> "For those concerned with the value of research for guiding practice through the aggregation and accumulation of usable knowledge, the yield of research in this program is questionable. For those committed to a view of social science as a source of criticism and new questions rather than practical answers, the yield is considerable." (Shulman, 1986a, p. 18)

Die inhaltliche Vielfalt innerhalb dieser Forschungsansätze verunmöglicht eine repräsentative Übersicht an dieser Stelle, so dass ich mich auf einige Ausschnitte der Forschungserhebungen beschränke. Von Lightfoot (1983b)[8] als Soziologin zu Heath (1982) als Ethnographin, vom Soziolinguisten Mehan (1979) zum Curriculumspezialisten Doyle (1983; Doyle & Ponder, 1977) bis hin zum Sozialpsychologen Jackson (1968, 1986) unterscheiden sich die jeweiligen Untersuchungszeiträume von zweiwöchigen Minianalysen von Lehrern oder Schulen bis hin zu über einjährigen Datensammlungen, wobei Peshkin (1984) mittels Integration in die zu untersuchende Gemeinschaft - er lebte über ein Jahr darin - wohl die intensivste und zeitraubendste Form wählte. Dabei ist allen die Erforschung des Partikulären gemeinsam: es sind Einzelaufnahmen, die dem Leser die Identifizierung und das Verstehen von ähnlichen Phänomenen in anderen Zusammenhängen und 'Umgebungen' ermöglichen.

Statt also wie bis anhin Unterricht eher aus einer distanziert-neutralen sozialwissenschaftlichen Ecke aus zu beobachten, und zwar mittels entliehener Konzepte und Konstrukte aus der Psychologie oder Soziologie, verlegten Unterrichtsforscher das Gewicht immer mehr auf die 'Insider'-Sicht, das heisst, man vertraute auf den Lehrer als Informanten. Das praktische Wissen von Lehrern, die 'Weisheit der Praxis', um Shulmans (1986b) Terminologie zu gebrauchen, eröffnete sich als ein bisher brachgelegenes Feld der Forschung. Es versprach, ein Potential von Einsichten abzuwerfen, welches Innovationen zur Verbesserung des Unterrichts verhiess.

## 2.2. LEHRERSOZIALISATION - EIN ÜBERHOLTER BEGRIFF?

Während der Begriff 'Sozialisation' selbst neutral aufgefasst wird, ist eine genaue Betrachtung des 'Machtfaktors' Sozialisationseinfluss (auf den Lehrer) wichtig, um den Stellenwert dieses Ansatzes für die zukunftsorientierte Gestaltung der Lehrerkultur einzuschätzen. So thematisiert die Forschung zur Lehrersozialisation die Weitergabe derjenigen Überzeugungen, Wissensbereiche, Einstellungen und Werte, die für den Lehrerberuf gelten (Zeichner & Gore, 1990; Zeichner, 1993). Hierzu liegen verschiedene Definitionen vor, die von sehr weiten Definitionen, welche sämtliche Wandlungsprozesse eines Lehrers umschliessen, bis hin zu engeren Definitionen reichen, die sich damit befassen, wie ein Junglehrer auf dem Wege des Austauschs mit erfahrenen Lehrern deren Wert- und Handlungsmuster übernimmt. Häufig aber wird der Begriff 'Lehrersozialisation' in einem negativen Kontext verwendet. Man glaubt, dass unter diesem Stichwort nur unerwünschte Wirkungen des Arbeitsplatzes untersucht werden (vgl. Giroux, 1988; Lacey, 1987; Popkewitz, 1986; Terhart, 1987). Zweierlei Gründe mögen diese negativen Konnotationen erklären:

---

[8] Lightfoot (1983a) erkundete in ihrer preisgekrönten Beschreibung von sechs High-Schools mittels ethnographischer Methoden die Schuldirektoren, die Schülerschaft, dieUnterrichtsstile der Lehrerschaft, die Lehrpläne, sowie die Art und Weise, wie die gesamte Schulatmosphäre - von Rutter, Maughan, Mortimore, & Ouston (1980), das 'Ethos der Schule' genannt -, die Schülererfahrungen beeinflussen.

a) Die Wertung der Sozialisationsprozesse, die an die Junglehrer vermittelt werden sollen, richtet sich in der Regel immer nach der Wertung der Gruppennorm erfahrener Lehrer. Weil nun aber einige Forscher die vorgefundene Berufspraxis für alles andere als ideal halten (Giroux, 1988; Popkewitz, 1986), sind sie davon überzeugt, dass die aktuelle Praxis - statt beispielsweise Kreativität, Lernen und Gleichheit zu fördern - überwiegend technische Aspekte der 'Verwaltung und Ordnung' betont, und damit die gegenwärtigen gesellschaftlichen Strukturen erhalten. Innerhalb dieser Position der Kritischen Theorie wird des weiteren Unterrichtsforschern vorgeworfen, dass die pädagogischen Ideale der Forscher das Design, die Forschungsfragen und -auswertungen 'determinieren', das heisst, so, wie diese den Wandlungsprozess der Junglehrer erwarten, beurteilen sie diesen auch entsprechend. Damit würden Praxisformen zementiert, denen man als Forscher eher kritisch gegenüberstehen sollte.[9]

b) Die zweite Erklärung bezüglich der mit negativen Assoziationen verbundenen Auffassung von 'Sozialisation' liegt darin, dass der Berufsanfänger als passiver Rezipient jener Berufserwartungen gedeutet wird, die von aussen 'gesteuert' werden. Eine solche Perspektive deklariert den (Jung)Lehrer als machtlosen Rezipienten von unkontrollierbaren Ausseneinflüssen (Apple & Weis, 1983).

Die empirische Forschung zur Lehrersozialisation, d.h., zu den Lehrereinstellungen insgesamt, die bisher ein imposantes Datenmaterial zusammengetragen hat, ist daran, sich vom klassischen Sozialisationsbegriff zu verabschieden, welcher Sozialisation primär als Übernahme von äusseren Standards und Normen betrachtete, eine Sichtweise, die vermehrt zu Frustration führte (Blase, 1985; Atkinson & Delamont, 1985). Kritik wird aber auch an den methodischen Zugängen geführt, beziehungsweise bezüglich zweier fundamental unterschiedlicher Argumentationsweisen: Während die empirische Forschung lange Zeit Prozesse beschrieb, propagierten theoretische Arbeiten Normensysteme des 'guten Lehrers' sowie deren systematische Begründungen. Das bewog Terhart (1989, S. 106f) zur Feststellung: "Solange die einen jedoch nur herausarbeiten, wie es sein sollte, und die anderen immer wieder nur beweisen, dass es so eben nicht ist, ist systematischer Erkenntnisfortschritt kaum möglich."
Vermehrt setzte sich bei Bildungsforschern ein positives Bild des Sozialisationsbegriffs von Lehrpersonen durch: als aktiv Handelnder nimmt ein Lehrer an Veränderungsprozessen teil, weil Unterricht als soziale Situation begriffen wird, in der eine konstruktive, bedeutungsschaffende, die Identität und das 'Weltverständnis' aufbauende Rolle des sozialen Miteinanders von Lehrern, Schülern und der erweiterten Schulgemeinschaft betont wird (Geulen, 1982).

---

[9] Feiman-Nemser & Floden (1986) vermuten, Lehrersozialisation würde vielleicht positiver bewertet, wenn man Sozialisationsprozesse von Lehrkräften anhand einer exemplarisch ausgewählten Lehrergruppe untersuchen würde: man könnte beispielsweise die Sozialisation der Junglehrer in solchen Schulen vornehmen 'lassen', die von Little (1982) als dahingehend 'erfolgreich' beschrieben wurden, als in diesen Schulen die Normen der Kollegialität und des innovativen Experimentierens von allen Lehrern als 'verbindlich' erklärt worden waren.

Damit wird Sozialisation als aktive, intensive und manchmal auch 'schmerzhafte' Auseinandersetzung begriffen, die nicht als linearer, möglichst problemloser Prozess des Positions- und Rollenwechsels - zudem durch externe Erwartungshaltungen determiniert - begriffen wird, sondern als Entwicklungsprozess, wo das Erleben von situativen und personenspezifischen Erfahrungen im Beruf und im persönlichen Bereich identitäts- und persönlichkeitsbezogene Entwicklungsverläufe nachsichzieht. Eine solche Sichtweise von 'Sozialisation' als ein kontradiktorischer, dialektischer Prozess, mit kollektiven wie auch individuellen Einflussmöglichkeiten, die sich im weiteren Kontext institutioneller, gesellschaftlicher und kulturell-historischer Rahmenbedingungen situieren (Burden, 1990; Schempp, Sparkes & Templin, 1993; Zeichner & Gore, 1990), soll fortan gemeint sein, wenn der Begriff 'Sozialisation' verwendet wird.

## 2.3. VON DER SOZIALISATION ZUM ENTWICKLUNGSPROZESS

Ich möchte im nachfolgenden Kapitel über jene neueren Forschungsarbeiten berichten, die sich mit der subjektiven Bedeutung der Unterrichtsarbeit von Lehrern sowie mit den Ursprüngen dieser Bedeutung beschäftigt haben. Dabei halte ich mich insbesondere an Feiman-Nemser & Floden (1986), Kagan (1992), Schempp et al. (1993), Terhart (1991b), und Zeichner (1986b,d; Zeichner & Gore, 1990). Aus der Perspektive meiner Arbeit tue ich dies aus den folgenden zwei Gründen heraus:

1. Mit Feiman-Nemser & Floden (1986), Sikes, Measor & Woods (1985), Shulman (1986a) kann füglich die Vermutung nahegelegt werden, dass in den letzten zwanzig Jahren eine neue Forschungsperspektive bezüglich des Forschungsfelds 'Unterrichten als Beruf' entwickelt worden ist: 'Die Berufskulturen von Lehrern'. Im Vergleich zu früheren Beiträgen in den beiden ersten "Handbooks of Research on Teaching" (Gage, 1963; Travers, 1973) hat sich dieses Thema als Forschungsfeld nicht nur beträchtlich ausgeweitet - z.B. auf Untersuchungen zu subjektiven, praktischen Wissensbeständen von Lehrern -, sondern es wurden auch ganz neue Perspektiven bereits bekannter Themen festgestellt (z.B. welche Berufsidentität entwickelt sich, wie wirkt sich die Berufslaufbahn auf die Berufsidentität aus, d.h., welche Belastung respektive Befriedigung entnehmen Lehrer ihrem Beruf). Dieser Trend wird sowohl im dritten Handbuch zur Unterrichtsforschung (Wittrock, 1986a) wie auch im Handbuch zur Lehrerforschung (Houston, 1990) und im neuesten Handbuch zur Curriculumforschung (Jackson, 1992a) klar bezeugt. Als Hauptkomponenten der Berufskultur von Lehrern nennen Hargreaves & Dawe (1990) ihren Status, die Kompetenz und die Beziehungsebene. Ich komme weiter unten detailliert auf diese Komponenten zurück.

2. Am bemerkenswertesten ist jedoch die Veränderung innerhalb der Forschungsgemeinschaft selber, der Wechsel nämlich von einer ursprünglichen

Fragehaltung, welche das Unterrichten als objektives, öffentliches soziales Phänomen untersuchen wollte, hin zu einem Ansatz, der die von Lehrern selbst entwickelten Definitionen und Bedeutungszuschreibungen ihrer Arbeit zu verstehen sucht. Den integralen Begriff 'Berufskulturen von Lehrern' betrachte ich deshalb als eine geeignete Bezeichnung, obwohl viele dieser diskutierten Ansätze - wie auch mein eigener Ansatz - nicht primär (kultur)anthropologischer Art sind (vgl. dazu Kapitel 6).

### 2.3.1. Welche Wirkung hat die 'Biographie'?

Zeichner (1986b, 1986d) versteht unter 'antizipatorischer Sozialisation' all jene Auffassungen, die den - vor jeder formellen Ausbildung liegenden - Erfahrungen eines Lehrers eine grössere Bedeutung zusprechen, als jegliche wie immer geartete Ausbildung oder Berufspraxis. In dieser Sichtweise wird das 'Beharrungsvermögen' der pädagogischen Praxis, ihre konservierende Ausrichtung, darauf zurückgeführt, dass es den Lehrerausbildungsprogrammen und anschliessend folgerichtig auch den verschiedensten Reforminitiativen nicht gelingt, die Effekte antizipatorischer Sozialisationseinflüsse zu 'kontern'. Innerhalb dieser Auffassung können mit Feiman-Nemser (1983; vgl. auch 1990) drei Positionen unterschieden werden:

a) Historisch gewachsene, tiefsitzende Vorstellungen über Schule, Pädagogik und Erziehung hätten sich dermassen als gleichsam 'überlebensgünstig' erwiesen, dass sie zu Elementen der allgemeinen Auffassung geworden seien. Eine formale Ausbildung, die auf Innovationen ziele, könne daran nicht (mehr) viel ändern: Diese Position wird mit dem Begriff des *'evolutionären'* Argumentes eingefangen.

b) Eine zweite Position eher psychoanalytischer Natur behauptet, dass die Entwicklung eines Lehrers sehr stark von seinen frühkindlichen Erfahrungen, mit wichtigen Bezugspersonen abhänge, und dass der Prozess der 'Lehrerwerdung' gewissermassen den (bewussten oder unbewussten) Versuch darstelle, diesen 'modellhaften' erwachsenen Bezugspersonen aus der Kindheit 'nachzueifern'. Zeichner (1986b; 1986d; Zeichner & Gore, 1990) verweist darauf, wie in empirischen Untersuchungen nachgewiesen werden konnte, dass sich angehende Lehrer sehr stark mit bestimmten Lehrern, von denen sie unterrichtet worden sind, identifizieren.[10]

c) Lehrersozialisation erfolgt nach Lortie (1975) mittels Internalisierung von Lehrervorbildern ("teaching models") aus der eigenen Schulzeit, eine Einflussgrösse bestehend aus den vielen tausend Stunden, die ein (angehender) Lehrer bereits als Schüler in der Schule und in Kontakt mit Lehrern verbracht hat (cf. Rutter et al., 1980). Im Rahmen formalisierter Ausbildung sowie während der ersten Berufsjahre wird diese latent gebliebene 'Lehrer-

---

[10] Der vielzitierte 'Praxisschock' junger Lehrer wäre demzufolge darauf zurückzuführen, dass es im Laufe der Lehrerausbildung nicht gelungen ist, diese angeeigneten Idealismen und/oder Fantasien über den Lehrerberuf zu überwinden.

kultur' aktiviert und zum bestimmenden Faktor für die persönliche Ausgestaltung der eigenen Lehrerrolle.

Allen Positionen gemeinsam ist insgesamt, dass der formalen Lehrerausbildung nur ein geringer Einfluss auf die kumulierten Erfahrungen, resultierend aus der vorgängigen Phase der antizipatorischen Sozialisation, zugemessen wird. Die direkte empirische Fundierung dieser These von der überdauernden Wirkung antizipatorischer Sozialisation ist hingegen nicht sehr stark; vielmehr hat man indirekt, d.h., aus der erwiesenermassen geringen Wirkung formeller Ausbildung, auf die Konstanz von überdauernden Orientierungsmustern geschlossen. Untersuchungen von Zeichner & Grant (1981) und Tabachnik & Zeichner (1984) zeigen zwar eindeutige Trends auf, wonach der Faktor 'Biographie' einen zentralen Einfluss auf die Entwicklung eines Lehrers ausübt (vgl. auch Kelchtermans, 1992). Durch gezieltere Forschungsbemühungen aber muss über diese Feststellung hinaus spezifischer die Art dieses Einflusses geklärt werden. Einen neueren gesamtheitlichen Ansatz findet sich beispielsweise in Hirsch, Ganguillet & Trier (1990), die - in Anlehnung an Huberman (1988, 1989) - in ihrer lebensgeschichtlichen Untersuchung mittels Lehrerbiographien das berufliche Selbstverständnis darstellen.

### 2.3.2. Welche Wirkung hat die Lehrerausbildung?

Unzählige Forschungsbeiträge haben die Diskrepanz zwischen Theorie und Praxis in der Lehrerbildung aufgezeigt, oft mit der unverblümten Aussage, dass nicht die Ausbildung an und für sich, sondern mehr oder weniger der Berufseintritt für die eigentliche Ausbildung entscheidend sei (cf. Feiman-Nemser & Floden, 1986; Fuller & Bown, 1975; Haberman & Backus, 1987; Houston, 1990; Katz & Raths, 1984; Lanier & Little, 1986; Lindop, 1985; Lortie, 1975; Morine-Dershimer, 1993; Raths & Katz, 1986; Olson, 1989; Reynolds, 1989; Zeichner, 1993). Dieses unbefriedigende Gefühl der Lehrpersonen ihrer Ausbildungsstätte gegenüber, einer Institution also, die gerade auf dem Hintergrund der Forschungsbemühungen um 'guten Unterricht' das Ziel verfolgt, gute und zufriedene Lehrer auszubilden, steht nach Lortie (1975) mit dem Phänomen eines unmerklichen Individualismus innerhalb der Lehrersozialisation im Zusammenhang, welches speziell Junglehrer vor ein permanentes Dilemma stellt:

> "Not knowing how to think about productivity as a collective matter, they are forced back to individualistic responses which belie their resistance to individualized reward patterns. Since their conception of performance is individualistic, they find it difficult to develop strategies to raise the performance level of the group; they do not know how to plan increases in the potency of the technical culture. This incapacity to respond to demands *as a group* poses a threat to the status of the occupation." (Lortie, 1975, p. 81)

Ein fehlendes professionelles Statusgefühl von Anerkennung hat bei Lehrern oftmals eine geringe Wahrnehmung bildungspolitischer Aufgaben sowie eine damit verbundene Geringschätzung gesellschaftspolitischer Erwartungen zur Folge.Die wohl grösste regressive Einflussvariable ist aber indirekter Art, jene nämlich der eigenen Berufsbiographie, welche jene Berufserfahrungen induziert, die wiederum massgeblich Entscheidungsprozesse im Unterricht beeinflussen: Lehrerstudierende scheinen trotz aller Bemühungen von Ausbildungsinstitutionen keinen neuen Professionsstandard zu erreichen, welche frühere Schuleindrücke, -orientierungen und -einstellungen korrigieren und transformieren könnten. Dies hat insbesondere die über die Landesgrenzen hinaus bekannte und aufwendige 'Konstanzer-Untersuchung' gezeigt (Müller-Fohrbrodt, Cloetta & Dann, 1978),[11] wo im wesentlichen die schulrelevanten Einstellungen junger Lehrer erhoben und deren regressiver konservativer Wandel bei Berufseintritt festgestellt worden ist: ein Wandel, der als nicht wünschbare Anpassung an die bestehende konservative Schulpraxis dargestellt wird (cf. dazu auch Kagan, 1992; Zeichner & Tabachnik, 1981).

Berufsbezogene und innovative Einstellungen von Lehrern - während des Studiums aufgebaut - werden nach Berufseintritt im Zuge des Praxisschocks wieder aufgeweicht, wobei damit die Ausbildung zur blossen Episode 'en passant' wird: eine starke Kritik an einer Ausbildung, die somit keine adäquate Verknüpfung von Theorie und Praxis ermöglichen würde. In einer neueren Untersuchung sprachen Mayr, Eder & Fartacek (1988) von einem Praxisschock auf Raten, eine Untersuchung, die der Kritik an der früheren Forschung - aufgrund der verwendeten Untersuchungsinstrumente, der umstrittenen Handlungsrelevanz der erhobenen Einstellungen sowie der ungenügend berücksichtigten konkreten Organisationsbedingungen - mit Optimierungsbedingungen begegnen will. Veenman (1984) fasste aus der Literatur zu Problembereichen und Schwierigkeiten von Junglehrern 83 Untersuchungen metaanalytisch zusammen. Dabei stellte er übereinstimmend folgende acht Problembereiche fest, die von Junglehrern rangreihenmässig als 'problematisch' eingeschätzt wurden:[12]

- Klassenführung/-disziplin
- Motivierung der Schüler
- Auseinandersetzung mit den individuellen Unterschieden von Schülern
- Einschätzen/Bewerten der Unterrichtsaktivitäten und Schülerarbeiten
- Kontakte mit den Eltern
- Organisation der Klassenaktivitäten
- Unzureichendes, mangelndes Schulmaterial
- Auseinandersetzung mit 'persönlichen' Problemen einzelner Schüler

---

[11] Diese vielzitierte Untersuchung wurde zwar immer wieder methodologisch hinterfragt und kritisch erörtert (vgl. etwa De Brabander, 1987; Hänsel, 1985). Während die Autorengruppe der 'Konstanzer Studie' in ihrer Replik aber weiterhin unzweideutig an ihren Hauptaussagen festhalten, weisen sie auf die Notwendigkeit neuer, zusätzlicher empirischer Untersuchungen zu Einstellungsfragen junger Lehrer hin, welche den stark veränderten Zeitumständen Rechnung tragen würden (Cloetta, Dann & Müller-Fohrbrodt, 1987).

[12] Bemerkenswerterweise ist darin auch die Studie von Cloetta & Hedinger (1981) enthalten; die übrigen Studien verteilen sich wie folgt auf die einzelnen Nationen: Australien (4), Kanada (2), Finnland (1), Grossbritannien (6), Holland (5), Österreich (2), Puerto Rico (1), USA (54), Westdeutschland (7).

Die Überlebensstrategien, die sich Junglehrer angesichts solcher Berufsschwierigkeiten in den ersten Jahren der Berufstätigkeit aneignen, werden oft zu permanenten Unterrichtsstrategien, die - weil erprobt und anscheinend 'erfolgreich' - auch besonders reform- und innovationsresistent werden (Chastko, 1993; Feiman-Nemser & Buchmann 1985; Goodlad, 1984; Goodman, 1985b; Grossman & Richert, 1988; Müller-Fohrbrodt et al., 1978; Ryan, 1970; Schnydrig, 1992; Powell, 1992; Zeichner & Tabachnik, 1981).
Junglehrer sollten sich auch über die Zwänge bewusst sein, wie sie etwa Buchmann (1986) und Jendrowiak & Kreuzer (1980) beschrieben haben: Erwartungen von Kollegen, Eltern, Schülern, Administratoren etc. (Weitere 'Praxisschockliteratur' aus dem deutschsprachigen Raum vgl. Arbeitsgruppe Aumeister 1976; Cloetta & Hedinger, 1981; Cloetta, Dann & Müller-Fohrbrodt, 1987; Hinsch, 1979; Müller-Fohrbrodt, Cloetta & Dann, 1978). Auf die Stress- und "Burnout"-Forschung von Lehrern (Blase, 1986; Farber, 1991; Hoy & Woolfolk, 1990; Kaunitz, Spokane, Lissitz & Strein, 1986; Sakharov & Farber, 1983) kann hier lediglich hingewiesen werden, wobei mir die wiederholte Differenzierung von Farber (1984, 1991) wichtig scheint, der zwischen den eher 'ausgelaugten' ("worn out") und den 'ausgebrannten' ("burned out") Lehrern unterscheidet: Dabei wird von den besorgten, engagierten und verantwortungsvollen Lehrern nicht so sehr der Unterricht, sondern all das, was sie vom Unterricht abhält, als belastend empfunden.[13]

### *2.3.2.1. Formal-theoretische Ausbildung*

In der Übersichtsliteratur deutet vieles darauf hin, dass ein an Lehrerausbildungsinstitutionen in Kursen und Seminaren vermitteltes offizielles Wissen nur wenig Einfluss auf das konkrete Handeln der Lehrerstudierenden bei ihren ersten Praxiskontakten hat (für eine Übersicht, vgl. Burden, 1990; Feiman-Nemser, 1990; Katz & Raths, 1984; McNergney & Carrier, 1986). Ebenso hat sich gezeigt, dass das 'Trainieren' spezifischer Lehrerfertigkeiten ("teaching skills") via Microteaching oder ähnlichen Formen nur dann überdauernde Effekte zeitigt, wenn die Bedingungen des Klassenunterrichts die Anwendung dieser "skills" begünstigen (McGarwey & Swallow, 1986). Tom & Valli (1990) legen nahe, dass der Einfluss von Kursen und Seminaren keineswegs 'an sich', d.h., losgelöst von den konkreten Umfeldbedingungen der Anwendungssituation, ermittelt werden kann.
Einige Studien beschäftigten sich mit dem Einfluss des offiziellen Lehrerausbildungscurriculums auf die angehenden Lehrer (zusammenfassend cf. Jackson, 1992a; Zeichner & Gore, 1990). Einige Autoren behaupten beispielsweise, dass

13 Farber (1984, 1991) ist skeptisch, ob die bisherigen Lösungsvorschläge wirksam sind: Sowohl Techniken der Stressreduktion wie auch gruppenbezogene Unterstützungsverfahren haben zwar vermutlich positive Auswirkungen auf die Lehrer, so dass ihre Widerstandskraft gegen negative Stressfolgen gestärkt wird. Farber aber kritisiert die Kurzfristigkeit dieser Lösungsmöglichkeiten, weil sie seiner Ansicht nach eher kosmetischen, systemzementierenden Charakter haben: der Arbeitsplatz Schule, als wohl zentraler 'stressgenerierender' Faktor, kann in den meisten Fällen nicht adäquat verändert werden.

durch den 'heimlichen Lehrplan' in der Lehrerausbildung ein sehr viel stärkerer Effekt erzielt wird als durch den offiziellen Lehrplan. Zeichner (1986a; 1986b) bezieht sich auf Dale's (1977)[14] Studie aus England, wonach dieser typische Universitätskurse - Vorlesungen und Seminarien mit psychologischen, soziologischen und philosophischen Grundlagen-Inhalten über Erziehung - analysierte und zum Schluss kam, dass in ihrem Rahmen der kognitive Stil des 'liberalen Individualismus' vermittelt wird: im Rahmen dieser 'Weltsicht' werden Lehrer beispielsweise dazu angehalten, die Ursachen für Probleme in Individuen (z.B. Schülern) zu suchen und nicht in möglichen Bedingungen ihres Arbeitsplatzes oder weiterer schulischer Kontextfelder.
Der Erfolg vorab der theoretischen Berufsbildung (Pädagogik, Didaktik und Psychologie) bleibt weitgehend unbekannt, ist es doch sehr ungewiss, ob die vermittelte Materie vom Studierenden in seine Persönlichkeit integriert werden kann und damit zu Bedingungen seines Handelns wird. Die Förderung der Persönlichkeitsentwicklung ergibt sich oft eher in wenig kontrollierter Weise als Nebenprodukt, seltener aber als Ergebnis gezielter Bemühungen, und sie orientiert sich zum Teil an unklaren Vorstellungen über Lehrerpersönlichkeit und -gesinnung, seltener aber an konkreteren Bestimmungen der Eigenschaften, die den 'guten oder erfolgreichen Lehrer' ausmachen. Möglichkeiten, entsprechende Fähigkeiten und Merkmale wie Kontaktfähigkeit, emotionale Stabilität, Frustrations- und Ambiguitätstoleranz etc. zu fördern, sind wenig entwickelt (Wanzenried, 1985; 1989). - Zeichner, Tabachnik & Densmore (1987) berichten, wie Bartholomew (1976)[15] Aspekte des heimlichen Lehrplans der Lehrerausbildung analysiert hat und zum Schluss kommt, dass in diesem Rahmen Studierende zwar dazu ermuntert werden, 'liberale' Positionen und Einstellungen auch ausserhalb der Universität zu zeigen, diese inhaltlichen Botschaften aber im Widerspruch zu den sozialen Praktiken in den Lehrerausbildungskursen selbst stehen. Durch diese würde nämlich ein 'objektivistisches' Verständnis von Wissen(schaft), eine stark fragmentierte Sicht des Curriculums sowie ein passives Bild vom Schüler vermittelt.
Der tatsächliche Effekt der Lehrerausbildung liegt wohl in der Weitervermittlung von Vorstellungen über das 'Lehrer- bzw. Schüler-Sein', über Wissenschaft, Curriculum und Professionalität, die möglicherweise auf subtile Weise und als Inhalte des 'heimlichen Lehrplans' an die zukünftigen Lehrer weitergegeben werden. Trotz der überwältigenden empirischen Fundierung der These von der nur schwachen Wirkung des formellen Teils der Lehrerausbildung muss man aber bei der Übertragung dieser These auf den Einfluss der Lehrerausbildung insgesamt wohl vorsichtig sein. Zwar sind die Behauptungen über die Wirkung des 'heimlichen Curriculums' zwar theoretisch plausibel, stützen sich jedoch (noch) auf wenig empirische Evidenzen: Ginsburg & Clift & (1990) versuchen eine Anzahl empirischer Belege dafür aufzuführen, dass Leh-

---

14 Dale, R. (1977). Implications of the rediscovery of the hidden curriculum for the sociology of teaching. In D. Gleason (Ed.), Identity and structure. Driffield, UK: Nafferton Books.

15 Bartholomew, J. (1976). Schooling teachers: The myth of the liberal college. In G. Whitty & J. M. Young (Eds.), Explorations in the politics of school knowledge. Driffield UK: Nafferton Books.

rer tatsächlich in einer theoretisch aufgeschlüsselten Weise Elemente des heimlichen Lehrplans übernehmen. So sei beispielsweise Noddings (1986, p. 499) aufgeführt, die von einem möglichen heimlichen Lehrplan des 'männlichen Intellektualismus' spricht, d.h., eine universitäre Lehrerausbildung sei möglicherweise geprägt von Hauptkomponenten wie "... abstractionism and 'consequentialism' [versus den von Noddings geforderten] compassion and caring" (vgl. auch Hollingsworth, 1992). Eine andere implizite Wertvermittlung an Universitäten werde insbesondere auch durch archaisierte Hochschul-Notensysteme vorgenommen:

> "The hidden curriculum of university-based teacher education is filled with messages that reinforce the evaluation and stratification of students, because grades and grade point averages dominate a number of teacher education programs." (Ginsburg & Clift, 1990, p. 457)

Eine ganze Reihe von Unterrichtsforschern - wie Buchmann (1989), Huling-Austin (1992), Tabachnik (1989), Tamir (1988), Veal, Clift & Holland (1989), Woolfolk (1990), Wubbels & Korthagen (1990), Zeuli & Buchmann (1988) und Zumwalt (1985) - plädieren deshalb für neuere innovativere Lehrerbildungscurricula, die neben den 'unterrichtstechnischen' insbesondere vermehrt 'reflexive' Ausbildungsmodule einfliessen lassen (vgl. weiter unten Punkt 4.2.).

#### 2.3.2.2. *Berufspraktische Ausbildung*

Die sogenannten schulpraktischen Studien zu den Unterrichtspraktika, dem zweiten Aspekt der Lehrerausbildung, haben in der Literatur zur Lehrersozialisation eine breite Beachtung gefunden. Dabei hat ein ebenso breiter Autorenkreis die diesbezüglich zusammengetragenen empirischen Resultate zu den Lernprozessen in schulpraktischen Studien als unzureichend und widersprüchlich bezeichnet; denn trotz der grossen Anzahl von Einzeluntersuchungen, die verschiedenste spezifische Bedingungen und Auswirkungen von Praktika erforschten, sind Aussagen zur Rolle und Bedeutung dieser berufspraktischen Studienanteile auch weiterhin umstritten. Zeichner vermutet deshalb, dass mit soviel uneinheitlichen empirischen Resultaten die an das Praktikum geknüpften 'Mythen' weiterbestünden (vgl. Caruso, 1977; Evans, 1986; Kagan, 1992; Morine-Dershimer, 1993; Wildt, 1981; Zeichner, 1990; Zeichner & Tabachnick, 1981).

Untersuchungen zur Sozialisationswirkung schulpraktischer Studien hatten sich aber im allgemeinen nicht mit der Qualität oder Substanz von Praktikumserfahrungen beschäftigt und waren insofern auch nicht in der Lage, die spezifische Wirkung einzelner Komponenten derartiger Praktikumsveranstaltungen auf je individuelle Lehrerstudierende zu ermitteln (Fukui, 1985; Stevens & Smith, 1978; Zeichner, 1986c). Zum grössten Teil basierten diese Fragebogen-Untersuchungen ausschliesslich auf Vorher-Nachher-Erhebungen, ohne zu ermitteln, was sich 'dazwischen' tatsächlich ereignet hat, wie die berufliche Praxiserfahrung wahrgenommen worden ist und wie die Praktikanten damit zurecht gekommen sind. Weil sich aber Lernprozesse in schulpraktischen Studien eben gerade aufgrund der tagtäglichen Interaktion des Praktikanten mit Schülern, Lehrern und Universitätsangehörigen ereignen, und weil viele dieser Wirkun-

gen von den Forschern noch gar nicht 'antizipiert' worden sind, hat die umfangreiche Literatur zu den schulpraktischen Studien bisher dieses Segment der Lehrersozialisation zu wenig erhellt. Die *Handlungen* und *Interaktionen* der Praktikanten während der Praktikumsphase müssen in Zukunft den primären Untersuchungsgegenstand bilden, wenn der Einfluss des Praktikums auf angehende Lehrer ermittelt werden soll (Etheridge, 1989; Guyton & McIntyre, 1990; Lasley et al., 1986). Zudem plädiert Zeichner (1992) für die funktionelle Ausweitung der Praktika als eine Form der Schulentwicklung.
Die wenigen Studien aber, die sich mit den tatsächlichen Realitäten in den Praktika beschäftigt haben, lassen den Schluss zu, dass die Wirkung des Praktikums von der Art des gesamten Praktikumsprogramms (Vor- und Nachbereitung etc.), vom institutionellen Kontext, in dem es stattfindet, und schliesslich von den Charakteristika, Einstellungen und Fähigkeiten der daran teilnehmenden Studierenden abhängt (Dick & Klaghofer, i. Vorb.; Huling-Austin, 1990; Ingvarson & Mackenzie, 1988; Zeichner, 1986). Spezifischeres über mögliche kontextspezifische Effekte, welche über die bisherigen globalen Trendaussagen der Literatur hinausgehen, wissen wir derzeit noch wenig. Worüber uns allerdings die Literatur aufklärt, ist, dass Praktikumserfahrungen auf komplexen Wechselwirkungen zwischen Ausbildungsprogramm-Eigenschaften, Situationen und beteiligten Personen basieren (Kagan, 1992; McNergney & Aylesworth, 1986). Das hat zur Konsequenz, dass zukünftige Forschungsbemühungen - welche die Praktikumserfahrungen durchaus als Gelegenheit zum 'Lernen des Lehrens' verstehen - konzeptuell und methodologisch den dynamischen und multidimensionalen Charakter dieses Gegenstandsfeldes berücksichtigen müssen; mit andern Worten sollen die Dimensionen und Elemente des Ausbildungsprogramms, des institutionellen Kontexts und der beteiligten Personen miteinander verbunden werden. Denn die herkömmlichen Versuche zur Erklärung der allgemeinen Sozialisationswirkung von schulpraktischen Studien waren bisher zu wenig ergiebig (Eisenhart, Behm & Romagnano, 1991; Hogben & Simpson, 1986).

##### *2.3.2.3. Zusammenfassung*

Die Wirkung der Lehrerausbildung kann zusammenfassend folgendermassen beurteilt werden: Untersuchungen über den Einfluss des offiziellen Lehrerausbildungscurriculums legen nahe, dass dieses nur wenig bewirkt. Andererseits scheint der 'heimliche Lehrplan' in der Lehrerausbildung sehr wohl Wirkungen auszuüben, wenngleich hier die empirische Fundierung (noch) nicht sehr ergiebig ist. Untersuchungen bezüglich der Wirkung schulpraktischer Studien schliesslich haben gezeigt, dass zwar differentielle Effekte entstehen, welche jedoch bisher nicht deutlich machen konnten, welche möglichen Wechselwirkungsbeziehungen zwischen Programm-, Kontext- und individuellen Persönlichkeitsvariablen bestehen.

### 2.3.3. Welche Wirkung hat die Berufspraxis?

Dieser Bereich ist im Vergleich zur Wirkung der Ausbildung extensiv erforscht worden, wobei insbesondere die Einstiegsphasen ins Berufsleben untersucht worden sind (vgl. Kagan, 1992; Veenman, 1984 für eine Übersicht). Die meisten Untersuchungen beschäftigten sich in der Regel mit Veränderungen der Einstellungsmuster (vgl. etwa Bullough, 1987; Müller-Fohrbrodt, Cloetta & Dann, 1978; Russell, 1988). Andere Ansätze gehen von sozialisatorischen Wirkungsfaktoren aus, die aus dem Kulturraum Schule auf den Lehrer 'einwirken', seien es eher (a) kontextuell-kulturelle, (b) institutionelle, oder (c) interaktive Faktoren wie Einflüsse der Lehrerkollegen, Eltern oder der Schüler selbst. Diese letzteren drei Einflussfaktoren der sozialen Kontextuierung von Lehrerentwicklung entspricht der Einteilung von Pollard (1982). Diese drei Einflussebenen sind meines Erachtens hilfreich, um die sozialisatorische Wirkung des Arbeitsplatzes Schule insbesondere auf den Berufsanfänger zu deuten. Pollard interpretiert dabei die Handlungsstrategien von (Jung)Lehrern als aktive und kreative Antworten auf die Bedingungen, Möglichkeiten und Dilemmata des unmittelbaren Arbeitsplatzes, also Klassenzimmer und Schule, wobei sich auch übergreifende Einflüsse von Kultur und Gesellschaft in situativen Bedingungen auswirken. Ich halte mich in der Folge in diesem Kapitel an diese Dreiteilung, indem ich zuerst die Einflüsse auf der Interaktionsebene, zweitens auf der institutionellen Ebene und schliesslich auf der kulturell-kontextuellen Ebene behandle. Dabei stütze ich mich insbesondere auf Feiman-Nemser & Floden (1986), Terhart (1991b), Zeichner (1986b,d; Zeichner, Tabachnik & Densmore, 1987), aber auch auf Burden (1990) und Hargreaves & Fullan (1992).

[Merke: *Diese Ebene wird in der Folge jeweils als Punkt* **a.** *diskutiert.*]

In diesem vorliegenden Kapitel über die Wirkung der Berufspraxis auf die Lehrerwerdung werde ich parallel dazu gleichzeitig auf Verstärkungs- und/-oder Gratifikationsmöglichkeiten der Lehrer hinweisen, die sich aus den unterschiedlichen Einflussbereichen ergeben können; d.h., es wird versucht, aus der Literatur jene Erhebungen aufzuführen, die der Frage nachgehen: "Welche Befriedigung ziehen Lehrer aus ihrem Beruf, aus ihren beruflichen Kontakten, zu Schülern, zu Kollegen, zu Behörden und Eltern?"
Um zu ermitteln, ob die Arbeit mit jungen Menschen beruflich befriedigend ist, wird die diesbezügliche Sichtweise der Lehrer exploriert. Es gibt eine Reihe von Untersuchungen, die solche intrinsischen 'Belohnungsmöglichkeiten' wie etwa die Gefühlsbeziehungen zu Schülern, die Erfahrung des Lernfortschritts von Schülern, die Interaktion mit Kollegen, die Befriedigung über den Stellenwert der eigenen Arbeit, die Freude am Unterrichten erforscht haben. Diese intrinsischen Gratifikationen sind - im Unterschied zu externen, extrinsischen, wie beispielsweise hohes Gehalt, 'kurze' flexible Arbeitszeit, angesehener Status und 'Machtbefugnisse' etc. - Faktoren, die nur vom 'Berufsinsider' wahrgenommen und auch geschätzt werden (Bullough, Crow & Knowles, 1989). Generell kann bereits an dieser Stelle festgehalten werden, dass sich Lehrer sehr darin unterscheiden, wie hoch sie interne oder externe Befriedigungsmomente bewerten, ein Befund, der dort erstaunt, wo auch vermeintlich objektive extrinsische Faktoren wie Gehalt oder Status unterschiedlich beurteilt werden.

[Merke: *Diese Ebene wird in der Folge jeweils als Punkt* **b.** *diskutiert.*]

*2.3.3.1. Interaktionsebene*

Auf der Interaktionsebene können mehrere sozialisatorische Einflussquellen wirksam werden. Drei davon scheinen besonders wichtig zu sein, nämlich: 1) die sozialisierende Rolle der Schüler und 2) der Einfluss der 'Klassenzimmer-Ökologie'.[16] Die dritte Einflussgrösse, 3) die Interaktion mit andern Lehrerkollegen, muss teilweise auch der institutionellen Ebene zugezählt werden (siehe nächstes Kapitel).

1. **Einfluss von Schülern**

**a.** Doyle (1992a) stützt sich bei der Zuschreibung der Schüler als stark sozialisatorische Einflussparameter sowohl auf logische Einsichten wie auch auf empirische Daten. So weist er beispielsweise darauf hin, dass die wichtige Rolle der Schüler aus der typischerweise isolierten Arbeitssituation des Lehrers im Klassenzimmer wie auch aus dem transitorischen und unsichtbaren Charakter des gemeinsam konstruierten Lernprozesses resultiert. Diese und andere Erklärungen der Bedeutsamkeit der Schüler im Rahmen des beruflichen Sozialisationsprozesses von Lehrern decken sich mit weithin akzeptierten zweidirektionalen Modellen der Sozialisation und werden darüber hinaus durch eine Reihe von empirischen Untersuchungen über die Sozialisation im Klassenzimmer gestützt (Brophy, 1987; Hofer, 1986a; siehe auch Achtenhagen, Sembill & Steinhoff, 1979; Zeichner & Gore, 1990). Zwei Normen scheinen die Lehrer-Schülerinteraktion bisher stark 'determiniert' zu haben:

- Neuere Studien über die Sozialisation des Lehrers halten *Autorität und Disziplin* als leitende Prinzipien im Verhalten der Lehrer zu den Schülern: Es herrscht die Vorstellung vor, dass der Lehrer als Autoritätsperson im Klassenzimmer auftreten muss, und gleichzeitig, dass Lehrer sehr schnell in Schwierigkeiten kommen, wenn sie ihre Autorität aufgeben. Zu jeder Zeit müsse ein Lehrer eine Distanz zu seinen Schülern aufrechterhalten und auf Disziplin achten. Ebenso müssten Lehrer nach aussen dokumentieren, dass sie von ihren Schülern respektiert werden. In Feiman-Nemser & Floden (1986) wird von einer Studie berichtet, in der sich deutlich zeigte, dass das Ziel des Unterrichtens bei Lehramtskandidaten im Praktikum im 'die-Schüler-unter-Kontrolle-Haben' bestand, ein Ziel, das verschiedene Lehrerstudierende auf sehr unterschiedliche Art und Weise erreichten.
- Eine zweite Norm, welche die Lehrer-Schüler-Interaktion reguliert, widerspricht diesem Bild des 'distanzierten Lehrers', denn sie verlangt den Aufbau persönlicher Beziehungen zu den Schülern, um diese zum Lernen zu motivieren (Burden 1990; Jackson 1968; Lampert, 1984; Lortie, 1975; Sarason, 1982). Diese Spannung zwischen Distanz und Nähe macht

[16] Diese beiden Einflussbereiche sind sehr stark mit dem Namen Walter Doyle verbunden, der seit Jahren im komplexen Mikrokulturraum Schule die feinen inhaltlichen und interaktiven Ablaufprozesse verfolgt und erforscht (als Überblick vgl. Doyle, 1986; 1992a).

eine grundsätzliche Ambivalenz in der Lehrerrolle aus. Diese 'impliziten' Erwartungen werden für Berufsanfänger zum besonders brennenden Problem. Der Grossteil der Forschungen zu schülerbezogenen Interaktionsnormen beschäftigt sich folgedessen mit dem Thema Autorität und Freundschaft. Zunehmend versuchen Forscher herauszubekommen, wie Lehrer dieses Dilemma interpretieren (Lampert, 1986; McLaughlin, 1991b). Vergleichsweise wenig Aufmerksamkeit ist anderen schülerbezogenen Interaktionsnormen - wie etwa 'der gemeinsame faire Umgang' oder 'Lernförderung für alle' - gewidmet worden (Nisan, 1992).

**b.** Die meisten Lehrer fühlen sich durch die Lernfortschritte und die Zuwendung von Schülern belohnt. Zwar fühlen sie sich moralisch verpflichtet, die Leistungen der ganzen Klasse zu erhöhen, empfinden jedoch eine grössere Befriedigung, wenn einzelne Schüler Erfolge erzielen (Feiman-Nemser, 1983; Good, 1983; Jackson, 1986; Lortie, 1975). Dies spiegelt möglicherweise das Aufeinanderprallen von institutionellen mit individuellen Zielen wider. Während speziell die Unterstufenlehrer Freude an der emotionalen Zuwendung ihrer Schüler zeigen, sind für Sekundarschullehrer offene Äusserungen von Gefühlen weniger akzeptiert, insbesondere bei Schülern des von der Lehrperson gegenteiligen Geschlechts (Good, 1987). In mehreren Studien haben Lehrer über sinkende Gratifikationen aus dem Umgang mit Schülern berichtet, insbesondere Sekundarschullehrer fühlen sich durch Lernunwilligkeit von Schülern sowie durch steigende Agressionen zunehmend frustriert (Darling-Hammond, 1990; Feiman-Nemser & Floden, 1986; Reynolds, 1989; Schnydrig, 1992).

### 2. Einfluss der 'Klassenökologie'

**a.** Von Doyle (1983; 1986) wird die Bedeutung der 'Ökologie des Klassenzimmers' in der Lehrersozialisation unterstrichen. Dabei wird das ökologische System des Klassenzimmers als ein Netzwerk von miteinander verbundenen Prozessen und Ereignissen betrachtet, das sich auf das Handeln des Lehrers im Unterricht auswirkt. Doyle (1986) hält folgende Merkmale für wichtig: Multidimensionalität, Simultanität, Unverzüglichkeit, Unvorhersagbarkeit und 'Geschichtlichkeit' (diese Aspekte werden im 3. Kapitel eingehender besprochen). In der Perspektive dieses 'ökologischen' Ansatzes beinhaltet das Erlernen von Unterricht gleichsam ein Erlernen der 'Textur von Unterricht' und der Verhaltensnormen in der Klasse, um den situationsspezifischen Anforderungen gerecht werden zu können (Cardinet, 1986; Chan, Burtis, Scardamalia & Bereiter, 1992; Perret-Clermont, 1992). Es wird davon ausgegangen, dass die kontextspezifischen Anforderungen des Unterrichts das in bestimmten Situationen erfolgreiche Lehrerhandeln limitieren; d.h., nur jener ist ein 'erfolgreicher' Lehrer, der angemessene situationsspezifische Handlungsstragien erlernt hat. (Patry, 1991).

Doyle (1986) zufolge 'beeinflussen' Schüler auf einer konkret inhaltlichen Ebene folgende unterrichtsrelevanten Faktoren: (a) den allgemeinen Unterrichtsstil eines Lehrers, (b) die im Unterricht verwendeten Sprachmuster und (c) die Art und Häufigkeit der Verwendung spezifischer Unterrichtsmethoden durch den Lehrer. Darüber hinaus hat gerade die Wechselwirkung spezifischer Lehrer- und Schülermerkmale Auswirkungen auf den Lehrer. Neuerdings wird (d) auch vom 'Curriculum-Einfluss' der Schüler gesprochen, deren lebensweltliche Vorlieben oder Abneigungen bezüglich gewisser Themeninhalte die vom Lehrer ausgewählten Inhalte beeinflussen (Doyle, 1990). Statt von 'Lernen' und 'Verhalten' zu sprechen schlägt Doyle deshalb vor, die Begriffe 'Wissen' und 'Interpretation' zu verwenden, um Unterricht zu charakterisieren, weil im täglichen Unterricht Schüler und Lehrer immer interaktiv auf Bedeutungssuche von Inhalt und Unterricht sind:

> "Students curricular knowledge is deeply embedded in the fabric and culture of a classroom. Indeed, there is evidence to suggest that curriculum is locally produced and jointly constructed as teachers and students go about enacting and accomplishing tasks." (Doyle, 1992b, p. 76)

Diese 'klassenökologischen' Bedingungen des Unterrichts wirken jedoch nicht lediglich als einschränkende Bedingungen für das Handeln der Lehrers, sie können auch eine Art positiven Handlungsdruck ausüben (Hamilton, 1983; Hammersley, 1986; Rich, 1993a). Vor dem Hintergrund dieser Untersuchungen zur unterrichtlichen Interaktion wie auch zur Lehrersozialisation (Tabachnik & Zeichner, 1984; 1986) kann kein Zweifel mehr daran bestehen, dass im Unterricht *reziproke* Beeinflussungsverhältnisse anzutreffen sind. Wie genau diese spezifischen Charakteristika von Lehrern und Schülern und ihr gemeinsames 'Aushandeln' der Inhalte in den Prozess der 'Lehrerentwicklung' (wie auch der 'Schülerentwicklung') einwirken, darüber ist noch zu wenig bekannt. Dass die Analyse der Unterrichtssituation ein notwendiger Bestandteil der Forschung zur Lehrersozialisation sein muss, bezweifelt wohl niemand mehr. Sie muss hingegen die Ebene des 'Klassenraumes' verlassen, wenn bedacht wird, dass Bedingungen selbst wiederum das Resultat übergreifender Entscheidungen darstellen.

**b.** Der Unterrichtsprozess als solcher kann als sehr befriedigend erlebt werden. Mitchell & Marland (1989) fanden heraus, dass Lehrer gewisse Unterrichtsaktivitäten nicht aufgrund des damit bewirkten Lerneffekts, sondern aufgrund ihres inneren Wertes 'an sich' aussuchen. - Lehrer unterscheiden sich auch hinsichtlich der Unterrichtsformen, die sie bevorzugen: Einige bevorzugen leistungssteigernde Formen, andere eher erzieherische. Einige bereiten ihre Stunden sorgfältig vor, andere finden es befriedigender, eine Lernumwelt zu schaffen, in der die Schüler ihren eigenen Interessen nachgehen können (Gasser, 1990). - Feiman-Nemser & Floden (1986) berichten, dass jene Lehrer, die Freude am Effekt ihrer Arbeit haben (also dem Lernerfolg), der Interaktion mit Schülern weniger Bedeutung beimessen. Solche Präferenzen stehen somit in enger Verbindung zur Organisation des Unterrichts. Im Mathematikunterricht, mit seinen klar definierten Zielen und einem hohen Anteil an Schülerstillarbeit, fühlen sich Lehrer durch die Lernfortschritte der Schüler belohnt (Lampert, 1988), wohingegen in sprachlich-humanistischen Fächern, mit 'breiteren' Zielsetzungen und einem höheren Anteil von Gruppenarbeiten, eher die Lernprozesse selbst -

anstelle der Lernprodukte - als belohnend angesehen werden (Richardson, Anders, Tidwell & Lloyd, 1991).

### 3. Einfluss der anderen Lehrerkollegen

a. Lehrer arbeiten üblicherweise allein; allenfalls bei architektonisch offener Bauweise wird ihre Arbeit 'sichtbar'. Bei informellen Begegnungen im Lehrerzimmer, bei Kaffepausen, Lehrerkonferenzen oder auf dem Schulareal wird kaum über Fragen, noch über Zusammenarbeit oder gemeinsame Probleme des Unterrichts gesprochen. Dies führte zum Diktum, Lehrer hätten zwar "peers" - Gleichaltrige -, aber keine echten Kollegen (Feiman-Nemser & Floden, 1986). Die von Lortie (1975) interviewten Lehrer beschrieben den idealen Kollegen als hilfsbereit, aber nicht aufdringlich. Die ungeschriebene Norm unter Lehrern, bei Schwierigkeiten nicht um Hilfe zu bitten, überlebe deshalb, weil andernfalls dieses 'Um-Hilfe-Bitten' des Lehrers dem Eingeständnis von 'Versagen' gleichkäme.[17] Andererseits hält eine komplementäre Norm Lehrer davon ab, einem Kollegen zu sagen, was er tun soll; einzig erlaubte Hinweise bestehen in Hinweisen oder Ankündigungen, dass es in diesem oder jenem Fach andere Möglichkeiten des unterrichtlichen Handelns gäbe, neue Methoden oder Medien beispielsweise. Zwar scheint diese Norm der 'Nicht-Einmischung' weit verbreitet, sie mag aber von Schule zu Schule unterschiedlich zutreffen (Little, 1982).[18]

Die besagte Norm impliziert übrigens nicht, dass die Mitglieder eines Kollegiums nicht freundlich zueinander sind. Vielfach wird Unterstützung erwartet, und gegebenenfalls trifft man sich auch ausserhalb der Schule. Gleichwohl vermeiden die Lehrer die Thematisierung ihrer Unterrichtsarbeit. Die Lehrerzimmergespräche drehen sich eher um gesellschaftliche Themen, wie Sport, Politik, Kultur oder aber um persönliche Themen wie Einzelheiten aus dem häuslichen Bereich, Krankheiten oder Beschwerden sowie um die Eigenarten von Schülern und deren familiären Hintergrund. Über Lehrpläne, Unterrichtsinhalte oder Unterrichtsmethoden wird vergleichsweise wenig gesprochen (Feiman-Nemser & Floden, 1986).

Die im deutschsprachigen Raum gegenwärtig sehr stark aufkommende Bewegung der 'schulinternen Lehrerfortbildung' zur möglichen Schulentwicklung mag ein wichtiger Hinweis darauf sein, dass sich einige Lehrer durch eine Intensivierung der kollegialen Kommunikation grundlegende Innovationen versprechen (Greber, Maybaum, Priebe, & Wenzel, 1991; Kunert, 1992; Schratz, 1993).[19] Eine Zusammenarbeit mit Lehrern aus anderen als

---

17 Damit ist die ungeschriebene, aber vielfach beobachtbare 'Norm' gemeint, wonach Lehrer im Einholen von Hilfe oder im freiwilligen Anbieten von Hilfe eher zurückhaltend sind; dieses Klima der aktiven und passiven Nichtbeeinträchtigung kann zwar Erklärungen finden in einem sozialen System, wo gemeinsames Problemlösen eher selten und wo die Erwartung der eigenständigen Problemfindung gross ist. Ein solches 'ungeschriebenes Gesetz' verhindert aber die Möglichkeit gegenseitiger Stimulierung, Entwicklung und Kollegialität.

18 Little (1982) hat Schulen beschrieben, in denen eine 'Norm der Kooperation' und des 'innovativen Experimentierens' von allen Lehrern als verbindlich erklärt wurde: an diesen Schulen hospitieren sich Lehrer wechselweise, machen Vorschläge für Verbesserungen und erörtern gemeinsam Berufsprobleme. (Vergleiche dazu auch Lytle & Fecho, 1989).

der gleichen Schule reduziert möglicherweise die Angst vor dem Bewusstwerden eigener Schwächen; andererseits besteht auch die Möglichkeit, dass Lehrer ihre Mitarbeit in Lehrerzentren dazu 'nutzen', wertvolle Unterrichtsmaterialien 'einzuheimsen'.

**b.** Obwohl psychologische Gratifikation im Lehrerberuf eher von den Schülern als von den Erwachsenen (Kollegen, Eltern) zu kommen scheint, gibt es auch Hinweise, dass dies nicht überall gilt, insbesondere scheinen dabei Stufenunterschiede zu existieren. So ist die Isolation des Lehrers bereits häufig festgestellt worden (vgl. etwa Cloetta & Hedinger, 1981; Hirsch et al., 1990; Schnydrig, 1992). Dadurch wird Freude an kollegialer Interaktion wie etwa Unterstützung oder Lob für gelungene Arbeit verhindert. Schulen mit dichter kollegialer Interaktion, in denen sich die Lehrer gerne über ihre Arbeit unterhalten, sich wechselweise im Unterricht beobachten und auch im Unterricht zusammenarbeiten, erhöhen die Berufszufriedenheit ganz beträchtlich (Little, 1982).[20]
Die Betonung der aus der Arbeit mit Schülern statt Erwachsenen resultierenden Befriedigung ist weniger zutreffend für die Sekundarschul- als für die Primarschulstufe, bzw. gilt sie auch nicht für jene Klassen, in denen das Leistungsniveau der Schüler eher gering ist. Wenn die Arbeit mit Schülern wenig Freude bereitet, dann kann die Interaktion mit anderen Lehrern zum primären Faktor für intrinsische Belohnung werden.

#### *2.3.3.2. Institutionelle Ebene*

Es gibt viele Publikationen, in denen behauptet wird, dass die Erfahrungen eines Lehrers mit den institutionellen Eigenarten der Schule, in welcher unterrichtet wird, die wichtigste Determinante für die Entwicklung einer beruflichen Haltung seien (zur Übersicht, vgl. Burden, 1990). Damit rückt auf der institutionellen Ebene insbesondere die sozialisatorische Wirkung von Schule als Arbeitsplatz in den Blickpunkt. In einer ähnlichen Weise haben auch andere Autoren (Burke, 1987; Calderhead, 1991; Feiman-Nemser & Floden, 1986; Zeichner & Tabachnik, 1985) auf den Einfluss der Schulorganisation auf die Lehrerentwicklung hingewiesen. Vier Aspekte seien hier besonders behandelt: 1. die Einflüsse der Kollegen; 2. der Einfluss der Eltern; 3. die Einflüsse von Vorgesetzten; sowie 4. die Einflüsse der 'Schuladministration':

**1. Einfluss des Lehrerkollegiums**

**a.** Vieles deutet darauf hin, dass Berufsanfänger beim Erlernen des Unterrichtens ihre erfahrenen Kollegen für sehr einflussreich halten (Jardine & Field, 1992; Weinstein, 1988; Wildman & Borko, 1985; Zeichner & Grant, 1981; Zumwalt, 1982). Einiges weist aber darauf hin, dass den Normen in-

---

19 Dies kontrastiert beispielsweise mit Befunden, wie sie in den achtziger Jahren publiziert worden sind (Boos-Nünning, 1979; Eigler & Nenninger, 1980; Strittmatter, 1981).

20 Eine höchst interessante Studie findet sich in Feiman-Nemser & Floden (1986, p. 511), welche aufzeigen konnte, dass Lehrer in architektonisch offen gestalteten Schulen - in denen man die Tür zum Klassenzimmer nie schliessen konnte - eine höhere Berufszufriedenheit aufwiesen als Lehrer in Schulen mit traditioneller Bauweise.

nerhalb einer bestimmten "peer group" von Lehrern eine hohe Bedeutung zukommt. Umgekehrt sind auch Hinweise darauf zu finden, dass der Einfluss von 'Lehrerkulturen' durch bestimmte Eigenschaften von Berufsanfängern relativiert werden, und dass formelle Versuche zur Beeinflussung des Verhaltens von Kollegen nur unter sehr spezifischen Bedingungen auftreten. Die Literatur legt nahe, dass der sozialisatorische Einfluss der Kollegen auf Berufsanfänger - mit Ausnahme solcher Schulen, in denen die Norm der Kollegialität sehr stark ausgeprägt ist (Lanier & Little, 1986) - vermutlich eher informeller Natur ist. Obwohl also in vielen Schulen ein Ethos des Individualismus und des 'Einzelkämpfertums' existieren mag, muss gleichwohl die Sozialisation durch Kollegen mitberücksichtigt werden. Allerdings gilt es hierbei auch zu bedenken, dass an einer Schule mehrere 'Lehrerkulturen' existieren können, woraus sich für einen Berufsanfänger Identitäts-, Rollen- oder Loyalitätskonflikte ergeben können (vgl. dazu weiter oben den Punkt 'Einfluss der anderen Lehrerkollegen').
Die sehr sorgfältig gemachte Studie von Hoy & Woolfolk (1990) weist auf beträchtliche Effekte der sogenannten "organizational socialization" von Lehrerstudierenden hin. Sie stellen in der Berufsperspektive von Praktikanten - nach der Praktikaabsolvierung - in der Tendenz eine Zunahme kontrollierender Momente fest. Die Resultate deuten auch auf eine signifikante Zunahme von sog. Aufsichts- und Bevormundungstendenzen hin, und zwar bezüglich ihrer Kontrollfunktionen den Schülern gegenüber; die Lehrerstudierenden werden ebenfalls als kontrollierender wahrgenommen, wenn es um die Schlichtung sozialer Probleme geht.[21] - Zudem sind die Praktikanten bezüglich der Schülerentwicklung weniger zuversichtlich, wonach die sozialen Nachteile des elterlichen Zuhause und/oder der familiären Situation ausgeglichen werden könnten. Gleichzeitig aber - fast widersprüchlich - sind sich dieselben Studierenden einig, aufgrund persönlicher Fähigkeiten in der Lage zu sein, Motivationsprobleme in der Klasse lösen zu können oder wirkungsvoll mit schwierigen Schülern umgehen zu können: Weinstein (1990) nennt dies den vielerorts beobachteten *'unrealistischen Optimismus'*, welcher Junglehrer als Berufseinsteiger kennzeichnet: Die möglichen Schwierigkeiten sind zwar rundum bekannt, aber sie werden wohl auf andere, nicht jedoch auf sich selbst zutreffen. Hoy & Woolfolk (1990, p. 279) gehen sogar soweit zu behaupten, "their sense of personal teaching efficacy improved as their sense of general teaching efficacy declined".

#### 2. Einfluss der Eltern

**a.** Obwohl Eltern von der Schule zentral betroffen sind, haben Lehrer typischerweise doch wenig Kontakt zu ihnen. Wenn es keine Probleme mit den Schulleistungen gibt, geht der Kontakt in der Regel nicht über zwei Elternabende pro Jahr hinaus; in den höheren Klassen geht auch dieser Kontakt noch zurück. Gleichwohl werden Eltern und Lehrer natürlich ständig an die Existenz des Anderen erinnert. Die Eltern stellen bei ihren Kindern die

21 Das sind insgesamt Einsichten, die sehr stark an die Konstanzer-Untersuchungen erinnern, welche ich weiter oben thematisiert habe (cf. Müller-Fohrbrodt, Cloetta & Dann, 1978).

Wirkung der Schule fest, und Lehrer bemerken sehr wohl, ob das Elternhaus die Schule unterstützt. Eine solche indirekte Interaktion erzeugt Spannungen, da möglicherweise Lehrer und Eltern (insbesondere Lehrerinnen und Mütter; vgl. Biklen, 1983; Lightfoot, 1983b) um die Aufmerksamkeit und Loyalität des Kindes 'konkurrieren' (Feiman-Nemser & Floden, 1986).

**b.** Für Lehrer ist die Beziehung zu Eltern dann ideal, wenn diese ihre Arbeit unterstützen, ihren Anforderungen nachkommen und sich generell nicht in ihre Arbeit einmischen (Lightfoot, 1983b; Lortie, 1975). Diese Ausschliessung der Eltern kann teilweise mit dem Wunsch der Lehrer erklärt werden, üblicherweise Familienangelegenheiten von den Schulleistungen der Schüler fernzuhalten: einige Lehrer möchten nicht, dass ihre Erwartungen an Schüler durch den familiären Hintergrund beeinflusst werden. Andere Lehrer betrachten Eltern z.T. als Bedrohung, sei es aufgrund ihres höheren Sozialstatus' oder aufgrund unberechtigter Erwartungen. Lightfoot (1983a) hat dies krass formuliert: Lehrer gingen Koalitionen nur mit willfährigen und unkritischen Eltern ein. Eltern können als Bedrohung des erreichten professionellen Selbstbildes eines Lehrers angesehen werden, weil sie möglicherweise dieses Selbstbild in Frage zu stellen vermögen (Herndon, 1985; Woods, 1986a).

#### 3. Einfluss durch Vertreter der Schulleitung

**a.** Der Rolle der Schulleitung ist in den letzten Jahren zunehmende Aufmerksamkeit gewidmet worden (Reynolds, 1989). Die Resultate schwanken beträchtlich: Die einen messen der Position eines Schuldirektors eine zentrale Bedeutung zu, andere erklären, dass er nur wenig Einfluss hat (Wolcott, 1973). Wie sollte nach Auffassung der Lehrer ein Schulleiter behandelt werden, und wie wollen sie sich umgekehrt von ihm behandelt sehen? 'Loyalität auf beiden Seiten' scheint zusammenfassend die geforderte Devise zu sein.

**b.** So sehen sich viele Lehrer dem Schuldirektor gegenüber in einer widersprüchlichen Situation (Jackson, 1968; Lortie, 1975; Sarason, 1982). Einerseits wünschen sie sich keine Einflussnahme auf ihre alltägliche Praxis; insbesondere sollte sich der Leiter aller Eingriffe in unterrichtsbezogene Entscheidungen enthalten. Andererseits sollte sich ein Schulleiter jedoch wie ein 'Puffer' zwischen den Lehrer und irgendwelchem 'Aussendruck' - seitens der Schulverwaltung, der Eltern etc. - stellen (vgl. Biklen, 1983). Zusätzlich wünschen Lehrer, dass der Direktor sie in ihrem Bemühen um Aufrechterhaltung der Klassenordnung unterstützt, indem er sie hierin bestärkt und entsprechende Regeln für die ganze Schule institutionalisiert. Wenn dies eintritt, sind die Lehrer im Gegenzug dann auch bereit, mit dem Schulleiter zusammenzuarbeiten.

#### 4. Einfluss der 'Schulkommission', Schulpflege, des Schulinspektorats

**a./b.** Wie wir weiter oben gesehen haben, wird in Untersuchungen gemeinhin eine generelle sozialisatorische Bedeutsamkeit des Lehrerkollegiums bezweifelt. Demgegenüber wird die Wichtigkeit derjenigen Personen betont, die die angehenden Berufsanfänger beurteilen, denen also die Möglichkeiten institutioneller Sanktionen zukommen. Auch diese Ansicht hat die empirische Forschung jedoch nicht bestätigen können; ganz im Gegenteil deutet alles darauf hin, dass Lehrer von ihren Vorgesetzten in aller Regel nur wenig direkte Hilfestellung, aber auch wenig Anweisungen bekommen (Zeichner, Tabachnick & Densmore, 1987), und dass sich Lehrer darüber hinaus relativ leicht vor Direktiven und 'Sanktionen' schützen können, wenn sie es wollen. Damit soll nicht ausgedrückt werden, dass es sich beim individuellen Klassenraum eines Lehrers um einen uneinnehmbaren 'Schonraum' handelt, in dem ein Lehrer frei von jeglicher administrativen Kontrolle arbeiten kann. Die Literatur legt jedoch nahe, dass Sozialisation eher durch die strukturellen Imperative des Lehrerberufs als durch einzelne Schulverwaltungsbeamte bzw. Vorgesetzte erfolgt (Hayes & Ross, 1989; Kremer-Hayon, 1987). Darüber hinaus weisen etwa die Untersuchungen von Zeichner & Tabachnik (1985) darauf hin, dass der Einfluss von Vorgesetzten und/oder Inspektoren innerhalb und zwischen Schulen sehr unterschiedlich ausgeprägt sein kann.

#### *2.3.3.3. Zusammenfassung*

• Die Forschung zu Sozialisationseinflüssen beschäftigte sich in den vergangenen fünfzehn Jahren mit den Fragen, (1) ob erfahrene Lehrer das einmal erworbene Normengefüge beibehalten, (2) ob sich Berufsanfänger grundsätzlich ändern, und (3) ob sie die Berufskultur der erfahrenen Lehrer lediglich passiv übernehmen. (Weil die verschiedenen Teilgruppen der Lehrerschaft je besonderen Normen folgen, treffen Berufsanfänger womöglich nicht auf eine einheitliche Sozialisationsumwelt.)

• Die meisten Untersuchungen zur Lehrersozialisation beschäftigen sich mit den Schulpraktika während der Ausbildung und dem Berufseintritt, mit Zeitabschnitten also, die für die Aneignung der Lehrerkultur von besonderer Bedeutung sind. In diesen Phasen imitiert der angehende Junglehrer andere Lehrer und übernimmt von ihnen bestimmte Verhaltensstandards. Ein oft beschriebenes Beispiel ist der Erwerb einer angemessenen Einstellung zu Disziplinfragen: Einerseits wird ein übermässig strenges Auftreten erfahrener Lehrer gegenüber den Schülern von den Lehrerstudierenden imitiert, da sie es als 'erfolgreich' erleben; andererseits erfahren Novizenlehrer die Missbilligung ihrer eigenen, eher 'milden' Vorstellungen (z.B. von universitären Supervisoren).

• Auch andere Gruppen haben Einfluss auf den Berufsanfänger - aber keine spielt eine so wichtige Rolle wie die der erfahrenen *Kollegen*. Obwohl die formelle 'Macht' der Schulverwaltung eine wichtige Rolle als Sozialisationsagentur nahelegt, begrenzt der geringe Kontakt zwischen den Vorgesetzten und dem einzelnen Lehrer ihren Einfluss. Üblicherweise wird auch die Sozialisationswirkung der universitären Phase der Lehrerausbildung im Vergleich mit jener der Schule als schwach beurteilt. Verschiedene Studien haben beschrieben, wie die Effekte dieser Phase 'ausgewaschen' werden. Untersuchungen zur *Rolle der Schüler* belegen ihre hohe Bedeutung für die Ausformung des Lehrerhandelns. Diese Untersuchungen konzentrieren sich eher auf Anpassungen des Lehrers an die Erfordernisse des Klassenunterrichts anstatt auf die Art und Weise, wie Lehrer die Erwartungen der Schüler wahrnehmen.

• Gleichermassen problematisch ist die Annahme, dass die an der Universität erworbenen Normen den in der Schulpraxis üblichen widersprechen. Die These bleibt ungeprüft, wonach die *universitäre Ausbildung* liberale Normen vermittelt. Es gibt selbst Hinweise dafür, dass die Hochschul- den Schulnormen entsprechen. Darüber hinaus konnten Diskrepanzen zwischen der universitären Ausbildungsprogrammatik und ihrer Realität festgestellt werden.

### 2.3.3.4. *Kulturbezogene Analyseebene*

Auf einer kulturbezogenen Analyseebene ist versucht worden, die Perspektive des einzelnen Lehrers sowie die Ereignisse auf der Unterrichts- und Schulebene mit den Ideologien, Praktiken und materiellen Bedingungen des gesellschaftlichen Umfeldes zu verbinden. In diesem Bereich lassen sich zwei Ansätze unterscheiden (Zeichner & Gore, 1990):

1. **Situative Einflüsse**

**a./b.** Auf der einen Seite haben Apple & Weis (1983) und Gitlin (1983) untersucht, wie durch schulexterne politische Entscheidungen die materiellen und strukturellen Arbeitsplatzbedingungen des einzelnen Lehrers beeinflusst werden. Demgemäss bilden die Orientierungsmuster eines Lehrers das Ergebnis der aktiven Auseinandersetzung mit diesen äusseren Determinanten, die sich auf der institutionellen Ebene niederschlagen. Zwar sind durch entsprechende Untersuchungen umfassend Prozesse analysiert worden, wie kulturelle Faktoren - beispielsweise etwa die Bürokratisierung und Disqualifizierung ("deskilling") von Arbeit, Geschlechtsrollenstereotypien wie auch zunehmende Arbeitsteilung - die Bedingungen der Lehrerarbeit verändert haben (Gerris, Peters, & Bergen, 1984; Zeichner & Gore, 1990). Aber diesbezüglich fehlt die empirische Fundierung behaupteter Zusammenhänge noch fast gänzlich. (Diese letzte Aussage trifft fast gänzlich zu bezüglich der Frage nach Zufriedenheit respektive Frustration durch diese äusseren Faktoren.) Hiervon abzugrenzen sind solche Ansätze, welche die situationsbezogene Perspektive des einzelnen Lehrers (Larsson, 1984; Powell, 1992; Stodolsky, 1993; Tomlinson & Swift, 1992) mit allgemeinen gesellschaftlichen Bedeutungs- und Rationalitätsformen in Verbindung bringen.

2. **Gesellschaftliche Einflüsse**

**a./b.** Beispiele für Versuche, den generellen Wirkungsfaktoren 'kultureller Codes' auf die Entwicklung von Lehrern nachzugehen, sind etwa (a) Dales (1977) These über den kognitiven Stil des 'liberalen Individualismus', (b) Giroux' (1988) Analyse der Entwicklung von 'technokratischer Rationalität' - welche Schön (1983) leicht abgeschwächt als 'technische Rationalität' bezeichnet - und (c) Popkewitz' (1986) Überlegungen zur sozialisatorischen Wirkung einer Professionalisierung des Wissens und der Ideologie des Professionalismus (vgl. auch Smyth, 1987). Aber wie bereits oben gesagt, sind diese Ansätze nicht oder kaum empirisch fundiert. Wenngleich viele dieser makrotheoretisch ansetzenden Untersuchungen in analytischer und logischer Hinsicht sehr überzeugend sind, bleibt noch viel zu tun, um die Existenz der behaupteten Zusammenhänge auch empirisch und im Detail nachzuweisen (Zeichner, Tabachnik & Densmore, 1987).[22] Das erklärt vielleicht auch, weshalb dieser kulturbezogenen

[22] Ein lobenswerter Beginn stellt die feine Lebenswegstudie von Schempp et al. (1993) dar, welche mikropolitische Einflussvariablen auf die Lehrerwerdung erforschte.

Analyseebene in der Lehrersozialisation bisher die wenigste Aufmerksamkeit gewidmet worden ist (Boos-Nünning, 1979; Atkinson & Delamont, 1985; Greene, 1989a). - Ich verzichte hier auf eine weitere Ausführung dieser Einflussquelle, weil diese letzte Analyseebene besonders kulturell-kontextlich geprägt ist und es davon wenig mir bekannte europäische, d.h., insbesondere schweizerische Untersuchungen gibt.[23]

*2.3.3.5. Diskussion*

Das Problem der Lehrersozialisation ist eine Frage jenes allgemeinen theoretischen Erklärungsproblems, welches gelöst werden muss, um die Beziehung zwischen Individuen und Institutionen bzw. zwischen Handlung und Struktur zu klären. Im Mittelpunkt der Diskussion über den Einfluss von Personen und Kontexten im Prozess der Lehrersozialisation steht dabei die Frage, inwieweit die Entwicklung einer beruflichen Perspektive bei Lehrern durch institutionelle oder individuelle Faktoren bedingt ist. Während die einen in der Literatur behaupten, dass den Persönlichkeitseigenschaften eines Lehrers, seinen Neigungen und Fähigkeiten, eine grössere Bedeutung im beruflichen Sozialisationsprozess zukomme als den verschiedenen institutionellen Bedingungen der Lehrerausbildung und Schulen, sehen es andere Positionen genau anders herum. Drittens schliesslich gehen eine ganze Reihe von Autoren von einem Wechselwirkungsverhältnis zwischen institutionellen und individuellen Faktoren aus.[24] Obwohl viele Einflussfaktoren auf unterrichtlicher, schulischer und kultureller Ebene festgestellt worden sind, hat man Lehrer an keiner Stelle als aktive Teilnehmer ihres eigenen Sozialisationsprozesses verstanden. Hierbei wurde der Such- und Interaktionsprozess von Lehrern bei der Entwicklung einer individuellen beruflichen Perspektive entweder stark beschönigt und/oder simplifiziert.

Wenn Lehrer als aktiv Handelnde statt als passiv Handlungsausführende betrachtet werden, so hat dies Auswirkungen auf schul- und bildungspolitische Entscheide, die Lehrer nicht mehr 'von oben verordnet' annehmen: schulpolitische Entscheidungen und ihre Auswirkungen legen deshalb ein Verständnis der Lehrerarbeit nahe, welche eine Stärkung der Kompetenz und Autonomie der Lehrer beinhaltet, anstatt ihr Handeln eventuell noch vermehrt bürokratisch kontrollieren zu wollen. Eine solche freimütigere Auslegung der Beziehung zwischen Schulverwaltung und Lehrerschaft vermag den Status der Lehrer anzuheben und darüber hinaus die Attraktivität des Berufs gerade für junge Lehrerkandidaten zu stärken.

---

[23] Als Ausnahme kann vielleicht Schnydrigs (1992) Untersuchung bezüglich Berufssorgen bei Deutschwalliser Primarlehrern angeführt werden, wo lokal-kulturelle Faktoren bei den Problemanalysen eine bestimmte Rolle spielen.

[24] Von Bedeutung sind dabei jene Einsichten, wonach die berufliche Befriedigung von Lehrern aus dem Kontakt mit Schülern erwächst und nicht aus institutionellen Gratifikationen; zudem sind die Beziehungen zur Schulverwaltung, zu Eltern und zu den Kollegen - grob verallgemeinert - vom Wunsch beherrscht, 'in Ruhe gelassen zu werden': Huberman (1989) formuliert diesen Umstand folgendermassen: statt bei einer grossangelegten Landreform (Schulinnovationen, auf der Makroebene) mitzumachen, pflegt der Lehrer lieber sein eigenes Gärtlein (Methodenverfeinerungen, auf der Mikroebene).

## 2.4. LEHRERWERDUNG ALS ENTWICKLUNGSPROZESS

Vieles deutet darauf hin, dass die bisherigen Herangehensweisen zum Verständnis des Prozesses der Lehrersozialisation wenig beigetragen haben: Konformitätsdruck ist nicht einzig das Resultat von vergangener und/oder gegenwärtiger Erfahrung; zudem kann Konformität unterschiedliche Formen annehmen und für die beteiligten Individuen jeweils etwas anderes bedeuten. Und selbst dort, wo Konformität festgestellt werden kann, tritt diese in unterschiedlicher Gestalt auf, in verschiedener Ausprägung, hat sie unterschiedliche Bedeutungszusammenhänge für unterschiedliche Lehrer, in je unterschiedlichen institutionellen Kontextzusammenhängen (McQualter, 1985). Eine wachsende Zahl von Untersuchungen zur beruflichen Sozialisation von Lehrern (z.B. Lacey, 1987; Zeichner & Tabachnik, 1985)[25] und von Erwachsenen (z.B. Sprinthall & Thies-Sprinthall 1983) haben die Engpässe aufgezeigt, in welche solche deterministische Sichtweisen von Lehrersozialisation führt.
Deshalb sind seit kurzem Ansätze zu vermerken, die den Prozess der 'Lehrer-Werdung' beschreiben und untersuchen (Cryns & Johnston, 1993; Diamond, 1988; Eisenhart & Borko, 1991). Einige dieser Ansätze, die etwa unter dem Stichwort 'Entwicklung des Lehrers' anzutreffen sind, liefern dabei Rahmenkonzepte für ein umfassenderes Verständnis für die Probleme der Berufseinsteiger (Burden, 1990; Burke, 1987; Hunsaker & Johnston, 1992; McNergney & Carrier, 1986; Veenman, 1984). Darin finden sich Angaben zu den interindividuellen Unterschieden zwischen Lehrern, die für die Lehrerwerdung, aber auch für die Berufszufriedenheit und die Entwicklung einer Berufsidentität entscheidend sein mögen. Dabei werden die Berufseinstiegsprobleme von Novizenlehrern als 'notwendige' transitorische Stadien auf dem Wege zu ganzheitlicheren Ebenen der beruflichen Anforderungen betrachtet (Berliner, 1988). Zugleich können aus diesen Ansätzen auch Hinweise auf die mögliche Einwirkung zur Förderung dieses Entwicklungsprozesses herausgelesen werden (vgl. insbesondere den Sammelband von Hargreaves & Fullan, 1992).

### 2.4.1. Vom Berufserwerb zur Lehrerwerdung

Ein oft angeführtes Beispiel zur Lehrersozialisation als Interaktionsprozess ist Laceys (1977, 1987) - inzwischen erweiterter - Ansatz, der auf der Annahme eines ständigen Wechselspiels zwischen Handlungsentscheidungen und Handlungsbedingungen im Prozess des Lehrerwerdens basiert. Lacey kritisiert Positionen, welche die Ansicht vertreten, dass 'situationsbezogene Anpassung' das einzig mögliche Resultat beruflicher Sozialisation sei und schlägt stattdessen als heuristischen Rahmen das Konstrukt der 'sozialen (Handlungs)Strategie' vor, welches die verschiedenen Ausprägungsgrade beschreibt, mit denen sich Lehrer an institutionelle Zwänge anpassen, und mit denen sie zugleich die Bedingungen

[25] Die Entwicklung der Lehrerperspektiven wird von Zeichner & Tabachnik (1985) vereinfacht auf die Formel gebracht: Sozialisation = Wertverpflichtung + Verhaltenskonformität. Die beiden Autoren fragen sich deshalb, ob Junglehrer damit möglicherweise zu 'Gefangenen der Vergangenheit' (“prisoners of their past”) werden.

ihres Arbeitsplatzes verändern. Zeichner & Tabachnik (1985) haben Laceys Ansatz (1977) weiterentwickelt und empirische Befunde geliefert, die dieses Modell stützen. Obwohl diese und andere Studien mit dem Hinweis auf eine Vernachlässigung der Effekte antizipatorischer Sozialisation (Feiman-Nemser & Floden, 1986) und wegen einer Überschätzung der wenigen Fälle von verdecktem oder offenem Widerstand als tatsächliche Herausforderung des institutionellen Determinismus (Jordell, 1987) kritisiert worden sind, so werden hierdurch drängende Fragen aufgeworfen, die das Bild von 'Lehrersozialisation als blossen Anpassungsprozess' heftig problematisieren (vgl. auch Reynolds, 1992).
Ein anderer Zweig empirischer Forschung, der ebenfalls eine eher interaktive Sichtweise des Prozesses der Lehrersozialisation nahelegt, betrachtet das 'Lehrerwerden' als Beispiel für Entwicklung im Erwachsenenalter. Sprinthall & Sprinthall (1987) berichten über beeindruckende Resultate im Zusammenhang mit einer Stufentheorie der kognitiven Entwicklung im Erwachsenenalter. Sie zeigen, wie bestimmte Berufscharakteristika und -absichten individueller Lehrer institutionelle Einflüsse auf ihre Entwicklung zum Lehrer neutralisierten. Dieser Forschungsbefund deckt sich mit den Befunden von Lacey (1987) und Zeichner & Tabachnik (1985), denn alle legen sie eine kritische Überprüfung der These vom institutionellen Determinismus in der Lehrersozialisation nahe. Obwohl nun in diesen Studien die Sozialisation von Lehrern nicht so zu verstehen ist, dass einzelne Lehrer an ihrem Arbeitsplatz ihre je individuellen Vorstellungen und Fähigkeiten gleichsam ungebrochen umsetzen können, so ist die Intensität der Entwicklung eines Lehrers gleichwohl durch individuelle Absichten und Zwecke beeinflusst, so dass keinesfalls von einer einfachen Anpassung die Rede sein kann. So kann man zusammenfassend sagen, dass die gängige Praxis der Beschreibung lediglich zentraler Tendenzen der Lehrersozialisation respektive der Einflüsse der Institution auf die Individuen wenig bis gar nichts zur Erhellung der Unterschiede und des Zusammenspiels verschiedenster involvierter Faktoren beigetragen hat. Ein besseres Verständnis der Interaktion in spezifischen Kontexten zwischen individueller Handlungsabsicht und institutionellen Handlungsbedingungen aber ist zentrale Voraussetzung für die Entwicklung von neuen Wegen in der Lehrerausbildung (Rovegno, 1992).

### 2.4.2. Untersuchungen zur Lehrerwerdung

Habe ich bisher die die Entwicklungsprozesse von Lehrern allgemein und detailliert skizziert, so beschreibe ich nachstehend kurz zwei in diesem Zusammenhang wichtige Ansätze der Lehrerwerdung, um mich schliesslich auf diejenige Tradition zu konzentrieren, welche am plausibelsten auch Veränderungen in der Berufskultur der Lehrer zu erklären vermag. Wie die Forschung zur Lehrersozialisation, so versucht auch die Forschung zum Lehrerwerden als Entwicklungsprozess die Wandlungen innerhalb der Berufslaufbahn von Lehrern zu beschreiben und zu erklären. Mit dem Begriff 'Entwicklung' verbindet sich vermehrt - wie oben ausgeführt - sowohl die Vorstellung einer inneren Gerichtetheit anstatt bloss einer Prägung von aussen. Das Bild des Lehrers als einer Person, die ihre berufliche Entwicklung selbst steuert, ist darüber hinaus für eine recht grosse Anzahl Forscher attraktiv geworden (Cryns & Johnston, 1993; Butler, 1992). Buchmann (1992) und Feiman-Nemser (1986) weisen eindringlich darauf hin, dass beschreibende Aussagen über bestehende Muster der Lehrerwerdung säuberlich von solchen getrennt werden müssen, die für bestimmte Ziele oder Methoden der Lehrerausbildung 'sprechen'; insbesondere dann, wenn es darum geht, Forschungsbeiträge über die Lehrerentwicklung zu einem besseren Verständnis des Lehrerkultur-Aneignungsprozesses zu interpretieren; denn aus den Beschreibungen der Entwicklungsprozesse von Lehrern können nicht Ziele für die Lehrerausbildung abgeleitet werden, ist doch das Endstadium dieser Entwicklung nicht unbedingt auch die Intention der Lehrerausbildung (Zeichner, 1993). Das ist aber noch längst kein Grund, die erhobenen deskriptiven Erhebungen über den Entwicklungsverlauf der Lehrerwerdung nicht gebührend wahrzunehmen, haben diese doch eine richtungsweisende Funktion (vgl. beispielsweise die Untersuchungen von Cole, 1992; Guillaume & Rudney, 1993; Kilgore & Ross, 1993; Morine-Dershimer, 1993; Ross & Regan, 1993). Die praktischen Ausbildungsempfehlungen müssen unabhängig von den empirischen Untersuchungen und theoretischen Behauptungen evaluiert werden, denn die Zusammenhänge zwischen normativ bestimmten Lehrerausbildungsgängen und berufsbezogenen Entwicklungstheorien sind häufig nur dürftig gegeben (Buchmann, 1984; Condon, Clyde, Kyle, & Hovda, 1993). Mit anderen Worten heisst dies, dass man aus den intensiv beschriebenen Entwicklungsstufen, die viele Lehrer durchmachen (Zulich, Bean, & Herrick, 1992), fallbezogen über berufliche Veränderungsprozesse lernen kann, ohne die damit verbundenen Empfehlungen übernehmen zu müssen (Magrath et al., 1987).

Derzeit liegen sehr wohl verschiedene Ansätze und Paradigmen der Lehrerwerdung vor. Es sind zwar oft wohldokumentierte, aber voneinander unabhängig erfolgte empirische Untersuchungen, welche zwar genaue und ausführliche Beschreibungen liefern, aber mittels der verschiedenen theoretischen Zugängen nicht miteinander abgestimmt werden können. Dabei werden die zwei in der Literatur am meisten genannten zwei Ansätze neuerdings von diszipliniert-eklektischeren Untersuchungen erweitert:

a) Der erstgenannte Ansatz ist Fullers (1969) Konzept der drei Entwicklungsstufen von Lehrern, welche sich im Verlauf der eigenen beruflichen Erfahrungen herausbildet und somit ein Modell ist, welches die Veränderung der zentralen Belastungen und Kümmernisse ("concerns") von Lehrern beschreibt: Dabei unterscheiden Fuller & Bown (1975) als erstes die Stufe des Überlebens ("survival stage"), auf der Lehrer mit den persönlichen Schwierigkeiten des vor-der-Klasse-Stehens, d.h. fast ausschliesslich mit sich selbst beschäftigt sind; die zweite Stufe ist jene der Meisterung der Unterrichtssituationen ("mastery stage"), wo die didaktisch-methodische Gestaltung und Beherrschung im Mittelpunkt steht und die unterrichtende Person mit sich selber als Lehrperson beschäftigt ist; in der dritten Stufe schliesslich hat die Lehrperson ihren Blick frei für ihre Schüler, für die beabsichtigten und sich einstellenden Lernprozesse: es ist die Stufe der Berücksichtigung jenes Einflusses, den Lehrer auf Schüler und umgekehrt haben ("impact stage").

b) Der zweite Ansatz, von Sprinthall und seinen Mitarbeitern (vgl. Sprinthall & Thies-Sprinthall, 1983; Sprinthall & Sprinthall, 1987) vertreten, basiert auf diversen Theorien zur sozial-kognitiven Entwicklung, wobei die Lehrerwerdung als Teil von "adult development" unter lebenslauftheoretischen Perspektiven betrachtet wird (Basseches, 1986). So werden die Veränderungsprozesse auf den Hintergrund der verschiedenen Theorieebenen zur Ich- (Loevinger), zur interindividuellen Ich- (Kegan), zur Moral- (Kohlberg) und zur kognitiven Entwicklung (Piaget) beschrieben, welche sich als stark dialektische Ansätze herausstellen, Dialektik als kognitive Organisation von Denkprozessen. Allen Ansätzen gemeinsam ist, dass auf den höheren Stufen eine vermehrte Gefühlsdifferenzierung, eine erhöhte Flexibilität, sowie ein Respektieren der Individualität, der Konflikt- und Ambiguitätstoleranz festgestellt werden können, d.h. zwischenmenschliche Wertschätzung und soziale Perspektiven mit dem Erwachsenwerden immer wichtiger werden (cf. dazu auch Oser, 1986).

Während inbesondere der erstgenannte Ansatz dem Selbstbild vieler Lehrer entspricht, aber im Dreischritt sehr allgemein erscheint, beinhaltet der zweite Ansatz eher Veränderungsprozesse im sozial-kognitiven Bereich, die nicht unbedingt nur für Lehrer typisch sind. - Neuerdings wird auch mittels des sogenannten "concept mapping" versucht, konzeptuelle Veränderungen und (kognitive) Entwicklungsschritte von Lehrern zu erheben (vgl. etwa Eckerle & Kraak, 1991; Morine-Dershimer, 1993). Mittels der "cluster analysis" zeigen Tochon & Munby (1993) die Entwicklung eines Novizenlehrers hin zu einem Expertenlehrern auf: es ist zeitlich betrachtet eine Epistemologie, die generell betrachtet als eine sich von der Didaktik hin zur Pädagogik verlagernde Entwicklung charakterisiert werden kann. (In diesem Zusammenhang möchte ich auf die Kapitelpunkte 5.4.2. bis und mit 5.4.4. verweisen, wo sowohl diverse Phasentheorien des Lernens als auch der Entwicklung vom Novizenlehrer hin zum Expertenlehrer beschrieben werden).

## 2.5. KONSEQUENZEN FÜR DIE LEHRERAUSBILDUNG

Die vorstehende Analyse einiger ausgewählter Aspekte der neueren Literatur zur Lehrersozialisation beinhaltet wichtige Konsequenzen für die Lehrerausbildung. Akzeptiert man die Verschiedenheit der Einflussfaktoren sowie den interaktiven Charakter des Entwicklungsprozesses, so wird klar, dass angehende Lehrer notwendigerweise mit einer ganzen Reihe von 'Entscheidungssituationen' konfrontiert werden. Hinzu kommt, dass trotz wohlüberlegter und kohärenter Ausbildungsprogramme Lehrerstudierende generell nicht genügend auf diese Einflussfaktoren vorbereitet werden können. Über die divergierenden 'Botschaften' und inneren Widersprüche der meisten Lehrerausbildungsprogramme hinaus ist selbstverständlich davon auszugehen, dass Lehrerstudierende unterschiedlich aktiv auf die formale Ausbildung reagieren, etwa indem sie hier etwas der Zielsetzung entsprechend übernehmen, dort etwas in sein Gegenteil verkehren, oder sich von den offiziellen Ausbildungsangeboten abkoppeln.

### 2.5.1. Bedeutung für die vorliegende Arbeit

In den letzten Jahren hat sich - in Anerkennung dieser oben dargestellten Sachverhalte - innerhalb der Lehrerforschung ein Ansatz herausgebildet, der bei Lehrerstudierenden einen höheren Grad an Reflexion über den Prozess ihrer Sozialisation, über ihr Unterrichtshandeln sowie über den weiteren institutionellen und gesellschaftlichen Kontext herstellen möchte. Wie Schön (1983; 1987) bemerkt, trägt dieser Ansatz einer *forschungsorientierten* Lehrerbildung den Realitäten des Prozesses der Lehrerwerdung insofern Rechnung, der Studierende als aktiv Handelnder gesehen wird, dessen Chancen zur (Eigen-)Kontrolle und Veränderung seines Handelns und seiner Handlungsbedingungen in dem Masse steigen, wie er sich über Handlungshintergründe und -konsequenzen klar wird (Hargreaves & Fullan, 1992).
Dieser Ansatz zur reflexiv(er)en Lehrerausbildung präsentiert sich zwar in sehr unterschiedlichen Formen (Clift, Houston & Pugach, 1990; Grimmett & Erickson, 1988; Liston & Zeichner, 1990a; Valli, 1992); alle Ansätze aber akzentuieren die Entwicklung der Fähigkeit zu reflektiertem Handeln, um die von Lehrerstudierenden unausweichlich zu treffenden Entscheidungen auf möglichst rationaler Basis erfolgen zu lassen. Eine solche Reflexivität soll sie befreien von internalisierten Gewohnheiten, unhinterfragten Umständen oder 'Autoritäten'. Solche Auffassungen von Lehrern wie auch von Lehrerstudierenden als aktive Entscheidungssubjekte (Lanier & Little, 1986) schliessen an jenen Aktivitäten und Fähigkeiten an, die es gerade Lehrerstudierenden erlauben, allmählich in eine berufliche Identität hineinzuwachsen, d.h., sich grundsätzlich und grundlegend über Erziehungsziele und -absichten im Beruf klar zu werden.
Die Forschung zur Lehrerwerdung weist aber auch darauf hin, dass ein Ansetzen auf der individuellen Ebene des Einzelstudierenden allein nicht ausreicht. Wie weiter oben angedeutet, zeigen die auf institutioneller und kultureller Ebene durchgeführten Studien, dass unterschiedliche ideologische Elemente und materielle Bedingungen die Wahl- und Handlungsmöglichkeiten von Lehrerstudierenden stark einschränken. Die Lehrerausbildung muss sich demnach um Möglichkeiten der Auseinandersetzung mit institutionellen und gesellschaftlichen Kontexten der Lehrerausbildung bemühen; d.h., mit denjenigen Wertmustern, Rollenbeziehungen und institutionellen Strukturen, auf die sich die zu verändernde Berufsrealität latent abstützt.
Ich werde aus obgenannten Gründen die verschiedenen Ansätze zur "Reflection in Teacher Education" im 4. Kap. eingehender diskutieren, umsomehr als sich meine Arbeit genau in der Spannweite zwischen diesen reflexiven Ausbildungsmöglichkeiten und den Ergebnissen aus der 'Forschung zum Lehrerwissen' situiert. - Dies wird im folgenden, 3. Kap. ausführlich erörtert, hat sich doch

meine empirischen Arbeit in der Folge extensiv auf diese beiden neueren 'Lehrerbildungsparadigmen' abstützen können (vgl. die Kap. 8 bis 10).[26]

---

[26] So möchte ich an dieser Stelle bereits festhalten, dass das themenzentrierte 'Erstinterview' aus dem Projektkurs (und damit ein Grossteil der von mir vorgegebenen ethnographischen Fragen), welches die Lehrerstudierenden mit ihrem ausgewählten Expertenlehrer durchführten, aus diesem hiermit abgeschlossenen 2. Kapitel zur Lehrerentwicklung erwuchs; d.h., es sind Fragen bezüglich der Lehrerwerdung, der beruflichen Identität, der Berufszufriedenheit, wie auch zu Aspekten von Gratifikationen - intrinsischer oder extrinsischer Natur -; sowie mögliche Einflussquellen der pädagogischen Unterrichtsarbeit: Eltern, Kollegen, Schulbehörden etc. (Vgl. dazu den Fragekatalog zum 'Erstinterview' im Anhang, Kapitel 11).

# 3. Unterrichtswissenschaftliche Forschung

*"Im deutschen Sprachraum hat das Bemühen um die Verbesserung der Lehrerbildung eine ungebrochene Tradition, die allerdings durch zwei Ereignisse erschüttert ist: (a) durch die politische Debatte zum Professionalisierungsproblem (...), in deren Gefolge die Verwissenschaftlichung der Lehrerbildung erfolgte, und (b) durch die Lehrerarbeitslosigkeit, die die Motivation zur Reform äusserst stark eindämmt." (Oser, 1987, S. 806)*

## 3.1. Die deutschsprachige Lehrerforschung

Nachdem sich im deutschsprachigen Raum in den 70er Jahren bezüglich der empirischen Unterrichtsforschung ein neuer Optimismus abzuzeichnen schien, folgte diesem Aufschwung der 80er Jahre ein deutlicher Rückgang der Unterrichts- und insbesondere der Lehrerforschung. Diese 'empirische Rezession' kann dadurch erklärt werden, dass im Zuge des wechselhaften Arbeitsmarktes (zyklisches Überhandnehmen des Lehrerüberflusses versus 'plötzliche' Lehrerarbeitslosigkeit) die Forschungsabsichten von Bildungspolitikern, Unterrichtsforschern und natürlich zuallererst von Lehrern arg gedämpft wurden (Loser & Terhart, 1986). Während sich also beispielsweise die englischsprachige Unterrichtsforschung seit den achtziger Jahren immer mehr den Bereichen der Berufskultur oder der Berufsbiographie von Lehrern zuwandte, hat diesbezüglich die deutschsprachige Forschung nicht nur stagniert, sondern - was auch schwer wiegt - sich dieser Forschung zur Berufskultur von Lehrern bisher nicht systematisch bedient (Terhart, 1991b).
Damit kam es für einige Zeit zu einem 'Bruch' mit der anglo-amerikanischen Unterrichtsforschung, deren Einflüsse aus den 60er und 70er Jahren im deutschen Sprachraum sehr stark spürbar waren und die Unterrichtsforschung diesseits des Atlantiks entscheidend mitprägte (Dalrup & Terhart, 1979).[27] In den 80er Jahren hingegen konnte diese 'Tradition' wohl vorwiegend aus den erwähnten Gründen nicht weitergeführt werden. Damit breitete sich eine gewisse Stagnation und Ignoranz - insbesondere der englischsprachigen Forschung gegenüber - aus.[28]

---

27 Es sei diesbezüglich an Übersetzungen nordamerikanischer Publikationen erinnert, wie etwa das erste Handbuch der Unterrichtsforschung (Gage, 1963, Ed.; dt. erschienen 1970, Ingenkamp, Hg.); oder Gage (1978) "The scientific basis of the art of teaching", 1979 deutsch als "Unterrichten - Kunst oder Wissenschaft?" übersetzt (cf. dazu Terhart, E., 1980a). In französischer Sprache ein Sammelband zu diesem selben Thema "L' art et la Science de l' Enseignement" (Crahay & Lafontaine, 1986, Eds.), mit übersetzten Beiträgen von Brophy, Clark, Doyle, Dunkin, Gage, Lampert, Rosenshine u.a.

28 Diese Ignoranz der englischsprachigen Literatur gegenüber ist bis zu einem gewissen Grad auch gut 'verständlich', ist doch ein Ignorieren der deutschsprachigen Publikationen in

Die deutschsprachige Unterrichtsforschung konzentrierte sich dabei längere Zeit auf rollentheoretische Arbeiten sowie Erhebungen zu pädagogisch-sozialpolitischen Einstellungen, und es dominierten lange Zeit Studien zur Lehrerpersönlichkeit (Jendrowiak & Kreuzer, 1980), zur Lehrerangst (Brück, 1978; Friedrich & Krainz, 1979), zu subjektiven Theorien (Füglister et al., 1985; Thommen, 1985; Wahl et al., 1983) von Lehrern, welche eine eher individualpsychologische Ausrichtung verrieten und den Sprung zu berufskulturellen oder berufsbiographischen Ansätzen nicht so richtig schaffen wollten (für eine Übersicht, vgl. Terhart, 1986). Erst in neuerer Zeit sind beispielsweise auch lebensgeschichtliche Ansätze in den Vordergrund getreten, so etwa die breitangelegte Zürcher Studie von Hirsch, Ganguillet & Trier (1990), welche als Fortsetzungsstudie zur ebenso flächendeckend angelegten Westschweizer-Studie von Huberman (1989) konzipiert war und sehr stark darauf aufbauen konnte.[29]
Bei den letztgenannten Studien liegt das Hauptgewicht auf dem beruflichen Werdegang, der *Berufsentwicklung*, wobei nicht nur die subjektive Sicht der Lehrer auf die Berufsübergriffe in lebenslauftheoretischer Perspektive, sondern auch das Wechselverhältnis zwischen dem Berufs- und Privatleben, von Einzelpersonen und Berufspositionen von Bedeutung sind (cf. Lortie, 1975; Feiman-Nemser & Floden, 1986; Sikes, Meason & Woods, 1985). Terhart erläutert dazu:

> "Der berufsbiografische bzw. berufskulturelle Ansatz schliesst in gewisser Hinsicht an die früheren Untersuchungen zur Lehrersozialisation an, erweitert diese Perspektive jedoch über die Phasen des Berufseinstieges hinaus auf das ganze Lehrerleben und streift zugleich den Determinismus sowie die vermeintliche Geschlechtsneutralität traditioneller sozialisationstheoretischer Denkmodelle ab." (Terhart, 1991b, S. 3)[30]

Diese Ansätze vermögen darüber hinaus auch die subjektiven Aspekte des 'Umbruchs', welcher innerhalb des Lehrerberufs feststellbar sind, wie auch Veränderungen und Entwicklungstendenzen bei Schülern zu erheben, d.h., es sind Untersuchungen, welche uns erstmals authentisch Einblick gewähren in das be-

---

Nordamerika seit Jahrzehnten vorherrschend: damit hat sich die deutsch- und wohl auch die übrige nicht-englischsprachige Forschungswelt wohl oder übel abfinden müssen, weshalb es für deutschsprachige Forscher nur mehr den unilateralen Weg gibt, ihre Forschungserkenntnisse in englischer Sprache zu publizieren.

29 Als kleinere Einzelfallstudie sei hier beispielsweise auf Ammann (1988) verwiesen.

30 Es kommt Ewalt Terhart das bemerkenswerte Verdienst zu, als Herausgeber eines Bandes zur vergleichenden Bildungsforschung mit neueren amerikanischen und englischen Arbeiten (zur Berufskultur und Berufsbiographie von Lehrerinnen und Lehrern) einen Neuversuch initiiert zu haben, die oben beschriebene Interdisziplinarität zwischen deutschsprachigen und den anglo-amerikanischen Unterrichtsforschungsgemeinschaften wieder aufleben zu lassen. Der sehr repräsentativen Auswahl von Forschungsartikeln als positives Momentum steht allerdings einschränkend eine sprachliche Übersetzung entgegen, die als Text alle nur erdenklichen kulturellen, sozialen und historischen Unterschiede diesseits und jenseits des Atlantik widerspiegeln. - Dieselben Aussagen gelten übrigens auch für die kürzlich auf deutsch erschienenen Beiträge der 'Aargauer Tagung' zur Didaktik: Mit dem programmatischen Titel "Didaktik Renaissance" müssen die darin übersetzten nordamerikanischen und skandinavischen Beiträge als Versuch gewertet werden, die deutsch-skandinavische Tradition der Didaktik mit den neueren amerikanischen Arbeiten zu verknüpfen (vgl. dazu die Zeitschriftennummer *Bildung und Erziehung*, 45(2), 1992; sowie die Fussnote [73]).

rufliche Selbstverständnis von Lehrern, und zwar dadurch, als die Lehrer selber ihr berufliches Selbstverständnis kategorisieren, bewerten und sprachlich artikulieren.
Diese situierenden Ausführungen sind deshalb nötig, weil ich mich in der Folge zunehmend der englischsprachigen Literatur 'bedienen' werde, um zum von mir postulierten und dargestellten integrativ-ethnographischen Ansatz zu gelangen. Ich tue dies in keiner Weise aus einer Geringschätzung der deutschsprachigen Unterrichtsforschung und Literatur heraus, sondern vielmehr, um die deutschsprachige Lehrerforschung dem anglo-amerikanisch-australisch-kanadischen Einfluss 'auszusetzen'. Damit soll also beispielsweise in keiner Weise die sehr unterschiedliche Lage der Lehrer in der Schweiz im Vergleich mit ihren Berufskollegen aus dem besagten nordamerikanischen Raum ignoriert werden, sondern es soll aufgezeigt werden, dass eben diese referierten Ansätze, Konzepte und Theorien es vielleicht geradezu möglich machen, die kulturellen Besonderheiten europäischer versus nordamerikanischer Verhältnisse in ihren besonderen Ausprägungen in den Vordergrund zu stellen. Gerade für die Schweiz scheint mir dieser Punkt unter dem Aspekt der unaufhaltsamen europäischen Integration von besonderer Wichtigkeit, werden doch bildungspolitisch vermehrt - dies gilt ganz speziell für den Schulbereich - Fragen der transnationalen Zulassungsbedingungen und Kompatibilitäten zu einem äusserst wichtigen Thema (Terhart, 1991b). Die Konsequenzen daraus - unbedacht jeglicher politischen Ausrichtung - werden nämlich letztlich wiederum die Lehrerschaft und damit auch die Schüler tangieren.

### 3.1.1. Die Sicht neuerer Unterrichts- und Lehrerforschung

In der amerikanischen Erziehungswissenschaft ist die deutschsprachige Forschung - von einigen wenigen Ausnahmen abgesehen - quasi nicht bekannt. Dies veranlasste Huberman (1987) zur folgenden Gewissensfrage an die englischsprachige Forschergemeinschaft: "How well does educational research really travel?"[31] Besonders mit Blick auf die neuesten Trends in der nordamerikanischen und australischen Unterrichtsforschung sollte die deutschsprachige Unterrichtsforschung jedoch nicht länger im Verborgenen bleiben.[32] Die pädagogische Lehr-Lern-Forschung in den USA, welche heute auf eine mehr interpretative Sicht des Unterrichts und des Lehrens zielt, findet ihre Wurzeln bezüg-

[31] Huberman - der bis 1992 an der Universität Genf tätig und somit einer jener seltenen Nordamerikaner war, der in eine europäische Unterrichtsforschungsgemeinschaft emigrierte - berichtet aus eigener Erfahrung, wie vielfach die europäische Forschung (was oft äquivalent ist mit der nicht-englischsprachigen Forschung) in Übersee nicht wahrgenommen wird. Dieses Malaise gilt für die französischsprachige "communauté scientifique" noch in grösserem Masse als für die deutschsprachige Unterrichtsforschung.

[32] Das kürzlich in Freiburg in der Schweiz organisierte Symposium "Effective and Responsible Teaching" ermöglichte es, diesen seit geraumer Zeit fälligen Dialog zwischen den neuesten Arbeiten der deutschsprachigen Unterrichtsforschung einem vorwiegend nordamerikanischen Forscherkreis näherzubringen: das erste konkrete Resultat ist ein englischsprachiger Band (Oser, Dick & Patry, 1992), welcher zeitgenössische Beiträge aus dem nordamerikanischen, australischen wie auch dem europäischen Kontinent veröffentlicht.

lich dieses interpretativen Paradigmas ihre Wurzeln im deutschsprachigen Raum. So haben in jüngster Zeit namhafte Unterrichtsforscher wie Walter Doyle, Lee Shulman und Ian Westbury die deutsche Unterrichtsforschung 'entdeckt' und eine Verwandtschaft mit ihren eigenen Ideen erkannt (Gudmundsdóttir & Grankvist, 1992). Einige dieser Trends haben nämlich eine natürliche Verbundenheit miteinander. Um das zu belegen, werde ich die wichtigsten Strömungen im englischsprachigen Raum skizzieren und zu zeigen versuchen, wo und wie sich diese der deutschsprachigen Tradition einfügen oder deutlicher davon abheben lassen.[33]

Es wird im folgenden versucht, einen Überblick der wichtigsten Bildungsforschungsansätze darzustellen, wobei damit einerseits die Vielfalt - als Gemeinsamkeiten und Unterschiedlichkeiten - der erziehungswissenschaftlichen Forschung dokumentiert werden soll und andererseits damit dem Postulat gefolgt wird, die vermehrte und grössere Zusammenarbeit zwischen den verschiedenen Paradigmen zu dokumentieren. Diesem letzten Punkt komme ich dadurch nach, als ich meine eigene Forschungarbeit innerhalb der verschiedenen paradigmatischen Strömungen 'lokalisiere' und/oder abgrenze. Damit sei auch schon vorweggenommen, dass ich mich nicht einer einzigen Unterrichtsforschungskonzeption verschreibe, sondern insbesondere Elemente aus der kognitiven, d.h. informationsverarbeitenden *individualisierten* Sichtweise, mit eher soziokulturellen, interpretativ-ethnographischen Ansätzen *integrierender* Art verbinden möchte.

Ich halte mich dabei insbesondere an Doyle (1990), Jackson (1992b), Shulman (1986a), Shulman & Sykes (1983), die je in den vier Handbüchern zur Bildungs-, Lehrplan-, Lehrer-, und Unterrichtsforschung eine Übersicht und Zusammenstellung der hauptsächlichsten Bildungsforschungsparadigmen der letzten Jahre vorgenommen haben (vgl. dazu ebenfalls Borich & Klinzing, 1987; Bronfenbrenner, 1986; Cuban, 1984; Doyle, 1987, 1992b; Feiman-Nemser & Floden, 1986; Medley, 1987). Dabei wird einerseits der Variantenreichtum und die Vielgestaltigkeit der erziehungswissenschaftlichen Forschung gewürdigt, andererseits auch ganz klar auf die sich notwendig ergänzenden Paradigmen hingewiesen. Damit ist auch eine klare Abkehr von konfrontativen Sichtweisen

---

[33] Ein Grund, warum beispielsweise die europäische Didaktik in den USA wenig bekannt geworden ist, liegt wahrscheinlich darin, dass Bildungsforschung in den USA (mit einigen bemerkenswerten Ausnahmen) bis vor kurzem hauptsächlich Forschungsziele verfolgt hat, die beispielsweise der deutschen Didaktik eher fremd waren. So ist die Vielfalt der erziehungswissenschaftlichen Forschung in den USA gross, und die thematische Einteilung spiegelt sich in der Struktur der American Educational Research Association (AERA) mit ihren über zehntausend Mitgliedern, die entsprechend ihren Forschungsinteressen einer oder mehreren 'Divisions' angehören. Es gibt 'Divisions' für die Bereiche Schulverwaltung, Curriculumforschung, Unterricht und Lernen, Mess- und Forschungsmethoden, Beratung, berufliche Bildung, Weiterbildung und - als jüngste und am schnellsten wachsende Gruppe - für Lehrer und Lehrerbildung: Das Interesse an der Division K (für Unterrichts- und Lehrerbildungsforschung) ist in den letzten Jahren so beträchtlich gestiegen, dass sie zur Zeit die zweitgrösste Abteilung der AERA ist. Die Interessen der AERA-Mitglieder, welche den Kommissionen für Curriculumforschung oder Lehrerbildung angehören, gleichen in etwa denen, die im deutschsprachigen Gebiet und Skandinavien als Didaktik bezeichnet werden (vgl. dazu Gudmundsdóttir & Grankvist, 1992; Gundem, 1992).

gegeben wie etwa jene von Gage (1989), der hypothetisch das futuristische Bild eines Paradigmenkriegs ("paradigm war") und möglichen Nachwehen für das Jahr 2000 skizziert. Shulman (1986a, 1992b) schlägt demgegenüber mit Cronbach (1975) und Schwab (1976) eine methodologische Vorgehensweise vor, in der sich die verschiedenen Paradigmen als "disciplined eclecticism" gegenseitig ergänzen (cf. auch Geertz, 1973; Cazden, 1986; Cazden & Mehan, 1989).
Deshalb soll im nächsten Kapitel kurz - sozusagen als wissenschaftshistorischer Exkurs - die Entwicklung der Unterrichtsforschung, aus ihren Anfängen bis zur heutigen Zeit, nachgezeichnet werden. Damit wird ersichtlich, wie sich die anfängliche Forschung, von atomisierten Sichtweisen zu ganzheitlichen Ansätzen durchgerungen hat. Damit 'legitimiere' ich gleichzeitig auch meinen gewählten Forschungsansatz betreffs der Vor- und Hauptstudie.

## 3.2. Von der Unterrichtswissenschaft zur Forschung der Lehrerbildung

### 3.2.1. Die wissenschaftliche Basis von Unterricht

Aus der nachfolgenden Diskussion wird ersichtlich, dass die Unterrichtswissenschaft mit einer ständig erweiterten Sichtweise an Unterricht heranging: "Was charakterisiert eigentlich *effizienten* Unterricht?" Mit dieser Ausgangsfrage beschäftigten sich in den 60er Jahren viele Unterrichtsforscher, welche den Bildungsplanern und Bildungspolitikern präzise und valide Kriterien zur Auswahl und Evaluation von gutem Unterricht abgeben wollten, d.h., Auswahlkriterien, welche fähige Lehrer und Lehrerinnen von unfähigen klar unterscheiden sollten. Als dominierendes Paradigma etablierte sich in jener Zeitspanne die 'Prozess-Produkt-Forschung', die etwa auch 'Effizienz-Forschung' genannt wird, mit wichtigen Vertretern wie Brophy (Brophy & Good, 1974; 1986), Gage (1963; 1978; 1985b),[34] Good (1983; 1987; Good & Brophy, 1986; 1987) später Rosenshine (1983; 1986) und Emmer (1986; Emmer et al., 1989; Evertson & Emmer, 1982). Damit erfolgte auch eine deutliche Abkehr von der bisherigen generellen Optik auf die Lehrerpersönlichkeit und Lehrercharakteristika - ohne Miteinbezug der unterrichtlichen Verhaltensebenen und Lernergebnisse (Getzels & Jackson, 1963).
Das Prozess-Produkt-Paradigma - ursprünglich 1957 von Mitzel entworfen (cf. Gage, 1985a, p. 44; Medley, 1987) - interessierte sich primär für den Prozess

34 Es war das unbestreitbare Verdienst Nathaniel Gages, vor beinahe dreissig Jahren erstmals den Versuch einer Forschungsübersicht der amerikanischen Unterrichtsuntersuchungen anzugehen und die gängigen Forschungsparadigmen voneinander zu unterscheiden: Das imposante Produkt, als erstes *Handbook of Research on Teaching* (Gage, 1963) herausgegeben, erschien sieben Jahre später ebenso als erstes Handbuch der Unterrichtsforschung in deutscher Übersetzung (Ingenkamp, 1970). Im Handbuch wird deutlich, wie der grösste Einfluss der Unterrichtsparadigmen aus andern sozialwissenschaftlichen Richtungen - insbesondere aus jener der Psychologie - erwuchs und somit eine behavioristische, experimentelle und funktionalistische Ausrichtung aufwies (cf. dazu Berliner, 1987a).

des Lehrerverhaltens und dessen Auswirkung auf das Unterrichtsprodukt 'Schülerleistungen', und es erfuhr denn auch mit der Zeit wesentliche Verfeinerungen: Dunkin & Biddle (1974, p. 38) fassten die Lehrerverhaltensforschung in folgendem, inzwischen standardmässig verbreiteten, Modell zusammen (vgl. etwa Gage, 1978; Dubs, 1978; Shulman, 1986a; Terhart, 1989)[35], um die Fülle von Untersuchungen systematisieren und ordnen zu können. Darin werden vier Gruppen von Variablen unterschieden, nämlich die Voraussetzungs- oder Vorbedeutungsvariablen ("Presage variables"), die Kontext-, die Prozess- und die Produkt-Variablen (vgl. Abb. 1):

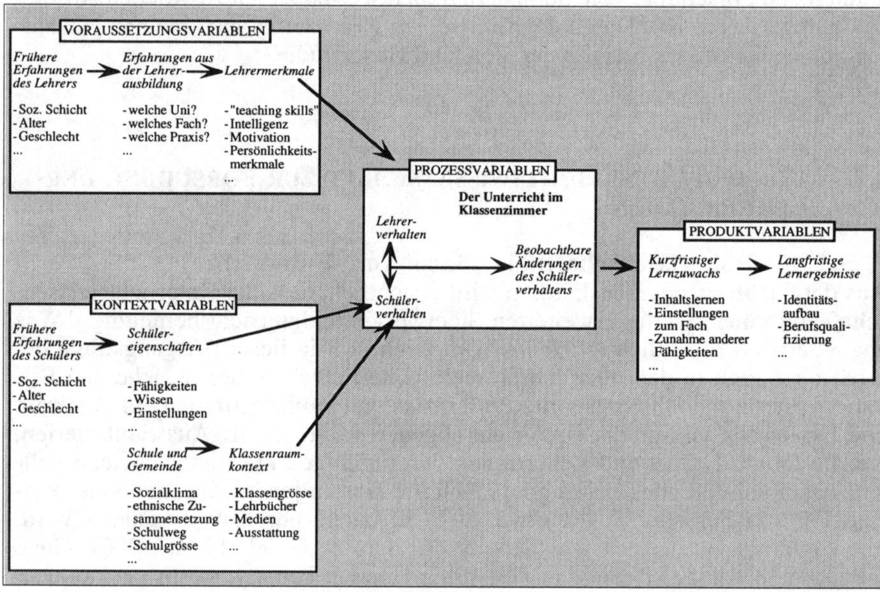


**Abb. 1: Das 'Prozess-Produkt-Modell' von Dunkin & Biddle (1974); in Anlehnung auch an Shulman (1986a, p. 6) und Terhart (1989, S. 82)**

- Die *Voraussetzungsvariablen* schliessen Lehrercharakteristiken, Ausbildungs- und Lehrerfahrungen sowie weitere subjektive Eigenschaften der Verhaltensbeeinflussung eines Lehrers mit ein;
- Die *Kontextvariablen* berücksichtigen Eigenschaften der Schüler, der Schule und der Gemeinschaft sowie des Klassenzimmers, d.h., die schulische Umwelt und deren Rahmenbedingungen;
- Die *Prozessvariablen* sind die beobachtbaren Lehrer- und Schülerhandlungen im Klassenzimmer;

[35] Cf. auch Lanier & Little (1986), welche das klassische Dunkin & Biddle-Modell als Interpretationsrahmen der Lehrerbildungsforschung benützen.

• Die *Produktvariablen* verweisen auf kurz- und langfristige Unterrichtseffekte des intellektuellen, sozialen und emotionalen Wachstums der Schüler.

Ich gehe in der Folge deshalb näher auf die Prozess-Produkt-Forschung ein, weil sie alle nachfolgenden Paradigmen, die anschliessend diskutiert werden, in einem unmittelbaren oder mittelbaren Ausmass nachhaltig beeinflusst hat.

### 3.2.2. Effektivitäts- oder Prozess-Produkt-Forschung

Gage (1978, 1981, 1985b) - wohl schlechthin *der* Vertreter der Prozess-Produkt-Forschung - versuchte innerhalb der möglichen Untersuchungen 'Paradigmen der sogenannten Kriterien-Effektivität' zu definieren, welche Kriterien festlegten, um den Unterrichtserfolg der unterrichtlichen Verhaltensfertigkeiten eines Lehrers einzuschätzen. Diese Kriterien wurden mit einer Vielzahl von potentiellen Korrelaten verbunden, um daraus jene herauszufinden, welche konsistent und stark mit der Verhaltensleistung verknüpft werden konnten.[36] Solche Untersuchungen nennt Gage 'Unterrichtsprozess-Paradigmen', wo Lehrer- und Schülerverhalten anhand des Leistungserfolgs des Schülers gemessen werden und dabei folgende gemeinsamen Komponenten aufweisen: Die Wahrnehmungs- und Kognitionsprozesse des Lehrers führen in Handlungselemente des Lehrers über, die ihrerseits wiederum Wahrnehmungs- und Kognitionsprozesse der Schüler auslösen und schliesslich zu Schülerhandlungen führen. Dieses auf die Effektivität und Optimierung von Lehr-/Lernprozessen gerichtete Interesse erscheint demnach eng verknüpft mit der empirischen Lehr-/Lernforschung (Drerup & Terhart, 1979; Haft & Kordes, 1984). Gage versucht zwar bei der Analyse der vorherrschenden Forschungsparadigmen zwischen dem Versuch zu unterscheiden, einerseits Zusammenhänge zwischen dem als abhängige Variable spezifizierten Unterrichtserfolg - sowie den Bedingungen, welche dieses Kriterium beeinflussen - aufzuklären, und andererseits dem deskriptiv-analytischen Forschungsmuster zur Beschreibung der Interaktionsprozesse verpflichtet zu sein. Doch legitimiert sich die Lehr-Lernforschung mittels dieser Mikrokriterien von Unterrichtseffizienz auch hier als Beitrag zu erfolgssicherndem Handeln und lässt deshalb ein fast ausschliessliches Effektivitäts- und Optimierungsdenken klar erkennen.
Während Gage (1978) selber mit Nachdruck die Erhebung von Metaanalysen der wissenschaftlichen Erkenntnisse verlangte, um damit stabilere Beziehungen zwischen Lehrerverhalten und Schülererfolg zu erschliessen, verweist Shulman (1986a) auf den Umstand, wonach bereits Gage selber gewichtige Limitationen

---

[36] Bereits Dunkin & Biddle (1974), die als eigentliche Begründer des Paradigmas gelten, hielten fest, dass einige der Korrelationen, die beispielsweise interpretiert wurden als "Lehrerverhalten beeinflusst die Lernleistung der Schüler (Performanz)" genauso so gut auch umgekehrt gelesen werden könnten: "Die Kompetenzen der Schüler beeinflussen das Lehrerverhalten". Eine Kausalität zwischen Unterrichtsverhalten und dem Lernen von Schülern lässt sich demnach nicht auf einfache Zusammenhänge reduzieren. Es spielen wohl andere, weniger sichtbare Parameter der unterrichtlichen Situation eine ebenso wichtige Rolle bezüglich der Einschätzung von Unterricht als komplexes Interaktionsmuster.

des Forschungsparadigmas wahrgenommen hatte: Unterricht spielt sich mehrheitlich nicht in einer singulären Interaktion zwischen dem Lehrer und einem Schüler ab. Vereinfachungen wie diese sind aber notwendig gewesen, um das enorm komplexe Unterrichtsfeld forschungsmässig allmählich in den Griff kriegen zu können.

*3.2.2.1. Diskussion*

Es fehlte nicht an kritischen Stimmen am Prozess-Produkt-Forschungsparadigma, welches nicht nur widersprüchliche Forschungsergebnisse generierte - die damit höchst selten valide Trendaussagen für die Schulpraxis erlaubten - sondern durch eine Atomisierung des komplexen Gefüges der Unterrichtswirklichkeit in Einzelaspekte des Lehrerverhaltens abglitt, welche anschliessend im integralen Kulturraum Schule nur schwerlich zum Ganzen der Unterrichtspraxis zusammengeführt werden konnten.[37] Während Dubs diesbezüglich (1978) auf die empirische Notwendigkeit hinwies, zuerst Einzelerkenntnisse abzusichern und zielstrebig zu verbessern sowie diese miteinander in Beziehung zu setzen, bevor ein unerreichbares abstraktes Konstrukt, wie zum Beispiel jenes der 'Lehrerpersönlichkeit' oder jenes der 'Identifikation des Lehrers mit der Schule' aufgeschlüsselt werden kann,[38] kritisiert Fenstermacher (1979) den Dreischnitt der traditionell behavioristischen Unterrichtsforschung, "... die zunächst Korrelationen zwischen bestimmtem Lehrer-Verhalten und Lernerfolg beim Schüler feststellt, diese dann in Richtung auf kausale Abhängigkeit interpretiert und daraus Regeln für ein optimales Lehrer-Verhalten ableitet; bei maximalem Erfolg einer derartigen Forschungsperspektive resultiert bestenfalls ein völlig regel-determiniertes Programm zur Einübung effektiven Lehrverhaltens." (zit. aus Groeben, 1981, S. 34). Das Beurteilungskriterium für die Bedeutung einer gegebenen Variablen ist dann vielmehr der Korrelationskoeffizient statt eine

---

[37] So war selbst das Hauptkriterium 'Effizienz' als solches sehr diskutabel, wurden im nordamerikanischen Raum doch die Schul- und Lernleistungen oft mit schriftlichen Tests ("paper-and-pencil test") erhoben, die sich auf leichter operationalisierbare intellektuelle Leistungen des Wissens, Memorierens, Verstehens und ev. der Anwendung beschränkten, die analytische, synthetisierende Denkleistungen und evaluative Reflexionen ausklammerten. So wurden beispielsweise im nordamerikanischen Erziehungskontext, und zwar im Zuge der kompensatorischen Erziehung marginalisierter ethnischer Gruppierungen, kritische Stimmen laut, die von *elitären* Forschungsmethoden sprachen, wenn vom Prozess-Produkt-Paradigma die Rede war (cf. Eisner, 1986b).

[38] Bereits Dunkin & Biddle (1974) wiesen auf Schwächen und Defizite von Prozess-Produkt-Untersuchungen hin: aus 25 unabhängigen Untersuchungen über den Zusammenhang zwischen dem 'Lehrstil des Lehrers' und der 'Leistung des Schülers' referierten nur deren 10 über ein statistisch signifikantes Ergebnis, bei den restlichen 15 aber lagen keine solchen Signifikanzen vor. - Gage (1978) verwies seinerseits auf die Schwierigkeiten in der Lehr-/Lernforschung, wonach angesichts gegebener Klassengrössen häufig bloss sehr kleine Stichproben vorlagen und demzufolge die für die Mindest-Teststärke erforderliche Vp-Zahl nicht erreicht wurden. - Die Partialisierung unglaublich vieler Einzeluntersuchungen, mit teilweise sich diametral widersprechenden Befunden, ist ein weiterer Kritikpunkt an diesem Forschungsparadigma (cf. etwa Doyle, 1983, 1986, 1992b), weshalb der wiederholte Ruf nach Metaanalysen erfolgte (Gage, 1985b; Walberg, 1986), die ihrerseits wiederum sehr aufwendig und in den Aussagen generell sind: ein Missverhältnis zwischen Aufwand und Ertrag, welches dazuführt, dass Metaanalysen höchst selten durchgeführt werden.

Theorie. So bemängelt Doyle (1990) an anderer Stelle auch die echte Begriff- lich keit des Prozess-Produkt-Paradigmas, wenn er sagt:

> "In several respects, these variables are not processes at all because the action is stopped when scores are aggregated within and across observations. They are, at best, characteristics of a teacher's typical processes over time. Within this framework, the teaching process itself is fragmented into discrete elements that presumably affect student achievement in some mechanistic or additive way. In addition, teaching is rendered simplistically generic by stripping it of context and curriculum content. Basic theoretical questions of how teaching effects occur are seldom examined explicitly, and even the complex issues involved in a leap from variables to competencies or practices are ignored." (Doyle, 1990, p. 14)[39]

Das unbestrittene Verdienst des Dunkin & Biddle-Modells liegt wohl hauptsächlich darin, einen Grossteil der Untersuchungsliteratur in eine theoretische Matrix eingegliedert und damit den Rahmen der mehrheitlich korrelativen und experimentellen Unterrichtsforschung klarer als bis anhin abgesteckt zu haben. Insbesondere Doyles (1978) Kritik und Vorschlag nach Erweiterung des reduktionistischen Prozess-Produkt-Modells mittels des von ihm vorgeschlagenen Mediations-Prozess-Paradigmas (cf. dazu Gage, 1978, p. 69ff.), führten dazu, dass unerlässliche lernpsychologische Prozesse) wie unterrichtliches Teilnehmen, Übersetzen und Transferieren, Segmentieren, Üben sowie Beharrlichkeit, Zeiteinteilung, aktive Lernzeit und Schülerengagement an Lernaufgaben, mit ins Modell aufgenommen wurden.[40]

### 3.2.3. Lehr-Lernforschung "Time and Learning"

Mittlerweile aber hatte sich die Prozess-Produkt-Forschung verfeinert und differenziert, wie dies die extensiven Untersuchungsübersichten in Brophy & Good (1986), Doyle (1986), Evertson (1989), Good & Brophy (1986) und Rosenshine & Stevens (1986) zeigen. So wurden sehr viele Untersuchungen zum 'Management im Klassenzimmer' durchgeführt, die auf Kounin (1970) zurückgreifen: viele Ergebnisse zeigten, wie eine grössere Kontrolle über Schülerverhalten und über Curriculumaufgaben auch höhere Abschlussnoten in den schulischen Jahresendtests garantierte. Diese Management-Techniken wurden später von Evertson & Emmer (1982; Evertson, 1987; vgl. auch Doyle, 1986) elaboriert, wobei gutes 'Management' - mit systematischer und strukturierter, zielorientierter Vorbereitung und mit freundlich-warmem Verhalten, welche die Schüler zum Arbeiten anhält und Disziplinprobleme unterbindet, - fast immer auch effektiv war; denn die akademische Lernzeit wurde mittels Nachdruck auf zielgesteuertes Bearbeiten von Fachinhalten maximiert.

---

39 Mit Walter Doyle haben wir einen der versiertesten Kenner des Prozess-Produkt-Paradigmas (welches ihn nun zum ebenso scharfsinnigen Kritiker prädestinierte), so dass ihn, der lange Zeit in diesem Paradigma geforscht hat, kein Vorwurf der Befangenheit treffen kann.

40 Damit wurde eine weitere Schwäche des auf blosse Verhaltenshäufigkeiten limitierten Modells offengelegt, welches beispielsweise die Anzahl positiver Verstärkungen registrierte, nicht aber die Beurteilung der Wärme und Qualität eines Lobs. Doyle (1978) spricht denn auch mit Nachdruck von der problematischen Suggerierung des Prozess-Produkt-Modells, wonach Unterrichten reduzierend als sogenanntes "context-proof", "teacher-proof" und selbst "student-proof"-Verhalten interpretiert werden könnte.

Bereits ein bedeutender Schritt weg vom technologischen Aspekt von Unterricht gelang der Gruppe um Fisher, Berliner, Cahen und deren Kollegen (Fisher et al., 1978), welche direkter am täglichen Unterrichtsprozess und weniger am Leistungstest Ende des Jahres interessiert waren. Wie die Paradigmenbezeichnung es besagt, verlagert dieses Paradigma das Schwergewicht vom Lehrerverhalten hin zur Lernaufgabe ("academic task") der Schüler, das heisst, hin zum interaktionellen Austausch zwischen Lehrer und Schüler, in welchem *Lernen* stattfindet. Die Forschergruppe konzentrierte sich aber über die zeitliche Lerneinheit ("Academic Learning Time") hinaus insbesondere auf die Qualität der Lernerfahrung, wobei z.B. die Aufgabenschwierigkeiten und Fehlerhäufigkeiten wichtige Indikatoren lieferten.

Das Modell 'Lernerfolg für alle' von Carroll (1972, 1989) - mit der Zeitkomponente als wesentliches Merkmalskonstrukt für den Lehr-Lernprozess - übte einen wesentlichen theoretischen Einfluss aus auf die Forschungsweise dieses Lern-Paradigmas:[41] Die fünf Variablen von Lernerfolg, welche miteinander in Wechselwirkung stehen, können dabei in zwei Attributskategorien eingeteilt werden, nämlich jene (a) des Lernenden (Fähigkeit, Lehrangebote anzunehmen; Ausdauer; Begabung) und in jene (b) der Instruktion (Qualität des Unterrichts; Lerngelegenheit oder zugestandene Lernzeit), wobei drei Faktoren daraus - nämlich Eignung, Lerngelegenheit und Ausdauer - klarerweise von Lernzeitkriterien bestimmt sind, während die restlichen zwei - Fähigkeit und Unterrichtsqualität - eher qualitative Kriterienmerkmale darstellen (vgl. Shulman, 1986a). Somit sollte nach Auffassung von Carroll ein Lehrer die Vorstellung eines 'einheitlichen-Unterrichts-für-alle' im Sinne eines vermehrt individualisierten und auf Selbständigkeit bauenden Unterrichts moderieren, indem beispielsweise jedem Schüler die Möglichkeit gegeben wird, mit jenen Lernmaterialien zu arbeiten, die seinen Bedürfnissen entsprechen, d.h., es wird vermehrt individuell oder in kleinen Gruppen gearbeitet. Diese Sichtweise führte zu neuen Fragestellungen in der Unterrichtsforschung (Berliner & Rosenshine, 1987), etwa, ob diese Unterschiede durch unterschiedliche Curriculuminhalte und -prozesse oder durch unterschiedliches Unterrichten dieser Inhalte erfolgte, eine Frage, die durch die Untersuchungsarbeiten dieses Paradigmas nicht beantwortet werden konnten (Shavelson, Webb & Burstein, 1986), die aber von Shulman zehn Jahre später mit seinem "missing paradigm"-Ansatz aufgegriffen wurde. Dieser Ansatz wird von mir später eingehender diskutiert (siehe dazu Kapitel 5).

Trotz der erweiterten Form der Prozess-Produkt-Forschung vermag dieser Ansatz "Time and Learning" die zu sehr auf der passiven Lernform der Schüler basierende Prämisse noch nicht zugunsten einer aktiveren zu überwinden, wie sie beispielsweise die heutige kognitive Psychologie vertritt. So konnte der Hauptkritik an der Prozess-Produkt-Forschung, wonach diese nur ungenügend die Komplexität des Klassenzimmers, die dynamische Qualität von Unterricht mit

[41] In der sog. "Beginning Teacher Evaluation Study" (BTES) wurden Zeitaufwand per Aufgabe ("time-on-task") sowohl bei Rechen- als auch bei Leseinhalten erhoben, und es zeigten sich Unterschiede nicht nur zwischen den Klassen, sondern auch innerhalb der verschiedenen Klassenverbänden (vgl. Übersicht in Brophy & Good, 1986, p. 349ff.).

ihren immer wieder wechselnden Ereignisabfolgen, abbilde, in diesem Ansatz "Time and Learning" nur zum Teil durch eigene Arbeiten begegnet werden, d.h., es ergab sich nur eine geringfügige Verbesserung des Problems der externen oder ökologischen Validität der 'laborähnlich' durchgeführten Studien innerhalb dieses Paradigmas (vgl. beispielsweise den skeptischen Dialog von Phillips, 1991, zum Lehrerwissen, welches von der Unterrichtsforschung 'produziert' worden ist).

### 3.2.4. Unterricht als ganzheitliches Interaktionsgefüge

Doyle (1977) forderte parallel zum dominierenden Prozess-Produkt Paradigma zwei weitere Paradigmen der Unterrichtsforschung: das Paradigma der Mediatorenprozesse sowie jenes der Klassenökologie. Denn immer noch kreisten die meisten Forschungsfragen um die Begriffsdyaden 'Universalität und/oder (Lokal-)Spezifität', 'Stabilität und/oder Variabiliät' des Lehrerverhaltens, und damit schenkten die bisherigen Ansätze dem historischen und sozialen Kontext zuwenig Achtung.[42] Mediatoren-Konzepte sowie sog. 'unterrichtsökologische', also 'klassenraumübergreifende' Paradigmata forderten deshalb eine Umkehr des Denkens: statt den Schüler wie bisher als blossen Empfänger von Informationen des Lehrers zu betrachten - womit sich der Unterrichtsprozess sehr stark vereinfacht als 'Input-output-Wechselspiel' charakterisieren lässt -, soll vermehrt der integralen Lehrer-Schüler-Interaktion im engeren 'ökologischen Raum Klassenzimmer' und im weiteren Raum 'Schule' Rechnung getragen werden: Lehrerhandlungen sind dann als durch Schüler filtrierte oder gar transformierte Handlungen zu betrachten - reagiert doch beispielsweise nicht jeder Schüler gleich auf einen Lernanreiz des Lehrers, was diesen wiederum reziprok beeinflusst (cf. dazu die Ausführungen unter Punkt 3.2.5. zum Ansatz der Schülerkognitionen).

Aus diesen obgenannten Gründen verlagerten sich nun die Forschungsfragen hauptgewichtig und vermehrt auf situative Variablen, welche innerhalb des Prozess-Produkt-Paradigmas die Kontext- sowie die Vorbedeutungs-Variablen miteinbezogen (vgl. etwa Needels, 1988). Aber auch den reziproken Einflussfaktoren der Handlungen von Schülern und Lehrern sowie den kognitiven Prozessen der Lehrer (und neuerdings auch der Schüler) wurde vermehrt Beachtung geschenkt, Faktoren, welche die unterrichtliche Situation stark mitprägen. Während Bronfenbrenner (1978, 1986) die verschiedenen Paradigmen innerhalb der sozialen Ökologieforschung voneinander unterscheidet und als verbindendes methodologisches Begriffssystem die Aufteilung der Unterrichts- und

---

[42] Im Unterschied zur Prozess-Produkt-Forschung nimmt u.a. das Konzept der 'Effektivität' innerhalb dieser interaktionellen Ansätze eine verschiedene Bedeutung ein, wird doch von der Jahresendnote als Effektivitätskriterium abgesehen; stattdessen werden situationsspezifische Kriterien der Effektivität gesucht. Als Beispiel sei auf die Unterscheidung zwischen tatsächlichem Verstehen oder korrektem Handeln von Schülern und jenem des 'So-tun-als-ob' hingewiesen, welches in Studien nachgewiesen wurde: unterprivilegierte Kinder hatten Verhaltensregeln des 'Dem-äusseren-Anschein-nach-Auftreten' nicht gelernt, wie beispielsweise 'gescheit' zu sprechen, oder wie beim Lehrervortrag, im Klassengespräch oder Frageunterricht 'intelligent' dreinzuschauen sei (Hargreaves, 1988; Heath, 1982; Mehan, 1979; Smith & Geoffrey, 1968).

Schulwelt in soziologische Mikro-, Meso- und Exosysteme vorschlägt, gibt uns Cuban (1984) ein Synthesebeispiel der drei Ebenen. Da werden historisch-soziologische und pädagogisch-psychologische Elemente aus der amerikanischen Erziehungsgeschichte der letzten hundert Jahre mit Ergebnissen, Anwendungen und Innovationsprojekten aus der empirischen Unterrichtsforschung sinngebend miteinander verknüpft.[43]
Aber erst in den achtziger-Jahren wurden diese 'klassenökologischen Paradigmen' weiter durch kognitivistische Sichtweisen ergänzt, im deutschsprachigen Europa vermehrt durch die Erforschung subjektiver Theorien[44] von Lehrern (vgl. etwa Dann, 1989; Dann et al., 1987; Hofer & Dobrick, 1981; Hofer & Köpke, 1987; Koch-Priewe, 1986; Wahl, 1981; Wahl et al., 1983),[45] im nordamerikanischen Raum durch den Forschungsstrang, der sich "Research on Teacher Thinking" nennt (cf. Shavelson 1983, 1986; Clark & Peterson, 1986; Halkes & Olson, 1984; Ben-Peretz, Bromme, & Halkes, 1986; Yinger, 1986). Beiden Sichtweisen gemeinsam waren indes jene kognitiven Denkprozesse, welche vor, während oder nach dem Unterricht unzählige Lehrerhandlungen beeinflussen. Damit leite ich über zur präziseren Charakterisierung dieses Unterrichtsforschungsparadigmas.

### 3.2.5. Unterrichtsmediation und Schülerkognitionen

Statt die bisherige Praxis der meisten Lehrerausbildungsstätten zu unterstützen, wonach Lehrerstudierende im Erprobungsfeld ihrer Unterrichtspraktika und Übungslektionen Rückmeldungen bezüglich ihres Unterrichtsverhaltens kriegen, plädiert Cazden (1986) für einen vermehrten Einsatz von Schülerfeedbacks, und zwar von Rückmeldungen darüber, was die Schüler tatsächlich während des betreffenden Unterrichts denken, fühlen, sagen und tun (vgl. auch Bessoth, 1986; Oldenbürger, 1987; Wahl et al., 1984). Ob diese Perspektivenverschiebung auch tatsächlich zu weniger Abwehrhaltungen bei den Lehrern führt, wie dies Cazden vermutet, entbehrt zum jetzigen Zeitpunkt noch der er-

---

43 In dieser in Europa wenig bekannten Publikation von Cuban (1984), welche im historischen Überblick das Bild des Lehrers in Nordamerika in den letzten hundert Jahren nachzeichnet, findet sich die überraschende Feststellung, dass der Lehrerberuf sich durch eine unglaubliche Beständigkeit charakterisiert: Unterricht hat sich seit je und bis heute ausschliesslich auf den *Lehrer* als Mittelpunkt des gesamten unterrichtlichen Geschehens zentriert.

44 Interessanterweise kennt man im angelsächsischen Raum den in der deutschsprachigen Forschung oft parallel zu subjektiven Theorien verwendeten, und meiner Ansicht nach problematischen Begriff (weil für Lehrer nicht unmissverständlich) der 'naiven Theorien von Lehrern' nicht (cf. etwa Wahl et al., 1983); stattdessen ist oft von "implicit theories" (Clark & Peterson, 1986) oder vermehrt auch von "practical knowledge" (etwa Connelly & Clandinin, 1984, 1985; Goodman, 1988; Johnston, 1992b) die Rede. Ersterer Begriff hat auch bei uns als 'implizite Theorien' Eingang gefunden (cf. Schmidt et al., 1986). - In einem globaleren erziehungsphilosophischen Rahmen sprechen Füglister et al. (1985) und Thommen (1985) von 'Alltagstheorien', während Shulman (1987a) etwa von der 'Praxis-Weisheit' spricht (Die inhaltlichen Unterschiede dieser verschiedenen Konzepte werden später dargestellt).

45 Vergleiche dazu Höhns (1989) historischen Überblick jener subjektiver Persönlichkeitstheorien, welche im systematischen Zusammenhang Gegenstand der psychologisch-pädagogischen Forschung sind.

härteten empirischen Grundlage. Dieses Beispiel aus dem Paradigma der Schülerkognitionen und Unterrichtsmediation zeigt jedoch, wie die Sichtweise der Forschung, welche sich bisher fast ausschliesslich auf den Lehrer konzentrierte, auf den Schüler, das heisst, auf die Schülerkognitionen ausweitet, also daraufhin, wie sich Unterricht und Lehrerhandlungen auf die Gedanken, Gefühle und Meinungen der Schüler auswirken, bevor sich diese unterrichtlichen Verhaltensvariablen auf die Lernleistungen auswirken: Schülerkognitionen werden so zu Mediatorfaktoren von Unterricht und Lernen.
Verschiedene Lehrer und ihr unterschiedlicher Unterricht beeinflussen dabei die Wahrnehmungen der Schüler darüber, was Lernen eigentlich ist und tangieren damit auch deren Lernleistungen. So konnte beispielsweise in Studien bezüglich des schulischen Selbstkonzeptes und der Erwartungen von Schülern festgestellt werden, wie jüngere Schüler in Primarklassen davon überzeugt sind, dass das Lernen im Beendigen von Schularbeiten besteht, und dass erst in höheren Schulklassen die Lehrer- oder Schulerwartungen eine grössere Rolle spielen (Wittrock, 1986b, p. 299). Die Unterrichtsbedeutung erfährt deshalb eine Neuinterpretation durch die Schüler, wobei kognitive und affektive Prozesse von Schülern - wie Aufmerksamkeit, Motivation und Verständnis - die Unterrichtspraxis neu beleuchten und mit Faktoren wie Aufgabenzeit, Bekräftigung, Lehrerlob, aktive Lernrolle der Schüler bei der Bedeutungskonstruktion von Unterricht in Zusammenhang bringen (McCombs, 1991; Wang & Palincsar, 1989).[46] Das Verdienst dieses Unterrichtsmediations-Paradigmas, welches thematisch erstmals in das dritte "Handbook of Research on Teaching" (Wittrock, 1986a) Eingang fand, liegt wohl im revidierenden Charakter begründet, und zwar sowohl den vorgängigen Forschungsresultaten zum Lehrerverhalten als auch den Schülerleistungen gegenüber: Mit Bestimmtheit musste damit die Frage, welcher Unterricht am effektivsten ist, erweitert werden zur Frage: "Welche Bedeutung kommt dem Unterricht oder einzelnen Vorgängen und Ereignissen im Schulleben zu, und zwar sowohl für Lehrer als auch für Schüler?"[47]

---

[46] Brophy (1987e) zeigte auf, dass das Lehrerlob die Schülerleistung nicht in dem Masse beeinflusst, wie sich dies vorstellen lässt, weil nicht so sehr der gelobte Schüler als vielmehr die Klasse Zielpublikum des Verstärkungsprozesses ist. So beeinflusst das Lehrerlob die Klassenaufmerksamkeit ganz beträchtlich, 'lesen' doch die Schüler aus diesem Verstärkerverhalten die Ziele, Intentionen und Erwartungen des Lehrers. Lob hat demnach aus der Sicht der Schüler nicht so sehr die Funktion von Bekräftigung als vielmehr von Informationsabgabe des Lehrers an die Schüler (Morine-Dershimer, 1982). Erhebungen zu Attributionsprozessen von Schülern scheinen zudem darauf hinzuweisen, dass Bekräftigungstheorien dann wirksam sind, wenn der Schüler die Verstärkung seinem eigenen Verhalten zuschreiben kann (vgl. dazu auch Rosenthal & Jacobson, 1968; Walberg & Tsai, 1983; Weinert et al., 1981; Wineburg, 1987).

[47] Fenstermacher (1986, p. 39) stellt formal-logisch dar, dass Unterricht nicht notwendigerweise kausal mit Lernen in Verbindung gebracht werden kann: das Verhältnis zwischen Unterricht und Lernen kann höchstens durch eine semantisch vorliegende 'ontologische Abhängigkeit' charakterisiert werden. Statt 'lernen' setzt er dem Verb *'unterrichten'* als Parallelbegriffs eine Wortschöpfung, 'studentieren' oder *'schülern'* ("studenting or pupiling") entgegen, wobei er mit diesen intransitiven Verben all jene sozialen Bereiche des Schullebens meint, die erstrangig vom Schüler gelernt werden müssen, und zwar längst vor jeglichem Fachwissen: mit dem Lehrer gut auskommen, das Schulleben mit Klassenkameraden bewältigen, mit den Eltern die eigenen Schuleinstellungen aushandeln sowie weitere sog. 'nichtakademische' As-

*Zusammenfassend* können aus dem Bereich der Schülerkognitionsstudien die prägnanten Erhebungsresultate bezüglich der Urteils*un*zuverlässigkeit von aussenstehenden Beobachtern bezüglich der Schüleraufmerksamkeit angeführt werden (vgl. etwa Winne & Marx, 1987).[48] Die beiden Autoren leiten aus ihren verschiedenen Untersuchungen Prinzipien ab, welche im Unterricht verwirklicht werden können. So beispielsweise die Form eines Vertragsabschlusses, in dem Lehrer und Schüler gegenseitig das Gelingen von Unterricht garantieren: Der Lehrer verpflichtet sich, Fachinhalte vorzutragen und das kognitive Verarbeiten derselben beim Schüler zu garantieren. Der Schüler hingegen verpflichtet sich, diese inhaltlichen Richtlinien ausfindig zu machen und ein Feedback abzugeben darüber, wie sehr diese Fachinhalte gelernt und benutzt worden sind.

Ohne diese möglicherweise allzu euphemistische Sichtweise teilen zu müssen, scheinen im vorgeschlagenen kognitiven Mediationsmodell von Unterricht und Lernen brauchbare, empirisch überprüfte Hinweise auf, welche zu wichtigen Fragen anregen: Erkennen Schüler Hinweise und Signale über ihre eigenen Kognitionen sowie über jene der Lehrer? Sind die Hinweise und Signale der Lehrer bedeutungseindeutig für alle Schüler? Und schliesslich: beinhalten gewisse Anreizsignale fokussierende Hinweise auf Lernergebnisse, auf Erwartungshaltungen, Attributions- und damit auch Antriebsmöglichkeiten, d.h. auf etwelche Verwendungszwecke? (vgl. dazu auch Beck et al., 1986; Cazden, 1988; Weinstein & Mayer, 1986; Doyle, 1992b).

Wenn wir an den Ausgangspunkt unseres Kapitels zurückkehren und mit Geertz (1983) und Simon (1957) festhalten, dass das zentrale Anliegen menschlichen Verhaltens die Konstruktion von Wirklichkeit ist, so kommt dieses Paradigma einer solchen 'Weltsicht' einen bedeutenden Schritt näher: Unterricht wird zum Mediator jenen Sinnes, welcher der Lernende dem sozialen Kontext von Unterricht im Klassenzimmer abgewinnt, wie zum Beispiel das Aufgerufenwerden, der Charakter von Lob und Tadel, die impliziten Performanzstandards, Gelegenheitshinweise als Signale der Partizipation, u.a. mehr. Nebst dieser aktiven Interpretation der sozialen Wirklichkeit des Schulunterrichts wird auch eine Repräsentation und Konstruktion der kognitiven Unterrichtsinhalte vorgenommen, wo neue Konzepte ständig verglichen und in vorher existierende assimiliert werden; es werden zudem metakognitive Strategien entwickelt, um neue Prinzipien bezüglich Fertigkeiten oder Wissensstrukturen aufzustellen und zu überprüfen.

---

pekte des Schullebens. Seine Kritik, wonach in heutigen Schulen mehr 'studentieren' vorherrscht als ein Lernen-zu-lernen, mündet aus in der Feststellung: "Because the term 'learning' functions in both a task and achievement sense, it is easy to mix the two and thus contend that the task of teaching is to produce the achievement of learning, when it in fact makes more sense to contend that *a central task of teaching is to enable the student to perform the tasks of learning*." (ebd.)

48 Deren Aufsatz erschien unter dem gehaltvollen Titel: "The Best Tool Teachers Have - Their Students' Thinking".

### 3.2.6. Lehrerkognitionen und Entscheidungstheorien

Dem Prozess-Produkt-Paradigma nahestehend, und zwar sowohl in der inhaltlichen Bereichsspezifität als auch in den Analysemethoden, sind die kognitiven Theorien zu Lehrerhandlungen, welche Mitte der fünfziger-Jahre durch Vertreter der kognitiven Informationsverarbeitungstheorien innerhalb der Psychologie (vgl. etwa Newell & Simon, 1956) sowie der tranformatorischen Grammatik von Chomsky (1957)[49] ihren Anfang nahmen, und zwar als Kritik an den behavioristischen Ansätzen zur Erklärung kognitiver Kompetenzen und Handlungsperformanzen.[50]

Hat die Begriffskombination 'Lehrerverhalten' innerhalb der Unterrichtsforschung (Gage, 1963; Travers, 1973) noch eine zentrale Bedeutung innegehabt - eine immense Zahl von Studien untersuchte die Beziehungen zwischen diversen Lehrerverhaltensweisen und Schülerverhalten -, so erweiterte sich dieses Begriffskonstrukt von Prozessvariablen des beobachtbaren Lehrerverhaltens bei Dunkin & Biddle (1974) mit den Vorbedeutungsvariablen, wie Lehrercharakteristika, sowie mit den Kontextvariablen, wie Schüler- und Umweltcharakteristika, wobei die Denkprozesse von Lehrern keinen Eingang in die Untersuchungsdesigns der Prozess-Produkt-Forschung fanden. Erst mit dem Erscheinen von Shavelsons (1973) Aufsatz in einer Zeitschrift zur Lehrerbildungsforschung mit dem rhetorischen Titel: "What is *the* basic teaching skill?" wurde die Frage nach den kognitiven Prozessen von Lehrern erstmals als prioritäres Forschungspostulat gestellt. Shavelson (1983; 1986; Shavelson & Stern, 1981) argumentierte dabei, dass Lehrer ebenso rational denkende und professionelle Berufsleute sind wie Ärzte: Beurteilungen werden vorgenommen, Entscheide getroffen und ausgeführt, und dies in einem sehr unbestimmten, komplexen Umfeld. Er argumentierte weiter, dass Lehrer sich innerhalb der vereinfachten Wirklichkeitsmodelle, welche sie konstruieren, dadurch rational verhalten, als ihre Unterrichtshandlungen von Denkprozessen, Urteils- und Bewertungs- sowie Entscheidungshandlungen durchdrungen sind. Deshalb müsse eine empirische Erforschung der kognitiven Prozesse von Lehrern erfolgen, welche die Denkeinheiten vor, während und nach dem Unterricht erfassen könne.[51]

---

49 Es war Noam Chomsky, der erstmals die begriffliche Unterscheidung zwischen Performanz und Kompetenz postulierte: Variationen in beobachtbaren Performanzhandlungen müssen verstanden werden als von einem inhärenten Regelwerk, der grammatikalischen Kompetenz, generierte, welche diese Variationen adäquat produzieren: Die Performanz ist demgegenüber zunächst nur als defizienter Modus des In-Erscheinung-Tretens der Kompetenz gekennzeichnet, wobei die Defizienz als das Unvollkommene, das 'Den-Regeln-nicht-Genügen' charakterisiert werden kann (cf. auch Hörmann, 1978).

50 In der Literatur gelten gemeinhin Jerome Bruner (1966) und Jean Piaget (1950; 1959) als wichtige 'Wegbereiter' dieser kognitiven Strömung, wobei das Interesse in den USA an Piagets Epistemologie-Konzeption einerseits durch späte Übersetzungen, sowie andererseits durch Skepsis seiner Methode gegenüber gedämpft und die Verbreitung seiner Ideen dadurch verzögert wurde.

51 Die von Shulman & Elstein (1975) vorgenommene Unterteilung kognitiver Prozesse innerhalb der Unterrichtsforschung in drei Typen, nämlich Untersuchungen zum Lehrerurteil, zum Problemlösen und zur Entscheidungsfindung, erforderte je eine eigene Forschungsmethodologie (vgl. dazu Clark & Peterson, 1986; Shavelson et al., 1986).

Dieser Linearität der Entscheidungsmodelle haben sich beispielsweise Clark & Lampert (1986) widersetzt, welche in der Lehrerkognitionsforschung keine präskriptiven Möglichkeiten von 'richtigem Lehrerdenken' sehen. Forschungsvorhaben innerhalb ihres kognitiv-reflexiven Ansatzes werden vielmehr verstanden als wichtige Informationsquellen, welche a) die Reflexion stimulieren und b) dem Lehrer bei Situationen von Eigenentscheiden und bei Überlegungen argumentativ helfen, und zwar ganz im Sinne einer präventiven Selbstanalyse. Damit wird ein neues Bild des Lehrers entworfen, nicht jenes des Unterrichtstechnokraten, welcher fremderhobene Präskriptionen auszuführen versucht, sondern es entsteht das Bild eines autonom überlegenden Professionellen, der seine unterrichtliche Tätigkeit aktiv reflektiert. Dieses Paradigma, welches in den USA gemeinhin "research on teacher thinking" genannt wird (vgl. Clark & Peterson, 1986, für eine Übersicht; aber auch Ben-Peretz, Bromme & Halkes, 1986; Halkes & Olson, 1984; Yinger, 1986), wurde in Europa insbesondere durch die Erforschung subjektiver Theorien von Lehrern ergänzt (vgl. etwa Dann, 1989; Dann et al., 1987; Hofer & Dobrich, 1981; Koch-Priewe, 1986; Wahl, 1981; Wahl et al., 1983).[52]

*3.2.6.1. Wie Lehrer über Unterricht denken*

Innerhalb der Lehrerkognitionsforschung haben sich die Untersuchungen in folgende zwei Hauptrichtungen entwickelt, die nachfolgend kurz beschrieben werden (vgl. dazu Hofer, 1981, 1986; Yinger & Clark, 1982). Diese erwuchsen aus der Unterscheidung zwischen präaktiven und interaktiven Phasen des Unterrichts, welche auf Jackson (1968) zurückgeht:

**a)** Die *präaktive Phase* ist jene der Unterrichtsvorbereitung, die - je genauer und intensiver vorgenommen - den Weg öffnet zur interaktiven Phase, dem eigentlichen Unterricht, wo der Lehrer in Interaktion mit dem Schüler, dem Inhalt, der Zeit, der Methode, den Mitteln versucht, das gemeinsame Lernziel zu erreichen.

**b)** In der *interaktiven Phase* geschehen jene Transformationsprozesse der Inhalte, welche höchst komplexe Gestalt annehmen können. Erst als Expertenlehrer vermag man dann auch die präaktive Phase zu verkürzen: in einer neueren Forschungsgemeinschaft (Schön, 1983; Smyth, 1986) wird dabei vom 'Wissen-aus-der-Handlung-heraus' gesprochen, welches sich beim erfahrenen Lehrer durch und im Unterricht generiert; nicht aber beim Junglehrer oder Novizen-Studierenden, weil dieses Wissen aus Handlungssituationen heraus, abgestützt durch eine reflektierte Praxiserfahrung, erst mit fortgesetzter Praxisausübung, erfolgen kann.

**c)** Vereinzelt wird auch von einer *postaktiven Phase* gesprochen, die sowohl die kurz- als auch längerfristige Nachbesinnung von Unterricht beinhaltet (cf. dazu Shulman, 1987a).

---

52 Im angelsächsischen Raum wird der Begriff der 'subjektiven Theorien' eher selten verwendet, stattdessen ist oft von"implicit theories" (Clark & Peterson, 1986) oder von "practical knowledge" (Connelly & Clandinin, 1985; Goodman, 1988; Johnston, 1992b) die Rede.

**zu a):** Untersuchungen zu Planungs- und Vorbereitungsphasen des Unterrichts, welche reflexive Momente des Lehrerhandelns beinhalten, werden insbesondere mittels der "Thinking-Aloud"-Methode[53] aus der Kognitionspsychologie erhoben: Ein Lehrer - ausgestattet mit seinem eigenen Unterrichtsmaterial oder Vorbereitungsheft, hin und wieder auch mit konstruiertem Simulationsmaterial -, versucht während der Unterrichtsvorbereitungszeit 'laut zu denken'. Dieser Prozess wird mittels Tonband aufgenommen, und den transkribierten Protokollen folgt oftmals eine Klassen- und Unterrichtsbeobachtung, verbunden mit einer kurzen Nachbesprechung. Bahnbrechende Arbeiten zur präaktiven Phase wurde insbesondere von Christopher Clark und Robert Yinger geleistet (vgl. etwa Clark, 1986; Clark & Yinger, 1987a, 1987b; Yinger, 1979, 1980; Yinger & Clark, 1982), wobei das interessanteste Ergebnis bezüglich Unterrichtsplanung darin bestand, dass sich die zentralen Aspekte der Planungstätigkeit von Lehrern nicht so sehr auf die formalen Ziele der Lektionen und die individuellen Charakteristika der Schüler konzentrierten, als vielmehr auf Unterrichtsinhalte und Aktivitäten.

**zu b):** Um die interaktiven Prozesse im Unterricht zu ergründen, also z.B. Erläuterungen oder Begründungen zu gezeigtem Unterrichtsverhalten oder Informationen zu Hypothesen, Begriffen, Metaphern sowie Konzepten eines Lehrers zu erfahren, bedient sich die Forschung des öftern der Methode des sogenannten "Stimulated Recall": Der befragte Lehrer kommentiert die auf Ton- oder Videoband festgehaltene und ihm nun präsentierte Lektion (Stimulus), welche ihm den Abruf (Recall) einzelner Begriffe oder Äusserungen oder ganzer Lektionsteile ermöglichen. Der Rückgriff auf diese Methode wird darum notwendig, weil ein lautes Denken während des Unterrichtes unmöglich parallel zum normalen Unterrichtsablauf forschungsmässig registriert werden könnte, ohne die Lektion erheblich zu beeinträchtigen (vgl. Clark & Peterson, 1986). Der Lehrer versucht, trotz zeitlich erheblichem Abstand vom realen Geschehen, auf seine Entscheidungen, Gedanken, Handlungsalternativen und Empfindungen, die er während der Lektion aller Wahrscheinlichkeit nach 'hatte', zurückzukommen und diese seine Handlungs-, Gedanken- und Gefühlsmuster zu begründen. Wahl (1981) bemerkt richtigerweise, dass im Gegensatz zum 'lauten Denken' - wo die handlungsrelevanten Kognitionen unmittelbar aus dem Kurzzeitgedächtnis abgerufen werden - der Abruf bei der "Stimulated Recall"-Methode aus dem Langzeitgedächtnis erfolgt, und eine Überführung vom Kurz- ins Langzeitgedächtnis möglicherweise einen Informationsverlust nach sich ziehen kann. Deshalb darf wohl nicht der generelle Anspruch erhoben werden, mit den durch die 'Stimulierte Abruf'-Methode entfalteten Begriffen, Metaphern, Hypothesen und Konzepten eine gesicherte Relevanz bezüglich der tatsächlich ausgeführten Handlungen aufzuzeigen (cf. auch Ericsson & Simon, 1984).

---

[53] Deutsch wird diese oft als Methode des 'Lauten-Denkens' bezeichnet (cf. Wahl, 1981).

**zu c):** Nebst den Untersuchungen zu den präaktiven und interaktiven Kognitionsprozessen von Lehrern findet sich die dritte Form der postaktiven Kognitionen, welche sich mit Entscheidungs-, Problemlöse- und Beurteilungssituationen des Lehrers auseinandersetzt, und zwar nach dem Unterricht: sei es als Entscheidungstheorien von Lehrern (Borko et al., 1979; Shavelson, 1983; Shavelson et al., 1986), als naive Ursachenzuschreibungen (Hofer & Dobrick, 1981) oder als Lehrererwartungen und Erwartungsbildungen (Weinert et al., 1981).

Der Sprung hin zur Kognitionsforschung zeigt, dass insbesondere die Hinwendung und Konzentration auf die sogenannte Experten-Praxis in diesem Feld eine recht vorherrschende Strategie darstellt, ganz in der Tradition der Forschung zur Informationsverarbeitung (vgl. dazu Hofer, 1981). Die Exemplifizierung derselben durch die Experten-Novizen-Forschung durch Berliner (1987c; Berliner, 1988) zeigt, wie limitiert das menschliche Denken als informationsverarbeitender Prozessor zu funktionieren scheint. Daraus drängt sich die Frage auf, wie es beispielsweise jedem durchschnittlichen Lehrer möglich ist, als menschlicher Experten-Denker und -Problemlöser trotz immenser Limitierungen in den Gedächtnis- und damit in den Informationsverarbeitungsprozessen die permanente Reduzierung der Realitätskomplexität 'Schule' oder 'Unterricht' zu vollziehen.

### *3.2.6.2. Diskussion*

Auch dieses Paradigma konnte sich der Kritik nicht verwehren, weil sich die bisherigen Untersuchungsresultate bezüglich Lehrerkognitionen und Entscheidungsprozessen zu einem grossen Teil in einer zu reduzierten Aktivitätsauswahl des Tätigkeitsspektrums von Lehrern bewegte, und weil sich zudem die verschiedenen Forscherteams untereinander nicht darüber einigen konnten, welche Anzahl an 'wirklichen' Entscheidungen nun tatsächlich für die Praxis von Bedeutung seien.[54] Diese Mängel können mit dem Umstand in Zusammenhang gebracht werden, als sich die Forschung zu Lehrerkognitionen immer noch stark an die Prozess-Produkt-Forschung anlehnte, beispielsweise dadurch, dass Kognitionen über gewisse Verhaltensleistungen bei Schülern mit dem Kriterium der Effektivität verbunden wurden (wie dies etwa bei Lehrerkognitionserhebungen zu Schülerdifferenzierungen, Lehrerlob und -tadel, zum Unterrichts-

[54] Ungeachtet dieser Ausführungen blieb immerhin die Tatsache bestehen, dass sich anscheinend Unterricht im Spannungsfeld zwischen Variabilität und Stabilität bewegt, und sich daraus interessante weiterführende Fragen an die Forschung und an die Lehrerausbildner stellten: a) Wie ist der Unterrichtsstil eines Lehrers oder dessen Unterrichtsverständnis veränderbar, oder anders gefragt: sind bei allen Lehrern dieselben unterrichtlichen Verhaltensaspekte veränderbar, oder sind es im Gegenteil in ihrem Kern unveränderliche Handlungseinheiten, welche bloss von oberflächlichen Momenten umgeben sind, wo sich leichte Fluktuationen bemerkbar machen können? b) Sollten diese leichten Fluktuationen beim gleichen Lehrer beobachtbar sein, sind sie zufallsbedingt oder treten sie in einer gewissen Gleichmässigkeit auf? Und schliesslich c) Wenn solche Variationen des Handlungsmusters eines Lehrers gleichmässig auftreten, welchem Umstand können sie zugeschrieben werden? Den ersten Fragekomplex beantworten viele deskriptive Studien (cf. bspw. Übersichtskapitel in Biddle & Anderson, 1986; Brophy & Good, 1986; Dunkin & Barnes, 1986; Good, 1983, 1987; Good & Brophy, 1986, 1987).

rhythmus, zu Schülermeldungen der Fall war). Wichtig war deshalb auch hier die Ausweitung dieses Forschungsstrangs auf die Schüler, denn die Forschung der gemeinsamen Lehrerkognitionen musste sich vermehrt auch der Forschung von Schülerkognitionen und der interaktiven Unterrichtsvermittlung annähern, um den Lehrern auch nur annähernd folgende anspruchsvollen Tätigkeiten bezüglich ihrer Schüler attribuieren zu können:

> "The essential task for the teacher, therefore, is to appraise, infer, or anticipate these prior cognitive structures that students bring to the learning situation. Teachers must organize the content of their instruction in terms of those preconceptions, actively working to reveal and transform them when they would interfere with adequate comprehension of the new material to be taught." (Shulman, 1986a, p. 25)

Somit scheinen auch fachspezifische Inhalte ein 'intervenierendes' Moment zu sein, welche bisher - von wenigen Ausnahmen abgesehen - in den Forschungsbestrebungen zu Lehrerkognitionen nur ungenügend Aufmerksamkeit erhielten: eine schwerwiegende Lücke innerhalb mancher Forschungsdesigns, wenn man dem oben zitierten Gedankengang zu Lernprozessen bei Schülern folgen will.[55] Shulman (1984a) bemängelt dieses 'fehlende Paradigma' der bisherigen Unterrichtsforschung, welches die wichtigen Komponenten eines fachbezogenen Wissens sowie fachdidaktische Überlegungen der Lehrer vollumfänglich und eigenständig miteinbezieht.

#### *3.2.6.3. Zusammenfassung*

• Ein stetig abnehmender Trend von Untersuchungen im Prozess-Produkt-Paradigma war nicht aufzuhalten, ein Umstand, der wohl auf die oft bemängelte Theorielosigkeit zurückzuführen war: Weil sich die Effektivitätsforschung zu lange mit dem pragmatischen 'Was', das heisst, dem standardisierten Leistungstestverfahren als Effektivitätskriterium in der allzu molekularen Einheit des Klassenzimmers befasste, wurde damit das 'Warum' vernachlässigt. Dies führte zu einer Quasiabsenz erklärender Theorieanteile innerhalb dieses Forschungsansatzes.
• Statt zur eigentlichen Verbannung kam es dabei zur Überwindung der Prozess-Produkt-Forschung, eines Paradigmas, welches zwar sehr wohl Zusammenhänge aufdecken, daraus aber keine hinreichenden Erklärungen und Handlungsempfehlungen ableiten konnte. Gleichzeitig wurde einsichtig, dass es nicht mehr genügte, Unterricht oder Unterrichtende nur auf die Lernauswirkung hin auszuwerten. Die Unterrichtsforschung wollte zu einem globalen Verständnis gelangen, wie solche Lernprozesse tatsächlich in Gang gebracht und wirksam werden. Es mussten wichtige, unumgängliche Kontextvariablen aus der Entwicklungs- und Kognitionspsychologie des Kindes (Schüler) sowie des Erwachsenen (Lehrer, Eltern, Schulbehörde etc.) herangezogen werden, um dem Phänomen 'guter Unterricht' - und zwar guter Unterricht für Lehrer *und* Schüler, und weniger für Unterrichtswissenschaftler - ein Stück näher zu kommen.

#### *3.2.6.4. Konsequenzen für die Methodologie der Unterrichtsforschung*

Mehr als zwanzig Jahre, nachdem das Prozess-Produkt-Paradigma entworfen worden ist, wird allgemein versucht, die Paradigmenvielfalt innerhalb der Un-

[55] Als Ausnahmen können etwa Leinhardt (1983, 1986; Leinhardt & Greeno, 1986) und Lampert (1988, 1990, 1992) angeführt werden, die in sorgfältiger Weise Methoden der kognitiven Unterrichtsforschung anwenden, um sowohl das Repräsentationsverständnis des Schülers als auch jenes des Lehrers im Fach Mathematik aufzuzeigen.

terrichtsforschung zu beschreiben und mittels Vor- und Nachteile voneinander abzugrenzen: Shulman (1986a) beispielsweise verweist in diesem Zusammenhang auf den Umstand, dass alle diese verschiedenen Forschungsschulen auf eine ganz bestimmte Forscherperspektive setzen und damit notwendigerweise einige Gebiete der Unterrichtsfelder beleuchtet, andere aber vernachlässigt würden:

> "The danger for any field of social science or educational research lies in its potential corruption (or worse, trivialization) by a single paradigmatic view." (Shulman, 1986a, p. 4)

Shulman beschreibt dabei nicht nur alternative Wege, welche innerhalb der Unterrichtsforschung beschritten werden, sondern auch die verschiedenen Schulen und Forschungsgemeinschaften, welche wissenschaftlich der Frage nachgehen, wie theoretisches Wissen *und* praktisches Verstehen verbessert werden können.[56] In seinem postulierten Paradigma eines 'disziplinierten Eklektizismus' von Methoden - wobei er sich einmal mehr auf Schwab (1964) beruft - bagatellisiert er mögliche Gefahren nicht, trotzdem überwiegen für ihn die Vorteile: Um den Reduktionismus des Unterrichtsreichtums mittels der Atomisierung multipler Variablen-Designs wettzumachen, müssen vermehrt wieder sogenannte "grand strategies" für die Unterrichtsforschung eingeschlagen werden, die nicht alleine und vereinzelt, sondern nur von interdisziplinären Forschungsgemeinschaften angestrebt werden können.

### 3.2.7. Komplexität von Unterricht

Seit dem Postulieren nach Ausweitung der Unterrichtsforschung fand in der Folge ein gewaltiger Forschungsaufwand statt, um jene wissenschaftlichen, kulturellen und anthropologischen Elemente zu identifizieren, die garantierten, dass nebst dem Unterrichtsverhalten auch dem Erziehungs- und Unterrichtskontext mehr Beachtung geschenkt wird: damit Prozesse wie Improvisation und Intuition, wie sie sich im Unterricht täglich auch präsentieren, nicht einfach als 'Lehrerfolklore' abgetan werden (Noddings & Shor, 1984; Yinger, 1987a). Untersuchungen zur Ökologie der Schule, zu kognitiven Lehrerhandlungen und metakognitiven Reflexionen zeugen davon. Und trotzdem müht sich die Unterrichtswissenschaft immer noch stark ab, nicht bloss, um sich als eigene Forschungstradition zu etablieren, sondern auch rückwirkend wieder auf die Schule Einfluss zu nehmen. Zu lange wohl fristete sie ein unidirektionales Dasein, zu hoch auch schienen die Erwartungen an die Unterrichtswissenschaft, konkrete gesellschaftspolitische Probleme über Unterricht und Schule lösen zu helfen:

> "Une science pure, l'éducation ne le sera jamais, car la complexité humaine échappe au déterminisme (...). Mais cette limitation, d'ailleurs réjouissante pour l'avenir de notre es-

[56] Shulman (1986a) postuliert z.B. das vermehrte Einsetzen komplexer Forschungsdesigns, d.h. Forschungspläne und -strategien, welche beispielsweise Umfragen mit persönlichen Tagebüchern, multiple Fallstudien mit multiplen Regressionsanalysen, Prozess-Produkt-Designs mit Schülermediationen, Ethnographien mit Experimenten etc. kombinieren und damit neue und vielversprechende Entwicklungen innerhalb der Unterrichtsforschung versprechen.

pèce, ne justifie pas un abandon aveugle au hasard de l'inspiration, au 'bon sens' et à la tradition. Partout où la science peut efficacement guider notre action éducative, c'est-à-dire notre effort concerté en vue d'un meilleur épanouissement de l'enfant, nous devons l'acceuillir." (Crahay, 1986, p. 10)

Dies hat Konsequenzen sowohl auf epistemologischer wie auch auf praktischer Ebene, denn das heisst, dass Unterricht - einmal verstanden als lernbares 'Kunst'-Handwerk, welches sich nicht vollumfänglich den wissenschaftlichen Gesetzmässigkeiten unterwerfen lässt - dass dieser Unterricht nicht eine ausschliessliche Anwendung erschlossener Theorien sein kann; oder aus der Perspektive des Unterrichtenden: dass dem Lehrer bis zu einem bestimmten Masse subjektive Freiheitsgrade belassen werden müssen, wann und wo er wie, weshalb über seine Massnahmen entscheidet (Perrone, 1992).
Damit wird die Frage von Gage (1978), ob Unterricht eine Wissenschaft oder eine Kunst sei, erneut aufgerollt.[57] Die Unterrichtswissenschaft wird in ihren Aussagen zu dieser Kontroverse neuerdings etwas bescheidener. Sie hält zwar an gewissen wissenschaftlichen Aussagen bezüglich Unterricht fest, versucht aber immer mehr, von den Lehrpersonen mit zunehmender Berufserfahrung ihre 'Weisheit der Praxis' zu erfahren, "the wisdom of practice" welche sich bis anhin nur schwer mit quantifizierbaren Messinstrumenten erheben liess. Dazu aber braucht es einen Methodenkonstruktivismus im Sinne eines Paradigmenwechsels, d.h., die Veränderungen kollektiv legitimierter Paradigmata sollen als Mechanismen der 'Komplexitätsreduktion' von Phänomenen verstanden werden (Doyle, 1990; Murray, 1989; Shulman, 1992b).

#### *3.2.7.1. Unterrichtsdimensionen*

Wie aus dem geschichtlichen Rückblick über die Entwicklung der Unterrichtsforschung ersichtlich geworden ist, wird Unterricht mehr und mehr als höchst komplexes Geschehen bezeichnet, das höchste Anforderungen an den Lehrerberuf stellt. Damit erfährt die Lehrerprofession, welche bezüglich Fragen der Berufsidentität in den letzten Jahren eine Krise durchgemacht hat, eine wissenschaftliche Aufwertung, die möglicherweise hilft, dass Lehrkräfte eine eigene Berufsidentität zurückgewinnen können. Denn gerade im Vergleich zu anderen gesellschaftlich valorisierten Berufsgruppen wie Juristen, Ökonomen, Techniker und Ärzte zeichnet sich der Lehrerberuf als einer der anspruchsvollsten Berufe aus: "From the perspective of complexity management, teaching is a far more demanding occupation than is medicine." (Shulman, 1987a, p. 384)[58]
Dies kann heute aufgrund der Besonderheit des Unterrichts als Lehr-Lernsituation, wo Entscheidungen und Problemlösungen in einem höchst komplexen und dynamischen Umfeld ununterbrochen stattfinden, mit Bestimmtheit ausgesagt werden.[59] Der Lehrer hat es in seinem Unterricht mit einem "Setting" zu tun,

---

57 Gage (1978) berief sich in seinem Buch insbesondere auf die bekannte und populäre Schrift von G. Highet (1950). The Art of Teaching. New York: Vintage Books Random House.

58 Shulman (1987a) weiss dies aus erster Hand: er hat während zwanzig Jahren an der Medical School of Chicago unterrichtet (vgl. dazu Shulman & Elstein, 1975; Elstein, Shulman & Sprafka, 1978).

59 Komplexe Problemsituationen zeichnen sich nach Dörner et al. (1983a,b) dadurch aus, dass

das sich als hoch komplexes Gefüge von Mehrfachinteraktionen in Mehrfachsituationen darstellt, d.h., er sieht sich selten mit dem sogenannten durchschnittlichen (guten) Schüler in einer normalen typischen Alltagsstunde konfrontiert, sondern er ist fast beständig und vielfach simultan unvorhergesehenen Situationen ausgesetzt, welche sich zeitlich über längere Perioden verteilten.[60] Doyle (1986, p. 394f.) identifiziert dabei folgende Elemente, welche Unterricht als höchst komplexes Geschehen (vgl. auch Schön, 1987) charakterisieren:

- Mehrdimensionalität ("Multidimensionality")
- Simultaneität ("Simultaneity")
- Unmittelbarkeit ("Immediacy")
- Nichtvoraussagbarkeit ("Unpredictability")
- Öffentlichkeit ("Publicness")
- Geschichtlichkeit ("History")

### *3.2.7.2. Komplexe Unterrichtscharakteristika*

Wenden wir uns kurz der Charakterisierung durch Doyle (1986) zu, welcher in seinem Handbuchartikel "Classroom organization and management" Unterricht folgendermassen umschreibt (vgl. Abb. 2):[61]

• **Mehrdimensionalität**

umfasst die grosse Anzahl von Ereignissen und Aufgaben in einer Klasse oder in einer Unterrichtssituation: Eine Klasse als 'bevölkerter Lernort', in welchem viele Personen mit verschiedenen Vorlieben und Fähigkeiten ein eingeschränktes Angebot von Ressourcen benützen müssen, um eine breite Palette von sozialen, fachlichen und persönlichen Zielsetzungen zu erreichen. Viele dieser Ereignisse müssen geplant und orchestriert werden, um den spezifischen Interessen der Gruppenmitglieder sowie den sich verändernden Bedingungen gerecht

---

- beim problemlösenden Handeln viele Aspekte berücksichtigt werden müssen;
- die Situation intransparent ist, also wesentliche Informationen fehlen;
- viele Situationsaspekte miteinander vernetzt sind, also Veränderungen eines Aspektes ebensolche bei anderen Aspekten nach sich ziehen können;
- sie sich von selbst verändern, eigendynamisch sind: Der Akteur ist ein aktives Element in einem komplexen Netzwerk von aktiven und passiven Elementen;
- sie polytelisch sind, d.h., dass mehrere Ziele, die möglicherweise auch noch widersprüchlich sind, verfolgt werden müssen.

Dabei ist auch der Mehrfachanforderungskontext zu berücksichtigen, welcher z.B. jene Unterrichtssituationen meint, in denen der Lehrer mit mehr als einer Handlungsanforderung konfrontiert ist.

60 Eine solche Charakterisierung von Unterricht unterscheidet sich wesentlich von jenem beschriebenen Unterrichtsvorgang, wie er sich in unzähligen Einzeluntersuchungen findet, wo sehr oft vom durchschnittlichen Lehrer, vom Durchschnittsschüler, von einer typischen Unterrichtssituation, einer Durchschnittslektion, die Rede ist .

61 Die Charakterisierung wird hier in starker Anlehnung an Doyle (1986; 1990) wiedergegeben, wobei in dieser programmatischen Kennzeichnung von Unterricht unverkennbar auch die 'Handschrift' Kounins (1970) gelesen werden kann.

zu werden. Unterlagen müssen wiederauffindbar organisiert, der Zeitrahmen eingehalten, Lernangebote und 'Lernvorräte' organisiert und verwaltet, Schülerarbeiten eingezogen und bewertet werden. Zu all dem gesellt sich noch der Umstand, dass ein einzelnes Mini-Ereignis in diesem "Setting" mehrfache Konsequenzen beinhalten kann: beispielsweise das bewusste Warten auf eine Schülerantwort, welches sich auf die Lernmotivation dieses Schülers und/oder der Klasse wie auch auf den Fluss der Lektion und die Aufmerksamkeit in der Klasse, auf das Sicherheits- und Selbstwertgefühl des Lehrers auswirken kann. Wahlentscheide in solchen Handlungssituationen sind deshalb nicht leicht zu fällen.[62]

- **Simultaneität**

weist auf das Faktum hin, dass in einer Unterrichtsklasse viele Ereignisse gleichzeitig auftreten können. Während einem Schüler bei dessen Einzelarbeit geholfen wird, darf der Rest der Klasse nicht aus dem Blickfeld geraten, um andere Bedürfnisse von andern Schülern wahrnehmen und entsprechende Hilfe signalisieren zu können sowie Unterbrechungen und Störungen zu bewältigen. Auch muss oft die Zeit im Auge behalten werden: Während einer Diskussion muss ein Lehrer auf die Schülerantworten achten, gleichzeitig auch den Verständnis- oder Verwirrtheitsgrad anderer Schüler wahrnehmen, dabei bereits die nächste Frage reflektieren und die Klasse optisch auf eventuelle Langeweile oder Störungen hin streifen. Gleichzeitig aber achtet er auf das Tempo der Diskussion, die logische Aufeinanderfolge des Inhalts, die Reihenfolge der einzuholenden Schülerbeiträge, die Qualität und Zielgerichtetheit der Antworten. Wenn die Klasse zusätzlich mittels Kleingruppen binnendifferenziert wird, nimmt die Zahl simultaner Ereignisse noch zu, die vom Lehrer noch vermehrt beachtet und kanalisiert werden muss.

- **Unmittelbarkeit**

ist durch die schnelle Gangart von Ereignisabfolgen gekennzeichnet, die einerseits vom Lehrer geplant und initiiert werden, die aber andererseits auch durch die Schüler, durch den Inhalt, durch die Interaktionsweisen mit dem Lehrer und unter den Schülern mitgeprägt sind. [So schätzt Jackson (1968) die Anzahl Lehrer-Interaktionen mit einzelnen Schülern als über 500 ein pro Tag, oder die Zahl an Zustimmung oder Rückweisung von Schülerbeiträgen pro Tag bis gegen deren hundert.] Denkpausen des Reflektierens während des Unterrichts sind für den Lehrer eher selten und/oder kurz, "Time-out"-Möglichkeiten hat er praktisch keine; denn jede Entscheidungssituation 'ruft' nach einer Entscheidung im Hier und Jetzt, und selbst wenn er die eine oder andere Entscheidung hinausschiebt, bedingt gerade diese Einsicht auch eine Entscheidung, die der

---

[62] Kaminski (1983, S. 52f.) verwendet diesbezüglich den Begriff Mehrfachhandeln, welches sich manifestiert als:
"1. Handlungsregulation auf verschiedenen Ebenen mehr oder weniger gleichzeitig bei einer hierarchisch untergliederten Handlung (...)
2. Das mehr oder weniger gleichzeitige bzw. überlappende Ausführen von mehreren relativ unabhängigen Handlungen (bzw. Handlungshierarchien)
3. Das funktionale 'Eingebettetsein' derartiger Handlungen bzw. Mehrfachhandlungen in übergreifende Handlungskontexte."

Klasse mitgeteilt werden muss, was möglicherweise eine neue Ereignisfolge von Fragen, Einwänden, Zustimmung etc. auslösen kann.

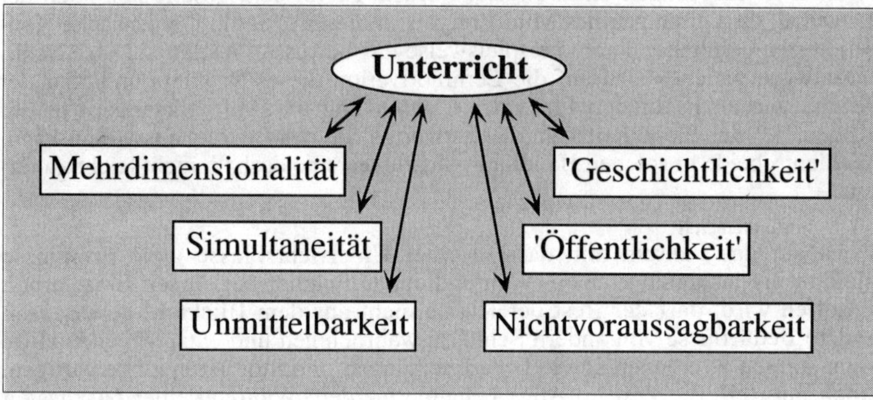


**Abb. 2: Die Komplexitätsfaktoren von Unterricht (nach Doyle, 1986)**

• **Nichtvoraussagbarkeit**

Diese letztbeschriebene Szene weist auf den Umstand hin, dass Unterrichtsereignisse und -situationen oft unerwartete Wendungen einnehmen können, Ablenkung und Unterbrechungen sind nicht ungewöhnlich. Zudem werden Ereignisse von Schülern und Lehrern interaktiv-gemeinsam 'produziert', was heisst, es ist oft nicht antizipierbar, wie eine bestimmte Aktivität an einem bestimmten Tag mit der entsprechenden Klasse abläuft: Ob es eine Handlung des Lehrers oder des Schülers, oder die Reaktion von einem von beiden ist, welche zum Ausgangspunkt wird, dass Sand oder Öl ins unterrichtliche Getriebe gerät.

• **'Öffentlichkeit'**

drückt aus, dass Unterricht in einem Klassenraum insofern ein öffentlich zugänglicher 'Platz' ist, als die meisten Schüler täglich Zeugen der Unterrichtsaktivität des Lehrers werden. Lortie (1975, p. 70) drückte dies folgendermassen aus: “Teachers act in *fishbowls*; each child normally can see how the others are treated”. Wenn es ein Lehrer unterlässt, eine Regelverletzung oder -missachtung wahrzunehmen, oder wenn er einem unschuldigen Mitschüler ungerechtfertigterweise misstraut, dann kriegt die Klasse möglicherweise wichtige Hinweise über die Führungsqualitäten ihres Lehrers. Der unruhige Teil der Klasse mag gar den Funken überspringen lassen zu andern Teilen der Klasse, oder zu Parallelklassen, und der Ruf (beispielsweise) eines 'sogenannten 'parteiischen'-Lehrers wird ihm bald vorauseilen.

• **'Geschichtlichkeit' und Entwicklungsbezogenheit**

meint, dass die Klasse einen Lehrer jeden Tag über soviele Lektionen hinweg zusammen erlebt, und dies noch multipliziert über Monate oder Jahre hinaus. Daraus ergibt sich ein gemeinsames Muster von Erfahrungen, Erwartungen, Routinen und Normen, welche die Grundlagen darstellen für die täglichen Unterrichtstätigkeiten. Frühe Erfahrungen prägen oft nachfolgende Ereignisse für den Rest des Jahres, Verhaltensroutinen und Einstellungsregeln determinieren den Handlungsspielraum. Eine Klasse unterliegt persönlichen physischen und psychischen Entwicklungsverläufen und reagiert auch auf jahreszeitliche Schwankungen, auf möglichen Absenzen von Lehrer oder Schülern, auf Neuankömmlinge oder Schulaustritte. Die Planung von Einzelmomenten muss deshalb immer den erweiterten Kontext der 'Geschichtlichkeit' und damit auch den entwicklungspsychologischen Werdegang einer Klasse miteinbeziehen.

Diese permanente Komplexität - welche sich oft noch durch die Anzahl Schüler, die unter Zeit- und Stoffdruck stehen, multipliziert - kann durch ein Beispiel aus dem täglichen Unterrichtsgeschehen verdeutlicht werden: Es handelt sich um eine kurze Frage-Antwort-Sequenz, die folgende 'kritischen Momente' enthält:

- Wenn ein Lehrer einer Klasse eine Frage stellt, bei der er überzeugt ist, dass sie jedermann beantworten kann, in Wirklichkeit aber niemand die Antwort weiss.
- Wenn ein Lehrer einer Klasse eine Frage stellt, bei der er überzeugt ist, dass sie niemand beantworten kann, in Wirklichkeit aber viele die Antwort geben.
- Wenn ein Lehrer einer Klasse eine Frage stellt, die mit einer grossen Anzahl von Antwortmöglichkeiten 'versehen' oder die Richtung der Antworten wenigstens ansatzweise klar angegeben ist, und dann jemand eine Antwort abgibt, die völlig ausserhalb der erwarteten Reichweite liegt oder ganz einfach weder in die Kategorie richtig oder falsch eingeordnet werden kann.

Diese Art von 'Unvorhersagbarkeit' lässt gerade einen Junglehrer ungemein stark unter Druck geraten und produziert einige der kritischeren Situationen für ihn: es stellt ein Moment der substantiellen Herausforderung seiner Fachkenntnisse dar, ist er doch in seinem Fachbereich um jene inhaltlichen Verbindungen bemüht, die von ihm anscheinend nicht 'vermittelt' werden konnten; schlimmer noch ist, dass ihm dies bisher entgangen ist. Jeder Lehrer versucht deshalb, dieses Mass an kritischen Augenblicken auf ein tolerierbares Mass zurückzuschrauben. Andererseits möchte der Lehrer aber gerade freie Denkassoziationen fördern, kreative Antwortmöglichkeiten stimulieren, und in dieser Antinomie liegt oft ein fundamentales unterrichtliches Dilemma begründet. Den hochkomplexen Prozessen der Erziehungs- und Unterrichtsbestrebungen eines Lehrers können deshalb mit Shulman (1975) abschliessend folgende 'universelle' situative Eigenschaften attribuiert werden:

> "(1) In ihnen wird der Versuch unternommen, eine Situation so zu verändern oder zu beeinflussen, dass beim Lernenden ein erwünschter Wandel herbeigeführt wird; (2) sie erstrecken sich über ziemlich weite Zeitabschnitte; (3) sie unterliegen gleichzeitig vielfältigen Einflüssen und zeitigen vielfältige - vorgesehene und unvorhergesehene - Konsequenzen; (4) sie sind charakterisiert durch die Unterschiedlichkeit der Reaktion auf anscheinend gleiche Reize, d.h., nicht alle Lernenden lernen gleichartig oder reagieren ähnlich auf bestimmte Handlungen des Lehrenden." (S. 423)

### 3.2.8. Zusammenfassung:

Es können sieben Paradigmata der Unterrichtsforschung identifiziert und beschrieben werden (Shulman, 1986b; 1992b):

a) Die ***Prozess-Produkt-*** oder ***Effektivitätsforschung*** war das weitaus produktivste und aktivste Unterrichtsforschungsprogramm während der siebziger und frühen achtziger Jahre. Die Effektivitätsforschung entwickelte sich aus dem Interesse heraus, die Beziehungen zwischen dem, was Lehrkräfte unterrichten, und dem, was Schüler in genormten Prüfungen leisten, aufzuzeigen und herzustellen.

b) Der Prozess-Produkt-Forschung erwuchs das Forschungsprogramm über ***Lernzeit***. Obwohl sich der Schwerpunkt noch auf die Effektivität der Lehrkräfte konzentrierte, wurden andere Aspekte der Lehr-Lern-Situation hinzugezogen. Die Einsicht, wonach die Variationen bei einigen schülerbezogenen Indikatoren eine genauere Einschätzung der Lehreffekte abgeben könnten als die eher entrückten Ergebnisse aus Leistungstests, verschob das Forschungsinteresse vom Lehrerverhalten und von den Prüfungsergebnissen am Ende des Schuljahres auf den Lernprozess selbst.

c) Hauptsächlich von der Kognitionspsychologie, aber auch von der Soziologie beeinflusst war das nächste Forschungsprogramm, ***Schülerwahrnehmung*** an der Wissensvermittlung durch Unterricht. Das Hauptinteresse innerhalb dieser Tradition lag darin, herauszufinden, welche Bedeutung Schüler dem Unterricht, den sie in der Klasse erleben, zuschreiben.

d) Die Forschung zur ***Ökologie des Unterrichts*** postulierte umgehend, die Teilnehmer- bzw. Binnensicht von Unterricht miteinzubeziehen und erweiterte damit den Ansatz c). Diese Forderungen, Unterrichtssituationen mittels ethnographischer und anderen qualitativen Forschungsmethoden zu beschreiben, um damit Unterrichts- und Lernprozesse besser zu verstehen, sind deutlich Anregungen aus der Kulturanthropologie, Soziologie und Linguistik gefolgt.

e) Untersuchungen über Beurteilung und Planung, über Problemlösung und Entscheidungsfindung von Unterrichtsplanung und -durchführung zählen zum Forschungsprogramm ***Lehrerkognitionen / Entscheidungstheorien*** (“teacher decision making”), welches sich stark auf kognitionspsychologische Arbeiten stützte.

f) Als stark aufkommendes Forschungsprogramm konzentriert sich das Paradigma des ***praktischen*** oder ***persönlichen Wissens*** von Lehrern - analog den Forderungen aus der Forschung zur 'Ökologie von Unterricht' - sehr stark auf die Binnenperspektive (“emic view”) von Unterricht und Schule, in der Lehrer/Schüler *ihre* Sicht von Unterricht rekonstruieren. Um der authentischen Bedeutung von Unterricht gerecht werden zu können, muss auf äussere Massstäbe (“etic view”) von 'gutem Unterricht' verzichtet werden.

g) Eine disziplinbezogene Forschung über die pädagogische Transformation der ***Unterrichtsinhalte*** als letztes Paradigma hat in der Unterrichtsforschung bisher weitgehend gefehlt: Forscher sind an jenen Vorstellungen der Lehrkräfte über Fachinhalte interessiert, die das Unterrichten und Lernen leiten; das heisst also an jenem Wissen, welches Lehrkräfte und Schüler benutzen, um das Lernen der betreffenden Inhalte zu fördern und zu erreichen.[63]

---

[63] In den meisten Staaten der USA liegt das Schwergewicht der Lehrerbeurteilung auf einer Einschätzung der Fähigkeiten zum Unterrichten. Die Entscheidungskriterien, Standards der Lehrerbeurteilung auf Aussagen der Effektivitätsforschungen zu stützen, macht einerseits die Stärke, andererseits jedoch auch die Schwäche dieser 'Standards' aus. Es wird dabei nämlich

Mit Shulman kann somit zusammengefasst werden, dass bisher in der Unterrichtswissenschaft eine integrative Sicht des 'Untersuchungsgegenstandes' Unterricht - und zwar sowohl in der Theorie als auch in der Anwendung - aus methodologischen Gründen ausgeklammert wurde: "A major failing of both practice and policy is that they typically rest on incomplete, partial views of teaching. The most widespread view emphasizes observable performance of teachers - a perfectly legitimate feature to address - but ignores other critical aspects of teaching, such as **cognition, content, context, culture, character and collaboration**." (Shulman, 1992b, p. 14; Heraushebung A.D.). Unter einer Vielzahl von Unterrichtsforschern ist deshalb vermehrt die Tendenz spürbar, die lange Zeit vorherrschende traditionelle Sichtweise von *einer* Unterrichts*wissenschaft* aufzugeben und stattdessen ergänzend vermehrt lokale, fallgestützte und narrative Studien beizuziehen. Nur so kann Unterricht verstanden werden als sowohl epistemisches als auch moralisches Handeln (Oser, Dick & Patry, 1992).

## 3.3. PÄDAGOGISCHE DENK- UND HANDLUNGSMUSTER VON UNTERRICHT

Innerhalb der Paradigmenvielfalt wird vermehrt vom persönlichen, praktischen Inhaltswissen von Lehrern gesprochen, welches weder von kognitionspsychologischen Untersuchungen (cf. Leinhardt & Greeno, 1986; Calderhead, 1987; Clark, 1988; Mitchell & Marland, 1989) oder den reflexiven Ansätzen (Schön, 1987; Grimmett & Erickson, 1988), noch von subjektiven Lehrertheorien (Dann, 1989) abgedeckt worden ist: "Subject Matter Knowledge for Teaching" (Shulman, 1987b; Wilson et al., 1987; Grossman et al. 1989; McDiarmid et al., 1989), fachwissenschaftliches Wissen für den Unterricht, ein Bereich, der im Rahmen der Fachdidaktik-Diskussion in den letzten Jahren auch in Europa aufhorchen liess (Bromme, 1987; Bromme & Dobslaw, 1986; Doyle & Westbury, 1992; Gudmundsdóttir & Shulman, 1987). Dieses partikuläre Wissen der Lehrer ist für die Forschung immer noch eine unbekannte Domäne, weil das fachdidaktische Wissen zwar seit Jahren gefordert, aber nie präzise definiert worden ist, insbesondere nicht im notwendigen Verbund mit dem pädagogischen Wissen ("pedagogical knowledge") und dem curricularen Wissen ("curricular knowledge"). Einige schwierige und aufwendige Arbeiten liegen bereits vor, welche als eine mögliche Synthese vom 'praktischen Wissen'

übersehen, dass Forschungsresultate in jeder Disziplin unausweichlich an einschränkende Bedingungen geknüpft gewesen sind (Shulman 1981a; 1981b; 1983): Um überhaupt forschen zu können, musste notwendigerweise die Perspektive eingegrenzt und eine Frage formuliert werden, die weit weniger komplex war als jene Form, in welcher sich die Realität in der Praxis darstellt. Dies gilt zwar ausnahmslos für alle Forschung, aber als Einschränkung gilt sie insbesondere für die Unterrichtsforschung. Gerade die verschiedenen Konzepte zur Lehrerbeurteilung, die entwickelt wurden, haben diesen zentralen reduktionistischen Aspekt von Unterrichtsforschung ignoriert; denn im Zuge der anfänglich notwendigen Reduktion der Komplexität von Unterricht hat die Unterrichtsforschung die inhaltlichen Komponenten ausser acht gelassen. Heute aber ist gerade diese 'Lücke' nicht mehr verantwortbar (Shulman, 1987d; Shulman & Sykes, 1986).

sprechen (Heath, 1982; Elbaz, 1983; Yinger, 1987; Connelly & Clandinin, 1988; Clandinin, 1989).
Im folgenden werde ich in einiger Ausführlichkeit auf dieses "missing paradigm" eingehen. Ich halte mich dabei insbesondere an Shulman (1986b), weil es - trotz seiner Stossrichtung auf die 'vergessenen Fachinhalte' - eine integrative Sichtweise der verschiedenen Wissensformen aufweist und in etwa auch als die 'Pädagogisierung der Fachinhalte' umschrieben werden kann. (Dieser integrale Verbund von pädagogisch-psychologischem Wissen mit Fach[didaktischem]-Wissen wird in meiner Arbeit bei der Analyse der Aussagen von erfahrenen Lehrern und ihren Unterrichtskonzeptionen direkt aufgenommen und teilweise als analytisch-deskriptive Kategorien benützt; vgl. Kapitel 9).

### 3.3.1. Das fehlende Paradigma

Woher kommen die oft gehörten abfälligen Urteile hinsichtlich der mangelnden Fähigkeiten der Lehrer? Wie lange tragen die Lehrer schon das Image von 'Nicht-Wissen' und 'Unfähigkeit'? Diese unverblümte Frage wurde 1985 von Lee Shulman in seiner "Presidential Adress" an der Jahresversammlung der "American Educational Research Association" (AERA) in Chicago aufgeworfen (Shulman, 1986b). Sie wurde zur epistemischen Fragestellung seines Forschungsprojekts "The Knowledge Growth of Teachers", welches nach dem *pädagogischen* Inhaltswissen von Lehrern suchte. Bei der Durchsicht der Literatur zur Unterrichtsforschung wurde ihm klar, dass zentrale Fragen der Inhalte, die unterrichtet werden, bisher eigentlich nicht gestellt wurden. Statt dessen ging es sehr lange und sehr oft um Aspekte der Klassenführung und -organisation, um Zeit- und Phasengliederung, um die Strukturelemente von Anweisungen und Aufgaben, um Verstärkungstechniken wie Lob und Tadel, um das kognitive Niveau von Lehrerfragen, um Unterrichtsplanungsfaktoren sowie um Verständnisvariablen der Schüler (Shulman, 1984a).
Die Frage nach den Fachinhalten, die unterrichtet, erklärt und geprüft werden, entfiel bisher fast gänzlich, weshalb eines der Forschergruppe um Shulman bezüglich der Fachkompetenz von Expertenlehrern ziemlich rasch deutlich wurde: Jene Lehrer, welche ihren Schülern bestimmte Inhalte beibringen wollen, zeigen sehr deutlich, dass sie - als Voraussetzung für ihr Unterrichten - hinsichtlich dieser Inhalte über ein solides Wissen verfügen. Zwar ist für sie auch ein didaktisches Wissen über Theorien und Methoden des Unterrichtens wichtig; hinsichtlich der Qualifikation scheint das Inhaltswissen jedoch zumindest an ebenbürtiger Stelle zu stehen. Sehr rasch wurde bei der Erforschung dieses fachbezogenen Wissens - welches später 'pädagogisches Inhaltswissen' genannt wird - ersichtlich, wie sich bei erfahrenen Lehrern die fachlichen Elemente sehr stark mit den äusserst sensiblen pädagogischen Überlegungen 'paarten'. Ich komme etwas weiter unten darauf zurück.
Damit wurden Fragen aktuell von der Art, wie Inhalte beim Übergang vom Lehrerwissen zum Unterrichtsgegenstand transformiert würden, wie spezielle Formulierungsarten eines Inhalts mit dem Verstehen oder Missverstehen der Schüler zusammenhingen. Es waren Fragen, die zwar eigentlich zum zentralen

Problem der kognitiven Lernforschung geworden waren. Aber die Forschungsrealität zeigte ein anderes Bild: die im Umfeld des Prozess-Produkt-Paradigmas durchgeführten Untersuchungen thematisierten Unterrichten immer noch mehr oder weniger allgemein, so, als ob die fachlichen Inhalte relativ unwichtig seien; d.h., Arbeiten zu Lehrerkognitionen - als ein Forschungsprogramm, das sich vom Prozess-Produkt-Paradigma abheben wollte - betrachteten die Planungsaktivitäten oder unterrichtsinternen Entscheidungsbildungen von Lehrern quasi ohne Rücksicht auf die *innere transformatorische Organisation* dieser Inhalte bei den betreffenden Lehrpersonen. Selbst die kognitive Psychologie des Lernens, die sich in den letzten Jahren fast ausschliesslich mit inhaltlichen Fragen beschäftigt hatte, tat dies immer und fast ausschliesslich aus der Perspektive der Lernenden (Achtenhagen, 1992). Als Fazit blieb die wenig schmeichelhafte Tatsache: Die Unterrichtsforschung hatte im Hinblick auf die Lehrerkompetenzen fachinhaltliche Fragen des Unterrichts fast vollständig ignoriert oder aus methodologischen Gründen ausgeblendet.

#### *3.3.1.1. Berufliche Entwicklung zum Lehrer*

Für die Lehrerausbildner tauchten bezüglich der fachinhaltlichen Kompetenzen eines Lehrers - im Hinblick auf die Perspektive der individuellen beruflichen Entwicklung hin zum Lehrer - somit zahlreiche Fragen auf: Welches sind die Quellen des Lehrerwissens? Woher weiss ein Lehrer das, was er weiss? Wie wird neues Wissen erworben, altes wiedererinnert und beides sinnvoll kombiniert? Oder stärker lektionsbezogen: Woher kommen die (an die Schüler abgegebenen) Erklärungen der Lehrer her? Kurzum ging es um grundsätzliche Fragen, wie beispielsweise: Wie entscheiden Lehrer, was sie unterrichten, wie sie es darstellen, welche Fragen sie ihren Schülern hierzu stellen? Oder: Wie gehen sie bezüglich Unterrichtsinhalten mit Falschverstehen oder Missverständnissen bei Schülern um?[64]

Weil füglich angenommen werden kann, dass Lehrer durch ihre Vorbildung über bestimmte Fähigkeiten ("expertise") in jenen entsprechenden Inhaltsbereichen verfügen, in denen sie unterrichten, konzentrierte sich die zentrale Frage deshalb auf den Übergang vom ausgebildeten Studierenden zum Berufsneuling: Wie transformiert der frisch diplomierte Lehrer seine fachinhaltlichen Fähigkeiten in eine Form, die auch Sekundarschüler verstehen können (Weinstein, 1988)? Welche neuen Erklärungen, Darstellungen oder Verdeutlichungen

---

[64] Die Forschergruppe um Shulman hatte ursprünglich die Absicht, dem 'Lernweg', d.h. den intellektuellen Biographien der zu erforschenden Lehrern, nachzuspüren, jenem Bündel von Leitkonzepten und Orientierungen also, welches das Verstehen ihres Unterrichtsfaches leitet. - Demgegenüber wurden angehende Lehrer während ihrer Ausbildungsphase begleitet, es wurden Interviews durchgeführt, sie wurden um Kommentare zu fachbezogenen Materialien gebeten, auch wurden Unterrichtsbeobachtungen durchgeführt. Darüber hinaus wurden Daten über deren Lehrerausbildungsprogramm, sowie die Auswirkungen der formellen und informellen Ausbildungserfahrungen auf ihre pädagogische Einstellung festgehalten. Das meiste Datenmaterial fusste auf zahlreichen intensiven Gesprächen. (Dieser Ansatz zur Erfassung des Inhaltswissens unterscheidet sich somit beträchtlich von den üblicherweise angewandten Methoden, wo ein evaluativer Test durchgeführt und das Testresultat als Index des Lehrerwissens herangezogen wird.)

bringt er aufgrund seiner Inhaltskompetenz zum Zug, wenn er sich beispielsweise veralteten Schulbüchern und/oder verduzten Schülern gegenübersieht? Woher kommen seine Analogien, Bilder, Beispiele, Repräsentationsformen, Demonstrationen und Umschreibungen? Wie stützt sich der Berufsanfänger - im Vergleich zum erfahrenen Lehrer - auf sein Expertentum ("expertise") hinsichtlich der Fachinhalte? Es sind alles Fragen, welche um die zentrale Aussage kreisen, welcher pädagogische Preis möglicherweise zu zahlen ist, wenn die Fachkompetenz eines Lehrers durch vorangegangene Defizite beeinträchtigt wird (Tamir, 1988).[65] Dabei ist selbstverständlich klar, dass in pädagogischer Hinsicht ein reines Fachwissen - ohne didaktische Fertigkeiten und pädagogische Intentionen und Wertmuster - vermutlich ebenso sinnlos wäre, wie reine inhaltsleere didaktische Fähigkeiten ohne inhaltliche Fachkompetenz. Um diese beiden Aspekte der Lehrerkompetenz richtig ausbalancieren zu können, muss jedoch den Inhaltsaspekten des Unterrichts forschungsmässig genausoviel Aufmerksamkeit gewidmet werden, wie dies hinsichtlich der Unterrichtsprozesse in den letzten Jahren der Fall war.

### 3.3.2. Handlungsmodelle von Wissen und Unterricht

Die vier zentralen Forschungsfragen, welche dieses Untersuchungsprojekt "The Knowledge Growth of Teachers" anleiteten, lauteten: Welches sind die Quellen der Wissensgrundlage von Unterricht? Wie können diese Quellen konzeptualisiert werden? Welches sind die Prozesse pädagogischer Überlegungen und Handlungen? Welches sind die Implikationen für die Bildungspolitik und Lehrerausbildungsreform? Anhand von Einzelfallstudien, mittels Unterrichtsbeobachtungen sowie intensiven Interview- und Unterrichtsmaterialanalysen erstellte Shulman mit seinen Mitarbeitern eine Reihe von Lehrerportraits, und zwar kontrastierend sowohl von erfahrenen Lehrern als auch von Junglehrern. Daraus ergab sich Shulmans (1987b) fundiertes theoretisches *Modell des pädagogischen Denkens und Handelns*, das sowohl die Wissensgrundlage als auch den Prozess des Unterrichts von erfahrenen Lehrern beschreibt (vgl. auch Shulman, 1986b; Wilson, Shulman, Richert, 1987):[66]

---

65 Eine Reihe von strategisch wichtigen Schlüsselereignissen waren für das Verständnis der Wissensentwicklung bei Lehrern besonders wichtig, sah sich doch manch ein junger Lehrer vor die Situation gestellt, ein Thema zu unterrichten, das er bisher noch nicht explizit unterrichtet hat. Ein Englischlehrer musste Shakespeares 'Hamlet' durchnehmen, ein Biologielehrer hatte eine Lektionsreihe über Hebelgesetze und ihre Anwendungen bei einfachen Maschinen durchzunehmen: beide kannten die Materie nicht: Wie gehen diese Lehrer jetzt vor? Wie sieht *ihr* Lernprozess aus, diese Inhalte zu unterrichten? - Eine andere Situation war jene, dass ein Lehrer Abschnitte eines Schulbuchs für problematisch, fehlerhaft, unvollständig oder inadäquat hielt, auch dies wohl keine unübliche Schlüsselsituation des täglichen Unterrichtens; d.h. wie wird mit Defiziten im Lehrmaterial umgegangen? Wie nehmen Lehrer einen Text auf, und wie transformieren sie ihr Verständnis dieses Textes in eine Unterrichtsform, so dass der Text von den Schülern verstanden wird?

66 Das Modell entstand aus dem weiter oben dargestellten Forschungsprojekt "The Knowledge Growth of Teachers" (mit der generellen Fragestellung, wie Junglehrer lernen, jenes Fachwissen, welches sie in Ausbildungsinstitutionen erworben haben, Sekundarschülern zu unterrichten). Dabei wurden ethnographische Forschungsmethoden angewendet und mehrere

Dieses als 'Reformpapier der Lehrerbildung' bekannt gewordene Handlungsmodell beinhaltet die folgenden sechs Ablaufschritte, welche im Unterrichtsprozess von erfahrenen Expertenlehrern - in ausgesprochen ausgeprägter Form - zu erkennen waren: (1) Verstehen, (2) Transformation, (3) Instruktion, (4) Evaluation, (5) Reflexion und (6) Neues Verständnis. Obwohl sequenziell dargestellt, repräsentieren die Modellprozesse nicht etwa fixierte Stufen, Phasen oder Schritte, denn die Reihenfolge kann differieren, einige Prozesselemente mögen bei einer bestimmten Unterrichtshandlung nicht auftreten, andere treten in verkürzter oder erweiterter Form auf. Erfahrene Lehrer waren jedoch in der Lage, die obgenannten Fähigkeiten in jenen Situationen aufzeigen zu können, in welchen sich dies als notwendig erweist, um die Schüler mit den Verständnis- und Performanzvoraussetzungen auszustatten, die es zum echten Verstehen von Unterricht notwendig sind, d.h., die Lehrer sind fähig, “to enact a complete act of pedagogy” (Shulman, 1987b, p. 19):

**(1)** Der Prozess des pädagogischen Denkens und Handelns beginnt mit einem fachinhaltlichen Thema, bei dem die Lehrkräfte versuchen, den 'Text' - im Sinne eines Unterrichtsgegenstandes[67] - oder die Materialien zu ***verstehen***, Ziele und Fachstrukturen 'herauszupräparieren' und relevante Ideen innerhalb oder ausserhalb des Fachgegenstandes zu lokalisieren.

**(2)** Diesem Verstehensprozess folgt der Prozess der ***Transformation***, der in vier Stufen abläuft, mit dem Ziel, den 'Text' dergestalt in etwas 'Pädagogisches' zu transformieren, als dass die Schüler optimal lernen können:

**a.** Die ***Vorbereitung*** ist die erste Phase des Transformationsprozesses, in der die Lehrkräfte den 'Text' immer kritisch mit Blick auf den Unterricht analysieren und interpretieren. Normalerweise werden dabei die Inhalte zerlegt, segmentiert und neustrukturiert, und dadurch werden die Unterrichtsziele klarer. Das vielleicht wichtigste Element der Vorbereitung ist es, das 'fachinhaltliche Potential' auf die Zielsetzungen hin zu identifizieren. Dies bedeutet, dass alle curricularen Inhalte eine Vielfalt möglicher Interpretationen zulassen, und zwar bis hin zu Auslegungen, welche beispielsweise die Absicht der Lehrbuchautoren deutlich übersteigen.

**b.** Die zweite Phase ist jene der ***Repräsentation***, in welcher die Lehrkräfte

---

Fallstudien erstellt; diese Fallstudien, wie auch weitere Untersuchungen zur Arbeit erfahrener Lehrkräfte, die in parallel laufenden Forschungsprojekten mit gleichen Forschungsinstrumenten (Beobachtungsleitfaden, Interviewleitlinien, Standard-Anregungsaufgaben) erarbeitet wurden, bildeten dann auch die empirische Grundlage des erwähnten Modells.

67 Der allgemeine Begriff 'Text' - vergleiche dazu kontrastierend den Begriff 'Kontext' - steht hier entsprechend einem weiten Hermeneutikbegriff auch für jedes denkbare nicht schriftgebundene Unterrichtsmaterial. In der angelsächsischen Auffassung kann jeder Unterrichtsgegenstand in seiner je vorliegenden Form als 'Text' begriffen und interpretiert werden. Vergleiche dazu die folgende Publikation: Jackson, P. W., & Haroutunian-Gordon, S. (Eds.), (1989). From Socrates to Software: *The Teacher as Text and the Text as Teacher.*

ein Darstellungsrepertoire entwickeln, das gelungene Demonstrationen, aufklärende Beispiele, zwingende Erklärungsmodelle sowie aussagekräftige Analogien und Metaphern beinhaltet.

**c.** Die dritte Phase kann als Stufe der ***Auswahl*** charakterisiert werden, bei der Lehrkräfte aus dem oben dargestellten Repräsentationsrepertoire die geeignetsten Darstellungen auswählen: Möglicherweise fällt die Wahl auf Beispiele und Erklärungen, eventuell hilft ihnen die persönliche Materialiensammlung, um das jeweils bestmögliche Repräsentationsmedium für den anstehenden Unterricht auszuwählen.

**d.** Die letzte Phase ist jene der ***Adaptation*** und Anpassung an eine bestimmte Schulklasse. Hier beziehen sich erfahrene Lehrkräfte auf ihr Allgemeinwissen über Schüler (Geschlecht, Alter, Motivation, Fähigkeit, Fertigkeit, Interesse, Selbstkonzept, Aufmerksamkeit etc.) und auf ihr Wissen über die Schüler einer bestimmten Klasse (sprachliche, soziale, kulturelle Hintergrundvariablen). Es ist ein 'Zuschneiden' der oben genannten Schritte auf bestimmte Schülercharakteristiken hin; d.h., während eine Klasse vielleicht etwas mehr schriftliche Übungen 'braucht', ist bei einer anderen intensive Gruppenarbeit oder bei einer dritten Klasse vorwiegend mündliches Arbeiten möglich. Gezielte, geplante Aufgabenstellungen für die einzelnen Klassen berücksichtigen diese verschiedenen Komponenten.

**(3)** Für den Vermittlungsprozess, das eigentliche ***Unterrichten***, versteht es sich natürlich von selbst, dass viele der oben genannten Teilleistungen - wie etwa Verstehen und Transformieren - auch während des Unterrichts stattfinden. Zu dieser Kategorie gehören aber auch sämtliche Aspekte der Klassenführung (Interaktion und Disziplinfragen), der Präsentationsmomente (Lehrervortrag, Demonstration, Rollenspiel etc.), d.h., der Methoden-/Sozialformenwahl; aber auch Persönlichkeitsvariablen, wie Humor, Rhetorik etc., sind davon nicht ausgeschlossen.

**(4)** ***Evaluation*** - als vierte Modellkomponente - findet während oder nach dem Unterricht statt:

**a.** Überprüfen des Schüler-Verständnisses *während* der interaktiven Unterrichtsmomente, entweder als mündliches oder schriftliches Überprüfen der Verständnisebenen (d.h. beispielsweise, wenn der Lehrer in der Klasse verwirrte Gesichter tatsächlich 'sieht', oder Fragen der Schüler bezüglich Unklarheiten 'zulässt').

**b.** Überprüfen des Schüler-Verständnisses *nach* dem Unterricht (am Ende der Lektion oder der Lektionsreihe), indem der Lehrer schriftliche Arbeiten oder mündliche Beiträge der Schüler auswertet. Aber der Lehrer überlegt auch, was er als Unterrichtender in dieser Lektion tatsächlich getan oder unterlassen hat. Somit wird die Schülereinschätzung immer auch als Evaluation der eigenen Performanz, d.h., unter Miteinbezug der eigenen unterrichtlichen Erfahrungen, reflektiert. Dies führt uns zur nächsten Modellkomponente, jener der

(5) ***Reflexion,*** in welcher Lehrpersonen bewusst und gezielt Rückschau halten: Inhalte, Methoden, Medien, Lektionsteile werden unter dem Aspekt von 'Evidenzen' gesichtet, rekonstruiert, wieder 'in Szene gesetzt', neuangewendet etc.; d.h., die eigene Arbeit und die der Klasse wird 'kritisch' analysiert.

**(6)** Dieser Gesamtprozess des pädagogischen Denkens und Handelns endet mit einem ***Neuen Verständnis*** der 'Texte' und Unterrichtsgegenstände, aber auch der Schüler, der eigenen Absichten, Beiträge und eingesetzten Unterrichtsmethoden. Es sind sogenannte Konsolidierungserfahrungen, die zu einem neuen Verständnis führen und zum erweiterten Bestandteil der Wissensgrundlage der Lehrkraft werden können.[68]

**Abb. 3: Shulman's Handlungsmodell von Unterricht (in Anlehnung an Shulman, 1986a, 1987b, 1987c)**

*3.3.2.1. Diskussion: Relevanz für die Lehrerausbildung*

Ein Dilemma, welches in Shulmans Modell aufgeworfen wird, ist die Frage der deskriptiv-präskriptiven Unterscheidung: Gestandene Lehrer - konfrontiert mit dem Modell - werden mit grosser Wahrscheinlichkeit darauf hinweisen, dass ihr Unterricht in den meisten Fällen diese Handlungselemente aufweise. Junglehrer oder angehende Lehrerstudierende mögen ihren bisherigen Unterricht auch in dieser Form interpretieren, ohne die weiterreichende Dimension zu erkennen, welche dem Modell zugrundeliegt: nämlich eine normativere Ebene des 'guten Unterrichts', eines Unterrichts, der den ethisch-moralischen Prinzipien (Fenstermacher, 1986) ebenso standhält wie dem eher rationalen, unterrichtstechnologischen Aspekt.[69] Ein Vorwurf, insbesondere von Sockett (1987) formuliert, ist insofern ernstzunehmen, als die Diskussion der letzten Jahre bezüglich der Lehrerausbildung genau um diese Frage der Vereinigung zweier bisher unvereinigter Positionen kreiste, der eher verhaltensorientierten, technologisch ausgerichteten Prozess-Produkt-Forschung einerseits, und der eher einstellungsverhafteten, typologisierenden und Lehrerfähigkeiten auflistenden Ausrichtung andererseits. Dass Shulmans Modell die normativ-ethische Dimen-

---

68 Damit ist zugleich auch das zyklische Moment dieses pädagogischen Denk- und Handlungsmodells aufgezeigt. Partikel des neuen Verständnisses können natürlich auch in anderen Prozessphasen auftreten: Die sich aufgrund der Darstellung ergebende Linearität ist diesbezüglich genau so wenig richtig wie die Finalität, auf welche hin dieses Modell fälschlicherweise interpretiert werden könnte (Shulman, 1987b).

69 Es ist der Begriff der *Transformation*, welcher als umfassender im Zentrum steht: Transformation der Inhalte, Transformation der methodisch-didaktischen Umsetzungen und schliesslich Transformation der eigenen Berufsvorstellung, die sich dadurch erneuert.

sion auch beinhaltet - zwar zugegebenermassen eher mittelbar -, zeigt die Betrachtung der sechs Aktivitäten, insbesondere aber jene der Transformation, der Evaluation (welche die Eigenauswertung und Selbsteinschätzung auch klar miteinbezieht), der Reflexion und des 'Neuen Verstehens'. Bezüglich einer eingehenderen Diskussion von transformatorischen Entwicklungsmomenten innerhalb der hier diskutierten moralisch-ethischen Dimensionen verweise ich auf Oser, Fatke & Höffe (1986).
Schwieriger wird die Frage bei der Vermittlung des obigen Modells in der Lehrerausbildung, birgt es doch die Gefahr in sich, von Lehrerstudierenden im reduzierten Sinne als eher rational-technokratisch verstanden zu werden, d.h., Unterricht präsentiert sich plötzlich nicht in der Komplexität, Unvorhersagbarkeit, Mehrfachdimensionalität und Launenhaftigkeit, welche den Reichtum der Berufsausübung ausmacht; sondern Unterricht wird missverstanden als lineares Modell, das sequentiell durchlaufen werden kann. Die Lehrerausbildung selber muss in diesem Fall mit ihren Inhalten - hier dem Inhalt des Handlungsmodells - wiederum demselben zyklischen Entwicklungsverlauf von Verstehen und Verständnis, Transformation, Instruktion, Evaluation und Reflexion unterworfen werden, um zu einem 'Neuen Verständnis' vorzustossen.[70]

### 3.3.3. Formen des pädagogischen Inhaltswissens

Ausgehend von der intensiven Erforschung von erfahrenen und erfolgreichen Praktikern kommt Shulman (1986b; 1987b) in einem weiteren Schritt zu folgenden sieben integrierten Kategorien, in denen die Wissensgrundlagen von Lehrern abgebildet werden. Es kann dabei nicht genügend betont werden, dass die Kategorien, welche hier aus Gründen der Verständlichkeit und Praktikabilität einzeln aufgeführt und beschrieben werden, in der Praxis mehr oder weniger integriert auftreten, insbesondere bei erfahrenen Lehrkräften (cf. Gudmundsdóttir & Grankvist, 1992).
Die Wissensgrundlage von Unterricht schliesst das folgende Wissen ein, welches Lehrkräfte für erfolgreichen Unterricht brauchen:

> Die Lehrer müssen **(1)** ihr Fach kennen, ein *Wissen über den Gegenstand* haben ("content knowledge"). Sie müssen **(2)** auch allgemein über Pädagogik Bescheid wissen, z.B. Strategien kennen, um die Klasse zu disziplinieren, um Diskussionen zu führen, um Gruppenarbeiten durchzuführen oder um Prüfungen abzuhalten. Diese *pädagogische Allgemeinbildung* ("general pedagogical knowledge") überschreitet das einzelne Fachwissen. Lehrkräfte brauchen **(3)** *curriculares Wissen* ("curricular knowledge"), d.h., ein Wissen über Curriculummaterialien und Lehrprogramme, das als 'professionelles Werkzeug' ("tools of the trade") der Lehrer dienen kann. Shulman und seine Mitarbeiter nehmen an, dass **(4)** *pädagogisches Wissen über die Inhalte* ("pedagogical content knowledge") der wichtigste Teil der Wissensgrundlage ist: dieses Wis-

70 Vergleiche Shulman (1987c) bezüglich seiner Replik zu diesen diversen Kritiken.

sen wird als das besondere 'Amalgam' von Inhalt und Pädagogik bezeichnet, das ausschliesslich zum Bereich der Lehrkräfte gehört, und worin sich ihre eigene besondere Form des professionellen Verstehens widerspiegelt. Im *pädagogischen Wissen über Inhalte* werden die Fachkenntnisse über Inhalte neu strukturiert und mit Werthaltungen, mit 'Pädagogik' und mit dem **(5)** *Wissen über die Schüler* ("knowledge of students") integriert, um einen ausgeprägten und explizit praktischen Wissensgehalt zu schaffen. Lehrkräfte brauchen zudem ein **(6)** *Wissen über die Umstände der Erziehung* ("knowledge of educational contexts"), sowohl ein naheliegendes Wissen, d.h., über die Situation in der Klasse, als auch ein entfernteres Wissen, etwa über die Lokal- und Landespolitik, über Charakter, Kultur und Geschichte jener Gemeinde, in der sich die Schule befindet, etc. ... Schliesslich brauchen die Lehrkräfte ein **(7)** *Wissen über Bildungsziele, -zwecke und -werte und deren philosophischen und historischen Hintergrund* ("knowledge of educational ends, purposes, and values and their philosophical and historical grounds").

Kurz zusammengefasst heisst das: um überhaupt unterrichten zu können, muss ein Lehrer (a) die Strukturen des Fachinhalts verstehen, die Prinzipien der begrifflichen Organisation und der Forschung begreifen; zusätzlich benötigt der Lehrer jedoch (b) 'pädagogisches Wissen über den Fachinhalt', d.h., die Fähigkeit, das Wissen über den Inhalt, über das er verfügt, so zu verwandeln, dass es pädagogisch wirksam und an die unterschiedlichen Fähigkeiten und Grundlagen der Schüler angepasst wird (Shulman, 1987b, p. 15). Solcherlei Fähigkeiten unterscheiden dann übrigens einen Fachlehrer von einem nicht-lehrenden Fachspezialisten.

*3.3.3.1. Diskussion des Modells*

Diese sieben Kategorien des Wissens von Unterrichtsinhalten helfen ganz bestimmt, die äusserst vielfältigen Seiten des beruflichen Wissens begrifflich zu sortieren. Zudem wird einsichtig, wie notwendig es ist, sich über den Unterschied zwischen dem professionellen Wissen und dem theoretischen Wissen, wie es in den Grundlagendisziplinen entwickelt und in der Lehrerausbildung gelehrt wird, im klaren zu sein. Denn dieser Versuch der Kategorisierung des Lehrerwissens zeigt sehr deutlich auf, dass das Wissen um Fachinhalte weit mehr umfasst, als die Kenntnis der akademischen Disziplin, auf die sich das Unterrichtsfach bezieht. (Es sei ausdrücklich darauf hingewiesen, dass Shulman die Wechselbeziehung zwischen Unterrichtsinhalt und -methode in allen Kategorien oder Prozessen des pädagogischen Denkens und Handelns betont, und dies während des ganzen Ablaufprozesses)

Das Modell zeigt auch Möglichkeiten auf bezüglich der psychologisch-pädagogischen Aspekte des professionellen Wissens, welches dadurch möglicherweise 'zugänglicher' gemacht werden kann; dies ist kein leichtes Unterfangen, bleiben doch einige der verwendeten Begriffe immer noch recht vage. Denn obwohl das Modell einen Prozess beschreibt, dem Unterricht generell 'unterworfen' ist, vermag es die Prozesskomponenten von automatisierten, routinisierten und dadurch implizit gewordenen Handlungen oder Überlegungen eines Lehrers nicht adäquat abzudecken, ein Momentum, das gerade bei erfahrenen Lehrkräften, die seit Jahren die gleichen oder ähnlichen Inhalte vermitteln, der Fall sein wird.

Trotzdem hat Shulmans Modell vom pädagogischen Wissen der Inhalte viele Forscher animiert, sich dieser erweiterten Wissensfragen anzunehmen. Es hat auch eine empirische Forschung angeregt, bei der erfahrene und neue Lehrkräfte im Unterricht extensiv beobachtet und interviewt wurden. So ist beschrieben worden, wie sich diese Art von Wissen bei Anfängern entwickelt (Bullough, 1987; 1989; Clark, 1991; Grossman & Gudmundsdóttir, 1987; Gudmundsdóttir & Shulman, 1987; Reynolds & Wineburg, 1987; Shulman, 1991) und wie sich dieses Wissen von jenem erfahrener Lehrkräfte unterscheidet (Gudmundsdóttir, 1988; Leinhardt & Putnam, 1987). Das Erfahrungswissen, welches sich über viele Jahre durch die Praxis entwickelt, wird immer pragmatischer. Es wird dabei auch immer mehr erkannt, dass gerade dieses pragmatische Wissen ein wichtiger Teil des Wissensfundaments von Lehrern ist: Rein intuitiv ist es zwar einsichtig, dass 'Alt'-Lehrkräfte ein anderes Verhältnis zu ihrem Fach haben, als diejenigen, die (noch) nicht unterrichten; vielleicht aber können Teilprozesse davon Junglehrern zur Verfügung 'gestellt' werden (Grossman, 1989). Hinzu kommt, dass dieses pragmatische Wissenskonzept Unterricht als eine interpretative und reflexive Tätigkeit begreift, in der Lehrkräfte Inhalte und Texte, die sie unterrichten, mit ihren eigenen Werten und Meinungen verbinden. (Näher ausgeführt wird eine solche Vorstellung von Unterricht in den Arbeiten von Ben-Peretz & Halkes, 1987; Carter, 1987; 1990; Connelly & Clandinin, 1988; Doyle, 1992; Elbaz, 1983; und Jackson, 1986).

*3.3.3.2. Bedeutung für die Unterrichtspraxis*

Im Endergebnis wird Gewicht auf die *Transformation* der Inhalte für ganz bestimmte Unterrichtszwecke gelegt, sowie auf den Entwurf von Situationen, in denen Schüler dem Inhalt 'begegnen' können (Gallimore & Goldenberg, 1992). Als zentrales Thema der disziplinbezogenen Einzelfachforschung schält sich dabei heraus, wie unterrichtliche Vereinfachungen konzipiert werden können, die den Inhalt angemessen wiedergeben (also beispielsweise keine falschen Begriffe einführen), die Bezug auf die eigenen Vorstellungen der Schüler nehmen und sie motivieren, sich in der theoretischen Arbeit zu engagieren, welche notwendig sind, um sich neue Repräsentationen anzueignen. Einige ansehnliche Versuche sind unternommen worden, solche Zugänge zu entwerfen (vgl. Putnam, Lampert & Peterson, 1990; Lampert, 1986)[71] und für die Lehrerausbildung fruchtbar zu machen (McDiarmid, Ball & Anderson, 1989).

---

71 Lampert (1986) hat unterrichtliche Methoden dargestellt, wie beispielsweise mathematische Operationen - ausgehend vom impliziten Weltbild der Primarschüler - zu unterrichten sind. Darin stellt sie zum Beispiel die Aufgabe, mit einer Kombination von Münzen (5c, 10c, 25c, 50c) ein bestimmtes Ergebnis zu 'legen'. Die Kinder in der Klasse erfinden anschliessend 'Geschichten' zu diesen Aufgaben-Ergebnissen und diskutieren bzw. 'entschlüsseln' ("decompose") die Geschichten, um ihren fallbezogenen Nutzen für weitere mathematische Problemlösungen zu entdecken.

### 3.3.4. Lehrer als 'Curriculum-Maker'

Mit dem "missing paradigm" des *'Pädagogischen Wissens über Inhalte'* wird zudem möglicherweise angedeutet, dass das Wissen der Lehrer über Inhalte in etwas anderes transformiert worden ist, als es ursprünglich war, und zwar in Richtung einer besonderen Form der praktischen Anwendung auf Unterricht: Während Wilson, Shulman & Richert (1987) einige Phasen dieser Transformation beschrieben, haben Grossman, Wilson & Shulman (1989) zudem diejenigen Komponenten zu entblössen versucht, die das Wissen über Inhalte 'pädagogisch' werden lassen. So weisen sie insbesondere auf eine Komponente hin, die sie 'Meinungen über den Stoff' nennen. Sie behaupten, dass die Meinungen der Lehrkräfte über den Unterrichtsstoff - im Verbund mit ihren Meinungen über Schüler, über Schule als Institution, über Lernen und über die Art des Unterrichtens - generell einen sehr starken Einfluss auf ihren eigenen Unterricht ausübe. Dabei gäbe es zwei Arten von Meinungen: Die eine befasse sich mit dem Stoff und mit den Prioritäten, welche Lehrer Themen zuschreiben; die andere erfasse die Orientierung des Lehrers im Stoff. Diese Meinung, die auch Wertvorstellung genannt werden kann, forme, welche Art von Geschichts-, Sprach-, Mathematik- oder Biologieunterricht vom Lehrer propagiert und für seine Schüler als wichtig erachtet werde. Diese eigene Meinung legitimiere oder schliesse eine Anzahl pädagogischer Möglichkeiten und Strategien aus, die vom Lehrer entweder als wichtig oder unwichtig gehalten werde, um einer Klasse einen bestimmten Stoff zu unterrichten (Lampert, 1992).

Diese Erkenntnis deckt sich übrigens auch teilweise mit dem Anliegen der Schriften von Klafki (1988, 1993), in welchen dieser vermehrt den Miteinbezug bedeutsamer Schlüsselprobleme in die Lehrerbildung fordert, damit diese Zeitprobleme später nicht 'willkürlich' von einigen Lehrern behandelt und von anderen ausgeblendet werden. - Shulmans Prozessmodell des pädagogischen Denkens und Handelns, welches der notwendigen Wissensbasis über Unterricht von Lehrern zugrundeliegt, kommt insgesamt somit auch dem klassischen deutschsprachigen 'Berliner Modell' relativ nahe (Schulz, 1965/1975). Dass das pädagogische Wissen über Inhalte trotzdem nicht ganz der bei uns als 'Fachdidaktik' bekannten Zuordnung entspricht, mag durch die oben dargestellte detaillierte Diskussion des Prozessmodells klargeworden sein.[72] Weil mit diesen Querverweisen nicht eine systematische Vollständigkeit bis ins Detail beabsichtigt werden kann - es würde den Rahmen dieser Arbeit sprengen -, sondern diese Ausführungen als problemerschliessende Einführung in das Thema 'Pädagogisches Wissen' gedacht sind, muss vorläufig an dieser Stelle auf eine weitere

---

72 Gudmundsdóttir & Grankvist (1992, S. 185) weisen anekdotisch daraufhin, wie sehr unterschiedliche Begrifflichkeiten ungewollt gegenseitige Fachignoranz verursachen können: Weder die in der skandinavischen Tradition der 'Fachdidaktik' sozialisierte Sigrun Gudmundsdóttir, noch die im nordamerikanischen Bildungssystem aufgewachsene Pamela Grossmann wussten von den gegenseitig sich nahestehenden Begriffsbedeutungen von 'Fachdidaktik' und "curricular knowledge"; dies, obwohl beide zusammen intensiv im selben "Teacher Growth Project" mitarbeiteten und alle beide bei Lee S. Shulman in Stanford über "pedagogical knowledge" promovierten.

vergleichende Diskussion mit der deutschsprachigen Didaktik verzichtet werden.[73]

*3.3.4.1. Veränderung der Lehrerforschung*

Diese oben dargestellte 'Entpsychologisierung' der Bildungsforschung und die enge Verbindung zwischen Curriculum- und Unterrichtsforschung ist ein aktueller Trend in den USA, durch den eine mehr interpretative Perspektive in der Bildungsforschung aufkommt (Doyle & Westbury, 1992). Durch diesen grundlegenden Wandel ist (eine zu stark naturwissenschaftlich ausgerichtete) Psychologie nicht mehr die einzige Disziplin, auf die sich Untersuchungen zur Pädagogik der Inhalte stützen. Linguistik, Philosophie, Anthropologie und - in einem wachsenden Ausmass - Konzepte aus der künstlichen Intelligenz ("artificial intelligence") sowie die Fachdisziplinen selber, sind tragend für Studien zu Lehrerkognitionen und Unterricht. Ein Anzeichen für diesen Wechsel ist die schwindende Bedeutung von Begriffen wie 'Lernen' und 'Lehren' und der Aufstieg von Konstrukten wie 'Interpretation' und 'Verstehen' in der Sprache der Kognitions- und Unterrichtsforschung:

> "Whatever the future holds for inquiry, it is now evident that teachers' knowledge is not highly abstract and propositional. Nor can it be formalized into a set of specific skills or preset answers to specific problems. Rather it is experiential, procedural, situational, and particularistic. It will be necessary, therefore, to develop forms of representation that capture these essential features of what teachers know with a high degree of situation and task validity." (Carter, 1990, p. 307)

Eine solche Forschungsentwicklung ist gekennzeichnet durch die folgenden charakteristischen Merkmale:

- Das erste Merkmal ist das Primat der Praxis: Der Anfang des pädagogischen Diskurses findet nicht im 'Labor oder Lehnstuhl', sondern in der Praxis statt; d.h., die enge Beziehung zwischen Theorie und Praxis wird klar in den Vordergrund gestellt.
- Das zweite Merkmal bezieht sich auch auf Praxis und besagt, dass die Begriffs- und Theorieentwicklung ihre Grundlage in der Praxis findet. Shulmans oben diskutiertes Modell spiegelt dies ebenso wider, wie eine grosse Anzahl von Forschungsarbeiten aus dem englischsprachigen Raum: Begriffe und Modelle der Unterrichtsforschung haben ihre Basis in empirischen Daten.[74]
- Das dritte Merkmal ist ein grundlegendes Verständnis der Geschichtlichkeit, mittels Einbezug der Vergangenheit, Gegenwart und Zukunft in den Kontext jeder Unterrichtsforschung.
- Das vierte Merkmal ist die Bewusstheit der multiplen Komplexität, in die alle Beziehungen von Schule, Unterricht und Lernen eingebettet sind
.

73 Eine sehr hilfreiche Auseinandersetzung seitens der nordamerikanischen wie auch der europäischen Unterrichtsforscher/Didaktiker findet sich im speziellen Themenheft 'Didaktik-Renaissance' in der Zeitschrift *Bildung und Erziehung,* 45(2), 1992, welche die Aarauer Tagung von 1991 publizierte. - Diese Diskussion wurde 1993 anlässlich der Kieler Tagung "Didaktik and'or Curriculum" (5. - 8. Oktober) weitergeführt, und wo sich u.a. die beiden Exponenten Wolfgang Klafki und Lee Shulman direkt gegenüberstanden. Diese Beiträge werden demnächst publiziert.

74 Dieser Ansatz der "Grounded Theory" von Glaser & Strauss (1967; 1979) wird weiter unten ausführlicher diskutiert (vgl. Kapitel 6).

*3.3.4.2. Diskussion*

Diese vier Merkmale fördern eine induktiv-qualitative Sicht der Forschung, wie man sie eindeutig bei der Erstellung der Prozesskomponenten von Shulmans Modell oder in Nachfolgearbeiten seiner Kolleginnen und Kollegen finden kann: Es werden immer mehr Konzepte und Theorien in der Bildungsforschung entwickelt, deren Studien über erfahrene Praktiker und Berufsanfänger ausdrücklich auf der Wirklichkeit der Praxis beruhen. Damit ist auch das *praktische Wissen* der Lehrkräfte ein legitimer Forschungsgegenstand geworden. Diese Verlagerung sowohl in der Lehr- wie auch in der Curriculumforschung signalisiert nach Doyle (1992a) grundlegende Veränderungen im pädagogischen Diskurs: Die Pädagogik wird dadurch 'entpsychologisiert', weil vermehrt Forschungsmethoden aus der Anthropologie und Linguistik sowie aus der Textanalyse (Gallimore & Goldenberg, 1992) an Einfluss gewinnen. Sowohl in der Unterrichts-, der Lehrerbildungs- als auch in der Curriculumforschung ist die Forschungsarbeit vom Grundkonzept her in die Praxis 'eingebettet' und verspricht damit einige der spannendsten Forschungsarbeiten und Theorieentwicklungen. Denn eine solche Gewichtsverlagerung innerhalb der Unterrichtsforschung und der Forschung zur Lehrerbildung schafft einen fruchtbaren Boden für die Akzeptanz und Integration einer praxisorientierten Forschung: Daraus sind bereits Konzepte und theoretische Modelle entstanden, die eine intensivere empirische Forschung von kontrastierendem Unterricht bei erfahrenen versus jungen Lehrkräften als sinnvoll erscheinen lassen (Darüber wird in Kapitel 5 ausführlicher berichtet).

Das von mir konzipierte ethnographische Erkundungsprojekt, welches ich als Hauptstudie im empirischen Teil der vorliegenden Arbeit vorstelle (vgl. Kapitel 8), versucht grösstmöglich diesen Vorstellungen einer induktiv-qualitativen Sichtweise von Forschung zu entsprechen, wie sie hier als Synthese aus den verschiedenen Forschungsparadigmata skizziert worden ist.

# 4. Lehrerforschung als 'Epistemologie der Praxis'

*"Diversity is viewed as deviance; differences are viewed as deficits." (Gordon, Miller & Rollock, 1990, p. 16)*

In diesem vorliegenden Kapitel versuche ich kurz den Weg der 'Lehrerforschung' - die etwa auch Praxisforschung genannt wird - nachzuzeichnen. Um es vorwegzunehmen: Die gemeinsam von Lehrern und Forschern reflektierte Praxis dehnt sich allmählich zu einer 'Lehrer-als-Forscher'-Bewegung aus.

## 4.1. Lehrerbildung: Vorbereitung auf Unsicherheit[75]

Das jahrzehntelange Bemühen, generalisierte Unterrichtstheorien präsentieren zu können, indem Curriculum- und/oder Klassenführungstheorien konstruiert wurden, welche sich sorgfältig auf empirische Untersuchungen stützten, dieses Bemühen trug zwar viel bei zur Verbesserung von Unterricht: Empirisch geprüfte Theorieelemente konnten anfänglich sehr wohl hilfreich in der Lehrerausbildung eingesetzt werden. Je länger je mehr aber zeigte sich, dass diese Theorien nicht zur Genüge die wirkliche, tägliche Unterrichtsarbeit beschrieben. Jene Praxis, um die es nämlich in diesen Theorien geht, wurde oft nicht adäquat widerspiegelt. Der Praktiker fand 'seine Praxis' in den zwar sorgfältig dargestellten Theorien nicht situationsspezifisch abgebildet.[76]
Solche Theorien waren in ihrer Kapazität limitiert, Lehrern dabei zu helfen, sich bei ganz bestimmten Problemen im Unterricht auf ebendiese Theorien abstützen zu können, oder aber diese zwecks Lösung eines Problems 'abzurufen'. Gerade unter den zentralen Prämissebedingungen von Unterricht (Doyle, 1986) mit den höchst komplexen Merkmalen wie Multidimensionalität, Simultaneität, Unmittelbarkeit, Unvorhersagbarkeit, 'Geschichtlichkeit' und schliesslich dessen Öffentlichkeitscharakter - zur ausführlichen Diskussion, siehe weiter oben

[75] In Anerkennung der viel zitierten Publikation von Floden & Clark (1988) "Preparing Teachers for Uncertainty", *Teachers College Record,* 89(4), 505-524, ist der Titel des vorliegenden Kapitels jenem Artikel entliehen.

[76] Die hier sehr grobkörnig gewählte Unterscheidung zwischen Theorie und Praxis stützt sich auf Schwab (1978), welcher auf die Inkongruenz hingewiesen hat zwischen Ordnung, System, Ökonomie und Generalität einerseits - als Merkmale einer guten Theorie - und den Partikularitäten von Zeit, Ort, Person und Umständen andererseits - als Merkmale der Praxis. Beides sind Aspekte, welche immer Fragen des Unterrichtsinhalts, des Was, sowie Fragen der Art und Weise des Unterrichtens, des Wie, begleiten (vgl. dazu auch Shulman, 1984b und Reid, 1993).

Kapitel 3 -, machte die oft sehr beschränkte Verwendbarkeit vieler Theorien deutlich.[77]
Gleich drei bekannte Unterrichtsforscher fordern deshalb - und zwar aus unterschiedlichen akademischen Disziplinen heraus - eine Lehrerforschung und damit auch eine Lehrerbildung, die konstruierend-konstruktivistischen, statt konfirmatorischen Charakter haben soll: Lauren Resnick als Kognitionspsychologin, Gary Fenstermacher als Bildungsphilosoph und Magdalene Lampert als Unterrichtsforscherin für Mathematikunterricht.

### 4.1.1. Konstruktivistische Ansätze der Lehrerbildung

#### *4.1.1.1. Die kognitiv-konstruktivistische Sichtweise*

Lauren Resnicks (1987) konstruktivistische Theorie von Lernen und Verstehen beinhaltet eine Sichtweise von Bedeutung und Verstehen, welche von individuellen Lehrpersonen in partikulären Umständen konstruiert werden, und zwar aufgrund ihrer unterschiedlichen konzeptuellen und emotionalen Biographien. Mit andern Worten kommt ein Lehrer dann zum Lernen, wenn sein Verstehen (neu) 'erfunden' wird und dieses 'Finden' eine Interaktion und Integration von altem Wissen mit Erfahrungen aus situationsspezifischen Unterrichtsmomenten beinhaltet. Eine solche konstruktivistische Perspektive betont die Wichtigkeit direkter Erfahrungen und die graduelle Anreicherung von Wissensstrukturen durch eine Reflexion über ebendiese Erfahrungen; dies geschieht zusätzlich über eine längere Zeitspanne hinweg. Eine solchermassen konstruktivistische Perspektive liegt auch Schöns (1983, 1987) Analyse des 'Wissens-in-der-Handlung' zugrunde oder etwa auch dem speziellen Wissen, welches während und durch die Praxis aufscheint, wenn Lehrer schulische Ereignisse, Erlebnisse und Szenen neu interpretieren oder konflikthafte Dilemmasituationen entdecken.

#### *4.1.1.2. Die philosophisch-rationale Sichtweise*

In eine ähnliche Richtung weist auch die Konzeption von Gary Fenstermacher (1986, 1991). Fenstermacher interessiert sich speziell dafür, wie Lehrer Wissen in Handlung umwandeln: Sein Hauptargument, wonach Lehrer Informationen über Unterricht benützen, um ihre eigenen Bemühungen und Erwägungen - im Sinne von Schwabs (1978)[78] "deliberations" - über Ereignisse im Unter-

[77] Deshalb kann es in dieser Arbeit auch nicht meine Absicht sein, noch *eine* weitere Theorie zu konstruieren und validieren zu lassen, welche möglicherweise diesem Manko nachkommen *und* adäquater die Praxis 'begleiten' könnte: Es gibt diese eine Theorie bis heute nicht. Was ich aber anbieten kann, ist eine Beschreibung bestimmter Elemente der Praxis, welche von bisherigen theoretischen Prinzipien nicht eingefangen worden sind. Diesen speziellen und hervorragenden Wert von Unterrichtsbeschreibungen aus der Perspektive von Praktikern ist in der Zwischenzeit von vielen bekannten Unterrichtswissenschaftlern anerkannt und unterstützt worden (cf. etwa Lightfoot, 1983a, 1983b; Eisner, 1985a,b,c; Jackson, 1986; Woods, 1986a; Tharp & Gallimore, 1988; Florio-Ruane, 1989; Cazden & Mehan, 1989).

[78] Um die Praxisnatur zu ergründen, begünstigt ein Hin- und Herpendeln zwischen der Praxiswelt und jener der Forschung beim Forscher die Einstellung des Erwägens, des 'In-Betracht-Ziehens' (verschiedener Alternativen). Es bereichert und verfeinert sowohl die Fragen, die man an den Unterricht stellen kann, als auch die Bemühungen danach, diese Fragen zu be-

richt zu aktivieren, sollte seiner Ansicht nach dahingehend genützt werden, dass möglicherweise eben dieses praktische Überlegen ("practical reasoning") von Lehrern als Prämisse, welche ihren Handlungen vorangeht, zu verändern sei. Von einer Verbesserung des sog. 'praktischen Argumentes' von Lehrern erhofft sich Fenstermacher weit mehr als durch 'Performanz-Programme', welche sich aus Ergebnissen der Unterrichtsforschung ableiten lassen. Somit betont auch diese Perspektive das Ausmass, mit welchem die Verwendung von Wissen im Unterricht vom Verständnis- oder Interpretationsgrad eines Lehrers bezüglich unterrichtlicher Situationen abhängig ist: Wenn eine Lehrperson beispielsweise gute Klassenführung versteht als 'effektive Verwendung kontrollierender Ermahnungen und disziplinierendem Tadel', und nicht als 'subtilen Führungsprozess eines komplexen Handlungssystems in Raum und Zeit', dann scheinen für eine solche Lehrperson Informationen über die möglichen Konsequenzen verschiedener Handlungsmöglichkeiten zur Erhaltung von Klassenordnung eher irrelevant zu sein (cf. dazu auch Doyle, 1990).

*4.1.1.3. Die praktisch-erwägende Sichtweise*

Bei der Anerkennung der partikulären und persönlichen Art und Weise, wie Lehrer Probleme in ihrem Beruf erfahren und verstehen, sei auf die zusätzliche Unterscheidung zwischen Praxis und Theoriebildung verwiesen, welche von Magdalene Lampert (1985) aufgeworfen worden ist: Lampert geht nämlich von der Prämisse aus, dass einige der Praxisprobleme, denen Lehrpersonen entgegenzutreten haben, als 'nicht lösbare Probleme' definiert werden können. Wie in der Literatur füglich beschrieben, führen die verschiedenen, oft parallelisierten Verantwortungsbereiche eines Lehrers zu konzeptuellen Paradoxien, die etwa unter dem Stichwort 'Fördern und Fordern' zusammengefasst werden können (cf. Schwegler, 1989). Aus der Sicht des Lehrers verdeutlichen reflektierte Lösungsvorschläge solcher Probleme oft nur die Unlösbarkeit dieser praktischen Dilemmatasituationen.[79]

Solche Dilemmatasituationen präsentieren sich einem Lehrer etwa dergestalt, dass sich in den verschiedenen Handlungsalternativen nicht eine richtige Lösung im Sinne einer gültigen Theorie ergibt, welche - weil auf validen und reliablen empirischen Daten beruhend - die richtige wäre. Dies ist deshalb so, weil der Lehrer viele verschiedene und sich zum Teil widersprechende Ziele in die Einzelmomente der Arbeit miteinfliessen lassen muss, so dass deren Dissonanzauflösung nicht schön säuberlich und eindimensional erfolgen kann. Trotzdem muss der Lehrer natürlich etwas 'gegen' dieses oder jenes konkrete Problem unternehmen.[80]

---

antworten: Schwab (1978) nennt dies "deliberation". 'Deliberation' als methodische Möglichkeit, den Unterrichtsprozess zu reflektieren, um - wenn immer möglich - mittels Bedachtsamkeit, Besonnenheit und reiflicher Überlegung zur 'richtigen' Entscheidung zu kommen.

79 Berlak & Berlak (1981) griffen erstmals den Dilemma-Begriff bezüglich Unterrichtsproblemen auf, wobei ihre Verwendung von 'Dilemmata' eher kulturelle Widersprüche und Möglichkeiten des sozialen Wandels beinhalten (cf. auch Zeichner, Tabachnik & Densmore, 1987).

80 Lampert (1985), die gleichzeitig als Hochschulprofessorin und Volksschullehrerin je eine Teilzeitstelle einnimmt, steht täglich in der Funktion der Unterrichtsforscherin wie auch der

Bisherige metaphorische Bezeichnungen von Lehrern - insbesondere aus der Lehrerkognitionsforschung - suggerierten eine Überzeugung, wonach Konflikte in der einen oder andern Form als von aussen lösbare 'Entitäten' sind. Im Gegensatz dazu setzt das Bild vom Lehrer als 'Dilemma-Manager'[81] Konflikte als kontinuierliche Bedingungsfelder an, mit denen Lehrpersonen lernen können, Situationen zu 'begegnen' und sie möglicherweise zu bewältigen. Eine solche Sichtweise stellt den Lehrer in eine andersgeartete Problemlöse-Beziehung vis-à-vis sozialer Konflikte: Der Lehrer als sogenannter 'Dilemma-Manager' unterscheidet sich dann darin von den andern beschriebenen Positionen, dass er Konflikte als 'endemisch' akzeptiert und eventuell sogar als für seine Unterrichtsarbeit hilfreich akzeptiert, statt sie als eine unbedingt zu eliminierbare 'Bürde' zu betrachten. Dieses Bild beinhaltet somit - selbstverständlich nebst den praktischen Erfahrungen vom Umgehen mit Konfliktsituationen, mit allen Pros und Kontras -, dass der Lehrer mit der Zeit sozusagen die Kraft von Konfliktsituationen 'begrüsst', Konflikte als ein Potential betrachtet, die seine Arbeitsidentität beeinflussen und verändern, d.h., die ihn immer wieder offen neue Unterrichtsperspektiven schauen und sehen lassen.

### 4.1.2. Lehrer als 'Reflektierende Praktiker'

Im Gegensatz zur Sichtweise von Unterricht als 'technische Rationalität' wird der Lehrer vermehrt als "Reflective Practitioner" bezeichnet, indem der Praxis eine Epistemologie mit 'Ausbildungscharakter' attribuiert wird. (Adler, 1991; Calderhead, 1989; Schön, 1983, 1987; Sparks-Langer & Colton, 1991; Tom, 1985; van Manen, 1991a; Wubbels & Korthagen, 1990; Zeichner & Liston, 1987). In all diesen Ansätzen wird eine Auffassung von Wissen propagiert, das

Praktikerin selbst: Sie schildert im genannten Artikel ein eigenes Dilemma-Beispiel aus ihrem 'erforschten' Unterricht als Mathematiklehrerin in der Volksschule und bestreitet dabei, in ihren Lösungsversuchen je an jene abstrakten, sozialen Erziehungsprinzipien gedacht zu haben, mit denen sie als Akademikerin 'sozialisiert' worden ist: Sie berichtet, dass sie in ihren Problemlösungen an der Grundschule kaum analytisch vorgeht, dass beispielsweise Dualismen wie Gleichheit vs. Ausgezeichnetsein, Freiheit vs. Standardisierung, Stoffdruck vs. individuelles Verstehen, Kind- vs. Stofforientierung, demokratisch vs. autoritär etc. von ihr kaum als kognitive 'Wegweiser' benützt werden. Sie geht Probleme vielmehr gesamtheitlich an, so wie sich diese in der Unterrichtssituation auch präsentieren. Lampert vermutet folglich, dass die (im Artikel ausführlich) geschilderten Unterrichtssituationen bei ihr ein solches holistisches Vorgehen 'produzierten', und dass Lehrer durch vergleichbare Situationen 'gedrängt' werden, Konflikte ähnlich gesamtheitlich anzugehen.

81 Das Wählen zwischen zwei Alternativen ist nicht der einzige Weg, widersprüchliche Alternativen anzugehen, d.h., ein Dilemma 'lösen' heisst nicht (unbedingt), eine forcierte Wahl zwischen A oder B zu erzwingen. Die eher technische Definition eines Dilemmas lautet dann mit Berlak & Berlak (1981) oder Lampert (1985): Es ist ein Argument, welches sich einem Handlungsträger mit zwei oder mehr Alternativen präsentiert, die allebeide als gleich überzeugend beweiskräftig und schlüssig erscheinen, unabhängig von der Wahl einer der beiden Alternativen. Eine solche Definition legt das Gewicht auf das Abwägen, das Sich-Auseinandersetzen und In-Betracht-Ziehen, das Erwägen verschiedener Alternativen, statt auf das endgültige Entscheiden für eine der beiden. Statt eines Entscheidungsprozesses, in welchem eine der beiden konfligierenden Alternativen eliminiert wird, plädiert beispielsweise Lampert für ein 'Argumentieren mit sich selbst', unter ständiger Berücksichtigung der verschiedenen Alternativen.

in den vielfältigen Handlungen 'drin steckt'. Es wird als ein 'Wissen-in-der-Handlung' bezeichnet:

- die Handlung selbst weist gleichsam 'Intelligenz' auf, man muss die Handlung also nicht 'intelligent gestalten';
- damit ergibt sich für die Lehrer die Notwendigkeit, in 'Konversation-mit-der-Situation' zu treten, da nach Schön (1987, p. 31) jede unterrichtliche Situation gleichsam das unterrichtliche Handeln des Lehrers erwidert: Entweder 'widerspricht' die Handlungssituation dem Lehrer oder sie 'bejaht' seinen Entscheid: "The situation talks back to you" (Schön, 1983, p. 131).[82]

Ich gehe im nachfolgenden Kapitel auf diesen neuesten Strang der Lehrerforschung ein, weil er erstens generell für die Lehrerausbildung von ganz besonderem Interesse ist, zweitens aber, weil mein erkundend-ethnographisches Projekt, das ich im empirischen Teil der Arbeit darstelle, zum Teil diesen reflexiven Ansätzen verpflichtet ist.

## 4.2. KONZEPTIONEN REFLEXIVEN UNTERRICHTS

### 4.2.1. "Reflective Teaching" in der Lehrerausbildung

Die Lehrerbildung wandelte sich von einer auf Kompetenzen- und Performanzstandards etablierten Ausbildungsgrundlage in qualitativ neue Richtungen der Reflexivität (cf. Richardson, 1990b). Lehrer wurden nicht mehr bloss auf die Kompetenz- oder Performanzebene 'reduziert' gesehen, sondern als im Unterrichtssetting aktiv handelnde, reflektierende Unterrichtspersonen: "Reflection in Teaching" wurde innerhalb der Lehrerausbildungsinstitutionen mehr und mehr zum weitverbreiteten Begriff (Calderhead, 1989) und vermehrt wurden reflexive Prozesse sowohl in der Studieneingangsphase als auch in der Lehrerweiter- und Lehrerfortbildung gefordert (Carr, 1989; Handal & Lauvås, 1987; Grimmett & Erickson, 1988).
Dabei sind die verschiedenen Ansätze des "Reflective Teaching" alle in der Optik von 'Entwicklung als Ziel der Erziehung' (Kohlberg & Mayer, 1972) zu sehen: Entwicklung als Wachsen durch kritisches Erkunden, durch Analyse und selbstgesteuerte Evaluation. Sie grenzen sich deshalb ganz klar von den verhaltensorientierten Ansätzen der Fertigkeitstrainings ab, welche den Erwerb von im voraus determinierten Unterrichtsfertigkeiten betonen (Cruickshank, 1985; Zeichner, 1983).[83] Wenn wir die Entstehung des Konzepts der Reflexion zurückverfolgen, dann erscheinen drei Namen insbesondere als zentral, nämlich Dewey, Schön und Habermas:

---

82 Richardson (1990b) drückt diesen selben Umstand in anderem Zusammenhang sehr pointiert aus: In der Lehrerausbildung kann man Lehrerstudierende wohl (fast) alle Verhaltenskompetenzen trainieren lassen, ausser einer einzigen - nämlich situationsspezifisch adäquat zu handeln.

83 Zur ausführlichen Differenzierung dieser beiden sehr unterschiedlichen Auffassungen von "Reflective Teaching" siehe Gore (1987).

#### *4.2.1.1. John Dewey*

Der Begriff 'Reflexion' als Schlüsselkonzept einer Lehreraus- und Lehrerfortbildung geht zurück auf John Dewey (1933),[84] welcher "reflection" definiert als "active, persistent and careful consideration of any belief or supposed form of knowledge in the light of the grounds that support it and the further conclusions to which it tends" (p. 9). Dewey hebt Reflexion damit klar ab von der zufälligen Bewusstheit der täglichen Erfahrung. Handlung, die auf Reflexion abstützt, wird verstanden als intelligente Handlung, in welcher die Begründungen und Konsequenzen miteinbezogen werden; dies im Gegensatz zur blindgesteuerten oder impulsiven Handlung etwa.

Dewey betrachtet Reflexion aber auch als eine spezielle Form des Denkens, welche sich in einer direkt erfahrenen Situation ergibt, welche durch Zweifel und Perplexität gekennzeichnet ist und hernach zu gezieltem Erkunden und Problemlösen führen kann. Er unterstreicht damit die Bedeutung des Staunens und der Unruhe über ein Problem sowie die zielgerichtete, überlegte Suche nach einer Lösung: So initiiert sich reflexives Denken durch Ungewissheit und wird ständig durch die Zielauffassung und den Endpunkt geleitet. Deshalb sind nach Dewey - nebst den kognitiven Denkfertigkeiten wie dem Analysieren und Ordnen von Gedanken - bestimmte Einstellungen wie z.B. Unvoreingenommenheit und Offenheit vonnöten, um reflektiert handeln zu können. Reflexion entspringt also aus unmittelbar erfahrenen Situationen, welche sich als rätselhaft oder überraschend präsentieren und damit unser Denken mit Zweifel, Zögern, Ratlosigkeit oder kognitiven Schwierigkeiten erfüllt. Eine echte Problemsituation oder eine Problematik, die sich aus einer abrupten Situationsveränderung oder einem plötzlichen Situationswechsel ergibt, verlangt nach Reflexion; und das menschliche Denken kann Problemsituationen sehr selten ohne Lösungsversuch bestehen lassen:

> "The function of reflective thought is, therefore, to transform a situation in which there is experienced obscurity, doubt, conflict, disturbance of some sort, into a situation that is clear, coherent, settled, harmonious." (Dewey, 1933, pp. 100-101)

Beobachtungsdaten und vorgeschlagene Lösungsideen bilden dabei zwei unentbehrliche und korrelative Faktoren von Reflexion, hingegen wird eine unmittelbare Handlung unterdrückt: Die eigene 'Ratlosigkeit' wird als Problem konzeptuell begriffen und eingeordnet, mögliche Handlungsoptionen durch kognitive Elaboration als Hypothesen getestet, und erst anschliessend wird die bestmögliche Handlung ausgeführt. Die erreichte Lösung stellt dann aber stets bloss eine vorläufige dar, und die Schlussfolgerungen werden immer wieder neuen Überprüfungen unterzogen; zwingt einem doch die Reflexion zur fast unaufhörlichen Erkundung und aktiven, zähen und sorgfältigen Einbeziehung aller möglichen Meinungen, Überzeugungen und Wissensinhalte. Generell gesehen

[84] Die nachfolgenden Ausführungen stützen sich insbesondere auf dieses Werk, aber auch auf die weiteren bekannten Veröffentlichungen Deweys (1904, 1916, 1938), sowie z.T. auf Unterlagen aus dem Kurs "The Philosophical and Educational Thought of John Dewey" von N. Noddings und D. C. Phillips (Ed. 304, Spring 1988, Stanford University).

führt Reflexion aber mittels diesem inhärenten Streben nach Auflösung stets zu einer Konsequenz, nämlich "to look back over what has been done to extract the net meanings which are the capital stock for dealing with further experience." (Dewey, 1938). Inferenzen, welche sich aus dem beobachteten Phänomen oder aus vergangenen Erfahrungen aufdrängen, werden zudem als Grundlage zukünftiger Handlungen getestet. Diesem gesamten Prozess ist aber ein Paradox immanent, nämlich dass man ohne Handeln nicht wissen kann, und dass man ohne Wissen nicht handeln kann (cf. weiter unten Punkt 4.2.2).

- Daraus wird ersichtlich, wieviele Anforderungen solche Erkundungsarbeit an den menschlichen Verstand richtet, wo nicht von der erstbesten Idee auf die Handlungsmöglichkeiten geschlossen oder unkritisch Vermutungen in den Wind geschlagen werden können. Dewey selbst rät, sich dieser Spannung sowie dem Mühsal des Erforschens bester Lösungsmöglichkeiten zu unterziehen, und zwar bis zu jenem Zeitpunkt, wo sich eine Ideenordnung als vertrauenserweckende und richtungsweisende einstellt.[85]

- Die Transformation einer Situation der Ratlosigkeit zu einer Situation der Klarheit und Kohärenz bedingt Inferenzen. Diese können als Prozess beschrieben werden, wo aufgrund einer wirklichen Situation auf eine mögliche Situation geschlossen wird: "It involves a jump from the known into the unknown" (Dewey, 1933, p. 96), denn nicht getestete konkurrierende Inferenzmöglichkeiten müssen akzeptiert werden. Damit weisen Inferenzen antizipatorischen Charakter auf, die auch die Form von Voraussagen oder Prognosen annehmen können. Während also Problemlösestrategien zukunftsorientiert nach vorne drängen, weist die Reflexion ebenso stark rückwärts, auf bisherige Erfahrungen mit ähnlichen oder wenigstens vergleichbaren Situationen.

- Während der Erwerb und das Bewahren von Informationen mehrheitlich ohne Reflexion geschieht und deshalb vielmehr auf dem Gedächtnis basiert, setzt die Transformation von Informationen und Wissensbeständen, welche eine bessere Lebensbewältigung ermöglichen, Reflexion voraus; es ist eine Reflexion, welche in der ausgeprägtesten Form wohl 'Weisheit' genannt werden kann.

#### *4.2.1.2. Donald Schön*

Schöns (1983, 1987) Konzept der 'Reflexion-in-der-Handlung' hat unter Lehrerausbildnern ungemein Verbreitung gefunden, ein Konzept, welches sich zum Teil direkt aus den Arbeiten von John Dewey ableiten lässt (Schön, 1992).[86] Schön kritisiert Auffassungen professioneller Handlungen als pure Wissenschaftsanwendung, in welcher die Wissenschaftstheorien in praktischen Situationen Verwendung finden müssen. Eine solche Sichtweise unterschätze das kunsthandwerkliche Moment von Unterricht: Das Kunsthandwerk des professionellen Lehrers zeige sich gerade in problematischen Situationen, wo Lehrer

---

85 Vgl. dazu Maxine Greene (1989b). *The teacher in John Dewey's work.*

86 Unterricht wird auch von andern Erziehungsphilosophen als aus praktischen Problemen bestehender Prozess verstanden, welcher Überlegung und Handlung bedingt (Fenstermacher, 1992; Greene, 1986b). Reflexion wird darin sowohl als ein moralischer als auch als ein rationaler Prozess der Entscheidung dessen verstanden, wie in einer praktischen Situation gehandelt werden soll, indem dieser Situation grösstmögliches Interesse, Sorge und echte relevante Erwägung entgegengebracht wird. Dies natürlich entsprechend der Wichtigkeit des zu reflektierenden Kontextes.

ein Problem neu 'umrahmen' könnten, indem Interpretationen und Lösungen getestet und somit Reflexion und Handlung kombiniert würden:

> " 'Reflection-in-action' is a reflective conversation with the materials of a situation. Each person carries out his own evolving role... 'listens' to the surprises ('back talk') that result from earlier moves, and responds through online production of new moves that give new meanings and directions to the development of the artifact." (Schön, 1987, p. 31)

Schön erweitert somit den Bereich der Reflexion noch um jene Variante, die er 'Reflexion-in-der-Handlung' nennt und als Fähigkeit oder als interaktive, interpretative Fertigkeit des Lehrers betrachtet, komplexe und mehrdeutige Probleme *in* der Situation und *mit* der Situation selber analysieren und lösen zu können.

#### *4.2.1.3. Jürgen Habermas*

Eine andere wichtige Einflussquelle des Konzeptes des "Reflective Teaching" ist jene aus der Frankfurter Schule, die hier insbesondere mit Habermas (1981) in Verbindung gebracht werden muss. Die Kritische Theorie betrachtet Reflexion als Instrument der Selbstbestimmung und somit als Prozess der Bewusstwerdung des eigenen Kontextes, d.h. unter anderem der gesellschaftlichen und ideologischen Einschränkungen der Praxis; ein Prozess, welcher damit teilsweise unter Kontrolle gehalten werden kann. Carr & Kemmis (1986) bauen darauf ihr Konzept 'Lehrer-als-Forscher' auf; der Lehrer erlangt dann mehr berufliche Selbstbestimmung, wenn er durch die Erforschung seiner eigenen Situation sein Verständnis und Bewusstsein von Schule und Unterricht erweitert.

#### *4.2.1.4. Diskussion*

Während sich fast sämtliche Autoren, die sich mit "Reflective Teaching" auseinandersetzen, auf Dewey, Schön und Habermas berufen, unterscheiden sich hingegen die verschiedenen Positionen teilweise beträchtlich bezüglich a) des Inhalts von Reflexion (Werthaltungen von Lehrern, gesellschaftlicher Kontext, Erziehungstheorien); b) des Prozesses ('Reflexion-in-der-Handlung', curriculare Reflexionen); c) den Vorbedingungen der Reflexion (Einstellungen für Reflexion; der Kontext, in dem Reflexion geschieht) und schliesslich hinsichtlich d) der Zielsetzungen der Reflexion (effektiver Unterricht; Emanzipation; Verstehen des Zusammenhangs zwischen Wertbereichen und Praxis).
Zeichner & Liston (1987) konzipierten ein Ausbildungsprogramm, welches aufgrund des Konzeptes reflektierter Handlungen versucht, bei Studierenden Orientierungen hin zu Offenheit, Verantwortung und Engagement auszulösen, sowie Fertigkeiten des genauen Beobachtens und rationalen Analysierens zu initiieren. Nach van Manen (1977) werden dabei drei Ebenen der Reflexivität unterschieden:

**a)** die erste ist jene der technischen Rationalität, welche vorwiegend auf die effiziente und effektive Anwendung erziehungswissenschaftlicher Erkenntnisse aus ist, um gegebene und akzeptierte Ziele zu erreichen, wobei weder diese Ziele noch die institutionellen und soziokulturellen Kontextfaktoren von Klasse, Schule, Gemeinde und Gesellschaft problematisiert werden;

**b)** die zweite Reflexivitätsebene basiert auf einer Konzeption der praktischen Handlung, welche versucht, die Annahmen und Prädispositionen aus dem Praxisbereich zu klären und ev. zu erklären sowie die pädagogischen Konsequenzen solcher Handlungen abzuschätzen. Solcherlei Handlungen werden als wertorientierte gesehen, welche den Bildungsgehalt erzieherischer Ziele abschätzen;

**c)** die dritte und letzte Ebene ist jene der kritischen Reflexion, welche ihren Handlungen Diskurse mit ethisch-moralischen Kriterien zugrundelegt und Fragen zu beantworten trachtet, welche erzieherischen Ziele, Erfahrungen und Aktivitäten zu jenen menschlichen Lebensformen hinführen, die von allen als gerecht erfahren werden; d.h. somit, dass sowohl der Unterricht als solcher, wie auch der Unterrichts- und Erziehungskontext - als wertbeladener Bereich innerhalb eines universaleren Bereichs von Erziehungsmöglichkeiten - kritisch reflektiert werden.

In der Lehrerausbildung haben sich sehr unterschiedliche Konzeptio nen des "reflective teaching“ etabliert. Diese verschiedenen Ansätze unterscheiden sich wesentlich bezüglich der Begründungsebene, reichen sie doch von moralischer Verantwortung bis hin zu technischer Effektivität, um nur die beiden Polaritätsextreme zu nennen (Dick, 1992a).

#### *4.2.1.5. Kritik und Zusammenfassung*

Die Zielrichtung des "reflective teaching“ - und damit auch die eigentliche Bedeutung für die Lehrerbildung - ist noch nicht umfassend abgeklärt worden, zu unterschiedlich sind einzelne Ansätze und Zielvorstellungen. Dies drückt sich beispielsweise in der sehr diversen Begriffsverwendung aus, welche in der Literatur anzutreffen ist, bezüglich einem vergleichbaren oder zumindest ähnlichen Inhalt wie jener des "Reflective Teaching". So finden sich Termini wie 'reflektierte Praxis', 'erkundungsorientierte Lehrerbildung', 'Reflexion-in-der-Handlung', 'Lehrer-als-Forscher', 'Lehrer-als-Entscheidungsfäller', 'Lehrer-als-Problemlöser', 'Lehrer-als-Professioneller', 'Lehrer-als-Intellektueller' (Smyth, 1987), alles Ausrichtungen, welche zentrale Momente eines Reflexionsprozesses miteinschliessen (cf. Liston & Zeichner, 1990a).[87]

Deweys Auffassung der reflektierten Handlung wird von Zeichner (1986a; Zeichner & Liston, 1987) in einem pragmatischen und eklektischen Ansatz beschrieben, welches Lehrern sowohl technische wie auch reflexive Kompetenzen vermitteln soll. Schöns (1987) Auffassung von "Coaching" hat zu einem vermehrten Praxiseinbezug mit anschliessender Reflexion aufgerufen, während gerade die kritische Theorie auf die Gefahren der allzufrühen Praxissozialisationen hinweist, welche Studierende konservierende Einstellungen zu den 'so-sind-sie-nun-mal-Routinen' einnehmen lassen könnte. Goodman (1985a; 1985b) hat darauf hingewiesen, dass zuerst kritische Fähigkeiten und das Verständnis für den Kontext aufgebaut werden müssen, bevor prägende Praxiserfahrungen eingegangen werden sollen. Handal & Lauvås (1987) propagieren eine Reflexion im Sinne der Selbsteinschätzung und -evaluation, und zwar in Bezug auf eigene Meinungen, Überzeugungen und Persönlichkeitsmerkmale sowie eine Einschätzung

[87] Diese unterschiedlichen Positionen können in einem anderen Zusammenhang auch als Ausdruck einer permanenten Revalorisierungssuche der stark lädierten Lehrerprofession gewertet werden.

dessen, wie diese Merkmale möglicherweise die Praxis beeinflussen (cf. auch Calderhead, 1987, 1989).

Ich möchte mich nun aber jenen Forschungskonzeptionen und Perspektiven zuwenden, welche bis anhin die Lehrerausbildung nachhaltig beeinflusst haben und wohl auch in Zukunft weiterhin einen spezifisch heuristischen Wert aufweisen werden. Diese Ansätze werden hier zusammenfassend und metatheoretisch diskutiert (vgl. u.a. Calderhead, 1987, 1989; Clift, Houston & Pugach, 1990; Grimmett & Erickson, 1988; Grimmett et al., 1990; Handal & Lauvås, 1987).

### 4.2.2. Das Paradox des Lernens

Schön setzt die Konzeption von Reflexion mit dem 'Paradox des Lernens' in Zusammenhang, welches er in Platos *Meno*[88] veranschaulicht sieht und folgendermassen auf die Situation innerhalb der Lehrerausbildung übertragen haben will: Das Paradox des Lernens besteht für Studierende darin, nicht zu verstehen, was sie zu lernen haben, und doch so handeln zu müssen, als ob sie es verstehen würden, und dies, damit der Lernprozess überhaupt eingeleitet wird. (vgl. auch Harrington & Garrison, 1992, p. 721) Ein solch schmerzhafter Prozess ist aber nach Grimmett (1988) unerlässlich und ein fester Bestandteil von Reflexion:

> "This 'launching out' is a necessary precursor to knowing that something exists and to knowing how something functions. This preliminary step is neither blind nor certain; rather it is steeped in the kind of experiential doubt and perplexity that a person's mind inevitably seeks to resolve. As such, the paradox of learning is an essential characteristic of reflection." (p. 8)

Das Wissen-in-der-Handlung findet sich deshalb im professionellen Handeln der Praktiker und deren Reflexion, und nicht als theoretisches Denken, welches 'technische Rationalität' genannt wird und als propositionales Wissen die Praxis zu steuern versucht, indem Voraussagen gemacht und damit Kontrolle erlangt werden kann über diese Praxis. Dieses professionelle Wissen-in-der-Handlung soll nach Schön in eine eigentliche Epistemologie der Praxis ausmünden, welche insbesondere auch künstlerische und intuitive Prozesse miteinfliessen lässt, und zwar in jene Unterrichtsprozesse, welche sich durch Unsicherheit, Instabilität, Einzigartigkeit und Wertkonflikte charakterisieren lassen. Sowohl das Reflektieren *in* der Handlung selbst, d.h., das Experimentieren in der Situation selbst, wie auch das Reflektieren *über* die Handlung - welches als nachträgliches Wissen über Handlungen einer bestimmten Situation eingebracht werden kann

---

88 Das Meno-Paradox wird anhand eines Dialoges zwischen Sokrates und Meno exemplifiziert, wo Menos bisheriges Verständnis von 'Tugend' durch Sokrates' Nachfragen schwer erschüttert wird, um diesen verzweifelt ausrufen zu lassen: "But how will you look for something when you don't in the least know what it is? How on earth are you going to set up something you don't know as the object of your search? To put it another way, even if you come right up against it, how will you know that what you have found is the thing you didn't know?" (Plato, 1954, Meno, p. 128; zit. n. Schön, 1987, p. 83)

-, stellt eine Form der erneuerten Bedeutungszuordnung einer praktischen Unterrichtssituation dar, und zwar als Versuche der Problemsituierung und des Problemlösens.
Damit wäre mit diesem Zitat implizit auch das Meno-Paradox angegesprochen, wonach eine unbekannte Situation dadurch bewältigt werden soll, einerseits die Situation zu verstehen versuchen, und andererseits aber durch einen Versuch der Problembewältigung auch zu handeln. Auf die Schule übertragen sind damit jene Unterrichts- und Schulsituationen angesprochen, welche sich Junglehrern entweder in verunsichernden Kategorien wie Konfusion, Frustration oder aber des Geheimnisvollen oder Undurchschaubaren, Nutzlosen präsentieren. So wissen sie sehr wohl um den Umstand, im Unterricht beispielsweise u.a. darauf aus zu sein, die Sekundärtugenden nicht überzubewerten, diese aber gleichzeitig auch nicht gänzlich zu vernachlässigen; in den Worten eines Lehrers:

> "Bei der Disziplin, weisst Du, am Anfang willst Du, dass eine gewisse Ordnung eben herrscht in diesem Raum. Aber das ist es genau: Auch wenn Du am Anfang sagst, eine 'gewisse Ordnung', dann bist Du eben noch nicht sicher, wie diese *genau* aussieht. Und selbst heute bin ich dem nicht sicher; ich kann Dir nicht genau sagen, wann genug ist und wann nicht, ich versuche lediglich, diese 'gewisse Linie' anzustreben. Aber was heisst hier 'gewiss'? Das ist eben das Problem." [J, 22]

Gerade Junglehrer halten in der Folge gleichsam Ausschau auf diesen 'Gegenstand', dieses Etwas, ohne genau zu wissen, wie sich dieser 'Gegenstand' oder eben dieses Etwas präsentiert, und wenn es einmal erkenntlich wird, dann wird es vom Lehrer unter Umständen nicht einmal als solches erkannt, insbesondere nicht während einer Unterrichtssequenz, in welcher die Aufmerksamkeit des unerfahrenen Lehrers bereits stark von andern Entscheidungsreflexionen in Anspruch genommen ist. Aber der Junglehrer möchte dieses Etwas in einer echten Unterrichtssituation kennenlernen, insbesondere in einer echten Problemsituation. Dabei schiebt sich oft ein sekundäres Problem darüber, das Problem nämlich, 'das-Primärproblem-lösen-zu-wollen', ohne es genau zu kennen.
Dieser innere Widerspruch - nach 'Etwas Ausschau' zu halten, welches die Fähigkeit impliziert, dieses Etwas erkennen zu können, gleichzeitig aber diese Wahrnehmungsfähigkeit noch nicht entwickelt und erprobt zu haben -, dieses Paradox gilt gleichermassen für den Lehrerbildner:

> “He cannot tell the student what he needs to know, even if he has words for it, because the student would not at that point understand him.” (Schön, 1987, p. 83)

Der Lernende möchte über Bereiche lernen und Kompetenzen erwerben, deren Bedeutsamkeit er im voraus gar nicht abschätzen und im Wesentlichen verstehen kann, und selbst wenn er meint zu verstehen, ist er nicht sicher, ob er nun wirklich das Gesuchte gefunden hat. Solcherart gestaltete Lernprozesse sind für jenen Lernenden doppelt schwierig, der zur selben Zeit eine berufliche Praxis, die für ihn neu ist, ausführen muss und gleichzeitig diese Ausführung - meist sind es Durchführungselemente von Unterricht - auf ihr Kompetenzniveau hin zu überprüfen hat. Somit besteht das Kennenlernen dieser Kompetenzen meist im Selbstentdecken eben dieser Kompetenzen, im handelnden Tun von Kompetenzen, die er eigentlich noch gar nicht kennt. Dieses Lernen-in-der-Handlung, ohne genau zu wissen, wie man handeln und was genau gelernt werden soll, erfordert von den Studierenden die Preisgabe von Zweifel und Skepsis, welche wiederum einen Vertrag zwischen Lehrer und Lernenden voraussetzt, der auf Vertrauen und Akzeptanz basiert: ein Vertrauen darauf, dass hier die Lehrer ihre Lerninhalte als bedeutsam begründen und kompetent darbieten können, aber auch, dass dort die Lernenden Absicht, Ziele und Bedeutsamkeit des Lerninhaltes quasi unhinterfragt 'anlaufen' lassen.

Damit ist nun auch ersichtlich geworden, dass diese paradoxe Situation den meisten Lehrerstudierenden das Gefühl vermittelt, in zwiespältige Risikosituationen hineingeworfen zu werden: Einerseits sind sie völlig frei, nach Prinzipien idealer Unterrichtskompetenzen zu handeln, andererseits müssen sie um die Beschränktheit ihrer Unterrichtskompetenzen wissen, damit sie noch 'lernfähig bleiben', oder anders gesagt: Um die geforderte Kompetenz, nämlich Kontroll- und Überzeugungskraft zu erwerben und deren Bedeutsamkeit wirklich zu verstehen, welche professionelles Handeln auszeichnet, müssen diese vorerst mal 'aufgegeben' werden. Das, was die Studierenden aufgeben, während sie in höchst komplexen Situationen unterrichten, mag durch Reflexion-in-der-Handlung während des Unterrichts, oder durch Reflexion-über-die-Handlung, neu gefestigt werden. Elemente des Geheimnisvollen, der totalen Perplexität, der völligen Unsicherheit und lähmenden Frustration lichtet sich und macht dann allmählich vermehrt rationalen Überlegungen Platz: "That which is given up for the sake of experimenting begins to emerge in their development. Out of the darkness of student unknowing comes the light of professional practical knowledge." (Grimmett, 1988, p. 11)

Schön[89] bezieht sich bei diesen obigen Ausführungen auf Polanyi (1967), Simon (1969) und Scheffler,[90] wobei ersterer 'implizites Wissen' ("tacit knowledge") vom expliziten abhebt, indem das implizite 'stillschweigende' Wissen explizit gemacht werden muss. Der zweite Autor spricht von Zustand und Prozess, wobei eine Zustandsveränderung sehr wohl wahrgenommen werden kann, z.B. Verbesserung einer unterrichtlichen Kompetenz, ohne den Prozess beschreiben zu können, der dazu geführt hat. Der dritte Autor schliesslich unterscheidet zwischen externer und interner Optik jener Aktivitäten, die der Lernende lernen will: Jeder Novize sieht von aussen (ausserhalb) die Aktivitäten innerhalb der Praxis und möchte daran teilhaben; dies gelingt ihm vermehrt durch Lernen der internen Hinweise, welche eine Kongruenz mit externen sichtbaren Kompetenzen anstrebt. In Schöns Sichtweise sind somit alle drei obigen Positionen vereint.

Im Denkmodus der technischen Rationalität liegt das Hauptgewicht auf dem Problemlösen, wobei nach Schön oftmals der Bereich des Problemdefinierens ignoriert wird. Denn Probleme präsentieren sich mehrheitlich - ausser in krassen Fällen - nicht als klar ersichtliche Probleme, sondern müssen von Lehrern aus vielfältigen rätselhaften, herausfordernden und unsicheren Materialien und

89 "Problem solving is search for the values of the process variables that would produce a desired change of state; we regulate our search for the former by our capacity to recognize the latter." (Schön, 1987, p. 87)

90 a) Polanyi, M. (1967), The Tacit Dimension. New York: Doubleday; b) Simon, H. (1969), Administrative Behavior. (2nd ed.) New York: Macmillan; c) Scheffler Israel [ohne Bibliographie-Angabe].

Situationen erkannt und konstruiert werden; sie führen dann erst zur Problemsituierung. Dabei wird der Problembereich abgesteckt, Grenzen werden gezogen, d.h., die Auswahl über die zu lösende problematische Situation ist gemacht und damit die 'Kohärenz des Problems' definiert:

> "Problem setting is a process in which, interactively, we *name* things to which we will attend and *frame* the context in which we will attend to them." (Schön, 1983, p. 40)

Aber selbst dann, nach einer Problemsituierung (Konzeptualisierung), kann sich ein bestimmtes Problem als ein in herkömmliche Kategorien nicht einzuordnender Problemfall erweisen, weil er sich als ein (bisher) einzigartiges oder nichtstabiles Problem entpuppt:

"Beispielsweise letzten Samstag, da hatte ich mit der Schulklasse Zeichnen, und da war ein Schüler, ein Vietnamesenbub, der ist irgendwie ein bisschen ausgestossen, dünkt mich. Da hat der eine Schüler ihm die Farbschachtel auf den Boden geworfen, so dass ich anschliessend sagen musste: "Jetzt hebst Du diese Schachtel auf und fertig." - Der hat frech zurückgemault usw.; aber er hat dann endlich die Farbschachtel zusammengelesen und dem Vietnamesenbub zurückgegeben. Doch nachher, wir sind durch die hintere Türe, wo man aufschliessen musste, ins normale Klassenzimmer zurückgekehrt, da hat ein anderer Schüler diesem selben [Vietnamesen] Bub einfach die Türe vor der Nase zugeschlagen, damit dieser nicht mehr hereinkonnte. Er wollte als letzter hereinkommen. Ich stand daneben, deshalb habe ich diesen Kerl weggeschubst (... nicht, dass ich wütend gewesen wäre, aber ich habe das Gefühl gehabt, ich müsse gar keinen Kommentar mehr dazugeben). Aber ich kann auch nicht sagen, ob das gut oder schlecht gewesen ist. Ich habe nicht das Gefühl, dass ich den jetzt in irgendeiner Weise traktiert hätte, dass ich ihm auch nur weh getan hätte, überhaupt nicht. Aber in solchen Sachen wissen, wie zu reagieren ... es würde mich schon wunder nehmen, wie?
Weisst Du, ich hätte auch mit ihm sprechen können, aber ich habe gar nicht mehr..., es war mir dort gar nicht mehr darum zumute, weisst Du, dort habe ich so reagiert, nicht weil er irgendwie mir gegenüber frech war, sondern eben einem Aussenseiter gegenüber. Ich glaube, das hat mich so getroffen. Verstehst Du, wenn die Schüler mir gegenüber frech sind, dann kann ich mich selber in Frage stellen. Aber der andere..., was kann der dafür, dass er ein Ausländer ist. Die Schüler sollten doch wirklich schauen, dass er besser in die Klasse aufgenommen wird. Das hat mich so betroffen gemacht." [#J, 29]

Ein solcher Fall kann dann zur Re-Situierung ("reframing") eines Problems führen, wobei Lehrer aus ihrem bisherigen Repertoire von Beispielen, Bildern, Verstehenserfahrungen und Handlungen schöpfen. Je mehr Praktiker aus der Praxissituation machen - Schön nennt es ein 'Gespräch' mit der Situation führen - desto mehr Elemente erkennen sie in dieser Praxissituation, und desto mehr kommt es zu einem experimentellen 'Austausch mit dieser Situation'. Dieser reflexive Austausch, sei es mit sich selber oder mit Kollegen, führt zur erneuten Situierung und Re-Situierung des Problems, weil die Situation 'zurückantwortet', und sich somit ein zyklisches 'Gespräch' ergibt, dessen Prozess spiral- und stufenförmig Etappen durchläuft, die geprägt sind durch Anerkennung und Würdigung, Handlung und erneuter Anerkennung:

> "The situation talks back, the practitioner listens, and as he appreciates what he hears, he reframes the situation once again (...) The unique and uncertain situation comes to be understood through the attempt to change it, and changed through the attempt to understand it." (Schön, 1983, pp. 131-132)

Für Schön stellt ein solches Handeln und Reflektieren jenes professionelle Wissen von Lehrern dar, welches in adäquater Weise und situationsspezifisch angewandt wird: Der Lehrer 'testet' gleichermassen gedanklich seine Lösungsvorschlags-Hypothesen, diese gelangen in revidierter Form zur Anwendung, wobei wiederum ein 'Echo' ("back talk") - meistens von Seiten der Schüler - den Unterrichtenden mit Informationen über seinen eingeschlagenen Lösungsweg ins Bild setzt. Munby (1989)[91] erinnert uns an das Empfinden, wenn wir Bilder oder Daten plötzlich 'anders' sehen, oder wenn andere Aspekte darin plötzlich zentral werden, das Phänomen also, welches von den Gestaltpsychologen 'Gestaltverschiebung' genannt wird, von Kuhn in einem ungleich grösseren Makrobereich 'Paradigmenwechsel'. Im vorliegenden Fall der Lehrerreflexion verändert der Prozess des "reframing" demnach die Art und Weise, wie Beobachtungsdaten 'gesehen', interpretiert und Inferenzen daraus gezogen werden.

*4.2.2.1. Diskussion*

Wir können somit festhalten: Ein Kurs zur 'reflektierenden Praxis' ist darum besorgt, wie Studierende den zahlreichen Erfahrungsphänomenen jenen Bedeutungsgehalt und Sinn abverlangen können, der ihnen in diesen Situationen als perplex erscheint: "The purpose of the endeavor, in Donmoyer's (1985) terms, is the pursuit of meaning as distinct from the pursuit of truth or fact." (Grimmett, 1988, p. 11). Dieser Suchprozess nach der phänomenologischen Bedeutung von Unterricht und Schule kann deshalb weder Erklärung noch Voraussage zum Ziel haben, sondern beabsichtigt in Erfahrung zu bringen, wie Erzieher innerhalb dieses komplexen und dynamischen Gebildes eine 'Weisheit der Praxis' entwickeln (Shulman, 1987a, 1987b; vgl. dazu Kapitel 5). Die Zielsetzung solcherlei Reflexionen innerhalb der Lehrerausbildung kontrastiert mit Denkrichtungen, welche andere Ziele beabsichtigen:

**a)** Wissenschaftlich erhobenes Wissen kann mediatorisch dazu dienen, die Lehrer in ihrer Praxis anzuleiten. Pointierter ausgedrückt: Für einige Vertreter dieser Auffassung heisst das nicht viel mehr als eine technologische Anwendung dieses Wissens mit dem Ziel, die Praxis 'in den Griff zu kriegen', um Kontrolle darüber ausüben zu können. - Es sei noch erwähnt, dass innerhalb dieser Auffassung quasi als Nebenerscheinung die Tendenz besteht, neues Wissen mehr aus wissenschaftlichen Publikationen als aus dem Praxisfeld selber zu beziehen.

**b)** Eine zweite Auffassung möchte das gewonnene Wissen als reichhaltige, eklektische Informationsbasis an die Lehrer herantragen; aus den einander teilweise konkurrierenden Theorien und Handlungsanleitungen zum 'guten Unterricht' wählen Lehrer sodann überlegt aus. Weil die möglichen Kontextvariablen immer Bestandteil dieser wissenschaftlichen Informations-

[91] Munby (1989) verweist im Zusammenhang mit dem Begriff "reframing" auf Toulmins *Philosophy of science* (London: Hutchinson, 1953): "Toulmin (1953) argues that science is a way of seeing, so learning science is not a matter of using old inferences to examine new data, but of learning to see data in new ways." (p. 4)

grundlage sind, erfolgen die Lehrerreflexionen stets kontextverbunden mit ihrem täglichen Praxisumfeld.

c) Schliesslich jene Auffassung, welches dieses wissenschaftlich erhobene Wissen als konstruktivistisches betrachtet: Es soll dergestalt als Informationsquelle verfügbar gemacht werden, dass der Lehrer die Praxis als solche akzeptiert und neue Handlungsmöglichkeiten durch die Rekonstruktion seiner eigenen Unterrichtserfahrungen erkennt. Reflexion wird dann zur Reorganisation und Rekonstruktion von Erfahrung; dies führt möglicherweise
- zu einem neuen Verstehen von Handlungssituationen;
- zu einem neuen Verständnis nicht hinterfragter Annahmen über eben diesen Unterricht;
- zu einem neuen Selbstverständnis des Lehrerseins sowie des kulturellen Handlungsraumes von Schule und Unterricht.

### *4.2.2.2. Zusammenfassung*

Schön versucht mittels seiner Position der Frage nachzugehen, wie Praktiker professionelles Wissen in einer bestimmten Handlungssituation generieren, und wie Problemlösesituationen in diesem Handlungskontext wahrgenommen und erkannt werden. Damit baut er auf dem imposanten Denken von John Dewey auf, hebt sich aber gleichermassen von der kritischen Theorie etwa eines Habermas (1981) ab, oder von einer kritischen Handlungsforschung (cf. Britzman, 1986; Carr & Kemmis, 1986), wie auch von Positionen, die das kulturelle Umfeld von Lehrern in den Vordergrund stellen (Elbaz, 1983; Elbaz et al., 1986; Clandinin, 1986, 1989; Clandinin & Connelly, 1986; Connelly & Clandinin, 1984, 1985).
Dieses Paradigma setzt Reflexionen als Rekonstruktionen von bestehenden, nicht überprüften und unhinterfragten Annahmen,welche zu einem neuen Verständnis dieser Annahmen von Schule und Unterricht führen können. Diese Form der Reflexion ermöglicht dem Praktiker, die menschlich-konstruierten sozialen, politischen und kulturellen Verzerrungen, welche das persönliche Selbstverständnis von Unterricht entscheidend (ent)täuschen und dirigieren, erst einmal wirklich wahrzunehmen und zu artikulieren, um sich schliesslich davon zu emanzipieren.
Innerhalb der konstruktivistischen Position zum Verständnis von Handlungssituationen wird Reflexion als Mittel begriffen, mit welchem der Lehrer an bisher ignorierten Situationsaspekten 'teilhaben' kann; oder anders gesagt, bietet sich ihm die Möglichkeit, an bisher wahrgenommenen Situationsspezifitäten neue Bedeutungszuschreibungen vornehmen zu können. Reflexion heisst dann in jedem Fall, mittels klärender Fragen eine pädagogische 'Re-Situierung' vorzunehmen, welche ein Wiedererwägen von Annahmen über bisher akzeptiertes Wissen mit sich zieht, womit eine weiterere Palette potentieller Reflexions- und Handlungsmöglichkeiten aufscheinen kann. Die Praxis wird dann vom Lehrer als persönliches Forschungsfeld[92] geschätzt, ein Praxisfeld, in welchem permanent neue Erkenntnisse möglich sind.
Reflexion als Rekonstruktion der persönlichen Erfahrung im soziokulturellen Feld der Schule kann zu einem neuen Selbstverständnis der Lehrerrolle sowie des kulturellen Handlungsraumes von Schule und Unterricht führen. Eine solche Eigenerforschung ist eine phänomenologisch-interpretative, mit hermeneutischer Ausrichtung, wo interpretativ eigene Gedanken von Lehrern selbst über die Strukturierungsart des Wissens sowie der 'kulturellen Welt' erhoben

[92] Im Gegensatz zur deutschen Sprache wird im Begriff 'Forschung' französisch ("*re*cherche") und englisch ("*re*search") mit dem Präfix *'re'* nebst dem 'Neuen' eine weitere wesentliche Komponente angedeutet; nämlich eine Tätigkeit, welche einen bisherigen Prozess des Forschens, Suchens, Erkundens - sowie eine Reflexion darüber - bereits impliziert und somit an bisherige Erfahrungen anschliesst.

werden. Erfahrung wird so durch Reflexion als vergangene und gegenwärtige Unterrichtspraxis sowie als persönliche Biographie gestaltet. Reflexion ist damit ein Prozess, in welchem ein Lehrer sein persönliches, praktisches Wissen immerwiederkehrend (re)strukturiert.

### 4.2.3. Umsetzungsmöglichkeiten für die Lehrerausbildung?

Eher knapp und skizzenhaft sind Schöns Hinweise zu einem reflektierenden Praktikum für die Lehrerbildung, wobei er als generelle Leitidee festhält, den Lehrer auf sein eigenes Lernen aufmerksam zu machen:[93] Die Reflexion des eigenen Untersuchungsprozesses, die Überprüfung der Veränderung des eigenen Lernverständnisses, gekoppelt mit der Kontrastierung der Lerntheorien, die später eventuell mit kognitiven Entwicklungstheorien verbunden werden könnten, ist sein erklärtes übergreifendes Ziel:

> "The (student)teachers would be encouraged to reflect on the ways in which they frame their own teaching practice in a setting that can often be hostile to reflection-in-action, to observe and explain how other teachers and administrators behave in the system of the school. They would be helped to imagine and experiment with interventions aimed at increasing their freedoms, within the school, to use new approaches to learning and teaching." (Schön, 1987, p. 323)

Ansonsten bleiben seine Ausführungen über ein solches Praktikum für die Lehrerfortbildung eher dürftig, weshalb McDonald (1989) die fünf Fragen Schön's - "How a Reflective Practicum Can Bridge the Worlds of University and Practice" (1987, p. 305) - aufgreift und ausführt (vgl. dazu auch Altrichter, 1990, S. 239). Ich gehe in aller Kürze auf diese Diskussion ein, weil sich mein Kurs in der Zielsetzung und im "Design" an diese vorliegenden Überlegungen zu reflexiverer Lehrerausbildung hält:

**a)** Welche Art von Forschung und von Forschern sind vonnöten, um die Entwicklung eines reflexiven Praktikums zu entwickeln? Diese Frage stellt sich dann, wenn man um den 'sumpfigen Grund' von Praxis weiss, der sich theoretischer Definitionen entzieht, nicht aber theorieunterstützter Reflexion: Hier arbeiten Lehrer mittels einer Praxisweisheit, welche durch mancherlei konfliktive Einflüsse, theoretischer, kontextueller und moralischer Art, zur Wirklichkeitsadäquatheit zusammengeschweisst worden ist. Nebst den Grundlagenwissenschaften, welche historisch gesehen Unterricht beeinflussen, tut auch eine engere Forschung mit den eigentlich unterrichteten Fachdisziplinen not, d.h., ein interdisziplinäres Forschen, in welchem eine wechselseitige Befruchtung stattfinden kann. Ein reflexives Praktikum muss sich somit vermehrt auf Forschungen im phänomenologischen Bereich von

---

[93] Schön, der seine Ausführungen praktisch anwenden wollte, setzte die frühere Zusammenarbeit mit Argyris fort (Argyris & Schön, 1975) und berichtet über die Erfahrungen zweier reflektierender Praktika (eines im Kurs 'Erziehungsberatung', das andere in 'Stadtplanung'), wobei er in seinen Beispielen auch über die Schwierigkeiten berichtet, welche diese 'Kurse' im Setting des traditionellen Universitätslebens auslösten. Dabei gibt er freizügig zu, dass sie als Kursleiter mit ihrem Design trotz der speziellen Umstände nicht weit genug gegangen seien, so dass das Seminar eventuell bloss eine Art von 'Möglichkeitsformen des Tuns' statt der angestrebten Wirklichkeitsform darstellte.

Unterricht stützen können, mit sehr viel dichten Beschreibungen, wie beispielsweise jene von Jackson (1968, 1986), Lortie (1975), Lightfoot (1983a, 1983b), Schön (1987) und selbst mit Eigenbeschreibungen von Lehrern (cf. etwa Brodkey, 1986).[94]

**b)** Wer soll dieses Praktikum unterrichten oder begleiten, d.h., wer soll der qualifizierte "coach" sein? Praktiker - und damit meine ich Expertenlehrer - sollten vielleicht in Zukunft noch mehr in die berufspraktische Ausbildung von Lehrerstudierenden miteinbezogen werden, ganz in der klassischen Form der 'Meister-Lehrling'-Tradition. Schulen sollten für kurze Zeit zu Universitäten werden (nachdem Universitäten wieder vermehrt zu Schulen werden), d.h., Hochschuldozenten und Lehrer sollten gemeinsam diese Praktika 'coachen', um die Phänomenologie der Praxis und das Schul- und Unterrichtsumfeld dieser zukünftigen Lehrer besser und gesamtheitlicher zu verstehen. Das Praktikum könnte damit einen möglichen Weg einer solchen Partnerschaft zwischen 'Hoch- und Volksschule' aufzeigen. Andere Perspektiven sind noch zu erkunden, die möglicherweise im bereits vorliegenden Kanon von Vorlesungen und Seminarien vorzufinden sind, wie etwa das Tutoren- (vgl. Ashcroft & Griffiths, 1989) oder das Mentorensystem (Little, 1990). Damit drängt sich auch die nächste Frage auf:

**c)** Welches reflexive Lernen soll das Verhältnis des Praktikums in Form und Inhalt zu den bisherigen Kursen aufweisen? Zu sehr noch werden eher quantitative Forderungen an die Studierenden gestellt, was sie wann und wie oft besuchen und testieren müssen: Studiensemesterzahl, Semesterwochenstunden, Anzahl Seminararbeiten, Anzahl Praktika und gehaltener Lektionen, Anzahl Prüfungen etc. Weit wesentlicher wäre es, die Studierenden daraufhin vorzubereiten und zu betreuen, in die zu unterrichtenden Fächer wie auch in die pädagogisch-didaktischen Fächer einzutauchen und von jedem einzelnen Fach bezüglich eines bestimmten Problems auch 'aufgefangen' zu werden: Die Fachdisziplinen würden ihnen dabei helfen, den Weg zur Praxis über dieses unabdingbare Fachwissen zu ebnen, damit sich das Mosaik der Einzeldisziplinen im Kontext der Praxis zusammenfügt (cf. diesbezüglich die Ausführungen zum "missing paradigm" in Kapitel 3).

**d)** Wann sollte dieses Praktikum im Ausbildungsstudiengang seinen Platz haben? Wenn möglich frühzeitig nach Studienbeginn; dann bestimmt auch in der Mitte des Studiums, um dann ganz sicher das Studium damit abzuschliessen. Je vielfältiger die Disziplinen und die Personen, die je mit einem Praktikum tangiert sind, desto besser, damit der Prozess der "expertise challenged by naiveté" (McDonald, 1989) kontinuierlich in Gang gesetzt werden kann.

---

94 Die Fachzeitschrift *Harvard Educational Review* macht diesbezüglich innerhalb der wissenschaftlichen 'Journal'-Gilde eine nachahmenswerte Ausnahme: Sie publiziert in jeder Nummer ein bis zwei Originalbeiträge von Lehrern; es sind Beiträge, welche sich von den übrigen herkömmlichen wissenschaftlichen Artikel kontrastreich und praxisorientiert abheben.

e) Welche Form nimmt ein solches reflektierendes Praktikum ein? Wann gilt es als ein 'Projekt'? Wie sollte dieses ausgeführt werden? Welche Reflexionsebenen sollten darin ermutigt werden? Dies sind berechtigte Fragen, die sich etwa Korthagen (1992) stellt: Obwohl Schülerinnen und Schüler - die eigentliche Zielgruppe unterrichtlicher Arbeit - bisher nicht genannt worden sind, ist es klar, dass auch die Schüler im Praktikum mitpartizipieren, damit die Unterrichtspraxis mittels der drei erwähnten Hauptkomponenten wirklich miteinbezogen ist: die ethisch-moralische Grundlage der Verantwortung des Lehrers; die Subjektivität der Schüler in einem nichtrepressiven 'setting'; und schliesslich die persönliche 'Note' der Lehrer und Schüler, die in der Gruppe interaktiv agieren. Dabei werden auch Einflussfaktoren des Schulkontexts, wie beengende Bürokratie, Lehrerisoliertheit, inhaltsfremde Lehrpläne sowie Schülerprobleme und -widerstände der kritischen Überprüfung vorgenommen, sei es in fallbezogener Textform oder in konkreten Handlungen.

*4.2.3.1. Diskussion*

Die Junglehrer würden mittels eines solchen Praxiskonzepts lernen, dass sie statt blosse Informationsvermittler vielmehr 'Architekten' sind (Schön, 1987), welche den Schülern die Strukturen des Lernens planen und aufbauen helfen, weshalb das Praktikum nicht so sehr die Performanzebene als vielmehr die 'Design-Ebene' von Performanz verfolgt. Damit verlagert sich das Gewicht von der eher konventionellen Ebene der Demonstration grundsätzlicher Handlungskompetenzen hin zu offeneren Formen möglicher Unterrichtskonstruktionen: "The coaches of this practicum might then be happier with a daring design that failed than with a safer design that succeeded." (McDonald, 1989, p. 259).
Was sollte - nebst dem reflexiven Praktikum - sonst noch an Reforminhalten angeboten werden? Weitere Möglichkeiten, das eigene kritische Bewusstsein zu erweitern, sind gegeben durch teilnehmende Beobachtung von Schulen und Klassen, durch viele Gespräche mit Lehrern und Schülern und die Teilnahme an fachorientierten Erkundungen, welche weit über das Sich-Informieren über fremde Forschungsarbeiten hinausgehen. Damit meine ich in keiner Weise eine Beschneidung oder Herabsetzung der bisherigen praxisorientierten Ausbildungsteile, sondern einen vermehrten Miteinbezug der kontinuierlichen Praxis, der wirklichen Praxis, wo man sich beispielsweise ein volles Jahr einen Lehrerstudierenden mit einer bezahlten Teilstelle an einer Schule vorstellen könnte - von einer Gruppe von Lehrern supervidiert und betreut. McDonald (1989) nennt dies "the initiation with a difference", ein Berufseintritt mit jenem Unterschied, in welchem frühzeitig das Ermutigen eines kritischen Bewusstseins und einer reflexiven Praxis ermöglicht und in Gang gesetzt wird.

### 4.2.4. Kritik am Konzept der reflexiven Praxis

Die Publikationen und AERA-Beiträge zu Schöns Ansatz sind schon beinahe unübersehbar, und nebst viel Zustimmung finden sich darunter auch kritische Stimmen.[95] Während Connelly & Clandinin (1988) Zweifel daran hegen, dass eine Trennung der 'Reflexion-in-der-Handlung' von jener 'Reflexion-*über*-die-Handlung' von Vorteil sei, weil in der konkreten Praxis die eine Denkform

[95] Vergleiche. insbesondere die gesonderten Beiträge in Clift, Houston & Pugach (1991) sowie in Grimmett & Erickson (1988) und Valli (1992).

doch die andere mitbeeinflusst, fragt Court (1988) als unterrichtende Praktikerin, ob denn eine derartige Reflexion nicht ein 'Austreten' aus der unterrichtlichen Situation bedingt,[96] was gerade in einer echten Praxissituation zwar wünschenswert, aber unmöglich sei. Shulman (1988) kritisiert die Dichotomie, welche Schön zwischen einer 'technischen Rationalität' und der 'reflektierten Praxis' vornimmt und versucht aufzuzeigen, wie dessen Werk mit den Arbeiten von Herbart, Dewey und Ausubel in engem Zusammenhang steht. Auch Fenstermacher (1988) sieht in dieser dichotomen Aufteilung eine Gefahr, jene nämlich, dass Praktiker allzusehr von den Forschungsergebnissen der Sozialwissenschaften losgetrennt würden. Zudem versucht er auch logisch zu zeigen, dass Schön keine eigentliche Epistemologie der Praxis konstruiert, wenn unter Epistemologie das Bemühen nach Überprüfung von Evidenzen, von Wissen und Überzeugungen verstanden wird. Er schlägt deshalb ein Vorgehen vor, welches das Denken der Lehrer als 'praktische Argumente' taxiert, welche auf den Prämissen wissenschaftlicher Erkenntnisse aufbauen. Demgegenüber finden Munby und Russell (Munby, 1986, 1989; Russell et al., 1988), Schöns Epistemologie der Praxis hätte ihnen eine neue Diskursebene in der Arbeit über professionelle Praxis von Lehrern eröffnet. Während Korthagen (1992) vier empirisch erprobte Anwendungstechniken postuliert, um die Lehrerreflexion in der Lehrerausbildung zu stimulieren, und Pultorak (1993) sowie Ullrich (1992) je über eine qualitative Studie bezüglich Reflexion bei Berufsanfängern berichten, schlagen Copeland, Birmingham, de la Cruz & Lewin (1993) ein globales Forschungsprojekt vor, welches das Konstrukt "reflective practioner" insbesondere für die Lehrerausbildung wirksam machen könnte (vgl. auch Adler, 1993). Ein solches wird von Bartlett (1989) und insbesondere im Sammelband von Valli (1992) auf dem Hintergrund von sechs kritisch diskutierten Reflexionsstudien ebenfalls gefordert.

### 4.2.5. Konsequenzen und Bedeutung für meine Arbeit

Zusammenfassend kann gesagt werden, dass die grosse Schwierigkeit bestehen bleibt, eine exakte Auffassung von Reflexion für die Lehrerausbildung erfassen zu können. Das einzige vereinigende Thema liegt im generell betonten *kognitiven* Moment begründet, welches zum Teil auch moralische und affektive Aspekte der Lehrerbildung miteinschliesst. Einschränkend zu bemerken ist zudem, dass die vorliegenden Definitionen von "Reflective Teaching" zumeist analytisch hergeleitet worden sind, aber eine präskriptive Orientierung aufweisen: Es werden idealtypische Modelle angeboten, obwohl noch zu wenig Wissen darüber bekannt ist, wie sie sich - im Vergleich mit andern Modellen - in der Praxis bewähren und ob sie auch adäquat in die entsprechenden Kontextfelder integriert worden sind. Trotz dem innerhalb der Unterrichtsforschung immer

[96] In einigen Mannschaftssportarten - wie beispielsweise im Basketball oder Eishockey - wird dies "Time-out" genannt, wo ein Mannschaftscoach die Möglichkeit hat, in kritischen Momenten den Rhythmus eines hektischen Spieles zu unterbrechen, indem er seine Spieler während kurzer Zeit für eine taktische Besprechung um sich schart.

stärker aufkommenden Ruf nach 'situierten Lehrerkognitionen', fehlen grösstenteils empirische Überprüfungen dieses Konstruktes.
So kann abschliessend gesagt werden, dass sich die Unterrichtsforschung bezüglich 'Lehrerreflexionen' in die zwei Kategorien (a) Forschung zu Lehrerkognitionen (“teacher thinking”) sowie (b) Forschung zum Lehrerwissen (“teacher knowledge”) einteilen lässt. In meiner Arbeit habe ich mich für eine Kombination beider Formen bemüht, so dass ich mich - nach dieser ausführlichen Diskussion der Lehrerreflexionen - im nächsten Hauptkapitel 5) der zweiten Form, jenem des Lehrerwissens, zuwenden werde. Vorerst muss ich aber noch auf eine emanzipatorische Strömung innerhalb der Lehrerschaft hinweisen, welche bezüglich der Erforschung der Lehrerreflexionen und des Lehrerwissens von grosser Bedeutung ist.

## 4.3. Unterrichtsforschung als Praxisforschung von Lehrern

### 4.3.1. Veränderungen innerhalb- und ausserhalb der Profession

In bezug auf die Wissensgrundlage von 'gutem Unterricht' haben Lehrer zu lange eine subordinierte Stellung innegehabt, eine Wissensgrundlage, die ihnen zu Ausbildungszeiten auf dem Hintergrund empirischer Forschung und Entwicklung als 'richtig' mitgegeben worden ist. Lehrer mussten anschliessend eigene Wege finden, um ihre Ideen und ihre Praxis so zu adaptieren und zu verfeinern, dass diese ihrem eigenen Interesse entsprachen. Dieser Punkt der Eigenverantwortlichkeit ihrem 'Expertentum' gegenüber hat Kontroversen über die Rechenschaftspflicht dieses eigenen unterrichtlichen Wissens der eigenen Profession gegenüber ausgelöst: Der berufliche Individualismus führt oft zu Misstrauen gegenüber dem geforderten Konzept von 'mitteilbarem' und demzufolge mitzuteilendem Wissen, und Unterrichten wird zum Ausdruck individueller Persönlichkeiten (Heinze, Loser & Thiemann, 1981).[97]
Auf drei Ebenen haben inzwischenVeränderungen stattgefunden: auf der Ebene der Unterrichtenden selbst; sodann auf der Ebene von Forschern; und nicht zuletzt auch auf der Ebene von Lehrerorganisationen und Lehrerverbänden (Cole & Knowles, 1993; Giroux, 1988; Popkewitz, 1987). Auf der Ebene der Selbstwahrnehmung von Lehrern sind starke Veränderungen spürbar: Lange Zeit war ein ausgezeichneter Lehrer nur jenen bekannt, die das Glück hatten, diesen Lehrer und dessen Arbeit aus nächster Nähe zu kennen. Aber seine ausserordentliche Arbeit war kaum je in grösserem Rahmen geprägt von einer Beitragsleistung an die Wissensgrundlage der beruflichen Lehrerausbildung. Die besten Leute einer Profession konnten ihr Wissen nicht adäquat weitergeben,

---

97 Heinze, Loser & Thiemann (1981) propagierten den Begriff 'Praxisforschung' und hoben ihn damit ab vom Begriff der 'Handlungsforschung', der die Praxis oft überfordere: Sie postulierten eine 'demokratische Praxisforschung', welche Alltagshandeln und Reflexion zusammenbringe; dies sei notwendig, weil sich die analytische Unterrichtsforschung bisher als reformhindernd und praxisfern erwiesen habe.

d.h., korrekter gesagt: Es wurde auch nicht von ihnen erwartet, dass sie dies tun. Es gab keine Tradition, welche solchergestaltetes 'Weiterreichen-von-Wissen-von-Lehrern' für Lehrer auch entsprechend honorierte. Dies hatte nicht nur eine Zementierung der Berufsauffassung zur Folge, sondern auch eine intellektuelle Abhängigkeit vom Expertenwissen der Unterrichtswissenschaft. Es mutet beinahe paradox an, aber diese riesige Berufsgruppe unzähliger Lehrer, mit Tausenden von ihnen verstreut in alle nur erdenklichen geographischen Winkel, haben bisher am wenigsten voneinander profitiert, d.h., das Berufswissen von Lehrern war eigentlich nicht für Lehrer verfügbar: Ihr Wissen war zwar immer schon gefragt, aber vorwiegend nur von der Wissenschaft (Atkin, 1992). Damit war dieses Wissen auch immer durch spezifische Forschungstätigkeiten, die sich auf ganz bestimmte Fragestellungen konzentrierten, 'filtriert'; hie und da verstärkte sich dieser Nebeneffekt noch zusätzlich durch spezifische thematische Präferenzen der Forschungsauftraggeber.

### 4.3.2. Praxisforschung als öffentlicher Lernprozess

Lehrer sind aber allmählich daran, ihr Berufsverständnis zu revidieren und sich von dieser subordinierten Abhängigkeit - von den Wissenschaften einerseits, von den Bildungspolitikern andererseits - zu emanzipieren. Langsam entwickelt sich ein Bewusstsein der eigenen Stärke und Kraft einer bis anhin individualisierten Profession. Die Erwartung an die Lehrer, vermehrt zur Entwicklung ihres eigenen Professionswissen beitragen zu können und auch tatsächlich beizutragen, erscheint heute durchaus vernünftig (Cole, 1989b; Kincheloe, 1991; Shor, 1992). So bestand Lortie (1975) bereits vor annähernd zwanzig Jahren darauf, dass Valorisierungsmöglichkeiten zur Unterstützung der praktizierenden Lehrer bei Forschungsvorhaben entwickelt werden müssten, um die intellektuelle Autonomie von Lehrern zu unterstützen. Lehrer müssten auf der Einstellungsebene Unterstützung kriegen, um an die Machbarkeit, die eigene Fähigkeit zu glauben: "They [teachers] will have to surmount decades of subordination to academics." (Lortie, 1975, p. ix).
Lortie verwendete dabei bereits den Begriff 'Lehrer-als-Forscher', worin Lehrer ihre eigene Praxis erforschen. Eine solche Entwicklung könnte seiner Auffassung nach die Verbindung zwischen den Unterrichtenden und den Unterrichtsforschern herstellen: Wertvolle Forschungsideen fliessen in die Universitäten ein, hilfreiche Feststellungen und Resultate finden in den Schulen Verbreitung. Dass dies nicht ohne Konflikte und intellektuelle Verwirrung auf beiden Seiten, der Volksschul- wie auch der Hochschulebene, über die Bühne gehen wird, ist dabei vorauszusehen. Aber der so oft gehörte wie ebenso oft verhöhnte Einwand der 'unpraktischen und irrelevanten Forschung' kann dadurch entkräftet werden, weil die tägliche Praxis, die täglichen berufsspezifischen wie auch berufstypischen Wissensformen von Lehrern, authentisch Eingang finden in diese Forschungsvorhaben. Eine solche Zusammenarbeit hat auch den Vorteil auf ihrer Seite, kritische, intellektuell offene, wissbegierige Lehrerstudierende ausbilden zu können, zukünftig forschende Praktiker also, welche ihrer-

seits wiederum bereit sein werden, ihren Beitrag an die Wissensgrundlagen des eigenen Berufsstandes leisten zu wollen (Carr, 1989; Duckworth, 1986).
Ein besserer Lehrer wird, wer permanent seine Professionsentwicklung überprüft. Auch, wer daran glaubt, dass um dasjenige, was man zu verstehen glaubt - nämlich die professionelle Lehrerwerdung -, gekämpft werden muss, indem diese durch die eigene unterrichtliche Arbeit manifest werden muss. Damit ist diese Unterrichtspraxis es auch wert, kritisch reflektiert zu werden: die Reflexion der täglichen Arbeit als manchmal mühsamer, insgesamt aber dankbarer Lernprozess. Eine solchermassen umsichgreifende Bewegung 'Lehrer-als-Forscher' prädestiniert zunächst eine ausgewählte Gruppe von Lehrern dazu, 'forschende Lehrer' zu sein: Es sind jene Lehrer, die mit zum Teil aussergewöhnlichen beruflichen und ausserberuflichen Qualitäten wie beispielsweise Berufsneugier, Introspektions- sowie Kommunikationsfähigkeit ausgestattet sind. Diese Fähigkeiten ermöglichen diesen Lehrern nämlich, die instrumentellere Ebene des sorgfältigen Beobachtens, des gewissenhaften Datensammelns, des eigenständigen Interpretierens und des kontinuierlichen Suchens nach alternativen Erklärungen kennenzulernen: alles Forschungstechniken zur Einschätzung und Beurteilung des eigenen Unterrichts sowie schliesslich die vielleicht anforderungsreichste Fähigkeit, diese Ereignisse auch aufzuschreiben.[98] Ich nenne diese Lehrer an einer späteren Stelle 'Expertenlehrer' (siehe die Diskussion dazu unter Punkt 5.3.).
Insbesondere die englischsprachige Aktionsforschung hat versucht, dieser Situation entgegenzuarbeiten, und zwar mit der Behauptung, dass das Wissen, welches sich aus der Reflexion und Weiterentwicklung eigener Praxis ergibt, zur Basis eines professionellen Selbstbewusstseins der Lehrerschaft geformt werden könne: "Teachers must be educated to develop their art, not to master it, for the claim to mastery merely signals the abandoning of aspiration. Teaching is not to be regarded as a static accomplishment like riding a bicycle or keeping a ledger; it is, like all arts of high ambition, a strategy in the face of an impossible task." (Stenhouse, 1985, p. 124)[99] Dies wiederum ermöglicht Lehrern eine gewisse Autonomie von wechselnden äusseren Einflüssen (Altrichter, 1990; Carr & Kemmis, 1986; Elliott, 1991; Hitchcock & Hughes, 1991). Wenden wir uns deshalb kurz dieser Bewegung 'Praxisforschung von Lehrern' zu, da sie parallel zu meinen bisherigen Ausführungen wichtige Elemente aufweist, welche in der ethnographischen Erhebung (vgl. Kapitel 8) entweder implizit oder an einigen Stellen explizit aufscheinen.

---

98 Es muss an dieser Stelle generell gesagt werden, dass eine Basiseinführung und Anwendung in die Unterrichtsforschung bisher nicht Bestandteil von Lehrerausbildungscurricula war; es ist deshalb höchste Zeit in der Lehrerausbildung gegen dieses (Selbst)Bild der Lehrer als 'Nichtwissenschaftler' anzugehen - beispielsweise mittels Einführung in - eine vorerst wohl eher interpretativ ausgerichtete - Unterrichtsforschung, mit dem Ziel, eingespielte Handlungsmuster in Schule und Unterricht zu erhellen. Ein hervorragendes Beispiel dazu findet sich in Altrichter & Posch (1990), die eine Fülle praktischer Anregungen und Beispiele aufführen, wie die Reflexion über das eigene unterrichtliche Handeln unterstützt werden kann.

99 zit. nach Altrichter (1990, S. 49).

#### *4.3.2.1. 'Lehrer-als-Forscher': Reflexion als pragmatische Skepsis*

Die europäische Bewegung 'Lehrer-als-Forscher' ist in den sechziger Jahren in England erwachsen und ist stark mit dem Namen Lawrence Stenhouse (1975a) und dessen Schüler John Elliott (1991; 1993) verbunden.[100] Die englische Aktionsforschung hat im deutschen Sprachraum - interessanterweise insbesondere in Österreich - eine Gruppe von Forschern stark beeinflusst (vgl. vor allem Altrichter, 1990; Altrichter & Posch, 1990; Kroath, 1989; Schratz, 1993).[101] Auf dem kurzen Weg zwischen Klassen- und Lehrerzimmer 'vernichte' der normale Lehrer unablässig seinen wertvollsten Besitz, nämlich seine Unterrichtserfahrungen, entnehmen wir aus Altrichter (1990, S. 9), der ein Lehrertagebuch zitiert.[102] Um einer solchen Entwicklung entgegegenzusteuern und zu bewirken, dass sich stattdessen professionelle Neugier und ein professioneller Dialog bei Lehrern einstellt, entstand die "teacher-as-researcher"-Bewegung.[103] Diese 'Lehrer-als-Forscher'-Bewegung, welche bisher mit einigen ebenso ausserordentlichen wie eindrücklichen Forschungsresultaten aufwarten konnte, ist in Grossbritannien mit Stenhouse und Elliott zu einer überraschend breiten Bewegung unter Lehrern angewachsen. Sie hat sich allmählich auch nach Australien und wiederum zurück nach Nordamerika verbreitet (vgl. Carr & Kemmis, 1986; Day, 1984; Gore & Zeichner, 1991; Green & Kvidahl, 1989; Hustler, Cassidy & Cuff, 1986; Kincheloe, 1991; Lather, 1986; Liston & Zeichner, 1990; Wood, 1988; White, 1992). Der angelsächsischen "action research" erwachsen, propagiert die 'Lehrer-als-Forscher'-Bewegung eine systematische Reflexion von Praktikern über ihr Handeln, mit der Absicht, es weiterzuentwickeln; es werden Methoden und Möglichkeiten, praktische Werkzeuge des 'forschenden Lehrers' zur Sammlung und Analyse von Daten entwickelt, die für Praktiker handhabbar sind und es ihnen erleichtern, die nötige Distanz für eine Auseinandersetzung mit dem eigenen Unterricht zu gewinnen (Wood, 1988). Lehrer erforschen dabei ihr berufliches Tun, allein oder im Team, indem die *eigene* Praxis, die *eigenen* Schüler, der *eigene* Unterricht untersucht wird.[104] Dergestalt reflektiertes handlungsstrategisches Wissen, welches sich aus einem erweiterten Verständnis unterrichtlicher Situationen ergibt, kann un-

---

100 Die "action research"-Bewegung mit Lehrern-als-Forscher in den 50er Jahren hat ihren Ursprung aus den USA (vgl. Altrichter & Gstettner, 1993; Hammersley, 1993)

101 Auch in der Schweiz sind vermehrt Forscher auf diese Thematik sensibilisiert worden, wenngleich nicht direkt aus der englischen "action research" beeinflusst (vgl. etwa Gather Thurler, 1993; Strittmatter, 1991; Weiss, 1993)

102 "Aus einem Lehrertagebuch von F. Gürge zit. nach *päd. extra* (1978)7, 46." (Altrichter, 1990, S. 249)

103 Der möglicherweise etwas ambitiös klingende Begriff 'Lehrer-als-Forscher' könnte auch mit Schöns (1983) Terminologie des Lehrers als 'reflektierender Praktiker' übersetzt werden, wobei damit wohl der Vorteil aufgegeben würde, welcher in der Konnotation des Begriffs 'Lehrer-als-Forscher' mitenthalten ist: die etablierte Unterrichtswissenschaft nach Möglichkeit aufzubrechen und zu öffnen, d.h., Unterrichtsforschungstraditionen vermehrt zu 'demokratisieren', indem eine Gewichtsverlagerung zugunsten der Praxis erfolgt.

104 Ich habe in Kursen mit zukünftigen Lehrern die Erfahrung gemacht, dass diese verwendete Metapher 'Lehrer-als-Forscher' anfänglich bei recht vielen Studierenden auf Staunen und Verwunderung stösst. Erst nach geraumer Zeit realisieren sie die Plausibilität der Bedeutungsumschreibung.

geahnt zur Verbesserung der Qualität von Praxis wie auch des Berufsverständnisses beitragen (Altrichter, 1990; Ross & Regan, 1993).[105] Im Zentrum steht dabei die Entdeckung des Normalen, Alltäglichen, Selbstverständlichen in der Handlung eines Lehrers, der - nach Stenhouse (1975b) - seinem Unterricht eine 'pragmatische Skepsis' entgegenbringen soll:

> "My discovery was that I am not a watcher of the world, but an actor in it. I have to make decisions and some of them have to be made now. I cannot say 'Stop the world and let me get off for a bit, I want to think some more before I decide.' Given so many differences of opinion among reasonable people, I realize that I can never be sure that I am making the 'right' decisions. Yet because I am an actor in the world, I must decide. I must choose what I believe in and own the consequences and never know what lay down the roads I did not tackle.
> Academics are watchers of the world: teachers are actors in it. Teachers make decisions and search for 'right' decisions. Sometimes research inquiries may help in the search for 'right' decisions. Sometimes the research evidence is in a published report which teachers can relate to their own classrooms, but other times they need to obtain the evidence themselves for every classroom is unique and one teacher's solution may not be appropriate for others." (Stenhouse, 1975b, p. 144)

Bei Lehrern leiten sich Lern-, Unterrichts- und Evaluationstheorien dann aus der Praxis ab, wenn sie aus dem Willen heraus entstehen, Veränderungen herbeiführen zu wollen, welche sich aus unterrichtlichen Situationen heraus aufdrängen. Es sind somit Veränderungen, die nicht Anwendungen erziehungswissenschaftlicher Theorien darstellen, sondern es sind Theoriegenerierungen, die aus dem Bedürfnis heraus entstanden sind, eingeschliffene oder ungünstige Unterrichtspraktiken an den Schulen zu verändern.[106] Stenhouse (1975a) umriss dabei jene qualitativen Voraussetzungen, welche seiner Meinung nach unabdingbar sind, um jemandem zum 'Lehrer-als-Forscher' zu prädestinieren, folgendermassen:

---

105 Anhand wissenschaftstheoretischer Argumentationen diskutiert Altrichter (1990) eingehend die Frage, ob sich die Reflexion und Weiterentwicklung der eigenen Praxis durch forschende Lehrer überhaupt mit Berechtigung 'Forschung' nennen dürfe, wenn wesentliche Bestimmungsstücke eines Forschungsprogramms durch Lehrer formuliert werden. Ein Aufgreifen dieser Metadiskussion über die 'Lehrer-als-Forscher'-Bewegung ist an dieser Stelle nicht möglich.

106 Damit könnte suggeriert werden, akademische Theorien entstünden auf den Reissbrettern und Computerbildschirmen der Erziehungswissenschaftler, ein Eindruck, der natürlich spätestens seit Roths realistischer Wende so vereinfacht nicht stimmt. Hingegen muss sich die Erziehungswissenschaft wohl doch dem Vorwurf stellen, noch zu lange mit dem analytisch-empirischen Vorgehen und theoretischen Apriori-Annahmen an die Praxis herangegangen zu sein, womit sie sich selbst dieser Praxis gegenüber als 'befangen' deklarieren musste. - Diesem schwerwiegenden Handicap suchen einige englischsprachige erziehungswissenschaftliche Zeitschriften in letzter Zeit dadurch zu begegnen, dass sie gerade auch die Praxis 'zum Wort' kommen lassen: Die Zeitschrift *Curriculum Inquiry* bspw. publiziert seit 1987 eine "Special Series on Personal Practical Knowledge" (cf. etwa Aitken & Mildon, 1991; Clandinin, 1989; Grumet, 1987; Leinhardt, Weidman & Hammond, 1987; Britzman, 1989; Johnson, 1989; Johnston, 1992a; Roehler et al., 1988; Trumbull, 1990; Weber, 1990; Willinsky, 1989), während die *Harvard Educational Review* mit der Rubrik "About Teaching and Teachers" versucht, Britzmans (1987) Forderung nach Veränderung des "Teacher's Struggle for Voice" zu initiieren, nachdem Lehrern forschungs- und publikationsmässig lange Zeit mehr oder weniger 'Stillschweigen' auferlegt worden ist.

- Die 'Überzeugung und Verpflichtung' zum systematischen Hinterfragen des eigenen Unterrichtens, welches Grundlage der weiteren Entwicklung ist.
- Die 'Überzeugung und Verpflichtung' sowie die Fertigkeiten, den eigenen Unterricht zu 'studieren' und zu erforschen. Die Bereitschaft, Theorie in der Praxis zu hinterfragen und zu überprüfen, indem methodologische Fertigkeiten angewendet werden.
- Die Bereitschaft, anderen Lehrern Einblick in den eigenen Unterricht zu gestatten - direkt oder mittels Unterrichtsaufnahmen -, um anschliessend gemeinsam diesen Unterricht in offener und aufrichtiger Weise zu besprechen (als erwünschtes, jedoch nicht notwendiges zusätzliches Element).

#### *4.3.2.2. Zusammenfassung*

Die Philosophie sowie die Erfahrungen der 'Lehrer-als-Forscher'-Bewegung können folgendermassen zusammengefasst werden:

- Diese Sicht der Theorie-Praxis-Beziehung steht konträr zu jenen Auffassungen, wie sie implizit in Lehrerausbildungstätten vorzufinden sind, wonach eine gute Praxis in der richtigen Anwendung von Prinzipien und heoretischem Wissen liegt: “I learned as a teacher that theories were implicit in all practices, and that theorising consisted of articulating those ‘tacit theories’ and subjecting them to critique in free and open progessional discourse” (Elliott, 1990, p. 3). Ein qualitativ hochstehender Diskurs hängt von der Bereitschaft aller Beteiligten ab, Abweichungen und verschiedene Sichtweisen von Praktiken und Praxis als solche zu tolerieren.
- Das Theoretisieren über die Praxis ist keine Aktivität, die losgelöst vom praktischen Erforschen dieser Praxis erfolgt.
- Die Konzeption von 'Unterricht als reflektierte Praxis' und als Form pädagogischer Erkundung wird implizit und intuitiv in der Erfahrung innovativer Prozesse aufgenommen.
- Erziehung wird nicht mehr als Prozess der Adaption und Akkomodation von Wissensstrukturen aufgefasst, sondern als *dialektischer Prozess*, in welchem die Bedeutung und Wichtigkeit dieser Strukturen im historisch gewachsenen Bewusstsein des Individuums rekonstruiert werden; dies geschieht insbesondere dann, wenn ein Lehrer seinen 'Lebenssituationen' Sinn und Verstehen abverlangt.
- 'Lehrer-als-Forscher' und pädagogische Handlungsforschung beschreiben eine Praxis in der *Sprache der Forscher* (Altrichter & Posch, 1990; Elliott, 1993; Kroath, 1989; Yinger, 1987). Damit werden Forschung und Unterricht nicht zu zwei getrennten Aktivitäten, sind doch Reflexion und Handlung aus der Sicht des Praktikers zwei Aspekte desselben Prozesses.

#### *4.3.2.3. Kritik*

Wenn Reflexion oder Selbstevaluation in herkömmliche Forschungsstrategien übersetzt werden, dann besteht die Gefahr, dass eine solche Methodologie als Set mechanischer Prozeduren und standardisierter Techniken aufgefasst werden kann, und weniger als Bündel dynamischer Ideen und Prinzipien, welche das Erforschen pädagogischer Prozesse vermehrt strukturieren statt determinieren. Eine solche (Selbst)Kritik an der Popularität der Bewegung wird von keinem geringeren als Elliott selbst geäussert: Er sieht je länger je mehr die Gefahr einer möglichen Vereinnahmung der Bewegung durch die etablierte Unterrichtswissenschaft, einer Forschungsgemeinschaft, von der er - obwohl selber ein Eckpfeiler - in einer selten gehörten anklägerischen Art und Weise schreibt:

> “Rather than playing the role of the theoretical hand maiden of practitioners by helping them to clarify, test, develop and disseminate the ideas which underpin their practices, academics tend to behave like terrorists. We take an idea which underpins teachers' practices, distort it through translation into 'academic jargon', and thereby ‘hijack’ it from its practical context and the web of interlocking ideas which operate within that context. And so we find teacher educators and educational researchers propagating ideas like ‘educational action-research’, and 'teachers as researchers' as if they could be *applied* to any sort of practice in schools regardless of teachers' conceptions of education, knowledge, learning, and teaching, and regardless of the institutional and social context of their practices.” (Elliott, 1990, p. 8)[107]

*4.3.2.4. Diskussion*

Mit der 'Lehrer-als-Forscher'-Bewegung ist letztlich die Frage aufgeworfen, inwieweit oder wie sehr die von Lehrern ausgeführte Forschung zu einem unabdingbaren Teil der täglichen Verantwortung der eigenen Profession gegenüber wird, d.h., kann damit die Wissensbasis von Lehrern ausgebaut werden, was mehr wäre, als die blosse Beeinflussung auf einer individuellen Verständnis- und Handlungsebene einzelner Lehrer. Dabei unterstützen sich die beiden Forschungskulturen - Volksschule und Hochschule - gegenseitig: Die bis anhin gut etablierte und durch formale Strukturen unterstützte Forschung der Universitäten 'geben' mittels ihrer Infrastrukturen Theorien und Methodologien weiter, während die langsam aufkommende, für ihren Platz und ihre Identität kämpfende Lehrer-als-Forscher-Bewegung die 'unverfälschte Praxis liefert'. Welches sind denn die Gratifikationen einer solchen 'moralischen' Verpflichtung zur permanenten Reflexion des eigenen Unterrichts? Forschung eröffnet Perspektiven der 'Progression' betreffs der professionellen Biographieentwicklung: Sie eröffnet Wege der Restrukturierung bekannter und vertrauter Situationen. Es ist eine Exploration neuer Einsichtsmöglichkeiten, wo neue Ziele gesteckt werden können, welche wiederum neue Kompetenzniveaus erreichen lassen, Prozesse, die möglicherweise zur erhöhten Berufszufriedenheit beitragen: 'Neugier-Erwecken' und 'Spannung-Erzeugen' bezüglich des längst bekannten Inhalts 'Unterricht und Schule', einer Institution, in welcher das Organisieren und Verwalten immer mehr Überhand nimmt. Damit erweitert sich Forschung zur besten Abwehrstrategie gegen die fast unabwendbar einsetzende Monotonie langjähriger Unterrichtstätigkeit, zur 'Therapie' gegen das Aufkommen verminderter Aspirationsgelüste, zum Gegensteuer abflauender Berufsmotivation.

---

107 Elliott (1990) nimmt sich selber nicht aus in der Bezeichnung des 'akademischen Imperialisten', wenn er eingesteht, auch er hätte bei solchen Forschungsvorhaben zu oft sein heimliches Einverständnis abgegeben. Selbstkritisch stellt er bezüglich des 'Lehrer-als-Forscher'-Ansatzes gar die unangenehme Frage, ob die daran interessierten Akademiker - also er selber beispielsweise - damit nicht im Begriff seien, die Forschungsmethodologie dieses schul- und lehrerverhafteten Ansatzes in einer Art und Weise 'vereinnahmend' zu transformieren, die es der Forschergilde erlauben würde, das Lehrer-Denken wiederum hierarchisch zu steuern und zu kontrollieren, um die überlegen-akademische Vorherrschaft nicht zu verlieren (vgl. dazu ebenfalls Hammersley, 1993).

### 4.3.3. Wissenschaftliche 'Popularisierung' von Forschung

Lehrer sind Personen, welche - durch ihren täglichen Unterricht - ihre eigene Bedeutung von Lehrersein und Unterricht immer wieder neu kreieren (Willinsky, 1989).[108] Mit dieser Aussage, die die 'Lehrer-als-Forschung'-Bewegung zusammenfassend charakterisiert, wird eine ganze Wissenschaftstradition der Unterrichtsforschung herausgefordert, welche dieser Unterrichtspraxis gegenüber zu lange inadäquat und vorurteilsbelastet begegnet ist. Der Impetus für eine solche Aussage ist die Unzufriedenheit mit der Art und Weise, wie Lehrer im Spiegel der Wissenschaft gesehen und ihre Rolle im Erziehungsprozess aufgefasst worden ist. Man begegnete diesem Mangel dadurch, als versucht wurde, das Untersuchungsobjekt 'Lehrer' (als abhängige Variable) hin zu Bereichen des persönlichen impliziten Wissens von Lehrern zu verschieben (Connelly & Clandinin, 1984; Polanyi, 1962, 1967), ein Wissen, welches aus der direkten Biographie von Lehrern 'gefunden' und rekonstruiert wird.

Damit werden allmählich auch die bisherigen Lehrer-Metaphern erweitert, wie ich sie in Kapitel 4 beschrieben habe, wo der Lehrer als 'Denker', als 'Intellektueller' (Giroux, 1988), als 'Entscheidungsfäller' (Shavelson & Stern, 1981), als 'Ideologe' (Apple & Weis, 1983), als ('Kunst-)Handwerker' (Leinhardt, 1987) bezeichnet (cf. die Übersicht in Clark & Peterson, 1986) und *metatheoretisch* ergänzend als 'Wissenschaftler' oder 'Forscher' betrachtet wird (Stenhouse, 1975a; Elliott, 1987; Altrichter & Posch, 1990).

#### *4.3.3.1. Bedeutung für meine Arbeit*

Der vorliegende Ansatz, dem meine Arbeit methodologisch verpflichtet ist (vgl. dazu Kapitel 6 und 7), geht davon aus, dass der individuelle, lokale Faktor einer Schule konstituierend die Persönlichkeit, den Charakter, d.h., die Vergangenheit und die Zukunft eines Lehrers an dieser Schule, beeinflusst. Mittels Ethnographien, welche durch das Element der teilnehmenden Beobachtung methodisch der Welt eines Lehrers sehr nahestehen, wird dem Untersuchungssubjekt gegenüber eine neue Verantwortung geäussert, womit Spurenelemente 'wissenschaftlicher Kolonisierung' ausradiert werden sollen. Eisner (1986b) nannte dies das 'Primat der Forschungsmethodologie', die sich - gerade Lehrern gegenüber - oftmals als sozialpolitisches Machtmittel verselbständigt hatte. Lehrer sollen Forschung nicht mehr 'erleiden', sondern als intellektuell autonome Partner in den gesamten Forschungsprozess miteinbezogen werden. Der Ansatz löst einen Abwägungsprozess aus, der zu einer gewissen Emanzipation der Praktiker führen kann: Lehrer empfinden die Mitarbeit während des Forschungsprozesses als ein Loslösen von gewissen unsichtbaren Zwängen und Einschränkungen, denen sie als 'Datenlieferanten' ausgesetzt gewesen sind. Sie erfahren dies aber auch als ein Loskoppeln von abstrakten oder stereotypen Annahmen über Lehrer - sei es aus der Ecke der Forschung oder aus breiten

---

[108] Willinsky (1989) wie auch Connelly & Clandinin (1985; 1988) berichten davon, wie längsschnittliche Rekonstruktionen ihres Unterrichts, welche von den Lehrern während der Forschungsprojektzeit vorgenommen worden sind, zu mehr oder weniger offen beobachtbaren oder aber impliziten Veränderungen ihrer Praxis geführt haben.

Kreisen der Bevölkerung. Schliesslich verspüren sie ein Sich-Befreien von eigenen Denkgewohnheiten, beispielsweise hinsichtlich etikettierender Präzedenzfälle von Schülern oder bezüglich vorherrschender Erziehungsideologien.
Eine Forschungsarbeit *mit* den Lehrern zusammen - statt *an* ihnen - vermag schliesslich auch deren professionellen Status zu heben (Cole & Knowles, 1993). Zudem ist der Bedeutungsgehalt, welcher in einem solchen kollaborativen Prozess der engen Zusammenarbeit geschaffen wird, wo Ideen, Konzepte, Analysen, Interpretationen und Gespräche ausgetauscht werden, ein geteilter Prozess, aus dem weder der Forscher noch der Lehrer 'unbehelligt' herausgehen. Eine solche Forschung ist zudem derselben akademischen Verantwortung verhaftet, welche den Professionalismus-Gedanken von Lehrern auszuweiten versucht (Stenhouse, 1968; Shulman, 1991).

# 5. ENTWICKLUNG DES WISSENS BEI LEHRERN

*"Aristoteles erkannte, dass, sogar wenn - wie Sokrates und Platon annahmen - die Menschen ununterbrochen Regeln befolgten, sie dennoch Weisheit oder Urteilsvermögen brauchten, um solche Regeln auf spezielle Fälle anwenden zu können." (Dreyfus & Dreyfus, 1986, S. 270)*

Im nachfolgenden Kapitel gehe ich der Frage nach, welches berufsspezifische Wissen Lehrer eigentlich besitzen, d.h. es geht um die zentrale Frage, ob sich dieses 'Lehrerwissen' von anderen Wissensformen und -ausprägungen unterscheidet oder nicht? Diese Frage ist deshalb für den weiteren Verlauf der Arbeit wichtig, weil ich in meiner Hauptstudie Junglehrerstudierende ethnographisch das spezifische persönliche und praktische Wissen von Expertenlehrern erkunden und auf dem Hintergrund der eigenen Wissensbestände reflektieren lasse. Somit konzentriere ich mich in einem ersten Teil auf die Wissensformen von Lehrern, um im zweiten Teil des Kapitels spezifischer verschiedene Wissensausprägungen und insbesondere die Entwicklung hin zum Expertenlehrer zu beschreiben.

## 5.1. DAS 'LEHRERWISSEN'

Die Komplexität des Verständnisses der Fachinhalte seitens der Lehrer erfordert die Entwicklung eines kohärenten theoretischen Rahmenkonzepts, welches die Bereiche und Kategorien erfasst, aus denen das Fachwissen der Lehrer zusammengesetzt ist. Dieses Wissen kann möglicherweise in der Lehrerbildung bedeutsam Aufnahme finden (Baernes, 1989). Darin wird die Beziehung zwischen dem Fachwissen und dem allgemeinen pädagogischen Wissen erörtert sowie die verschiedenen Repräsentationsformen dieser Wissensbereiche und -kategorien auf der kognitiven Ebene festgelegt, um möglicherweise den Erwerb und die Entwicklung solchen Wissens fördern zu können. Ich halte mich in der Folge fast ausschliesslich an Shulman (1986b,[109] - wie auch 1984a und 1987b),

[109] Dieser grundlegende Artikel von Lee S. Shulman mit dem Titel "Those Who Understand: Knowledge Growth in Teaching" wurde als "Presidential Address der AERA 1985" im *Educational Researcher,* 15(2), 4-14/21 publiziert. Es ist einer jener Artikel, der - in leicht gekürzter Fassung - im Sammelband "Unterrichten als Beruf: Neuere amerikanische und englische Arbeiten zur Berufskultur und Berufsbiographie von Lehrern und Lehrerinnen", von Ewald Terhart (Hg.), (1991b, S. 145-160) deutsch übersetzt worden ist. - Vergleiche dazu auch Bromme (1987a) "Die Untersuchung des professionellen Wissens von Lehrern: Zum Inhalt und zur psychologischen Struktur von Wissen", worin sich der Autor bezüglich des Mathematikunterrichts u.a. auch an Shulmans Wissensunterscheidungen hält.

der vorerst zwischen drei Arten von inhaltlichem Wissen ("content knowledge") unterscheidet, nämlich:

**(1)** dem Wissen über Fachinhalte

**(2)** dem pädagogischen Inhaltswissen

**(3)** dem curricularen Wissen

### 5.1.1. Das fachinhaltliche Wissen ("subject matter content knowledge")[110]

Das Wissen über Fachinhalte bezieht sich auf den Umfang und die Organisation von Wissen im Kopf des Lehrers schlechthin.[111] Die inhaltliche Wissensstruktur muss in den verschiedenen Fächern und Inhaltsbereichen je gesondert erörtert werden. Inhaltswissen ist auch mehr als lediglich ein Verfügen über die Fakten oder Konzepte eines Bereichs. Es verlangt ein Verstehen der Strukturen eines Faches, wie dies etwa Schwab (1978) ausgeführt hat.[112] Lehrer müssen nach Schwab nicht nur dazu in der Lage sein, für die Schüler die akzeptierten Wahrheiten einer Disziplin zu definieren, sondern auch erklären können, weshalb eine bestimmte Behauptung für begründet gehalten wird, d.h. weshalb es von Vorteil ist, diese zu kennen, und in welchem Verhältnis sie zu anderen inhaltlichen Aussagen innerhalb und ausserhalb der Fachdisziplin wie auch im Verhältnis von Theorie zur Praxis zu verstehen ist.
Damit nähert sich zwar das fachinhaltliche Verständnis eines Lehrers dem seines nicht-pädagogischen Fachkollegen (der mit einem Fach- oder Diplomabschluss in einem betreffenden Fach aufwarten kann). Der Lehrer muss jedoch nicht nur wissen, *dass* etwas inhaltlich so ist, sondern er muss darüber hinaus verstehen, *warum* es so und nicht anders ist, aus welchen Gründen bestimmte Ansprüche bestehen, und unter welchen Umständen dieser Geltungsbereich zu bezweifeln oder abzulehnen ist. Darüber hinaus versteht ein Lehrer, warum ein

110 Die englischsprachigen Begriffe werden von mir folgendermassen übersetzt: "content" als 'Unterrichtsinhalt'; "subject" als 'Schulfach'; und "subject matter" als 'Fachinhalt'.

111 Shulman stützt sich dabei selbstverständlich auf die verschiedenen bereits vorliegenden Versuche zur Repräsentation von inhaltlichem Wissen, etwa Blooms (1964) kognitive Taxonomie, Gagnés (1972) Lernartenhierarchie oder Schwabs (1964) Unterscheidung zwischen substantiven und syntaktischen Wissensstrukturen.

112 "Die Strukturen eines Faches bestehen nach Schwab aus syntaktischen und substantiellen Mustern. Die substanziellen [substantiven, A.D.] Strukturen bestehen aus den verschiedenen Modalitäten, mit deren Hilfe die grundlegenden Konzepte und Prinzipien einer Disziplin die 'Fakten' in sich aufnehmen. Die syntaktische Struktur wird aus denjenigen Modalitäten gebildet, mit deren Hilfe Wahrheit oder Falschheit, Bedeutsamkeit oder Bedeutungslosigkeit von Behauptungen ermittelt werden. Wenn im Blick auf ein Phänomen konkurrierende Behauptungen aufgestellt werden, liefert die Syntax einer Disziplin die Regeln, mittels derer die Behauptung mit dem grössten Grad an Berechtigung herausgefunden wird. Die Syntax ähnelt einer Grammatik: Sie ist das Regelwerk, mit dessen Hilfe ermittelt wird, was legitimerweise in einer Disziplin gesagt werden kann und was demgegenüber als 'Regelverletzung' anzusehen ist." (Shulman, 1986b, S. 150)

bestimmtes Thema für eine Disziplin von zentraler, ein anderes von eher sekundärer oder gar peripherer Bedeutung ist. Dies wird wichtig für die weitere pädagogische Beurteilung dieses Inhaltes inbezug auf den Stellenwert im Lehrplan beispielsweise.

### 5.1.2. Das pädagogische Inhaltswissen ("pedagogical content knowledge")[113]

Das pädagogische Inhaltswissen ("pedagogical content knowledge") geht über das rein fachinhaltliche Wissen hinaus in Richtung auf ein Inhaltswissen *für* den Unterricht. Damit ist immer noch das inhaltliche Wissen gemeint, aber in jener besonderen Form, die wesentliche Aspekte des 'Lehrbaren' miteinschliesst. Die sinnvollsten Formen der Repräsentation von thematischen Inhalten werden durch diese Kategorie des pädagogischen Inhaltswissens erfasst: veranschaulichende Beispiele, Illustrationen und Demonstrationen, erklärungskräftige Analogien und Metaphern. Es sind Möglichkeiten der Repräsentation und Formulierung einer Fachdisziplin, und zwar für die meisten der üblicherweise in einem Fach unterrichteten Themen, diese thematischen Inhalte für andere verständlich zu machen. So muss der Lehrer über eine reichhaltige Palette alternativer Repräsentationsformen verfügen, gibt es doch kaum die 'einzig wahre' Repräsentationsform. Dabei stammen einige aus der Forschung, andere wieder haben ihren Ursprung in praktischen Unterrichtserfahrungen.
Das pädagogische Inhaltswissen schliesst auch ein Verständnis dessen ein, was das Erlernen eines bestimmten Themas erleichtert oder erschwert: Alle Schüler, mit ihrem unterschiedlichen Alter, Entwicklungsstand und soziokulturellen Hintergrund, bringen jeweils ein davon beeinflusstes Vorverständnis hinsichtlich vieler Fachinhalte mit in den Unterricht. Sofern es sich bei diesem vermeintlichen Vorverständnis um ein Missverständnis handelt - was nicht selten der Fall ist -, müssen Lehrpersonen diejenigen Strategien kennen, die dieses Vor- oder Fehlverständnis der Schüler am ehesten umstrukturieren können.[114]

---

113 Der (anglo-)amerikanische Ausdruck "pedagogical knowledge" ist schwierig zu übersetzen, da dieser Wissenstyp quer zum kontinental-europäischen Pädagogikverständnis zu stehen scheint; er beinhaltet annäherungsweise das, was im deutschsprachigen Raum als pädagogisch-didaktisches oder eventuell sogar spezifischer als das methodisch-didaktische Wissen zu bezeichnen wäre. Zugleich ist der Begriff "pedagogy" wohl auch enger als die deutsche Bezeichnung 'Pädagogik'zu verstehen: Er bezeichnet ausdrücklich nicht den Gesamtzusammenhang des Feldes, sondern im engeren (und näher am Wortursprung liegenden) Sinn den mit der pädagogischen Anleitung zusammenhängenden Ausschnitt des pädagogischen Prozesses. Im folgenden müssen deshalb die übersetzten Ausdrücke wie 'pädagogisch', 'Pädagogik' etc. ausdrücklich in diesem approximativen Sinne gelesen werden (cf. dazu Doyle & Westbury, 1992).

114 Genau an diesem Punkt treffen sich Bemühungen der Unterrichtsforschung mit jenen der Lernforschung, stellen doch Untersuchungen bezüglich des Miss- oder Falschverstehens von Schülern und deren Einflusses auf das weitere Lernen wohl die fruchtbarsten Themen der Kognitionsforschung dar (R. Anderson, 1984; L. M. Anderson, 1989). Immer mehr Erkenntnisse über das Missverstehen von Schülern und über die unterrichtlichen Bedingungen zur Überwindung dieser Situation werden gegenwärtig veröffentlicht. Solchermassen durch Forschung erzeugtes Wissen stellt eine wichtige Komponente des pädagogischen Ver-

### 5.1.3. Das curriculare Wissen ("curricular knowledge")[115]

Bezüglich der dritten Wissenskategorie, dem curricularen Wissen, besteht im Vergleich zur Vermittlung des pädagogischen Inhaltswissens an Lehrerstudierende wohl ein noch grösseres Defizit. Fachinhalte bestehen aus der Summe aller Programme, die den Unterricht in einem Fach auf einem bestimmten Niveau regulieren, weiter aus den entsprechenden Unterrichtsmaterialien sowie den Überlegungen bezüglich Verwendung bzw. Nichtverwendung spezifischer Materialien in spezifischen Situationen.

Dem Arzneibuch 'Curriculum' und den dazugehörigen Materialien - nach Shulman die "materia medica" der Pädagogik -, entnimmt der Lehrer diejenigen Unterrichtshilfsmittel, die einen bestimmten Inhalt repräsentieren oder verdeutlichen sowie den Leistungsstand eines Schülers 'diagnostizieren oder heilen'. Von einem erfahrenen Lehrer darf erwartet werden, dass er sämtliche situationsspezifischen Medien kennt, die er bezüglich einer bestimmten Lernkonstellation erfolgreich einsetzt, wie auch diejenigen Alternativen, die im gegebenen Fall, - d.h., angesichts bestimmter Schwierigkeiten, Inkompatibilitäten, unvorhergesehener Situationen etc. - adäquat sind. Der erfahrene Lehrer kennt, versteht und 'meistert' die curricular angebotenen Alternativen für seinen Unterricht: Unterrichtsmaterialien so wie die verschiedenen Lehrbücher, die Lehrprogramme, die einsetzbaren Filmdokumente, Experimente; aber auch Lernorte wie Museen, Mediotheken und Bibliotheken etc.

Darüber hinaus sind zwei weitere Aspekte dieser Wissenskategorie von Bedeutung: Ein professioneller Lehrer ist auch mit denjenigen Lehrplanmaterialien vertraut, mit denen sich seine Schüler in anderen Fächern zu beschäftigen haben. Dieses 'horizontale' curriculare Wissen (insbesondere bei Lehrern der Sekundarstufe) ist dann nämlich eine gute Voraussetzung dafür, dass zu jenen Inhalten, die in anderen Fächern diskutiert werden, wertvolle Querverbindungen hergestellt werden können. Dieses horizontale Wissen meint als vertikales Äquivalent - ganz im Sinne der Curriculumspirale - die Kenntnisse jener Inhalte, die in vorausliegenden Schulstufen bereits gelehrt bzw. in anschliessenden noch vermittelt werden.

Ich kann an dieser Stelle diesen Strang des Lehrerwissens nicht weiterverfolgen. Es sei deshalb auf weiterführende Literatur verwiesen, insbesondere auf Shulman und seine (ehemaligen) Mitarbeiterinnen in Stanford (Grossman, 1989; Grossman & Richert, 1988; Grossman, Wilson & Shulman, 1989; Gudmundsdóttir & Shulman, 1987; Wilson, Shulman & Richert, 1987); dann auf die Gruppe um Gae Leinhardt in Pittsburgh (Leinhardt, 1986; Leinhardt & Putnam, 1987; Putnam, Lampert & Peterson, 1990), die eng mit der Gruppe um Magdalena Lampert und Deborah Ball in Michigan zusammenarbeitet (Ball

---

stehens von Fachinhalten dar und soll nach Shulman zum Grundstock des pädagogischen Inhaltswissens gehören.

[115] Der Begriff "curricular knowledge" kann - in der Analogie zu "curriculum" (was im Englischen soviel wie 'Lehr-' oder 'Unterrichtsstoff' bedeutet) - mit 'stofflichem Wissen' übersetzt werden.

& Brown, 1987; Lampert, 1988; 1990; 1992; McDiarmid, Ball & Anderson, 1989), welche in der Zwischenzeit Fragen zu beantworten versuchen wie "Inwieweit beeinflussen unterschiedliche Fachinhalte die unterrichtlichen Transformationsprozesse von Lehrern? Welches sind die Komponenten dieser fachspezifischen Transformationen? Welche Art von Wissen, Fertigkeiten und Einstellungen sind möglicherweise daran beteiligt?" etc. (vgl. dazu auch die nach einzelnen Schulfächern aufgeführten entsprechenden Übersichtsartikel in Houston, 1990; Reynolds, 1989; Wittrock, 1986a; Jackson, 1992a).

### 5.1.4. Zusammenfassung: Lehrer als Fachpädagogen

Bezüglich des inhaltlichen Wissens von Lehrern verlangte bereits John Dewey vom Lehrer - im Unterschied zu einer Fachperson - eine 'Psychologisierung der Fachinhalte', die unterrichtet werden sollten: "(The teacher) is concerned not with subject matter as such, but with the subject matter as a related factor in the total and growing experience. Thus to see it is to psychologize it." (Dewey, 1902, p. 286; zit. in Wilson, Shulman, & Richert, 1987):

**(a)** Um diese Transformation oder 'Psychologisierung' - heute würde man wohl eher von 'Pädagogisierung' des Inhalts sprechen - vornehmen zu können, müssen Lehrer sehr wohl ein Wissen des Fachwissens besitzen. Schwab (1978) nennt dies ein Wissen der 'substantiven Strukturen' des Fachs ("substantive structures"), welches aber das persönliche Verstehen des Inhalts mit dem Wissen von der Art und Weise des 'Weitergebens' an andere verbindet, um das Wachsen und die Entwicklung dieses Fachwissens im einzelnen Kind begünstigen zu können. Nach Schwab ist dieses zweite Moment die 'syntaktische Struktur' der Fachdisziplin ("syntactic structures").

**(b)** Solche Transformationen, die oft durch Repräsentationen des stofflichen Inhalts erfolgen, werden vom Lehrer durch Formen wie Metaphern, Beispiele, Analogien, Illustrationen, Aktivitäten in der Klasse (Rollen-, Planspiel), Demonstrationen, Erklärungen, Veranschaulichungen, Übungen, Hausaufgaben etc. vorgenommen.

**(c)** Es setzt aber auch - vielleicht der schwierigste Punkt im ganzen - ein Einschätzen der Einfachheit oder Schwierigkeit eines Unterrichtsgegenstands voraus, d.h. ein Wissen dessen, welche Konzeptionen oder Vorstellungen, welche vorgefassten Meinungen Schüler (mit ganz unterschiedlichem Alter und Hintergrund) an diesen Gegenstand 'herantragen'. Dieses Einschätzen-Können der Lernvoraussetzungen der Schüler geht aber Hand in Hand mit dem Erkennen-Können von Lernen als nicht direkt sichtbarer Prozess, der gerade deshalb so schwierig zu bewerkstelligen ist.

**(d)** So unterscheiden sich erfahrene Lehrer von Novizenlehrern bezüglich der Fachkenntnisse auf eine pädagogisch relevante und bedeutsame Art und Weise, und zwar dahingehend, als ein Experte Wissensbestände hat (1) von der Tiefe des Wissens über Inhalte und Strukturen eines Faches, (2) vom entsprechenden fach- und themenspezifischen pädagogischen Wissen sowie (3) vom curricularen Wissen dieses Fachs. Dies sind hohe Wissens- und Erfahrensformen, welche hier als Kompetenzen eines 'Lehrer-Professionals' (Experte) gelesen werden können; sie scheinen aber durch die Wichtigkeit der unterrichtlichen Tätigkeit angemessen.[116]

---

[116] Wenn hier ausschliesslich Aspekte des Inhaltswissens angesprochen werden - inklusive des oben dargestellten inhaltsspezifischen pädagogischen Wissens sowie des curricularen Wissens -, dann wird dies aus der Optik des diskutierten "missing paradigms" (Shulman, 1984a) gemacht: Selbstverständlich umfasst professionelles Wissen von Lehrern auch andere, ebenso wichtige Bereiche der Allgemeinen Pädagogik (historische, soziale und kulturelle

## 5.2. WISSENSFORMEN DER UND FÜR LEHRER

Wie wir weiter oben gesehen haben, setzt sich auch unter Nicht-Erziehungswissenschaftlern die Auffassung durch, dass Unterrichten wohl eine der anspruchsvollsten beruflichen Tätigkeiten darstellt durch die hochkomplexe Konstellation von verschiedenen Inhalten, welche zu verschiedenen Zeiten, verschiedenen Schülern mit verschiedenen Hintergrund-Variablen vermittelt werden müssen.[117]

Diese höchst anspruchsvollen Wissensausprägungen von Lehrern müssen sich einerseits notwendigerweise auf ein Rahmenkonzept für die Bereiche wie auch Kategorien des Lehrerwissens sowie andererseits auch auf Formen stützen, die dieses Wissen repräsentieren. Um diese Komplexität zu verdeutlichen und um Wege aufzuzeigen, diese ebenso wirkungs- wie verantwortungsvoll zu vermitteln, hat Shulman (1984b; 1986a; 1986b; 1987b) bezüglich der Wissensebenen für zukünftige Lehrer eine nützliche Unterscheidung getroffen. Er unterscheidet zwischen drei Formen des Lehrerwissens, wobei es wichtig ist vorzumerken, dass jeder der im vorangegangenen Abschnitt erwähnten Bereiche des pädagogischen Wissens in diese drei Formen 'organisiert' sein kann:[118]

**(1)** propositionales Wissen (als das Wissen von Regeln, Prinzipien, Maximen oder auch von Gesetzmässigkeiten)

**(2)** fallbezogenes Wissen (als das Wissen partikulärer, bestimmter Fälle)

**(3)** praktisches Handlungswissen (als das Wissen von Möglichkeiten, bestimmte Regeln in bestimmten Fällen anzuwenden)

---

Grundlagen der Erziehung), der Pädagogischen Psychologie (Erkenntnisse über Schüler und ihre soziale Herkunft), Soziologie der Erziehung (Prinzipien der Schulorganisation, Bildungsgeschichte etc.), der Allgemeinen Didaktik (Planung, Durchführung und Evaluation von Unterricht), um nur einige Themen zu nennen: Dazu aber auch die fachpraktischen Umsetzungskompetenzen, die in den Fachdidaktiken und im Verbund mit den berufspraktischen Ausbildungsteilen (Videolektionen, Praktika, Übungsschule etc.) erworben werden.

117 Im Vergleich zu andern Berufsgruppen etwa haben Ärzte, Juristen, Ökonomen und Architekten in der Regel "time-out"-Möglichkeiten, d.h., sie können sich zur Konsultation in ein Nebenzimmer 'verziehen'. Sie bieten dem Konsultierenden möglicherweise einen nächsten Termin an, damit intensivere Abklärungen gemacht werden können; zudem haben sie es in ihrer beruflichen Tätigkeit meist gleichzeitig immer nur mit einer Person zu tun.

118 Dabei gibt es natürlich - wie bereits erwähnt - weitere wichtige Inhalte für Lehrer, wie z.B. individuelle Unterschiede zwischen Schülern, Methoden der Klassenführung, Geschichte und Philosophie der Erziehung, Schulorganisation etc. Jeder dieser Bereiche zerfällt noch einmal in Kategorien und liesse sich mit Hilfe der hier dargestellten Wissensformen spezifischer bestimmen.

### 5.2.1. Von *techne* über *praxis* zu *phronesis*

Die Grundidee, die hinter dieser Einteilung liegt - wonach unterschiedliche Bereiche und Probleme unterschiedliche Vorgehensweisen bei der Bereichsbestimmung wie auch bei der Problemlösung erfordern -, geht bereits auf Aristoteles zurück, der drei Arten des Wissens unterschied: das theoretische, das praktische und das technische Wissen (Altrichter, 1990; Carr & Kemmis, 1986; Pereira, 1992; Schwab 1964; 1978[119]). Praktische Probleme entstehen zu bestimmten Zeiten an bestimmten Orten als Folge von möglicherweise falsch verstandenen Absichten, diese wiederum bezogen auf bestimmte Situationen. Solcherlei Problemsituationen veranlassen dann den betroffenen 'Problemlöser' zwischen konfligierenden Werten und Zielen entscheiden zu müssen, wobei die Gründe, die zu dieser oder jener Entscheidung hintendieren, wie auch die möglichen antizipierten Ergebnisse der Entscheidung in der Regel ungewiss sind. Erst, wenn diese geklärt sind, kommt es zur Entscheidungsfindung, d.h., ob schliesslich gehandelt oder nicht gehandelt wird sowie zur Bestimmung der Art der Durchführung dieser Handlung respektive Nichthandlung:

> "Techne is a disposition that guides and directs action in a reasoned way in order to bring about some determinate end according to the rules of the craft, thus enhancing skill in and understanding of the craft. Praxis is a moral disposition aimed at acting appropriately, truly and justly in order to realize ethical values and goals, thus reviewing actions and the knowledge that informs them." (Oser, Dick & Patry, 1992, p. 3)

Obwohl diese Bereiche *techne* und *praxis* (die später zu einer dritten, *phronesis*, ausgeweitet worden sind) aus analytischen Gründen getrennt diskutiert werden müssen, sollen sie - dies forderte bereits Aristoteles - als Grunddispositionen des menschlichen Geistes nicht unterschiedlich bewertet, sondern als sich ergänzende Elemente betrachtet werden, welche sich in einer dynamischen Wechselwirkung gegenseitig konstituieren und bereichern. In einer solchen integralen Sichtweise wird versucht, die Arbeit eines 'reflektierenden Praktikers' als praktische Reflexion über moralische Handlungen zu verstehen: *Phronesis* ist dann "... a form of reflection concerned with translating universal ethical values to concrete forms of actions in a particular situation (Elliott, 1985, p. 10)." (zit. in Altrichter, 1990, S. 79)[120]

Unter dem Aspekt dieser wechselseitigen Abhängigkeit und Bereicherung sollen nun nachfolgend die obgenannten drei Wissensformen von Shulman ausführlich charakterisiert und diskutiert werden, weil diese in der nachfolgenden Diskussion der Resultate für die vorliegende Arbeit von unmittelbarer Relevanz sind: Im empirischen Teil meiner Arbeit greife ich auf diese Klassifika-

---

119 Joseph Schwab baute seine Theorie der 'curricularen Erörterung' oder des curricu-laren Pragmatismus - das alltagsweltliche Abwägen und Entscheiden eines Für und Wider - auf Aristoteles' Topik auf (Pereira, 1992, S. 172). Lee S. Shulman - ein Schüler von Joseph Schwab - 'erklärt', wie er selber dieses aristotelische Gedankengut via Schwab in seine Aufteilung des Lehrerwissens miteinfliessen lässt (Shulman, 1984b).

120 Elliott, J. (1985). Educational Theory, Practical Philosophy and Case Study. Mimeo. Norwich - Jetzt erschienen in Hutchinson, B., Whitehouse, P. (Eds.), Teacher research and INSET. University of Ulster: Jordanstown 1986, 74-89. (Bibliographieangaben aus Altrichter, 1990, S. 270)

tion zurück, und zwar an der Stelle, wo es um die Analyse der Wissensformen und praktischen Theorien jener erfahrenen Lehrer geht, die ich in meiner Untersuchung miteinbezogen habe (vgl. Kapitel 8 und 9).

#### 5.2.2. Propositionales Wissen ("propositional knowledge")

Dieses Wissen präsentiert sich sehr häufig als Gesetzesaussagen, wobei das nomothetische Wissen oft in der Form von Propositionen, von einfachen Aussagesätzen, formuliert ist. So zeigt es sich häufig in der 'Wenn-Dann-Form' und wird aus empirischen Forschungsresultaten abgeleitet: Damit ist es ökonomisch und plausibel, reduziert es doch die Unterrichtskomplexität auf markante Art und Weise. Somit ist es ein nützliches, aber ebenso verfängliches Wissen, und zwar dadurch, als es den genauen, präzisen und emotionalen Kontext einer Unterrichtsklasse nicht miteinbezieht, die 'Ambience', die Details, die jene besagte Lektion beispielsweise genau von der andern in der Parallelklasse unterscheidet. Das propositionale Wissen generalisiert, verallgemeinert; solchergestaltetes Wissen kann von Studierenden nur dann wirklich verstanden und gespeichert werden, wenn es sich mit den Details, dem emotionalen oder kognitiven Kontext der reellen Situation verknüpft.
Dieses propositionale Prinzipien- und Regelwissen aus der klassischen empirischen Forschung, das sich oft in Form von Checklisten des Verhaltens präsentiert, ist bei Lehrpersonen fast immer auf Schwierigkeiten gestossen, und zwar deshalb, weil annäherend jeder Lehrer mit einem tatsächlich erlebten Situationsbeispiel aus seinem Unterricht die empfohlene Regel 'widerlegen' kann.[121]

Pädagogisch-didaktische Sachverhalte lassen sich sehr wohl in Listen von Propositionen aufschlüsseln, aber es ist wenig wahrscheinlich, dass im Gedächtnis von Junglehrern solche Listen von Propositionen (cf. Becker, 1984) gespeichert werden. Aufgrund kognitiver Lerntheorien ist vielmehr anzunehmen, dass auf der Grundlage von ereignisreichen Einzelerfahrungen und systematischen Lernprozessen Wissenseinheiten zu semantischen Netzwerken konstruiert werden, die als aktiv zu verstehen sind: Sie sind permanent an der Bedeutungskonstitution beteiligt, formen sich aufgrund von Verwendungssituationen hin um, und werden dann auch Schemata oder Skript genannt (Norman, 1982).[122]
Abstrakte Relationen in semantischen Netzwerken vernachlässigen zudem die bildhaften Repräsentationen, wie Metapher, Analogie und Anschaulichkeit durch Fallmaterial. Ikonische Repräsentationen haben den Vorteil, nebst gedächtnisökonomischen auch die Zugriffsweisen zum Verständnis von komplexen Sachverhalten zu erhöhen (Bruner, 1966; 1985). Die Verständniserleichterung durch Analogien, Vorstellungshilfen und Metaphern kann nachgewiesen werden, insbesondere weil der Aufbau von Wissenshierarchien und Bedeutungsnetzen so stark idiosynkratisch bedingt ist.[123]

---

[121] Der hochinteressante Aspekt dabei ist die subjektive Falsifikationstheorie der Lehrer, die sie - wohl ohne grossenteils je von Popper gehört zu haben - hier anwenden.

[122] Begriffsbildung ist somit der Aufbau vielfältiger, bedeutungshaltiger Beziehungsnetze, und nicht eine Abstraktion in Begriffshierarchien: Norman (1980; 1982) belegt, dass bedeutungshaltige prototypische Beziehungen von Wissensstrukturen schneller abgerufen werden als etwa definitorisch-fachliche Relationen.

[123] Mandl, Friedrich & Hron (1987) unterscheiden in diesem Zusammenhang zwischen episodischer, kategorialer und hypothetischer Wissensrepräsentation; oder sie sprechen von pro-

*5.2.2.1. Typen propositionalen Wissens*

Shulman (1986b) propagiert drei grundlegende Typen propositionalen Wissens im Unterricht, und zwar jeweils in Entsprechung der drei Ursprungsbereiche von didaktischem Wissen, die wie folgt entstehen: erstens durch wissenschaftsintern erzeugte und regulierte empirische oder philosophische Forschung; zweitens durch praktische Erfahrung; und drittens durch moralisch-ethisches Erwägen und Beurteilen. Hieran knüpft er drei Typen propositionaler Aussagen:

> **(1)** Prinzipien, erwachsen aus empirischer Forschung;
>
> **(2)** Maximen, der Erfahrung entsprungen;
>
> **(3)** Normen, auf ethischer und moralischer 'Richtigkeit' basierend.

**(1)** Prinzipien: Die Arbeiten zur Effektivität von Schule und Unterricht enthalten zahlreiche Beispiele für solche Prinzipien. Ein Prinzip aus dieser Effektivitätsforschung, welches in der Literatur sehr bekannt wurde, lautet etwa: 'Wenn die Schüler in einer vom Lehrer verordneten Reihe nach lesen müssen, dann führt dies im Erstleseunterricht zu besseren Leistungen als beim zufälligen Leseaufruf von Schülern.' (vgl. Anderson et al., 1979).

**(2)** Maximen: In jedem Praxisbereich gibt es Bereiche, die nie durch Forschung erforscht und bestätigt werden konnten. Trotzdem bilden solche Maximen einen Erfahrungsschatz, Shulman (1987a) nennt es "the accumulated wisdom of practice". Sie dienen der Praxis in vielen Fällen als ebenso wichtige Orientierung wie die eben erwähnten theoretischen oder empirischen Prinzipien: 'Bei einer neuen Schulklasse am Anfang des Schuljahres die Zügel straff anziehen, dann kann man diese immer noch lockern', ist eine solche Maxime. Dieser zweite Typus propositionaler Aussagen stützt sich also nicht auf Theorie, sondern auf Erfahrung:

"The second kind of proposition makes not a theoretical claim, but a practical one. In every field of practice there are ideas that have never been confirmed by research [i.e., are different from the knowledge based on disciplined inquiry] and would, in principle, be

---

totypischen Erfahrungen, Ursachen-Annahmen, naiven Theorien oder eben Expertenwissen: Anfänger können in der Regel zu einem Thema nur 'Oberflächenwissen' bewältigen, und erst fortgeschrittene Lerner erfassen kausales Wissen und abstrakte Relationen. Erschwerend gesellt sich in diesem Zusammenhang der Umstand hinzu, dass die empirisch-konfirmatorische Unterrichtsforschung neben statistischen Grundkenntnissen das Verständnis von Zweck-Mittel-Relationen voraussetzt, um ihre Unterrichtsforschungsergebnisse lesen und verstehen zu können.

difficult to demonstrate. Nevertheless, these maxims represent the accumulated wisdom of practice, and in many cases are as important a source of guidance for practice as the theory or empirical principles. 'Never smile until Christmas' would qualify as such a maxim, as would 'Break a large piece of chalk before you use it for the first time, to prevent squeaking against the board'." (Shulman, 1986b, p. 11)

**(3)** Normen: Normen, Werte, ideologische oder philosophische Verpflichtungen ("commitments") wie beispielsweise Gerechtigkeit, Fairness oder Gleichheit, von denen man sich wünscht, dass Lehrer und Lehrerstudierende sie übernehmen und praktizieren, prägen den dritten Typus. Diese Normen beziehen sich weder auf theoretisch-empirische Erkenntnisse noch auf praktische Maximen, sondern sind immanent normativer Natur und bilden damit wohl den wichtigsten Kern des Lehrerwissens. Diese propositionalen Aussagen leiten die Arbeit eines Lehrers also nicht deshalb an, weil sie wissenschaftlich validiert oder praktisch bestätigt worden sind, sondern weil sie ethisch und moralisch richtig sind. Der Appell 'Nie einen Schüler vor der ganzen Klasse in Verlegenheit bringen' oder die Ermunterung, 'im Gesprächsablauf jedem Schüler die gleiche Chance zu gewähren', sind Beispiele für solch normatives Wissen.

*5.2.2.2. Diskussion*

"Die Repräsentation von Wissen in Form von Propositionen hat Vor- und Nachteile. Einerseits sind Propositionen von der Form her sehr ökonomisch, indem sie ein beträchtliches Ausmass an Komplexität reduziert wiedergeben. Andererseits weisen sie in zweifacher Hinsicht Nachteile auf: Erstens sind sie schwer zu behalten, vor allem, wenn sie zu langen Listen zusammengefasst werden; deshalb sind theoretische Rahmenkonzepte als gedankliche Gerüste wichtig. Zweitens sind sie nur deshalb ökonomisch, weil sie de-kontextualisiert auf ihren Kern reduziert sind und Details, Gefühle und situative Umstände nicht berücksichtigen. Um jedoch erinnert und weise angewandt zu werden, sind gerade diese Details und der Kontext zu berücksichtigen." (Shulman, 1986b, S. 154). Obwohl also Propositionen eine beträchtliche Reduktionswirkung haben, sind sie nicht leicht zu behalten und lassen die enorm zentrale Frage der Anwendung in Situationen offen.

Aus besagten Gründen muss eine zweite Wissensform herangezogen werden, die nach Shulman das notwendige Gegenstück zum propositionalen Wissen bildet, nämlich das fallbezogene oder kasuistische Wissen ("case knowledge"):

### 5.2.3. Fallbezogenes Wissen ("case knowledge")

Das Wissen von partikulären Fällen ist ein Wissen, welches sich durch reichhaltige Dokumentation und ganz spezifische und situative Beschreibung nachvollziehen und rekonstruieren lässt. Die genaue Spezifität eines Falls ist aber ein Fall *für* oder *von* etwas, für etwas Bestimmtes oder von etwas ganz Bestimmtem (eine Partikularität des spezifischen Augenblicks dieses Unterrichtsmomentes). So betrachtet ist ein Fall nicht einfach ein Bericht über ein Ereignis oder

einen Vorfall. Etwas einen Fall zu nennen, beinhaltet immer eine theoretische Behauptung: die Annahme nämlich, dass es sich um einen 'Fall von etwas' oder um ein Beispiel einer grösseren Ereignisklasse handelt. Fallbezogenes Wissen handelt also von spezifischen, wohldokumentierten und umfassend beschriebenen Ereignissen. In 'nackter' Form handelt es sich um Berichte von Ereignissen oder Ereignisketten, aber erst das darin eingelagerte Wissen macht sie zu Fällen. Situationsspezifische Beispiele aus der Praxis, in der Form von äusserst subtil abgefassten und detaillierten Beschreibungen über bestimmte Unterrichtsvorgänge und -handlungen, charakterisieren dieses fallbezogene Wissen, mit Kontexthinweisen, mit Querverbindungen zu Kognitionen und Emotionen des Lehrers und der Schüler. Dieses kasuistische Wissen kann andererseits aber auch didaktische, pädagogische oder psychologische Prinzipien in prototypischer und exemplarischer Weise verdeutlichen.
Wenn eine Unterrichtssequenz als 'Unterrichtsfrage auf hohem kognitivem Niveau' (nach Bloom, 1964) bezeichnet wird, dann setzt dieser Fall ebenfalls theoretische Annahmen voraus. - Ein Einzelfallwissen im nichtkonkreten Sinne eines anekdotischen Beispiels kann aber auch irreführend sein, mit einer ungerechtfertigten versteckten Botschaft nach Verallgemeinerung, so z.B. die Aussage: 'Arno war so unglaublich frech heute in der Algebra ..., im übrigen verhalten sich im Moment alle Schüler der Klasse 3d unmöglich'.

Analog zu den drei Typen propositionalen didaktischen Wissens ("knowledge of teaching") - Prinzipien, Maximen und Normen - unterscheidet Shulman (1986b) dazu entsprechend drei Fall-Typen, nämlich *Prototypen, Präzedenzfälle* und *Parabeln,* die nachfolgend einzeln besprochen werden:

(1) Prototypen verdeutlichen theoretische Prinzipien.

(2) Präzedenzfälle beinhalten und vermitteln Maximen der Erfahrung.

(3) Parabeln vermitteln Normen oder Werte.

Selbstverständlich kann ein Fall mehr als nur eine dieser Funktionen erfüllen; er kann z.B. sowohl Prototyp wie auch Präzedenzfall sein:

(1) Prototypen, welche theoretische Propositionen verdeutlichen und illustrieren, sind möglicherweise die wichtigsten Instrumente innerhalb des fallbezogenen Wissens von Lehrern. Es handelt sich um ein Fallwissen, welches zudem aus theoretischen Gründen interessante Fälle für die Ausbildung abwirft.[124] Als prototypisches Beispiel sowohl bezüglich 'smarter' Klassenführung wie auch bezüglich des pädagogischen Prinzips, nicht erwünschtes

[124] Shulman verdeutlicht dies mittels eines Beispiels aus der Ausbildung von Pharmakologen, wo bestimmte Medikamente häufig zur Demonstration eingesetzt werden: Diese spezifisch - gewählten Medikamente werden nicht deshalb ausgewählt, weil sie ausserordentlich häufig in der Praxis zum Einsatz kommen, sondern weil deren einzigartige Wirkungsweise - die charakteristisch ist für eine bestimmte 'Sorte von Medikamenten' ("class of drugs") - damit prototypisch illustriert werden kann (Shulman, 1986b, p. 12).

Verhalten von Schülern nicht versehentlich noch zu verstärken, gibt Shulman folgende Episode wieder: Schüler einer Klasse 'vergassen' systematisch (absichtlich) ihre Schreibutensilien: statt sie mit Schreibzeug auszurüsten - und ihr Verhalten damit möglicherweise zu verstärken -, oder statt sie die Lektion 'passiv', weil ohne Schreibmöglichkeit, durchsitzen zu lassen, verteilte der Lehrer den 'vergesslichen' Schülern jeweils kümmerliche Bleistiftstummel, die das aktive Mitschreiben zwar ermöglichten, aber derart zum Mühsal machten, dass das Fehlverhalten der Schüler ebenso rasch verschwand wie es auch aufgetreten war.

(2) Präzedenzfälle sind uns allen vielleicht am geläufigsten, weil wir sie (fast) alle erlebt haben, im positiven oder im negativen Sinne: Wie einmal ein Lehrer eine bestimmte Lektion einzigartig gehalten hat, oder wie ein anderer Lehrer eine als schwierig bekannte Schulklasse in eine Gemeinschaft verwandelt hat; wie jener Deutschlehrer (respektive Mathematiklehrer) in unvergleichlicher Manier die Literaturgeschichte (respektive Wahrscheinlichkeitsberechnung) spannend 'bringen' konnte etc. Solche erinnerten Beobachtungen einzelner Lehrervorbilder bleiben möglicherweise tief haften und dienen dann einem Junglehrer oder Lehrerstudierenden als wichtige Orientierungsmuster, als Präzedenzfälle "par excellence", welche sowohl als Quelle für bestimmte Reformideen bezüglich des eigenen Unterrichts als auch als Heuristik für innovatives, neues Denken Pate stehen können.

(3) Parabeln oder 'Gleichnisse' weisen - parallel zur theoriegeleiteten Verwendung prototypischer Fälle und dem praxisorientierten Einsatz von Präzedenzfällen - einen sehr hohen moralischen oder normativen Wert auf. Parabeln sind 'Fälle', welche die Verbreitung und Vermittlung von Werten und Normen beinhalten; als solchermassen moralisch-ethische Propositionen avancieren sie zum Herzstück des Lehrerberufs (vgl. dazu Bergem, 1992; Clark & Jensen, 1992). Shulman exemplifiziert dieses Fallwissen anhand von Organisationsprozessen: die Gründe für besondere Effektivität, die Bedingungen von Erfolg sowie der enthusiastischen Zusammenarbeit von Organisationsmitgliedern verweisen deutlich auf den Wert organisationsinterner 'Mythen' - Geschichten über 'heldenhafte' Figuren oder denkwürdige 'Ereignisse'. Es sind Parabeln, Gleichnisse, welche beim Erzählen immanent die Werte der Organisation widerspiegeln und diese so an die Mitglieder weitervermitteln. Fallorientierte Äquivalente solcher 'Mythen', d.h., pädagogische Parabeln oder Gleichnisse, können bezüglich der Sozialisierung wie auch der Entwicklung allgemeiner wie auch spezifischer berufsethischer Verpflichtungen bei Lehrern von grosser Wichtigkeit sein.

Abschliessend soll kurz auf die Wichtigkeit lerntheoretischer Aussagen hingewiesen werden, insbesondere unter dem Gesichtspunkt von Gagnés (1972) und Blooms (1964) Verständnis von Wissen: Propositionales Wissen - beispielsweise die Definition von Lernen - wird vor den Prinzipien des Lernens gelernt, weil es auf der Grundlage beruht, dass propositionales Wissen notwendig ist, um Prinzipien selber zu lernen (Peterson, Swing, Braverman & Buss, 1982), und zwar im Sinne des vertikalen, hierarchischen Transfers. Dieser steht im Gegensatz zum lateralen, horizontalen Transfer, welcher für den Lernenden ein Generalisieren dessen ist, was in einer Situation gelernt und auf eine neue Situation übertragen werden kann: Diese neue Situation unterscheidet sich von der ursprünglichen, in welcher gelernt worden ist. Deshalb auch sollen Fertigkeiten in verschiedenen Situationen und Problemkontexten geübt werden (Salomon & Perkins, 1989). Eine solche Verbindung des Fallwissens mit dem Regelwissen geht aber erst die dritte Wissensform ein, nämlich das praktische, strategische Handlungswissen (Shulman, 1986b, p. 13ff):

### 5.2.4. Praktisches Handlungswissen ("strategic knowledge")[125]

Erst das praktische Handlungswissen - als die dritte Wissensform - ist es, welches um jene Möglichkeiten 'weiss', die erlauben, dass bestimmte Regeln in ganz bestimmten Fällen angewendet werden können. Denn sowohl Propositionen wie auch Fälle sind letztlich einseitig, indem sie den Lehrer auf eine partikuläre Rolle oder Perspektive verpflichten. Praktisches Wissen kommt dann zum Zuge, wenn sich der Lehrer Situationen gegenübersieht, in denen Prinzipien miteinander kollidieren und keine einfache Lösung möglich ist. Wenn sich die Aussagen einzelner Prinzipien widersprechen, dann entwickelt sich das praktische Handlungswissen; nicht selten kann sich auch eine Inkompatibilität der gegebenen Situation mit den angeführten und ansonst gültigen Präzedenzfällen ergeben.
Die beiden ersten Wissensformen, das propositionale Regel- und das Fallwissen, werden bei diesem Prozess auf Herz und Nieren analysiert, getestet, erweitert und korrigiert: Praktisch-strategisches Handlungswissen ergibt sich beispielsweise bei sich widersprechendem Regelwissen, oder bei konfligierenden Aussagen von unterschiedlichem Fallwissen. Praktisches Wissen vergleicht und kontrastiert dann die sich konkurrierenden Prinzipien und Fälle miteinander und ist das Resultat der synthetisierenden Schlussfolgerungen daraus.[126]

---

[125] Bei dieser Übersetzung des Begriffs "strategic knowledge" mit 'praktisches Handlungswissen' rücke ich etwas von Shulmans Terminologie ab, die meiner Ansicht nach eine zu pragmatisch-strategisch orientierte Implikation aufweist. Zudem möchte ich mich damit ausdrücklich auch auf die Alltagsbegriffe wie 'Praxiswissen' oder 'praktisches Wissen' beziehen, die in der deutschsprachigen Literatur bereits Tradition haben (cf. beispielsweise Terhart, 1991a;b). Weniger geeignet erscheint mir der Begriff 'persönliches Wissen' ("personal knowledge"), wie er etwa in nordamerikanischen Forschungsschulen aufscheint, beinhaltet er doch eine zu personalistische Konnotation (vgl. Aitken & Mildon, 1991; Clandinin & Connelly, 1986; Connelly & Clandinin, 1985).

[126] Als Beispiel verweist Shulman auf eine Aussage der ALT-Forschung ("Academic Learning Time"), welche mit einem Prinzip aus Kounins (1970) Forschung inkompatibel erscheint: Erhebungen bezüglich der Dauer der Wartezeit nach einer Lehrerfrage ("wait-time") besagen, dass längere Wartezeiten den Gebrauch von kognitiven Prozessen auf höherem Abstraktionsniveau begünstigen. Kounins Arbeiten zur Klassenführung hingegen warnen vor einer Verlangsamung des Unterrichtstempos, weil sich damit die Wahrscheinlichkeit von Disziplinproblemen erhöhen könnte. Welches dieser Prinzipien ist jetzt richtig, das Prinzip der längeren "wait-time" oder das Prinzip des ungebrochenen Lektionsflusses? Die Antwort

### *5.2.4.1. Zusammenfassung*

| | a) Prinzipien | b) Maximen | c) Normen/Werte |
|---|---|---|---|
| ***Propositionales Wissen*** | Wissenschaftsintern erzeugte, regulierte und implementierte empirische Forschungsaussagen und/oder philosophisch-logische Erkenntnisaussagen (in Regelformen oder als Gesetzmässigkeiten) | Ausserordentliche praktische Erfahrungen bilden einen Erfahrungsschatz ("accumulated wisdom of practice"), die als Orientierungshilfen der Praxis gelten | Moralisch-ethische Argumente (Gerechtigkeit, Fairness, Gleichheit) auf der Basis immanent gültiger ethisch-moralischer Werte und 'Verpflichtungen' ("commitments") |
| | **a) Prototypen** | **b) Präzedenzfälle** | **c) Parabeln** |
| ***Fallbezogenes Wissen*** | prototypische Fallbeispiele verdeutlichen und illustrieren theoretische Prinzipien<br><br>(theoriegeleiteter Gebrauch) | Präzedenzbeispiele haben 'Vorbildfunktion' und vermitteln damit Maximen der Erfahrung<br><br>(praxisorientierter Einsatz) | Parabeln weisen 'mythenhaft' auf sehr hohe moralische und normative Werte hin<br><br>(moralisch-normative Ausrichtung) |
| ***Praktisches Handlungswissen*** | Praktisches Wissen entwickelt sich dann, wenn Aussagen des propositionalen Wissens und/oder des fallbezogenen Wissens sich widersprechen oder miteinander inkompatibel sind, d.h., praktisches Wissen 'transzendiert' diese Begrenztheiten: wenn das Wissen von Prinzipien, Maximen, Normen und Werten mittels fallbezogenem Wissen - als prototypischer Fall, Präzedenzfall oder 'Parabel' - geprüft, verglichen, kontrastiert und möglicherweise verbessert wird, dann 'erzeugt' dieser Analyseprozess möglicherweise ein praktisches ('strategisch angeleitetes') Handlungswissen. | | |

**Abb. 4: Die drei Wissensformen (nach Shulman, 1984a; 1986b; 1987b)**

Es liegt sozusagen in der Natur der praktischen Entscheidungssituationen von Unterricht, dass einzelne pädagogische, psychologische und didaktische Prinzipien bei bestimmten Gelegenheiten unausweichlich aufeinanderprallen. Bei solchen schwierigen Situationen, beispielsweise Dilemmasituationen (siehe dazu Kapitel 4) braucht der Lehrer propositionales und fallbezogenes Wissen als Grundlage seiner Entscheidung. Darüber hinaus aber muss ein praktisch-strategisches Handlungswissen gebildet werden, um über diese Prinzipien und Fälle hinaus das Verständnis der Situation in Richtung praktischer Klugheit ("practical wisdom")[127] zu erweitern. In Situationen, wo sich ein Lehrer mit mehreren Entscheidungsmöglichkeiten konfrontiert sieht, die jeweils mit plausiblen Gründen - je auf einer Tatsache abstützend - einfacher 'entscheidbar' wären, handelt er dann klug und überlegt, wenn er die Begrenztheit der einzelnen Tatsachen, Prinzipien oder der je besonderen (Fall)Erfahrungen transzendieren kann. Dann können wir ihn einen Expertenlehrer nennen.

#### *5.2.4.2. Diskussion*

Shulman (1986b) selber gibt zu bedenken, dass das *praktische Handlungswissen* möglicherweise nicht im gleichen Sinne ein Wissen ist, wie es etwa das propositionale oder das fallbezogene Wissen darstellt. Praktisches Handlungswissen oder Urteilen stellt eventuell vielmehr einen analytischen Prozess des Vergleichens und Kontrastierens von Prinzipien und Fällen - im Lichte der Konsequenzen für die Praxis - dar. Wenn dieses strategische 'Verarbeiten' von einem Lehrer verwendet wird, dann werden die Ergebnisse daraus entweder als neue Propositionen oder als neues Fallwissen gespeichert. Diese neu geschaffenen Prinzipien oder Fälle können somit dem bereits zur Verfügung stehenden 'Prinzipien- und Fall-Inventar' beigefügt und bei Bedarf entsprechend verwendet werden. In diesem Sinne ist es sehr wohl möglich, dass eine solchermassen praktisch-strategische Analyse mittels der anderen beiden Wissensformen aufscheint und womöglich das bestgeeignete Mittel der Prüfung, Ausweitung und Verbesserung des propositionalen und des fallbezogenen Wissens ist.
Aus diesen Ausführungen wird ersichtlich, dass die von Shulman vorgenommene analytische Aufteilung der dritten Wissensform nicht gänzlich unproblematisch erscheint, was aber bezüglich ihrer praktisch-pragmatischen Anwendungsebene nicht gesagt werden kann, wie aus meiner späteren Datenandarstellung ersichtlich sein wird (vgl. Kapitel 9).

### 5.2.5. Konsequenzen für die Lehrerbildung

Was geschieht, wenn Prinzipien auf Fälle, was, wenn Fälle auf Prinzipien angewendet werden? Was geschieht, wenn zwei Fälle entgegengesetzte Interpretationen und/oder Verallgemeinerungen erzeugen, oder wenn zwei Prinzipien sich widersprechen? Solche Fragen ergeben sich Lehrerstudierenden insbesondere in den verschiedenen 'theoretisch' vermittelten Kursen, speziell beispielsweise bezüglich des im Rahmen der Allgemeinen Didaktik vermittelten Wissens, welches oft ein Regel- oder Prinzipienwissen darstellt, welches dann gerade in praktischen Erfahrungen auf das konkrete Fallwissen stösst und nicht selten damit konfligiert. Als typisches Beispiel sei hier auf das Regel- und Prinzipienwissen zur 'Unterrichtsvorbereitung' verwiesen,[128] welches sich im konkreten

---

darauf erschliesst sich als 'strategisches Wissen', das ich praktisches Handlungswissen nenne.

127 Shulman hat 1986 sein Forschungsprojekt mittels der Bezeichnung "Wisdom-of-Practice-Studies" verbreitet.

128 Ich kann dabei nur kurz auf die wichtige Unterscheidung eingehen, die von Becker (1984) getroffen worden ist und die er verschiedene Stadien der beruflichen Sozialisation bezüglich der Unterrichtsvorbereitung nennt. Er trifft dabei folgende Unterscheidungen: a) Novizen-Studierende (Studienbeginn); b) Studierende mit Praxiserfahrungen (Praktika, ev. auch Stellvertretungen); c) Junglehrer (2-3 Jahre Unterrichtspraxis); und schliesslich d) erfahrene Lehrer (mit mehr als 5 Jahren Praxis). Im Blick auf diese Stadien verändert sich im Verlaufe des Studiums der Stellenwert der Unterrichtsvorbereitung: In der Eingangsphase werden

Fall der zu haltenden Lektion 'bewähren' muss. Aber auch das umgekehrte Moment ist möglich, wo fallbezogenes Wissen aus praktischen Unterrichtsteilen mit den neu vermittelten 'Theorien' zusammenstösst, und wo bekannte Symptome der Praxisverunsicherung oder Theoriefeindlichkeit die Folge sind.
Es mag bis hierher ersichtlich geworden sein, dass Fallbeispiele effektive und verantwortungsvolle Repräsentationen sein können, um pädagogische Leitlinien aus der Praxis an die Praxisausbildung 'zurückzugeben' und um pädagogische Theoreme aus der Theorie - mittels fallorientierten Beispielen - in die Praxis 'miteinfliessen' zu lassen. Durch die Lektüre können schriftliche Fallbeispiele einen Leser beispielsweise dazu einladen oder ihn gar auffordern, seine eigenen Wertmuster, sein persönliches Weltbild, kurz sein ideographisches Verstehen zu erkunden und zu hinterfragen, beispielsweise in der Art:

- Was wäre, wenn ich in derselben *Situation* wäre?
- Was würde *ich* tun, und warum würde ich es so tun?
- Inwiefern korrespondieren meine *Wertvorstellungen* und mein Verstehen mit dem geschilderten Fall, inwieweit unterscheiden sie sich von den in den 'Fallstudien' präsentierten?
- Ist mein Verstehen ein besseres, ein *vertiefteres* Verstehen (als das im Fall dargestellte)?
- Bringen mich *meine* Wertvorstellungen, meine Berufserwartungen möglicherweise in gewisse *Schwierigkeiten* (wenn ich beispielsweise so handeln würde, wie im Fall dargestellt)?

Etwas pointierter formuliert heisst das, dass Lehrerbildung nicht mehr bloss aus einem Vermitteln von spezifischen Sets von Unterrichtsfertigkeiten und -kompetenzen bestehen kann. Vielmehr muss die Ausbildung eines Lehrers auch darin bestehen, die Prämissen, auf deren Grundlage ein Lehrerstudierender in spezifischen Situationen seine praktischen Überlegungen und Entscheidungen bezüglich Unterricht und Schule abstützt, so zu beeinflussen, wie dies mittels Fenstermachers (1986) Ansatz des 'praktischen Argumentierens' ausführlicher diskutiert worden ist (vgl. Kapitel 4).
In Smyths (1989, 1992) Terminologie (vgl. Abb. 5) sollen Lehrerstudierende angehalten werden, (1) ihre Vorstellungen von Unterricht zu beschreiben zu versuchen, sich dann (2) darüber Rechenschaft zu geben, welche subjektiven Theorien diesen Unterrichtsvorstellungen zugrunde liegen mögen; dies kann (3) zur Konfrontierung mit inkompatiblen Prämissen führen, welche schliesslich (4) in eine mögliche *Rekonstruktion* eben dieser Theorien auszumünden vermag. Und genau dieses einzigartige pädagogische Potential liegt in Fallstudien verborgen: nämlich diese teils verdeckten oder 'verschütteten' Prämissen aufzudecken, weil spezifische Fälle vielfach einen interessierten Leser mehr be-

Studierende in der Regel in eine genaue, systematische Detailplanung eingeführt; mit vermehrter Praxis aber wird immer mehr die individuelle Ausrichtung der Unterrichtsvorbereitung wichtig, d.h., eine auf die eigene Persönlichkeit, auf die eigenen subjektiven Vorzüge hin ausgerichtete Planung von Unterricht.

einflussen können als die Sichtung empirischer Resultate, obwohl diese letzteren für sich oft eine bessere 'Evidenz' beanspruchen dürfen.

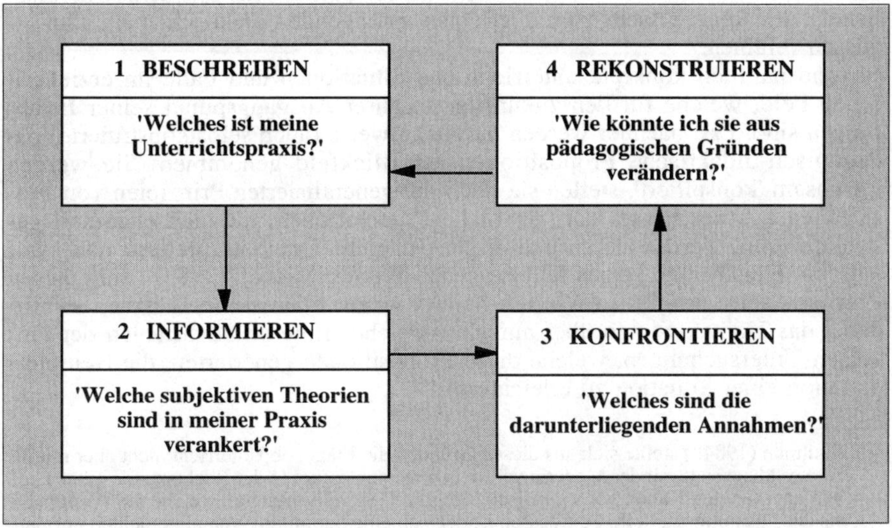


**Abb. 5: Restrukturierungsmöglichkeiten der praktischen Theorien von Lehrern (in Anlehnung an Smyth, 1989; unter Miteinbezug von Fenstermacher, 1986).**

Während also Prinzipien, Gesetzmässigkeiten, Theorien und Maximen wirksame Repräsentationen von Wissen sind, können Fallstudien hingegen 'denk-würdige' Repräsentationen darstellen, welche später - als echtes Fallmaterial - zur Grundlage für mögliche Entscheidungssituationen des Lehrers in Frage kommen können. Wenn ich damit kurz zur weiter oben gestellten Ausgangsfrage zurückkehre, ob Unterrichten 'Kunst oder Wissenschaft' sei, so wird die Antwort an diesem Punkt eindeutig schärfer: Unterricht kann nur dann 'kunsthandwerkliche Züge' aufweisen, wenn die Regeln der Kunst zwar sowohl wissenschaftlich abgestützte Prinzipien, Maximen und Theorien als auch das in der Praxis bewährte Fallwissen prototypischer, präzedenzartiger und normativer Ausrichtung beinhalten;[129] wenn die Regeln der Kunst also auch ein praktisches

129 Schwab (1967) bringt das mittels Vergleich auf andere Professionen unvergleichlich auf den Punkt: "Every art, whether it be teaching, stone carving or judicial control of a court of law has rules, but *knowledge of the rules does not make one an artist.* Art arises as the knower of the rules learns to apply them appropriately to the particular case. Application, in turn, requires acute awareness of the particularities of that case and ways in which the rule can be modified to fit the case without complete abrogation of the rule. In art, the form must be adapted to the matter. Hence the form must be communicated in ways which illuminate possibilities for modification." (Schwab, 1967, p. 265; Hervorhebung A. D.) - Vergleiche dazu den folgenden Aphorismus, der auch auf den Lehrer statt den Künstler angewendet werden kann: "You want to know how to paint a perfect painting? It's easy. Make yourself perfect and then paint naturally." (Unknown artist in San Francisco)

Wissen aufweisen, welches von Praktikern in vielen konkreten Unterrichtssituationen 'überprüft', möglicherweise 'revidiert' und situativ adaptiert worden ist. Dann erst kann sich die 'Partikularität' des Fallwissens mit dem 'Universalismus' des Regelwissens zum überlegten, erwägenden praktischen Handlungswissen vereinen.

Es sind nämlich konkrete unterrichtliche Situationen und Fälle im erzieherischen Feld, welche für den zukünftigen Lehrer Ausgangspunkt seiner Erfahrungen sind. Erst nachher werden möglicherweise (auch selbstkonstruierte) pädagogisch-didaktische Propositionen ins Blickfeld genommen: Sie werden gleichsam 'konsultiert', stellen sie doch die generalisierten Prinzipien von Einzelfällen aus der Praxis dar.[130] Solche Propositionen, die sich eventuell gar konkurrieren, werden vom zukünftigen Junglehrer neuinterpretiert, und zwar auf dem Hintergrund seines fallbezogenen Wissens. Schön (1983) nennt diesen Prozess "reframing".[131] (Wie ich bereits weiter oben bemerkt habe, verhilft dabei das Kontextwissen über aufschlussreiche Hintergrundvariablen der einzelnen Untersuchungen, welche diese Propositionen generierten, die Neuinterpretation einer Situation zu erleichtern).[132]

---

130 Shulman (1984b) stellte sich aus diesen Gründen die Frage, ob Unterricht nicht eher mit der Jurisprudenz statt mit der Medizin verglichen werden sollte: In der Rechtskunde gibt es keinen anerkannten Kanon von empirisch belegten Generalisierungen, welche die Wissensbasis der Disziplin darstellt. Stattdessen findet sich eine Sammlung von allgemeinen normativen Prinzipien, welche sich mit Gattungskonzepten wie Gerechtigkeit, Besitz, individuelle Rechte und kollektive Pflichten auseinandersetzen. Diese sind typischerweise in Gesetzen und Verordnungen repräsentiert. Rechtsausbildung in den USA aber ist der Lernprozess, den Weg durch eine dicht dokumentierte Falliteratur zu finden, um echte Präzedenzfälle für die Identifizierung eines bestimmten rechtlichen Problems zu finden. Anstelle eines deduktiven Denkens, ausgehend von generellen Prinzipien hin zu bestimmten Einzelfällen, räsoniert ein Rechtsanwalt oder Richter in analoger Art, d.h., er 'schliesst' von anderen Fällen als Präzedenzen zu den Partikularitäten des zu behandelnden Falles zurück. Dabei werden alternative Vorschläge als Präzedenzfälle, für oder gegen den vorliegenden Fall erwogen, und zwar in der Optik normativer Prinzipien, bis dass eine begründbare Wahl und damit ein Urteil ausgesprochen werden kann. Dieses Urteil wird in die kumulative Datenbank der Rechtsfälle aufgenommen. Junge Advokaten haben die Möglichkeit, sich mittels dieser Verbindungsmöglichkeit von Gesetzen, Regeln und Präzedenzfällen sowie analogen Anwendungen auf ihre zukünftige Rechtspraxis vorzubereiten (vgl. Carter & Unklesbay, 1989).

131 Als Beispiel kann eine von Kounins (1970) bekannten zehn Variablen zur störungsfreien Klassenführung angeführt werden, die er "smoothness" nennt (was mit Geschmeidigkeit übersetzt werden kann), damit der Unterrichtsfluss der Stunde nicht unterbrochen wird. Dieses Prinzip konfligiert diametral mit einer in der Literatur ebenso bekannten propositionalen Aussage von Carroll (1972; 1989), welcher eine 3-Sekunden-Regel Wartezeit als eine die Antwortqualität von Schülern erhöhende Variable nennt, und vom Lehrerstudierenden als das Prinzip von "smoothness" durchbrechendes aufgefasst werden kann. Mit anderen Worten mögen diese beiden Prinzipien für den Lehrerstudierenden nicht kompatibel sein und verlieren in der Folge möglicherweise für seinen konkreten Unterricht an Validität, d.h., an Glaubwürdigkeit.

132 Auf unser Beispiel (siehe vorhergehende Fussnote) gemünzt, heisst dies dann bezüglich der beiden Untersuchungen, dass das folgende Kontextwissen dem Lehrerstudierenden beim Verstehen des Prinzips oder der Regel eine Interpretationshilfe darstellen würde:

a) Bei Kounins Untersuchung ist es hilfreich zu wissen, dass die Mehrzahl der untersuchten Schulklassen sehr heterogen zusammengesetzt war, d.h. keine Aufteilung in verschiedene Leistungsniveaus (so hatte es in Klassen Schüler, die vom Leistungsstand her in unserem Schulsystem als Sekundarschüler oder aber als Werkklassenschüler fein säuber-

### *5.2.5.1. Der professionelle Lehrer*

Diese eben dargestellte professionelle Urteilskraft - das eigentliche Qualitätszeichen professioneller Kompetenz - wird dann aktualisiert, wenn bei der Überprüfung von Regeln und Fällen ein praktisches strategisches Handlungsverständnis gezeigt werden muss. Professionalität im Lehrerberuf unterscheidet sich vom 'Handwerklichen' wohl darin, dass durch die Anwendung von Regeln auf Fälle noch nichts wirklich determiniert ist. Im Gegensatz zum geschickten 'Handwerker' weiss ein professioneller Lehrer nicht nur, wie es geht, sondern auch, was geht und warum es geht. Der Lehrer ist somit nicht nur ein Experte des didaktischen Verfahrens, sondern auch der Pädagogisierung der Inhalte. Er kann begründen, warum etwas so gemacht wird, wie er es eben macht, d.h., der Lehrer ist zu jener Selbstreflexion in der Lage, welche zu selbsterzeugtem Wissen führt. Es impliziert ein metakognitives Wissen und damit eine Selbstregulierung der beruflichen Identität (L. M. Anderson, 1989; White, 1989a).[133]
Ein Experte ist also jener Lehrer, der nicht einfach nur sein Handwerk versteht, sondern darüber hinaus anderen die Gründe für seine beruflichen Handlungen und Entscheidungen deutlich machen kann (Shulman, 1983). Auf diesen Punkt komme ich weiter unten bei der Charakterisierung von Expertenlehrern noch deutlicher zu sprechen; cf. Abschnitt 5.4.3.)
Dass eine solche reflexive Aufmerksamkeit bezüglich der Formen und Begründungen des eigenen pädagogischen und didaktischen Vorgehens das Handeln eines Lehrers keineswegs leichter, sondern komplizierter gestaltet, liegt auf der Hand. Denn während beispielsweise Prozesse der Verstärkung und Konditionierung in der Lehrerausbildung ein bestimmtes Verhalten 'produzieren' können, d.h., ein fleissiges Fertigkeitstraining möglicherweise vorhersagbare Resultate 'erzeugt', garantiert Wissen dagegen bestimmte Freiheitsgrade: "eine Flexibilität beim Urteilen, beim Abwägen von Alternativen, beim Reflektieren über Ziele und Mittel, und schliesslich beim Handeln selbst. Wissen garantiert eine auf *Begründungen* basierende Unvorhersagbarkeit" (Shulman, 1986b, S. 158). Die Ausübung von Urteilskraft statt die blosse Ausführung korrekten Verhaltens macht zudem den Ausführenden zum 'Besitzer' seiner Handlung und erhöht damit möglicherweise längerfristig seine Berufszufriedenheit, weil er nämlich um Einflussmöglichkeiten bezüglich seines eigenen Handelns weiss.

---

lich voneinander getrennt wären), weshalb bei den Lehrern methodisch-inhaltliche Formen der inneren Differenzierung zur Anwendung kamen: Diese Individualisierung macht wiederum besser transparent, wie die Untersuchung schliesslich zu den zehn Prinzipien der Klassenführung führten, welche in sich leicht 'widersprüchlich' aufgefasst werden können.

b) Auch Carrolls Aussage der 3-Sekunden-Regel wird verständlicher, wenn man weiss, dass die kognitiven Kenntnisse, von denen er spricht, nicht mittels "multiple choice" abgefragt wurden, und sich so das kognitive Anspruchsniveau der Schüler bei der Beantwortung von Fragen tatsächlich 'mehr Zeit lassen kann' und dementsprechend qualitativ höherstufige Antworten zu generieren vermag.

[133] Eine solche metakognitive Aufmerksamkeit unterscheidet beispielsweise den Bauzeichner von einem Architekten, dies die Analogie von Shulman (1986b).

Aus diesen Überlegungen heraus kann die Ausbildung von Lehrern somit nicht auf unmittelbar praktische und brauchbare 'Dinge' reduziert werden. Damit soll nicht generell gegen ein Verständnis von Unterricht als eine zu erlernende Fertigkeit ("skill") argumentiert werden, diese Sichtweise alleine genügt aber nicht. Denn sonst wird die Wissensbasis für Unterricht nur zur Hälfte verstanden, wenn man sich - bequem gestützt auf Forschungsergebnisse - Unterrichten bloss als ein Bündel von Fertigkeiten vorstellt. Ein solcher reduktionistischer Ansatz muss durch ein Unterrichtsverständnis ergänzt werden, in welchem begründete Skills *und* analysierte Fälle in der Entwicklung und Ausformung eines praktischen, strategischen pädagogischen Handlungswissens zusammenfliessen. Eine solchermassen vertretene Vision des Lehrerhandelns und der Lehrerausbildung orientiert sich demnach am Ziel des *professionellen Lehrers*, einem Expertenlehrer, der nicht lediglich ein erwartetes Verhaltensmuster abspult, sondern in Situationen selbstreflexiv und begründet zu handeln versteht:

> "The vision I hold of teaching and teacher education is a vision of professionals who are capable *not only of acting, but of enacting* - of acting in a manner that is self-conscious with respect to *what their act is a case of,* or to what their act entails." (Shulman, 1986b, p. 13; Heraushebung A. D.)

Dieser letzte Punkt ist enorm wichtig für die weitere Fragestellung meiner Arbeit: Experten können ihr praktisch-strategisches Handlungswissen weitervermitteln, weil es selbstreflexiv durchdacht ist und pädagogische Konsequenzen antizipiert werden. (Auf dieser Basisannahme habe ich in der Folge meine ethnographische Erhebung konzipiert; siehe dazu Kapitel 8).

#### *5.2.5.2. Implikationen*

Die bisherigen Ausführungen haben verschiedene Implikationen. Zunächst einmal führen sie zu klaren Vorstellungen bezüglich des hohen professionellen Anspruchs für Lehrer. Erfahrene Professionsmitglieder definieren und kontrollieren dabei, was für ein Wissen für sie wichtig ist. Lehrer weisen sowohl in inhaltlicher wie prozessualer Hinsicht professionelle Kompetenzen auf: Hinsichtlich der Fachinhalte ist es ein Wissen von Fachstrukturen, ein pädagogisches Inhaltswissen über die allgemeinen und besonderen Themen dieses Bereichs sowie ein spezialisiertes curriculares Wissen. Schliesslich muss dieses Wissen durch einen wohlerinnerten fallbezogenen Erfahrungsschatz angereichert sein. Nur die besten und erfahrensten Lehrer verfügen über diese besondere Wissensbasis.
Wie ich in meiner Hauptstudie (Kapitel 8 und 9) zeigen werde, können Expertenlehrer dieses Wissen in einer bestimmten Art und Weise beispielsweise Lehrerstudierenden mit-*teilen*.

## 5.3. 'LEHRER-ALS-EXPERTEN'

In der USA wird traditionsgemäss der Lehrerberuf mit andern, meist statushöheren Berufen (Arzt, Jurist, Ökonom) verglichen (Berliner, 1986; Brandt, 1986), weil die Komplexität des Unterrichts in einer Klasse von meist über zwanzig Schülern - und dies bei mehreren Klassen sowie in wechselnden Fachgebieten - eine unerhörte Anforderung an das Lehrerprofil stellt. Methodologisch hat man aus der Medizin (Shulman, 1987a) und aus der Jurisprudenz die (Einzel)Fall-Forschung wieder neu entdecken lassen (Lampert, 1985), indem ein Experte, d.h., ein erfahrener Lehrer mit einem Novizen, d.h., Lehrerstudierenden oder Junglehrer, verglichen wird (Berliner, 1987a; Berliner, 1987d; Carter et al., 1987; cf. auch Wildman & Borko, 1985; Borko & Wildman, 1987). Dabei ist sich sowohl die nichtempirische als auch die empirische Literatur wenigstens bezüglich des Phänomens oder Konstrukts 'Expertentum' darin einig, dass jede Definition in gewissem Sinne immer defizient sein wird. Nur eine Kombination aller Definitionen mag dem Konstrukt so nahe wie möglich kommen. So halte ich mich denn in der Folge an neuere Auffassungen bezüglich Expertentum (Berliner, 1992; Carter, 1990; Grimmett, MacKinnon, Erickson & Riecken, 1990), wobei ich insbesondere die Unterscheidung von Kennedy (1987) hilfreich finde, welche 'Expertise' in folgende vier Formen aufschlüsselt:

**1.** Expertentum als das Beherrschen von 'technischen' Fähigkeiten und Fertigkeiten;

**2.** Expertentum als Anwendung von Theorien oder allgemeinen Prinzipien;

**3.** Expertentum als kritische Analyse;

**4.** Expertentum als bewusst-erwogene Handlung(en).

### 5.3.1. Expertentum als 'technische' Fähigkeit und Fertigkeit

Diese erste Form des Expertentums basiert auf drei wichtigen Annahmen, nämlich:

- dass die wesentlichen Fertigkeiten von Unterricht identifizierbar sind;
- dass diese Fertigkeiten auf prospektive Praktiker übertragbar sind, und
- dass in der Unterrichtspraxis angemessen auf diese Fertigkeiten zurückgegriffen werden kann.

In der Unterrichtsforschung erwies sich die Identifizierung relevanter Fertigkeiten als viel leichter als etwa die Limitierung ihrer Zahl oder gar ihre Ranggewichtung. In der Diskussion um die Methode des "Microteaching" - als eine typische Anwendung dieser Form von Expertise - musste Gage (1978) eingestehen, dass zwar mittels 'Microteaching' Unterrichtsaufgaben und -fertigkeiten vermittelt werden könnten, diese Vermittlung aber alleine nicht hinreichend sei, um einen Transfer hin auf den eigenen Unterricht zu garantieren.

Obwohl Vertreter dieses 'technischen' Experten-Ansatzes immer wieder die vier Ebenen betonen, welche durch diesen Trainingsansatz abgedeckt würden - nämlich 1) das Bewusstwerden der Wichtigkeit von gewissen Inhalten; 2) die Kenntnis dieser Inhalte; 3) der Erwerb von Fertigkeiten innerhalb dieser Inhalte; sowie 4) die Anwendung dieser Fertigkeiten innerhalb des Praxiskontextes -, wenden sich Kritiker eben gerade gegen diese 'reine' Form der Fertigkeitsvermittlung, welche wichtige Bereiche professionellen Expertentums ausklammert, wie beispielsweise Theorieansätze und Prinzipien, analytische Fähigkeiten sowie das 'Ob' und 'Wann' der Anwendung dieser bestimmten Fähigkeiten:

> "Harrisberger (1985) points out that 80 percent of the contemporary engineering curriculum is comprised of the *'ics'* - physics, mathematics, dynamics, electronics - but that engineering practice consists of *'ings'* - consulting, designing, planning, evaluating. He posed the rhetorical question, should not a professional education program be prepared to certify that its graduates can competently perform the tasks of engineer*ing?*" (Kennedy, 1987, p. 165; Heraushebung A. D.)[134]

So fanden Bussis, Chittenden & Amarel (1976) beispielsweise heraus, dass Lehrer, welche zwar die Unterrichtstechniken beherrschten, sich aber nicht im klaren waren über die eigentlichen pädagogischen Zielsetzungen, nicht fähig waren, in einer unerwarteten Unterrichtssituation zu improvisieren. Die Praxisintention sowie das Insgesamt des pädagogischen Prozesses kann durch das ausschliessliche Konzentrieren auf Segmente von beobachtbaren Verhaltensweisen verlorengehen.

### 5.3.2. Expertentum als Anwendung von Theorien oder allgemeinen Prinzipien

Diese Sicht von Expertentum - wonach Theorien und allgemeine Prinzipien in partikulären Situationen angewendet werden können - wirft eine Reihe von Fragen auf, nämlich: 'Wie soll es dem Praktiker gelingen, einen ganz speziellen Fall als Beispiel eben dieser Theorie oder jenes Prinzips zu identifizieren? Wie fügt ein Lehrer Voraussagen, welche von einem allgemeinen Prinzip abgeleitet worden sind, in seinen ganz speziellen Fall ein?'

Nebst dem intellektuellen Prestigecharakter, den Theorien und allgemeine Prinzipien in der Regel geniessen, um 'Expertentum' zu definieren, sind vor allem praktische Gründe anzuführen. Lehrer sind unter anderem Problemlöser und Entscheidungsträger dichotomer Situationen, weswegen Expertise über die Anwendung von Fertigkeiten hinausreichen muss, insbesondere hinsichtlich der richtigen Situationseinschätzung: 'Wann und wo wird welche Fertigkeit wie richtig und adäquat eingesetzt?', lautet dann die Frage. Und genau an diesem Punkt zeigt sich ein Dilemma in der Lehrerbildung, fällt es den Studierenden doch oft schwer, die Beziehung zwischen generellen pädagogischen und didaktischen Prinzipien und den ganz partikulären Situationen zu erkennen, welche sie in ihrem Unterricht antreffen. Im Verlauf des Studiums addiert sich noch eine besondere Schwierigkeit dazu, nämlich Prinzipien oder Theorien aus verschiedenen Fachdisziplinen in einer ganz bestimmten Fallanalyse des Unterrichts miteinander synthetisieren zu müssen.

---

[134] Harrisberger, L. (1985). Curricula and teaching methods in engineering education. In S. Goodlad (Ed.), Education for the professions: Quis custodiet ...? Guilford, Survey, England: nfer-nelson (zit. aus Kennedy, 1987, p. 163).

*5.3.2.1. Konsequenzen für die Lehrerbildung*

Beide bisher aufgeführten Definitionen von Expertise - jene der technischen Fertigkeiten, wie auch jene von Theorien und Prinzipien - unterscheiden sich zwar inhaltlich, haben jedoch das folgende kritische Moment gemeinsam: Beide basieren auf Annahmen präskriptiver Art darüber, was zu tun sei. Solcherlei Vorschriften sind zudem bei beiden Definitionen entweder aus Theorien oder aus empirischen Einsichten abgeleitet. Solch ein präskriptives Wissen wird oft auch kodifiziertes Wissen genannt: Es ist ein von einer Berufsgattung gemeinsam anerkanntes Wissen, welches in seiner Form weitergegeben werden kann. Jackson (1986) nannte dies 'nachbildendes, nachahmenswertes' Wissen ("mimetic knowledge"), welches unabhängig von seinem Besitzer existiert und unproblematisch weitergereicht werden kann. Es kann der bereits bestehenden Wissensgrundlage beigefügt und in Manualen kodifiziert werden. Solche Kodifizierungen aber setzen wiederum voraus, dass das verankerte Wissenspotential hochpräskriptiv ist: entweder aus empirischen Evidenzgründen oder weil die Anwendergemeinschaft einen substantiellen Konsens darüber befunden hat. Sogleich wird die Problematik klar: Solche Manuale geben keinerlei Hinweise auf die komplizierten Beurteilungs- und Entscheidungsmuster, die getroffen werden müssen, wenn ein Praktiker die aufgelisteten generellen Prinzipien in einem ganz bestimmten Kontext anwenden will: wie, wann, warum und ob er dieses Prinzip gegen jenes abzuwägen hat, oder ob er eine Kombination unterschiedlicher Prinzipien in ein adäquates vereinen muss, damit dieses für diesen konkreten Einzelfall zutrifft.

Damit bleibt nicht zuletzt die Frage ungelöst, wie Praktiker eine ganze Auswahl von potentiell relevanten Prinzipien zum integrierten Bestandteil ihres fachlichen und pädagogischen Wissens verschmelzen, welche im einzelnen Fall auch anwendbar sein werden. Diese offenen Fragen führen schliesslich zur ähnlichen Problematik wie die Expertendefinition als technische Handhabung gewisser Fertigkeiten: Prinzipien und Theorien liefern gewisse Faustregeln, welche in der Praxis valide sein mögen, "... but there are no rules of thumb for how to select the appropriate rule of thumb" (Kennedy, 1987, p. 142). Denn Fälle, konkrete Einzelfälle, präsentieren sich dem Praktiker gegenüber nicht als Beispiele genereller Prinzipien, sondern fordern den Praktiker dazu auf, die Prinzipien einzeln aus jedem Fall aufzuspüren und herauszufinden. (Dies entspricht dem Punkt, den ich weiter oben bei den Wissensformen ausgeführt habe, wonach - mit Shulman (1986b; 1992a) gesprochen - jedem echten Fall ein Theoriemoment 'innewohnt': Ein Fall ist eine partikuläre Theorieaufnahme des Augenblicks, cf. auch weiter unten Punkt 6.2.). Erschwerend kommt dazu, dass es keine Richtlinien darüber gibt, wie diese generellen Prinzipien und Regeln so abzuändern sind, dass spezifische Umstände in Betracht gezogen werden können. Es gibt auch nicht wenige Fälle, wo gleichzeitig verschiedene ähnliche oder vergleichbar plausible Prinzipien anwendbar sind. Es ist dann jeweils dem Praktiker überlassen, für welches Prinzip er sich entscheiden will. Schliesslich gibt es auch Hinweise darauf, dass die Heuristiken, welche in solchen Zweifelsfällen von Menschen angewendet werden, um sich für dieses oder für jenes

Prinzip zu entscheiden, ungenau oder voreingenommen sind (Nisbett & Ross, 1980).[135]

Komplexe Entscheidungsmuster dieser Art sind aber nicht etwa untypisch für den Lehrerberuf. Deshalb kommen immer mehr Lehrerausbildner zur Einsicht, dass Unterrichts-Expertise nicht durch die Akkumulation mimetischen Wissens - kodifizierten Wissens darüber, was zu tun sei - erfolgen kann. Expertise entwickelt sich vielmehr dann, wenn Lehrer gelernt haben, wie eine Entscheidung bestmöglich getroffen werden kann, um das Gewünschte zu tun. Jackson (1986) nennt dies die *transformatorische* Sichtweise professioneller Bildung. Deren Ziel ist nicht eine additive Akkumulierung des Wissens von Praktikern, sondern die Transformation des Praktikers zu jemandem, welcher Situationen auf ganz bestimmte Art und Weise überprüft und unterschiedliche Möglichkeiten ins Auge fasst.[136] Damit komme ich zur dritten Definition von Expertise:

### 5.3.3. Expertentum als kritische Analyse

Auch diese dritte Definition von Expertise ist präskriptiv. Aber statt ein Vorgehen und Verfahren abzugeben, wie Situationen zu meistern sind, wird ein Pa-

---

135 Bereits Gage (1978) postulierte, dass empirische Forschungsresultate die wissenschaftliche Basis darstellen sollen, um die 'Kunst des Unterrichtens' ausüben zu können; d.h., die Praxis verbessert sich dann, wenn es der Wissenschaft gelingt, die Praxis anzuleiten. Damit liege es an der Praxis, 'kunstvoll' auf die gelieferten Prinzipien zurückzugreifen, um die spezifischen Bedürfnisse jeder neuen Situation abzudecken. Kritiker einer solchen Sichtweise, die a priori nichts gegen Gage's Definition einzuwenden haben, werfen ihm aber vor, dass er - Nathaniel Gage -es eben unterlasse, jene genauen Momente und Fälle anzugeben, die er 'kunstvoll' nennt: Die Frage - 'Wann wird welches wissenschaftliche Prinzip für wen wie Gültigkeit haben?' - bleibe unbeantwortet und damit der Praktiker seinem 'eigenen Schicksal' überlassen (cf. etwa Eisner, 1983; 1985a).

136 In einer vielzitierten Studie zu Problemlösestrategien von Medizinern als Experten konnten Elstein, Shulman & Sprafka (1978) aufzeigen, dass selbst hochqualifizierte und anerkannte Ärzte beim Diagnosevorgang der Erstvisite eines Patienten erstaunlich früh einige wenige Hypothesen aufstellen, und zwar auch dann, wenn noch sehr wenig Fakten der Krankheitsgeschichte 'auf dem Tisch liegen'. Neuhinzukommendes Faktenmaterial wird anschliessend eher dazu benützt, die bisherigen Hypothesen verifizierend zu 'testen', und nicht etwa dazu, neue Hypothesen zu generieren. Mit andern Worten: Wenn Ärzte nicht auf Anhieb die richtige Diagnosehypothese generieren, ist die Wahrscheinlichkeit gering, dass dies im Verlauf des Visitengesprächs noch gelingen wird (vgl. dazu auch Shulman & Elstein, 1975; Shulman, 1987a). - Nicht zuletzt aus diesen Erkenntnissen heraus ist laut Dreyfus & Dreyfus (1986) im Zug der Erforschung der 'künstlichen Intelligenz' ein unterstützendes Diagnose-System, "Reconsider", entwickelt worden. Es soll diesem realweltlichen Problem von Ärzten Rechnung tragen, damit der häufigste Diagnosefehler - das Übersehen von Symptomen - reduziert wird. Anstatt nun zu versuchen, das Expertenwissen menschlicher Ärzte in einem Automaten 'unterzubringen' - nach Dreyfus & Dreyfus ein unmögliches Unterfangen -, ist eine einfache interaktive Enzyklopädie entworfen worden, die dem Arzt beim Erkennen der Krankheit seines Patienten hilft: Er tippt lediglich die festgestellten Krankheitssymptome ein, und das Reconsider-Programm präsentiert anschliessend eine umfassende Liste von entsprechenden Krankheiten, wobei potentielle Diagnosen nach steigender Wahrscheinlichkeit geordnet sind. Werden weitere Symptome hinzugefügt, erfolgt eine Neuordnung der Liste. Mit andern Worten: "Der Arzt benutzt Reconsider, um notwendige Zwischenschritte bei seinen Schlussfolgerungen nicht zu überspringen. Das System erinnert ihn an weitere Diagnosemöglichkeiten. Letztendlich aber bleibt die Diagnose Aufgabe des Mediziners." (Dreyfus & Dreyfus, 1986, S. 16)

radigma geltend gemacht, welches hilft, verschiedene und unterschiedliche Situationen und Fälle abwägend zu überprüfen und zu interpretieren.
Die analytische Technik, Fälle zu studieren und abzuwägen, ist aus vielen Denkschulen heraus bekannt: Der Studierende wird als Person für fähig 'befunden', wie ein Vertreter seiner Berufsgattung zu denken, d.h., zu einem 'paradigmatischen Denker' (Bruner, 1985) bezüglich diesem oder jenem Fall zu werden: einer, der die Prämissen überdenkt, bevor er zu einer Schlussfolgerung kommt, oder der die Deduzierung von Prinzipien aus der Praxis heraus zu überlegen versucht: "The imaginative application of the paradigmatic mode leads to good theory, tight analysis, logical proof, and empirical discovery grounded by reasoned hypothesis." (Bruner, 1985, p. 98). Aber dieses paradigmatische Denken genügt nicht. Es muss nach Bruner (1987) ergänzt werden durch sogenannte 'narrative Wissensmodi': "The narrative mode deals in good stories, stirring drama, and richly portrayed historical accounts." (Sykes & Bird, 1992, p. 473).
Es ergeben sich vier mögliche Einwände. Ein Nachteil der ersten Position - dem paradigmatischen Wissen - besteht darin, dass bisher kodifiziertes Wissen nicht oder nicht genügend berücksichtigt wird, auch wenn dieses in einer sinnvollen Art und Weise existiert. Erschwerend kommt dazu, dass dieser naturwissenschaftliche Denkmodus eher auf kontextunabhängige Invarianzen zutrifft, im Gegensatz zu sozialwissenschaftlichen 'Lebendigkeiten', die immer eine kontextsensitive Bedeutung verlangen, weshalb nach Bruner dieser zweite Denkmodus auch in der Lehrerbildung unbedingt den gleichen Status wie der paradigmatische erlangen muss:

> "Science creates a world that has an 'existence' linked to the invariance of things and events across transformations in life conditions of those who seek to understand (...). The humanities seek to understand the world as it reflects the requirements of living in it. In the jargon of linguistics, a work of literature or of literary criticism achieves universality through context sensitivity, a work of science through context independence." (Bruner, 1986, p. 50)

Eine zweite Kritik fusst auf dem Einwand, dieses Fallwissen könne ja dann in der 'echten' Praxis noch 'zur Genüge' und früh genug erfahren werden. Als drittes wird Kritik laut, eine Ausrichtung auf dieses kasuistische Wissen in der Lehrerausbildung möge ein Absinken des universitären Niveaus auf eine Ebene bewirken, welches die Studierenden der Möglichkeiten eines herausfordernden intellektuellen und persönlichen Studiums und intellektuellen Wachstums beraube. Schliesslich der letzte und wohl ernstzunehmendere Einwand ist die möglicherweise ausgelöste Verwirrung, welche durch die Vorrangstellung von fallbezogenen Lernprozessen über all die fachlichen Inhalte entstehen könnte: Die Kritiker geben zwar zu, dass Prozesse als solche rekonstruiert, erwogen und Handlungsentscheidungen aus den reflektierten Handlungsalternativen abgewogen werden können , was ihrer Ansicht nach aber nicht notwendigerweise heissen müsse, dass diese pädagogischen Prozesserfahrungen anschliessend oder später in der tatsächlichen Berufswelt auch tatsächlich zu entsprechend adäquaten Professionsentscheidungen führen müssen.

### 5.3.4. Expertentum als bewusst-erwogene Handlung[137]

Wie bei der obigen Position der kritischen Analyse wird auch bei dieser Form des Expertentums angenommen, dass eine wesentliche Aufgabe professionellen Handelns darin besteht, Situationen auf ihren multiplen Gehalt hin zu analysieren und zu interpretieren. Sie fusst aber zusätzlich auf der Annahme, dass eine interaktive Beziehung zwischen der Analyse und der nachfolgenden Handlung besteht, d.h., die Analyse beeinflusst die Handlung und umgekehrt. Dies beinhaltet demnach eine Sichtweise, wonach Expertise aus der Handlungserfahrung entsteht und sich weiterentwickelt, aber nur dann, wenn der Praktiker gewillt und fähig ist, aus dieser Erfahrung lernen zu wollen. Lehrerbildungsinstitutionen haben deshalb die Aufgabe, ihre Lehrerstudierenden daraufhin zu transformieren, dass sie 'permanente Lerner' werden, welche ihre eigenen (Unterrichts-)Handlungen bewusst abwägen und die Handlungskonsequenzen daraus überprüfen (Burke, 1987). Diese Sichtweise verneint in keiner Weise die Existenz kodifizierten Wissens, noch streitet es die Nützlichkeit solcher Prinzipien, Theorien oder Techniken ab. Sie besteht aber - unter Miteinbezug des vorhandenen Maximenwissens - ausdrücklich auf einer interaktiv-interpretativen statt einer präskriptiv-adaptiven Auslegung von Erziehungs- und Unterrichtssituationen.

#### *5.3.4.1. Diskussion*

Schön (1983), Shulman (1984b) und Kennedy (1987) aus dem nordamerikanischen Raum berufen sich bezüglich des geforderten Konstrukts dieser 'deliberativen Handlungen' ("delibarate action") ebenso wie Altrichter (1990) aus dem deutschsprachigen Raum auf Joseph Schwab (1978), welcher einen eklektischen Zugang zu den verschiedenen Wissensquellen und Disziplinen postulierte: Es ist ein Wissen, welches sich durch Handlungserfahrungen an ganz konkreten Fällen aufbaut, und welches erlaubt, verschiedene Theorien aus verschiedenen Disziplinen zu verwenden, wobei diese "... mit dem praktischen Problem verglichen, in ihrer partiellen Relevanz beurteilt, der konkreten Situation entsprechend modifiziert und angereichert werden müssen." (Altrichter, 1990, S. 67). Damit hebt sich Schwabs Konstrukt der "deliberate action" ganz klar von Problemlöse-Ansätzen ab:

> "The important intellectual task of deliberate action is not problem *solving* - the weighing of alternatives to reach a predetermined end - but instead is problem *setting*, where goals, means, and ends are all weighed together." (Kennedy, 1987, p. 151)

Nicht das Problemlösen als solches steht im Vordergrund, sondern die Problemdefinition oder -neudefinierung, mit Schön gesprochen, die Problem*umrahmung*. Denn ein eigentliches Problem kann, bedingt durch die Vielzahl situati-

137 Diese letzte Sicht von Expertentum, wonach Theorien und allgemeine Prinzipien in partikulären Situationen angewendet werden können, nachdem sie kritisch hinterfragt worden sind, wird von eher qualitativ-interpretativen Ansätzen her erforscht, und zwar mittels sogenannter Schul- oder Lehrerethnographien (Spindler, 1982; Lightfoot, 1983; Erickson, 1986a,b; Chilcott, 1987; Strauss, 1987).

ver Faktoren und durch die entsprechend grosse Zahl von Handlungsalternativen, nicht linear gelöst werden. Somit verhilft insbesondere das Inbetrachtziehen möglicher Konsequenzen, die nach der erfolgten Handlung auftreten können - und zwar Konsequenzen sowohl kurz- als auch langfristiger Natur -, zur Eingrenzung und 'Einrahmung' des Problems, zur Problemdefinition, d.h., zum "problem *setting*".

#### *5.3.4.2. Zusammenfassung und Überleitung*

Expertise umfasst sehr wohl bestimmte technische Fertigkeiten, Theorien und Prinzipien, aber erst die kritische Analyse von Fallsituationen verhilft zu bewusst-erwogenen Handlungen. Solche Fälle vermögen die gesetzten Ziele wie auch die verwendeten Mittel über unterschiedlichste Situationen hinweg zu variieren, was wiederum den Einfluss der verschiedenen Massstäbe von Verantwortlichkeiten minimisiert, mit welchen Lehrer ihren Unterricht 'messen': bezüglich dem einzelnen Kind in der Klasse, bezüglich dem Fachinhalt, bezüglich Erwartungen der Eltern, der Schulbehörden etc.

Damit nähere ich mich der Frage, ob und wie diese Experten-Faktoren gelernt, wie dieses Expertentum angeeignet werden kann: 'Wie erfolgt eine optimale Transition vom Lehrerstudium zur Praxis, so dass der Berufseintritt möglicherweise die Schwelle zur expertennahen Berufsausübung darstellt?' Um diese Frage beantworten zu können, werfe ich kurz einen Blick auf unsere Ausbildungsstruktur in Freiburg. Nebst den verschiedenen fachwissenschaftlichen und pädagogisch-psychologisch-didaktischen Ausbildungsschwerpunkten - auf die ich hier aus Gründen der nicht unmittelbaren Relevanz für mein Ethnographie-Kursprojekt nicht einzugehen brauche - konzentriere ich mich in der Folge kurz auf die praxisverbundenen Ausbildungselemente.[138]

Die im nächsten Abschnitt eingehender diskutierte einphasige Ausbildung unserer Sekundarlehrerausbildung in Freiburg orientiert sich bezüglich der berufspraktischen Ausbildungselemente am 'Meister-Lehrling-Modell', welches vormals die Schwächen situativer und personaler Abhängigkeiten aufwies - entweder, man 'traf' es prima mit dem Praxislehrer oder eben nicht -, ein Modell, das heute aber wegen der intensivierten Zusammenarbeit zwischen der Lehrerbildungsstätte und der Lehrerschaft inhaltlich und methodisch weit besser koordiniert ist. Einerseits werden Praktikums- und Übungsschullehrer in speziellen Praktikalehrerkursen auf die schulpraktischen Aufgabenfelder von Praktikanten vorbereitet, andererseits werden vermehrt auch schulinterne Fortbildungsmöglichkeiten für Praxislehrer angeboten (Niggli, 1992a), die insgesamt zu einer 'natürlichen' Selektion innerhalb der Lehrerschaft führen, so dass insgesamt auf einen ausgezeichneten "Pool" von Praxislehrern zurückgegriffen werden kann.

138 Dazu kurz folgende generelle Vorüberlegung zur berufspraktischen Ausbildung: Die früher üblichen unterrichtspraktischen Lernprozesse - durch unmittelbare, unvorbereitete und damit unreflektierte 'Immersion-in-das-Berufsfeld' erfolgt, wo nur noch pures 'Überleben' das Ziel sein konnte - existieren heute kaum noch. Elemente davon können höchstens noch in zu frühzeitig und zu unbekümmert ausgewählten Stellvertretungen oder in Berufserfahrungen mit extrem schwierigen Klassen aufklingen: Der Lernerfolg ist dann meist ein sehr zwiespältiger. Die gelernten 'Überlebenskünste' sind in der Regel fremdkontroll-orientiert, womit methodisch deshalb nicht selten anachronistisch vorgegangen wird.

### 5.3.5. Bedeutung des Experten-Konzepts für die Lehrerbildung

Die Universität Freiburg/Schweiz weist eine leicht 'verschobene' einphasige Lehrerausbildung der Sekundarstufe 1 auf, die sich seit ihrer Reform im Jahre 1983/84 in den Grundstrukturen bewährt hat (Oser, 1987)[139]: Sie bietet damit als Organisationsform eine gleichzeitig wissenschaftliche und berufspraxisorientierte Lehrerausbildung, womit die Integration der Lehrerausbildung in die Universität, welches im Reformmodell gefordert war, klar erfüllt ist.[140] An den fachlichen Ausbildungsteil gliedert sich der pädagogisch-psychologisch-didaktische Ausbildungsteil mit den folgenden zwei Hauptkomponenten an: (1) Grundlagen und Methodenkurse im Gesamtbereich Pädagogik, Pädagogische Psychologie und Didaktik sowie (2) die berufspraktischen Ausbildungselemente (Übungsschule, Praktika), die üblicherweise in Sekundar- oder Orientierungsschulen durchgeführt werden. Die diversen Fachdidaktiken, die je nach Fachrichtung belegt werden müssen, bilden somit ein Bindeglied zwischen diesen beiden Hauptbereichen, einerseits der fachwissenschaftlichen, sowie andererseits der pädagogisch-psychologisch-didaktischen Ausbildung.

Damit ermöglicht diese verschobene einphasige Lehrerausbildung eine qualitative Veränderung der bisherigen Ausbildung, die sich nicht nur in der Erhöhung der Semesterzahlen - von 5 auf 7 Semester - manifestiert. Sie bietet auch Spielräume dafür, die bewährten Formen der berufspraktischen Ausbildung mittels konkreter Unterrichtserfahrungen sowie die fachdidaktischen Ausbildungskurse - eng an realen Fachunterricht angelehnt -, parallelisiert zu den gleichzeitig fachwissenschaftlichen Ansprüchen, anzubieten. Bei der fachwissenschaftlichen Ausbildung wird sowohl von Seiten der Studierenden als auch von Seiten einzelner Fachprofessoren die vollständige Integration der Lehrerstudierenden in die entsprechenden Fachvorlesungen und -seminarien vermisst: Für die Studierenden sind diese Fachkurse oft (zu) wenig unterrichts- und praxisorientiert. Von den Professoren wird ein vermehrter Schulpraxisbezug des Universitätsstudiums vor allem als Einschränkung der Dispositionsmöglichkeiten und der Lehrfreiheit der Universität gesehen und die damit möglicherweise verbundene Anpassung kritisiert. Trotzdem kann generell die Aussage gemacht werden, dass die einphasige Lehrerausbildung in Freiburg eine überwiegend positive Einschätzung der Absolventen erfährt: Niggli (1992b) hat aus einer

139 "Verschobene Einphasigkeit meint, dass in den unteren Semestern schwerpunktmässig die Ausbildung in den Fächern, später die pädagogisch-praktische Ausbildung zum Zuge kommt." (Oser, 1987, S. 814). Dem ist gleichzeitig beizufügen, dass aber die pädagogisch-psychologisch-didaktische Ausbildung auch bereits im 1. Studiensemester beginnt und sich die schulpraktischen Ausbildungsteile (Übungsschule, Praktika) auf das gesamte Studium verteilen.

140 Im Gegensatz zur homogenen und integrativen Ausbildungsform eines einphasigen Modells weist ein zweiphasiges Ausbildungsmodell ein additives und heterogenes Studienangebot auf (Händle, 1984, in L. Huber, Hg., Theorien und Grundbegriffe der Erziehung und Bildung. Enzyklopädie Erziehungswissenschaft; Bd. 1, pp. 246-261. Stuttgart: Klett-Cotta) - Vgl. dazu ebenfalls Wildt (1981).

Fragebogenuntersuchung erste Resultate in dieser Richtung aufzeigen können, welche die Trendsaussagen von Oser (1987) bestätigen.

*5.3.5.1. Handlungsorientierte Ausbildungsmodule*

Im nachfolgenden Teil soll kurz auf die berufspraktischen Ausbildungsteile der Sekundarlehrerausbildung in Freiburg/Schweiz hingewiesen werden, damit möglicherweise ersichtlich wird, wo noch Lücken bezüglich einer reflektierten Praxisausbildung bestehen. Sowohl die allgemeindidaktische Ausbildung wie auch die Fachdidaktik-Veranstaltungen bieten seit der Reform neuerdings vermehrt auch unterrichtsorientierte Praxiselemente an. Die nachfolgende Grobübersicht zeigt, dass dabei Elemente aus allen vier Modellen des Expertentums mehr oder weniger annäherungsweise Verwendung finden. Auf die sieben Ausbildungssemester des Sekundarlehrerstudiums verteilt, werden in Freiburg folgende berufspraktischen Erfahrungsmöglichkeiten angeboten:

**a)** *'Labor'-Erfahrungen'*, wo Teile von Unterrichtslektionen schriftlich vorbereitet werden, und zwar unter Einbezug von kodifiziertem technischem Wissen und von Prinzipien (z.B. Lernzielkonstruktionen, Arbeitsauftragsformulierungen unter Einbezug der kognitiven Taxonomie von Bloom etc.). Diese können zwar immer noch unter dem Aspekt von Kontextlosigkeit und der Vernachlässigung multidimensionaler Unterrichtsaspekte kritisiert werden, haben aber im Aneignen und Verstehen von deklarativem Wissen ihre Berechtigung.

**b)** *'Simulations'-Erfahrungen* mittels Mikro-Übungslektionsteilen (z.B. am Tage des Ausbruchs des Golfkriegs Iraq/Kuwait: Kurzauftrag im Seminar "Wie beginnst Du heute morgen Deinen Unterricht in einer 2. Sekundarklasse ... und warum?"); oder als Makro-Projekt, wo über mehrere Wochen im Hinblick auf das erste Praktikum im Frühjahr eine Lektionsreihe zum generellen Thema "Frühlingsgedichte - Frühlingslyrik" erstellt wird (Die erarbeiteten Lektionen werden nach Möglichkeit dann in den Orientierungspraktika auch gehalten). Diese Simulationsaufgaben kommen dem impliziten 'Dilemmacharakter von Unterricht' bereits bedeutend näher, beschränken sich aber immer noch auf einen winzigen Ausschnitt von Unterricht, und dies in einem 'geschützten Umfeld' des Kurs- oder Seminarrahmens, wo die Inhalte mit Studienkollegen diskursiv verglichen werden können.

**c)** *'Klinische' Erfahrungen*, wie Einzellektionen halten (sei es als 20-minütige ‘Microteaching’-Übung mit bloss drei Schülern; sei dies eine videographierte Einzellektion zu zweit; oder sei dies im Rahmen der Übungsschule, wo eine Einzellektion pro Woche über ein paar Monate in derselben Klasse gehalten und evaluiert wird). Im Vergleich zu den Simulationserfahrungen wird hier das wirkliche Schulfeld aufgesucht, wo eine recht grosse Anzahl von unterrichtsrelevanten Faktoren mitberücksichtigt werden muss. Das 'Setting' ist trotzdem ein mehr oder weniger eingeschränktes: Es findet eine relativ isolierte Lektion statt, ohne (längerfristiges) Vor- und Nachher, so dass die Lehrerstudierenden (noch) nicht die gesamte Verantwortung bezüglich der vorausgehenden Bedingungen oder der nachfolgenden Konsequenzen tragen müssen.

**d)** *'Praxis'-Erfahrungen* mittels Unterrichtspraktika, wo Lehrerstudierende über mehrere Wochen die Vorbereitungs-, Durchführungs- und Auswertungsarbeiten von Unterricht einer Lehrperson übernehmen (die Anforderungen erhöhen sich graduell mit fortdauernder Ausbildung über die verschiedenen Praktika). Die Praktikalehrpersonen fungieren als Mentoren und Begleiter dieser konzentrierten Praktikawochen, die als Praxisausbildungsblock von der Lehrerausbildungsinstitution - im mehrtägigen Zusammenzug aller Praktikanten - vor- und nachbereitet, d.h., intensiv ausgewertet werden. Einige der Praxiserfahrungen werden je nach Kursangebot in anschliessenden Semesterkursen (in sog. 'Spezialkursen zum Lehrerhandeln') mehr oder minder konkret aufgenommen und verarbeitet.[141]

Diese vier von mir charakterisierten Erfahrungsbereiche innerhalb des Sekundarlehrerstudiums müssten nun mittels der von Oser (1987, S. 811) in zehn Postulaten beschriebenen Kernpunkte der Ausbildungsreform 'gelesen' werden. Oser schreibt dazu: "Die Ausbildung richtet sich auf die Bedürfnisse der Praxis, die Bildung auf die Erfordernisse einer pädagogischen Grundhaltung. Beides kann miteinander verbunden werden." - Und etwas später schreibt Oser:

> "Praxismöglichkeiten sollen stets evaluiert und reflektiert werden. Es soll über nichts kritisch gesprochen werden, was nicht zuerst praktisch, sogar versuchweise, in optimaler Art realisiert worden ist. Nur der Handelnde kann effektiv Zustände verbessern; wir wissen aus vielen Untersuchungen, dass das Bewusstsein noch zu keinem besseren Handeln führt. Theoretisches und kritisches Bewusstsein muss zuerst mit einer echten Bemühung um Verbesserung des Unterrichts gekoppelt werden." (Oser, 1987, S. 813)

Dass dieses berechtigte Desiderat nach *reflektierten* Unterrichtssituationen in unserer Ausbildungsarbeit mit den Studierenden nicht immer in genügendem Masse stattfindet - oder mittels unserer Ausbildungsstruktur vielleicht nicht intensiv genug stattfinden kann -, darauf komme ich im übernächsten Abschnitt zu sprechen (vgl. Abschnitt 5.3.5.4.).

#### *5.3.5.2. Diskussion*

Im Kontrast zu zweiphasigen Ausbildungsmodellen wird es möglicherweise deutlich, dass mit praxisorientierten Erfahrungen eine Verbesserung der effektiven, verantwortungsvollen Ausbildung einerseits, sowie eine Verringerung der Diskrepanz zwischen wachsenden Anforderungen im Schulwesen und den Qualifikationsvoraussetzungen von Lehrern andererseits ermöglicht wird. Ein wichtiges Element spielen dabei die personellen und institutionellen Kooperа-

---

141 Am Pädagogischen Institut der Universität Freiburg/Schweiz werden Praxiserfahrungen der zwei Hauptpraktika (des Übungs- und des Schlusspraktikums) in speziellen Kursen des Lehrerhandelns theoretisch situierend 'reintegriert' (mit Kursthemen wie Erweiterte Lehrformen [Innere Differenzierung und Gemeinschaftsbildung], Kreativität, Schülerbeurteilung, Projektunterricht, Werkstattunterricht, Lehreraufgaben am Rande des Unterrichts, Interkulturelle Erziehung, Kommunikation im Unterricht, Disziplin und Management im Klassenzimmer, Medienpädagogik etc.).

tionsmöglichkeiten zwischen der Hochschule und den Staatsschulen, zwischen Universitätsdozenten und Volksschullehrern (Oesterreich, 1989): Die Mitarbeit von einigen an der Lehrerausbildung beteiligten Universitätsdozenten aus den verschiedenen Fachdisziplinen sowie die freiwillige Beteiligung der Praxislehrer (sog. Übungsschul- und Praktikalehrer) aus den kantonalen Orientierungs-, bzw. Sekundarschulen ermöglichen nicht nur die 'Praxis'-Erfahrungen - die von mir unter Punkt d) dargestellt wurden -, sondern darüber hinaus auch eine konkrete Zusammenarbeit in schulpraktischen Studien und Projekten. Besondere Vorteile unseres Ausbildungsmodells können deshalb wie folgt zusammengefasst werden:

**1)** die Integration von Lehrerausbildung und Lehrerweiterbildung durch die kontinuierliche Beteiligung der Praxislehrer;

**2)** die Integration und Weiterentwicklung erziehungswissenschaftlicher Ansätze in der Auseinandersetzung mit berufspraktischen Anforderungen (dies geschieht insbesondere in den sog. 'Spezialkursen zum Lehrerhandeln' ab 5. Semester);

**3)** die Integration fachdidaktischer und fachwissenschaftlicher Gesichtspunkte in verbindlichen Unterrichtsprojekten.

Die bisherige Form der einphasigen Lehrerausbildung allein legt aber noch nicht fest, wie der Berufspraxisbezug im Studium auch tatsächlich genutzt wird, d.h., ob die Studierenden besser auf die Bewältigung ihrer Berufsaufgaben vorbereitet werden, oder ob sie sich aber durch diese Kontakte früher an den Status Quo ihrer Berufspraxis anpassen.

*5.3.5.3. Untersuchungen zur schulpraktischen Ausbildung*

Eine Reihe von Untersuchungen aus dem nordamerikanischen Raum haben die wohl bedeutendste Praxiserfahrung - die Schulpraktika - empirisch untersucht, und sind zu sehr zweideutigen Aussagen gekommen: Während die Grosszahl von Studierenden die Praktikazeit als enorm wichtig einschätzt, stimmen die Resultate bezüglich der Effizienz eher skeptisch; diese können etwa folgendermassen zusammengefasst werden: Veränderungen 'geschehen' tatsächlich, und zwar in zunehmendem Masse in Richtung der Verbesserung von technischen Fertigkeiten, aber auch in der gleichzeitigen Abkehr von Theorien und Konstrukten; und gravierender noch, einer Abkehr vom 'Experimentieren' hin zu vermehrter 'Kontrolle' (Hogben & Simpson, 1986; Lanier & Little, 1986; Kennedy, 1987; Guyton & McIntyre, 1990; Zeichner, 1990). Dies sind Effekte, die nicht den Praktikalehrpersonen angelastet werden können. Aber merkwürdigerweise sind es ähnliche Effekte, wie sie bei einem puren 'Immersionsmodell' auch vorgekommen sind. Das ist ein sehr beunruhigendes Moment, stellt es doch die Praktikaarbeit als solche grundsätzlich in Frage (vgl. weiter oben dazu insbesondere auch Punkt 2.3.2.). Einige Erklärungsmöglichkeiten drängen sich

zwar auf, wenn wir etwa an die festgestellten 'regredierenden Sozialisationseffekte' der Konstanzer-Untersuchungen denken (Müller-Fohrbrodt et al., 1978), wo dieses desillusionierende Moment, dieses Abstandnehmen von Idealen auf Kosten der Übernahme von pragmatischem, technischem "know-how" mit den möglicherweise übersteigert angebotenen normativen Erziehungsphilosophien und Idealsituationen kollidiert.
Der von mir konzipierte Kurs 'Vom Reflexverhalten im Unterricht zu reflektierten Handlungen in der Schule' (vgl. Kapitel 8) versucht dieses Setting und damit dieses Abhängigkeitsgefälle zu durchbrechen. Mir sind dabei wenige Modelle bekannt, die dieser Zielsetzung ebenso nachzukommen trachten. Hinweise - aber eher genereller Natur - finden sich beispielsweise in Mueller & Kendall (1990), Newton & Robinson (1989) und in Wildman, Niles, Magliaro & McLaughlin (1990). Ich verweise in diesem Zusammenhang auch auf meine obigen Ausführungen im Kapitel 4 zum 'reflexiven Praktikum', welches von Schön (1987) vorgeschlagen worden ist (vgl. dabei insbesondere Punkt 4.2.3.)

#### *5.3.5.4. 'Reflexive Praxis' für die Lehrerausbildung?*

Ich habe bisher als Lehrerausbildner die Erfahrung gemacht, dass sich das, was in der Literatur vielfach mit der Theorie-Praxis-Etikette versehen wird, bei genauerer Betrachtung eher als ein Widerstreit zwischen sogenannten öffentlichen, akademischen Theorien und den persönlichen oder subjektiven Theorien entpuppt (Dick, 1985)[142]. Eine solche Feststellung zieht notwendigerweise die Konsequenz mit sich, dass somit den persönlichen Theorien von Lehrern weitaus mehr Beachtung geschenkt werden muss. Persönliche Theorien von Lehrern müssen inbezug auf ihre unterschiedlichen Ebenen 'blossgelegt' werden, damit sie überprüft, herausgefordert und mit öffentlichen Theorien verglichen werden können, um schliesslich bejaht oder rekonstruiert zu werden (Rodriguez, 1993; Wubbels, 1992). Dies heisst des weiteren, es müssen Möglichkeiten gefunden werden, Lehrer dazu ermuntern zu können, ihre impliziten persönlichen Theorien explizit zu machen: Dabei habe ich die Erfahrung gemacht, dass man Lehrer aus ihrer Praxis heraus 'theoretisieren' lassen muss (Dick, 1986).[143] Dies geschieht dann in der Regel auf zwei grundsätzlich unterschiedlichen Ebenen, jener der 'Reflexion-*in*-der-Handlung' vs. der 'Reflexion-*über*-

---

142 Verschiedene Autoren verwenden unterschiedliche Terminologien bezüglich der Bezeichnung persönlicher Theorien: So spricht Schön (1983, 1987) von 'Theorie-in-der-Handlung', Munby (1986) und Russell (Russell, Munby, Spafford, & Johnston, 1988) von 'Metaphern', und der Vergleich mit den öffentlichen Theorien wird 'kritische Reflexion' genannt. Oft wird Theorie auch mit 'Wissen' gleichgesetzt, so dass auch von praktischem oder persönlichem Wissen die Rede sein kann (Clandinin, 1989; Connelly & Clandinin, 1985; Carter, 1990). Allen gemeinsam aber ist die Prämisse, dass sich jede Handlung, ob reflektiert oder nicht, im weitesten Sinne des Wortes auf eine Theorie abstützt, d.h., eine Momentaufnahme einer bestimmten Anzahl von Urteilsformen über Werte, Ziele und Verpflichtungen ist, wie auch von Wissensbeständen bezüglich bestimmter Situationszusammenhänge (Handal & Lauvås, 1987). Die Handlungspraxis eines jeden Lehrers ist das Resultat der einen oder anderen Theorien, ob diese nun als solche vom Handlungsträger erkannt werden oder nicht.

143 Bezüglich meiner geplanten Dissertation wurden Junglehrer in Pilotinterviews bezüglich (a) ihrer Berufseintrittsphase, (b) ihrer Berufsidentität und (c) ihrer Berufsentwicklung befragt.

die-Handlung', um bei der Terminologie von Schön (1987) zu bleiben (vgl. Abschnitt 4.2. weiter oben). Persönliche und öffentliche Theorien, die dabei zur Sprache kommen, mögen sodann als lebendige und ineinander verschränkte 'Ausläufer' von Wissen angesehen werden, welche sich in der Praxis 'verdichten' (öffentliche Theorien) oder aus der Praxis heraus 'erwachsen'. Beide Prozesse wiederum befruchten sowohl die öffentlichen als auch die persönlichen Theorien (Russell, 1989; Valli, 1992).

*5.3.5.5. Absenz von Reflexion*

Ich glaube füglich sagen zu dürfen, dass es bisher in unseren Ausbildungsstrukturen des Sekundarlehrerstudiums eher schwierig war, diesen refle-xiven Weg - mittels Konfrontation der eigenen persönlichen Theorien - systematisch und geplant zu begehen. Punktuell oder zufällig mögen solche Momente eintreten, sie 'geschehen' dann aber oft ohne Zielsetzungen. Es fehlt meiner Ansicht nach in der Ausbildung unserer Lehrer die zentrale Ausrichtung im Hinblick auf dieses Ziel eines 'reflexiven Praktikers'. Dass eine solchermassen geforderte Reflexion in unseren Kursen mit pädagogisch-didaktisch-psychologischen Inhalten nicht immer stattfindet, mag folgendes Beispiel illustrieren. Bei einer kleinen Übung - anlässlich der Praktikumsauswertung[144], wo sich zwei Studierende eine ausführlich vorbereitete Lektionsplanung einer im Praktikum auch tatsächlich gehaltenen Lektion gegenseitig vorstellen - mache ich nicht selten die folgende Feststellung. Zum überaus grossen Teil reduziert sich die Selbstbewertung der eigenen Lektion auf Aussagen wie (1) "Es ging recht gut", "Die Schüler haben 'das' noch gerne gemacht, doch, ..."; oder (2): "... die Schüler haben noch recht gut mitgearbeitet"; und schliesslich (3): "Sie 'konnten es' ohne allzu grössere Schwierigkeiten".

Nun sind dies alles zusammenfassende Antworten, die entweder auf die Mitarbeit der Schüler oder aber auf die gelungene Durchführung der Lektion verweisen, ohne einen spezifischeren Bezug auf den tatsächlichen Lernvorgang zu nehmen, den Lernprozess, um den es ja in dieser Lektion in erster Linie gegangen ist. Das ist die eine Feststellung. Die andere Beobachtung ist die, dass zudem in keiner Weise Bezug genommen wird auf mögliche öffentliche Theorien (wie beispielsweise Lern-, Motivations- oder Entwicklungstheorien, die als Bestandteil des Stoffplans in Vorlesungen und Seminarien der Pädagogischen Psychologie, der Allgemeinen Pädagogik und zum Teil auch der Allgemeinen Didaktik vermittelt und worin die Studierenden auch geprüft werden).[145]

Wenn wir kurz die ersten Aussagen ("Es ging recht gut" und "Die Schüler haben 'das' noch gerne gemacht, doch,...") etwas näher betrachten, so wird ersichtlich, dass dieser Satz möglicherweise einen emotiven Dualismus aufweist,

---

144 Es handelt sich hier um das vierwöchige Übungspraktikum, welches im 5. Studiensemester absolviert wird und als mittleres Praktikum zeitlich zwischen dem Orientierungspraktikum (zwei Wochen) und dem Schlusspraktikum (vier Wochen) situiert ist.

145 Diese Feststellung erhärtet sich - obwohl in leicht begrenzterem Masse - auch bei der Nachbesprechung und Evaluation der Prüfungslektion, das heisst am Ende der 7-Semester-Ausbildung, wo erstaunlich wenig Begrifflichkeiten aus den Fächern der Pädagogischen Psychologie, der Allgemeinen Pädagogik und der Allgemeinen Didaktik als Argumentationsbasis verwendet werden.

und zwar in folgender Richtung: Es entspricht dem impliziten Wunsch des Lehrerstudierenden, dass die Schüler mit der Lektion *zufrieden* sind, d.h., es freut die Lehrperson, dass die Schüler womöglich 'glücklich' nach Hause gehen. Es entspricht aber wohl genauso dem eigenen Wunsch nach impliziter 'Kontrolle' über den Ablauf der Lektion, welche bei der Lehrperson *Zufriedenheit* auslöst: Die Lektion verläuft in der Art und Weise, wie man sich dies aufgrund der Lektionsvorbereitung vorgestellt hat, ohne grössere Zwischenfälle oder Störungen. Dass damit aber die stofflich-inhaltliche Zielsetzung 'untergeht', entzieht sich den Studierenden offenkundig, d.h., jenes Lernmoment von Unterricht, welches primär das Attribut 'Zufriedenheit' legitimieren könnte, ist nicht vorrangig. Diese Situation 'entspricht' übrigens jener ersten Entwicklungsphase, die Fuller & Bown (1975) als Selbstzentrierung umschrieben haben und es erst allmählich zur Dezentrierung, hin zum Lernen des Schülers kommt.[146]

Das eben geschilderte eher theoretische Dilemma, welches in diesem Dualismus steckt, scheint den meisten Studierenden verborgen zu sein, insbesondere wohl darum, weil sie - wie das bei Studienbeginn oft festzustellen ist - zu einer eher schülerzentrierten Theorie neigen. Nicht selten wird diese persönliche Theorie des "es ging gut" von inneren oder äusseren Faktoren noch verstärkt, durch tradierte Vorstellungen von 'gutem Unterricht' etwa, der darin besteht, Unterrichtsaktivitäten ohne nennenswerte Unterbrechungen - es brauchen nicht einmal Störungen zu sein - über die Zeit zu bringen. Vereinzelt gibt es auch Praxislehrer, die implizit diese Erwartung an ihre Praktikanten suggerieren mögen. Eventuell auch Schuldirektoren, Schulinspektoren oder Schulkommissionsmitglieder, die einer Stellvertretungslektion beiwohnen. Was damit aber zentral nicht angesprochen wird, ist das wesentliche Moment von Unterricht: das Lernen. Es wird nicht gefragt: "Ja, was hat der Schüler jetzt tatsächlich gelernt?" - "Haben sie dies nun so oder so begriffen?" - "Gelang es mir, dieses Wissen mittels meiner Repräsentation so zu transformieren, dass es in das Denken der Kinder 'eindringen' konnte?" Solche grundlegenden beruflichen Fragen werden eher selten thematisiert, und noch viel weniger werden Fragen zu jenen versteckten Annahmen aufgeworfen, die sich in der Unterrichts- und Erziehungsarbeit verbergen. So kann zusammenfassend gesagt werden, dass die Orientierung der beruflichen Aufmerksamkeit von zukünftigen Junglehrern zur Tendenz neigt, eher instrumentell ausgerichtet zu sein.

Damit ist die Frage aufgeworfen, ob und wie diesem Umstand möglicherweise Abhilfe geschaffen werden kann. Einige Möglichkeiten sollen im nächsten Abschnitt besprochen werden.

### *5.3.5.6. Persönliche Theorien und reflexive Praxis*

Wenn ich die sehr breitmaschige Definition von Reflexion zu Hilfe nehme, wonach Reflexion auf der Fähigkeit beruht, die eigenen persönlichen Theorien aufzudecken und diese - wenn immer möglich - im Lichte öffentlicher Theorien explizit zu machen, dann ist dies eine Zielsetzung, die bisher insbesondere die handlungsorientierte Forschung zu erfüllen versucht hat.
Diese Handlungsforschungsansätze können aber meiner Ansicht nach das obige Postulat nur teilweise einlösen. Wenn wir dies mittels dreier Standardfragen

146 Diese pragmatische "what works"-Mentalität ist auch von Goodmann (1984) - mit starker Bezugnahme auf Fuller & Bown (1975; Fuller, 1969) - beschrieben worden, wo er von der sehr selbstzentrierten 'Überlebensphase' der Berufseinsteiger spricht .

handlungsorientierter Ansätze überprüfen (z.B. Rudduck, 1985), um Handlungsabläufe in Lektionen zu erforschen, so wird dies möglicherweise ersichtlich:

1. *Was geschieht in dieser Situation?* Diese Frage kann sehr wohl in der Alltagssprache interpretiert werden, ohne auf systematische 'Evidenzen' Rücksicht zu nehmen, die - auch wenn nach ihnen gefragt wird - in einfachen Worten der Alltagssprache diskutiert werden mögen. Eine solche Art von Kommunikation ist zwar in der Regel sehr erwünscht und auch angebracht, um praktische Probleme zu besprechen. Sie kann aber dahingehend problematisch sein, als Annahmen darüber bestehen, dass diese Alltagssprache 'gemeinhin' - weil von allen geteilt - verstanden wird, ohne explizit komplexe Bedeutungszusammenhänge aufzudecken. Andererseits - als Positivum - können damit komplexe Gedanken und Gefühle leicht und adäquat ausgedrückt werden.

2. *Wo ist mein 'Beweismaterial', worauf gründet meine Einsicht, damit ich weiss, dass es so ist?* Bei videographierten Lektionen oder audiogespeicherten Lektionsteilen werden öffentliche Gegensätze oder Widersprüche klar ersichtlich (auf dem Videoband insbesondere). Diese Einsichtnahme kann dem Lehrerstudierenden die Gelegenheit und nötige Zeit geben, Unterrichtshandlungen zu reflektieren: das 'Was', das 'Wann', welches zum 'Wie' und Warum' führen kann: z.B. 'wie kam es dazu, dass ich dieses (Lern)Ziel hatte etc.?'

   Auch bei diesen direkten Möglichkeiten habe ich bei Studierenden den oben beschriebenen pragmatischen "what-works-test" festgestellt: Bei der Videobetrachtung des eigenen Unterrichts stellen Studierende zwar recht oft Widersprüche zwischen ihrer Vorstellung von 'gutem Unterricht' (öffentliche Theorie) und ihrer Wahrnehmung der eigenen Praxis (persönliche Theorie) fest, dies in einer Mittel-Zweck-Sichtweise: "Es ist mir noch nicht gelungen, dieses Prinzip in meinem Unterricht 'anzuwenden'." Selten richtet sich ihre Aufmerksamkeit aber auf Widersprüche innerhalb ihrer eigenen persönlichen Theorien, weil diese anscheinend nicht bekannt sind: Persönliche Theorien sind kaum je 'herausgefordert' oder mit Theorien aus anderen Quellen verglichen worden, d.h. mit öffentlichen Theorien beispielsweise. Damit werden auch die Zieldimensionen der stark wirksamen persönlichen Theorien nicht hinterfragt. Anders ausgedrückt scheint sehr oft jenes Wissen zu 'bestehen', welches alltägliche Handlungen von Unterricht den persönlichen Theorien unterwirft. Deshalb müssen diese persönlichen Theorien neu überprüft werden.

3. *Welches ist Deine Meinung, weshalb bist Du der Überzeugung, dass diese Einsicht tatsächlich der Schlüssel zur Erklärung ist?* Diese Frage zielt auf die Bedeutungsebenen hin sowie darauf, wie diese vermittelt werden, nämlich durch die Sprache und Metasprache, die benützt wird, um Bedeutung zu umschreiben. Die Aufmerksamkeit richtet sich auf Konstruktionen, Repräsentationen und Kommunikationsmittel von Bedeutungen und somit auf persönliche Theorien. Die Alltagssprache oder 'Evidenzen' genügen aber

oft nicht, um diese Vermittlung zufriedenstellend vornehmen zu können. Oft werden diese durch Metaphern oder 'Bilder' ("images") ergänzt (Altrichter & Posch, 1990; Calderhead, 1991; Clandinin, 1986; Connelly & Clandinin, 1984; Elbaz, 1983; Freiberg et al., 1989; Griffiths & Tann, 1992; Johnston, 1992b; Russell et al., 1988).[147]

*5.3.5.7. Zusammenfassung*

Es scheint, dass der Vergleich zwischen den persönlichen und den öffentlichen Theorien für Lehrerstudierende schwierig vorzunehmen ist, insbesondere auch, weil diese beiden unterschiedlichen Theorien in verschiedenen 'Sprachen' formuliert werden (Cochran-Smith & Lytle, 1993; Marshall & Barritt, 1990; Yinger, 1987b, 1990).[148] Die Bedeutung der persönlichen und öffentlichen Theorien unterscheiden sich zudem noch zusätzlich hinsichtlich ihrer 'Reichweite': Persönliche Theorien sind auf partikuläre und kleinere Entitäten gerichtet, während die öffentlichen Theorien grössere Entitäten und Universalismen zum Ziel haben. Dies führt zu Inkompatibilitätsproblemen, wie ich sie anhand der Beispiele oben veranschaulicht habe.

## 5.4. LERNEN ALS MEHRQUELLEN-PHÄNOMEN

Wie erwirbt man sich das komplexe Wissen, um ein Expertenlehrer zu werden? Welches sind die Lernprozesse, die ein Lehrerstudierender bezüglich der Aneignung von Expertenwissen durchschreitet? Auf diese Fragen - die in den bisherigen Ausführungen jeweils als vorgegebene Grösse angenommen worden sind - gibt dieses Unterkapitel in einiger Ausführlichkeit Antwort und mündet

147 Griffiths & Tann (1992) - mit Bezugnahme auf Heideggers "Poetry, Language, Thought" (1971) und "Discourse in Thinking" (1966) - weisen darauf hin, dass sehr viel (mehr) gesagt werden kann in ausdrucksstarker, allusiver praktischer Sprache als mit anderen sprachlichen Mitteln. Theoretisch-wissenschaftlich Arbeitende nehmen oft nur die eine Art von Diskurs zur Hand, statt den gesamten Reichtum der Sprache, hier die Alltagssprache von Lehrern, zu nutzen [cf. auch die nächstfolgende Fussnote].

148 Marshall & Barritt (1990) analysierten die Rhetorik wissenschaftlicher Artikel, die in einer der renommiertesten erziehungswissenschaftlichen Zeitschrift - im *American Educational Research Journal* (AERJ) - publiziert werden. Sie stellten fest, dass äusserst häufig nicht so sehr ein erkenntnistheoretischer Prozess der Argumentation, sondern ein wissenschaftlicher der Methode die beschriebene Forschung charakterisierte. Durch die aggressive Verwendung von Zitierungen versuchen viele Autoren auf frühere Forschung zu verweisen, in der Bemühung, die eigene Forschung als Teil einer objektiven Akkumulierung von 'positivem Wissen' darzustellen. Durch die Verwendung von grammatikalischen Passiv- und Impersonalkonstruktionen suggeriert diese Sprache einen 'Wissenschaftler', der sich klar lostrennt von seiner Person, d.h., dass die Forschungseinsichten quasi 'für sich alleine' sprechen sollen. Hinter einer solchen Rhetorik können sowohl reformistische wie auch hierarchische Annahmen vermutet werden, nämlich "... that there is a particular problem to be solved, and, once solved, that education will be improved (...) and that researchers (not teachers, students, or parents) are the authoritative source for these solutions." (p. 599). Vergleiche zum selben Thema auch Laberee (1990).

aus in einer Stufentheorie der kognitiven Lehrerwerdung, wie sie von verschiedenen Autoren propagiert wird.

### 5.4.1. Lernen als Vereinfachung

Vor bereits sechzig Jahren hat Bartlett (1932)[149] bezüglich gängiger Forschungsstrategien eine höchst hilfreiche Unterscheidung getroffen, nämlich jene zwischen den Annahmen der 'Vereinfachung durch Isolierung' und jener der 'Vereinfachung durch Integration', wie Iran-Nejad, McKeachie & Berliner (1990) berichten,wobei damit gleichzeitig auch die Unterscheidung zwischen wissenschaftlicher Strenge ("rigor") und praktischer Relevanz ("relevance") thematisiert wird.[150] Im folgenden gehe ich kurz auf diese hilfreiche Unterscheidung von Bartlett ein, weil mein Ansatz der einen hier vertretenen Richtung nahesteht.

#### *5.4.1.1. Wissenschaftliche Strenge vs. Praktische Relevanz*

Die strengen Regeln sozialwissenschaftlichen Arbeitens haben zu Vereinfachungen mittels Isolation vom Ganzen geführt, und zwar jener 'Gegenstände', die man untersuchen wollte. Dieselbe Simplifizierungsstrategie ist in der Schule oft auch bezüglich der Lern- oder Gedächtnisinhalte festzustellen: Diese werden in unterschiedliche Komponenten aufgeteilt, um nacheinander - jede für sich alleine - eingeführt, durchgenommen und evaluiert zu werden.

- Die *Vereinfachung durch Isolation* ist auch in der Unterrichtspraxis zu beobachten, wo komplexe Fertigkeiten in ihre Komponenten aufgeteilt werden, und zwar unter der Annahme, dass diese Komponenten leichter zu lernen seien, wenn sie von andern Fertigkeiten getrennt würden, mit welchen sie sonst integriert zusammen auftreten. Ähnlich wird oft auch davon ausgegangen, dass Basismodelle, Konzeptionen, Fakten und Definitionen isoliert gelernt werden müssen, bevor authentische lebensweltnahe Aspekte der komplexen Unterrichtsinhalte gelernt werden können. Solche dominierende Sichtweisen der Annahmen von Vereinfachung durch Isolation erschwert eine fächerübergreifende, interdisziplinäre und vernetzte Optik von Denken und Handeln, von Inhalten und Formen in der Schule.
- Die andere, konträre Sichtweise, nämlich *Vereinfachung durch Integration*, geht von der Annahme aus, dass es dem Menschen in dieser höchst komplexen, weichen, schwammigen Welt anscheinend sehr wohl gelingt, die komplexen anstehenden Probleme so zu vereinfachen, dass die verschiedenen problematischen Einflussquellen miteinander koordiniert und hernach integriert werden können.

---

149 Bartlett, F. C. (1932). Remembering: A study in experimental and social psychology. Cambridge, England: Cambridge University Press. (Bibliographieangabe aus Iran-Nejad et al., 1990, p. 513).

150 Iran-Nejad, McKeachie & Berliner (1990, p. 510) weisen darauf hin, dass diese spezifische Thematik 1989 mit dem AERA-Symposium "Toward a Unified Apprach to Learning as a Multisource Phenomenon" ihren Anfang nahm.

Diese zweite, gegenüber der ersten Sichtweise, gegenteilige Auffassung geht also davon aus, dass ein Individuum einer (problematischen) Situation als Ganzes begegnet, d.h., die Situation wird nicht bereits vorher in Einzelteile zerlegt, damit sie in aller Einfachheit, Detail für Detail, studiert werden kann. Ebenso wird Wachstum als ein multifaktorieller Prozess begriffen, d.h., dieses entwickelt sich dann am besten, wenn die zum Wachsen notwendigen integralen Quellen vorhanden sind und simultan in Operation treten. Analoges kann gesagt werden zum Denken, welches eine Integration all jener qualitativ unterschiedlichen Informationen beinhaltet, welche als innere oder äussere Quelle wirksam sind. Eine vermehrte wissenschaftliche Entwicklung in Richtung der zweiten Position, Vereinfachung durch Integration, ist unverkennbar. Eine solche Forschung fusst auf folgender Annahme: Je bedeutungsvoller, je tiefer ein Ereignis verarbeitet wird, je mehr es im Kontext situiert und im kulturellen, metakognitiven wie auch im persönlichen Wissen verankert ist, desto eher wird es verstanden, gelernt und auch erinnert (Brown, Collins & Duguid, 1989; Chi, Glaser & Farr, 1988; Palincsar, 1990; Phillips & Soltis, 1985; Rogoff & Lave, 1984; White, 1989b). Eine solche Sichtweise beinhaltet somit auch ein Abrücken von jenen traditionellen Konzeptionen, welche Wissensdomänen als statische Struktureinheiten begreifen. Konsens herrscht vielmehr darüber, dass *situierte* Aspekte des Lernens ins Zentrum rücken, die aber teilweise auch wiederum als bereichsunabhängig betrachtet werden können: So sind Lernphasen in der Schule beispielsweise bereichsspezifisch situiert. Sie sind aber auch bereichsunabhängig, weil von einem Lernen in verschiedenen Bereichen erwartet wird, dass es in mehr oder weniger gleichen Phasen verläuft.[151]
Dieser Ansatz, Vereinfachung durch Integration - von Iran-Nejad et al. (1990) "Multisource-Phenomenon" genannt -, setzt meist dort ein, wo eine komplexe Problemlösesituation oder eine unbestimmte Praxissituation mittels Begriffen wie Unbestimmtheit, Unsicherheit, Konflikt und Einzigartigkeit charakterisiert werden kann. Bereiter (1990; Scardamalia & Bereiter, 1989) nennt eine solche Sichtweise, welche die Charakterisierung des organischen Ganzen betont, ein kontextuelles Modul ("contextual module"): Statt mechanisch verläuft der Prozess der Vereinfachung durch Integration multipler Quellen organisch und stellt damit einen Prozess dar, in dem sich das Individuum in einer gesamten und mehrfach gefächerten Art und Weise adaptiert (vgl. auch Perkins & Salomon, 1989). Die Koordinierung dieses Gesamtprozesses erfolgt durch Selbstregulationsmechanismen.[152]

---

151 In diesem Zusammenhang sei ein kurzer Hinweis auf Gardner (1985; 1993) erlaubt, der von multiplen Intelligenzen spricht, und damit das Lernen in diese Rahmentheorie vielfacher Theorien einbetten möchte.

152 Mezirow (1990) spricht von der 'epistemischen Verzerrung', welche als zu simple Reduktion von Komplexität beobachtet werden kann: In einer Lebenswelt, welche oft komplexe Kognitionen bedingt, kommt es nicht selten zu eigenständigen unabhängigen Reflexionen, welche auf Komplexitäten verzichten oder diese ausser Acht lassen. Es ist ein Denken, welches meint, dass eine einfache Antwort auf ein komplexes Problem zutrifft, statt eine Anzahl von vorläufigen, behelfsmässigen und diskursorientierten Ideen als Lösungsvorschlag aufzunehmen. Wenn durch die Kohärenz von Konzepten und Kategorien Bedeutungszusammenhänge aufgezeigt werden können, ist dies nach Mezirow ein 'kommunikatives Lernen':

An dieser Stelle möchte ich ausdrücklich auf jene Sichtweise von Lernen verweisen, welche dieser Arbeit zugrundeliegt: Lernen, und im weiteren Sinne Veränderung und Entwicklung, ist ein Prozess, der sich aus multiplen Quellen speist, und der nicht kontextunabhängig, d.h., situationsisoliert, sondern kontexteingebettet, d.h., situationsintegriert erfolgt. Eine solche Sichtweise gründet auf dem tiefgreifenden Gedankengut eines Jerome Bruner (1979; 1990), John Dewey (1934; 1938) und Lew Vygotzky (1962; 1978)[153] und findet in der neueren Kognitionsforschung erneut starken Aufschwung.[154] Schön (1987) vergleicht deshalb abstrakte Theorien mit einem Hügel, von wo aus man eine wunderbare Sicht auf die 'versumpfte' Praxis geboten kriegt. Eine solche Perspektive stellt den praktischen Forscher vor das folgende Dilemma: "(Should) he remain on the high ground where he can solve relatively unimportant problems according to prevailing standards of rigor, or shall he descend to the swamp of important problems and nonrigorous inquiry?" (Schön, 1987, p. 3). Ich neige hiermit zur zweiten Möglichkeit.

*5.4.1.2. Kontextbezogene Kognitionen*

Der Bruch zwischen Lernen und Anwendung, der in der herkömmlichen Alltagssprache etwa als 'wissen was' und 'wissen wie' zusammengefasst wird, mag sehr wohl ein Produkt der Strukturen und Praktiken unseres Erziehungssystems sein. Viele Methoden innerhalb der didaktisch-pädagogischen Ausbildung von Lehrern basieren auf einer Unterscheidung zwischen Wissen und Tun, worin Wissen immer noch oft als integraler, sich selbstgenügender Kern betrachtet wird, der theoretisch unabhängig betrachtet wird von jenen Situationen, in denen er ursprünglich gelernt worden ist und weiterhin mit grosser Wahrscheinlichkeit verwendet werden wird (Lave, 1988).

Dass die primäre Sorge von Hochschulen immer noch der Transfer solcher Wissenskerne zu sein scheint, welche oft abstrakte, dekontextualisierte formale Konzepte beinhalten, erstaunt. Die Handlungen sowie der Kontext, in welchem Lernen nämlich tatsächlich stattfinden, werden damit lediglich als untergeordnete oder höchstens ergänzende Faktoren des Lernens betrachtet, als pädagogisch zwar hilfreiche, aber grundsätzlich verschiedene (und selbst hie und da neutrale Faktoren) in bezug auf das, was gelernt wird. Neuere Untersuchungen des Lernens widersprechen aber einer solchen trennenden Sichtweise zwischen dem, *was* gelernt wird und dem, *wie* es gelernt und dann auch verwendet wird. Die Handlungen, in denen sich Wissen entwickelt und verbreitet, können nicht von Lernen und von Kognitionen getrennt werden. Wissen ist nicht ein neutrales Etwas, sondern vielmehr ein integraler Teil dessen, was gelernt wird. Situationen, so könnte demnach gefolgert werden, 'ko-produzieren' Wissen durch

"Communicative learning is less a matter of testing hypotheses than of searching, often intuitively, for themes and metaphors by which to fit the unfamiliar into a meaning perspective, so that an interpretation in context becomes possible." (Mezirow, 1990, p. 9)

153 Vgl. dazu a) Gallimore & Goldenberg (1992); b) Manning & Payne (1993); sowie c) Williams (1989).

154 Vergleiche dazu die zwei Nummern des *Educational Researcher*, des Jahres 1989, 18(1) und 18(4); sowie die Spezialnummer der *Review of Educational Research,* 60(4), 1990.

Handeln und Aktivitäten. Lernprozesse und Kognitionen sind demnach grundsätzlich in der Kultur des Lernens 'situiert': Brown, Collins & Duguid (1989) sprechen von "situated cognition and the culture of learning"; d.h., das Wissen ist in jener Situation 'indexiert', in der es aufscheint und verwendet wird, und ist damit gleichsam dieser ursprünglichen Situation 'verpflichtet'.[155] Lehrerstudierende beginnen neue Inhalte zu lernen, indem sie eine Reihe von Fakten registrieren, und zwar in einer nichtanalysierten Form, die sie interpretieren können, ohne dass diese ihr Verhalten kontrollieren. Damit können Lehrerstudierende ein Urteil über die Verhaltensimplikationen eines solchen deklarativen Wissens so lange zurückhalten, bis dass sie Beispiele sehen und anschliessend darüber nachzudenken beginnen, wie dieses deklarative Wissen angewendet werden könnte. Mit zunehmender Erfahrung versuchen Lehrerstudierende einige der Elemente des deklarativen Wissens mit Verhaltensweisen zu kombinieren, welche es ihnen erlauben, diese in einer limitierten Form anzuwenden, die aber immer noch nicht die explizite Kontrolle des Verhaltens verlangen. Schliesslich ergeben sich Prozeduren, welche unser Handelns kontrollieren, und zwar ohne grossen Aufwand an bewusstem Denken. Ein solches Verhalten wird dann Automatismus genannt oder Routine (Shuell, 1990).

*5.4.1.3. Absenz von strategischem Lernen*

"Given the apparently potent effect of *context* on learning in general and on strategy use in particular, it is discouraging to note that in most strategy research studies..., context (alternatively, setting or situation) is treated as a footnote or, worse, as a nuisance..." (Garner, 1990, p. 523). Garner gibt fünf Gründe an, weshalb strategisches Wissen nicht automatisch in lernfördernde Strategie-Handlungen ausmündet, d.h., sich nicht überträgt und übersetzt:

a) ein verarmtes kognitives Warn- und Kontrollsystem ("monitoring");

b) eingespielte 'primitive' Routinen, die die 'Arbeit' machen, d.h., ein Produkt ergeben, obwohl es nicht der schnellsten Lösungsmöglichkeit entspricht und eigentlich ein 'über-Umwege- Lernen' bedeutet;

c) eine magere Wissensbasis: Wissensdefizienzen im nicht-strategischen Bereich;

d) Attributionen und Unterrichtsziele, welche die Verwendung von Strategien nicht erlauben;

e) minimaler Transfer strategischer Handlungen zu neuen, jedoch verwandten Situationen

155 Als hervorragendes illustratives Buchbeispiel darüber bietet sich Tharp & Gallimore (1988) an, mit dem vortrefflichen, aber nicht adäquat übersetzbaren Titel "Rousing Minds to Life".

Paris, Lipson & Wixson (1983) haben den Begriff des Bedin-gungswissens ("conditional knowledge") eingeführt, um möglicherweise jene Wissensdimensionen einzufangen, welche das 'Wann-sich-auf-Strategien-berufen' beantworten sollen. Gute Lerner haben folgende drei Dimensionen des Wissens über Strategien:

| | | |
|---|---|---|
| - Wissen: | deklaratives Wissen, | als das *Wissen, dass* ... |
| - Handeln: | prozedurales Wissen, | als das *Wissen, wie* ... |
| - Wollen: | Bedingungswissen, | als das *Wissen, wann* ... |

#### *5.4.1.4. Schema-Theorie*

Interessant ist in diesem Zusammenhang die Schema-Theorie (vgl. etwa Norman, 1980; 1982; Rumelhart, 1980), wobei Schema folgendermassen umschrieben wird:

> "It is useful to think of a schema as a kind of informal, private, unarticulated theory about the nature of events, objects, or situations that we face. The total set of schemata we have available for interpreting our world in a sense constitutes our private theory of the nature of reality." (Rumelhart, 1980, p. 37)

Norman und auch Rumelhart schlagen in der Folge drei qualitativ unterschiedliche Typen des Lernens vor, welche als Lernsequenz auftreten können:

a) Aneignung ("accretion") von neuen Informationen in bezug auf bereits existierende Schemata;
b) Schema-Evolution ("tuning"), d.h., die langsame Veränderung und Verfeinerung von Schemata, resultierend durch die Anwendung in neuen Situationen; und
c) Restrukturierung ("restructuring") oder Schema-Kreierung, d.h., der Prozess, in welchem neue Schemata geschaffen werden.

Diese drei Arten des Lernens treten sequentiell auf. Während a) immer als erste Phase in Erscheinung tritt, können b) und c) in unterschiedlicher Reihenfolge auftreten. Wichtig dabei ist besonders die Stimulanzsituation in Schritt b), wo bereits ausgebildete Schemata auf noch differenziertere und damit 'mächtigere' Schemata treffen, wie es für einen Junglehrer der Fall sein kann, wenn er erstmals in den gesamten Kulturraum Schule eintritt und konfrontiert wird mit verschiedensten Schemata. Dann kommt es nach Rumelhart (1980) auf die Passung an, "the goodness of fit" (p. 39), wie er es bezeichnend nennt, zwischen den bestehenden, den eigenen und den konfrontierten Schemata.
Indem die Schema-Theorie unmissverständlich auf Piagets Erkenntnistheorie[156] gründet, liefert sie uns einige Erklärungsmöglichkeiten bezüglich der Beziehung zwischen Schemaveränderungen und Schema(an)passungen. Die Vertreter

[156] Strukturgenetische Forschung spricht in diesem Zusammenhang eher von kognitiven Strukturen, mittels derer neue Inhalte assimiliert werden, und sich diese Strukturen aber wiederum den Inhalten angleichen, woraus dann letztendlich ein Erkenntnisgewinn resultiert (cf. beispielsweise Bucher, 1990).

der Schematheorie behaupten nämlich erstens, Akkomodation erfolge dann, wenn sich ein Schema notwendigerweise verändern müsse, und zwar in jenen Situationen, wo sich Unfähigkeit einstellt, diese adäquat und angebracht deuten zu können. Eine neue Situation verlangt eine Reorganisation oder Rekonstruktion von Bedeutungszusammenhängen, sonst kann sich das bestehende Schema nicht an- oder einpassen. Zweitens bezieht sich Assimilation auf jene Augenblicke, wo einer Situation angemessen Bedeutung abverlangt werden kann, ohne dass eigene Schemata tangiert werden, d.h., diese sich also weder an- noch einpassen müssen.[157] Eine auf Wissen basierende kognitive Entwicklungstheorie wird von Karmiloff-Smith (1986) wie folgt begründet:

- *prozedurale Phase:* Die individuellen Antworten werden in der Regel durch datengetriebene Prozesse generiert, welche durch die individuelle Adaptation an externe Stimuli orientiert sind. Das Verhalten der Person ist so hauptsächlich durch die Umwelt kontrolliert. Während dieser Phase kann keinerlei Verhaltensveränderung festgestellt werden, die Versuche unternimmt, eine generelle Organisationsstruktur zu entwickeln, welche die isolierten Verhaltenselemente zu einem konsisten Ganzen zu machen trachtet.
- *metaprozedurale Phase:* Das Individuum beginnt in einer Von-oben-nach-unten-Richtung an den mentalen Repräsentationen zu arbeiten, die sich in der ersten Phase ausgeformt haben; d.h., die Person beginnt über Repräsentationen als Ganzes nachzudenken. In dieser Phase werden die äusseren Stimuli sekundär im Vergleich zu den inneren Repräsentationen, welche die Person ihrer Umwelt aufdrängt. Das veräusserte Verhalten der Person mag zuweilen gar von dem in der vorhergehenden Phase beobachteten Verhalten abweichen, weil die äusseren Stimuli ignoriert werden, während mit den inneren Repräsentationen experimentiert wird.

---

157 Reetz (1988) evaluiert die Erprobung von Fallstudien im Unterricht inbezug auf den Charakter ihrer Innovationschancen, insbesondere durch ihre Bereitstellung als Lernanlässe und Lernhilfen des entdeckenden 'akkomodativen' Lernens. Zur Legitimation und Begründung sowohl der Konstruktion von Fallstudien als auch ihrer unterrichtlicher Verwendung stützt sich Reetz vor allem auf die folgenden lern- und kognitionstheoretischen Ansätze:
- die Theorie der kognitiven Komplexität, wo Fallstudien dem Gebot komplexerer Lernaufgaben mit Selbststeuerung des Lernens dadurch entsprechen, als dass die gesamte situative Komplexität einbezogen wird; eng verbunden damit sind
- die Empfehlungen der Schema-Theorie mittels dreier Prozessniveaus (episodisch, kategorial, hypothetisch) für induktive Erkenntnisprozesse, d.h., der Erwerb von Schemata (Begriffe, Regeln, Operationen, Handlungen) über eine episodisch ereignishafte Darstellung von Fällen;
- die kognitive Handlungstheorie (Aebli, 1987), welche das Kontinuum von Handlung und Begriff betont, beides Elemente, welche in Fallstudien enthalten sind und die zur Verfügung stehenden Handlungssituationen in der Regel Lernanlässe für eigenes zielgerichtetes Tun darstellen. Eine besondere Form ist sodann die Theorie des Problemlösens (Norman, 1980, 1982);
- Theorie des entdeckenden Lernens und Lehrens im Sinne Piagets, wonach Problemlösen über Diskrepanzerlebnisse zwischen vorhandenen und zu lernenden Schemata erfolgt: Werden diese in situativen Konflikten von Fallstudien eingebettet, so sind Lösungskonstruktionen auf einem höheren Komplexitätsniveau möglich.

- *konzeptuelle Phase:* Diese Phase wird gelenkt durch subtile Kontrollmechanismen, welche die Interaktion zwischen dem datengetriebenen Prozess der ersten Phase und jenem "top-down"-Prozess der zweiten Phase moduliert. Die Person hat jetzt Kontrolle sowohl der Umweltstimuli als auch der inneren Repräsentationen, welche ihr Verhalten steuern. Während dieser Phase ist das Individuum fähig, Umweltfeedbacks miteinzubeziehen, ohne dadurch die Struktur der inneren Repräsentationen zu gefährden.

Von einer solchen kognitiven Perspektive her betrachtet entspricht diese Sichtweise von Komplexitätsreduktion jener von Lawler (1985), der Computererfahrungen von Probanden kognitionspsychologisch erforschte und diese mit Piagets struktureller Entwicklungstheorie - mittels der Begriffe der Makro- und insbesondere der Mikrowelten - verband: Statt das Gedächtnis als einzige umfassende Struktur zu betrachten, teilt er dieses ein in verschiedene, teilweise voneinander unabhängige Strukturteile, die er Mikrowelten nennt. Damit will er ausdrücken, wie die einzelnen kognitiven Strukturteile mit einem spezifischen Umweltkontext verbunden sind und als Mikrowelten fundamentale Einheiten einer kognitiven Organisation darstellen; dabei stellt kognitives 'Wachstum' den einmaligen Interaktionsprozess zwischen den verschiedenen Mikrowelten dar und ermöglicht deren Differenzierung und Reintegration.[158] Lawler verweist in diesem Zusammenhang auf den Anthropologen Lévi-Strauss (1962), der dem Begriff des deduktiven Denkens und der technischen Rationalität jenen des "bricoleurs" entgegenhält (vgl. dazu auch Hatton, 1989; Wagner, 1990): das induktive Denken, welches durch Intuition gesteuert wird, enthält eine Richtung von unten nach oben, von den Mitteln zu den Zielen, und nicht umgekehrt (Arnheim, 1985).[159] In einiger Übereinstimmung mit Lawler's Mikrowelten-Theorie spricht Gardner (1985; 1993) - zwar in einem andern Kontext - von multiplen Intelligenzen, womit er sich von der bisherigen Intelligenzforschung absetzt und die standardisierten IQ-Messungen mit seiner Theorie der vielfältigen Intelligenzen erweitern möchte: er spricht dabei von linguistischer, musikalischer, logisch-mathematischer, räumlicher, körperlich-kinästhetischer, interpersonaler und intrapersonaler Intelligenz.

#### *5.4.1.5. Schwierigkeiten handlungsleitender Kognitionen*

Mit Dörner et al. (1983a, 1983b) und Lantermann (1983) liste ich hier die möglichen Schwierigkeiten auf, welche sich bei den bisher beschriebenen handlungsleitenden Kognitionen ergeben können. Dabei wird unterschieden zwischen a) einer differenzierten Handlungsplanung, welche einen Zustand des

---

158 Lawler (1985) gibt ein wunderschönes Beispiel aus der Erfahrungswelt seiner Tochter, die drei Mikrowelten des Addierens kennt: jene der Zählwelt (Fingerzählen), die der Geldwelt (2 Kaugummis zu je 15 cents sind immer 30 cents) und schliesslich jene der dekadischen Welt (Kombination von "carrying by combining numbers", z.B. 28+48).

159 Bezüglich der Planung von Unterricht drängt sich hier die Vermutung auf, dass sehr viele Lehrpersonen eher eine induktive Unterrichtsvorbereitung 'betreiben' als die in fast sämtlichen Lehrerbildungsinstitutionen propagierten deduktiven Methoden: Das Ziel wird durch die zur Verfügung stehenden Mittel, Methoden, Medien, Materialien etc. definiert. Diese Vermutung ist von Clark & Yinger (1987a, 1987b; Yinger & Clark, 1982) bestätigt worden.

Handlungskontrollsystems bezeichnet, bei dem komplexe Handlungsentwürfe oder einzelne Handlungsschritte bzw. Ziele und deren Ergebnisse/Folgen kogniziert werden, jedoch keine Schwierigkeiten in der Handlungsplanung oder Ratlosigkeit vorkommen; b) einer vorausschauenden Handlungsplanung, welche einen Zustand des Handlungskontrollsystems bezeichnet, bei dem ein Lehrer nicht über die aktuelle gegebene Handlungssituation nachdenkt, sondern sich mit künftigen Situationen befasst; und c) einem Routinehandeln, welches einen Zustand des Handlungskontrollsystems bezeichnet, bei dem keine oder nur eine einfache Handlungsplanung erfolgt. Dieser Zustand wird auch als "fine tuning" bezeichnet:

- *Schwierigkeiten* bei der Handlungsplanung sind dann festzustellen, wenn der Lehrer wahrnimmt, dass angestrebte Ziele oder eingesetzte Mittel nicht realisierbar sind, in Konflikt zueinander stehen und/oder dass er eine Absichtsrangierung vornehmen muss. Dabei spielt auch der Regulationsaufwand eine Rolle, d.h., in welchem Umfang das Handlungskontrollsystem bei einer konkreten Handlung in Anspruch genommen wird.
- *Sprünge* bezeichnen jene besonderen Handlungs-Kontrollprozesse auf mittlerem Erregungsniveau, wo der Lehrer während der 'Abarbeitung' eines Zieles weitere Ziele auf höheren Ebenen aktiviert. Dann gleich wieder - ohne weitere kognitive Tätigkeiten auszuführen - zum nächsten angesprochenen Ziel zurückkehrt und erneut versucht, die wahrgenommene Zieldiskrepanz durch eigenes Handeln zu reduzieren.
- *Thematisches Vagabundieren:* "Das Denken wechselt schnell von einem Denkobjekt zum anderen. Die Beziehungen der Teilziele zum Gesamtziel sind unklar 'dank' der fehlenden Zielanalyse, ihre Bedeutsamkeit auch; das führt dazu, dass das gerade Sinnfällige am meisten Bedeutung gewinnt und anderes leicht verdrängt." (Dörner et al., 1983b, S. 72)
- *Unbestimmtheit* "... taucht bei einem Lebewesen in umso höherem Masse auf, je weniger es die Sachverhalte seiner Umgebung kategorisieren kann, je weniger es die zukünftigen Zustände der Komponenten der gegenwärtigen Situation voraussehen kann und je weniger es Verhaltensweisen kennt, die es von der augenblicklich vorhandenen Situation zu der von ihm gewünschten bringen." (Dörner et al., 1983b, S. 63)
- *Zirkularität* "... charakterisiert einen Handlungsprozess, der immer wieder zu seinem Startpunkt zurückkehrt: einmal gefasste Ziele werden beibehalten, die gleichen Analysen der Person-Umwelt-Konstellation vorgenommen, trotz bisher mangelndem Erfolg werden immer wieder Handlungen ausgeführt, die auf dasselbe Ziel gerichtet sind." (Lantermann, 1983, S. 274)
- *Einkapselung* geschieht dann, wenn eine geringe heuristische Kompetenz dazu führt, dass der Lehrer bei einzelnen Absichten unangemessen lange verharrt, "für die die epistemische Kompetenz hoch ist und hoch bleibt." (Dörner et al., 1983a, S. 416)
- *Ratlosigkeit* meint den Zustand, wo der Handelnde nicht weiss, was er machen soll, für welche Ziele, Handlungsschritte etc. er sich entscheiden soll.
- *Terminierungsreaktionen* entstehen aufgrund geringer Kompetenz im Rahmen von Notfallreaktionen des kognitiven Systems in bedrohlichen, aversiven

Situationen. "Wir nehmen an, dass man drei Hauptformen unterscheiden kann, nämlich Aggression, Regression (im Sinne von Flucht) und Resignation." (Dörner et al., 1983b, S. 79)

*5.4.1.6. Situatives Wissen aus Schülersicht*

Leinhardt & Putnam (1987) beobachteten über Monate einen erfahrenen Lehrer bei seinem Unterricht - methodisch sehr vergleichbar mit den enormen linguistischen Porträts von Morine-Dershimer (1985), Mehan (1979) und Cazden (1986) -, um daraus Prinzipien zu formulieren, auf welche Art und Weise Schüler aus einer gehaltenen Mathematik-Stunde ihres 'guten Lehrers' Sinn abverlangen. Der *Schüler* besitzt eine ganze Reihe von kognitiven Kompetenzen, so muss er sich:

- ein Handlungssystem aufbauen
- eine Lektion definieren, analysieren, d.h., aufgliedern können
- Wissen generieren können
- Evaluator sein

Der Schüler muss sich ein Handlungssystem aufbauen, wo er die einzelnen Handlungspartikel der L-S-Interaktion richtig auflistet, entweder als offenes Verhalten oder aber als innere Prozesse; d.h., die richtigen 'Reiz- oder Stichwörter' des Lehrers, Ankerbegriffe inhaltlicher oder interaktioneller Provinienz, müssen zum adäquaten Zeitpunkt als solche definiert werden: den Wink oder Fingerzeig des Lehrers - ob real oder figurativ - zum richtigen Anhaltspunkt nehmen, z.B. als Zeichen- oder Zäsursetzung, oder aber als Ausdruck einer einfachen, menschlichen Stimmung oder als Laune des Lehrers. Wenn die Situation nicht eine routinierte ist, oder wenn der Unterrichtsinhalt ein völlig fremder und transferloser ist, dann ist die Schwierigkeit für den Schüler umso höher, die geforderten situativen Kognitionen abzurufen. Der Schüler wird so zum Handlungs-Lerner, der ein ganzes Repertoire von impliziten oder expliziten Handlungen registrieren und als solche dekodieren muss, damit er seine von ihm erwartete 'Rolle' richtig spielen kann (Cicourel et al., 1974). Jeder Schüler besitzt ein Set von Tausenden von Handlungen, das sich im Verbund mit der Klassenkomposition noch multipliziert. Je mehr diese verschiedenen Handlungseinheiten pro Schüler in der Klasse von einer Mehrzahl der Schüler geteilt werden, desto eher spricht man von Routinen, auf die der Lehrer in der Regel immer mehr zurückgreifen kann (White, 1993). In diesem Kontext ist auch der aufkommende Begriff 'situationale Supervision' von Lehrkräften zu verstehen (Waite, 1992). - Für eine Literaturübersicht sei auf Prawat (1989) verwiesen.

Zusammenfassend kann deshalb gesagt werden, dass ein bedeutungsvolles Lernen - sowohl für Lehrer als auch für Schüler - ein aktiver, konstruktiver und kumulativer Prozess darstellt, der sich graduell über eine längere Zeitspanne erstreckt. Lernen wird deshalb auch ein zielorientierter Prozess genannt, der einen allgemeinen Problemlösecharakter aufweist (Bromme, 1987b).Damit ist Lernen kein ausschliesslich additiver Prozess, denn sowohl qualitative als auch quantitative Veränderungen stellen sich ein, wobei sich die qualitative Güte nicht nur im erworbenen Wissen manifestiert, sondern auch in jenen Lernprozessen, welche zusätzliches, neues Lernen ermöglichen.

### 5.4.2. Phasentheorien von Lernen

Trotz der übereinstimmenden Meinungen im inzwischen ansehnlich gewachsenen Feld der Experten-Novizen-Forschung darüber, dass ein Kontinuum existiert, wie ein Individuum vom Novizen- zum Expertentum schreitet, hat sich die bisherige Forschung doch hauptsächlich mit den Beschreibungen jener Unterschiede beschäftigt, wie die beiden unterschiedlichen Gruppen Probleme lösen; d.h., ein Novize hat a priori weniger Erfahrung als ein Experte im Lösen dieser Probleme (Chi, Glaser & Farr, 1988). Während sich Novizen bei Problemlöseaufgaben auf wahrheitsgemässe Begriffe und explizit genannte Objekte konzentrieren, identifizieren Experten zuerst mögliche Zusammenhänge ("features"), die den Stand und die Bedingungen der Problemsituation umschreiben. Shuell (1990) propagiert demnach folgende Phasentheorie des Lernens:

- ***Initialphase***

Während der Initialphase begegnet der Studierende einer grossen Auswahl von Fakten und Informationsteilen, welche konzeptuell mehr oder weniger isoliert sind. Der Umstand, dass Professoren oder Dozenten, welche mit den Inhalten und Konzepten vertraut sind, darin jene organisierte Struktur erkennen, welche die vielfältigen, gegenseitigen Beziehungen zwischen den verschiedenen Fakten verbindet, heisst noch nicht, dass ein Studierender als Novize denselben geordneten Sinn begreifen kann. Für ihn erscheint das Ganze als 'brachliegende Fläche', die bloss mit einigen wenigen Orientierungshilfen bezüglich der ihm bevorstehenden 'Bildungsreise' versehen ist.
Unter solchen Umständen handelt der Studierende als Lerner ausserordentlich vernünftig: Er lernt Fakten auswendig und verwendet bereits existierende Schemata, um die isolierten Informationsteile zu interpretieren. Ein Teil dieser neuen Information wird den bereits existierenden Wissensstrukturen hinzugefügt, im Sinne von Normans (1982) Erwerbs- und Aneignungs-Phase ("accretion"). Diese bereits existierenden Wissensstrukturen werden zur Interpretation neuer Informationen verwendet, d.h., sie geben und verleihen diesen eine entsprechende Bedeutung. Wenn keine Bedeutung gefunden werden kann, bleiben diese Informationen als isolierte Fakten stehen.
Weil der Lernende wenig spezifisches Wissen des Bereichs besitzt, kann sein anfängliches Informationsverarbeiten als in der Natur der Sache 'Globales' bezeichnet werden; d.h., der Studierende muss generellen, inhaltsunabhängigen Problemlösestrategien vertrauen sowie einem Wissen aus anderen Bereichen, um neue Informationen zu interpretieren, um Vergleiche zu machen, Kontraste

herzustellen und Analogien zu finden, welche ihm als relevant erscheinen (Sternberg, 1986). Dieses solcherart erworbene Wissen ist demnach eher konkret als abstrakt, und an spezifische Kontexte gebunden, in welchen diese Informationen auftauchen. Somit kann festgehalten werden, dass das Zusammentreffen mit einem neuen Wissensbereich das mechanische Lernen von mehr oder weniger isolierten Fakten beinhaltet. Es werden neue Begriffe memorisiert oder Kernbegriffe gespeichert, sofern wir einen relativ strukturierten Wissensbereich wie die Allgemeine Didaktik oder die Pädagogische Psychologie vor uns haben.

Mit der Zeit lernt der Lernende einen Überblick darüber zu gewinnen, was dieser Bereich alles umschliesst, d.h., was er eigentlich bedeutet. In dieser Einordnungsarbeit wird er von seinem vorhergehenden Wissen teilweise unterstützt oder behindert, indem ihm frühe Möglichkeiten vorgeschlagen oder Grenzen gesetzt werden, welche ihn auf die Gleichheit oder eben die Verschiedenheit der Informationen hinweisen. Analogien aus anderen Bereichen können verwendet werden, um die neuen Bereiche zu repräsentieren, obwohl diese neuen Analogien als Lernprozesse modifiziert werden müssen. Ein fortgeschrittener Lerner mag dabei Annahmen treffen, welche auf vorhergehende Lernprozesse abstellen: Phasen des konzeptuellen Lernens mögen sich einstellen, wobei aber der Lernende nicht genügend Informationen erworben hat, um komplexere Formen propositionalen oder prozeduralen Wissens auftreten zu lassen, etwa in der Form der Schemakreierung ("tuning") und der Restrukturierung (nach Norman, 1982). Gedächtnisstützen als Formen eines elaborierenden Enkodierens haben somit eine grössere Bedeutung als das Lernen durch "chunking", eine Form des reduzierenden Enkodierens.

• ***Mittlere Phase***

Der Lernende beginnt Ähnlichkeiten und Beziehungen zu sehen zwischen diesen konzeptuell isolierten Informationsteilen. Während sich diese Beziehungen entwickeln, werden sie Teil der höher geordneten Strukturen und Netzwerke. Neue Schemata formen sich, welche den Lernenden mit mehr konzeptueller Kraft ausrüsten, wobei diese neuen Strukturen und Schemata dem Lernenden noch nicht erlauben, auf einer autonomen oder automatischen Basis zu handeln. Vermehrt dominieren Formen des propositionalen *und* prozeduralen Lernens, welches auch als fortgeschrittener Wissenserwerb gelten kann, worin der Studierende ein vertieftes Verstehen der Inhalte, ein Eindenken und flexibles Anwenden in unterschiedlichen Kontexten vornehmen kann. Das Wissen wird also ausgeweitet, indem es mittels 'Lernen durch Tun' in neuen Situation angewendet wird.

Ein grosser Vorteil dieser Phase ist somit, dass der Studierende neues Wissen in verschiedenen Formen ausprobieren kann und Rückmeldung über die Angemessenheit kriegt, ohne dass dieses Wissen autonom die Kontrolle seines Handelns übernimmt. Damit ergeben sich folgende Reflexionsmöglichkeiten: wenn das Wissen abstrakter und für eine ganze Reihe von Situationen generalisierbar wird, dann ist es weniger abhängig von jenem spezifischen Kontext, in welchem es ursprünglich erworben worden ist. In dieser Phase kann zuweilen eine Verschlechterung der Performanzen festgestellt werden, weil alle sich wider-

Sprachverwendung
in einer best. Situation

streitenden Faktoren aussortiert werden müssen. Es ist nun in keiner Weise so, dass das Lernen automatisch einen Prozess darstellt, der auf diese mittlere Phase hinsteuert. Es müssen einige Grundsätze beachtet werden, damit Informationen abstrakter und dekontextualisierter werden. Konzepte und Wissensformen müssen dergestalt Verwendung finden, dass verschiedene Situationen geprüft werden, und zwar mittels der 'Begegnung' und Konfrontation mit relevanten Beispielen oder Fällen.

• ***Schlussphase***

Während der letzten Phase des Lernens werden die Wissensstrukturen und Schemata, welche in der mittleren Phase geformt wurden, besser integriert und wirken autonomer. In den meisten Situationen sind die Performanzen automatisch, unbewusst und anscheinend mühelos, weil relevante Wissensstrukturen das Handeln kontrollieren, und zwar in einer vermehrt direkten Weise. Das Individuum stellt ganz entschieden auf bereichsspezifische Strategien des Problemlösens ab, und die Aufmerksamkeit gilt vermehrt der Performanz und nicht so sehr dem Lernen.

#### *5.4.2.1. Diskussion*

> Abschliessend muss auf die besondere Problematik hingewiesen werden, welche Phasentheorien mit sich bringen. Sie suggerieren möglicherweise für sich separat existierende 'Entitäten', welche klare Abgrenzungen zwischen den einzelnen Phasen aufweisen. Die Sichtweise von Lernen als kontinuierlicher Prozess widerspricht solchen klaren Linientrennungen; vielmehr müssen die Grenzen zwischen den Phasen - wohl im Lichte der "fuzzy logic" (Shuell, 1990) - als "fuzzy" bezeichnet werden, als unscharf und verschwommen, d.h., die Transitionen und Übergänge von einer Phase zur andern können als allmählich fortschreitend und behutsam ansteigend, statt als dichotomisierende Sprünge charakterisiert werden.

### 5.4.3. Experten-Novizen-Forschung

In der Kognitionsforschung war deshalb eine noch deutlichere Hinwendung und Konzentration auf die sogenannte Experten-Praxis bloss mehr eine Frage der Zeit, und sie ist in der Zwischenzeit in diesem Feld eine recht vorherrschende Strategie geworden, und zwar ganz in der Tradition der Forschung zur kognitiven psychologischen Informationsverarbeitung. Die Exemplifizierung derselben durch die Experten-Novizen-Forschung (Berliner, 1987c, 1988; Dreyfus & Dreyfus, 1986) zeigt, wie limitiert das menschliche Denken als informationsverarbeitender Prozessor zu funktionieren scheint. Daraus drängt sich die Frage auf, wie es beispielsweise jedem durchschnittlichen Lehrer möglich ist, als Experten-Denker und -Problemlöser trotz immenser Limitierungen in den Gedächtnis- und damit in den Informationsverarbeitungsprozessen die permanente Reduzierung der Realitätskomplexität 'Schule' oder 'Unterricht' vorzunehmen (cf. dazu Kagan, 1990; 1992).

*5.4.3.1. Der Experte im Lehrerberuf*

So ist das bereichsspezifische Fachwissen von Experten im Lehrerberuf mit jenem von Berufsanfängern verglichen worden. Das Grobziel ist es festzustellen, ob und gegebenenfalls welche Unterschiede in der Informationswahrnehmung und -verarbeitung, der Aufnahme und Bewertung von Informationen über einzelne Schüler sowie der Einschätzung der Schulleistungen von 13-16jährigen Schülern bestehen. Daraus werden vorläufige Schlussfolgerungen auf die aktuelle Unterrichtskompetenz der beiden verglichenen Lehrergruppen geschlossen.

Warum sind diese Untersuchungen von Wichtigkeit? Wie ich weiter oben ausführlich berichtet habe (Punkt 5.2.5.), können Fallstudien für Anfänger und auch für erfahrene Lehrer eine Fundgrube von Informationen darstellen. Die Analyse von Experten im Vergleich zu Anfängern ermöglicht es, deren hervorragende Fähigkeiten zu identifizieren und möglicherweise zu begründen, weshalb diese Fähigkeiten vorbildlich sind. Berliner und seine Forschergruppe verglichen somit die Performanz von drei Gruppen (Postulanten-, Novizen- und Expertenlehrern) in standardisierten (Unterrichts)Aufgaben, welche - im Vergleich zu Europa - Extremabweichungen noch erhöhen.[160]

Als Hauptergebnisse berichtet Berliner (1988, 1992) von Unterschieden in der Form von vermehrten oder erhöhten Reflexionskapazitäten, die sich zwischen den drei Gruppen (Postulanten-, Novizen- und Expertenlehrern) ergeben haben, und zwar inbezug auf die Interpretationsmöglichkeiten von Unterrichtsphänomenen, auf die Wahrnehmung von wichtigen Unterrichtsereignissen sowie die Eruierung und Unterscheidung von typischen versus untypischen Ereignissen, inbezug auf die Verwendung von Routinen, auf Voraussagefähigkeiten, auf Möglichkeiten der Gefühlsäusserungen und diversen anderen Teilaspekten. Global gesehen scheinen die Experten-Lehrer vermehrt persönliche Re-

---

160 Die Versuchsaufgaben bestanden beispielsweise im Wahrnehmen und Verarbeiten visueller Informationen, und zwar in der folgenden Art und Weise:

a) Betrachten von Dias über Unterrichtssituationen mit anschliessendem Beschreiben und Kommentieren (rasches Erkennen).
b) Betrachten von Jahresendprüfungen und/oder Aufnahmeprüfungen sowie von Unterrichtssituationen mit anschliessendem Beschreiben und Kommentieren möglicher antizipierter 'Fehlerschwierigkeiten und -quellen' für die Schüler ("Distraktoren" - Ablenker).
c) Gleichzeitiges Betrachten derselben Unterrichtssituation über 3 Monitore - aus verschiedenem Blickwinkel aus aufgenommen - (Lehrer- oder Schüler-Gruppe in der Totalen, Nah- oder Fernaufnahme etc.), mit anschliessendem Beschreiben und Kommentieren des Gesehenen und Gehörten.
d) Simuliertes Planen und Vorbereiten von Unterrichtslektionen.
e) Interpretieren von Szenarien: "Fünf Wochen nach Schuljahresbeginn scheidet eine Lehrkraft überraschend aus, und die Klassen werden - dies als kurzfristige Lösung bis zur Einstellung einer neuen Lehrperson - auf das restliche Lehrerkollegium verteilt. Du bist eine(r) davon ...". - Den Lehrern wurden Aufzeichnungen der vorhergehenden Lehrperson vorgelegt, ein Klassenbuch, in dem die Noten und Absenzen der Schüler festgehalten waren, und je eine Karteikarte pro Schüler, auf der demographische Informationen einerseits und Lehrerkommentare andererseits notiert waren; zudem korrigierte Prüfungen, Hausaufgaben- und Arbeitsblätter sowie die dem Unterricht zugrundeliegenden Lehrbüchern. Dann wurde jedem 40 Minuten Zeit zugestanden, um den Unterricht der ersten beiden Tage vorzubereiten.

ferenzpunkte einzubeziehen, reichhaltigere und analytischer ausgerichtete Protokolle abzugeben, vermehrtes prinzipiengeleitetes Denken zu demonstrieren und ein besseres Schülerverstehen zu zeigen, und zwar durch die Verwendung angebrachterer mentaler Modelle. *Zusammengefasst* können folgende Einzeleinsichten festgehalten werden:

> "Differences among the groups were found in their perceptions, monitoring, and understanding of classroom events characterized by simultaneity, multidimensionality, and immediacy." (Sabers, Cushing & Berliner, 1991, p. 63)

**1)** Während Anfänger über Objekte bzw. Ereignisse in ihrem pädagogischen Gesichtsfeld stärker auf der Ebene des faktisch Vorgefundenen verharren, neigen Experten dazu, Schlüsse zu ziehen, Schlussfolgerungen anzustellen, welche gleichsam 'hypothesenhaft' wiederum überprüft werden müssen.

**2)** Im Vergleich zu 'Anfängern' erkennen Experten zugrundeliegende Strukturen und Strukturelemente von Sachverhalten schneller und präziser. Kurz gesagt: Experten können vermehrt zwischen unwichtigen und wichtigen Ereignissen unterscheiden und gewichten diese entsprechend. Damit erfolgt eine Reduktion der oben angesprochenen Komplexität des Unterrichtsgeschehens.[161]

**3)** Während Experten auftretende Probleme auf einem relativ hohen Abstraktionsniveau klassifizieren, teilt der 'Anfänger' dieselben Probleme anhand von Oberflächencharakteristika ein.

**4)** Im Vergleich zu Anfängern, welche dazu neigen, zeitlich unmittelbar problemlösend vorzugehen, nehmen sich Experten in der Regel mehr Zeit zur Problemanalyse und zum Aufbau einer kognitiven Repräsentation, was wiederum dazu führt, aus diesem Grund mit der Lösung eines Problems zeitlich später zu beginnen. So sind Experten in der Lage, eine hochentwickelte Analyse der Prüfungsaufgaben abzugeben; d.h., sie verweisen jeweils auf die Aufgabenanalyse, um Aussagen über die Gründe für die jeweilige Aufgabenschwierigkeit zu machen, oder um die Fähigkeiten und Fertigkeiten anzugeben, die ein Individuum zur Lösung der Aufgabe braucht.[162]

**5)** Die untersuchten Experten zeigen schliesslich im Vergleich zu den Anfängern und Anwärtern ein durchdachteres Argumentieren sowie ein stärkeres Wenn-Dann-Denken: Die häufig zitierte Metapher des guten Lehrers als 'Hypothesen-Tester' wird somit bestätigt.

Für die nächste Zukunft haben sich Berliner und seine Gruppe vorgenommen, Experten und Anfänger bei der Arbeit in der eigenen Unterrichtsklasse zu vergleichen, wo vielleicht sogar derselbe Unterrichtsstoff vorgegeben werden kann (sofern sie fachlich Parallellehrer sind). Während die bisherigen Studien

---

161 Diese groben Ergebnisse werden von Berliner mit den Studien von de Groot (1965) über Schachexperten verglichen; de Groots Studie zeigt, dass Schachexperten (die nicht gerade Schachgrossmeister sein müssen) im Gegensatz zu schwächeren Spielern im wahrsten Sinne des Wortes die verschiedenen Positionsvorteile 'sehen', die sich durch einen bestimmten Zug ergeben. Er folgert daraus, dass der Unterschied wohl tatsächlich auch ein wahrnehmungsbedingter ist, der sich bei verschiedenen unterrichtenden Lehrpersonen bezüglich der Wahrnehmung situativer Momente möglicherweise ähnlich bemerkbar machen könnte.

162 Damit muss abschliessend auf den Begriff 'Routine' hingewiesen werden: Beim Experten-Lehrer lassen sich unzählige komplexe Handlungsketten durch dessen Unterrichtserfahrung als reflektierte Automatismen ökonomischer gestalten und einteilen, was den 'Blick' wiederum freigibt für andere, wichtigere Bereiche (vgl. dazu Bromme, 1985; Lowyck, 1984; Olson, 1984; Peters, 1984; Schreckling, 1986).

vom Unterrichtsinhalt abstrahiert und sich eher auf pädagogisch-didaktische Fähigkeiten, wie Verarbeitung von Informationen, Management und Organisation des Unterrichts, bezogen haben, sollte die künftige Forschung nach Mitteln und Wegen suchen, wie die pädagogisch-didaktischen Fähigkeiten und die Unterrichtsinhalte - möglicherweise mit fächerspezifischen Unterschieden - gleichzeitig untersucht werden könnten.

*5.4.3.2. Untersuchungen der Experten-Novizen-Forschung*

- Evertson & Emmer (1982) kommen zum Ergebnis, dass sich ein effektiver Unterrichtsstil dadurch auszeichnet, dass die Lehrer in der Lage sind, zu Beginn des Schuljahres klare Regeln und Routinen aufzubauen: Im Umgang mit einer neuen Klasse ist es wichtiger, die Klasse zuerst mit den eigenen Regeln, Routinen und Vorgehensweisen vertraut zu machen, als sofort mit dem Unterrichtsstoff einzusetzen (cf. auch Strahan, 1989).

- Calderhead (1984) stellt in seiner Studie folgendes fest: Während sich Novizen sehr darum bemühen, bei Schuljahresbeginn ihre Schüler kennenzulernen, interessiert dies die Experten nicht im selben Masse. Experten vermögen nämlich sozusagen zum vornherein - aus den über tausenden von erteilten Lektionen - Signale, "cues", Eindrücke wahrzunehmen, die ihnen eine grosse Anzahl von Informationen über Schüler liefern, d.h., es wird ein genuineres Wissen über die Schüler erfahren: Nach Calderhead 'kennen' die Lehrer so ihre Schüler und Schülerinnen gewissermassen, noch bevor sie diesen wirklich begegnet sind. - Gerade diese Einsicht gebietet alle Vorsicht, liegt es doch auf der Hand, dass damit auch Vorurteilsstrukturen zum Tragen kommen könnten, im Sinne des Halo-Effektes etwa oder des Matthäus-Effektes (Walberg & Tsai, 1983).

- Leinhardt & Greeno (1986) haben das Wiederholen der Hausaufgaben zu Beginn einer Unterrichtsstunde bei einem Experten und einer Anfängerin verglichen: Der Experte führt die Wiederholung kurz und knapp durch und braucht nur ungefähr einen Drittel der Zeit, welche der Anfänger benötigt. Weiter kann der Experte Informationen aufnehmen, und zwar (a) über die Partizipation der Schüler, (b) darüber, wer die Hausaufgabe erledigt hat, (c) wie auch darüber, welche Schüler später während der Unterrichtsstunde Hilfe brauchen werden. Im Vergleich dazu ist der Novize nicht in der Lage, (1) den Schwierigkeitsgrad der Hausaufgabe für die Schüler zu erkennen, (2) auch nicht, welche Schüler ihre Hausaufgaben erledigt haben. (3) Er kann auch nicht einschätzen, weshalb einige Schüler später in der Stunde Schwierigkeiten bekommen haben - dabei hat eine abrupte Rhythmusintensivierung des Lehrers dazugeführt. (4) Er hat zudem Schwierigkeiten, im Verlauf der Lektion alle Schüler am Unterricht zu beteiligen.

- Borko et al. (1988), welche die Unterschiede im Denken und Handeln zwischen Novizen- und Expertenlehrern untersucht haben, stellen folgendes fest: viele der beobachteten Unterschiede sind darauf zurückzuführen, dass die kognitiven Schemata von Novizen weniger elaboriert, weniger untereinander in Beziehung stehen und weniger 'zugänglich' sind als jene der Expertenlehrer. Das pädagogische Denken von Novizenlehrern scheint weniger entwickelt zu sein als jenes der Expertenlehrer (cf. dazu auch weiter unten Swanson, O'Connor & Cooney, 1990).

- Scardamalia & Bereiter (1989) gehen sogar so weit zu sagen, dass sich Experten (erfahrene Lehrer) mit grundsätzlichen Problemen konfrontieren, während Novizen (Junglehrer) diesen eher auszuweichen trachten: Auch hier widerspiegelt sich eine entwicklungspsychologische Sichtweise, denn 'Das-sich-mit-grundsätzlichen-Problemen-Konfrontieren' verlangt ein Ausbrechen aus dem Schemadenken einer einzigen Denkkonzeption von Unterricht, und Expertenlehrer scheinen diese anspruchsvolle Denkart eher leisten zu können. Statt eines progressiven Problemlösens verfolgen Junglehrer somit problemreduzierende oder -minimisierende Ansätze. Statt auf eine höhere Ebene des Problemlösens vorzustossen, nachdem krasseste 'Überlebens'-Herausforderungen überwunden sind, verbleiben Novizen auf der Management-Ebene fixiert, d.h., sie sind weiterhin um den sogenannt reibungslosen didaktischen Ablauf einer Stunde in einem gut funktionierenden Klassenverband besorgt. Dieser gut funktionierende und strukturierte Klassenverband wird somit zum eigentlichen Ziel von gutem Unterricht, statt dass er bloss Mittel dazu ist, die Denk- oder Sozialleistungen der Schüler zu stimulieren und zu verbessern. Ein solches Vermeidungs- statt 'Anpack-Verhalten' von Problemen (Oser, 1992) kann sich beispielsweise auch bei anspruchsvollen Inhalten zeigen, die ein Junglehrer ignorierend 'übergehen' kann, indem er diese Inhalte in ihrer Bedeutung minimisiert und verharmlost, während ein erfahrener Lehrer diese schwierigen Inhalte an bereits bestehenden Denkstrukturen seiner Schüler anzuknüpfen versucht. Der Junglehrer kann es mit seinem problemminimisierenden Ansatz trotzdem zu erstaunlichen Fertigkeiten und Leistungen auf der didaktischen Ebene bringen, welche aber von der eigentlichen Konfrontation, dem Aufeinanderprallen mit echten pädagogischen Problembereichen, absieht (vgl. auch Ladson-Billings, 1990).
- Swanson, O'Connor & Cooney (1990) vergleichen in ihrer Informationsprozess-Analyse das Problemlöseverhalten von Experten- und Novizen-Lehrern mittels 'Lautem-Denken'-Protokollen. Experten-Lehrer scheinen dabei elaboriertere Heuristiken und strategischere Äusserungen abzugeben als Novizen-Lehrer. Bezüglich der Lösungsvorschläge - es handelte sich um Disziplinprobleme in der Schule - greifen die Expertenlehrer gehäufter auf Umwelt- und Kontext-Interventionsmöglichkeiten zurück als ihre jüngeren Berufsanfänger. Die Autoren charakterisieren deshalb die Expertenlehrer als jene Gruppe, welche ein Problem mit aller Priorität zuerst definiert und repräsentiert, während Novizen-Lehrer das Problem bereits als mögliche Lösung repräsentieren.

#### *5.4.3.3. Kritik am Begriff 'Expertenlehrer'*

Ich gehe mit Welker (1991) einig, dass die Metapher des 'Lehrers-als-Experten' nicht ganz unproblematisch ist: Der Begriff 'Expertise/Expertentum' könnte nämlich auf der einen Seite berufliche Privilegien suggerieren, und andererseits die Distanz zwischen jenen, die Wissen haben, und jenen, die es noch nicht haben, noch vergrössern. So schlägt Claridge (1989) alternative Perspektiven vor, um Expertise analysieren zu können. Rich (1993b) stellt zudem die Stabilität des Konstrukts 'Lehrerexpertise' in Frage, indem er aufzeigen kann, dass auch Expertenlehrer in ungewohnten Situationen wie 'Novizen' handeln. Ein weiterer genereller Einwand ist jener, wonach der Begriff 'Experte' die moralische und soziale Verantwortung von Lehrern verharmlose: Als eher technisch-kognitiv orientiertes Konstrukt - der Lehrer als exklusiver Berufsspezialist - könnte dieses den einzelnen Schüler wie auch die breitere Öffentlichkeit zu passiven Empfängern von Experten-Handlungen 'degradieren', dabei will ein 'wahrer Experte' wohl seine Schüler vielmehr zu aktiven Lernenden anleiten:

> "A central irony of educational practice is that the information explosion, as well as the increasing economic importance of the specialist, has made information itself less important instructionally. More important ist the ability of students to find their way through information, to be able to synthesize, make connections, and make considered judgments." (Welker, 1991, p. 30)

Aus diesen Überlegungen und obigen Kritiken heraus versucht Berliner (1992) des Neueren, nebst der kognitiven Ebene gerade auch die sozial-moralischen Komponenten eines Expertenlehrers zu entziffern; er attribuiert unter diesem Gesichtspunkt Expertise nur jenen Lehrern zu, welche sowohl unterrichtswirksame als auch verantwortungsbewusste Lehrer sind (Oser, Dick & Patry, 1992). Deshalb nenne ich den Lehrerberuf an dieser Stelle ein Kunsthandwerk: Wir können das 'handwerkliche Moment' initiieren und bis zu einem bestimmten Grad bei Studierenden aufbauen helfen. Die Verfeinerung und künstlerische Ausprägung aber kann nur in der Praxis erfolgen, wo die gezielte Reflexion, die sich allmählich mit Introspektion und Intuition paart, fundamental wird. Dann wird Unterricht umfassend gesehen vielleicht wieder "a moral craft" (Tom, 1984).

### *5.4.3.4. Eine Stufenentwicklungstheorie für Lehrer?*

Ob die weiter oben aufgelisteten Ergebnisdimensionen der Experten-Novizenforschung hinreichend sind, um auf die Frage einer Stufentheorie von Lehrer im Sinne ihrer professionellen Entwicklung hinzuweisen, kann nicht eindeutig verneint werden. Deshalb sind Trendaussagen hier von Wichtigkeit, welche auch in dieselbe Richtung wie Berliner (1988; 1991) weisen, der einen Versuch wagt, die Ergebnisse seiner mehrjährigen Experten-Novizenforschung mittels einer konstruierten Rahmentheorie - mit entwicklungstheoretischem Stufenmodell-Charakter - für die Lehrerbildung fruchtbar zu machen. Ich gebe hiermit das Entwicklungs-Stufenmodell von Berliner wieder, der diesem einen heuristischen Wert abgewinnt:

1.) "In the *novice* stage the common places of a situation are learned; context free rules of behavior are followed; behavior is relatively inflexible; experience must be gained.

2.) The *advanced beginner* melds book knowledge with on-the-job experience, building up case or episodic knowledge to go along with semantic knowledge. The beginner, however, is still not very flexible in behavior.

3.) The *competent* performer of a skill is rational, flexible, can articulate goals, and can employ sensible means to achieve them.

4.) The *proficient* performer has a heightened sense of pattern recognition, has a holistic understanding of the processes involved, and recognizes similarities between apparently quite different situations.

5.) The *experts* not only have a holistic, integrated view of the situation, but they also respond effortlessly, fluidly, and appropriately to the demands of the situation with which they are confronted." (Sabers, Cushing & Berliner, 1991, p. 65-66)

Der Aphorismus "Erfahrung ist der beste Lehrer" kann somit ergänzt werden mit "Die Erfahrung, die reflektiert wird, ist der beste Lehrer" (vgl. dazu Kapitel 4). Erfahrung ist zwar weiterhin notwendige, aber nicht hinreichende Bedingung für das Expertentum. Hinzugesellen muss sich nämlich die Bereitschaft und Motivation, aus der Erfahrung lernen zu wollen.[163] Aus und von Erfahrungen lernen als 'metakognitive Fertigkeit' heisst, man versucht den Zugang zu finden zu den eigenen handlungssteuernden oder handlungsbegleitenden Kognitionen (cf. die Kontroverse zwischen Floden & Klinzing, 1990, und Lampert & Clark, 1990).

*5.4.3.5. Diskussion*

Aus der Experten-Novizen-Forschung können folgende gesicherte Aussagen festgehalten werden, welche ich meinem Forschungsprojekt zugrundegelegt habe:

a) Die generelle Experten-Novizen-Forschung im Kontext der Informationsverarbeitungsprozess-Forschung hat gezeigt, dass Beziehungen zwischen der Wissensgrundlage und den Problemlöseprozessen anscheinend durch die Qualität mentaler Repräsentationen des Problems vermittelt werden: Die Problemrepräsentation wird durch den Problemlöser auf der Basis seines Wissens und seiner Organisation dieses Wissens konstruiert. Diese Organisationsstruktur determiniert in der Folge die Qualität, Vollständigkeit und Kohärenz der inneren Repräsentationen.
b) Während sich die Repräsentationen von Novizen um die wörtlichen oder wahrheitsgetreuen Ereignisse des Problemverlaufs herumgruppieren, organisieren sich diejenigen der Experten in der 'Nähe' von Inferenzen über Prinzipien und Abstraktionen, welche diese wahrheitsgetreuen Ereignisse subsumieren. Das heisst, die Novizen klassieren Probleme eher auf der Oberflächenstruktur, während Experten Probleme auf einer höheren abstrakteren Ebene von Prinzipien repräsentieren.

[163] Bei Berufseintritt kriegen Junglehrer nicht selten ein ebenso anspruchsvolles Unterrichtspensum (wenn nicht gar ein schwierigeres) als dienstältere und damit erfahrenere Lehrer: Sie müssen dementsprechend als Novizenlehrer 'erfahren' unterrichten, was zum 'So-tun-als-ob' führen kann.

c) Während Novizen genügend Wissen zur Verfügung haben, um Probleme zu lösen, und sich ihre Lösungen quantitativ mit jenen der Experten vergleichen lässt, fehlt ihren Aussagen über mentale Prozesse bezüglich Problemen anscheinend so etwas wie eine qualitative Vollständigkeit oder Vollkommenheit (Swanson et al., 1990). Sie scheinen mehr mit der Problemlösung beschäftigt zu sein statt mit der systematischen Problemdefinierung, welche anschliessend zum Hypothesen-Testen möglicher Lösungswege führt. Experten-Lehrer hingegen lassen eine Reihe von sogenannten Sub-Routinen spielen, welche das Problem definieren und repräsentieren, um dieses nachher aufgrund von möglichen Lösestrategien zu evaluieren.

Auf die Unterrichtsebene bezogen, zeigt die Experten-Novizen-Forschung, dass sich die beiden Gruppierungen hinsichtlich der Einschätzung der schulischen Laufbahn von Schülern unterscheiden und die Experten ein vertiefteres Verständnis des Wie und Warum von Schulerfolg aufweisen als Novizen-Lehrer (Leinhardt, 1983). In einer späteren Studie fanden Leinhardt & Greeno (1986), dass Novizen in ihren Fragestrategien bezüglich der Performanzen ihrer Schüler weniger effektiv sind und weniger Fertigkeiten aufweisen, um notwendige Informationen einholen zu können. Swanson et al. (1990) berichten von einer Studie, wonach Experten-Lehrer während der Lektionsplanung vermehrt Strategie-Entscheidungen in bezug auf einzelne Schüler vornahmen, während Novizen-Lehrer diese generell, auf die gesamte Klasse bezogen, taten. Zusammengefasst kann für die Lehrerausbildung folgende Synthese gezogen werden:

> "Although experience is critical to the development of comprehension and interpretive skills, opportunities to observe classrooms and reflect upon and discuss those observations with 'experts' might contribute to the development of those skills. The reliance upon an experienced and competent other to mediate a complex environment is the basis of learning in Vygotskian thought... and the essence of apprenticeship programs." (Sabers, Cushing & Berliner, 1991)

Die Erfahrungen von Experten sind vermehrt in die Lehrerausbildung einzubringen (Welker, 1992), und zwar nicht nur auf der technischen Ebene von Unterrichtsfertigkeiten und unterrichtlichen Kompetenzen, sondern vermehrt auch auf jener der Auseinandersetzung mit der beruflichen und persönlichen Identitätsbildung. Nicht, dass diese Lebenserfahrungen durch Experten 'vorweggenommen' werden können; niemand wäre so verwogen, dies zu postulieren. Aber die Denkspuren eines jungen Lehrers müssen in diese Bahnen geleitet werden, damit die Grunddispositionen der ehrlichen Auseinandersetzung mit sich selbst und mit anderen Kollegen sogleich bei Berufseintritt, und nicht erst später, bei ersten Rückschlägen und Krisen, gelegt sind.

### 5.4.4. Vom 'Novizen' zum 'Experten'

Es stellt sich nun im Anschluss an die bisherigen Erläuterungen zu den kognitiven Schematheorien und der Experten-Novizen-Forschung die Frage, wie Lehrerstudierende ihr Unterrichtswissen verbessern können, d.h., welche Phasen sie dabei durchlaufen, wenn zunehmend Fähigkeiten im Hinblick auf den Unterrichtsprozess gewonnen werden. Mit andern Worten geht es um die Frage, wie der Prozess der Routinisierung beim Lehrerstudierenden verläuft (Bromme, 1985). Um den Prozess der Routinisierung zu erklären, wird die Problemlösefähigkeit und das entsprechende Verhalten von Neulingen und Experten miteinander verglichen.

Bisher liegen wenige Versuche vor, eine Stufen- oder Phasentheorie des Lernens aufgrund der Experten-Novizen-Forschung vorzunehmen. Dreyfus & Dreyfus (1986) schlagen eine Phasentheorie über das Erlernen von Fertigkeiten vor (cf. auch Berliner, 1991) und unterteilen diese in der Folge in fünf Stufen: die Entwicklung reicht a) vom Novizen, über b) den fortgeschrittenen Anfänger, c) zum Kompetenten und d) Ausgezeichneten, sowie schliesslich e) zum Experten. Bei der Darstellung des unterrichtlichen Routinisierungsprozesses von Lehrerstudierenden kann ich mich in der Folge eng auf diese Konzeption von Dreyfus & Dreyfus (1986, S. 41ff.) sowie die darauf aufbauenden Überlegungen von Kröll (1989, S. 515 ff.) stützen. Dreyfus & Dreyfus (1986) nehmen dabei 'unstrukturierte' Problembereiche als Ausgangspunkt, die durch eine fast unendliche Vielzahl von (möglicherweise) relevanten Komponenten gekennzeichnet werden können. Inwieweit sich diese Komponenten gegenseitig 'bedingen', welche Komponenten in bezug auf gewisse Handlungen relevant sind und wie sich die Handlungen auf die Entwicklung des unterrichtlichen Handlungsgeschehens auswirken, bleibt hingegen offen.

**1) Novize ("Novice")**

In dieser ersten Phase erwirbt der Novize die Fähigkeit, unterschiedliche objektive Komponenten und relevante Muster des unterrichtlichen Handlungsgeschehens zu erkennen. Zudem erlernt er Regeln, mit denen er - aufgrund der Fakten und Muster - seine Handlungen orientieren kann. Dreyfus & Dreyfus nennen dies *'kontext-freie'* oder *'kontext-unabhängige' Regeln,* da sie sich nicht auf die Gesamtsituation beziehen, sondern auf klar erkennbare Situationselemente. Kröll (1989, S. 516) gibt dazu folgende Beispiele: 'Den Schülern nicht den Rücken zudrehen', 'Keine W-Fragen stellen', 'Keine Antworten der Schüler übergehen' usw. Solche Regeln ignorieren den erweiterten Unterrichtskontext, d.h., sie berücksichtigen andere 'intervenierende' Kontextvariablen nicht, welche es beispielsweise je nach Umstand als angemessener erscheinen liessen, die Regel aufgrund dieser Situation abzuändern oder gar zu verletzen. Die vollständige Aufmerksamkeit des Novizen gilt somit dem Einüben der Regel, d.h., er nimmt eine Handlungssicherheit aus dem Kriterium heraus, wie gut er die Regel - gegen alle Widerstände - einhalten kann. Dies erfordert seine vollste Konzentration, so dass er bei der Handlungsausführung nicht auch noch sprechen oder metakognitiv Ratschlägen zuhören kann (eine Situation, die sich in Unterrichtspraktika ergibt, und zwar dann, wenn der Praktikumsleiter dem unterrichtenden Lehrerstudierenden während einer Lektion einen wichtigen Tip, Hinweis oder Ratschlag geben will).

**2) Fortgeschrittener Anfänger ("Advanced Beginner")**

Der Lehrerstudierende macht eine Vielzahl von 'wirklichen' Unterrichtserfahrungen. Dabei nimmt er weitere Situationsaspekte wahr und muss zwangsläufig

immer kompliziertere Regeln berücksichtigen. Wichtig ist dabei, dass er aufgrund dieser praktischen Erfahrungen Zusammenhänge erfährt, die weder er noch sein Praktikumslehrer oder Supervisor in kontext-freien, objektiv fassbaren Aussagen definieren können.
Dem fortgeschrittenen Anfänger gelingt es nun immer mehr, die situative Bedingtheit der verschiedenen Handlungskomponenten zu erkennen, indem er zwischen früheren Handlungserfahrungen und den neuen Elementen Ähnlichkeiten wahrnimmt. Seine bisher erworbenen kontext-freien Handlungsregeln werden somit nach Dreyfus & Dreyfus mit *'situationalen'* Elementen erweitert. Als Beispiele führt Kröll (ebd.) an: Der Lehrerstudierende erkennt als Unterrichtender, dass ihm ein Schüler interessiert zuhört, ein anderer hingegen gelangweilt dasitzt. Er nimmt innerhalb der Klasse Subgruppen und demzufolge gruppendynamische Prozesse wahr, die seine Handlungsanweisungen und deren Konsequenzen beeinflussen. All diese Fallerfahrungen, die der Lehrerstudierende in dieser Phase durchlebt, sind wichtiger als irgendeine Form verbaler Beschreibung, deshalb können sie auch nicht durch Deskriptionen ersetzt werden. Abstrakte Regelvorstellungen über die Situation und die darin ablaufenden Prozesse reichen dem Unterrichtenden nicht mehr, vielmehr muss und will er selber praktische Handlungserfahrungen machen.

**3) Kompetent Handelnder ("Competence")**

Während gerade im Vergleich zum Novizen für den fortgeschrittenen Anfänger die Zahl der situationalen und kontext-freien Handlungskomponenten mit zunehmender Handlungserfahrung unermesslich gross wird, betrachtet der kompetent Handelnde jede Situation als Menge von Faktoren, um den Sinn für das Wesentliche einer Situation nicht zu verlieren. Erst wenn die Situation eine bestimmte Konstellation von überschaubaren Handlungskomponenten aufweist, wird eine bestimmte Schlussfolgerung daraus gezogen, eine Entscheidung getroffen oder eine Erwartungshaltung aufgebaut. Somit kann die Tätigkeit des kompetent Handelnden zum Teil als Informationsverarbeitungsprozess begriffen werden, indem die zunächst relevanten Komponenten und Momente des unterrichtlichen Handlungsgeschehens analysiert werden und schliesslich in einen Handlungsplan ausmünden. Bei der Entwicklung des Handlungsplans hat er Alternativen erwogen und ausgewählt, um auf dieser Grundlage eine Entscheidung zu treffen; d.h., im Gegensatz zum Novizen oder fortgeschrittenen Anfänger folgt er dabei keinen Handlungsregeln mehr. Gerade deshalb ist es wichtig zu bemerken, dass sich der kompetent Handelnde für das Ergebnis seiner Handlungsentscheidung verantwortlich fühlt und sich dementsprechend gefühlsmässig an seinem durchdachten Wahlentscheid beteiligt; dies im Gegensatz zum Novizen oder fortgeschrittenen Anfänger, die beide unerwünschte Handlungsresultate mit inadäquaten Regeln 'erklären' können, was sie dementsprechend von der Verantwortung 'reinwäscht'.
Ein Beispiel von Kröll (1989, S. 517): Der kompetente Lehrer wird fünf Minuten vor Lektionsende darauf verzichten, die zwar geplante (neue) Teilzielthematik anzusprechen: Seine Überlegungen überzeugen ihn, dass damit der bisherige Lernprozess sowie die Motivation für den neuen Lernstoff behindert wür-

den, abgesehen davon, dass in so kurzer Zeit ein sinnvoller Themeneinstieg als unmöglich erscheint. Oder bei bei einer Prüfungsvorbereitung beispielsweise wird er insbesondere auf jene Themen eingehen, deren Erwerb den Schülern die meisten Schwierigkeiten bereitet haben. Mit andern Worten paart sich seine subjektive Planung mit objektiven 'Notwendigkeiten' der jeweiligen unterrichtlichen Klassensituationen. Eine richtige Entscheidung erfüllt den kompetent Handelnden mit grosser Befriedigung, weil er sich mit den Handlungskonsequenzen identifiziert.

**4) Gewandt und geübt Handelnder ("Proficiency")**

Der Prozess des Auswählens bei Entscheidungsprozessen ist für den gewandten Lehrer nicht mehr notwendig, denn dieser handelt quasi, ohne noch bewusst überlegen zu müssen. Er erinnert sich an ähnliche Situationen und erfolgreiche Handlungspläne aus der Vergangenheit, welche ihm erlauben, dass sein gewandtes Vorgehen in einer neuen Situation einfach 'geschieht'. Seine sehr starke Anteilnahme an der neuen Situation lässt ihn diese aus der Gesamtzahl der spezifisch erinnerten 'Optiken' betrachten, welche bestimmte Handlungsmerkmale der neuen Situation als besonders wichtig, andere als vernachlässigbar 'deklarieren'. Durch diese integrale visuelle Szene, kombiniert mit inneren Empfindungen über bisher erfahrene Handlungssituationen, werden Erinnerungen über früher erfolgreich gemeisterte Situationen ausgelöst.
Dreyfus und Dreyfus (1986, S. 52) nennen es das 'holistische Erkennen von Ähnlichkeiten' ("holistic similarity recognition"): "Ein fortgeschrittener Anfänger [erkennt] situationale Elemente - wie Kaffeegeruch etwa -, nachdem er verschiedene entsprechende Geruchsbeispiele kennengelernt hat. Nichts weist darauf hin, dass er dabei die den Geruch konstituierenden Komponenten identifiziert und sie per Regel miteinander kombiniert. Ganz entsprechend weist nichts darauf hin, dass wir Situationen als Ganzes erkennen, indem wir deren hervorstechende Merkmale über Regeln miteinander kombinieren. (...) Diese intuitive Fähigkeit, Muster ("patterns") zu benutzen, ohne sie in Komponenten zu zerlegen, wollen wir 'holistisches Erkennen von Ähnlichkeiten' nennen." (Dreyfus & Dreyfus (1986, S. 52). Intuition - von Dreyfus & Dreyfus somit synomym gesetzt mit "know-how" - wird dabei verstanden als ein Verstehen von neuen Situationen, das sich aufgrund erfahrener vergangener Ereignisse mühelos einstellt. Damit ist Intuition das Produkt zwischen Ähnlichkeitswahrnehmung und Situationseingebundensein (ein Prozess, der nichts gemeinsam hat mit dem des Ratens oder dem der übernatürlichen Inspiration). Dabei wird der geübt Handelnde auf die Fähigkeit, Muster in einzelne Bestandteile zu zerlegen und zu analysieren, nicht ganz verzichten. Somit verhält sich der gewandt Handelnde nicht ausschliesslich intuitiv: Engagiertes, intuitives Verstehen und abschätzendes Entscheiden wechseln einander ab.
Eigenes Beispiel: Der Lehrer bemerkt plötzlich und ohne lange zu überlegen, dass ein Grossteil der Klasse seinen Ausführungen nicht mehr folgt. Intuitiv bricht er seine Erklärungen ab, teilt dies seinen Schülern mit und beginnt den Lerngegenstand aus einer ganz andern Sichtweise heraus zu erklären: Statt deduktiv tut er es dieses Mal induktiv mittels eines Beispiels, weil er sich 'irgend-

wie' an ähnliche Situationen aus der Vergangenheit erinnert, wo sich eine solche Problemlösung als günstig erwiesen hat.

**5) Experte ("Expertise")**

Das Handeln eines Experten ist Teil seiner Persönlichkeit, weil sein geübtes und erfahrenes Verständnis ihm 'sagt', was er zu tun hat. Somit können seine Fähigkeiten nicht mehr losgelöst von ihm selbst gesehen werden. "Wenn keine aussergewöhnlichen Schwierigkeiten auftauchen, lösen Experten weder Probleme noch treffen sie Entscheidungen; sie machen einfach das, was normalerweise funktioniert." (ebd., S. 55). Ein aussenstehender Beobachter kriegt dabei den Eindruck einer besonderen Experten-Begabung, die somit nicht erworben werden kann. Dieser Eindruck täuscht, denn Problemlöseprozesse bestehen für den Experten in der kritischen Betrachtung der eigenen Intuitionen; damit 'geschehen' die erfahrungsbasierten, holistischen Ähnlichkeitswahrnehmungen verschiedenster Situationen immer flüssiger und schneller, so dass für den Expertenlehrer Erklärungen nicht mehr gewählt, Analogien nicht mehr gesucht, Beispiele nicht mehr konstruiert werden müssen.[164] Ein Experte hat aufgrund von Erfahrungen aus vorausgegangenen Situationen eine Vielzahl referenzierbarer Handlungskomponenten durchlebt, welche ihm erlauben, einfach auf ähnliche Situationen zu 'reagieren'. Seine Handlungsreaktion ist dann auch in den meisten Fällen richtig. So hat der Expertenlehrer nicht mehr das Gefühl, dass er Fachinhalte vermittelt oder Lernziele anstrebt. Er unterrichtet einfach und 'fühlt sich im Element'.

Kröll (1989, S. 519) fasst dies folgendermassen zusammen: "Den Experten fällt es schwer, ihr Handeln rational zu erklären. Nicht selten werden im Rahmen von Erklärungsversuchen Gründe aufgezählt, die versuchen, das eigene Handeln im nachhinein zu rationalisieren, obwohl er sich weder vorher noch während des Handlungsvollzugs auf sie gestützt hat. Das Verstehen eines Experten kann nicht vollständig erklärt und intersubjektiv verteidigt werden, und trotzdem ist es gültig. Begründen Experten ihre Urteile, so erkennen sie, '... dass sie mehr wissen, als sie erklären konnen, und dass sie bei ihren Entscheidungen einer letztlich nicht rationalisierbaren Intuition folgen müssen [Dreyfus & Dreyfus, 1986, S. 266]'." Ein Experte handelt somit mehr als kalkulierend, d.h., weder rational (wie der kompetent Handelnde), noch irrational (und damit festgelegten Rationalitätskriterien widersprechend), sondern *a-rational.* Arationale Handlungen kommen ohne bewusstes analytisches Zerlegen und Rekombinieren aus - ganz im weiter oben dargestellten Sinne der 'Vereinfachung durch Integration' (vgl. Punkt 5.4.1.). Während also kompetentes Handeln von Dreyfus & Dreyfus (1986) rational genannt wird - gewandtes und geübtes Handeln dabei den Übergang zum Expertentum markiert - handeln Experten arational.

164 Schachgrossmeister können, nach Aussagen von Dreyfus & Dreyfus (1986), bis zu 50'000 verschiedene Positionstypen auf einem Schachbrett 'erkennen', die als referenzierbare Situationen keinen Namen haben und sich auch kaum mit Worten beschreiben liessen. Trotzdem fallen ihnen auch sofort geeignete Taktiken oder erstrebenswerte Züge ein, die nicht mehr als zehn Sekunden benötigen, ohne dass ihre Leistungen dabei sichtlich nachlassen würde: "Bei einem solchen Tempo müssen sie sich fast ausschliesslich auf ihre Intuition verlassen und haben kaum Zeit für Analysen und Alternativen-Vergleiche." (S. 57)

*5.4.4.1. Diskussion*

Nach Aussagen der Autoren selbst, stellt das Modell von Dreyfus & Dreyfus (1986) ein *Progressionsmodell vom Abstrakten zum Konkreten* dar, welches einen ständigen Entwicklungsfortschritt vom analytischen Verhalten eines distanzierten Novizen, welcher seine Umgebung in wahrnehmbare Handlungskomponenten und -elemente zerlegt und entsprechende Regeln befolgt, bis hin zu einem engagiert-teilnehmenden Können des gewandt Handelnden, der sich auf frühere Erfahrungen und unbewusste Ähnlichkeitswiedererkennung stützt.

> "Die vorausgegangenen Ausführungen haben aufgezeigt, warum es schwierig ist, einen Experten dazu zu bewegen, die von ihm angewandten Regeln zu beschreiben und zu erläutern. Ein Experte folgt überhaupt keinen Regeln... Er erkennt Tausende von Einzelfällen. Wird ein Experte aufgefordert, die Regeln zu beschreiben, nach denen er handelt, so muss er sich zwangsläufig in die Situation des fortgeschrittenen Anfängers versetzen. Obwohl er sich möglicherweise an verschiedene Regeln erinnert, orientiert er sein Handeln längst nicht mehr an ihnen oder hat dies nie getan. Die Erfahrungen, die der Experte durch sein intuitives, holistisches Verstehen gewinnt, sind für sein Handeln von entscheidender Bedeutung. Sie verlieren aber an Aussagekraft, wenn sie zerlegt und in (technologische) Regeln transformiert werden. Das Verhalten der Handelnden auf den letzten beiden Stufen des Könnens besitzt keine signifikante Ähnlichkeit mit demjenigen auf der dritten Stufe. Der kompetent Handelnde löst das Problem aus der Distanz, und der Problemlösungsprozess wird weitgehend als linear und kontinuierlich angesehen. Im Gegensatz dazu nehmen der gewandt und geübt Handelnde und der Experte Anteil am Problem. Zudem ist ihr Handeln arational und zeichnet sich durch Sprünge aus. Jeder Handelnde, der sich auf einer der vier ersten Stufen befindet, kann so tun als würde er die Fähigkeiten einer höheren Stufe des Könnens besitzen." (Kröll, 1989, S. 519)

Doch wird z.B. der 'Neuling' fast zwangsläufig scheitern, wenn er sich Ziele setzt und diese ohne entsprechenden Erfahrungshintergrund zu erreichen versucht. Nur unter bestimmten Bedingungen kann jemand, der eine Fertigkeit erwerben will, eine der Stufen überspringen. Das nachfolgend vorgestellte Modell, das den Erwerb von Fähigkeiten des Könnens beschreibt, geht von einer stufenweisen Steigerung (Progression) der Fähigkeiten aus (siehe Abb. 6: 'Fünf Stufen des Fertigkeitenerwerbs', in Anlehnung an Dreyfus & Dreyfus, 1986). Dieser Prozess beginnt mit dem analytischen, distanzierten Verhalten, das einerseits die Lebenswelt in Komponenten zerlegt und sich andererseits an Handlungsregeln orientiert, und endet mit dem teilnehmenden Können, das sich auf bisherige Erfahrungen und das holistische Erkennen von Ähnlichkeiten stützt. Der Fähigkeitserwerb erfolgt von der abstrakten Regel hin zu den konkreten Einzelfällen und nicht umgekehrt.

Welche Aspekte der unstrukturierten Problemsituation der Betroffene für sein Handeln als bedeutend einstuft, ist abhängig von seiner bewussten (siehe z.B. dritte Stufe) oder unbewussten (siehe z.B. vierte Stufe) Interpretation. Werden 'Neulinge' oder fortgeschrittene Anfänger sensibler in ihrer Wahrnehmung und erlernen sie bestimmte Handlungsregeln, so haben diese Vorgänge auch Konsequenzen für ihre Erwartungen. Sie können diese durchdenken. Handelnde auf den höheren Stufen stützen sich auf ihre intuitiven Erwartungen, d.h., ausgehend von den wahrgenommenen und als bedeutend erscheinenden Merkmalen der Situation assoziieren sie gewisse Handlungsfolgen. Die Unfähigkeit, unerwartete Ereignisse zu erkennen und sich auf diese einzustellen, bezeichnen

Dreyfus & Dreyfus (1986) auch als Tunnelperspektive. Um diese Sichtweise zu überwinden, sollte der Handelnde über seine Erwartungen nachdenken und seine Perspektive wechseln, um so (erwartete oder unerwartete) Ereignisse neu zu interpretieren.

| *STUFE* | Komponenten | Perspektive | Entscheidung | Einstellung |
|---|---|---|---|---|
| | | | | |
| ***Novize*** | kontextfrei | keine | analytisch | distanziert |
| | | | | |
| ***Fortgeschrittener Anfänger*** | kontextfrei *und* situational | keine | analytisch | distanziert |
| | | | | |
| ***Kompetent Handelnder*** | kontextfrei *und* situational | gewählt | analytisch | distanziertes Verstehen und Entscheiden; an Ergebnissen gefühlsmässig beteiligt |
| | | | | |
| ***Gewandt und geübt Handelnder*** | kontextfrei *und* situational | erfahren | analytisch | teilnehmendes Verstehen; distanziertes Entscheiden |
| | | | | |
| ***Experte*** | kontextfrei *und* situational | erfahren | intuitiv | gefühlsmässig beteiligt |

**Abb. 6: Novizen-Experten-Progressionsmodell (in Anlehnung an Dreyfus & Dreyfus, 1986, S. 80)**

*5.4.4.2. Abschliessende Anmerkungen*

In den vorausgegangenen Ausführungen wurde deutlich, dass es in der Lehrerausbildung nicht genügt, wenn einzelne didaktische Komponenten analytisch beschrieben und systematisiert werden. Insbesondere unterrichtliche Planungs-, Durchführungs- und Analyseschritte vermögen diesem Kriterium nicht standzuhalten, weil sonst die Zweck-Mittel-Zusammenhänge aufgebrochen werden und möglicherweise die Mittel plötzlich zu Zielen werden können.

Somit habe ich hiermit verschiedene Phasen- oder Stufentheorien der kognitiven Lehrerwerdung dargestellt, d.h. jene Prozesse beschrieben, wie ein Lehrerstudierender (Novize) auf seinem Weg hin zu einem Expertenlehrer unterschiedliche Stadien der beruflichen Entwicklung durchläuft. Diese Stufenfolgen (vgl. dazu die Überlegungen in Punkt 5.4.2.1.) sind für die nachfolgende Zusammenarbeit zwischen den erfahrenen Lehrern und den Lehrerstudierenden unmittelbar von Relevanz, wie dies aus der Hauptstudie selbst (Kapitel 8) sowie insbesondere aus den Ergebnissen dieser gemeinsamen Arbeit zwischen Novizen- und Expertenlehrern im 9. Kapitel deutlich wird.

# 6. Ethnographie als qualitativ-empirische Unterrichts- und Schulforschung

*"The movement from theory to practice is frequently accompanied by embarrassments (...). How can our theories, so carefully crafted and empirically grounded, frequently fail to hold up against even the most gentle winds of practical exigency?" (Shulman, 1987a, p. 369-370)*

"Das sind wirklich Leute [die Forschungsexperten], die schauen effektiv nur durch ihre Brille - in dem Sinn ist der Blickwinkel sehr eng. Sie schauen nur noch das an, was sie beweisen wollen und kommen dann in ihrer Beweisführung zu messerscharfen Formulierungen, die einen fast 'erschlagen'. Ich habe schon lange gehofft, dass man endlich von diesen empirischen Sachen wegkommt, die immer aufgedeckt haben, was man falsch machte, und was man stattdessen tun sollte... Denn die Wirklichkeit ist in der Regel nicht so, es existiert nämlich viel mehr Positives in der Schule." [TR 2I, 5]

Mit der im 4. Kapitel aufgeworfenen zentralen Frage nach der unterrichtswissenschaftlichen Alltagsorientierung wird insbesondere der Theorie-Praxis-Zusammenhang neu thematisiert. Dabei wird vermehrt auf verschiedene interaktionistische und phänomenologische Ansätze aus den Sozialwissenschaften zurückgegriffen. Im folgenden will ich deshalb kurz der Frage nachgehen, wie diese verschiedenen Ansätze mit dem Selbstverständnis der Unterrichtsforschung - als Handlungswissenschaft für eine vorgegebene Praxis - vereinbar sind, und was sie zu einer Klärung dieses Selbstverständnisses beitragen können. Auf dem Hintergrund dieser Ansätze soll dann mein Vorschlag eines ethnographisch-erkundenden Projektes skizziert werden, welches als methodische Anleitung in der Lehrerbildung unter anderem die Übergänge zwischen Ergebnissen der Unterrichtswissenschaft und der erzieherischen, unterrichtlichen Alltagswelt überbrücken helfen kann.

Angesichts einer enttäuschten Öffentlichkeit, welche auf die geringen Erfolge der Unterrichts- und Bildungsforschung hinwies, wurde vermehrt *für* eine ganzheitliche erziehungswissenschaftliche Forschung in Richtung intensiverer Zusammenarbeit zwischen den verschiedenen Paradigmen gefordert (Garz & Kraimer, 1983; Terhart, 1983), wie ich dies im 3. Kapitel bei der Diskussion der verschiedenen Unterrichtsparadigmen aufgezeigt habe. Im Zuge solcher Kritik machte sich eine methodenkonstruktivistische Phase breit, welche alternative Forschungsdesigns kreierte und differenzierte Methodenansätze zur Anwendung brachte.[165] Eine dieser Neuausrichtungen wird etwa kommunikative Sozialforschung genannt, welche eine Synthese zwischen phänomenologischen, symbolisch-interaktionistischen, ethnomethodologischen und soziolinguistischen Forschungsansätzen darstellt.

## 6.1. INTERPRETATIVE PARADIGMEN

Die zum Teil recht heftigen und polarisierenden Methodendiskussionen in den achtziger-Jahren[166] - oft als quantitativ-qualitative Debatte apostrophiert und von Smith & Heshusius (1986) als "Closing down the Conversation" entlarvt -, sind immer mehr einem konstruktiven Dialog gewichen (cf. Garz & Kraimer, 1991), wo statt von sich konkurrierenden vermehrt von einander mehr oder weniger ergänzenden *komplementären* Methoden gesprochen wird (Shulman, 1988; 1990) oder von systemischen Ansätzen (Salomon, 1991). Trotzdem sind ganz wesentliche Unterschiede vorhanden, die mit Firestone (1987) kurz umrissen werden sollen. Er formulierte diese Differenzen noch in einer Zeit, in welcher sich die Diskussion um die beiden oft dichotomisierten und polarisierten Ansätze von Argwohn allmählich hin zu "cohabitation" verlegte. Bezüglich der verschiedenen Paradigmata und den entsprechenden Methoden, welche im wesentlichen die qualitative von der quantitativen Forschungsrichtung unterscheidet, hält er folgende vier Hauptdifferenzen fest:

- Die erste betrifft *Annahmen über die Welt,* d.h., ob der Forscher Fakten und Erkenntnisse als objektive Realitäten ansieht, oder ob er an Konstruktionen von Wirklichkeiten glaubt.
- Der zweite Unterschied entpringt der *Zielsetzung:* werden Ursache/Wirkungs- oder werden Verstehenszusammenhänge gesucht?
- Die dritte Differenz betrifft die *Methoden:* Werden experimentelle und/oder Korrelationsstudien durchgeführt oder werden interpretativ-ethnographische Datensammlungen vorgenommen?
- Die vierte Unterscheidung betrifft die *Rolle des Forschers,* ob dieser dem Ideal eines vom Untersuchungsgegenstand 'entrückten' Wissenschaftlers oder jenem des 'im-Feld-eintauchenden-Forschers' entspricht.

---

165 Diese unaufhaltbare Entwicklung veranlasste noch 1975 einen der prominenteren Vertreter der behavioristischen Lerntheorien, G. Kimble, auszurufen: "How far we have come in the past ten years; that the white rat and the pigeon no longer provide the majority of our data, that complex mazes are rarely used these days, that S-R has been deposed as king of the theoretical hill, that 'mind' is no longer a dirty four-letter word." (zit. in Shulman, 1986a, p. 23)

166 In einem bemerkenswerten Artikel prangerte Howe (1988) die Dogmatik beider Paradigmenpositionen an: "Against the Quantitative-Qualitative Incompatibility Thesis or Dogmas Die Hard." (vgl. auch Howe & Eisenhart, 1990; Nussbaum, 1984).

Ohne die Methodendiskussion unnötig aufrollen zu wollen, muss ich auf einige der skizzierten Unterschiede eingehen, um meine ethnographisch ausgerichtete Arbeit in den entsprechenden paradigmatischen Rahmen stellen zu können. Diese Charakterisierung erfolgt im Sinne der von Eisner & Peshkin (1990) geforderten 'kontinuierlichen Debatte' bezüglich des Paradigmenstreits.

## 6.2. METHODISCHE EINORDNUNG

### 6.2.1. Qualitative Methodologien des Erkenntnisgewinns

Die vorliegende Arbeit versucht, den Umkreis jener bekannten Methodengruppen zu verlassen, welche in der Erziehungswissenschaft zumeist auf eine lineare Adaptation sozial- oder geisteswissenschaftlicher Verfahren der Erkenntnis bauen. Eine Schwierigkeit liegt darin, mit der hie und da in der Literatur leichtfertigen Anwendung des generellen Paradigma-Begriffs fertigzuwerden (Janos, 1986). Die Zusammenführung divergenter Ansätze zu einem - je nach Anschauung - holistischen oder eklektischen Ansatz setzte sich lange Zeit dem Vorwurf eines unzulässigen Erkenntnisgewinns und damit eines Wahrheitsrelativismus aus, woraus wiederum die Kritik abgeleitet worden ist, die Differenzierung zwischen tauglichen und untauglichen Methoden nicht vornehmen zu wollen. Eine solche ablehnende Haltung ist in der Zwischenzeit überwunden (Jackson, 1992a).
Der sich abzeichnende Umbruch der Methodenentwicklung hat sich auch in der Unterrichtsforschung niedergeschlagen,[167] wo - nebst den traditionellen Effektivitätsstudien und der Prozess-Produkt-Forschung - mehr und mehr 'epistemologische Forschungsparadigmata' Geltung erlangen, d.h., wo sich beispielsweise das Interesse der Forscher auf kognitive, also nicht direkt beobachtbare Prozesse verlagert, und wo andererseits vermehrt Theorien die Lehrer und die Schüler als Informationsverarbeiter oder Problemlöser (cf. Leinhart & Putnam, 1987) und weniger als auf Stimuli Reagierende betrachten. (Ich habe diese Entwicklung weiter oben in Kapitel 3 nachgezeichnet).[168]

167 Während die zwei ersten Handbücher der Unterrichtsforschung (Gage, 1963; Travers, 1978) in ihrer Gesamtheit kein Kapitel der *qualitativen* Theorie und Methodologie enthalten, werden diese Forschungsansätze im dritten "Handbook of Research on Teaching" (Wittrock, 1986) gleich in mehreren Kapiteln (Biddle & Anderson, 1986; Clark & Peterson, 1986; Doyle, 1986; Feiman-Nemser & Floden, 1986; Shavelson et al., 1986; Shulman, 1986a; Walberg, 1986), insbesondere aber durch Erickson (1986) und Evertson & Green (1986) in aller Form als eigene Aufsätze detailliert dargestellt und diskutiert.

168 Als ein Beispiel der Unterscheidung zwischen der Prozess-Produkt- und der interpretativen Forschung sei kurz jenes der Häufigkeitszählungen erwähnt. Es geht dabei nicht um die Frage, welche der beiden Forschungsrichtungen Häufigkeitszählungen vornimmt oder nicht, sondern es geht um die Frage der *'Häufigkeiten im Kontext'*, d.h. darum, ob eine Häufigkeitszählung im vorliegenden Fall auch angebracht, d.h. sinnvoll sei: "Differences among approaches lie not in the presence or absence of quantification per se (if one thinks of quantification simply as a means of summarizing information) but in the underlying assumptions of method and proof. ... What is essential to qualitative or naturalistic research is not that it avoids the use of frequency data, but that its primary concern is with *deciding what*

### 6.2.2. Forschungsprozess als 'soziale Situation'

Naturalistische Methoden gerieten ob dieser Methodenentwicklung vermehrt in Aufwind, insbesondere bei Fragestellungen, die keine Reduktionen oder prädefinierten Kategorien zuliessen, wie dies gerade in der Unterrichts- oder Lehrerforschung neueren Datums der Fall ist (vergleiche z.B. Alsamit, Hall & Ryan, 1990). Bei Fragen also, wo erfahren werden soll, wie ein Individuum, der Lehrer oder der Schüler, seine Umwelt wahrnimmt und wie es seine Lebenssituation als Ganzes sieht. Dass sich dabei umfassende Erfahrungen ebenso niederschlagen wie subjektive Eindrücke und Bewertungen, sind Nachteile, die damit in Kauf genommen werden:

> "Zu erwarten sind keine Tatsachenberichte, sondern Rechtfertigungen, Erklärungen, Beschönigungen, Übertreibungen, die durch Weglassen und Hinzufügen bestimmter Ereignisse zusätzlich, der subjektiven Sicht entsprechend, verändert sind. Diese persönlichen Interpretationen des Auskunftgebenden sind nicht wertlos, sondern als Ausdruck seiner derzeitigen Situation zu verstehen [vgl. Schütze, 1976, S. 197f.]" (Wahl, 1981, S. 57)[169]

Eine solche Sichtweise von interpretativ-qualitativer Sozialforschung betrachtet den Forschungsprozess selbst als eine soziale Situation, die einen ganz bestimmten Kontext für die Untersuchungsteilnehmer darstellt (Lakomski, 1993). Je unmittelbarer der Forschungsprozess Alltagssituationen nahekommt, die den Forschungsteilnehmern - hier Lehrerstudierende und Praxislehrer - vertraut sind, desto weniger werden in diesem Forschungsbereich Regeln der Alltagspraxis verletzt. Damit vergrössern sich die Chancen des Forschers, verlässlich Auskünfte zu erhalten, und zwar dahingehend als die gewonnenen Informationsinhalte auch tatsächlich das Handeln der Personen in Situationen widerspiegelt, welche für die Teilnehmer von grosser Vertrautheit und Relevanz sind: die Schule als Ort des täglichen Wirkens für die Lehrer; dieselbe Schule als Repräsentanzinstanz für das zukünftige Unterrichten der Studierenden. Die Berücksichtigung der subjektiven Perspektiven aller Forschungsteilnehmer ist aus methodischen Erwägungen heraus eine conditio sine qua non, welche Gültigkeit sowohl für die Ergebnisse wie auch über die Erhebungssituation hinaus beansprucht, und zwar unabhängig davon, ob das eigentliche Ziel der Forschung letztlich thematisch auf die subjektiven Sichtweisen der Erforschten abzielt oder nicht

Angelehnt an die Grobaufteilung sozialwissenschaftlicher Forschung durch Biddle & Anderson (1986) bezüglich Schule und Unterricht, nämlich in die

---

*makes sense to count* - with definitions of the quality of things of social life. The reluctance of many qualitatively oriented researchers to count things may be related to a theoretically based reluctance to follow Durkheim's injunction to consider social facts as things. ... The trick lies in defining carefully what the facts are in ways that are precise, reliable, and capable of quantitative summary, yet articulate with the meanings the facts have to the people engaged in everyday life." (Erickson, 1977, p. 58-59)

169 Schütze, F. (1976). Zur Hervorlockung und Analyse von Erzählungen thematisch relevanter Geschichten im Rahmen soziologischer Feldforschung (S. 159-260). In Arbeitsgruppe Bielefelder Soziologen (Hg.), Kommunikative Sozialforschung. München: Fink.

konfirmatorische, entdeckende und integrative Perspektive, ist die vorliegende Arbeit sowohl als der entdeckenden als auch teilweise der integrativen Sichtweise[170] verhaftetes Projekt abgefasst worden. Biddle & Anderson wählen den Begriff der entdeckenden Perspektive ("discovery perspective"), um damit Forschungsschulen zusammenzufassen, die vom Symbolischen Interaktionismus, der Ethnomethodologie, der Humanistischen Psychologie und der Objektiven Hermeneutik bis hin zu marxistischen und dialektischen Ansätzen reichen, wobei alle Ansätze an der gemeinsamen Annahme festhalten, wonach soziale Konzepte und Erklärungen sozial konstruiert werden, und zwar sowohl im Alltag als auch in der Sozialwissenschaft (Soeffner, 1989). Weil soziales Wissen auf Wertkategorien gründet, sind sogenannte soziale Tatsachen nur innerhalb eines theoretischen und damit auch historischen Kontextes interpretierbar.

Die entdeckende Perspektive distanziert sich somit insbesondere von der Untersuchungsstrategie einer konfirmatorischen Forschung, in welcher der Forscher sein Forschungsinteresse und damit seine Fragestellung in präkategoriale Skalen setzt, womit die Wirklichkeit reduziert und bereits richtungsmässig vordefiniert erscheint.[171] Dass die entdeckende Perspektive neues Wissen bezüglich Unterricht und Schule zu generieren erlaubt, zu neuen Konzepten und neuem Denken über Klassifikationsschemata des Lehrens und Lernens führt, kurz: dass mittels neuer Aussagen neue Einsichten vermittelt werden können, dafür kann als bestes Beispiel die Studie von Smith & Geoffrey (1968) angeführt werden. Dies ist eine klassische Ethnographie, die ungewohnte Aspekte und Formen des Unterrichts aufs Minutiöseste beschreibt, wie beispielsweise Humor oder Umwandlung von Werte in Normen oder die 'Feilschverträge' zwischen Lehrer und Schüler im Klassenzimmer, welche zu einem neuen Rollenverständnis zwischen beiden Protagonisten führten (vgl. dazu auch Doyle, 1986; Terhart, 1987).

Derlei konzeptionelle und propositionale Einsichten qualitativer Art müssen nicht unbedingt breite Anwendung vorweisen können. Denn der Umstand, dass diese Einsichten beispielsweise Lehrer und Lehrerbildner bezüglich Unterricht und Schule zu neuem Denken anspornen und dem Sozialwissenschaftler neue unbekannte Forschungsperspektiven eröffnen, legitimiert diese Art Forschung (Lincoln & Guba, 1985; McLaughlin & Phillips, 1991). Damit ist auch das oft genannte Problem der Generalisierung angesprochen, auf das ich etwas weiter unten zurückkommen werde.

---

170 Biddle & Anderson (1986) propagieren eine Synthese der beiden oben genannten Perspektiven, d.h., der konfirmatorischen und der entdeckenden Tradition, und zwar in Form einer sogenannten integrativen Sichtweise. Sie zeigen in drei Bereichen, nämlich der Vergleichenden Forschung ("Comparative Research"), der ATI-Forschung ("Aptitude-Treatment-Interaction") und der Längsschnittstudien konkrete Beispiele auf, welche solche Ansätze integrativer Sichtweisen verdeutlichen. Es wird aber auch deutlich, wie aufwendig diese integrativen Forschungstypen sind und in der Forschungspraxis dementsprechend auch sehr wenig Verwendung finden.

171 Die Gefahr ist gross, diese beiden Forschungstraditionen miteinander zu vergleichen, denn zu ungleich sind ihre Zwecke, einerseits Einsichten zu generieren und andererseits Hypothesen zu testen: "Although advocates for discovery decry the arid tautologies of confirmationists, and the latter express disdain for the sloppy subjectivism of discovery research, the two perspectives have complementary goals. We need them both." (Biddle, 1986, p. 239)

## 6.3. KOMPLEMENTÄRER METHODENPLURALISMUS

Es ist bisher ersichtlich geworden, welche grosse Anzahl von verschiedenen qualitativen Ausprägungen existieren: Im Klassifizierungsstreit um wissenschaftliche Strömungen und Typen *innerhalb* der qualitativen Sozialforschung - ausgelöst durch einen zusammenfassenden Überblicksartikel von Jacob (1987; vgl. auch Jacob, 1988) in der Zeitschrift "Review of Educational Research" - sind speziell britische Reaktionen auf die fast ausschliesslich 'amerikanische' Version vorprogrammiert gewesen.[172] Buchmann & Floden (1989) weisen in einer Fussnote auf Schwab (1978) hin, der vor Jahren bereits auf das unglaublich schwierige Unterfangen hinwies, mögliche Forschungstraditionen genauer voneinander zu unterscheiden:

> "In trying to determine how many different ways for doing work in a discipline actually exist - reasoning inductively from some low, assumed numbers of different research programs and multiple possible interpretations of their basic properties, as well as multiple defensible classifications of work in a field - Schwab (1978) arrived at *$2^{20}$, or 1'048'576, as the number of possible alternative schemes* an individual investigator might choose from, on a conservative estimate (...). Settling the issue of where and how disciplinary structures or traditions may be found thus approaches, Schwab argues, the point of theoretical impossibility." (Buchmann & Floden, 1989, p. 247; Heraushebung A. D.)

Dieser Unmöglichkeit will ich hier nicht entgegentreten, sondern auf die vielen einschlägigen Publikationen zur qualitativen Sozialforschung hinweisen, welche in letzter Zeit in kaum mehr überblickbarer Zahl auftauchen: im deutschen Sprachraum sind das vor allem Flick et al. (1991), Girtler (1988), Jüttemann (1985), Mayring (1990), Lamnek (1988, 1989), Spöhring (1989); in englischer Sprache etwa Eisner (1990), Fetterman (1990), Goetz & LeCompte (1984), Hammersley (1990b; Hammersley & Atkinson, 1983), Lincoln & Guba (1985), Miles & Huberman (1984), Patton (1987), Strauss (1987). Beschrieben sind qualitative Ansätze, die zum Teil aus ganz unterschiedlichen Paradigmenperspektiven - teils ausschliesslich psychologischen, anthropologischen oder soziologischen Sichtweisen verhaftet - abgefasst worden sind (cf. dazu etwa Eisner & Peshkin, 1990; Lincoln, 1989; Garz & Kraimer, 1991).

Statt des Paradigmen-Kriegs (Gage, 1989) wird vermehrt auf die Notwendigkeit einer Zusammenarbeit verwiesen. So verlangt Salomon (1991) die Transzendierung der qualitativ-quantitativen Debatte und schlägt vor, von komplementär-systemischen statt von alternativen Methoden der Sozialwissenschaften zu sprechen. Das so oft gegensätzlich gebrauchte Begriffspaar quantitativ-qualitativ möchte er mit Begriffen wie analytische und systemische Ansätze ersetzen, wobei er letztere mit Altman & Rogoff (1987) folgendermassen definiert:

---

172 Vgl. dazu auch Atkinson, Delamont & Hammersley (1988) und Lincoln (1989); später auch Jacob (1989).

> "... the whole is composed of inseparable aspects that simultaneously and conjointly define the whole (...) the root metaphor (...) is the historical event - a spatial and temporal confluence of people, settings, and activities that constitutes a complex organized unit (...) the aspects of a system, that is, person and context, coexist jointly and define one another and contribute to the meaning and nature of (...) the event." (Salomon, 1991, p. 13)

Bezogen auf die gesamte Schulsituation oder auf einzelne unterrichtliche Situationen heisst dies, dass jede Komponente, jedes Ereignis, jede Handlung die Möglichkeit in sich birgt, die Einheit als Ganzes zu tangieren - oder in Kurt Lewins bekanntem Diktum: Das Ganze ist mehr als die Summe seiner Einzelteile (Wertheimer, 1989). Es soll also nicht eine Reduktion im Sinne der Isolierung von Einzelereignissen, sondern vielmehr im Sinne der Integrierung von Ereignissen vorgenommen werden, um durch das Miteinbeziehen der vielfältigen Einflussquellen wichtige Hinweise bezüglich der problematischen Situation zu erhalten (Weinstein-Shr, 1990; ich verweise in diesem Zusammenhang auf den von mir bereits weiter oben diskutierten Ansatz der Vereinfachung durch Integration von Iran-Nejad et al., 1990, auch "Multisource-Phenomenon" genannt: vgl. Punkt 5.4.).

### 6.3.1. Phänomenologisch-hermeneutische Forschung

Lange Zeit wurde die Phänomenologie und die empirische Unterrichtsforschung in der gegenwärtigen methodologischen Diskussion als inkompatibel betrachtet. Jetzt mehren sich die Stimmen, welche beide methodischen Forschungszweige in unmittelbarem Zusammenhang sehen (Plöger, 1988b). Damit muss kurz auf den eigentlichen Begründer der Phänomenologie, Edmund Husserl, hingewiesen werden, für welchen die Methoden der empirischen Wissenschaften zur Erforschung der Natur und der sozialen Wirklichkeit nicht ausreichten (Smith, 1991). Er setzte diesen zunächst die Lehre von den Erscheinungen (Phänomenen) gegenüber, welche auf das Bemühen hinausläuft, die soziale Wirklichkeit möglichst vorurteilsfrei zu erfassen; d.h., die Wirklichkeit so zu betrachten, wie sie 'ist' und nicht, wie sie aufgrund von Theorien, Vorkenntnissen oder Vorurteilen erscheinen mag (Meinberg, 1989).
So existiert für die Phänomenologie etwa der erzieherische oder schulische Alltag immer schon, und zwar lange bevor er dem Zugriff der Wissenschaft ausgesetzt ist. Dieser Alltag beschränkt sich nicht nur auf sinnlich Gegebenes, sondern schliesst auch im Bewusstsein Existierendes mit ein, beispielsweise Denkerlebnisse und Erinnerungen (Zimmermann & Pollner, 1979). Eine solche Sichtweise wiederum bedingt, dass der Forschende schon im voraus um diese Wirklichkeit wissen muss: Er hat ein Vorverständnis dessen, was er erforschen möchte (Lamnek, 1988). Für den Phänomenologen ist das Erleben, Erkennen und Denken des Menschen deshalb immer auf etwas bezogen: sei es als sinnliches Wahrnehmen, als Vorstellung oder Erinnerung, als Urteil oder Wunsch über oder von 'etwas'. Um das Wesen eines Phänomens zu erfassen, werden

deshalb mehrere Reduktionen notwendig (Flick, v. Kardorff, Keupp, v. Rosenstiel & Wolff, 1991).[173]

### 6.3.2. Verstehen als verinnerlichtes Wissen

Hermeneutik als *die* interpretative Methode der geisteswissenschaftlich orientierten Sozial- und Textwissenschaften hat sich grundlegend verändert (Ricoeur, 1981). Ist sie von Dilthey (1914) noch zur Grundmethode der Geisteswissenschaften erklärt worden, so zeigen sich heute hermeneutische Ansätze äusserst breit aufgefächert (Aufenanger & Lenssen, 1986; Flick et al., 1991; Lamnek, 1988). Als gemeinsame Grundlage gelten aber für fast alle Ansätze die Interpretation und Reflexion individueller oder gegenstandsbezogener Phänomene. Mit Rekonstruktion ist die aktualisierende Wiederherstellung von (problematisch gewordenen) Überzeugungen gemeint: ihre 'Selbstverständlichkeiten' werden aufgehoben und neu begründet (Uhle, 1981). Damit eng im Zusammenhang stehen Diltheys Begriffe 'Erlebnis' und 'Ausdruck', welche die Grundlage jeglicher Form des Verstehens bilden: Nach Dilthey setzt jegliches Verstehen ein Erleben voraus. Einzelerlebnisse sind aber nur noch Teil von allgemeinen Familien-, Berufs- oder Freizeiterlebnissen, und erst die reflektierte 'Erinnerung' transponiert Einzelerlebnisse in generelle Kategorien. Somit kann Verstehen auch als das 'Nacherleben' oder das 'Einfühlen' verstanden werden (Reusser, 1989a). Niemand hat das treffender ausgedrückt als Geertz (1983, p. 56): “What happens to ‘verstehen’ when ‘einfühlen’ disappears?”

Im Zuge der Rezeption des Symbolischen Interaktionismus und der phänomenologischen Soziologie wurde die 'Alltagsorientierung' ein notwendiges Moment der pädagogischen Theorie. So hat beispielsweise Alfred Schütz stets betont, dass der subjektive Sinn des Handelns selbst in alltagsweltlichen Zusammenhängen nicht vollständig erfasst werden könne, wobei in unmit-

---

[173] Plöger (1988b) nennt folgende Stufenabfolge bei Husserl:

a) eine erste Reduktion erfolgt von der theoretischen Welt zur Lebenswelt - von Husserl 'Epoché' genannt - und welche ein Ausblenden all dessen, was die Wissenschaften an Erkenntnissen und Theorien hervorgebracht haben, erfordert. Es ist eine ursprüngliche Lebenswelt, wie sie sich täglich dem handelnden Menschen präsentiert, und welche Naturdinge, Kulturobjekte und Menschen umfasst. Im Vergleichen all dieser Phänomene ist es dann möglich, das Wesen zu erkennen (eidetische Reduktion), nämlich typische lebensweltliche, alltägliche Sinn- und Relevanzstrukturen des untersuchten Gegenstandes.

b) In der zweiten Reduktionsstufe wendet sich der Phänomenologe seinen Bewusstseinserlebnissen zu, den Phänomenen, d.h., er gelangt von der ursprünglichen, natürlichen zur phänomenologischen Einstellung, indem er reflektierend auf Distanz geht, indem das eigene Verhalten zur Welt beobachtet wird, und zwar als selbstkritisches Denkerlebnis.

c) Die dritte Reduktion besteht darin, die Idee, das Wesen eines Gegenstandes herauszustellen, und zwar durch Variierung des Phänomens. Aus der Vielfalt verschiedener Gesichtspunkte wird das 'Invariante' herausgefiltert. Das können Erlebnisweisen oder Einstellungen sein, die auch einem unbeteiligten Betrachter sichtbar würden. 'Phänomene' werden unvoreingenommen betrachtet, d.h. ungefiltert von irgendwelchen theoretischen Konstrukten (im Gegensatz zur hypothetisch-deduktiv konfirmatorischen Forschung).

d) Die abstrakteste, für Husserl aber entscheidendste Reflexionsstufe erfolgt mittels der transzendentalen Reduktion, welche zur transzendentalen Subjektivität führt, und in welcher die Welt im ganzen als Resultat einer transzendentalen Konstitution erkennbar wird.

telbaren umweltlichen Beziehungen die Voraussetzungen einer grösstmöglichen Annäherung an den subjektiven Sinnzusammenhang des Anderen gegeben sind (Lamnek, 1988). Somit sind die idealtypischen Konstruktionen des Wissenschaftlers oftmals solche zweiten Grades, welche auf denjenigen "gedanklichen Gegenstände(n) ... aufbauen, die im Alltagsverstand des Menschen konstruiert werden, der sein tägliches Leben in der Sozialwelt erlebt" (Niessen, 1979, S. 333). - Schütz' 'Lebensweltanalyse' sowie die von Blumer (1969) geforderte Forschung vom 'Standort des Handelnden aus', postulierten beide eine Handlungswissenschaft, a) die am Alltag der Erzieher und der von Erziehung Betroffenen anknüpft, b) diese vorstrukturiert aufgreift und c) die Interpretationen der alltäglichen Handlungen kritisch weiterentwickelt.

## 6.4. ETHNOGRAPHIE ALS QUALITATIVES VERFAHREN

Die Entwicklung der Ethnographie als Methode in den Sozialwissenschaften kann nur auf dem Hintergrund des Symbolischen Interaktionismus angesehen werden, eine Strömung, die unweigerlich mit der Chicagoer Schule von Mead (1934; 1972), Blumer (1969) und Becker (Becker & Geer, 1979) in Verbindung gebracht werden muss (Agar, 1980; Hammersley, 1990a). Von G. H. Mead begründet, legte diese das Gewicht insbesondere auf das soziale Selbst sowie auf die soziale Konstruktion von Bedeutung, betonte aber auch den immensen Stellenwert von Situationen als Einflussfaktor menschlicher Handlungen (cf. Woods, 1986b). Blumer (1969, p. 5) beschrieb diesen Prozess folgendermassen:

> "*First*, the actor indicates to himself the things toward which he is acting; he has to point out to himself the things that have meaning. (...) *Second*, by virtue of this process of communicating with himself, interpretation becomes a matter of handling meanings. The actor selects, checks, suspends, regroups, and transforms the meanings in the light of the situation in which he is placed and the direction of his action. Accordingly, interpretation should not be regarded as a mere automatic application of established meanings but as a formative process in which meanings are used and revised as instruments for the guidance and formation of action." (zit. nach Bullough & Knowles, 1991, p. 122)

Diese verschiedenen Konzepte kultur-, subjekt- oder gegenstandsbezogener Methodologien werden etwa auch als 'interpretative Paradigmata' zusammengefasst. Dabei haben insbesondere der Symbolische Interaktionismus, die sogenannte 'verstehende Soziologie' (Merton, 1975), die Ethnomethodologie[174] und

[174] Garfinkel (1967) gilt übereinstimmend als jener Forscher, der die ethnomethodologischen Grundpositionen entwickelt und das Verfahren erstmals ernsthaft in die sozialwissenschaftliche Diskussion eingebracht hat. Sein Erkenntnisinteresse wandte sich dabei von den klassischen soziologischen Begriffen der Rollentheorie ab: Soziales Handeln bedeutet für Garfinkel vielmehr ein komplexes Interaktionsgefüge, dessen Oberflächenstruktur durch wechselseitige Interpretationsmechanismen rekonstruiert werden muss. Garfinkels Definition von Ethnomethodologie liest sich denn auch als sehr komplex, wenn er diese bezeichnet als "... investigation of the rational properties of indexical expressions and other practical actions as contingent ongoing accomplishments of organized artful practices of everyday life." (p. 11). - Vergleiche dazu auch Terhart (1980b). - Vertreter der Ethnomethodologie, wie etwa Mehan (1979) und Bellack et al. (1966; 1974), untersuchten mittels semantischer Analyse sorg-

die holistische oder kritische Ethnographie darin ihre Eigenständigkeit erlangt (Jacob, 1987). Die Ethnographie der Kommunikation ist sowohl in der amerikanischen Kulturanthropologie[175] als auch in der britischen Soziologie, genauer in der Ethnomethodologie, verwurzelt.[176] In der neueren Diskussion um das Selbstverständnis der Unterrichtswissenschaft als ganzheitliche Handlungswissenschaft ist deshalb die Frage nach dem Verhältnis von Theorie und Praxis eine Uralte. Blumer (1969, p. 2) nennt drei Prämissen, welche für meine vorliegenden Forschungsfragen von Wichtigkeit sind:

**a)** *"... human beings act toward things on the basis of the meanings that the things have for them."* - Die Handlungen eines Lehrers beispielsweise folgen der eigentlichen Situationsbedeutung nach, in welcher die Handlung erfolgt.

**b)** *"... meaning (...) is derived from, or arises out of, the social interaction that one has with one's fellows."* - Das heisst, beim Verstehen der Entwicklung einer Lehrerbiographie beispielsweise müssen jene Komponenten des Kontextes miteinbezogen werden, welche von andern Mitgliedern der Gruppe mitdefiniert werden.

**c)** *"... meanings are handled in, and modified through, an interpretative process used by the person in dealing with the things he encounters."* - Dieser interpretative Prozess gründet auf einem inneren Gespräch ("internal conversation"), und dieses innere Gespräch - als zentrales Element des interpretativen Prozesses - kann nur aufgrund des existierenden 'Selbst' ("self") erfolgen. Mit 'Selbst' meint Blumer, dass ein menschliches Wesen sich selbst zum Objekt seiner eigenen Handlung machen kann, d.h., das 'Selbst' wird zu seinem Objekt. Es handelt in der Folge zu sich selber in dieser Art und Weise und lässt seine Handlungen andern gegenüber aus dem Verständnis dieses seines 'Selbst' als Objekt leiten.[177]

Eine solche Auffassung des eigenen 'Selbst' scheint mir - gerade in der Optik meines Kurses - ausgesprochen wichtig zu sein, denn die Veränderungen des

fältig aufgezeichnete Diskurstranskripte, um damit jene Normen und Gewohnheiten der am Unterricht teilnehmenden Schüler und Lehrer herauszufiltern, welche ihre Interaktionen und Denkprozesse leiteten.

175 "Darin gleicht das Erlernen einer fremden Kultur dem Erlernen einer fremden Sprache; zunächst blosses Sichanpassen und rohes Übersetzen, schliesslich ein vollkommenes Sich-Loslösen von der ursprünglichen Sprachwelt und wirkliches Beherrschen des Neuen." (Malinowski, 1929, S. XVI f.)

176 So präsentierten Cicourel et al. (1974) die ersten "classroom-studies" als eigentliche Konversationsanalysen. Mehan (1979) und Woods (1986a) - beides Schüler Cicourels' - publizieren extensiv über Schulforschungs-Projekte, die auf dem phänomenologisch-interaktionistischen Paradigma basieren. - Bezüglich der ethnomethodologischen Forschungsmethode (Weingarten, 1985; Weingarten & Sack, 1979) in der Sozial- und Sonderpädagogik, vergleiche insbesondere Eberwein & Köhler (1984).

177 Auf die Unterscheidung zwischen dem "I" und dem "Self" von Georg H. Mead (1934) kann hier nicht eingegangen werden.

Selbst eines Lehrers zu verstehen, heisst nicht nur, die individuellen Bedeutungsveränderungen festzustellen, sondern auch die Veränderungen der Beziehungsfelder miteinzubeziehen, die dort entstanden sind (Diese Einsicht hat beispielsweise den Lehrerstudierenden dazu verholfen, ihre Sichtweise geschilderter Veränderungen bei den Expertenlehrern in einem erweiterten Licht zu betrachten; cf. Kapitel 9).

### 6.4.1. Teilnehmende Beobachtung im interpretativen Paradigma

Während sich der interpretative Ansatz von G. H. Mead auf bestimmte Methodenausschnitte konzentriert - innerhalb des Symbolischen Interaktionismus spielt die teilnehmende Beobachtung eine besondere Rolle, wo sowohl das 'Warum' als auch der subjektive Faktor wichtig werden -, hat der ethnographisch-ökologische Ansatz zum Ziel, die Wechselwirkung zwischen Handlung und System zu erfassen. Die teilnehmende Beobachtung wird durch Ergänzung der Systembeobachtung zu einer *erkennenden* Beobachtung, so dass statt von einer verwendeten Hauptmethode vielmehr von einem ganzen Methodenbündel gesprochen werden kann, welches vom unstrukturierten Tiefeninterview bis zur Selbsteinschätzung reicht (Spradley, 1980). In einem solchen Design, mit dem Grundsatz der Einheit von Analyse und Intervention, werden klassische Störvariablen nicht ausgeschaltet, da sie als Haupteffekt auftreten und demzufolge Auskunft geben können über die subjektive Wahrnehmung und Interpretation der Situation der Beteiligten. Kleber (1984) nennt diesen Aspekt der systemisch-ökologisch-interpretativen Forschung entsprechend eine 'dynamische Analyse'. Denn erst durch das Erfassen dynamischer Prozesse könne in der Erziehungswissenschaft praxisnahe Forschung im Sinne der Analyse und Intervention betrieben werden, was Bronfenbrenners (1978) Konzept des ökologischen Übergangs entspricht, wonach jeder Wechsel des Lebensbereichs Anstoss für einen Entwicklungsprozess sein kann. Im nordamerikanischen Raum hat sich als Weiterentwicklung dieser Strömung begrifflich die sogenannte 'kritische Ethnographie' eingebürgert (vgl. G. L. Anderson, 1989).

### 6.4.2. Ethnographie und Unterrichtsforschung

Die ethnographische Methode, welche jene sozialen Theorien entdecken will, die in den teilnehmenden Beobachtungen real existierender menschlicher Lebewesen gründet (Glaser & Strauss, 1967), ist eine jener Untersuchungsmethoden, die im Vergleich zur konfirmatorischen Forschungstradition dem Untersuchenden erlaubt, Fragen zu stellen und Antworten zu erkunden, deren Stossrichtung auf der Erkundung tatsächlicher Vorkommnisse basieren und weniger auf vorgefassten Meinungen und Kategorien des Forschers (Hammersley & Atkinson, 1983; Hitchcock & Hughes, 1991; Hyde, 1987; Taft, 1987; VanMaanen, 1988). Nicht überraschend hat die Ethnographie als Forschungsmethode in den letzten Jahren einen gewaltigen Vormarsch zu verzeichnen:

> "Institutionalization [of ethnography] seems to be occurring. Research reports in the form of books and monographs appear at a high rate. New journals flourish. Articles, mono-

graphs, and textbooks on methododology and procedures, of many intellectual persuasions, flow from the presses. Conferences on the state of the art are held regularly and frequently across the country and around the world. Educational ethnography has not been a small ripple that has come and gone from the research scene. Its early proponents from the 1950's and before - Margaret Mead, Solon Kimball, George Spindler, and Jules Henry - would be amazed and pleased at what they began. Educational inquiry is now more pluralistic." (Smith, 1992, p. 458).

Die Arbeit eines Ethnographen wird somit von Agar (1986) auf einer allgemeinen Ebene definiert als "... ethnographers set out to show how social action in one world makes sense from the point of view of another" (p. 12). Ihr Ursprung geht zurück auf Feldstudien von Urvölkern innerhalb der kulturanthropologischen Tradition, wo insbesondere mit teilnehmender Beobachtung und explorativen Interviews gearbeitet wurde (Spindler, 1982), um beispielsweise herauszufinden, was es heisst, ein Mitglied dieser oder jener besonderen sozialen Gruppierung zu sein (Adler & Adler, 1987; Fetterman, 1988b). Bezüglich der beobachteten Ereignisse werden extensive Notizen festgehalten und anschliessend kodifiziert, um so eigentliche *Ereignis-Muster* herauszufinden. Mittels Interviews, die vorerst eher unstrukturiert sind, werden sorgfältig ausgesuchte Informanten über bestimmte Ereignisse befragt. Dies führt in einem zweiten Schritt zu strukturierteren Fragen über die Wirklichkeitskonstruktion dieser Informanten (Hammersley, 1990b; Wilcox, 1982).
Welches sind nun aber die wichtigsten Errungenschaften der Ethnographie innerhalb der pädagogischen Forschung? Die vorwiegend *beschreibende* Komponente von Ethnographien vermag bisher wissenschaftlich unerreichte Tiefenstrukturen aufzugreifen, die mit herkömmlichen Methoden nur ungenügend beleuchtet worden sind; als weitere Einflussfelder können auch die Bestätigung von Forschungsresultaten sowie die Koordinierung pädagogisch relevanter Forschungsinhalte genannt werden. Mögliche Vorteile ethnographischer Untersuchungen sind: a) die Absenz der Notwendigkeit von Ausgangs-Konzepten (ein Umstand, der möglicherweise die 'Entdeckung' einer wahrhaft anwendbaren Theorie ermöglicht, weil diese nicht wirklichkeitsfremd ist); b) die Verstehenskongruenz zwischen Forscher und Erforschten bezüglich untersuchten Ereignissen; sowie c) die Möglichkeit der Erforschung gerade auch kontroverser Ereignisse, und zwar über Zeit, was meist eine tiefergehende Sichtweise als mittels analytisch-konfirmatorischer Methoden erlaubt. Programmatisch auf den Unterricht bezogen heisst das: Die wohl grösste Einsatzstärke der Ethnographie liegt bei jenen ausgewählten Inhalten vor, in denen Lehrer angeblich die grösste Vertrautheit aufweisen. Den herkömmlichen Vertrautheiten werden dann nämlich möglicherweise neue Erkenntnisse entgegengesetzt:[178]

---

178 Die bereits erwähnte klassische Studie von Smith & Geoffrey (1968) bezeugt diese Vorteile: Die beiden Forscher sassen über ein halbes Jahr lang als teilnehmende Beobachter in einer Klasse von Arbeiterkindern, um jeweils abends ausführlich mit dem Lehrer 'William Geoffrey' - ein Pseudonym - Ereignisse, Tatsachen, Konzepte und Vorschläge zu besprechen; so u.a. über Rollenverständnisse des Lehrers und der Schüler, die Strukturierung von Klassenaktivitäten, Strategien der Lektionseröffnung und -schliessung, das Entscheidungsverhalten des Lehrers, Unterrichtstempo, Einführung und Erhaltung von Klassenkontrolle, Cliquen-

"… classroom and the lessons are perhaps the least significant aspects of school learning, of far greater importance are the great public routines of the school, the ceremonies, symbols and rituals of the school's corporate life." (Woods, 1986b, p. 6)

Ethnographische Untersuchungen können des weiteren vergleichende Fallstudien beinhalten, auch wenn bisher eher wenig ethnographische Studien auch tatsächlich mehrere Fälle wählten, um sie miteinander vergleichen zu können (Hammersley, 1986). Der Vorteil einer ethnographischen Einzelfallstudie ist immerhin der, dass durch das eigene 'Eintauchen' in die Dynamik einer sozialen Entität Prozesse und Ereignisse aufgedeckt werden können, die mit klassischen 'Oberflächenmethoden' nicht erfasst werden und somit durch das grobmaschige Netz fallen:

"To cast a net into the sea that is unintentionally designed to let most of the fish get away, and then to conclude from those that are caught of what the variety of fish in the sea consists is, at the very least, a sampling error of the first order. Then to describe the fish that are caught in terms of their length and weight is to reduce radically what we can know about the qualitative features of the ones that have been caught, not to mention the features of those that the net failed to catch in the first place. In this sense, I suspect, I may be accused of trying to weave new kinds of nets. So be it." (Eisner, 1985b, p. 152f.)

Shulman (1986a) plädiert für ethnographische Forschungsstrategien, welche im Detail jene Hintergrundbedingungen herauszufiltern versuchen, die beispielsweise die Unterschiede zwischen einem erfolgreichen und einem wenig erfolgreichen Lehrer darstellen (vgl. dazu Kapitel 5). Diese gewonnenen Informationen könnten dann als Basis in der Lehrerfortbildung nützliche Verwendung finden. Dies kommt einer Verfeinerung der bisherigen Schul und Unterrichtsethnographien gleich (vgl. Aster, 1990; Dick, 1993a; Erickson, 1975; 1977; Schratz, 1993; Terhart, 1979; Valli, 1992; Woods, 1986).

### 6.4.3. Kritik an ethnographischen Untersuchungen

Vergleichende Forschungsarbeit, wie sie die Ethnographie darstellt, bringt unweigerlich das Problem unterschiedlicher 'Resultate' gleicher Forschungsfragen mit sich. Dies ist vor allem deswegen der Fall, als partielle Beschreibungen in noch so ähnlichen Kontexten schwer vergleichbar sind. Zudem werden jene Ethnographien als problematisch empfunden, in denen Generalisierungsmöglichkeiten nicht abgeschätzt werden können: ein Preis, der mit der Intensität und Ausführlichkeit der Ethnographien wettgemacht werden kann. Geertz (1973) spricht in diesem Zusammenhang von "thick descriptions", von dichten Beschreibungen. Generalisierungshinweise hingegen in der Form von noch zu überprüfenden Hypothesen - und zwar in weiteren Untersuchungen - sind durchaus üblich. Dass dieser letztere Anspruch aber nicht das erklärte Ziel der Ethnographie sein kann, habe ich oben beschrieben. Ich komme im nächsten Abschnitt 6.5. nochmals ausführlicher auf diesen Punkt zurück. Das Argument, ethnographische Methoden dienten insbesondere der Theoriegenerierung, weni-

---

formation und Klassengeplänkel, 'Höhen und Tiefen' während des Schulquartals, Lehrer-Schüler-Verträge u.a.m. (cf. dazu auch Biddle & Anderson, 1986).

ger aber der Theorieprüfung, ist wohl in der Tendenz richtig, darf aber aus diesem Grund die ethnographisch erhobenen Einsichten nicht als 'mindere' Leistung taxieren.[179] Abschliessend sei einmal mehr auf Salomon (1990) verwiesen, der das Generalisierungsproblem folgendermassen differenzierend zusammenfasst: "The analytic approach capitalizes on precision while the systemic approach capitalizes on authenticity. But none is particularly good as a basis for generalization." (Salomon, 1991, p. 16)

Eine andere Kritik bemängelt die Objektivität, und zwar in dem Sinne, als zwei Untersuchende wohl nicht zur genau gleichen Einsicht kämen, weil jeder der beiden unbewusst seine einzigartigen Erfahrungen, ideologischen Verpflichtungen und Interessen in die Untersuchung miteinfliessen lassen würde (LeCompte & Goetz, 1982). Schliesslich ist auch die Darstellungsweise oft nicht über alle Zweifel erhaben (Meloy, 1993), ein Problem, welches zur folgenden Feststellung führt:

> "Published ethnographies vary greatly in quality, some people are confused between the concepts of ethnographic study and personal anecdote, and it is actually harder to detect fraud or exaggeration in ethnographic reports than in reports of confirmatory research. (...) The combination of theoretical sophistication, insightfulness, and writing skill [is] necessary to complete an insightful ethnographic study." (Biddle & Anderson, 1986, p. 238)

Dazu lasse ich abschliessend Clifford Geertz, einen der ganz Grossen der Kulturethnographie, zu Worte kommen: "Lernen wir, dass das Verstehen des Anderen, des 'Wilden' von gestern und des Nachbarn von heute, fliessende Erfahrung zwischen Menschen sein sollte. Ethnographie: in Worte gefasste Vitalität." (Geertz, 1988/1990)[180]

### 6.4.4. Diskussion

Ethnographie macht den Versuch einer Rekonstruktion der beobachteten Realität, indem versucht wird, bekannte Abläufe von Unterricht als etwas Fremdes und Ungewöhnliches zu sehen. Dies verlangt die sorgfältige Auswahl, Übersetzung und Interpretation einer bekannten Wirklichkeit, welche 'fremdgemacht' wird. Dabei meint aber die Gewichtung auf 'Interpretation' nicht etwa gleichzeitig 'Idiosynkratie', denn die gewonnenen Daten müssen ebenso reliabel sein wie das Produkt einer systematisch-strukturierten Untersuchung. Dies geschieht mittels problem- und feldkompatibler Methoden. Eine solche Qualifikation ethnographischer Erhebungen ist unabdingbar; denn 'Interpretation' ist per definitionem oftmals das Produkt individueller, hie und da auch kollektiver Bemühungen, alte und herkömmliche konzeptuelle Kategorien neu zu definieren

---

179 Dass ethnographische Studien auch in sog. 'etablierten Kreisen' Aufnahme gefunden haben, dokumentieren alteingesessene Prozess-Produkt-'Hardliner' wie Good & Brophy (1987), welche ihr weitverbreitetes Studienbuch *"Looking in Classroom"* - 1974 erschienen - in der 4. Auflage erstmals auch mit einem gesonderten Kapitel zu ethnographischen Untersuchungen, samt Beispielen, auflegen.

180 Vergleiche dazu insbesondere Ostrow (1990), welcher Geertz'Standpunkt zu Problemen ethnographischer Forschung und Interpretation abhandelt.

und neu zu ordnen. Eine solche Aktivität ist in sich sozial und unterliegt klaren Regeln und Vorschriften. Diese dienen aber eher der Maximierung des Verstehens als der Absicherung von Konformitäten eines bestimmten Modells innerhalb der Sozialwissenschaften. Ein solcher notwendiger Miteinbezug des interpretativen Intellektes in die Handlung der Transformation sozialer Erfahrungen, welche in ethnographischen Berichten und Darstellungen vorgenommen wird, kann aus positivistischer Sichtweise als Schwäche betrachtet werden. Sie bleibt aber ein Prärequisit ethnographischer Methodologie, wenn Ethnographie als in Worte gefasste Vitalität verstanden wird (Geertz, 1988).[181]
Da soll die ethnographisch-qualitative Forschung als *kontrastierende*, und nicht als antagonistisch 'kontestierende' Position zur sogenannten quantitativen Forschung aufgefasst werden (Agar, 1986; Fettermann, 1988a). Die Entscheidung darüber, was als Analyseeinheit zu betrachten ist, ist eine fundamental interpretative Frage, welche sowohl Urteils- als auch Wahlhandlungen voraussetzt. Eine solche Wahl aber greift tief in das zentrale Anliegen qualitativer Methoden ein, in welchen eher *Bedeutungen* und nicht so sehr Häufigkeiten die herausragende Wichtigkeit einnehmen, d.h., wo Bedeutungen wieder vermehrt 'bedeutungsvoll' werden sollen. Dabei kann auf die aufkommende Anzahl immer differenzierterer Verfahren für ethnographisches Arbeiten hingewiesen werden, wie eine solche qualitativ-interpretative Forschung planvoll zu führen ist. Diesbezüglich erfreut sich die qualitative Forschung auch mehr und mehr der Unterstützung philosophischer (Fenstermacher, 1992) wie auch moralischer Wissenschaftspositionen (Oser, 1992). Dies heisst, dass sich nicht nur elaborierte Forschungstechniken mit der intellektuellen Basis verschmelzen, sondern dass dadurch auch der methodologische Diskurs innerhalb der Wissenschaften erweitert wird.

### 6.4.5. Zusammenfassung

Die vorliegende Studie kann deshalb auch als Versuch gewertet werden, den Wert qualitativer Forschung für den Prozess des Entdeckens von Konzepten und möglichen Hypothesen sichtbar zu machen, die insbesondere für die Lehrerbildungsforschung, aber auch für die Unterrichtsforschung relevant sein können. Dabei werden die ethnographischen Fallstudien im Sinne von Glaser & Strauss (1967, 1979) auch als mögliche Strategien zur Entdeckung gegenstandsbezogener Theorien konzipiert. Im Darstellungsteil meiner Arbeit (Kapitel 9) stehen daher - nebst den Ergebnissen der einzelnen Fallstudien - auch die Verlaufsbeschreibungen der Untersuchungsschritte im Hinblick auf Ziele, Verfahren, Probleme und Lösungsversuche im Mittelpunkt, weil damit das besondere Gewicht der Verknüpfung von Einzelfallstudien und Ethnographien hervorgehoben werden kann (cf. Wilson & Gudmundsdóttir, 1987).

181 Der in Anlehnung an Feierabend (1975) lauthals gemachte Einwand "anything goes in ethnography" kann als Extremformulierung nicht ernst genommen werden (Rist, 1980).

## 6.5. ETHNOGRAPHISCH ORIENTIERTE FALLSTUDIEN

In diesem Kapitel gehe ich auf die von mir angewendete Fallmethodologie ein als ein Instrument, das sowohl qualitative wie auch quantifizierende Verfahren beinhaltet. Ich tue dies sowohl auf der konzeptuellen als auf der methodischen Ebene , damit die nachfolgenden Fallanalysen (Kap. 9) transparent werden. Fallstudien hat in den vergangenen Jahren im Zuge der Revalorisierung der interpretativen Sozialforschung wiederum an wissenschaftlichem Interesse gewonnen (Bude, 1988; Fetterman, 1990; Schön, 1991; Susteck, 1989). Fallbeschreibungen gelten - im Gegensatz zu eher als geschlossen bezeichneten Erhebungsinstrumenten (welche vorgängig dem Forschungprozess entwickelt werden, um dann die Realität mit dem eben entwickelten Kategorienraster einzufangen) - als qualitativ-induktive Verfahren. Sie stehen beispielsweise der Erziehungs- oder Schulwirklichkeit offen gegenüber, damit sie sich der Gesamtkomplexität der Forschungsrealität stellen können. Gerade wegen dieser pragmatischen Sichtweise, d.h., weil sie sich ganz konkreten Handlungsfeldern pädagogischer Praxis zuwendet, erlebt die Fallanalyse in der Erziehungswissenschaft in neuerer Zeit rege Verwendung.[182] Es gibt bis anhin eine Reihe publizierter Fallstudien, welche mittels Beobachtung, Beschreibung und Interpretation der unmittelbaren Unterrichtspraxis zu neuen pädagogischen Theoriebildungen geführt haben. Damit leisten diese Fallanalysen einen wichtigen Beitrag zur Überbrückung des Theorie-Praxis-Gefälles, welches vielerorts dokumentiert worden ist. Abgeschlossene Fallstudien gelten somit besonders als *praxisorientierte* Forschungsbeiträge, welche gerade Lehrpersonen in prägnanter Weise höchst komplexe Zusammenhänge bildhaft vorzuführen vermögen, und von wo aus der Weg zur dahinterliegenden Theorie oft 'glaubhafter' skizziert werden kann als umgekehrt, und zwar deshalb, weil die dargestellten Forschungsuntersuchungen in einem konkretisierten Fall, als teilweise nachvollziehbares Praxisbeispiel, verankert sind und deshalb der Perspektive der Lehrer nahekommen. Erst *innerhalb* der einzelnen Fälle ergeben sich möglicherweise verallgemeinernde Prinzipien, vielleicht gar propositionale Aussagen, welche Theorieanteile mit sich tragen (vgl. dazu die Diskussion in Kapitel 5).

### 6.5.1. Was ist ein Fall?

Eine Fallstudie kann nach Yin (1984) dann als empirische Untersuchung charakterisiert werden:

- wenn ein zeitgenössisches Phänomen in seinem wirklichen Lebenskontext untersucht wird
- wenn die Grenzen zwischen dem Phänomen und dem Kontext nicht klar ersichtlich sind

---

182 Dabei sei an Binneberg (1979, S. 397) erinnert: "Die Kunst, eine Fallbeobachtung in eine Falldarstellung zu überführen und mit einer Fallanalyse zu verbinden - ist, (...) historisch und systematisch gesehen, Prinzip, Anfang und Ursprung jeder pädagogischen Theorie."

• wenn verschiedene Quellen der Indizien- oder Beweisermittlung verwendet werden.

Die gesamte angelsächsische Literatur innerhalb der qualitativen Forschungstradition betrachtet Einzelfallanalysen generell als eine Methode, welche spezifische Charakteristika einer untersuchten Lebens- oder Alltagswelt in ihrer ursprünglichen Gesamtheit und Beutung einzufangen vermag (cf. etwa Carter & Unklesbay, 1989; Georges & Jones, 1980; Goetz & LeCompte, 1984; Merriam, 1988; Schön, 1991; J. Shulman, 1992; Strauss, 1987; Yin, 1984; Valli, 1992). Als Fall mögen dabei ganz verschiedene soziale Entitäten gelten. So können Fälle etwa sein: ein Einzellehrer (Ashton-Warner, 1963; J. Shulman, 1987; Bullough et al., 1989); eine kleine Lehrergruppe von vier Lehrern aus einem Fachgebiet (Gudmundsdóttir, 1988); Biographien von Junglehrern und Lehrerstudierenden (Knowles, 1989); Lehrerausbildungskonzepte (Creemers, 1986); eine Schülergruppe (Eaton et al., 1984); praktische Unterrichtserfahrungen (Goodman, 1986); die Art der Fragestellungen von Lehrern (Beynon, 1987); der Veränderungsprozess durch Lernen (Baird & Mitchell, 1987; Holt & Johnston, 1989) oder die Entwicklung von Lehrern (Hunsaker & Johnston, 1992); Charakter und Kultur von sechs Schulzentren (Lightfoot, 1983a); oder gar die Pädagogik als Unterrichtswissenschaft (Gage, 1985b; vgl. auch Brügelmann, 1982).[183] Miles & Huberman (1984) gebrauchen die beiden Begriffe 'Fall' ("case") und 'Sachlage' ("site") - gebunden an die 'Untersuchungsörtlichkeit' - in einem übertragenen Sinn synonym:

> "We use the word 'site' to mean the same thing as 'case'. Both refer to the same phenomenon: a bounded context in which one is studying events, processes, and outcomes. Note, that a 'case' could include a wide range of settings; a school, a program, a specific project, a network, a family, a community, and even the behavior of an individual over time in a specified environment. We prefer the word 'site' because it reminds us that a 'case' always occurs in a specified setting; we cannot study individual 'cases' devoid of their context in the way that a quantitative researcher often does." (Miles & Huberman, 1984 p. 28)

Damit ist aber noch nicht jede Beschreibung oder Ethnographie einer Person, eines Ereignisses, einer Schule gleichzeitig eine Fallstudie, wenn nicht vorher die Frage geklärt werden kann 'Wovon ist dies ein Fall?' Das heisst, dass das Prinzip der Exemplarität (des Besonderen) geklärt sein muss, damit die Beschreibung einer Einzelperson oder die Schilderung eines singulären Ereignisses als Teil einer erweiterten Ereignisgrösse oder Personengruppe gesehen werden kann ((Mishler, 1990; Shulman, 1981a). Wenn Fallstudien somit dem Prinzip des Exemplarischen unterliegen, dann müssen die Fälle so ausgewählt und gestaltet werden, dass sie entweder exemplarisch für *etwas* oder auch exemplarisch für *jemand* sein können (Reetz, 1988). Gleichzeitig scheint es unausweichlich, dass die Forschungsausrichtung des Wissenschaftlers diese Frage nach der Exemplarität des Falles mitbeeinflussen wird. Deshalb müssen die vier

183 Auf der angewandten Ebene von Fallstudien für die Lehrerausbildung sind besonders Cohn et al. (1987), Shulman & Colbert (1986) sowie Strike & Soltis (1985) erwähnenswert.

Kriterien der situativen Repräsentation und der wissenschaftlichen Repräsentation auf der einen Seite, sowie die subjektive Bedeutsamkeit und die subjektive Adäquanz und Fasslichkeit auf der andern Seite - welche miteinander in einem sowohl interdependenten als auch konkurrierenden Verhältnis stehen -, erfüllt sein (Flick et al., 1991; Lamnek, 1988; Mayring, 1990).

### 6.5.2. Generalisierungsprobleme von Fallstudien

Fallstudien haben im Forschungsprozess lange Zeit eher das Ansehen eines Notbehelfs für erste mögliche Erklärungsversuche genossen. Dies wohl deshalb, weil sie als Explorationsstudien eher Ergebnisse aufgewiesen haben, die im allgemeinen selten den Gültigkeitsansprüchen haben genügen können, welche den quantitativen Verfahren zugesprochen wird. Dabei scheint die Schwierigkeit vor allem darin bestanden zu haben, das im betreffenden Fall 'Typische' anschaulich und beweisbar zu machen: Dies wird mittels entsprechender Interview- und Zitatssauschnitten versucht, was einer selektiven Plausibilisierung gleichkommt und sich deshalb dem Vorwurf aussetzen musste, die Nachvollziehbarkeit der Ausschnitt-Auswahl nicht garantieren zu können. Hiermit ist der wissenschaftliche Anspruch der Fallanalysen vor allem aus dem Blickwinkel empirisch-statistischer Methoden in Frage gestellt worden. Das Hauptproblem der Falluntersuchungen sei ganz klar das Schlussfolgern, von einem oder mehreren Fällen auf eine bestimmte Population oder auf eine theoretisch interessante oder relevante Aussage. Nach Yin (1984) kann aber bloss letzteres das erklärte Ziel der Fallstudien sein:

> "Case studies, like experiments, are generalizable to theoretical propositions and *not* to populations or universes. In this sense, the case study, like the experiment, does not represent a 'sample', and the investigator's goal is to expand and generalize theories *(analytic generalization)* and not to enumerate frequencies *(statistical generalization).*" (Yin, 1984, p. 21; Heraushebung A. D.)

Erickson (1986) argumentiert in seinem grundlegenden Aufsatz zur Qualitativen Forschung im Handbuch zur Unterrichtsforschung gegen diese Kritiken, wonach die Untersuchungslogik des interpretativen Forschers vom konkret Partikulären zum Universellen anders als bisher betrachtet werden müsse. Der Unterschied zu positivistischen Sichtweisen liege grundsätzlich nicht darin, Untersuchungsereignisse oder -elemente als Stichprobe über eine grosse Breite konkreter Partikularitäten auszuwählen, sondern einen konkreten partikulären Fall im Detail zu untersuchen, um daraus ein so vollständig wie mögliches Typikmodell zu entwickeln, und zwar sowohl der Situation als auch des Kontextes, in welchem dieses situiert ist. Geertz (1983) nennt dies die Generalisierung *innerhalb* eines Einzelfalls, statt über verschiedene Fälle hinweg. Ein möglicher Ausweg aus diesem 'Generalisierungsproblem' findet sich darin, zunächst den 'Fall' als Fall zu behandeln und damit den Prozess seiner Interpretation zu verdeutlichen, und erst in einem zweiten Schritt den verallgemeinernden Vergleich - sofern man dies beabsichtigt - mit andern Fällen darzustellen. Dies erlaubt die "Verortung der 'illustrativen Zitate', mit denen (...) die gefunde Typik plausibilisiert wird." (Flick et al., 1991, S. 169). Zudem gibt es auch die Möglichkeiten, zusätzlich an sogenannten abweichenden Fällen anzusetzen, um damit das Typische noch expliziter zu machen (cf. J. Shulman, 1992; Valli, 1992).

*6.5.2.1. Zusammenfassung*

Dass (Einzel-)Fallstudien als Erfahrungs- und Beweismaterial einen durchwegs gangbaren Weg zur Erhellung der erzieherischen Praxis darstellen, ist heute unbestritten. Gerade unter dem Aspekt der hohen externen Validität des Untersuchungs-Settings wird ein Nachvollzug zu einem grossen Teil möglich und damit ein Anspruch der theoretisch-analytischen Verallgemeinerungsfähigkeit eingelöst.[184] So vermögen Protokollierungen, Interpretationen beobachteter Handlungs- und Reflexionseinheiten nicht selten 'andere', neue Handlungs- oder Denkperspektiven zu eröffnen, die für die Weiterentwicklung spezifischer Fragestellungen und Interventionsmodelle wertvoll und unabdingbar sind. Dabei ist die frühere Einstellung zu Fallstudien, wonach Einzelfallanalysen lediglich explorative Vorstudien darstellen, vermehrt nicht mehr zutreffend: Gerade auf der Ebene des Exemplarischen (des sozialen Systems, der Schule, der Klasse oder des Lehrers als Individuum) kann gezeigt werden, dass sich durch ebenso sorgfältige wie langwierige Aufzeichnungen (Protokolle) von Interaktionen und Handlungen und deren Interpretationen das Allgemeine in Form von typischen Deutungsmuster oder Sinnstrukturen rekonstruieren lässt.[185]

*6.5.2.2. Gegenstandsbezogene Theoriebildung*

Als eine solid ausgearbeitete und bis anhin anerkannte qualitative Forschungsstrategie gilt die gegenstandsbezogene Theoriebildung, welche von Glaser & Strauss (1967; 1979) in "Discovery of Grounded Theory" beschrieben wurde. Diese pragmatische Strategie, die im wesentlichen auf der Urteilskraft des Untersuchers beruht, wurde von Strauss (1987) für praktische Forschungsaufträge allgemein verständlich dargestellt: Gerade wo es um das Verständnis von Lebenswelt und Alltag geht, eignet sich diese gegenstandsbegründete und auf Daten basierende Theorie recht gut, erlaubt sie doch dem Forscher ein kreatives Konstruieren von Theorien; ein Prozess, der sich immer wieder wechselseitig mit den Daten 'konfrontieren lassen' muss. Altrichter & Posch (1989) haben diese Theorie unter dem Aspekt der Anwendung in der Lehrerforschung eingehend diskutiert.

---

184 Ähnlich einem Tatsachenbericht, wo man als 'Dabeigewesener' reportierte Ereignisse ähnlich erlebt oder empfunden hat oder nicht, wie sie im Bericht dargestellt werden, werden bei Fallstudien mittels Beobachtungen, Interviews und Gespräche Tatsachen aufgezeichnet und durch die zeitliche Kontinuität des Berichtes replizierbar, wobei schrittweise ein pädagogisches Problem oder eine sozialpsychologische Situation nachvollzogen oder nachempfunden werden kann.

185 Die meistempfohlene Lektüre in qualitativen Methodenkursen an amerikanischen Universitäten bleibt die soziologische Einzelfallanalyse *Street Corner Society* von W. F. Whyte (1943): Dieser Klassiker macht auf jene sozialen, interpersonalen Schlüsselphänomene einer subkulturellen Gruppierung italienischer Abstammung in einem 'Downtown-Slum' von Boston aufmerksam (das von Whyte als Pseudonym 'Cornerville' genannt wird), welche seither als 'soziologisches Fallphänomen' generalisiert über Ort und Zeit in manchen amerikanischen Grossstädten neu beobachtet werden konnte.

Die "grounded theory" war für Glaser & Strauss ihre Antwort auf die häufig einseitig angelegten logisch-deduktiven Theoriebildungen, in denen aus bereits vorhandenen Theorien Hypothesen abgeleitet und anschliessend geprüft wurden, womit aber möglicherweise ein Entdecken von Konzepten verhindert wurde. Damit bemängelten die beiden Autoren den praktischen Nutzen solcher Theorien ebenso wie deren theoretische Abgehobenheit und Realitätsferne. Eine ideale Theorie begründet sich nach Glaser & Strauss demnach sowohl in den ausführlich erhobenen Daten als auch in "thick descriptions" (Geertz, 1973), um anschliessend mittels zutreffenden Erklärungen, Interpretationen und allfälligen Voraussagen legitime Anwendungsmöglichkeiten für die Praxis aufzuzeigen. Glaser & Strauss (1967) unterscheiden dabei zwischen gegenstandsbezogenen und formalen Theorien, d.h., zwischen zwei voneinander abhängigen Theorieansätzen, wobei die ersteren als substantive Theorien die Untersuchung konkreter, spezifischer Gegenstandbereiche meint, während die zweiten auf diesen aufbauen: Das deskriptive Material wird zur Entwicklung von formalen Theorien mit allgemeinem Geltungsanspruch verwendet. Dies ist erst dann möglich, wenn eine theoretische Sättigung eintritt, d.h., wenn neues empirisches Material die ursprüngliche gegenstandsbezogene Theorie nicht mehr verändert und unter diese bereits entwickelte Theorie zu fassen ist.
Eine solchermassen realitäts- und gegenstandsnahe Erforschung leistet einen wichtigen Beitrag zur Überbrückung des Theorie-Praxis-Gefälles, weil damit auch weniger Anwendungsprobleme zu erwarten sind: Dergestalt kreierte Theorien, welche den erhobenen empirischen Situationen 'gerechter' werden, sind auch für den wissenschaftlichen Laien - hier die Lehrerinnen und Lehrer die - verständlich und deshalb 'brauchbar und nützlich'. Ein solcher Anspruch qualitativer Forschung reicht somit über die herkömmlich attribuierte 'explorierende' Bedeutung hinaus und reicht hin zu 'theoriegenerierenden' Bedeutungsaspekten (Flick et al., 1991; Lamnek, 1988; 1989).

### 6.5.3. Allgemeine Gütekriterien qualitativer Forschung

Der Forschungprozess in qualitativ-interpretativen Erhebungen setzt sich seit einiger Zeit eigene spezifische methodische Massstäbe, die nicht mehr den Vorstellungen klassischer quantitativer Gütekriterien entsprechen (Kirk & Miller, 1986; LeCompte & Goetz, 1982; Slavin, 1986, 1987). Diese Massstäbe entsprechen vielmehr dem Grundsatz, dass die *Gütekriterien methodenangemessen* sein müssen, und nicht umgekehrt (wie in der quantitativen Forschung). Mayring (1990, S. 103ff.) beschreibt dabei mögliche übergreifende Gütekriterien qualitativer Forschung, die sich aus spezifischen Charakterisierungen teilnehmender Feldforschung und Einzelfallanalysen, aber auch als allgemeinere Überlegungen qualitativen Forschens ableiten lassen:

- Verfahrensdokumentation
- Argumentative Interpretationsabsicherung
- Regelgeleitetheit
- Nähe zum Gegenstand (Orientierung am 'Forschungsgegenstand')

- Kommunikative Validierung
- themenbezogene Triangulation - inhaltsbezogene Triangulation

Aus darstellerischen Gründen habe ich mich entschlossen, nicht an dieser Stelle näher auf diese gegenstandsbezogenen Gütekriterien der qualitativen Forschung einzugehen. Im Auswertungsteil meiner Hauptstudie, auf den ich hier ausdrücklich verweisen möchte, habe ich die ethnographische Arbeit zwischen den Lehrerstudierenden und den Expertenlehrern aber exakt mittels dieser sechs Kriterien 'eingeschätzt' (vgl. Abschnitt 8.4.4. Zuverlässigkeit der ethnographischen Daten); dabei werden dort die Gütekriterien zwecks näherer Überprüfung genauestens charakterisiert.[186]

### 6.5.4. Zusammenfassende Diskussion

Vor annähernd zwanzig Jahren bereits verlangte "the grand old man" der ATI-Forschung, Lee Cronbach (1975)[187] in seinem berühmten Artikel "Beyond the Two Disciplines of Scientific Psychology" ein grundsätzliches Überdenken der Sozialwissenschaften, die sich in ihren unterschiedlichen methodologischen Zugangsweisen zu sehr ausschliessen und damit das volle Wissenspotential in den Geistes- und Humanwissenschaften nicht ausschöpfen würden. Er schlug eine Reduktion der rigiden Besorgtheit um methodologische Orthodoxien vor und stattdessen eine Konzentration auf das wichtigste Kriterium effektiver und verantwortungsvoller sozialwissenschaftlicher Forschung, nämlich Klarheit, mit welcher die spezifischen Probleme in partikulären Kontexten von Ort und Zeit erhellt werden sollen.

Die Suche nach generalisiertem theoretischen Wissen ist nach Cronbach (1982) in der Zwischenzeit eine annähernd hoffnungslose Angelegenheit geworden, weil solches Wissen fast immer die Verbindung von Anspruchsqualitäten wie lokale Bedingungen, spezifische Umstände und eingeschränkter Zeitabschnitte miteinbeziehen sollte. Damit wird aber die Unterscheidung zwischen 'Forschung' und 'Evaluation' unklar, weil die beabsichtigten Generalisierungen der Forschung und die beabsichtigten Partikularitäten der Evaluation nicht mehr als adäquate scharfe Diskriminatoren wirksam sein können. Cronbachs Kritik richtet sich somit nicht bloss auf die bei den einzelnen Forschungsdisziplinen oft beobachtete Überängstlichkeit bezüglich der Methodenangemessenheit, sondern auch auf den propagierten 'Wahrheitsanspruch', der - mittels vereinnahmender, objektiver Gütekriterien - fast 'magisch' Generalisierung genannt wird. Cronbach wünscht sich eklektischere und damit bescheidenere Forschungskonzeptionen, die dadurch aber möglicherweise glaubhafter werden könnten:

> "What research styles and objectives follow from the intent to advance understanding? A mixed strategy is called for: censuses and laboratory experiments, managerial monitoring

[186] Bezüglich einer Verbesserung der Generalisierungsproblematik qualitativer Untersuchungen siehe Schofield (1990), inbezug auf Validitätsfragen vergleiche Wolcott (1990).

[187] Cronbach (1982; Cronbach & Snow, 1981; Cronbach & Suppes, 1969)

and anthropological Einfühlung, mathematical modeling and unstructured observation. A few observations can be offered even for eclectic social science. - Social inquiry reports on events in one or more sites during one slice of time. It can be viewed best as quantitatively assisted history. The more the observer learns of detail and process, the better; observation from afar is impoverished. The impersonal, predesigned research study is of precious little use in gaining a new idea (Glaser and Strauss, 1967), however useful it may be in confirmatory research or in routine monitoring. Though one may 'lose objectivity' by appearing on the scene and attending to variables not specified in advance, the benefit outweighs the loss ... - Let me put it differently. *All social scientists are engaged in case studies.* The 1980 census is no less a case study than is Erikson's Young Man Luther (1958). The observations take meaning from their time and place, and from the conceptions held by those who pose the questions and decide how to tabulate ..." (Cronbach, 1982, pp. 73-75)

(In einem persönlichen Gespräch in Stanford hat mir Lee Cronbach am 27. 1. 1988 zu meiner ethnographischen Erhebung, die damals in Planung war, Mut zugesprochen. Ich danke ihm an dieser Stelle dafür.)

### 6.5.5. Persönliche Gedanken als Überleitung zum Erhebungsteil

Wenn Lehrern Unterrichtsforschungsresultate vorgehalten werden, produzieren diese bezüglich der aufgeworfenen Forschungsthemen oft ein 'natürliches' Berichten aus ihren eigenen Schul- und Unterrichtserfahrungen (Dick, 1985). Dabei werden beide, Forschungsberichte und eigene Berufserfahrungen, wechselseitig kritisch beleuchtet und miteinander verglichen, wobei Lehrer ein ganz besonders scharfes Auge auf die Generalisierungsaussagen der Forschungsresultate im Vergleich zu den individuellen Eigenerfahrungen legen. Damit treffen sich Forschungsresultate ('Wissenschaftserfolg') mit praktischem berufsspezifischem Wissen von Lehrern ('Praxisweisheit'). Erst in diesem Austausch, in dieser Auseinandersetzung erlangen Forschungsresultate ihren eigentlichen Wert, wobei die Schlüsselbeiträge zur richtigen Interpretation der Resultate nicht selten von den Lehrern als Hauptakteure selber kommen. Damit werden die Forschungsergebnisse dergestalt als theoretische Generalisierungen betrachtet, als sie in der Optik lokaler Bedingungen und praktischer Erfahrungen von einzelnen Lehrern überlegt, beraten, erwogen und bedacht werden, um die 'Anwendbarkeit-Relevanz' herauszufinden. Dasselbe gilt für Einzelerfahrungen und Eigenerlebnisse, die - bevor sie als 'richtig' deklariert - auf dem Hintergrund empirischer Theorien validiert werden.
Diesem Prinzip der Praxis-Forschung-Verschränkung versuchte meine nachfolgend dargestellte Arbeit insofern nachzukommen, als ich die ethnographischen Erkundungsfragen, die ich den Lehrerstudierenden als 'Ausgangspaket mitgab', aus Forschungseinsichten schöpfte, welche durch die Konfrontation mit den Lehrern teilweise reformuliert und teilweise gar transformiert worden sind. Dies kann insbesondere bezüglich der Hauptstudie gesagt werden. Aber bereits in der Pilotstudie waren Merkmale davon spürbar. Davon berichtet das nachfolgende Kapitel.

# 7. Vorstudie zur Planung der Hauptstudie

*"Nur der Unterricht ist gut, der der Entwicklung vorauseilt." (Wygotsky, 1987, S. 302)*

"Was die Schule im Moment nur in einem ganz beschränkten Masse anbieten kann, das ist Wärme, emotionale Zuwendung, Unterstützung. (...) Ich glaube aber, dass die Schule in der Zukunft nicht nur 'Nützliches' - im wirtschaftlich rational-rationellem Sinne - lehren und lernen will, sondern auch Lebensfreude und Lebensbewältigung." [BR, SI 1]

"Mein wichtigstes Anliegen ist, dass der Schüler - und das ist für mich die nächste Generation - fähig ist, über sich selbst zu bestimmen. Das hat zuerst einmal mit 'Können' zu tun (wie Kommunikationsfähigkeit, Rechnen, mit Üben des Abstraktionsvermögens, aber auch mit Zeichnen, musischem Empfinden, das alles gehört dazu, das ist klar); aber nachher gehört auch noch ein Selbstwertgefühl dazu, dass der Schüler das, was er gelernt hat und selbst 'möchte', selbständig reflektiert und in sein Leben überträgt. Es ist also das, was man 'Erziehung zur Mündigkeit' nennt." [BR, EI 12]

Im Verlauf meiner Forschungsprojektarbeit habe ich eine Vorstudie durchgeführt, die mir relevante Einsichten bezüglich meiner Hauptstudie 'lieferte'. Ich berichte in der Folge kurz davon, um damit zur Planung und Durchführung meiner Hauptstudie überzuleiten, welche sich im nächsten Kapitel 8 findet. Ich begründe nachgehend auch, weshalb ich diese Vorstudie im Lichte meiner Hauptstudie plante, und berichte in aller Kürze über jene Resultate, die mich mit Argumenten für die Planung meiner Hauptstudie 'versahen'.

## 7.1. Praxisausbildung: 'Nulleffekt'?

Ich habe mir während meiner Ausbildungsarbeit als Lehrerbildner und insbesondere während der Auseinandersetzung mit meinem Forschungsthema verschiedentlich die Frage gestellt, welcher Ausbildungswert wohl dem berufspraktischen Teil zukommt. Dabei hat mich besonders interessiert, ob und in welchem Umfang reflektierende, erörternde, abwägende Gespräche über besonders erfolgreiche und/oder besonders schwierige Unterrichtssituationen in den berufspraktischen Ausbildungsmomenten auch 'Platz' haben. Diese Frage wurde umso dringender, als beispielsweise in der Literatur vermehrt pessimistische Forschungsergebnisse zu Praktikumserfahrungen von Lehrerstudierenden auftauchten, die von einem 'Nulleffekt' der theoriegeleiteten Ausbildung an

Lehrerbildungsinstitutionen sprechen (cf. meine Ausführungen im Kapitel 2 'Lehrerentwicklung'). Wie ich weiter oben ausführlich dargestellt habe, scheinen viele Lehrerstudierende von der späteren Praxis 'aufgeschluckt' zu werden: Trotz dem Vorsatz, die universitären Gedanken nicht gleich über Bord zu werfen, vertreten sie anscheinend bei Berufseintritt eher konventionelle, traditionelle Meinungen. Ob Junglehrer dabei zum integrierten Teil der Praktikerlebenswelt werden möchten, einer Praxiswelt, die bisher nur sehr bedingt die Forschungsergebnisse mit der Entwicklung der Praxis in einen integrierten Zusammenhang bringen konnte, ist nicht geklärt (vgl. dazu auch Punkt 5.3.5.3. 'Untersuchungen zur schulpraktischen Ausbildung'). Denn während sich beispielsweise Zeichner & Tabachnick (1981) vor zehn Jahren fragten, "are the effects of teacher education 'washed out' by school experience?", beantworteten sie diese Frage ein paar Jahre gleich selbst, indem sie die Unterrichtsperspektiven von Lehrerstudierenden untersuchten[188]. Zeichner, Tabachnik & Densmore (1987, p. 34) taten dies bezüglich der vier folgenden Inhaltsbereiche :

(1) Wissen und Lehrplan
(2) Die Rolle des Lehrers
(3) Lehrer-Schüler-Beziehungen
(4) Schüler-Unterschiede

Basierend auf dem Standardwerk zu Dilemmatasituationen im Unterricht von Berlak & Berlak (1981) wurden Lehrerstudierende im Anschluss an Unterrichtsbeobachtungen in Interviews von den Forschern hinsichtlich konfliktreicher Unterrichtssituationen oder 'Dilemmatasituationen von Unterricht' befragt. Zumwalt (1989) nennt beispielsweise eine ganze Reihe solcher gegensätzlicher Ansprüche, die sich möglicherweise einem Junglehrer als Dilemmasituationen 'präsentieren' können:

> "Related enduring curricular problems involve coming to terms with such *dilemmas* as equity *versus* excellence, the rights of the individual student *versus* the rights of the class, homogeneous *versus* heterogeneous grouping, coverage *versus* mastery, socialization *versus* individualism, subject-centered *versus* child-centered orientation, cognitive goals *versus* affective goals, general curriculum *versus* differentiated curriculum, the school as a maintainer of the status quo *versus* the school as a change agent, traditional orientation *versus* progressive orientation, disciplinary *versus* interdisciplinary approach, local *versus* state/federal control of education, and so forth. Other ongoing curricular concerns involve fragmentation, relevance, balance, censorship, accountability, the influence of the textbook and test industries, and the role of the teacher." (Zumwalt, 1989, p. 180; Heraushebung A. D.)

Zeichner, Tabachnik & Densmore (1987) operationalisierten die vier Inhaltsbereiche in die nachfolgenden Teilkonstrukte, welche ihnen als 'thematischer

[188] Die Autoren unterscheiden Einstellungen von Unterrichtsperspektiven folgendermassen: "[teaching] ... perspectives differ from attitudes since they include actions and not merely dispositions to act. Also, unlike values, perspectives are specific to situations and do not necessarily represent generalized beliefs or ideologies." (Zeichner & Tabachnik, 1985, p. 5)

Leitfaden' sowohl bei der Interviewbefragung als auch bei der teilnehmenden Beobachtung diente:

**(1) Bereich 'Wissen und Lehrplan'**

| | | |
|---|---|---|
| öffentliches Wissen | vs. | persönliches Wissen |
| Wissen als Produkt | vs. | Wissen als Prozess |
| Wissen ist gesichert | vs. | Wissen ist problematisch |
| Lernen ist fragmentiert | vs. | Lernen ist ganzheitlich |
| Lernen ist unverbunden | vs. | Lernen ist integriert |
| Lernen als individuelle Aktivität | vs. | Lernen als kollektive Aktivität |
| Lehrerkontrolle der eigenen Schüler niedrig | vs. | Lehrerkontrolle der eigenen Schüler hoch |

**(2) Bereich 'Lehrerrolle'**

| | | | |
|---|---|---|---|
| Die Rolle des Lehrers bei der Bestimmung dessen, *was* zu unterrichten ist (Fachinhalte; Lehrplan) | bürokratisch | funktional | unabhängig |
| Die Rolle des Lehrers bei der Bestimmung dessen, *wie* zu unterrichten ist (Unterrichtsformen, -methoden) | bürokratisch | funktional | unabhängig |
| Die Rolle des Lehrers inbezug auf Schulregeln u. -bestimmungen (Reglemente; Verordnungen) | bürokratisch | funktional | unabhängig |

**(3) Bereich 'Lehrer-Schüler-Beziehungen'**

| | | |
|---|---|---|
| distanzierte Lehrer-Schülerbeziehung | vs. | persönliche Lehrer-Schülerbeziehung |
| hohe Lehrerkontrolle über Schülerverhalten | vs. | niedrige Lehrerkontrolle über Schülerverhalten |

**(4) Bereich 'Schüler-Unterschiede'**

| | | |
|---|---|---|
| Schüler als Mitglieder einer Kategorie | vs. | Schüler als einzigartige Wesen |
| Schul-Lehrplan: universalistisch | vs. | Schul-Lehrplan: partikulär |
| Schülerverhalten: universalistisch | vs. | Schülerverhalten: partikulär |
| Zuteilung schulischer Ressourcen: gleichmässig | vs. | Zuteilung schulischer Ressourcen: differenziert |
| Schul-Lehrplan: Gewicht auf ein allgemeines Kulturbewusstsein | vs. | Schul-Lehrplan: Gewicht auf unterschiedliche Subgruppen |
| Karriereorientierung: restriktiv | vs. | Karriereorientierung: wenig restriktiv |

Das Hauptergebnis dieser Studie zur Berufssozialisation von Junglehrern ist für meine vorliegende Arbeit höchst aufschlussreich: Zeichner et al. (1987) fanden zu ihrer allgemeinen Überraschung heraus, dass die Substanz der Unterrichtsperspektiven von Lehrerstudierenden durch die klassischen berufspraktischen Praxisausbildungselemente (Praktika und Übungsschule) kaum merklich verändert wurde:

> “Our analyses of interviews and observations with students, and of interviews with cooperating teachers and university supervisors, overwhelmingly indicate that student teaching *did not* significantly alter the substance of the teaching perspectives that the 13 students brought to the experience. On the contrary, with the exception of three students, teaching perspectives *solidified but did not change* fundamentally.” (Zeichner, Tabachnik & Densmore, 1987, p. 36; Heraushebung A. D.)

Somit interessierten mich in der Folge insbesondere jene Fragen, die mit den spezifischen Inhaltsbereichen verbunden waren, wie Junglehrer ihren Praxiseinstieg selber erfahren haben, wie sie diesen retrospektiv beschreiben und persönlich bewerten und Bilanz ziehen.

## 7.2. VORSTUDIE: REFLEXION EIGENER BERUFSERFAHRUNGEN

### 7.2.1. Planung und Durchführung

Ausgangspunkt meiner Fragestellung waren prägende Berufserfahrungen von Junglehrern an der Orientierungsschule,[189] d.h., ihre wichtigsten unterrichtlichen, schulischen Erfolge und Schwierigkeiten sowie die Auswirkungen auf die Berufsentwicklung oder Berufsidentität (Dick, 1986). Dazu konzipierte ich eine kleinere Vorstudie, indem ich mich (a) auf deutschsprachige Autoren (Brück, 1978; Schramm, 1979; Gerner, 1981; Eugster, 1984); wie auch (b) auf die bekannten Publikationen aus Übersee wie beispielsweise Fuller & Bowns (1975) Theorie der Dezentrierung und Katz & Raths (1984) Entwicklungsstufen von Lehrern, sowie insbesondere (c) auf Veenmans (1984) Metaanalyse zu Problembereichen von Junglehrern stützte. (Diese genannten Untersuchungen habe ich im Kapitel zur Lehrerwerdung dargestellt, vgl. Kapitel 2).[190] In eineinhalb- bis zweistündigen Interviews an einem neutralen, von den freiwillig Partizipierenden vorgeschlagenen Ort befragte ich acht von mir angefragte fortgeschrittene Junglehrer (vier Lehrerinnen und vier Lehrer) mittels des nachfolgenden problemzentrierten Interviewleitfadens (Hopf & Weingarten, 1979; Hopf, 1991). Die Fragen des halbstandardisierten Interviews teilten sich dabei in folgende inhaltliche Kategorien auf:

**1. Motivation für die Berufswahl:**
Fragen der Berufswahl, die sich auf Personen (bspw. Lehrer), Situationen (bspw. Schulerlebnisse), beeindruckende Literaturlektüre (bspw. reformpädagogische Projekte), Gratifikationsmöglichkeiten (bspw. ausgiebige Ferienzeit) sowie auf besondere Einstellungen und Werthaltungen (bspw. Lehrersein: Beruf oder Berufung, pädagogisches Ethos) beziehen.

**2. Schulische Sozialisation:**
Fragen, die sich auf die eigene Schulzeit beziehen: Erlebnismuster bezüglich

[189] Diese Schulstufe interessierte mich aus zwei Gründen: Erstens, weil ich selber in der universitären Lehrerausbildung für das Sekundarlehramt tätig bin; zweitens, weil bisherige Untersuchungen zur selben Problematik mehrheitlich mit Primarlehrern durchgeführt worden sind (cf. beispielsweise Cloetta & Hedinger, 1981; Cohn, Kottkamp & Provenzo, 1987).

[190] Es ist an dieser Stelle lediglich anzumerken, dass sich bei Veenman (1984) die Problembereiche der metaanalytisch zusammengefassten Untersuchungen eher auf die Mikroebenen von Unterricht bezogen haben, während der weitere kulturelle Kontext der Schule ausgeklammert worden ist. Dies ist darauf zurückzuführen, dass die jeweiligen Originaluntersuchungen in ihrem Design eher auf Mikroaspekte von Unterricht konzipiert worden sind.

(un)angemessen handelnden erfahrenen Lehrerinnen und Lehrern, bezüglich Mitschülerinnen und Mitschülern, 'Status' und Rolle im Sozialgefüge der Schulklasse(n), schulischer Leistungsmöglichkeiten und -defiziten sowie bezüglich der Bedeutung des Elternhauses für die schulische 'Laufbahn'.

**3. Primärsozialisation:**
Fragen zur schulischen Sozialisation, die sich auf die Beziehung zu Mutter, Vater und Geschwister sowie andern wichtigen Bezugspersonen und die entsprechenden Erlebniswerte beziehen, sodann auf angenehme und unangenehme Situationen der erinnerten Kindheit, auf die Art und den Grad der Ablösung von den Eltern und auf den Versuch, gerade bezüglich der Berufswahlentscheidung möglicherweise Selbständigkeit zu konstituieren.

**4. Berufspraktische Sozialisation während des Lehrerstudiums:**
Fragen, die sich auf die Erlebnisweise und den Verarbeitungsgrad von schulischen Hospitationen, auf informelle Besuche in der Schule, Kontakte mit Lehrern und Schülern auch ausserhalb der universitär initiierten Kontaktmöglichkeiten beziehen (anlässlich der Übungsschule, der Unterrichtspraktika, eventueller Stellvertretungen, Fachdidaktik-Veranstaltungen etc.).
Fragen, die sich auf konkrete Erfahrungen des berufspraktischen Ausbildungsteils beziehen, und zwar hinsichtlich:
**a)** der praktischen Ausbildungselemente: Unterrichtsplanung, -durchführung und Unterrichtsauswertung von Einzellektionen (Sensibilisierungslektion, Videolektionen, Lektionsreihen, Fachdidaktiklektionen etc.);
**b)** der verschiedenen mitinvolvierten Personen (Übungsschullehrer, Studienkollegen bei der Übungsschule, Praktikalehrer, ev. Lehrerkollegium, universitäre Dozenten, Schuldirektoren, Schulinspektoren, Schulkommission/-Schulpflege, Elternschaft etc.);
**c)** der fachlichen Auseinandersetzung mit dem Praktikums- oder Übungsschullehrer bezüglich der Unterrichtsanalyse-Situationen, als auch in der bewertenden Einschätzung der unterrichtlichen Handlungen;
**d)** der Prüfungslektion als Schlusspunkt der Ausbildung (Vorbereitung, Durchführung und Evaluation samt summativer Bewertung der Prüfungslektionen sowie deren Stellenwert *heute*).[191]

**Abb. 7: Themenzentrierter Leitfaden zu Sozialisations- und Berufserfahrungen von Junglehrern**

---

191 Exemplarisch seien nachstehend einige konkrete Fragebeispiele zum ersten Fragekomplex (Motivation für die Berufswahl) aufgelistet, so wie diese als Leitfadeninterview halbstrukturiert vorgegeben waren:
- Wie bist du dazu gekommen, den Lehrerberuf zu wählen?
- Welches waren damals die für dich wichtigen und motivierenden Vorstellungen und Erwartungen, bezogen auf den zukünftigen Beruf?
- Inwieweit sind diese Vorstellungen und Erwartungen durch den Schulunterricht eingelöst worden? Inwieweit sind sie durch die schulische Realität modifiziert/verändert worden?
- Würdest du deinen Beruf noch einmal wählen? Weshalb (nicht)?

Mit dem erhobenen Material erhoffte ich mir bezüglich der berufsspezifischen Lebensgeschichte von Junglehrern (vgl. dazu Filipp, 1981, 1988) mögliche Zusammenhänge der Berufsidentität mit bisher noch ungeklärten Problemen der Unterrichtspraxis aufzuzeigen, dies in der Absicht, daraus möglicherweise neue Verständnis- und Handlungsperspektiven zu gewinnen.

### 7.2.2. Zusammenfassung der Interviewaussagen

Nach der Transkription und einer ersten globalen Auswertungslektüre habe ich die acht Interviews, welche in der Verschriftung (enger Zeilenabstand) je zwischen 40 und 70 maschinengeschriebene Seiten ergaben, mittels der themenspezifischen Leitfragen miteinander verglichen. Als ich die allgemeinen Faktoren ihrer jeweiligen Berufssituation stark vereinfacht zusammenzufassen versuchte, indem ich diese mündlichen Befragungen der Junglehrer mittels der datenreduzierenden 'Qualitativen Inhaltsanalyse' von Mayring (1988) zu synthetisieren versuchte,[192] konnte ich bald einen überraschend klaren und fast durchwegs überall auftretenden Problemtrend herauslesen, und zwar sowohl bei den vier Junglehrerinnen als auch bei den vier Junglehrern. Stark reduziert können diese Berufssorgen folgendermassen zusammengefasst werden:

**a)** schulische, unterrichtliche und damit auch persönliche 'Widersprüche'

**b)** Isolation und (vermeintlicher?) Konformitätsdruck von Berufskollegen

**c)** ungünstige schulische Rahmenbedingungen und Reglementierungen

**d)** Erwartungsdruck der Eltern (Beeinflussungstendenzen)

**e)** teilweise 'respekt- und rücksichtsloses' Verhalten der Schüler

### 7.2.3. Generelle Aussagen zu den Gesprächsausschnitten

Generelle Eindrücke der Pilotinterviews mit den acht fortgeschrittenen JunglehrerInnen, die seit vier bis sieben Jahren im Unterricht stehen und allesamt einen Abschluss als Sekundarlehrer der Universität Freiburg haben (die Hälfte davon absolvierte den Studienlehrgang mit der vormals geforderten Studiendauer von fünf statt der heutigen sieben Semestern), ergaben insbesondere auf

---

[192] Mittels der qualitativen Inhaltsanalyse wird systematisch das sprachliche Material (in meinem Fall die Interviewtranskriptionen) analysiert, indem es schrittweise bearbeitet und gegliedert wird, und indem ein Kategoriensystem die Analyseaspekte vorher theoriegeleitet festlegt (Mayring, 1990, S. 86, cf. auch Mayring, 1983; 1985): Meine eingangs des Kapitels dargestellten Leitfragen einerseits, aber auch die Problembereichs-Kategorien von Junglehrern, die Veenman (1984) in seiner metatheoretischen Komparativstudie herausgearbeitet hat, dienten mir als grobe Analyseraster meiner Auswertung. Nebst Veenmans (1984) beschriebenen acht Problembereichen von Junglehrern erfolgten die Inhaltsanalysen der Interview-Ausschnitte mittels den Dilemmasituationsbeschreibungen von Zumwalt (1989, p. 180), die ich weiter oben dargestellt habe.

die Ausgangsfrage "Wie würdest Du Dich selber als Lehrer/Lehrerin beschreiben?" überraschende Antworten, und zwar dahingehend, dass die allermeisten zuallererst mit den Klassenführungsdimensionen 'Lenkung', 'Strenge', 'Wertschätzung', 'Bestrafung' antworteten und erst nachher didaktische Prinzipien der Methodenwahl, der fachlichen Vorbereitung, der inhaltlichen Abwechslung aufführten:

> "Ja, ich würde sagen,... was soll ich sagen ... ich bin eher eine gemütliche Lehrerin, ich bin, würde ich meinen, nicht autoritär. Schon, dass ich gewisse Richtlinien will, dass ich gewisse Ziele erreichen will, aber ich glaube, wenn ich das jetzt einschätze, dass die Schüler nicht Angst vor mir haben. Eher gütig, vielleicht manchmal auch ein wenig humorvoll." [B, 4]
>
> *[Auf die Nachfrage dann, diesen Punkt noch etwas auszuführen, fährt die Person weiter]:*
>
> "Ich versuche auch, das Zwischenmenschliche hervorzuheben; also nicht einfach Deine Lektionen abhalten und dann gehst Du wieder. Ich würde aber auch nicht sagen: ich bin antiautoritär, also, dass die Schüler einfach machen können, was sie wollen. So brauche ich schon Ruhe, wenn ich z.B. Frontalunterricht mache, denn es macht mich nervös und ich kann es gar nicht ausstehen, wenn sie da miteinander schwatzen und ich merke, dass sie nicht aufpassen. Aber bei Gruppen- oder Partnerarbeiten, kann dann der Lärmpegel steigen. Da vertrage ich einiges mehr. Also ... Schüler anschreien und so mit Druck arbeiten ..., das mache ich nicht unbedingt gerne." [B, 4]

Ich war zudem selber recht erstaunt, wie schwierig die meisten der befragten fortgeschrittenen Junglehrer Fragen oder Nachfragen nach ihren persönlichen Handlungserfahrungen (siehe Abb. 7) empfunden haben. Sie verbalisierten dies auch entsprechend, oft mit dem einleitenden Antwortsatz: "Das ist jetzt nicht leicht zu sagen, also wirklich nicht ...". So machte ich bei den Interviews beispielsweise auch die Erfahrung, dass einige Lehrpersonen den Reflex verspürten, (nach langen Jahren) den Didaktikordner aus der 'Uni-Zeit' wieder hervorzunehmen, um mir zu 'zeigen', was sie genau meinten.

### 7.2.4. Vom Kult des Individualismus zur Kultur der Gemeinschaft?

Die Thematik des Individualismus im Lehrerberuf erschien mir eine sehr wesentliche in den Gesprächen, weshalb ich sie hier als erste leicht gesondert betrachte. Die Charakterisierung, Unterricht sei eine sehr individualistische, eigenzentrierte Arbeit, wo oft jede Lehrperson recht isoliert von der andern arbeitet, ist grossenteils bestätigt worden, wobei paradoxerweise gerade Junglehrer relativ wenig Hilfe angeboten kriegen. Die Arbeitssituation der Lehrpersonen scheint eine geschlossene zu sein, welche individualistisches Arbeiten bedingt und wo persönlich viel Eigenverantwortung übernommen werden muss, und zwar sowohl hinsichtlich dem fachlich-kognitiven Unterricht als auch hinsichtlich sozial-integrativer Klassenführung. Für ausschliesslich alle der befragten Lehrer bedeutete der Berufseintritt ein 'Privatabenteuer'. (Diesem Punkt wird durch die Ausbildung anscheinend noch Vorschub geleistet, weil noch in zu grosser Zahl individuell abgefasste Seminararbeiten geschrieben werden 'müssen'.) Diese geschlossene Form und Atmosphäre des eigenen Unterrichts erzeugt je nachdem Unterrichts-Management-Effekte, welche möglicherweise mehr aus dieser isolierten Situation heraus erwachsen, als dass sie den professionellen Fähigkeiten der Lehrperson negativ angelastet werden könnten.[193] Geschlossene Klassenräume bilden auch so etwas wie ein Autonomiegefühl heraus, welches vom Lehrer überaus geschätzt und streng behütet oder bewacht wird. Dies erklärt dann auch die vielerorts festgestellte Sensibilität Fremdbeobachtungen von Unterricht gegenüber, und zwar sowohl von Erwachsenen wie auch von Kollegen: Beobachteter Unterricht ist eingeschränkter Unterricht. - Die Interferenz von Kollegen wird auch deshalb möglichst vermieden, weil dies als ein klares Zeichen von Schwäche und Inkompetenz ausgelegt werden könnte. Lehrer müssen quasi vorgeben, ihre Schüler unter Kontrolle zu haben und schwierige Situationen bewältigen zu können. Dies ist für Junglehrer ein enormes Problem. Die nachfolgende längere Passage einer fortgeschrittenen Junglehrerin verdeutlicht dies, wo eine krasse Erfahrung sie aus 'heiterblauem Himmel' herab getroffen hat:

"Am Anfang konnte ich sehr gut mit dem Klassenlehrer dieser einen Klasse zusammenarbeiten, der tat auch alles mögliche, sprach bei Eltern zuhause vor etc.

Dann eines Tages bei einer Lehrerkonferenz unter Diversem wirft der Schuldirektor die folgende Frage auf: In letzter Zeit hätte er sehr viele Schüler vor der Klassenzimmertür angetroffen, und er habe das Gefühl, es sei vielleicht eine etwas billige Methode, wenn man einfach jemanden vor die Türe hinaus stelle. Er würde es besser finden, nach anderen Lösungen zu suchen, weil diese Schüler im Gang draussen auch wieder einen Mist bauen etc. Nun, ich fühlte mich damals ein wenig betroffen - obwohl der Schuldirektor, wie sich im Nachhinein ergab, gar nicht diese eine Klasse meinte - weil für uns drei Lehrer mit der einen Klasse klar geworden war, dass einige wenige Schüler, die unseren Unterricht dermassen arg störten, vor die Türe gestellt werden mussten, wobei die betreffenden Schüler dann nach der Schule das Verpasste nachzuholen hatten. Deshalb sagte ich vor versammelter Konferenz: Also, ich fände das nicht unbedingt eine billige Methode, weil ich jetzt in dieser Klasse wirklich vor allem zwei sehr problematische Schüler hätte, die den Unterricht mit allen möglichen Mittel zu stören versuchten. Und nachdem verschiedene Massnahmen nichts gefruchtet hätten, seien wir drei Lehrer übereingekommen, sie jeweils hinauszuschicken. Ich meinte dies als Verteidigung für uns drei, die in dieser Klasse unterrichteten.

Aber das kam ganz bös heraus. Denn für den nächsten Abend verlangte der betreffende Klassenlehrer eine Aussprache zusammen mit dem Schuldirektor, wo er sich unglaublich beschwerte: 'Das wäre also schon die grösste Frechheit, wie ich ihn, den Klassenlehrer, vor allen Kollegen in der Konferenz blossgestellt hätte, weil er mit der Klasse Probleme hätte'. - Und dabei hatte ich ja von *uns* gesprochen, *wir* hätten Probleme mit dieser Klasse, wobei ich mir selber einen Tritt gegeben habe, dass ich das so offen sagte. Ich hätte das Gefühl, wenn ich Probleme habe, dann dürfe ich das auch sagen. - Trotz meiner Erklärung hat er x-mal darauf beharrt, das sei einfach die Höhe, und das lasse er sich also nicht bieten, so dass ich am Schluss im Auto richtig losweinen musste. Das hat mich so getroffen, dass mir eine böse Absicht unterstellt wurde. - Und von diesem Moment an war es vorbei mit unserer Zusammenarbeit. Er beharrte dann sogar darauf, in der nächsten Konferenz auf diesen Punkt zurückzukommen: Er möchte da noch klarstellen, dass dann in dieser Klasse jetzt keine Probleme mehr bestünden, bei ihm gehe es also jetzt, so dass die Lehrer anschliessend fragten, was er eigent-

193 Woods (1986a) hat etwa darauf hingewiesen, dass Lehrer angesichts überwältigender situationaler Engpässe oft erzieherische und unterrichtliche Ziele durch Überlebensstragien ersetzen, Strategien, welche als Unterricht maskiert werden: Die 'neblige' Natur einiger Unterrichtsziele zeigt dann auf, dass Unterricht in diesen Situationen oft ein fast ein Akt der blinden Überzeugung, des unerschütterlichen Glaubens an die Richtigkeit gleichkommt.

lich gemeint hätte, was denn eigentlich los gewesen wäre...

Mit andern Lehrern habe ich dann später jeweils doch auch über diese oder jene Schwierigkeiten sprechen können. Denn, wenn Du sagst, dass Du Probleme hast oder irgendwo etwas nicht geht, antworten Dir die meisten: 'Du, mir ist es auch schon mal so gegangen, und dann versuchte ich dieses, probier doch mal oder mach das'. Dann kommen die Lehrer schon aus sich raus. Aber den ersten Schritt musst einfach immer zuerst Du selber machen, ein älterer Lehrer würde nie selber ein Gespräch beginnen." [A, 24]

Eine solche geschlossene Berufsatmosphäre hat aber auch zur Konsequenz, dass sich Lehrer auf indirekte Einschätzungen ihrer Kompetenzen durch Kollegen abstützen müssen, ein Umstand, der ein eigenartiges Dilemma zur Folge haben kann: Beispielsweise befürworten Lehrer ihr geschlossenes Unterrichtssettings als ein Arbeitsumfeld, wo sie Autonomie, Spontaneität und berufliche Frei-heit geniessen können. In Realität aber formulieren sie viele ihrer Arbeitsstrategien in einer Art und Weise, die sie vor gegenteiligen, ungünstigen, ja falschen Einschätzungen und Einstufungen ihrer Kollegen verschonen.
Lehrer haben somit generell Schwierigkeiten, Rückmeldungen von Kollegen einzuholen, und zwar anscheinend aus dem dargelegten Grund der möglichen Beeinträchtigung der Privatsphäre heraus, welche folgedem beschützt werden muss. Dieser Umstand verstärkt wiederum die Verunsicherung bezüglich eigener Kompetenzfragen, werden diese durch ein solches Abgeschirmtsein in keiner Weise mehr vergleichbar. Aus den gleichen Überlegungen heraus werden positive Rückmeldungen an Kollegen eher vermieden oder aber in der Regel spärlich abgegeben.

### 7.2.5. Illustrative Zitatbeispiele aus den Interviews

Wie ich in Abschnitt 7.2.2. bemerkt habe, sind in den analysierten Tiefeninterviews insbesondere die nachfolgenden fünf Problembereiche aufgetaucht. Ich habe in der Folge eine äusserst knappe Auswahl an authentischen Interviewausschnitten gewählt, die in prototypischer Art und Weise als Beispiel dafür stehen, welcher Problembereich mit diesem Fallausschnitt dokumentiert werden soll.

#### a) Schulische, unterrichtliche und damit auch persönliche 'Widersprüche'

Im vorliegenden Beispiel hat sich die Lehrerin bezüglich ihres Führungsverhaltens allgemein recht zufrieden gezeigt, insbesondere im Abwägen zwischen den Dimensionen Lenkung-Wertschätzung; hingegen äussert sie mehr Mühe mit fachlich-didaktischen Dimensionen, als eine Herausforderung, die sie nicht einlösen kann und welche sich dann auf ihre Berufsidentität auswirkt:

"Ich bin ein bisschen in einem Zwiespalt mit dem 'Weiter-Schule-Geben', auf längere Sicht. Denn ich bin schon eher der Typ, der gut Schule geben möchte, ich möchte tief vorbereiten, Stoff und Hilfsmittel sammeln, habe aber irgendwie das Gefühl, ich hätte dafür zuwenig Zeit."

*[an einer späteren Stelle des Interviews]:*

"Ich bereite recht vor, das muss ich sagen. Aber manchmal habe ich den Wunsch, noch mehr ins Didaktische zu gehen oder irgend etwas Neues zu suchen. Denn sonst gerät man in Gefahr, wieder Altes hervorzunehmen, Sachen, die gut 'angekommen' sind. Warum nicht, zwischendurch? Aber mich dünkt, man darf nicht dort stehenbleiben." [E, 8]

Dieser Zwiespalt scheint Ausdruck ihrer besonderen Berufssituation zu sein, nämlich einerseits um die Stimulanz und Herausforderung des Berufs und andererseits um mögliche hilfreiche Quellen aus der Forschung und Literatur zu wissen; gleichzeitig machen sich die eigene Befangenheit zu Neuem und Beschränkungen der Selbstenergien bemerkbar. - Wie unscharf die Konturen dieses Dilemmas für die Lehrperson sind, belegt die nachfolgende Stelle, wo ich die Lehrerin auf ihre Berufseinführungsphase hin angesprochen habe:

"In den ersten zwei, drei Jahren habe ich mich, sagen wir mal didaktisch, wie soll ich sagen..., habe ich zu wenig Mittel gekannt, um Abwechslung hineinzubringen, zu wenig Formenwechsel. Jetzt habe ich auch mehr Mut, etwas auszuprobieren, auch freiere Formen. Am Anfang hatte ich nämlich ein bisschen Hemmungen, die anzuwenden, weil ich Angst hatte, es löse sich auf, ich hätte dann keine Kontrolle mehr usw. Und am Anfang hat man halt schon wahnsinnig zu tun mit der Stoffsammlung, nicht wahr?" [E, 14]

Diese Konjunktion am Schluss (welche vom Interviewer eine Zustimmung 'erheischt'), drückt samt dem Gesprächsinhalt die leisen, aber nagenden Zweifel aus, welche diese Lehrerin zu Berufsbeginn schon stark befallen haben: Sie 'befürchtet' nämlich, mittels innovativer Lehrtätigkeit die Kontrolle über ihren Unterricht zu verlieren, was plausiblerweise angstauslösend ist.

"Mich dünkt, dass ich mich schon im ersten Jahr mit dem 'Ich als Lehrerin' auseinandergesetzt habe; und das deckt sich teilweise mit dem 'Ich als Person'. Also, ich hatte am Anfang Mühe - manchmal auch jetzt noch, aber weniger -, einfach abzustellen, wirklich einmal wegzukommen von 'Was will ich morgen machen, wie oder wie will ich das gestalten?', immer hängst Du dem nach. Damit hatte ich es am Anfang schon schwer. Oder dass Du vielleicht das Gefühl hast, 'Da habe ich mich nicht richtig verhalten', und ich habe an dem gegrübelt. Oder dass Du eben sogar davon geträumt hast, dass es Dich irgendwie fast verfolgt hat, gewisse Probleme mit Schülern."

"Und da habe ich am Anfang vielleicht allzuviel auf mich selbst bezogen, etwa ein Getuschel oder ein Lachen. Das habe ich dann eher auf mich bezogen, mit dem Gefühl, das betrifft Dich oder es ist ein Lustigmachen über Dich, oder jetzt nehmen sie Dich durch oder reden von Dir. Dieses Gefühl habe ich heute weniger." [E, 17]

Diese Veränderungen, die hier am Schluss angesprochen werden, haben sich auch auf der didaktischen Kompetenzebene eingestellt. So hat sie heute auf der stofflichen, inhaltlichen Ebene des muttersprachlichen Unterrichtes den Schritt zu einem variierenden Unterricht gemacht:

"Wenn ich so zurückschaue, gestalte ich heute die Lektionen abwechslungsreicher, oder ich versuche es wenigstens; insbesondere im Deutschunterricht, wo es heute schon vielfältiger ist mit der Glinzgrammatik. (...) Im ersten Jahr unterrichtete ich im Fach Deutsch sehr gattungsspezifisch, später vielmehr themenzentriert. Das dünkt mich auch sehr befriedigend, für mich und die Schüler, einfach auch, weil man die Themen freier wählen kann, wobei das Gattungsspezifische ja auch rein kommt. Aber Du kannst länger und intensiver bei einem Thema bleiben, welches Du dann von verschiedenen Seiten her beleuchtest, und wo Du vielleicht auch freiere Formen hineinnimmst. So mache ich beispielsweise viel mehr Rollenspiele als in den ersten drei Jahren, wo ich das Wagnis nicht so eingegangen bin, vielleicht aus Angst davor, dass ich die Schüler nicht mehr zusammenbringen könne." [B, 19/20]

"Im Vergleich zu heute hatte ich im ersten Jahr manchmal schon das Gefühl, nur noch zu arbeiten, nur noch für die Schule zu arbeiten, eben durch das Zusammensuchen von Stoff, und auch vor allem wegen der Schwierigkeiten mit Schülern. Ab dem zweiten und dritten Jahr hat man einfach mehr Mut, alternative Formen zu finden und auszuprobieren." [B, 20]

An den sich breit machenden Optimismus, der im Vergleich zu den Berufseinführungsjahren durch die Lehrerwerdung aufscheint, klingt wieder ein Pessimismus auf in der Form von Selbstzweifel:

"Heute dünkt es mich manchmal bereits wieder, dass ich ein wenig bei dem stagniere, was ich schon erreicht habe. Und ich muss sagen, jetzt, nachdem meine Lehrerkollegin C. weggegangen ist, fehlt mir die Auseinandersetzung auf eine Art ein bisschen, das Sprechen über Unterricht. (...) Ich würde gerne wieder einmal etwas aufnehmen, ein wenig etwas für mich machen, vielleicht Weiterbildungskurse oder Vorlesungen besuchen." [B, 21]

**b) Isolation und (vermeintlicher?) Konformitätsdruck von Berufskollegen**

(Diesen Problembereich habe ich weiter oben (Punkt 7.2.4.) ausführlicher diskutiert.) Auf die Ausgangsfrage "Wie siehst Du Dich selber als Lehrer?" hier eine recht typische Antwort eines fortgeschittenen Junglehrers:

"Ich hatte beträchtliche Schwierigkeiten, mich in der Rolle des Lehrers zurechtzufinden. Ich sehe sehr jung aus, bin auch noch jung. Dadurch habe ich vielleicht oft Schwierigkeiten, eine gewisse Linie zu finden. Wenn man von der 'Pfadi' herkommt oder von einer anderen Jugendarbeit, hat man als Lehrer wohl eine andere Stellung inne. Insbesondere den Kindern gegenüber, man ist beispielsweise nicht mehr per Du. Aus diesem Grund hatte ich dann schon gewisse Probleme als Junglehrer: Sich zu entscheiden einerseits zwischen Bereichen, wo ich gesehen habe, 'Das geht nicht', 'Das muss ich durchbringen', und andererseits 'Das sind doch noch Kinder, und die meinen es ja nicht halb so böse'."

"Die Schwierigkeiten lagen aber eher im pädagogischen Bereich, im erzieherischen. Denn vom didaktischen her ist es recht gut gegangen. Aber einfach rein vom pädagogischen, vom erzieherischen Aspekt her, da habe ich heute noch in gewissen Situationen das Gefühl, das bin ich nicht selber, der den Entscheid trifft, das sind gewisse 'andere Sachen', die meinen Entscheid beeinflussen." [S, 3]

Auf ein konkretes Beispiel hin befragt, schildert der Junglehrer anfänglich eine allgemeine Situation, die sich aber allmählich konkretisiert:

"Also einige Sachen von Schülern, die regen mich spontan auf, Reaktionen oder das Benehmen von ihnen. Denke ich zurück an die Pfadi, wo ich sofort eingegriffen und gesagt habe: 'Du, das gefällt mir nicht. Warum machst Du das?', dann kommt heute vielleicht zuerst die Überlegung: 'Ja, wie würde ein anderer Lehrer wohl reagieren?' - Das kann konkret geschehen, wenn ich z.B. Dias zeige und ein Schüler ist nicht aufmerksam, er macht da irgendetwas mit einem anderen Schüler. Da überlege ich oft zu lange; spontan regt es mich auf, aber dann überlege ich immer noch 'Ja, wie könnte ich es richtig machen?' Und da spüre ich, dass ich nicht so reagiere, wie ich es eigentlich gerne möchte." [A, 4]

*"Denkst Du dabei an einen bestimmten Lehrer oder hast Du ein Idealbild eines Lehrers vor Augen, der 'richtig' zu intervenieren wüsste?"*

"Das Bild hat sich einfach so ergeben, langsam, im Gespräch mit anderen Lehrern. Damals, beim Unterrichtsbeginn, war es noch nicht so ganz klar. Es hat sich eigentlich erst jetzt hier in diesen drei Jahren so ergeben, vor allem durch das Gespräch mit anderen Lehrern, indem ich denke 'Ja, von dem Lehrer habe ich das Gefühl, es ist ein guter Lehrer. Er hat die Schüler gut im Griff, er formt sie irgendwie.' Und dann überlege ich mir, wie würde wohl dieser Lehrer reagieren in dieser Situation." [S, 4]

Interessant ist hier der Umstand, dass der Lehrer an einer späteren Stelle des Interviews, aber in einem ganz andern Zusammenhang, wiederum auf diesen für ihn wichtigen Punkt zu sprechen kommt, indem er diese schwierige Situation mit seinem Verhalten im Privatleben kontrastiert:

"Im Schulzimmer versuche ich, gleich zu sein wie ausserhalb. Und das habe ich vorhin schon gesagt, es fängt dann damit an, dass ich zwar im Privatleben so reagieren würde, in der Schule aber die Reaktion mit anderen Überlegungen verbinde, nämlich 'Wie würde ein anderer Lehrer reagieren?' und daraus folgend 'Wie sollte ich im Prinzip als Lehrer reagieren?'. Ich habe einfach Schwierigkeiten, das miteinander zu vereinbaren. Ich möchte so sein wie im Privatleben, habe aber Schwierigkeiten, das voll durchzuhalten." [S, 7]

Dieses Dilemma scheint sich für den Junglehrer mit der Zeit zugespitzt zu haben, denn die Situation wird für ihn dann fast unerträglich, wo er merkt, dass sich die Schüler nicht mehr voll hinter ihn stellen (und er sich implizit dabei fragt, ob dies nun der Preis sei für seinen strengeren 'Kurswechsel', den er nach den ersten entscheidungshemmenden Erfahrungen vorgenommen hat):

"Ich war wahrscheinlich am Anfang viel zu lieb. S hatte ich jetzt eine Klasse drei Jahre lang, und ich merke jetzt gewisse Sachen, die ich als selbstverständlich betrachte, die Kinder aber nicht akzeptieren können, oder es einfach nicht können: Wenn ich bezüglich gewisser Anstandsformen im 1. Jahr sehr hart gewesen wäre, dann hätte ich jetzt vermutlich im dritten Kurs viel weniger Schwierigkeiten. Deshalb habe ich jetzt wahrscheinlich schon zu einem Stil, gegriffen, wo ich viel "seccer" bin, das Ganze viel stärker im Griff habe, nicht vom Didaktischen, sondern rein vom Erzieherischen her. (...)
Im ersten und zweiten Kurs hatte ich das Gefühl, dass sie Freude an mir hatten, Freude daran, wie ich Schule gebe. Aber dieses Jahr habe ich das Gefühl, dass einige Schüler mich gar nicht riechen mögen. Die gehen einem irgendwie aus dem Weg, auch wenn man sie privat sieht. Sie wagen es kaum, mich zu grüssen. Mit anderen Schülern hingegen stehe ich sehr gut, gerade mit solchen, die vielleicht schulisch nicht das bringen, was sie bringen sollten.

(...) Aber daran habe ich schon ein bisschen zu kauen. Ich habe das Gefühl, man sollte allen Schülern gefallen, man sollte es allen recht machen. Aber das war eigentlich auch etwas vom ersten, das ich gemerkt habe, dass das nicht geht. Es wird immer Schüler geben, die denken 'Nein, jetzt spinnt er', oder 'Jetzt hat er mich falsch behandelt', und das schmerzt dann ... Ich hatte anfänglich schon ziemlich Schwierigkeiten, wenn mir auf der Strasse jemand den Rücken zuwandte und so tat, als ob er mich nicht sehen würde. Aber ich finde mich jetzt mehr oder weniger damit ab und probiere, in einem passenden Gespräch mal mit betreffenden Schülern darüber zu sprechen." [S, 8]

"Am Anfang, im ersten Jahr, hatte ich wahnsinnig Freude. Ich hatte den Eindruck, es sei tiptop gelaufen. Gut, dann kommen diese oben geschilderten Probleme. Man merkt, gewisse Schüler lehnen einem ab. Dann fängt irgendwie die Überlebensfrage an. Man beginnt sich mit der Lehrerrolle zu beschäftigen 'Was für ein Lehrer bin ich, wird das gut, wie geht es weiter?' Und das schon jetzt, nach ein, zwei Jahren! Und Du fragst Dich: "Kann ich mich demnach vierzig Jahre lang als Lehrer sehen?" " [S, 15]

In einem drastischen Satz umschreibt der Lehrer, wie sehr ihn diese veränderte Einschätzung seiner Schüler trifft:

> "Damals [zu Berufsbeginn] war man vielleicht noch der *Herr* Pürro, und heute [nach drei Jahren] ist man der 'Pürro'." [S, 15][194]

**c) Ungünstige schulische Rahmenbedingungen, Reglementierungen**

Auf seine berufliche Lehrerentwicklung hin angesprochen, weist der nachfolgende Lehrer als allererstes mit aller Deutlichkeit auf einen immanenten Systemwiderspruch hin:

> "Diese ersten drei Jahre sind eigentlich recht gut verlaufen. Wichtig dabei ist folgendes: Wenn Du es die drei ersten Jahre geschafft hast, ist die Schulkommission ganz anders auf Dich zu sprechen, auch die Schuldirektion, selbst der Schulinspektor. Dabei habe ich den Eindruck, dass es eigentlich gerade falsch läuft: Du bekommst vor allem dann Hilfe, wenn es Dir endlich besser geht. Aber während es Dir schlecht läuft am Anfang, da wird eher noch 'ausgerufen'. (...) Vom Junglehrer wird allgemein erwartet, dass er so Schule gibt, wie alle anderen Routiniers, vor allem, was das Organisatorische anbelangt, und dieser Punkt, glaube ich, macht fast am meisten Mühe." [D, 20]

Nicht nur eine fehlende Junglehrerberatung und die Absenz spezifischer Junglehrer-Stundentafeln, sondern auch ungünstige schulisch-ökologische Rahmenbedingungen beeinträchtigen mögliche erweiterte Unterrichtsformen, wie beispielsweise den Projektunterricht:

> "Ich suche noch stark nach Möglichkeiten, projektartig zu unterrichten. Ich glaube, im Projektunterricht liegt eine Chance, dem Schüler noch gerechter zu werden und viel mehr herauszuholen. Dazu brauchst Du einen guten Stundenplan; denn sonst ist es sehr deprimierend, wenn Du mal hier eine Stunde hast und mal dort eine. Dann fängst Du nämlich ein Projekt an und musst einfach nach 45 Minuten sagen: 'Jetzt räumt das Klassenzimmer auf, damit die nächste Klasse arbeiten kann.' Das ist schon problematisch." [E, 44]
>
> "Am Anfang hatte ich als Lehrer vor dem Projektunterricht höllisch Respekt, weil man nicht weiss, was dabei herauskommt. Hier ein Beispiel, wo der Stundenplan mir einen Strich durch die Rechnung gemacht hat. Im Lesen/Sprechen-Thema bin ich kürzlich das Thema 'Diskutieren' etwas anders angegangen als üblich, indem ich in der Ludothek ein Spiel ausgewählt habe, in dem jeder Schüler seine Rolle zugewiesen bekommt. Dabei haben sich die Diskussionsregeln dann während des Spiels von selbst ergeben, denn da hiess es plötzlich: 'Also so kann man nicht diskutieren.' Damit schälte sich automatisch eine Gesprächsregel nach der anderen aus der Diskussion heraus, und es wurde schliesslich sehr, sehr gut diskutiert, muss ich sagen, überraschend gut. Ich war wirklich verblüfft, was da herauskam. - Und dann aber die brutale Kehrseite: Weil das ganze Spiel eine Diskussion bis zur Abstimmung beinhaltet - wobei so lange diskutiert werden soll, bis nichts mehr zu Diskutieren ist -, zog es sich dahin ... und plötzlich hallte der Gong, und ich hörte mich sagen: 'Es tut mir leid, nächsten Montag wieder', und schon trat der Mathematiklehrer herein. - Am Montag verlas ich eine Zusammenfassung der vorgebrachten Diskussionspunkte, damit wir weiterdiskutieren konnten. Aber es war einfach nicht mehr da, das Engagement und 'Feeling', der ganze Enthusiasmus war weg." [D, 44/45]

---

194 Es sei ausdrücklich nochmals darauf hingewiesen, dass aus Gründen des Persönlichkeitsschutzes authentische Namen der Lehrerinnen und Lehrer durch fiktiv gewählte ersetzt worden sind.

Dasselbe Thema - Einschränkung des didaktischen Repertoires durch äussere temporale und architektonische Umstände und Organisationsformen - setzt sich bei den Konzeptionen der Klassenzimmer fort, bei der Zimmergrösse wie auch bei der Anzahl multifunktional zur Verfügung stehender Zimmer:

"Es scheinen manchmal Details, aber eben wichtige, wenn Du so die Klassengrössen anschaust: Wenn ich bedenke, dass ich bei beiden Klassen, die ich hatte, immer 25 Schüler hatte, und dies in einem Schulzimmer, weisst Du, da sag mal schnell: 'Kommt mit dem Stuhl hervor, wir machen einen Kreis für irgendetwas.' Bringe 25 Schüler in ein solch kleines Schulzimmerlein hinein, dass Du rasch die Sitzordnung wechseln kannst. Das sind so Details, die aber unter Umständen wahnsinnig wichtig wären, wenn Du das machen könntest." [E, 60]

"Ich muss sagen, im vierten Jahr hatte ich 32 Schüler, und dies in einem Klassenzimmer, in dem 20 bis 24 Schüler Platz haben. Da war einfach der hinterste Schüler an der Wand, und es gab nichts anderes als klassisches Stuhlen. Bei Gruppenarbeiten, mit Themen, die meistens doch so aufgebaut sind, dass man sechs 3er oder 4er-Gruppen machen könnte, hat man hier dann 9 bis 10 Gruppen zu betreuen." [D, 60]

"So habe ich Vorstellungen, z.B. wegen der Anzahl Schulzimmer. Für einige Arbeiten wäre es manchmal praktisch, wenn man noch irgendwo einen zusätzlichen Raum hätte. Das ist unmöglich, Du findest kein leeres Schulzimmer, wo Du mit einer Gruppe Schüler noch schnell hingehen könntest. Diese kleinen Sachen sind entscheidend für den Unterricht. - Oder dann schickst Du einmal eine Schülergruppe in ein leerstehendes Zimmer Deines Kollegen, der keinen Unterricht hat, wo sie arbeiten sollen, und beim Zimmerwechsel treffen sie auf den Schuldirektor, der sie wieder zurückschickt, mit der Begründung, es werde zuviel gestohlen im Schulhaus." [D, 60]

#### d) Erwartungsdruck der Eltern (Beeinflussungstendenzen)

Den vermehrten Anforderungen an die Lehrer von seiten der Öffentlichkeit, diesem Druck von aussen, der spürbar wird, halten die Lehrer den Wunsch nach vermehrter Weiterbildung - und zwar auch während der Arbeitszeit - entgegen:

"Man fordert immer nur von den Lehrern ... und jetzt sollte er noch hier und noch dort zusätzlich etwas machen, und all das natürlich ausserhalb der Schulzeit. Vom Erziehungsdepartement kommen gleichzeitig immer mehr Bestimmungen, und dabei behandeln die uns wie die ärgsten ..., uns einmal anhören, das kommt nicht in Frage. Es ist wohl deswegen, dass man sich dann sagt: 'Fortbildungen sollte man öfters machen können, aber es liegt nicht drin, ..., das dünkt mich schon sehr schade.
Vielleicht erwarten wir Lehrer aber auch zu stark einen Dank, und dabei gibt es das einfach in unserem Beruf nicht. Da bin ich vielleicht ein bisschen mehr abgehärtet als andere, weil ich im Sport auch Trainer bin: Was Du dort leistest, ist relativ gross im Verhältnis zu dem, was Du dann tatsächlich erntest, weil das für die Leute einfach selbstverständlich ist. Und bei Lehrern ist das genauso: Wenn es gut läuft, hörst Du nichts, und wenn es schlecht läuft, kriegst Du was zu hören." [N/R, 53]

"Die eine Mutter hat mir einmal gesagt, ihr Bub komme sehr gerne zu mir in die Schule. Aber manchmal komme er nach Hause und sage: 'Ja, unsere Lehrerin ist einfach viel zu lieb: Da sagt doch der gleiche Schüler manchmal 'was-weiss-ich-nicht-was' während der Stunde, dabei hätte sie doch dem schon lange erklären müssen, dass er schweigen solle ...' - Das sind Schüler, die wahrscheinlich an autoritärere Lehrer gewöhnt sind oder deren Eltern zu Hause sehr autoritär sind. In einigen Familien besteht ein gutes Verhältnis zu ihren Kindern, aber in andern wird einfach gehorcht, 'diese Linie und nichts anderes'. - Und so meinte diese Mutter am Schluss, sie hätte manchmal das Gefühl, ich dürfte ruhig ein bisschen strenger mit den Schülern sein, das würde gar nichts schaden."

Ich denke, dass der grössere Teil der Elternschaft so denkt, und zwar ist mir dies eigentlich erst in diesem Jahr so richtig bewusst geworden, weil ich letztes Jahr praktisch keine Elternkontakte hatte. Als Fachlehrerin war ich nur so vereinzelt in verschiedenen Klassen, so dass ich mit den Eltern eigentlich nie direkte Gespräche führte, diese sind immer über den Klassenlehrer gelaufen. In diesem Jahr hingegen führe ich selber Elterngespräche bezüglich der Kinder bei mir in der Klasse." [S, 5]

**e) Teilweise 'respekt- und rücksichtsloses Verhalten' der Schüler**

Dieser Problembereich ziert sozusagen alle 'empirischen Hitparaden' bei Erhebungen bezüglich Berufssorgen oder Rangierungen von Problembereichen bei Lehrerinnen und Lehrern.

"Der grösste Brocken war für mich sicher das Disziplinarische. In den Fächern stofflich den Durchblick zu haben, das war auch schwierig. Aber wenn mich die Schüler fertig machen, ja, einfach wenn irgendetwas gelaufen ist, da dünken mich die Disziplinprobleme das Schwerwiegendste." [J, 19]

"Am Anfang habe ich vielleicht das Gefühl gehabt, Disziplin könne ich durch andere Sachen zustandebringen: Wenn Du sie motivierst, wird dann das Disziplinmoment einfach sekundär. Aber ich sehe im Moment wieder, dass ich Disziplin wirklich weder durch irgendwelche Machtmittel noch durch etwas anderes herzaubern kann. Man hat früher bei gewissen Lehrern (im Praktikum) beispielsweise Möglichkeiten gesehen, wie man es machen könnte, Möglichkeiten die erstrebenswert wären, aber die man im Moment nicht anwenden kann." [J, 22]

"Also, zum Thema 'Wie weit gehen, wo die Grenzen setzen?' Nehmen wir diese 4. Sekundarklasse. Dort ist so langsam gegen Schuljahresende hin einem Schüler das Du herausgerutscht, mir gegenüber; da habe ich zwar ein ungutes Gefühl gehabt, bin aber nicht darauf eingegangen. Aber wenn das drei Wochen später schon wieder einem herausrutscht, dann werden solche Ereignisse komisch: Ich weiss noch jetzt nicht, wie in solchen Situationen reagieren. Da sage ich mir: 'Das kann passieren'. Aber das nächste Mal will ich aufpassen, dass das nicht mehr vorkommt. Was aber, wenn es dann trotzdem wieder passiert? Das finde ich schwierige Situationen." [J, 29]

"Oder beispielsweise, ich habe Dir bereits gesagt, ich hätte in jener Realklasse einen Querulanten. Also einer, der ist schon viel grösser als die anderen, und er hat ein wahnsinniges Geltungsbedürfnis. Ich dachte, gut, wenn er schon ein so ausgesprochenes Geltungsbedürfnis hat, dann nehme ich ihn viel dran. Aber weisst Du, zwischendurch muss er halt den anderen stossen und 'tun', die andern mit Filzstift anmalen, oder... Ich habe auch schon mit ihm gesprochen und Vorschläge gemacht, wie man das ändern könnte, auch mit ihm zusammen. Aber dann hat es mich manchmal auch 'verjagt', so dass ich ihn an einem freien Nachmittag daherzitierte. Aber ich weiss nicht, wie ich das anders machen soll. Ich habe schon mit S.G. gesprochen, das war gut, dass ich mit einer Kollegin sprechen konnte, aber trotzdem: Heute habe ich vielleicht auch schon eine härtere Haut, aber am Anfang, das ist mir recht unter die Haut gegangen; denn dann stellt sich mir die bange Frage: 'Bin *ich* das jetzt, die das nicht erträgt, oder ist das einfach *allgemein* so, dass es am Anfang einfach schwierig ist?' " [J, 31]

"Eine andere Situation, in der mich diese Sekundarschüler so zornig gemacht haben, war im letzten Jahr. Da sind sie im Wohnort bei mir durchgelaufen und haben einen Klebstreifen über

> meine Türklingel geklebt, so dass es unaufhörlich klingelte. Das empfand ich dann schon als ein persönlicher Angriff, oder? Ja, einmal geht das vielleicht noch an, aber wenn sie dann auch noch telefonieren, und einfach aufhängen, dann finde ich das absolut mühsam, das hat mich dann eigentlich schon 'fertig gemacht'. Und zwar, weil ich das als persönlichen Angriff empfunden habe, ja. - Und ich hätte genau sagen können, welcher Schüler es gewesen ist, obwohl ich sie nicht gesehen habe." [J, 32]

Nach dem offiziellem Interviewende drängt dieselbe Lehrperson auf die Beantwortung der folgenden Frage:

> "Also, was mich jetzt noch Wunder nehmen würde: Ich hoffe sehr für mich, ich sei nicht ein Einzelfall [in all den oben geschilderten Disziplinproblem-Situationen]. Sehen das andere Lehrpersonen auch in dem Rahmen, oder wie ist das?" [J, 33][195]

### 7.2.6. Abschliessender Kommentar

Als erwähnenswertes formales Merkmal ist mir bei den Beschreibungen und Ausführungen der Lehrer aufgefallen, wie diese die Form der direkten Rede oft gerade dann verwendet haben, wenn es es sich thematisch um innere, zum Teil unausgefochtene Konflikte handelte, d.h., es schien, als ob dieses 'innere laute Nachvollziehen' gleichsam durch das Interviewgespräch an die Oberfläche gehoben werden konnte. Weitere wichtige Themenbereiche, die in zwar unterschiedlicher Intensität angeschnitten worden sind, liste ich in der Folge narrativ auf:

1. Ein Trend, welcher recht deutlich und in der Rangordnung oft auch an erster Stelle genannt wurde, war für die Junglehrer das beinahe konsternierte Feststellen sogenannter 'unlösbarer Dilemmatasituationen' im Umfeld Schule und Unterricht [cf. Problembereich a) oben]: Es waren unterrichtliche oder erzieherische Probleme der Junglehrer, welche ihren 'Tatendrang' dämpften, so dass sie in entsprechenden Situationen nicht mehr wussten, wie adäquat zu handeln. Dabei waren es Situationen, von welchen sie die (irrige) Meinung hatten, diese seien mittels 'der richtigen' Methode oder Massnahme 'lösbar'. Das dem aber trotz wiederholten Handlungsversuchen nicht so war, bereitete ihnen unglaubliches Kopfzerbrechen, um nicht zu sagen, schlaflose Nächte, und sie konnten sich eigentlich diesbezüglich niemandem, der selber das notwendige Vorwissen und auch die erforderliche Kompetenz gehabt hätte, richtig anvertrauen: "Ich kann eine halbe Stunde über dieser Notenskala brüten und denken: 'Es ist brutal, jetzt muss ich dem doch aufgrund der Fehlerzahl eine 2 geben'. - Oder auch die Phase mit dem Zeugnis. Zeugnisse, Notenabschluss, das ist für mich immer eine Horrorwoche, und zwar einfach deshalb: Obwohl ich weiss, der Schüler verdient diese miserable Note aus den 10 Teilnoten, die vor mir liegen, beschäftigt mich das unglaublich." [E, 10]

---

195 Ich konnte die Lehrperson, die von mir glücklicherweise als letzte Person interviewt worden war, 'mit Quervergleichen aus andern Interviews beruhigen': Tatsächlich hatten alle acht befragten Lehrpersonen ähnlich schwierige Momente mit ihren Schülern erlebt.

2. Es kam durchwegs auch zum Ausdruck, dass man als Junglehrer *indirekt* auch etwas enttäuscht war über eine Sekundarlehrerausbildung, die zwar eigentlich in den Grundzügen als gut eingeschätzt wurde, die sich aber im Nachhinein für genau diese schwierigen Situationen als nicht 'zuverlässig' erwies. Solche schwierigen Situationen wurden niemals antizipiert oder vorausgesagt und dafür auch überhaupt keine Lösungsstrategien eingeübt: "Damals, meine erste Stelle, die ersten Wochen, was habe ich mich also über die Runden gekämpft, vor allem wegen Disziplinproblemen, das war ganz klar das, was mich damals am meisten betroffen gemacht hat. Und dann habe ich anschliessend, bei meinem Stellenantritt an der Orientierungsschule..., da habe ich mir einen Katalog von Erziehungsmassnahmen aufgeschrieben, nachdem ich von der Uni-Bibliothek stapelweise Bücher geholt habe, und hab die in mein Lehrerheft eingetragen, um im Notfall zu wissen, wie zu reagieren. - Und so habe ich dann vor allem in den ersten zwei Monaten in Richtung Vertrag gearbeitet, damit der Schüler selber die Regeln aufstellt, so dass es in der Klasse läuft und damit er zu dieser Regel stehen kann, indem er sie unterschrieben hat, und die zur Erinnerung im Klassenzimmer hängen." [D, 20]
Während in diesem Fall das universitäre Regelwissen noch 'funktionierte', wurde derselbe Lehrer an anderer Stelle von dem pädagogischen Kurswissen bezüglich Disziplinproblemen enttäuscht: So fand er das Ignorieren von unerwünschtem Schülerverhalten als Idee in der Literatur sehr gut, um dann in der Praxis schliesslich das Gefühl zu haben, dass das nicht klappt, sondern, "... dass dies effektiv Theorie ist, denn je nach Situation ignoriere ich das Verhalten vielleicht; ob man das dann in der Praxis in eben dieser Situation auch wirklich machen kann, ist die zweite Frage, hängt dies doch ganz von Deiner Stimmung und was weiss ich nicht allem ab, was beispielsweise an diesem Tag bei Dir oder eben jenem Schüler gerade vorgefallen ist." [E, 37]. Dies ist ein sehr illustratives Beispiel vom 'vermeintlichen Nutzen' einer kontext-freien Regel (ein Umstand, welcher dem Lehrer in der Ausbildung 'entgangen' war), welche somit in diversen Kontextsituationen nicht einfach applizierbar ist.
Dass der verständlich erschallende Wunsch nach klaren technologischen, rezeptologischen Hilfsmitteln und spezifisch vorgegebenen Handlungsmöglichkeiten wohl doch nicht ganz so ernst zu nehmen ist, spricht dieser Lehrer aus: "Oder, weisst Du, ich sehe schon, was ich anders machen sollte, oder, einfach ein bisschen genauer wissen, was ich toleriere und was nicht. Ja, wie man die Schüler am Anfang anpacken soll, der erste Eindruck ist eben schon wichtig. Aber sonst, einen Ratschlag ... ich möchte manchmal auch irgend ein pädagogisch-didaktisches Kochbuch hervornehmen können und lesen: 'Wenn dann im Unterricht dieser Satz auftaucht, dann musst Du folgendes sagen: ...' - Aber, ich finde das eben schon sehr schwierig." [J, 18].
Wichtiger als der konkrete 'Vorwurf' an die Ausbildungsinstitution scheint mir die darin geäusserte Überzeugung nach der 'Lösbarkeit' schwierigster, unentwirrbarer Situationen; d.h., die Lehrpersonen hatten feste, allerdings

in der Zwischenzeit erschütterte Überzeugungen, dass die Ausbildung diese Bereiche nicht abgedeckt hätte, was nun wiederum zu diesen so schwierigen Berufserfahrungen führe. Es ist überspitzt gesagt ein 'Glaube' an die technische 'Machbarkeits-Rationalität der Didaktik', welche doch (immer) bewährte Mittel zur Lösung von Problemen bereitzuhalten wusste.
Dieses Indiz gereichte mir zur wichtigsten Einsicht, wonach wir Lehrerausbildner, ich als Didaktiker, den Studierenden möglicherweise unbeabsichtigt eine normative "What-Works"-Didaktik des 'guten Unterrichtes' suggerieren, die sich - einmal gelernt - in den allermeisten Situationen auch als funktionstüchtig herauszustellen habe.

3. Die jungen Lehrer beklagten aber selber auch ihre teilweise mangelnden fachlichen wie auch didaktischen Kompetenzen; zudem bereitete ihnen sehr viel Mühe, dass von ihnen ein Fachunterricht gefordert wurde in Fächern, die sie an der Universität nicht belegt hatten. - Zudem scheint bei der Stundenplanverteilung anfangs Schuljahres die Zuweisung nicht-attraktiver Lektionen oder schwieriger Klassen an den 'unwissenden' Berufseinsteiger keine Seltenheit zu sein. - Positiv gewertet werden durchwegs die Einkommensverhältnisse, die man als Lehrer grosszügig zugesichert hat. - Zu den Verunsicherungen im beruflichen Bereich und den verstärkten Arbeitsbelastungen kommen für die Junglehrer vereinzelt auch - im Vergleich zur Studienzeit - instabilere persönliche Wohnverhältnisse dazu, welche den 'Überlebensstress' noch erhöhen. Im persönlichen Bereich ist auch ein Hin- und Hergerissensein festzustellen, der sich einerseits im Wunsch nach Konsolidierung der eigenen sozialen Beziehungen am Schulort manifestiert und andererseits in den Beziehungen zur Herkunftsfamilie (Eltern, Geschwister, Kollegen des Herkunftsorts).

### 7.2.7. Konsequenzen

**a)** Wir können zusammenfassend festhalten, dass der beschriebene Lehrerindividualismus nicht eine stolze und selbstbewusste Form der Berufsidentität darstellt, sondern eine sich als Zögern manifestierende: Es herrscht ein Unwohlsein. Die Sozialisation in eine Berufskultur hinein, welche quasi idiosynkratische Probleme gleichsetzt mit 'Inkompetenz' des Betreffenden, verstärkt hochgehaltene Werte wie Privatismus, Autonomie und individuelle Praktiken unter Lehrern. (Dies ist mit ein Grund mehr, diesem Zustand eine kooperative Pädagogik, im Sinne der kollaborativen 'Lehrer-als-Forscher'-Bewegung, entgegenzusetzen.)

**b)** Aus den zugegebenermassen nicht generalisierbaren, aber als "trendsetting" äusserst wertvollen Erkenntnissen dieser acht Pilotinterviews heraus, reiften bei mir allmählich Überlegungen zur Konzipierung eines Kurses, welcher nach Möglichkeit einige dieser schmerzhaften Entwicklungsmomente der Junglehrer reflektierend-vorbereitend 'auffangen' sollte, um den sogenannten 'Unlösbarkeits-Schock' der inner- und ausserschulischen Dilemmasituationen möglicherweise auf ein wenigstens erträgliches Mass zu reduzieren.

Indem ich mit aller Vorsicht die Validität der vorliegenden Resultate 'akzeptiere', wage ich daraus eine Interpretation, die ich natürlich mittels zusätzlicher qualitativer und quantitativer Datenerhebungen überprüfen müsste: Es scheint in dieser Vorstudie der Eindruck auf, als ob die Junglehrer mit alltäglichen, praktischen, technisch-pragmatischen Aktivitäten vollauf beschäftigt sind und die eher 'reflektierenden' Momente - die zugegebenermassen zeitintensiv sind - dabei eher abfallen. Das heisst mit anderen Worten, sofern meine Interpretation richtig ist, dass hier eine ähnliche Lernsituation angetroffen wird, wie ich sie in meiner Arbeit weiter oben bezüglich der Ausbildungssituation (Kapitel 4) beschrieben habe: Die vorherrschende Devise - und das scheint mir das Problematische zu sein - ist selbst *nach* erfolgtem Berufseintritt der Junglehrer immer noch eine technisch-pragmatische und nicht eine deliberativ-reflektierende. Damit will ich in keiner Weise diese sehr heikle und meist auch kritische Berufseintrittszeit pauschal verunglimpfen. Vielmehr scheinen es u. a. auch sehr stark schulstrukturelle Momente zu sein, die dieser "What works"-Mentalität Vorschub leisten.

Damit hatte ich einige Indizien mehr, meine Hauptstudie in Form des Kurses 'Vom Reflexverhalten im Unterricht zu reflektierten Handlungen in der Schule' legitimieren und begründen zu können (vgl. Kapitel 8): Es braucht in der Lehrerausbildung ein Ausbildungselement, welches durch eine kooperative Zusammenarbeit zwischen erfahrenen Lehrern und Lehrerstudierenden geprägt ist, aber in einem Ausbildungsgefäss, das *nicht* in ausschliessender Weise durch die täglich auszuführende Arbeit der Unterrichtsvorbereitung, -durchführung und -evaluation vereinnahmt wird, wie dies beispielsweise in den berufspraktischen Ausbildungsteilen (Praktika und Übungsschule) der Fall ist; sondern wo genügend Raum und Zeit gegeben ist, erziehungs- und identitätswirksame Faktoren von Unterricht für Schüler und Lehrer sowie Lehrer- und Schulentwicklungsmomente dialogisch zu erörtern.

Damit schöpfte mein schliesslich definitives Kurskonzept, welches von mir im nächsten Kapitel ausführlich dargestellt wird, grossenteils aus den Einsichten dieser Interviewbefragung (Pilotstudie). Dabei flossen die beschriebenen schwierigen, 'unlösbaren' Fragen von Unterricht und Schule mehr oder weniger direkt in das ausführliche, themenspezifische Leitfadeninterview hinein (vgl. 'Erstinterview' im Anhang, Kapitel 11). Auch verhalfen mir die in der Vorstudie aufscheinenden Problembereiche der Junglehrer zur Konstruktion der wichtigsten thematischen Bereiche - ich nenne sie fortan 'ethnographische Stationen' -, indem sie mich auf wesentliche, inhaltlich abzudeckende Schwerpunkte in Schule und Unterricht verwiesen. Auch hier muss ich auf das nächste Kapitel verweisen (siehe Punkt 8.3.5. 'Ethnographie-Stationen'; oder im Anhang, Kapitel 11).

# 8. DURCHFÜHRUNG / AUSWERTUNG DES PROJEKTKURSES

*"Schooling is long on prescription, short on description." (Lortie, 1975, p. vii)*

Forschungsteilnehmer in der vorliegenden Studie waren eine Gruppe von Studierenden unter der Beteiligung und Supervision eines Dozenten (der Autor dieser Arbeit) sowie eine Gruppe von praktizierenden Lehrern, welche sich auf eine Kursausschreibung hin - zur Erkundung von Alltagswissen und -erfahrungen von Lehrern (sowie den daraus resultierenden Berufswidersprüchen) - freiwillig zur Teilnahme bereiterklärt hatten (cf. Anhang im Kapitel 11).
In der intimen Form von Tandem-Grüppchen arbeitete je ein Lehrer mit einem Studierenden zusammen, wobei die Tandemauswahl zufällig getroffen wurde. Über aktuelle Erfahrungen und zentrale Problemfelder schulischen Unterrichts und Lernens explizierten die beiden Gesprächspartner in der Verständigungsform von zufälligen, unstrukturierten und strukturierten Interviews, in Gesprächen über Unterrichtsbeobachtungen und über die 'Stimulated-Recall'-Methode ihre Sicht als tätige Lehrer oder zukünftige Lehrer. In den ethnographischen Erkundungen wurden so Unterrichtslektionen, -tage und -etappen in ihrem Verlauf sowie Unterrichtsprobleme aus der Perspektive von Lehrern und Schülern besprochen. Diese Gespräche wurden als Tonband- oder als Gedächtnisprotokolle im 'Forschungstagebuch' festgehalten und später mittels Textverarbeitung in eine übersichtliche Form gebracht.
Der Verarbeitungsschwerpunkt der Lehrergruppe lag in der kontinuierlichen Selbstkonfrontation, Selbstreflexion und Selbstevaluation von ausser- und innerschulischen Prozessen über einen Zeitraum eines knappen Wintersemesters. Der Schwerpunkt der Lehrerstudierenden lag dabei in der Erarbeitung ihrer eigenen schulischen Lernbiographie an der Lehrerausbildungsstätte der Universität Freiburg und in der reflexiven Präzisierung ihrer Handlungsperspektiven als zukünftige Lehrer, und zwar dadurch, dass sie ihre ethnographischen Erkundungserfahrungen in sehr persönlichen Berichten beschrieben. Diese persönliche Stellungnahme und Einschätzung war ein interpretativer Versuch, aufgrund des annähernd während vier Monaten gesammelten Materials ein *verbales Porträt* 'ihres' Expertenlehrers zu erstellen. Diese Porträtarbeit kommt der Anfertigung einer systematischen Mini-Falldarstellung gleich, die 'zwischen den Zeilen' eine starke Auseinandersetzung mit der eigenen Lehrerwerdung beinhaltet.

## 8.1. VORBEMERKUNGEN

Forschungsprozesse in qualitativ-interpretativen Erhebungen setzen sich seit einiger Zeit eigene spezifische methodische Massstäbe, die nicht mehr den Vorstellungen klassischer quantitativer Gütekriterien entsprechen (Mayring, 1990). Die Massstäbe entsprechen vielmehr dem Grundsatz, dass die Gütekriterien den Methoden angemessen sein müssen, und nicht umgekehrt (wie dies in der quantitativen Forschung häufig der Fall ist (vgl. Flick et al., 1991; Lamnek, 1990; Strauss, 1987; Guba & Lincoln, 1991; sowie die Ausführungen im Kapitel 6).

Ich werde in diesem vorliegenden Kapitel bezüglich des Forschungsprozesses folgende Fragen von Mayring (1990) aufgreifen und zu beantworten trachten:

**a)** Sind die Voranahmen, das Vorverständnis auf Explizitheit, Adäquatheit und Plausibilität der Projektstudie überprüft worden?

**b)** Wie steht es um die Variablen Offenheit und Ehrlichkeit (Glaubwürdigkeit) der Personen, mit denen in der Projektstudie gearbeitet worden ist?

**c)** Wie steht es um die Reaktivität des Forschungsgegenstandes: Ist das Forschungsmaterial innerhalb der Projektstudie erfragt worden oder wurde es spontan geäussert?

**d)** Wie definieren sich die Forscher - Subjekt -Beziehungen, d.h., anders gefragt, gab es während der Feldforschung dieser Projektstudie Störfaktoren, welche die sozialen Beziehungen beeinträchtigten?

**e)** Hat das emotionale Engagement, die Identifikation mit den zu erkundenden Fällen, den Forscher (in verzerrender Weise) beeinflusst?

Ich muss jeweils diese Fragen auf zwei Ebenen diskutieren: Erstens auf der Ebene der Tandem-Ethnographie, wo die Lehrerstudierenden 'Forscher' waren und die Expertenlehrer 'Forschungssubjekte'; zweitens auf einer Ebene, wo ich selber als Projektleiter metaanalytisch diesen ebengenannten Forschungsprozess beschreibe, analysiere, interpretiere und Schlussfolgerungen daraus ziehe.[196]

### 8.1.1. Einleitung

Das erste Ziel der vorliegenden empirischen Arbeit bestand in der Erarbeitung eines Kurses - welcher in seiner Funktion eine Art 'Interventionsmodell' darstellt -, in welchem die Arbeit und möglichen Auswirkungen eines gemeinsam beschrittenen Weges von zukünftigen Junglehrern sowie erfahrenen Expertenlehrern bezüglich des Unterrichts- und Schulalltags aufgezeigt werden können; eine Arbeit ganz im Sinne des "team-learnings" übrigens, welches allerdings auf so viele Funktionsgebiete der Lehreridentität wie nur möglich ausgedehnt werden sollte, d.h., auf alle möglichen Arbeitsebenen des Lehrens: jene des Erziehens, des Beurteilens, Beratens, Organisierens und des Innovierens (Dick, 1986). Die vorliegende Studie versucht zu analysieren, welchen Stellenwert eine konkret pädagogisch-ökologisch-soziologische Einsichtnahme von Schule und Unterricht, mit anschliessender Reflexion, für Lehrerstudierende innerhalb ihres Studiums aufweisen könnte; einem Studium, welches von der organisato-

---

[196] Ich möchte dabei festhalten, dass die hier vorliegende Darstellung nicht kongruent dem Arbeitsprozess und Forschungsablauf entspricht: Nach dem Formulieren von ersten, interessegeleiteten Fragestellungen wurde eine empirische Erhebung in Kursform geplant, die während des Verlaufs weitere Erweiterungen erfuhr, welche dann selbst wieder Ausgangspunkt erneuter theoretischer Überlegungen wurden. Die hier vorgelegte Darstellung repräsentiert als Schlussfassung nicht alle Phasen des Forschungs- und Erarbeitungsprozesses, sondern nur das erreichte 'Schlussstadium', wobei das reichhaltige Datenmaterial zu weitergehenden Fragestellungen anregen mag, die wiederum zu einer neuen Phase theoretischer Beschäftigung mit dem Phänomen 'Reflexion im Unterricht und Alltag des Lehrers' führen können.

rischen und inhaltlichen Struktur her eher pädagogisch-psychologische Einsichten zu stimulieren vermag.

### 8.1.2. Erkenntnisse aus den Vorstudien

Ich möchte aus den bisherigen Überlegungen heraus - weil sie für die Problematik des zukünftigen Junglehrers, aber auch für die längerfristige Berufszufriedenheit des erfahrenen Lehrers von besonderer Wichtigkeit sind - zu folgendem retrospektiven Exkurs ansetzen, der implizit auch für die geplante Projektarbeit einen hohen Bedeutungsgehalt aufwies: Aus den Interviews der Vorstudie (vgl. Kapitel 7) konnte ich die Synthese ziehen, dass die befragten Junglehrer aus vielfältigsten Ursachen heraus gehalten sind, mit Unsicherheitsgefühlen umzugehen; wobei ich vermute, dass sie dies eher 'schlecht als recht' tun: Sie müssen dabei eine ausserordentliche kognitive Leistung vollbringen, um zwischen Wert- und Normhierarchien Präferenzen herauszuentscheiden, die oft in ihrer Differenziertheit und Komplexität, in ihrem Abstraktionsgrad und Volumen, aber auch in ihrer Ideologisierung und Irrationalität nicht mehr überschaubar sind. Dies liess bei den befragten Lehrern das Gefühl von Konfusion entstehen: dem täglichen Unterricht und - aber weit schwerwiegender - auch der gesamten Berufsidentität gegenüber.
Für die Junglehrer noch schwieriger erkennbar, geschweige denn lösbar ist die Frage, wie sie lernen sollen, sich als Lehrer gegen gerechtfertigte und ungerechtfertigte Ansprüche pädagogisch legitimiert abzugrenzen. Gelingt dies einem Lehrer, kann er sich nämlich unter Einschluss seiner Qualifikation selbst besser akzeptieren, seine persönliche Entwicklungsfähigkeit überdenken und ein Selbstkonzept entwickeln, das ihn im Leistungsfeld der Schule und ausserhalb handlungsfähig macht und ihm jene Lebensbewältigung ermöglicht, die verhindert, dass er einer Überbeanspruchung erliegt. Eine aus verschiedenen Gründen nur wenig genutzte Möglichkeit bietet dabei der Erfah-rungsaustausch mit Kollegen, der auch eine verstärkte Selbsterfahrung erlaubt. Dass dies nicht (nur) in den kurzen Pausen zwischen den Lektionen auf dem Flur oder im Lehrerzimmer möglich ist, liegt auf der Hand. Es braucht wohl eine mehr oder minder formalisierte Bereitschaft, z.B. in Form einer Lehrergruppe (vgl. dazu Gudjons, 1977; Stadler, 1991). Aufgrund dieser Überlegungen entschloss ich mich in der Folge, eine solcherart strukturierte und inhaltlich zentrierte Lernsituation zu schaffen, wie ich sie global umrissen habe. Dies führte zur Konzeption des Kurses 'Vom Reflexverhalten im Unterricht zu reflektierten Handlungen in der Schule'. Dabei sind auch noch zusätzliche externe Gründe anzuführen, die zusätzlich zur Konzeption eines solchen Kurses beigetragen haben.

### 8.1.3. Individuelle und institutionelle Voraussetzungen

Ich muss an dieser Stelle einen kurzen Exkurs in die pädagogisch-didaktische Grundausbildung unserer Lehrerbildung, d.h. insbesondere Allgemeine Didaktik und die berufspraktische Ausbildung vornehmen, damit der Stellenwert dieser Ethnographie-Erfahrungen klar wird:

Die angehenden SekundarlehrerInnen werden bereits in den ersten Wochen und Monaten ihres 7-semestrigen Studiums in die konkrete Arbeit mit Schulklassen miteinbezogen: Mittels Microteaching-Übungen (Unterrichtssequenz von zwanzig Minuten mit 3-4 Schülern) und sog. Sensibilisierungslektionen (ohne Video) und Videolektionen (zu zweit) erfolgen diese Praxiskontakte in supervidierter Form und in engster Anlehnung an die theoretisch abgestützte Didaktik-Ausbildung (Vorlesung und Seminar). Eine erste längere Praxiserfahrung geschieht im zweiwöchigen Orientierungspraktikum, wo Lektionsreihen erteilt und Beobachtungsschwerpunkte eingefangen und subjektiv eingeschätzt werden. Allen Praxiselementen ist die Unterrichtsanalyse gemeinsam - teils durch Video- oder Tonbandaufnahmen unterstützt -, welche durch Rückmeldungen über zielgerichtet ausgewählte Praxisteile ergänzt werden. Erst im 2. Praktikum, nach der einsemestrigen Übungsschule, scheinen die Liberalisierungstendenzen des ersten Jahres zugunsten einer direkteren und strafferen Unterrichtsführung revidiert zu werden: Persönliche Beobachtungen sowie Gespräche mit Studierenden und Praktikalehrern und meinen Dozentenkollegen stützen diese These.
In der über zehnjährigen Ausbildungserfahrung - sowohl in der Grundausbildung (1.-3. Semester) als auch in der Hauptausbildung (4.-7. Semester) von Sekundarlehrerstudierenden hat sich in mir der Eindruck verstärkt, dass Studierende des 7. Semesters, die also ein Semester vor dem Berufseintritt stehen,

- Schwierigkeiten haben, die alltägliche Lebenswelt des Lehrers in Schule und Unterricht mit Hilfe der in sechs Semestern aufgebauten pädagogischen Konzepte, Begriffe und Wissensbestände in Verbindung zu bringen;
- eine gewisse Theoriemüdigkeit - 'Theoriefeindlichkeit' wäre hier ein zu starker Ausdruck - an den Tag legen, weil sie die brisante Praxisrelevanz, welche sie gerade im Schlusspraktikum mit der Übernahme des gesamten Pensums sehr stark verspürt haben, 'hinter noch so schönen Theorien' vermissen; d.h., die Anwendungsebenen pädagogischer Theorien erscheinen einer ansehnlichen Zahl von Studierenden zu sehr den bisher gemachten eigenen Praxiserfahrungen (in den Praktika, der Übungsschule und in etwaigen Stellvertretungen) entrückt;
- in der Folge die Motivation zur Absolvierung ihres letzten ausschliesslich pädagogisch-didaktischen Semesters einen gewissen Tiefpunkt erreicht, wo man eigentlich nur mehr darauf brennt, in die Praxis 'entlassen' zu werden, anstatt nochmals selber die 'Schulbank' zu drücken.

Ein Versuch zur teilweisen Abhilfe dieser Mängel schien mir not zu tun. Dies war der Anstoss zur Planung und Entwicklung einer speziellen Lehrveranstaltung für Sekundarlehrerstudierende des 7. Semesters, d.h., für Studierende, welche bereits die Grundausbildung pädagogischer und fachlicher Art durchlaufen und mittels Prüfungen abgeschlossen hatten.[197] Das vorliegende Projektseminar, eines von fünf Wahlpflichtkursen aus dem Bereich 'Spezialkurs zum Lehrerhandeln', wurde mit dem etwas aufwendigen Titel *'Vom Reflexverhalten*

[197] Auch zukünftige Gymnasiallehrerstudierende haben bisher mit durchaus vergleichbarem Erfolg an meinen Reflexions-Kursen teilgenommen.

*im Unterricht zu reflektierten Handlungen in der Schule'* versehen. Die Veranstaltung wurde - trotz fortwährender Veränderungen im Detail - durchgängig im Blick auf die nachfolgend dargestellten Rahmen- oder Richtziele konzipiert und aufgebaut.

## 8.2. RAHMENBEDINGUNGEN DES PROJEKTKURSES

Die nachfolgenden Etappenschilderungen der Rahmenbedingungen des Seminars mögen etwas ausführlich erscheinen. Sie sind jedoch im Sinne des Verstehens des gesamten Forschungs- und Handlungsspektrums unentbehrlich. Dann erst kann nämlich möglicherweise klar werden, dass das, was sich beim einzelnen Veranstaltungsteilnehmer vollzogen hat, als genuiner Lernprozess zu bezeichnen und aufzufassen ist. Und obwohl in der Darstellung und Auswertung der Projektstudie eine sehr grosse Nähe zu den erhobenen und erhaltenen Daten erfolgt ist, verbot ein begrenzter Auswertungs- und Darstellungsaufwand - der bereits ins Unermessliche auszuufern drohte - zeitweise eine noch grössere Nähe. Trotzdem kann ich ohne Zweifel sagen, dass die ausgewählte Datenmenge in starker Beziehung zur Gesamtheit der relevanten Lernprozesse steht und demzufolge keine gravierenden Einbussen des generellen Erkenntnisgewinns zu gewärtigen sind.

### 8.2.1. Theorie und Methodik - ein Grobbeschrieb

Ich wählte eine konstruktivistische Perspektive von Lehrerwissen (cf. Kapitel 5), welche auf der Prämisse fusst, dass Lehrer 'wissende Wesen' sind, und dass dieses oft 'implizite' Wissen ihre Handlungen stark beeinflusst. Dieses Lehrerwissen 'erzeugt' dabei ein System von Überzeugungen, Haltungen und Einstellungen (vgl. Kapitel 2), welches wiederum die Wahrnehmung, das Verhalten und die Handlungen dieses Lehrers direkt oder indirekt beeinflusst.[198]
Ich entschied mich in der vorliegenden Arbeit des weiteren, das berufspraktische Wissen, die Überzeugungen, Haltungen und Einstellungstheorien mittels induktiver Techniken zu erheben: Gespräche und Interviews vermögen das heuristische Denken von Personen einer bestimmten Gruppe - hier erfahrene Lehrer - hervorzurufen und herauszuholen. Diese in der kulturanthropologischen Tradition bevorzugte Technik geht von der Annahme aus, dass Überzeugungen aus einem Set von Behauptungen und Erklärungen bestehen, welche von den Befragten innegehalten werden und sich im natürlichen Gespräch als deklarative Sätze realisieren (Erickson, 1986; Geertz, 1983). Die Methodologie verwendet deshalb sowohl offene Fragen, um unter anderem auch propositio-

[198] Beim System von Überzeugungen stütze ich mich auf die Definition von Harvey (1986): "Harvey's (1986) definition of a belief system [is] a set of conceptual representations which signify to its holder a reality or given state of affairs of sufficient validity, truth and/or trustworthiness to warrant reliance upon it as a guide to personal thought and action." (p. 660; zit. in Richardson, Anders, Tidwell & Lloyd, 1991, p. 562)

nale Aussagen der Informanten über die Unterrichts- und Schulwelt zu erlangen, wie auch geschlossene Fragen, um das Antwort-Verständnis des Interviewers - hier der Lehrerstudierenden - zu garantieren. Immer aber handelt es sich um die Erforschung authentischer Handlungen von Lehrern, Handlungen - und damit sind auch kognitionsorientierte Handlungen wie Reflexionen gemeint -, die einfach ausgedrückt als die gewöhnliche tägliche Praxis der Unterrichts- und Lehrerkultur angesehen werden können.

**a)** Wie ich in dieser Arbeit bereits an mehrfacher Stelle aufgezeigt habe, gründet meine ethnographische Erhebung dabei auf der folgenden empirisch mehrfach aufgezeigten Tatsache: Der Individualismus der Lehrersozialisation während der Ausbildung generiert subjektive Probleme für Mitglieder dieses Berufszweiges und zementiert aller Ansicht nach den Konservativismus der Institution Schule. Lehrer und Lehrerstudierende destillieren aus den Anfangserfahrungen von Unterricht stark biographische Orientierungen zu pädagogischen Entscheidungen heraus und scheinen deshalb schwerlich in der Lage zu sein, neue persönliche Theorien und innovative Standards zu erlangen, welche frühere, klassische Eindrücke, Ideen und Orientierungen von Lehrervorbildern - aus den tausenden von Lektionen, die sie als Schüler partizipierend beobachteten und miterlebten - korrigieren. Dies ist eine zentrale Aussage inbezug auf die im Wachsen begriffene Berufsidentität zukünftiger Junglehrer (wie beispielsweise jene der Studierenden, die an meinem Kurs partizipiert haben).

**b)** Weil diese Studie grösstenteils auf "open-ended-inquiry" beruht, welche den Lehrern und Lehrerstudierenden erlaubt, ihre Welt des Unterrichts, rsp. ihre zukünftige Welt von Unterricht in ihrer eigenen Sprache zu beschreiben, lassen sich die wissenschaftlichen Untersuchungsmethoden, die gewählt worden sind, durch eine Kombination von 'Naivität und Skeptizismus' der Lehrerkultur gegenüber charakterisieren; d.h., es wurde versucht, ohne befangene Vorannahmen[199] - also im ethnographisch-naturalistischen Sinne 'naiv' und 'unbescholten' - an die Lehrer, an den Unterricht, an die Vorstellungen und das Wissen über Unterricht und Schule heranzugehen und gleichzeitig diese erhaltenen Beschriebe, Berichte und Aussagen über ihre Handlungen und Unterrichtsphilosophien mit einem wohlwollend-skeptischen Auge zu begutachten, und zwar (1) von den 'forschenden Lehrerstudierenden' und (2) von mir selber als Forscher.

Der Kurs kann somit global folgendermassen beschrieben werden: In Fallstudien haben insgesamt zehn zukünftige Berufsanfänger über einen Zeitraum von

---

199 In der Kulturanthropologie wird in diesem Zusammenhang die wichtige Unterscheidung "emic" *versus* "etic" getroffen, Begriffe, die ursprünglich aus der Linguistik stammten (phonemic and phonetic): Während der "emic-approach" das Verhalten aus dem untersuchten Kultursystem heraus entdecken will, - d.h. mögliche Strukturen und Konzepte werden vom Untersuchenden entdeckt und die Kriterien beziehen sich auf *interne, lokale* Charakteristiken -, so werden im "etic-approach" verschiedene Kulturen miteinander verglichen, indem Strukturen und Konzepte vom Untersuchenden geschaffen und mittels *externer, absoluter* Kriterien als universell angesehen werden (Berry & Dasen, 1974, p. 16).

knapp vier Monaten (d.h., ihrem letzten ausschliesslich pädagogisch-didaktischen Studiensemester an der Universität Freiburg) je einen erfahrenen Lehrer erkundend begleitet, und zwar mittels der wissenschaftlichen Erkundungsmethode der Ethnographie, welche sich durch eine Kombination von 'Naivität und Skeptizismus' dem zu erkundenden Gegenstand gegenüber charakterisiert (Lortie, 1975): Die Lehrerstudierenden als 'professionelle Fremde' - um den Buchtitel von Agar, 1980, zu verwenden - innerhalb der kulturellen 'Räume' von Unterricht und Schule. Dieses wissenschaftliche Erkunden und Erschliessen hatte folgendes Ziel: Erfahrene Lehrer berichten zukünftigen Junglehrern über ihre Schulkultur und Alltagswelt, und zwar als Lehrer in der ihnen eigenen Sprache. Der Kulturraum Schule und der ökologische Klassenraum von Unterricht siedelt sich in einer solchen Sichtweise nicht mehr zwischen den beiden Polaritäten Reflex *versus* Routine (Richert, 1987) oder Rezeptologie *versus* "Repertoire" (Huberman, 1986) an, sondern transzendiert diese in einem gesamtheitlichen, ethnographischen Sinn. - Dieses Projektmodell einer gemeinsamen Tandem-Ethnographiearbeit verschränkt verschiedene methodische Ansätze miteinander und erlaubt als methodologische Möglichkeit fast ausschliesslich nur Erhebungsinstrumente von der Art des "open-ended-inquiry" (wie bspw. halbstandardisierte Interviews, Nachträgliches Lautes Denken, Selbstbeschreibungen und Wochentagebuch-Aufzeichnungen). Zur interpretativen Inhaltsanalyse der narrativen Datenmengen wurden fortlaufend Reduktionskategorien entworfen, welche ihrerseits den Erkundungsprozess neu beeinflussten.

### 8.2.2. Grundannahmen der Lehrerausbildung

Aufgrund der vorangegangen Diskussionen über die Unterrichtskultur der Lehrer (Kap. 2), das spezifische Praxiswissen von Lehrern (Kap. 5) und die Forderung nach kollaborativen Praxisforschung (Kap. 4) liegen meinen weiteren Ausführungen folgende allgemeine Prinzipien der Lehrerausbildung zugrunde:

- Die Lehrperson ist von zentraler Bedeutung in unzähligen Aspekten des Unterrichts.
- Effektive und verantwortungsvolle Lehrerausbildung strebt eine vollständige Integration von Theorie und Praxis an.
- Pädagogik beinhaltet Wissensaspekte, die sich auf Beiträge auch ausserhalb der epistemologischen Betroffenheit dieses Wissens stützt.
- Damit wird Pädagogik auch zum persönlichen, praktischen Wissen.
- Pädagogisches Wissen bildet das Kernstück der Entscheidungsgrundlagen des Lehrers.
- Lehrerwerdung beinhaltet den Aufbau und die Entwicklung eines eigenen pädagogischen Wissens: Es ist komplex, weil es, nebst der individuellen Identitätskonstruktion, auch eine feinabgestimmte sozial-kognitive Berufsintegration und -angleichung verlangt.
- Die Aufgabe eines Lehrerbildners ist es, beim Aufbau dieses pädagogischen Wissens, welches die Basis der Lehrerentwicklung darstellt, als Berater, Unterstützer und Organisator zur Verfügung zu stehen.

### 8.2.3. 'Design' und Leitideen des Kurses

Den Charakter des Kurses würde ich gerne als eine beabsichtigte und ausgewiesene Lernsituation darstellen, die sowohl von der betreffenden Schule (in welcher dieser oder jener erfahrene Lehrer unterrichtet) wie auch von der Ausbildungsinstitution der zukünftigen Junglehrer (im vorliegenden Fall die Universität Freiburg/Schweiz, d.h., spezifischer das Pädagogische Institut) konstituierend in die Wege geleitet, unterstützt und getragen wurde.[200] Mit dem Rückgriff auf den Begriff des ganzheitlichen Lernens sollen hier auch einige angestrebte Zielebenen klargelegt werden: Es handelt sich um ein erfahrungsbezogenes Lernen, das die tägliche Schulpraxis und das persönlich-biographische Berufsverständnis ausdrücklich miteinbezieht; dies impliziert nebst den kognitiven Handlungsaspekten und Entscheidungsreflexionen des Lehrers notwendigerweise auch soziale und affektive Lernprozesse, d.h., diese beiden Komponenten zielen auf eine Verschränkung von persönlichem und berufspraktischem Lernen und damit auf eine lebenslaufbiographisch entwicklungsbezogene Perspektive von Veränderung hin. Aus obigen Aussagen geht hervor, dass es mir um die Schaffung einer gesamtheitlichen Lernsituation ging, in denen die Lehrerstudierenden ihre Berufsidentität selbst reflektieren und überprüfen können. Das Bereitstellen des 'Settings' (ein erfahrener Lehrer an einer Schule), d.h., eine holistisch-systemische 'Schulsituation' als Problemstellung, wurde durch implizite und explizite Interessen am Projekt durch Lehrer, Lehrerstudierende, Kursleiter und betroffene Instanzen (Schulinspektor, Schuldirektor, Direktor des Pädagogischen Instituts) erleichtert. Die eigentlichen Leitideen des Kurses zentrierten sich somit auf die folgenden Bereiche:

- Lernmilieu:
  Statt der traditionellen Unterrichtsatmosphäre soll der Kurs den Charakter eines Erkundungsfeldes haben, wo die Studierenden individuelle Entscheidungsmöglichkeiten treffen und Initiativen und kritisches Denken honoriert werden können. Statt ein statusbedingt hierarchisches ist ein kollaborativ-kooperatives Verhältnis zwischen Kursleiter und Studierenden aufzubauen. Zudem soll das Lernmilieu von Selbsterneuerung geprägt sein, d.h., sowohl Studierende als auch Kursleiter sollen kontinuierlich - praktisch und metatheoretisch - den Kursinhalt, die Kursorganisation sowie die Interaktionsbeziehungen aller Beteiligten erörtern.
- 'Setting' Schule:

---

200 Die vorliegende Forschungsarbeit nähert sich in ihrer Konzeption ganz dem mit Vehemenz vertretenen Postulat aus dem 'Entwicklungsplan für Bildungsforschung' (1985) der Schweiz, in dem - als Synthese aus der allgegenwärtigen Theorie-Praxis-Diskussion - eine *Forschung 'vor Ort'* gefordert wird, die sich von allzu atomisierten Untersuchungsgegenständen löst und stattdessen beispielsweise 'schulhausbezogene' Erhebungen fördert. Das vorliegende Projekt versteht sich als ein schulhausbezogen konzipiertes und leistet damit u. a. auch einen Beitrag zur Rückkoppelung wissenschaftlicher Theorien und empirischer Forschungsresultate an die Praxis, ein Praxisfeld, welches eben diesen Rückgewinnungsprozess bitter benötigt, soll es weiterhin den Forschungsinteressen bereitwillig offen stehen.

Welches sind die Quellen, die Stimulationsmöglichkeiten sowie die physikalisch-materiellen Gegebenheiten im schulischen Setting, welche zur Entwicklung der Lehreridentität beitragen können?

- Interpersonale Interaktion:
  Wie ist Unterricht und Schule für den erfahrenen Lehrer unter dem Aspekt seiner kontinuierlichen Tätigkeiten und den permanenten 'Moment-zu-Moment-Interaktionen' mit Schülern, Kollegen, Eltern, Schulvertretern etc. zu interpretieren?

- Kognitive Handlungsperspektiven:
  Welche unterrichtlichen Phänomene und welche bildungs- und erziehungsbezogenen Themen des Expertenlehrers werden ins Zentrum der Wahrnehmung des Lehrerstudierenden rücken?

- Das emotionale und motivationale Klima:
  Welches sind die Wahrnehmungen, Wertmuster und Gefühle aller Teilnehmer, der erfahrenen Lehrer, der Lehrerstudierenden und der Schüler, in dieser ethnographischen Arbeit?

- Die Konstruktion der Porträtierung:
  Wie gelingt den Studierenden eine Reduktion der komplexen ethnographischen Situation, und welche Bedeutung nimmt sie für sie ein?

Das Kursprogramm versuchte also, auf dem praktischen Wissen von Lehrerstudierenden und der erfahrenen Lehrer aufzubauen, wie auch auf der durch theoretisches Wissen erfolgten Einsicht aufgebauter Konzepte; es musste bei diesem letzteren Punkt lediglich darauf geachtet werden, dass diese Überprüfung nicht bloss aus einer einzigen Optik heraus erfolgte oder anhand eines einzigen Prinzips als das 'Richtige' erkannt würde. Erst die mit Vorbedacht eingesetzten Unterrichtsprozesse, welche interaktiv zwischen theoretischen und praktischen Konzepten und Erfahrungen abwägen, garantierten ein ebenso reiches wie klares Eindringen in den je andern Bereich.

### 8.2.4. Grobziele

a) Die Grobziele der *Expertenlehrer* waren die folgenden:

- Kritisches Selbstbewusstsein jenen Berufsbedürfnissen gegenüber (weiter)-entwickeln, welche die aktuelle Professionsentwicklung mit sich bringt;
- Entwicklung wahrgenommener zu empfundenen Berufsbedürfnissen;
- Die Weiterentwicklung des persönlichen Professionskonstrukts.

Der erfahrene Lehrer soll sein pädagogisches Überzeugungs- und Einstellungswissen, mit dem er konkrete Unterrichtssituationen zu bewältigen trachtet, als persönliches, praktisches Wissen 'verfügbar' machen, um sich im Gespräch mit dem Lehrerstudierenden dialogisch auseinandersetzen zu können. Das solchermassen aktualisierte Berufsverständnis des Lehrerseins mag verschiedene Entwicklungsstadien der Lehrerstudierenden tangieren:Daraus abgeleitet lautete meine vorläufige 'Arbeitshypothese': Einige Expertenlehrer zeigen nach Absolvierung des Kurses eine vermehrte und offenere Kommunikations- und Austauschbereitschaft, insbesondere einem zukünftigen Junglehrer gegenüber.

**b)** Zusammenfassend hat der Kurs zum Ziel, dem *Lehrerstudierenden* darin beizustehen, kompetent(er) zu werden

- in der Sensibilität und Fertigkeit des Erkundens, und zwar hinsichtlich des praktischen Wissens eines Expertenlehrers
- bezüglich des Verstehens von Schul- und Klassengemeinschaft (Lehrer und Lehrer; Lehrer und Schüler) und Schulen als 'Kulturräume',
- indem Beziehungen zwischen Erziehungs- und den Unterrichtskontexten, d.h., den pädagogisch-psychologischen aber auch den sozioökonomischen und sozialpolitischen Gegebenheiten einer Schule sowie deren historische Verankerung und Bedingtheit, erkannt werden.

Schule wird von den Studierenden nicht bloss als Praxisfeld für die bevorstehende Berufswirklichkeit betrachtet, sondern als umfassenderes *soziales Lernfeld*, wo nebst der Anwendung und Demonstration von angeeignetem Wissen und Fertigkeiten die Möglichkeit eines selbstgesteuerten pädagogischen Wachstums möglich ist, indem Lehrer gelernte Funktionen durch kreative erweitern können. Daraus ergibt sich eine relativ weitgespannte Definition der Lehreridentität: 'Lehrersein' bedeutet nämlich, nebst technischen Fertigkeiten auch erzieherisch-pädagogische und ethisch-moralische Kriterien miteinzubeziehen, um systematisch über die eigene Berufsentwicklung, über Handlungsentscheidungen im Klassenraum sowie über mögliche wirksame sozioökonomische Kontextumfelder reflektieren zu können. Daraus abgeleitet lautete meine vorläufige 'Arbeitshypothese': Einige Studierende zeigen nach Absolvierung des Kurses vermehrt Fähigkeiten, relevante pädagogische Perspektiven und Prinzipien adäquat zu artikulieren und in ihre eigene Berufsauffassung zu integrieren.

## 8.3. Inhalt und Verlaufsstruktur des Projektkurses

Ich bin mir voll bewusst, dass die nachfolgend aufgeführten Hauptziele ausserordentlich anspruchsvolle Zielsetzungen darstellen, die ich bei meiner Studie wohl nicht vollumfänglich bei jedem Kursteilnehmer als 'völlig erreicht' einschätzen könnte. Trotzdem möchte ich diese Intentionen hier als anzustrebender Zielkatalog aufgeführt wissen.

### 8.3.1. Grundzüge und Hauptziele

a) Der Sekundarlehrerstudent soll den Kontakt zur methodisch und theoretisch *unreduzierten* Wirklichkeit unterrichtlichen Handelns und Erlebens von Schule aufnehmen und diese reale Schulwelt erkundend erfragen.

b) Das Seminar soll eine *Denk- und Erfahrungsbasis* vermitteln, die verhindert, dass dieser enge Kontakt des Erkundens in der Schule abreisst.

c) Er soll schrittweise einsehen und an sich selbst überzeugend erfahren können, an welchen Stellen in dieser Wirklichkeit durch *Praxisforschung* (mittels teilnehmender Beobachtung, Ethnographie und kommunikativ-interpretativer Auswertung empirischer Daten) der "missing link" zwischen Theorie und Praxis vorgenommen werden kann.

d) Dazu sollen dem Studierenden die rudimentärsten wissenschaftstheoretischen und methodologischen Grundkomponenten und Verfahren der *qualitativen Forschung* nahegebracht werden.

e) Der Studierende soll im Gesamtzusammenhang von Schule und Unterricht einsehen, mit welchen Eigenheiten und Problemen die Erkenntnisweisen eines Lehrers im Schulalltag behaftet sind; d.h., welche *Erkenntniswerte* bringt der Lehrer als 'Alltagsmensch' mit in die Schule und wie beeinflussen diese sein gewohntes unterrichtspraktisches Handeln.

f) Er soll möglicherweise didaktisch-psychologisch-pädagogische Theorien, d.h., das *praktische Wissen* von Lehrern verschiedenster Ausprägung erkennen, mit denen der erfahrene Lehrer in der unreduzierten Schulwirklichkeit selbständig hantiert und handelt; diese Theorien sollen generalisierend oder abgrenzend mit seinem eigenen Selbst in Verbindung gebracht werden.

g) Er soll ferner nach Möglichkeit dafür vorbereitet und dazu ermutigt werden, in der unreduzierten Wirklichkeit unterrichtlichen Verhaltens und Erlebens von Schule selbständig Ansatzmöglichkeiten für spezifisch *pädagogische Fragestellungen* und/oder Hypothesen aufzufinden und ev. für methodische Lösungswege dieser Probleme sensibilisiert zu werden.

### 8.3.2. Methodische Prämissen

Aufgrund dieser Leitzielvorstellungen wurde ein Veranstaltungsprogramm entworfen, dem zwei zentrale Prämissen zugrunde liegen:

- der Themenschwerpunkt 'Ethnographie und kommunikativ-interpretative Analyse' erscheint besonders geeignet, um die Ausbildungsarbeit im Sinne der genannten Rahmenrichtziele zu konkretisieren und zusammenzufassen, weil die Ethnographie und teilnehmende Beobachtung als Datengewinnungsmöglichkeit für den Studierenden bis in seine spätere Berufspraxis hineinständig aktuell bleibt, mit allen dazugehörigen allgemeinen und spezifischen Problemen der Erkenntnisgewinnung (vgl. Kapitel 6)[201]

[201] Dem 'Forschungsfeld' der Ethnographie sind gerade im 'Setting' Schule thematisch keine Grenzen gesetzt: Sei dies beispielsweise konfliktives oder modellhaftes Schülerverhalten, die Lehrerzimmeratmosphäre oder die Schulhausplatz-Situation, Elternabende oder die Leh-

- verschiedene Arten der Beobachtung und der Interview-Gesprächsführung sind möglich und müssen deshalb spezifisch zielorientiert eingesetzt werden, d.h., vom offenen freizügigen, hypothesenfreien Beobachten und Interviewen hin zu systematischerem und themenzentrierterem Beobachten und Interviewen.

### 8.3.3. Auswahl der Kurs- und Forschungsteilnehmer

Zur Definitionsfrage bezüglich der gewählten Terminologie in der Frage der sogenannten *Expertenlehrer* verweise ich auf Berliner (1987b), der sich der schwierigen Unterscheidung zwischen 'erfahrenen Lehrern' und 'Expertenlehrern' bewusst ist, und sich in der Folge in seinen Forschungspublikationen für die synonyme Verwendung beider Begriffseinheiten entscheidet.[202] Ich halte mich deshalb in der Folge an beide Formulierungen, 'erfahrene Lehrer' oder 'Expertenlehrer', eine Terminologie, die nicht nur den Zielsetzungen meiner vorliegenden Forschungsarbeit, sondern auch der Selbstdarstellung und Selbstinterpretation der partizipierenden Lehrer in adäquater Weise entspricht. Auf der Seite der Studierenden ist die gewählte Terminologie nicht minder uneindeutig, wird doch in der anglo-amerikanischen Literatur oft vom "novice-teacher" oder "beginning teacher" gesprochen, wobei nicht immer klar wird, ob dieser 'Novize' am Ende seiner Ausbildung oder bereits innerhalb der Berufseinführungsphase steht.[203] In der vorliegenden Arbeit wäre deshalb der neutralen Formulierung 'Sekundarlehrerstudierende im letzten Studiensemester' der Vorzug gegeben worden, um damit zwar einen zeitlichen Orientierungshinweis auf den Ausbildungsausschnitt, aber keine Wertungskomponente einzufügen. Aus Gründen der sprachlichen Schwerfälligkeit dieses Ausdrucks spreche ich aber in der Folge oft von den 'Lehrerstudierenden'.

Die freiwillig gewählte Teilnahme der partizipierenden Expertenlehrer und Lehrerstudierenden erfolgte innerhalb folgender Rahmenbedingungen:

- Die 'erfahrenen Lehrer' ('Expertenlehrer') wurden - nebst meiner eigenen Einschätzung[204] - teilweise mittels Einbezug der Fremdeinschätzung durch die Schulinspektoren und Schuldirektoren 'ausgewählt' und von mir ange-

---

rerkonferenz: In diesen pädagogischen Situationen ist ethnographisches Recherchieren immer möglich und äusserst gewinnbringend, und zwar sowohl als Einsichts- wie auch als Analysemöglichkeit (vgl. Punkt 6.5.)

202 Im zitierten Publikationsbeispiel lassen die beiden Begriffseinheiten "experienced teacher" *versus* "expert teacher" aus der englischen Sprache auf einen unmittelbareren Verwandtheitsgrad schliessen als etwa die Begriffsdyade 'erfahrener Lehrer' *versus* 'Expertenlehrer' in der deutschsprachigen Terminologie (vgl. diesbezüglich in der deutschsprachigen Diskussion etwa Kröll, 1989; Schreckenberg, 1982, 1984; sowie in der englischsprachigen Literatur Dreyfus & Dreyfus, 1986; Kennedy, 1987; Welker, 1992).

203 Dieser Übergang ist natürlich bloss begrifflich so klar voneinander trennbar: Wir treffen in unserer Ausbildung sehr wohl Studierende, die unserer Meinung nach gegen Ende des Studiums hin mit einiger Wahrscheinlichkeit bereits erfolgreiche 'Novizenlehrer' sind, während andere bei Berufseintritt zum Teil noch als 'Lehrerstudierende' bezeichnet werden könnten.

204 Die Freiburger Orientierungsschullehrer kenne ich als Lehrerausbildner seit vielen Jahren, von Übungslektionen (Video-, Übungsschul-, Praktika-, Prüfungslektionen) und von Praktikumslehrer-Fortbildungskursen her, die ich selber mitgeleitet habe.

fragt. Andere Lehrkräfte - insbesonders in ausserkantonalem Rahmen - wurden von den Studierenden selbst aufgrund derselben Kriterien (Mehrfachreferenzen) ausgewählt. Die Expertenlehrer machten aber allesamt 'freiwillig' mit.

- Die Lehrerstudierenden belegten diesen sog. 'Spezialkurs zum Lehrerhandeln' als Kurs innerhalb eines Pflichtwahlangebotes, d.h., sie wählten ihn aus (a) aufgrund persönlicher Motivationen; (b) aus Gründen des Stundenplanangebots; oder (c) aus anderen, mir nicht bekannten Motiven heraus. Der Kurs wurde somit von allen Studierenden 'freiwil-lig' ausgewählt.

### 8.3.4. Arbeitsmodalitäten

In dem ausnahmsweise vom Zeitfaktor her als Doppelkurs veranstalteten Seminar (2 x 3 Wochenstunden) kamen dabei abwechslungsweise folgende Arbeitsmodalitäten und Arbeitstechniken zur Verwendung:

- Plenumsarbeit/Gruppenarbeiten (2-3stündig): mit einführenden und/oder nachträglich erläuternden Vorträgen; Beobachtungsaufgaben verschiedenster Art nach kurzen Video- oder Live-Darbietungen, Selbstbeobachtungsprotokolle; Pilot-Interviewarbeit zu zweit (anhand des Leitfadens und der Hinweise zum Interview); Analyseaufgaben an schriftlich vorgegebenen, ethnographischen Unterrichts- oder Schulsituationsbeispielen; Bearbeitung von Gruppenaufgaben und Diskussionen in Zweier-, Dreier- oder Vierergruppen (Vorbereitung der Feldarbeit, gewisse Auswertungs- und Interpretationsarbeit); diesbezügliche Aussprachen im Plenum.

- Individuelle Arbeit: Lektüre und Studium ausgeteilter Arbeitsblätter (vgl. Anhang, Kapitel 11), Interviewtechniken, Vorbereitung der Feldarbeit, gewisse Auswertungs- und Interpretationsarbeit.

- Feldarbeit: Erstkontaktnahme, Erstinterview, zwei Unterrichtsbeobachtungen, Gespräch über Wochenrückblick, über Noten und die aktuelle Zeugniszeit, über pädagogische Texte; teilweise Protokollierungs- und Transkriptionsarbeit der Interviews am Microcomputer (Macintosh SE, mittels Microsoft Word, 3.02).[205]

Im Hinblick auf meine späteren Ausführungen und auf verstärktes Verständnis des präsentierten ausführlichen Datenmaterials, aber auch im Sinne der Forschungsstrategie-Transparenz, wie sie in der qualitativen Forschung Tradition hat, verweise ich nachweislich auf die Art und Weise der verschiedenen Orientierungen über Ziele, Inhalte und Aufbau der Veranstaltung, welche ich als Kursleiter (und Verfasser dieser Arbeit) den Studierenden angeboten hatte: Diese erfolgten

**a)** *vor* der Veranstaltung durch:

---

[205] Als 'Gegenleistung' für die zeitraubenden Transkriptionsarbeiten führte ich restlos alle Studierenden in die Welt der Textverarbeitung ein und betreute sie auch individuell dabei. Dieser vorgeschlagene 'Tauschhandel' wurde von mir wie ebenfalls von allen Studierenden restlos geschätzt.

- den im Semesterbulletin (WS 1987/88) des Pädagogischen Institutes schriftlich fixierten Kursbeschrieb;
- zweimalige Kurzvorstellung des Kurses und Frageteil (ca. 15 Min.) während der drei Praktikumsauswertungstagen (aufgrund der eher geringen Anzahl von 6 Studierenden war dies anlässlich der Voreinschreibung notwendig geworden);
- ein Einführungsgespräch des Veranstalters mit den Kursteilnehmern (ca. 30 Min.), um zeitlichen Aufwand und die Rahmenbedingungen zu klären (Feldarbeit mit einer Lehrperson), Computerkenntnisse erfragen etc.;
- Abgabe eines Begleittexts (Kursziele, Kursinhalte) sowie des zeitlichen Übersichtsplans.

**b)** *während* der Veranstaltung durch:

- Beantwortung von Fragen und Erörterung bereichsspezifischer Probleme in Plenums- oder Einzelsitzungen;
- vorausweisende und rückbeziehende Teile von Plenumsvorträgen;
- durch Einzel-Einführungssitzungen in das Textverarbeitungsprogramm Microsoft Word 3.02 an zur Verfügung stehenden Microcomputer-Geräten (Apple Macintosh SE) der Universität Freiburg/Schweiz.
- Erläuterungen in Veranstaltungs- und Feldbesprechungen, die allwöchentlich abgehalten wurde.

### 8.3.5. Die Ethnographie-Stationen

Nachfolgend liste ich jene thematischen Stationen auf, die den zentralen Kern der Ethnographiearbeit ausgemacht haben. Aus Platzgründen kann ich diese nur kurz beschreiben. Sie finden sich aber allesamt in der ausführlichen Originalversion im Anhang (Kap. 11).
Beim telefonischen Erstkontakt (1) mit dem erfahrenen Lehrer verweise ich auf die im nächsten Abschnitt speziell erwähnten Ausführungen zur "entrée" (Eröffnung der Erkundung) und zum "rapport" (Beziehungsaufnahme im Forschungsfeld). Während das sehr ausführliche Erstinterview (2) des Lehrerstudierenden mit dem Expertenlehrer eine Fülle von Fragen zur Berufsentwicklung, zur Professionsidentität und zur Einschätzung der Berufszufriedenheit enthält und somit als 'Startpunkt' zur Entdeckung der Lehrerpersönlichkeit dient, drängt sich anschliessend der 1. Unterrichtsbesuch (3) auf, um die gewonnen Ersteindrücke des Expertenlehrers mittels besonderer Beobachtungsschwerpunkte auf der Handlungsebene zu 'überprüfen'. Die nächste Station (4) fordert die erfahrenen Lehrer heraus, auf die (leicht) provokativen Texte über die 'heutigen Schüler und Kinder' Stellung zu nehmen. Daraus wird ihre Erziehungs- und Unterrichtsphilosophie deutlich. - Ganz anderer Art ist dann die nächste Station (5), welche eine klar ausserschulische Kontaktnahme mit der Lehrperson beinhaltet: weg von der Schule, sei es privat zuhause, bei der Familie, beim Ausüben oder 'Frönen' eines Hobbys oder bei einer kulturell-politisch-sportlichen Tätigkeit. Dies 'erweitert' das Bild der Lehrperson und gibt

Einblick in einen weiteren Kontext, der für diese Lehrperson von mehr oder minder grosser Bedeutung sein kann. Das Gespräch über Beurteilung, Noten und Zeugnisse (6) thematisiert die von vielen Lehrern als äusserst schwierig empfundene Semesterendzeit, welche sehr oft in den sogenannten Noten- oder Übertrittskonferenzen gipfeln. - Der systematische Wochenrückblick (7) verlangt vom Lehrer eine tägliche Selbsteinschätzung seines Tagesverlaufs, indem die persönliche Gefühlsverfassung in strukturierter und auch in offener Form erhoben wird. Auf der Metaebene ergibt sich anschliessend ein Gespräch mit dem Lehrerstudierenden, genannt 'Wochenrückblick'.[206] - Der 2. Unterrichtsbesuch (8) erfolgt ohne jegliche Strukturvorgaben, und die Fächer- oder Themenwahl ist beiden 'Ethnographie-Partnern' überlassen. - Das Schlussinterview (9) schliesslich gibt dem Lehrerstudierenden (oder dem Lehrer) abschliessend nochmals die Möglichkeit, 'letzte Fragen' unberührte Themen, offene Unklarheiten, oder gar 'blinde Flecken' zu thematisieren. Die Synthese des gesamten gesammelten Materials, analysiert und reduziert, ergibt das Porträt (10), welches dem Lehrer 'enthüllt' wird (seine Kommentare, seine Kritik, seine Reflexionen darüber werden quasi als 'Epilog' dem Porträt nachgestellt. (Die ausführlichen Originale zu jeder Ethnographiestation finden sich im Anhang, Kapitel 11).

**(1)** Erstkontakt

**(2)** Das Erstinterview

**(3)** Der erste Unterrichtsbesuch

**(4)** Unterrichts- und Erziehungsphilosophie (mittels vorgegebener Texte)

**(5)** Ausserschulische Kontaktnahme mit der Lehrperson

**(6)** Gespräche über Beurteilung, Noten und Zeugnisse

**(7)** Wochenrückblick (einwöchige Selbstbeschreibung der Lehrperson)

**(8)** Der zweite Unterrichtsbesuch (ohne strukturierte Vorgaben)

**(9)** Schlussinterview

**(10)** Das Porträt

**(11)** Selbstkonfrontation des Lehrers mit dem Porträt: mögliche Reaktion darauf

**(12)** Einzel-Schlussgespräch mit dem Kursleiter

**Abb. 8: Ethnographie-Stationen (Eine thematische Auflistung; vgl. auch Anhang, Kapitel 11)**

---

206 Die Arbeit der Selbstbeschreibung oder des Nachträglichen-Lauten-Denkens wird von Lehrern als reflexiver Prozess konkreter Situationen aufgefasst, wo Erinnerungen als Kognitionen und Erlebnisse als Emotionen dauernd ineinander greifen.

### 8.3.6. Einstimmung auf die ethnographische Arbeit

Als Alltagssituation beinhalten die Gespräche - seien diese per Tonband aufgenommene Interviews oder aber Gelegenheitsgespräche, deren Inhalt nachher im Tagebuch rekonstruiert wird - das Einhalten gewisser sozialer Regeln: So erfordert das Zusammentreffen der Studierenden mit dem Praxislehrer insbesondere bei der Anwendung qualitativer Erkundungsverfahren sensibles 'Sich-Einstellen' und in einem gewissen Sinn auch ein 'Sich-Anpassen' an die Situation, an den jeweiligen Personenkreis (z.B. im Lehrerzimmer) und natürlich an den Gesprächspartner, insbesondere dann, wenn dieser eine von der eigenen sehr verschiedene Lebensumwelt hat. Miteinbezogen werden müssen je nach Situation die Komponenten 'Sprachstil', 'Kleidung', 'Zeitmanagement', wobei nicht eine weitestgehende Anpassung erwartet wird, als vielmehr Respektierung der Differenzen, keine Provokation, sondern Einfühlungsvermögen; schliesslich all jene Faktoren, welche die Aufrichtigkeit eines Gesprächs erheblich beeinträchtigen können.[207] *Unvoreingenommenheit* war wohl das oberste Prinzip, um als Ethnograph das 'Bekannte als unbekannt' zu erfahren. Dass dieses Prinzip nicht leicht zu berücksichtigen war, belegen folgende Porträt-Metareflexionen eines Lehrerstudierenden:

> "Eigentlich war ich so etwas wie vorbelastet gegenüber C. Von seinem Namen her wusste ich, dass er in einer Band spielte, deren Mitglieder ich zum Teil kannte, zwar nur äusserlich. Das genügte mir aber bereits, um mir gewisse Vorurteile zu basteln. Mir war der Stil der Band bekannt, und ich muss sagen, dass er mir wenig behagte - das ist übrigens auch heute noch so. Kurz, ich sympathisierte weder mit der Musik C's, noch mit gewissen Mitgliedern der Band. Ich gebe aber zu, dass dies auf reinen Vorurteilen beruhte. - Ich telefonierte also mit C. und darf ruhig zugeben, dass ich mich wohlfühlte bei diesem Gespräch. Ich umriss kurz die Situation, d.h., ich nannte meinen Namen, warum ich überhaupt anrief, und so machten wir kurzerhand einen Termin aus, um uns zu treffen. Am Apparat tönte C. überaus zuvorkommend, ruhig und gelassen. Darüber war ich einmal froh, denn ich machte mir schon Gedanken darüber, wie dieses Treffen oder auch die weiteren, die folgen sollten, herauskommen würden. Ich war mir sicher, dass ich für mich selber 'Sanktionen' ergreifen würde, wenn es mit dem Lehrer, den ich mir ausgesucht hatte, auf irgendeine Art und Weise nicht klappen sollte. - [... Nach dem ersten Telefongespräch mit C. hatte sich in mir ein weiteres '*Vorurteil*' gebildet, das sich im Verlaufe der verschiedenen Treffen bis heute bewahrheitet hat. Ich hatte damals schon vage das Gefühl, dass ich den richtigen Lernpartner für mich ausgewählt hatte." [ST, P 7]

Dass das Eingestehen von Vorurteilen kein leichtes Unterfangen ist, beschreiben Hammersley & Atkinson (1983) treffend: "In the first place, our feelings enter into and colour the social relationships we engage in during fieldwork. Second, such personal and subjective responses will inevitably influence one's choice of what may be noteworthy, what is regarded as problematic and strange, and what appears to be mundane or obvious. One often relies implicitly on

207 In der nachfolgenden ethnographischen Untersuchung hatte sich beispielsweise herausgestellt, dass der Lehrerstudierende 1 mit dem 'Alternativstil' der Lehrerin 1, der Lehrerstudierende 2 mit den 'Militärverpflichtungen' von Lehrer 2, und der Lehrerstudierende 3 mit der kreativen 'Verrücktheit' der Lehrerin 3 anfänglich ihre liebe Mühe hatten. Erst im Verlauf der Ethnographie konnten diese persönlichen Momente der jeweiligen Lehrpersonen eingeordnet und vereinzelt entsprechend valorisiert werden.

such feelings, and their existence and possible influence must be acknowledged and, if possible, explicated in written form." (p. 165)

*8.3.6.1. Wichtigkeit der ersten Kontaktaufnahme*

Es dürfte aus den bisherigen Ausführungen klar geworden sein, dass es sich in meiner Arbeit insbesondere darum handelte, bei möglichen und potentiellen Gesprächspartnern ein persönliches Interesse an den Fragestellungen zu wecken oder anzusprechen, ihr Vertrauen zu gewinnen und ihre Teilnahme am Kurs zu gewährleisten. Diese bei Spindler (1982) als "entrée" gekennzeichnete Phase verlief zweistrangig: Zuerst musste ich als Forscher diese Beziehungsfelder mit den erfahrenen Lehrern anknüpfen, was ich telefonisch tat; und später mussten die Studierenden denselben 'Einstieg' mit ihrem 'gewählten' Praxislehrer selber vollziehen.

Sowohl die Phase der "entrée" (Eröffnungsphase) als auch jene des "rapport" (Beziehungsaufnahme) erfordert eine ehrliche und verständliche Selbstdarstellung, in der es um die Interessen der eigenen Person als Gesprächsinitiator, und in meinem Falle um die Klärung der Forschungshintergründe und -absichten, sowie um die eigenen Erwartungen und Wünsche an die Gesprächsteilnehmer geht. Diese beinhalteten mündliche wie auch schriftliche Hinweise auf die vertrauliche Behandlung des gesamten erhobenen Materials, sowie Hinweise auf die Möglichkeit des 'Informationsverzichts', ja, selbst des Abbruchs von der Teilnahme an der Untersuchung ohne nähere Angabe von Gründen.[208] Die Sensibilität bezüglich der Beziehungsebenen ist sehr wichtig, wie auch die Art und Weise, diesen Respekt dem Gegenüber entsprechend zu signalisieren. Dies kann in einer eher direkten oder in einer indirekten Weise geschehen. Hier ein Beispiel, wie ein Lehrerstudierender - der selber ein Teilpensum unterrichtet - in kreativer Weise auf seiner 'Suche' nach einem Expertenlehrer vorging:

**"Wie alles begann ...**

Donnerstag. Frühmorgens. Wohl so anfangs Dezember. Draussen noch tiefes Dunkel, Kälte. Nur noch ein paar Wochen bis Weihnachten. Ferien ... Mit nur halb geöffneten Augen sitze ich an meinem Schreibtisch. Es ist spät geworden gestern abend. Lehrerturnen ... Was ich zu so 'unchristlicher' Zeit bereits an meinem Schreibtisch zu tun habe? Ganz einfach. Ich habe die heutige Geschichtsstunde noch nicht vorbereitet: 'Stellungs- und Bewegungskrieg im ersten Weltkrieg'. Ob es gut ist, einen Tag so zu beginnen? ... Trotzdem stürze ich mich in die Vorbereitung, und bald einmal gleicht mein Schreibtisch selbst einem kleinen Schlachtfeld.
Nach getaner Arbeit ist gut ruhen, denke ich mir und will mich ein wenig zurücklehnen, denn es bleibt noch genügend Zeit bis Schulbeginn. Doch was ist das? Mir fällt ein Blatt mit dem Vermerk 'Dringend!' in die Hand. Ach ja, ein Lehrerporträt erstellen. Reflexionskurs. Andreas Dick, Pädagogisches Institut. Wie gehe ich vor? Am besten wird sein, wenn ich einen

---

208 Dies kam bei den erfahrenen Lehrern in keinem Fall vor. - Auf seiten der Lehrerstudierenden ergab sich nach der ersten Zusammenkunft ein abrupter Abbruch, weil sich der betreffende Lehrerstudierende eine Expertenlehrperson just an jener Schule 'geangelt' hatte, in welcher er ein paar Monate zuvor von einem Tag zum anderen nicht mehr zum Unterricht seines Teilpensums 'erschien', wobei er dies dem Direktor nachträglich mittels äusserst diffusen Gründen 'erklären' wollte. Der Schuldirektor 'weigerte' sich aus einsichtigen Gründen, diesen betreffenden Lehrerstudierenden in seiner Schule ethnographisch 'arbeiten' zu lassen.

Anschlag mache. Blatt. Stifte. Los geht's:

*Gesucht: Lehrer(in) !!!*

*An der Universität Freiburg belege ich einen Spezialkurs, bei dem es gilt, eng mit einem/r in der Praxis stehenden Lehrer/in zusammenzuarbeiten (Schulbesuche, Gespräche, Interviews etc.) und diese/n so gut als möglich zu porträtieren.*

Ziel des Kurses:"Das Ziel des Kurses besteht darin, unter die (didaktische) Verhaltensoberfläche einer erfahrenen Lehrperson zu blicken und zu jenen Meinungen, Überzeugungen und Einstellungen vorzudringen, welche ihr Handeln leiten mögen. Mittels der sogenannten ethnographischen Methode 'begleiten' wir je eine Lehperson, und zwar sowohl in schulischen wie auch in ausserschulischen Bereichen. Wir versuchen dies in einem möglichst bewertungsfreien, neutralen Sinn, d.h., wir begeben uns reporterähnlich als 'Laien zum Experten'. Beobachtungen, Analysen und Gespräche bezüglich Unterricht und Schule führen zu vorläufigen subjektiven Schlussfolgerungen: Sie ergeben ein LEHRERPORTÄT." (zit. aus dem Semesterbulletin-Kursprogramm)

*Welcher Lehrer würde mir einen Einblick in sein Arbeitsfeld geben und mich auch einmal hinter die Kulissen des Lehrerberufes blicken lassen?*

*Bedingung: fünf Jahre Schulerfahrung. Zugesichert: finanzielle Entschädigung*

*Mit Dank und Gruss, D. Y.*

Szenenwechsel. Schulhaus. Pausenglocke. Geschichtsstunde gelang recht gut. Auf dem Weg ins Lehrerzimmer frage ich mich, ob man sich denn meinen Anschlag auch bereits angesehen habe und ob sich vielleicht schon irgendein Lehrer zu dieser Arbeit bereiterklären konnte? Also seh' ich gleich mal nach dem Anschlag. Da hat doch jemand... schlussendlich kann ich mir ein Schmunzeln nicht verkneifen, denn folgende kleine Abänderung (*kursiv*) war von unbekannter Hand vollzogen worden:

*Zugesichert: finanzielle (Ent)schädigung (Carrosserie!!)*

Wenn das nun keine Anspielung war? Dazu muss man wissen, dass ich ein paar Tage zuvor, im Anschluss an ein verlängertes Lehrerturnen, mit meinem VW Golf in ein Mäuerchen gefahren war, worauf der linke Kotflügel derart in Mitleidenschaft gezogen wurde, dass er in der Folge ausgewechselt werden musste.

Also startete ich in der Pause eine kleine mündliche Umfrage, wer denn Interesse an dieser Arbeit hätte. Die Lehrer verhielten sich zuerst einmal abwartend; keiner liess sich so schnell aus der Reserve locken. Da keine Antwort kam, ging ich kurz persönlich bei jedem Lehrer vorbei und stellte ihm unser Projekt etwas näher vor. Einige winkten ab, andere zeigten sich unentschlossen und wieder andere drückten doch so etwas wie Interesse und Neugier aus.

Schlussendlich blieben zwei Lehrer übrig, die sich nicht abgeneigt zeigten, diese Arbeit mit mir zusammen durchzuführen: S. R. (Phil 2) und R. R. (Phil 1). S. R., bei dem ich im vergangenen November mein Schlusspraktikum absolviert hatte, erklärte mir, dass er zwar im Moment ziemlich belastet sei, sich aber bereit erkläre zu dieser Arbeit, insbesondere dann, wenn ich Schwierigkeiten hätte, einen Lehrer zu finden. Also ging es "straight on" zu R. R., der mir, nachdem ich ihm die Situation dargestellt hatte, denn auch freundlicherweise zusagte. Allerdings, räumte er ein, sei auch er in dieser vorweihnachtlichen Zeit ziemlich belastet und würde es vorziehen, nach den Weihnachtsferien mit der intensiven Arbeit (Interview) zu beginnen. Natürlich. Kein Problem. Abgemacht!" [DY, P 6]

Ich möchte hier abschliessend festhalten, dass selbst nach einer erfolgreichen Kontaktaufnahme eine Kursorientierung, die sich für beide Seiten - Lehrer und Studierende - am rationalen und emotionalen Dialog orientiert, immer noch

Probleme bereiten kann. Dies insbesondere dann, wenn die beiden Gesprächspartner aus ihrer eigenen Alltagserfahrung mit dieser Art von Gesprächen - sei es mit Kollegen, Freunden oder mit dem Lebenspartner - wenig vertraut sind, oder wenn sie die dafür erforderlichen kommunikativen Kompetenzen (noch) nicht besitzen oder diese nicht adäquat aktualisiert werden können. Dieser Hinweis scheint mir für zukünftig durchgeführte Projektkurse ähnlich des vorliegenden wichtig, weil diese Komponente möglicherweise als Zusatzkriterium bei der Auswahl der erfahrenen Lehrer mit in Betracht gezogen werden mag.[209]

*8.3.6.2. Das 'unbekannte Bekannte' und erste Lernerfahrungen*

Erste, vom Praktischen ausgehende Fragen für die zukünftigen Junglehrer, ihr pädagogisches Wissen zu vertiefen, Fragen, die zu einem späteren Zeitpunkt der Ethnographie insbesondere auch als 'Metafragen' zur Porträterstellung dienten, lauteten somit folgendermassen:

**Beschreibung:**

- Was treffe ich in dieser Schule an (Personen, Objekte, Informationen)?
- Welche erzieherischen, pädagogischen Ideen sind vorherrschend?
- Welches ist die Lernebene dieser Situation, welche Einschränkungen sind damit verbunden?
- Wie kann ich diese Einschränkungen überwinden?
- Was kann ich mir auf dem Hintergrund meiner pädagogischen Interessen von diesen Ideen versprechen?
- Wie kann ich Herausforderungen, Kontroversen am besten angehen?
- Wie kann ich auch schwierige Seiten meiner ethnographischen Erfahrungen feststellen und überwinden?

**Offene Fragen:**

- Welche 'Wege', Möglichkeiten stehen mir offen, wo beginne ich, und was kann ich aus diesem Beginn erwarten?
- Welche grundlegenden Erkenntnisse muss ich haben, um Vorgänge und Beobachtungen verstehen zu können?
- Was ist mir bereits vertraut, und wie nützlich ist für mich dieses 'Vertrautsein mit ...'?
- Was wird dort (in der betreffenden Schule) von mir erwartet?
- In welcher Art und Weise habe ich in vergleichbaren Situationen gehandelt, wo ich anschliessend über mein Handeln zufrieden war?
- Wann werde ich wissen, ob ich etwas 'gefunden' habe, das für mich neu, einsichtig oder nutzbringend sein kann?
- Wird das, was ich erwarte, auch eintreten?
- Welches sind jetzt - nach all diesen Fragen - noch meine Fragen?

209 Unter meinen Teilnehmern zählte ich einen Studierenden, der nach meiner eigenen Einschätzung - und zwar aufgrund von Aussagen durch ihn selber sowie durch die Lehrperson - zum Teil von einigen Gesprächssituationen überfordert war: Dies kann hingegen als eigenes Persönlichkeitsmoment betrachtet werden, befand sich doch diese Person während der Ausbildung in einer längeren Therapiebehandlung (wie ich erst später erfahren habe).

Das sind alles Fragen, die nicht nach genauen, klaren Antworten aus sein können, es sind explorative Fragen, heuristische Fragen, die - einmal gestellt - viele Antwortmöglichkeiten enthalten oder neue Fragen kreieren. Es sind auch Fragen, die zu einem 'inneren Dialog', zu einem inneren Diskurs führen können: Es können damit Gefühle und Gedanken bezüglich Unsicherheit, Zögern, Komplexitätsgrad, Herausforderung, Überforderung freigemacht werden, die - weil veräussert - ein weiteres ethnographisches Arbeiten erst möglich machen. Diese Fragen lassen Bedürfnisse nach vorläufigen, 'experimentellen' und selbst improvisierten intellektuellen Handlungen zu. Es wird auch augenfällig, wo im ethnographischen Prozess möglicherweise Risiken, gemischte Erfahrungen und Unklarheiten auftauchen können. Diese Fragen also, die bei den Lehrerstudierenden mehr oder minder sofort auftauchten, fasse ich folgendermassen zusammen (ich formuliere diese aus der externen Sichtweise):

- Was kann hier gelernt werden? - Und was wird vom 'Lernenden' erwartet?
- Welches sind die Dimensionen und Anwendungsmöglichkeiten dieses Lernens?
- Welche Veränderung bewirkt wohl diese unterschiedliche Art von Lernen in der Biographie des Lernenden?

Oder anders umschrieben: Welcher Natur ist diese Einladung zum Lernen für die Lernenden, und welches ist die Qualität des Angebotenen? Der Hinweis, dass die Antworten auf diese Fragen - nämlich Lernsituationen zu beobachten und zu dokumentieren, Lernerfahrungen zu vergleichen, zu analysieren und zu reflektieren - zu weiterführenden Perspektiven innerhalb der Lehrerausbildung führen können, genügt meistens nicht (vgl. dazu meine Ausführungen unter Punkt 4.2.2. 'Paradox des Lernens'). Mit Berger & Luckmann (1966) kann von einer Spannung des (Sich)Bewusstseins gesprochen werden: Die Lehrerstudierenden 'wussten' von allem Anfang an, dass sich ihnen eine eher ungewöhnliche Welt eröffnen würde, eine Welt eigentlich ganz für sie alleine, welche verschiedene Wirklichkeiten beinhaltet, und in welcher eine jede ihren eigenen Anspruch erheben und ihren eigenen Kontext, ihre eigene Komplexität aufweisen würde. Dies kreierte eine unmittelbare kognitiv-emotive Dissonanz, die nach einer gewissen Auflösung verlangte. Ein Zustand, welcher beispielsweise folgendermassen von einer Lehrerstudierenden ausgedrückt worden ist:

> "Hat man das Recht, als 'Fremder' so tief in die Privatsphäre eines Lehrers einzudringen?" - Würde ich es gern haben, wenn mich jemand kritisch analysieren würde?
>
> Während den ersten Stunden des Kurses sind mir solche und ähnliche Fragen durch den Kopf gegangen. Und beim Gedanken, einen Lehrer zu interviewen, war mir etwas unbehaglich zu Mute. - Je intensiver wir uns aber mit der Thematik 'Probleme der Junglehrer' befassten, desto klarer sah ich die ausserordentlich positiven Aspekte der uns gestellten Aufgabe. Zudem verspürte ich als zukünftige Junglehrerin vermehrt das Bedürfnis, mit einer erfahrenen Lehrperson über erste Berufseinstiegsschwierigkeiten zu sprechen.

Ich entschied mich anfänglich deshalb für einen Mittelweg. Gerne wollte ich mit einer Lehrperson Gespräche führen, doch sollten diese auf 'natürliche' Weise geschehen. Konkret hiess das, kein Tonband und kein vorstrukturierter Fragekatalog. Wohl nahm ich die vorgelegten Fragen als Grundlage, doch fasste ich sie zu eigenen Themenkreisen zusammen, liess Fragen, die ich eventuell als zu intim empfand, weg, fügte zusätzliche hinzu. Diese Fragen waren Teil meiner momentanen Probleme als Teilzeitlehrerin. [AY, P 11]

*[Zu einem späteren Zeitpunkt der Ethnographie entschieden sich dann alle beide - die Lehrerstudierende und die Lehrperson - die weiteren Gespräche mittels Tonband aufzunehmen und auch selbst zu transkribieren, damit keine Informationen verloren gingen ...]*

Trotzdem blieb die Frage, wie der Studierende, hier der Lernende, ein aktiver Partizipant in der Erforschung und anschliessenden Verwendung dieses unbekannten 'Territoriums' Lehrerbiographie werden würde. Wie löste ein Studierender diese lebhaft verspürte Spannung und machte den nächsten gedankenvollen Schritt?

- Dieser Zustand der Verblüffung, der Verwirrung, des Staunens, der Bestürzung für einige, zusammengesetzt aus einer Verbindung von Stimuli, Intentionen und Fragen, drängte geradezu zu einer Lösung, zu einer Auflösung: Die schier unendliche Anzahl möglicher Ethnographie-Pfade, die entdeckt wurden, sowie die schier infiniten Kombinationen partikulärer Themen - eines reichhaltiger als das andere - waren überwältigend. Aus einem solchen thematischen Bedeutungsnetzwerk musste eine kritische Auswahl getroffen werden. Der zielleitende und motivierende Faktor bestand in der methodischen Vorgabe des *Porträts*, welches von den Studierenden erstellt werden musste; damit war ein organisierendes Element, eine Art 'synthetisierende Theorie', ein Design vorgegeben, eine lenkende Konstitution, welche dem Studierenden letztlich die Auflage machte, dass hier nichts dem Zufall überlassen werden konnte.
- Ein anderes Moment, welches zusätzlich die Spannung erhöhte, war, dass jeder alleine vor dieser Aufgabe stand: Der eigene 'Kompass' des Denkens und Fragens musste konsultiert und damit die eigenen Fähigkeiten des Erforschens, der Intuition und des Nachdenkens mobilisiert werden. Ein jeder Lehrerstudierende trug seine eigenen impliziten, stillschweigenden Denkstrukturen mit sich: Erinnerungen an Unterrichtsbesuche und Erfahrungen, sei es aus Praktika, Übungsschul- oder Fachdidaktik-Aufträgen heraus, wurden präsent, doch die persönliche Unruhe blieb bestehen. Nebst diesen fragmentarischen kognitiven Erinnerungsfetzen und Kategorien, persönlichen Informationen und Gefühlen kamen vermehrt persönliche Ideen, Bedürfnisse oder gar Fragen auf, welche die zentrale ethnographische Aufgabe dicht betrafen.
- Die vorgegebene Lernsituation, welche durch den Kenntnisgrad (Lehrperson, Schule, Unterricht, ...) einladend wirkte, mit der Staunen und Verwirrung auslösenden Aufgabe der Porträtierung, der fast provokativen Einengung der Vielfalt von Themen, provozierte schliesslich einen reflexiven Prozess. Bilder, Gedanken und Überzeugungen kriegten einen kognitiven Spiegel vorge-

setzt, mit dem man sich auseinandersetzen musste: Während der Studierende beobachtete, überlegte, erwog und in Betrachtung zog ("Warum tut er dies, sagt er dies? - Wie verbindet sich diese Aussage mit der Beobachtung von letzter Woche? - Was heisst das für meine eigenen Unterrichtsauffassungen?"), benützte er Bekanntes, um das Fremde, Unbekannte einzuschätzen und zu beurteilen. Oftmals aber genügten diese 'vertrauten' Raster nicht: Je mehr die Situationen variierten und die Informationen sich veränderten, desto mehr änderten die Perspektiven, sie expandierten die Sichtweisen. Die daraus resultierenden Reflexionen vermochten möglicherweise Gedächtnisinhalte neu zu 'umrahmen', neu zu strukturieren. Unklarheiten, Dissonanzen und Einschränkungen könnten dadurch in einem neuen Licht erscheinen.

#### *8.3.6.3. Das Bekannte 'fremd machen'*

Somit ist die Ausgangssituation der Lehrerstudierenden im Moment abgesteckt. Parallel dazu - gleichsam auf einer Metaebene - können die folgenden Prozesse für den Lehrerstudierenden wirksam werden:

- Naive Fragen, wie zum Beispiel die vordergründig so banal erscheinende Frage *"Was geschieht hier eigentlich?"* (beim Erstinterview, besonders aber bei dem 1. Unterrichtsbesuch) versetzen den Fragenden in die Position des 'Fremden', des Unwissenden, das heisst, kulturell erworbenes Wissen lässt man absichtlich nicht wirksam werden, man verzichtet auf Annahmen, auf bisher unumstrittene Erkenntnisse, auf die bisher zurückgegriffen werden konnte. Mit diesen naiven Fragen soll eine Distanz zum bisherigen subjektiven Wissen wie auch zum wissenden Subjekt, zu sich selbst, geschaffen werden. Dies führt zu spezifischeren Beobachtungen, zu 'unbelasteten' Themenfindungen, zu unbefangeneren Gesprächssituationen.
- Nebst dieser ersten Frage, welche einen sehr breiten Rahmen um Prozesse, Handlungen und Kommunikationsmuster legt, führt anschliessend die nächste Frage *"Welche Erinnerungen kommen mir dazu ins Gedächtnis?"* direkt auf die persönliche subjektive Konstruktion und Rekonstruktion von Wissen und Erkenntnissen. Damit ist auch die Brücke geschlagen zwischen dem äusserlich Beobachteten und der internalisierten Überzeugung und Meinung zu diesem betreffenden Thema. Je mehr diese beiden Parameter auseinanderklaffen, desto eher werden grundlegende Fragen auftauchen, d.h., Meinungen müssen ausgetauscht werden, um diese Inkongruenz ins Lot zu bringen. Mit Carr (1991) gesprochen, nehmen solche Fragen die Funktion von 'spekulativen Instrumenten' ein, welche die Verhaltens- und Handlungsoberfläche sondieren, um recht bald in komplexere Ebenen von Einstellungen einzudringen. Eisner (1985b) nennt diese Qualität "connoisseurship",[210] eine besondere Fähigkeit der 'kunstvollen Wahrnehmungsleistung', welche sich gerade an der Komplexität von Erziehungs- oder Unterrichtssituationen 'misst':

[210] Dieser Begriff wirkt leicht elitär und etwas befremdend, was der Autor selbst eingesteht. In der einschlägigen Literatur zur Unterrichtsforschung hat diese Metapher jedoch bereits Aufnahme gefunden, weshalb Eisner an "connoisseur" festhält (cf. Eisner, 1985a; 1990); beachte im übrigen den Unterschied zur französischsprachigen Schreibweise "connaisseur".

"Connoisseurship in education, as in other areas, is that art of perception that makes the appreciation of such complexity possible. (...) Appreciation in this context means not necessarily a liking or preference for what one has encountered, but rather an awareness of its characteristics and qualities." (Eisner, 1985b, p. 104)

- So können zu einem späteren Zeitpunkt der Ethnographie folgende Fragen wirksam werden, um als zukünftiger Junglehrer im 'Gesamtsetting Schule' zum *'kritischen Designer kognitiv-emotiver Erfahrungen'* zu werden:

> • Stattet mich die Institution Schule mit Informationen oder Anleitungen aus, welche meine Wahrnehmung schärft?
> • Werden meine impliziten Erwartungen an 'die Schule' auch freigelegt?
> • In welcher Weise ermöglicht mir diese Schule, dieser Lehrer, mein Wissen für mich noch stärker wirksam werden zu lassen?
> • Bietet sie mir auch Wahlmöglichkeiten an, wie ich dies am besten verwirklichen kann?
> • Benötige ich Informationen, Wissensgrundlagen, die unabdingbar sind, bevor ich meine eigenen Möglichkeiten abschätze?
> • Verhilft mir die ethnographische Arbeit zur Freilegung oder Entdeckung eigener Wege/Verfahrensweisen, mittels denen ich mich zurechtfinden kann?
> • Was denke ich von dieser Erfahrung?[211]

Bruner (1979) unterscheidet diesbezüglich zwischen zwei Arten kognitiver Handlungen, welche je nach Bedarf wirksam werden können:

"*One* is at the center of awareness as desire: it is directed toward achieving an end and is specialized to the task of finding means. The *other* is at the fringes of awareness, a flow of rich and surprising fantasy, a tangled reticle of associations that gives fleeting glimpses of past occasions, of disappointments and triumphs, of pleasure and unpleasures; (...) at this level, thinking is more symphonic than logical, one theme suggesting the next by a rule of letting parts stand for wholes ..." (Bruner, 1979, p. 70; Hervorhebungen, A. D.)

- Aus diesem Grund habe ich unter anderem auf die 'Gefahr' von Suggestivfragen hingewiesen, welche zu nur schwerlich revidierbaren Begrenzungen des Interviews führen können; wobei auch hier jeweils nur im konkreten Fall

---

211 Eine solche (Wieder)Entdeckung des schulischen Alltags im Klassenzimmer und im Schulzentrum durch die Forschung erhöht möglicherweise die Relevanz wissenschaftlicher Bemühungen für die Lehrerbildung und liefert andererseits Lehrerausbildnern eine Rückmeldemöglichkeit, indem transparenter werden könnte, dass vieles von dem, was unterrichtsrelevant ist, nicht ausschliesslich durch die Ausbildungsstätten vermittelt und erworben wird: Beispielsweise die konkrete Situation, in der ein junger Lehrer in einem Schulhaus arbeitet, seine Freiheiten oder Unfreiheiten; die kollegiale Zusammenarbeit oder seine Isolation; die durch das Lehrerkollegium tradierten schulhausspezifischen Verhaltensmuster oder Innovationsbereitschaften; die verfügbaren Unterrichtsmittel und Unterrichtshilfen; seine projektorientierte, auf ausserschulische Bereiche auszudehnende Unterrichtsauffassung; das Inspektorensystem oder Beratungs- und Supervisionsmöglichkeiten; kurzum das 'Ethos der Schule' (Rutter et al., 1980): "Die Qualität des Unterrichts hängt offensichtlich nicht zuletzt davon ab, ob der Lehrer im allgemeinen 'Ethos' der Schule die erforderliche Unterstützung findet." (S. 171). Das gilt noch ausdrücklicher für Junglehrer.

entschieden werden kann, ob es eine Suggestivfrage ist und damit Grund zur Annahme ihrer verzerrenden Wirkung, gilt es doch, diese Fragen wegen der Kontextabhängigkeit von Sinn und Bedeutung unseres Handelns und Reflektierens im Hinblick auf den jeweils Angeredeten zu beurteilen. Suggestive Formulierungen können nämlich - wie übrigens auch 'provokative' Extrapolierungen von Geäussertem - vereinzelt auch zu einer deutlicheren Stellungnahme und pointierteren Artikulation des Standpunktes durch den Gesprächspartner führen (cf. im Anhang den Abschnitt 11.1.2.)

## 8.4. METHODOLOGISCHE UEBERLEGUNGEN ZUM KURSVERLAUF

### 8.4.1. Formen der Datengewinnung

Für ethnographische Erkundungsprojekte, wie das vorliegende eines darstellt, sind offene Formen der Datengewinnung sowie qualitative Interpretationen der Daten vorrangig, d.h., quantitative Gewichtungen müssen eher zurückgestellt werden. Dazu eignete sich deshalb die 'indirekte' Gesprächsführung, welche sich eng auf die Problemsicht und das Problemverständnis der Gesprächspartner richtete. Nebst den unterschiedlichen Fakten, die nach herkömmlichen Methoden nicht quantifizierbare Informationen aufweisen, wurden auch die punktuellen Erhebungen von genau definierten Daten miteinbezogen.

Beim Auswertungsprozess des qualitativen Datenmaterials konzentrierten sich die Anstrengungen sowohl der Lehrerstudierenden als auch des Forschers nicht so sehr auf exaktes Auszählen und Verrechnen von Häufigkeiten, als vielmehr auf wiederholtes hermeneutisch-verstehendes Auseinandersetzen mit dem Gesamtmaterial, um dieses noch besser zu begreifen. Somit müssen die Daten nicht mit den üblichen Neutralitätsregeln und formalisierten Verfahrensmethoden auf ihre intersubjektive Validität überprüft werden (Erickson, 1986). Es muss vielmehr aufgezeigt werden, wie der Forschungsprozess selbst entstanden ist und sich vollzogen hat, um damit das eigene Vorverständnis in der Auseinandersetzung mit den Untersuchungsergebnissen aufzuklären. Dies wiederum erfordert eine genaue Darstellung der Interessen, des Vorverständnisses und seiner Veränderung in der Auseinandersetzung mit dem Untersuchungsgegenstand. Dies habe ich in den ersten Kapiteln dieser vorliegenden Arbeit in ausführlicher Art und Weise getan. Den Durchführungsprozess beschreibe ich nachfolgend ebenfalls im Detail.

Wie ich im vorhergehenden Abschnitt (8.3.6.) betont habe, erfordert die Anwendung qualitativer Methoden in der Forschungspraxis eine sensible, situationsangemessene und persönliche Kommunikationskompetenz, welche die Qualität der Ergebnisse in hohem Masse mitbeeinflussen kann. Ich gehe aber auch mit Aschenbach et al. (1985) überein, wonach jede Anwendung qualitativer Verfahren als eine Art 'schöpferische Problemlösung' verstanden werden kann, für welche zwar eigene Erfahrungen hilfreich, Routinen alleine aber nicht ausreichend sein mögen (vgl. auch Eisner, 1985c; Lüders, 1991; Peshkin, 1982). Dieses 'Sich-Orientieren-Müssen' in der ethnographischen Situation ist nämlich durchaus als Teilprozess einer handlungsbezogenen Informationsverarbeitung zu verstehen, bei welchem die Lehrerstudierenden Informationen über eine konkrete Situation sammeln, Schlüsse ziehen und Erwartungen oder gar Hypothesen über die künftige Entwicklung dieser Situation bilden. Im weiteren Sinne kann sie deshalb auch als Problemlöse-Situation umschrieben werden:[212]

**a)** Vier Befragungskriterien wurden angewendet, um die Gedanken und Gefühle der Lehrpersonen einzuholen:
- abwechselnd indirekte, evaluative vs. direkte Fragen (um mögliche übernommene 'ideologische' Antworten zu 'bremsen')
- wechselweise persönliche vs. unpersönliche Referenzpunkte (um damit mehr Spontaneität zu generieren)
- abwechselnd konkrete vs. abstrakte Referenzpunkte (je konkreter die Ereignisse und je weniger abstrakt die Rhetorik, desto offener sind die Möglichkeiten der Analysekategorien)
- abwechselnd (möglicherweise) emotionsreiche vs. emotionsarme Befragungsmomente, denn stark empfunde Diskrepanzen zu Einstellungen kommen Gefühlen am nächsten.

**b)** Die phänomenologische Analyse, welche anschliessend von den Lehrerstudierenden vorgenommen wurde, setzte "open-ended", detaillierte und intensive Untersuchungsdaten voraus, d.h., die vorliegende Analyse basierte auf der Grundlage konkreter Aussagen, Berichte und Definitionen der Expertenlehrer bezüglich ihrer Arbeitsrealität, der täglichen Praxis. Die Kategorien und Ergebnisse, welche sich dabei herausschälten, widerspiegelten die Analyseleistung der erfahrenen Lehrer oder der Lehrerstudierenden, wie diese ihre Welt sehen und 'erklären' (vgl. Punkt 8.5., wo ich dies eingehender erläutere). Somit ist der Ansatzpunkt ein thematisch-qualitativer, und nur am Rande ein quantitativer. Innerhalb der Mini-Fallstudien werden auch ständig Quervergleiche gemacht, so dass es in späteren Studien möglich sein könnte, in Richtung allfälliger situativer Verdichtungsmomente auf diesen Ergebnissen aufbauend weiterzuforschen.

### 8.4.2. Validität sozialer Einstellungen

Sogleich stellt sich bezüglich der Erhebung ethnographischer Daten die Frage, ob die vorgefundenen sozialen Einstellungen, kognitiven Denkmuster und gesellschaftlichen Orientierungen von Lehrern als in sich weitgehend konsistente Einstellungs-, bzw. Wissens- und Bewusstseinselemente interpretiert werden

[212] Dörner definiert dabei Problemlösen folgendermassen: "Von Problemlösen wollen wir immer dann sprechen, wenn ein unerwünschter Ausgangszustand in einen erwünschten Endzustand transformiert werden soll, diese Transformation jedoch durch eine 'Barriere' behindert wird. (...) Von Problemen ist also die Rede, wenn die Mittel zum Erreichen eines Zieles unbekannt sind, oder die bekannten Mittel auf neue Weise zu kombinieren sind, aber auch dann, wenn über das angestrebte Ziel keine klaren Vorstellungen existieren. (...) Demnach lässt sich vom Problem die Aufgabe abgrenzen, bei der lediglich der Einsatz bekannter Mittel auf bekannte Weise zur Erreichung eines klar definierten Zieles gefordert wird." (Dörner et al., 1983a, 302f.)

können oder ob sie eher als ein widersprüchlich-inkonsistentes Denksystem dastehen. Dabei wird möglicherweise leicht übersehen, dass es per se Konsistenz oder Inkonsistenz zwischen sozialen Einstellungen gar nicht gibt (Scholz & Wolter, 1981), sind dies doch forschungsutilitaristische Konstrukte, oder noch präziser gesagt, Zuschreibungen des interpretierenden Sozialforschers: " 'Consistency' is a construct, and it is a personal one" (Kelly, 1963, p. 87; zit. ebd. S. 321).
Aschenbach et al. (1985, S. 38) fordert nicht zuletzt deshalb, dass im Hinblick auf die Beantwortung von Überprüfungsfragen die begriffliche Klärung dessen vorgenommen werden muss, was als wirkliche oder objektive Beweggründe oder als eine wahre Aussage der Subjektivität bezeichnet wird, wissen wir doch aufgrund unserer Alltagserfahrungen,

- dass wir uns missverstehen können,
- dass wir manchmal nicht ehrlich sind,
- dass wir zuweilen keine Lust haben, über uns selbst in authentischer Weise zu erzählen,
- dass wir gelegentlich unbedacht unsere Äusserungen über uns durch die wechselhafte 'Naivität der ersten Einfälle' bestimmen lassen,
- dass wir unsere 'wirklichen' Beweggründe nicht immer kennen,
- dass wir gelegentlich unkritisch übernommene Sprachformeln wiedergeben,
- dass unsere Interpretationen nach Massgabe des 'Modells' eigenen Handelns und Orientierens bloss Projektionen oder Übergeneralisierungen darstellen oder unserem Wunschdenken oder unseren Erwartungshaltungen entsprungen sein können.

Diese Validitätsüberlegungen treffen selbstverständlich auch in gleichem Ausmass für alle nicht-qualitativen Vorgehensweisen der Unterrichtsforschung zu, wobei eine ganze Reihe dieser Einschränkungen in der vorliegenden Studie in besonderer Weise gedämpft werden konnten, wie ich das in Abschnitt 8.4.4. ausführlich dargestellt habe.[213]
Innerhalb der qualitativ-interpretativen Unterrichtsforschung wird nebst den klassischen Gütekriterien wie Reliabilität und Objektivität vermehrt auf die Notwendigkeit erweiterter Gütekriterien verwiesen, welche den verwendeten naturalistischen Methoden angemessen sind: So schlägt Eisner (1990) etwa 'Kohärenz' vor, welche sich ausdrückt durch die Gestalt, Prägnanz und strukturale Korroboration/Triangulation, d.h., es wird durch multiplikative Korroboration oder Mehrfachtriangulation ein Konsens erreicht, wobei Konsens nicht Wahrheit, sondern Übereinstimmung impliziert (vgl. auch Eisner, 1986a). Noch detaillierter nennt Shaker (1990) eine ganze Palette von 'Sicherheitsvorkehrun-

[213] Zur Frage der Gesprächsaufrichtigkeit und -ehrlichkeit kann angenommen werden, dass diese dann erwartet werden darf, wenn zwischen den Gesprächsteilnehmern eine Vertrauensbasis geschaffen worden ist. Auf diesen Punkt ist in der vorliegenden ethnographischen Arbeit ein besonderes Gewicht gelegt worden (vgl. Hinweise unter 8.3.6. "entrée" und "rapport").

gen', damit die qualitativ-naturalistische Forschung nicht mit den Standards der quantitativen Forschung, sondern mit eigenen Gütekriterien 'gemessen' werden kann:

> "There are... safeguards put into place to protect against inquiry becoming no more than the espousal of personal biases. Chief among these has been the development of concepts such as *credibility, transferability, dependability, and confirmability* to parallel rationalistic concepts such as (respectively) internal and external validity, reliability, and objectivity (Guba & Lincoln, 1982).[214] Since naturalistic inquiry is fundamentally different from rationalist approaches, it should be remembered that it cannot always be judged by the same standards." (Shaker, 1990, p. 358)

In der vorliegenden Studie bestand auf der Ebene der Lehrerstudierenden-Ethnographie sowohl eine thematische Triangulation (vgl. Punkt 8.3.5. Ethnographiestationen) als auch eine methodische Triangulation (verschiedene Datenquellen, Abschnitt 8.4.), beides Möglichkeiten der Mehrperspektivität, welche auf die grösstmögliche Übereinstimmung von Aussagen abzielen (Mathison, 1988). Abschliessend verweise ich auf King (1991), der - sich auf Dippo (1990) berufend - die Adäquatheit klassischer Gütekriterien für (sozialkritische) Ethnographien bestreitet (vgl. auch Mayring, 1990):

> "Validity (which can be loosely interpreted as value) for critical ethnographies is a function of the reflexive utility the study or project has for the participants. Reflexive utility becomes a powerful and necessary construct for this form of endevour as research. It does not, in my opinion, necessitate a measured amount of change in participant behavior. Rather, it refers to perceived opportunities for reflexive self-analysis, which may or may not lead to participant change, depending on both personal and contextual constraints." (King, 1991, p. 55-56)

### 8.4.3. Authentizität der Gesprächssituationen

In abgekürzten Probeinterviews übten sich die Studierenden in die Interviewsituationen ein. Dieser vorbeugende Gesprächsübungsteil diente ebenfalls zur Kontrolle, ob mögliche sprachliche Schwierigkeiten bestanden sowie zur Feststellung, auf welchem Spezifitätsniveau die Fragen gestellt werden mussten, um detaillierte Auskünfte von den Interviewpartnern erwarten zu dürfen. Um Suggestivfragen zu vermeiden und den Interviewpartnern die Gelegenheit zu geben, ev. auch um neue Aspekte einzubringen, war der Interviewleitfaden so sequenziert, dass eine Progression vom Allgemeinen zum Spezifischen und vom konkret Sichtbaren zu introspektiven Momenten möglich war (vgl. Interviewleitfaden im Anhang, Kapitel 11). Bei Verständnisschwierigkeiten bzw. dem Verdacht unterschiedlicher Begriffsverwendung zwischen den Interviewern und Befragten wurde empfohlen, ad hoc nachzugefragen. Weil zudem sämtliche Interviews auf Tonband aufgenommen und anschliessend von den Studierenden zum Teil selber transkribiert worden sind, hat sich die Aussagegültigkeit damit erhöht. - Trotzdem stellt sich die Frage, wie schwierige, ungelöste Fragen methodischer Art durch den Forschungsprozess selbst verdeutlicht werden können. Nach Aschenbach et al. (1985) am besten damit, indem die For-

---

214 Guba, E. C., & Lincoln, Y. S. (1982). Effective Evaluation. San Francisco: Jossey Bass.

schungsgespräche den befragten Expertenlehrern weitgehend eine 'Ko-Strukturierung' und 'Ko-Steuerung' ermöglichen; diesen werden damit einerseits Möglichkeiten zur echten, selbstbejahenden 'Eigendarstellung' und andererseits zu thematischen Schwerpunktsetzungen gegeben:

- In der vorliegenden Untersuchung konnte ein befragter Experten-Lehrer dem ihn befragenden Studierenden jederzeit Signale senden, wie er diese oder jene Frage aufgefasst habe, und zwar sowohl bezüglich des Themenverständnisses als auch bezüglich des weiteren Bezugrahmens, in welchem diese Frage eingebettet war. Damit kann ich allgemein davon ausgehen, dass in den meisten Fällen eine Übersetzung der ethnographischen 'Forschungsfragen' in den Sprachcode der befragten Lehrer gelungen ist.
- In den vielen Interviews, die als sozial reelle Diskurssituationen betrachtet werden können, hatten die befragten Experten-Lehrer immer die Möglichkeit, die Gesprächsgliederung entweder zu teilen oder möglicherweise selbst vorzunehmen. Damit 'indizierten' sie auch, welche Fragen und Antworten für sie auf welche Weise relevant(er) waren als andere.
- Damit im Zusammenhang stehen auch die 'In-Beziehung-Setzungen' der an zeitlich verschiedenen Stellen nachdrücklich geäusserten Kognitionen und Emotionen zum selben Themenbereich; d.h., eigene vernetzende Strukturierungsprinzipien der Teilnehmer brachten wichtige Gesprächsinhalte mehrfach adäquat zur Darstellung.
- Die Erhebungssituation - ein Junglehrer richtet sich fragend an einen erfahrenen Kollegen - kann durchwegs und ausschliesslich als eine Alltagssituation betrachtet werden, womit das wichtige Kriterium der 'Kontexteingebundenheit' (ökologische Validität) erfüllt war. Beide Gesprächsteilnehmer verfolgten mit ihrer Kommunikation in einer bestimmten Absicht konkrete Ziele, die nicht von vornherein miteinander übereinstimmen mussten und deshalb nicht als im voraus 'koordinierte' Aussagen angelegt waren.

Somit kann abschliessend festgehalten werden, dass die Berücksichtigung der subjektiven Perspektiven beider 'Forschungsteilnehmer' - der Expertenlehrer wie auch der Lehrerstudierenden - aus methodischen Erwägungen heraus gegeben und damit auch die Gültigkeit der Ergebnisse über die Erhebungssituation hinaus gewährleistet ist. Zudem bestand das eigentliche Ziel der Befragungen und Gespräche nicht ausschliesslich darin , möglichst wahrheitsgemässe Aussagen einzuholen, sondern einen vertrauensvollen Austausch eigener Erfahrungswerte zu stimulieren, in dem jeder Gesprächsteilnehmer persönliche Aussagen - zeitlich und inhaltlich - mehr oder weniger zu einem ihm komfortabel erscheinenden Grad dosieren konnte. Diese Überlegungen werden im nächsten Punkt noch verdeutlicht, wo ich die ethnographische Arbeit der Lehrerstudierenden mittels Mayrings (1990) Gütekriterien qualitativer Forschung beurteile:

### 8.4.4. Zuverlässigkeit der ethnographischen Daten

a) Erstens verwendeten die Lehrerstudierenden als ihre primäre Datenquelle Transkripte und Mitschnitte der Lehreräusserungen aus den Interview- und Befragungsgesprächen (siehe Themenübersicht). Indem nun die Lehrerstudierenden ihre Interpretationen hievon immer wieder gegenkontrollieren konnten - sie legten ihre Protokolle oder Porträtauszüge jeweils bei der nächsten Zusammenkunft dem entsprechenden Expertenlehrer zwecks *Kommunikativer Validierung* vor -, darf ich füglich behaupten, dass damit die integralen Lehrerperspektiven ohne grössere Einbussen oder Verzerrungen eingehalten werden konnten. Dies ist ein wichtiges Argument zur Absicherung (1) der ethnographisch eingeholten Daten, (2) der daraus resultierenden Analysen und Interpretationen, wie auch (3) des erstellten Lehrerporträts.

b) Zweitens beschränkten die Lehrerstudierenden ihre Aufmerksamkeit sehr rasch - nach dem langen Erstinterview sowie dem Unterrichtsbesuch - auf jene Themen, denen sich die Lehrer im Laufe der Ethnographie während dieses Wintersemesters immer wieder zuwandten. Dies ergab zwingend eine *Nähe zum Gegenstand*, weil diese Themen sehr stark in der unterrichtlichen Lebenswelt des Lehrers verankert waren. Zudem tauchten verschiedene Themen in unterschiedlichen Kontexten mehrfach auf, so dass die Lehrerstudierenden ihre Verstehens- und Interpretationsleistungen in einer ganzen Reihe von Situationen überprüfen konnten. In Anlehnung an die Ausführungen zur Triangulation nenne ich solche themenbezogenen Mehrfachvalidierungen *themenbezogene Triangulationen*. Damit ist gleichzeitig auch dem Gütekriterium der *argumentativen Interpretationsabsicherung* entsprochen, weil die Interpretationen der Studierenden - zum grossen Teil mittels argumentativ-kommunikativer 'Konfrontation' mit den Expertenlehrern - begründet werden mussten. Die Interpretationen sind denn auch mit einer Ausnahme in sich schlüssig. Es finden sich an vereinzelten Stellen selbst anspruchsvolle Alternativdeutungen. Als Schwächen können somit lediglich einige Brüche im Sinne von nichtvollzogenen Verbindungen zwischen Themen aufgeführt werden.

c) Drittens stützten sich die Lehrerstudierenden auf jene Wahrnehmungserkenntnisse über den einzelnen erfahrenen Lehrer, welche sie in Beobachtungen anlässlich der Unterrichtsbesuche, der Interviews und anderer Kontakte gesammelt hatten; dies sind sogenannte metareflexive Wahrnehmungen. Insgesamt kann ich deshalb hier - nebst der methodenbezogenen Triangulation (mit unterschiedlichen methodischen Datenquellen wie teilnehmende Beobachtung, Interviews, Situationsvorgaben) - von einer *inhaltsbezogenen Triangulation* sprechen. Weil zudem alle partizipierenden Expertenlehrer jeweils nach der Darlegung ihrer Gedanken und Gefühle zu Unterricht und Schule wieder an ihre Arbeit zurückkehrten, hatten die Lehrerstudierenden zudem die Möglichkeit, die gemachten Denkäusserungen und tatsächlich beobachteten Handlungen miteinander zu vergleichen und Inkonsistenzen aufzugreifen und zu thematisieren. Damit konnten die Ergebnisse aus den verschiedenen Perspektiven miteinander verglichen werden. Gleichzeitig nahmen die Expertenlehrer die Fragen der Lehrerstudierenden vielfach mit zurück in ihr Berufsleben, reflektierten an anderen Stellen darüber und kamen so in der nächsten Zusammenkunft nochmals auf diesen oder jenen Punkt zurück.

**d)** Viertens bemühten sich die Lehrerstudierenden explizit um eine neutrale Identifikation mit ihrem Expertenlehrer: Statt mit vorgefassten, möglicherweise durch die Ausbildung vermittelten wissenschaftlichen Kategorien an die Lehrer heranzugehen, versuchten sie, das Denken und Handeln der Lehrer in deren eigenen narrativen Sprache einzufangen. Dies setzte jenes grosse Vertrauen zwischen 'Forscher' (Lehrerstudierende) und 'Erforschten' (Expertenlehrer) voraus, welches bei offenen, teilnehmenden Erhebungsverfahren als Bedingungsvariable äusserst wichtig ist, und welches sich durch ein offenes, gleichberechtigtes Verhältnis zwischen den beiden Forschungspartnern charakterisieren lässt. Damit wird auch dem Postulat der qualitativen Forschung, nämlich grösstmögliche *Orientierung am 'Forschungsgegenstand'*, entsprochen, indem in durchweg allen Tandem-Gruppen eine Interessenübereinstimmung betreffs der konkret besprochenen Themen festgestellt werden konnte.

**e)** Fünftens schliesslich wird ersichtlich, dass durch die vier bisher dargestellten Forschungskomponenten dem Kriterium der *Regelgeleitetheit* entsprochen wurde: Die von mir vorstrukturierten Forschungs- und Analyseschritte, die als schrittweises, sequentielles ethnographisches Vorgehen bezeichnet werden können, wurden alle eingehalten, obwohl bei einigen Tandemgruppen in einzelnen vorgeplanten Schritten je nach Situationsmomenten Modifizierungen vorgenommen werden mussten. Die Ethnographie-Stationen waren in thematisch sinnvolle Einheiten aufgeteilt und wurden von Teilnehmern vereinzelt - je nach Situationsspezifitäten leicht thematisch übergreifend - angeglichen, auseinandergenommen oder gebündelt. Diesem Gütekriterium der qualitativen Forschung, die auch offene Systematik genannt werden könnte, wird mittels der *Verfahrensdokumentation* der Lehrerstudierenden genauestens nachgekommen. (Ich verfüge über alle verschiedenen Ethnographie-Dokumentationen der einzelnen Tandemgruppen. Darin werden auch die individuellen Unterschiede - sowohl der sozialen Kommunikationskompetenz wie auch der sprachlichen Wiedergabefähigkeit - zwischen den Lehrerstudierenden augenfällig, hat doch die Mehrzahl ausserordentlich gute Arbeit geleistet, ein Gesamtbild, das sich dann entsprechend auch vom einen Ausfall und von zwei Durchschnittsarbeiten recht krass abheben.)

Damit wird ersichtlich, dass bei allen erfolgten Ethnographien den sechs Gütekriterien qualitativer Forschung, die ich weiter oben dargestellt habe (cf. Abschnitt 6.5.3.), global entsprochen wurde. Dabei sind selbstverständlich individuelle Differenzen spürbar, die insbesondere bei einer Ethnographie als Misserfolg zu werten sind. Bezüglich meinem eigenen Forschungsprozess habe ich mit dieser Darstellung dem Kriterium der Verfahrensdokumentation ein Stück selber weit nachgelebt. - Diese im Design enthaltenen 'Gültigkeitskontrollmomente' garantieren die Validität oder genauer, die Richtigkeit - Goetz & LeCompte (1984) nennen es "accuracy" - der vielen Interpretationen, stellen diese aber noch nicht sicher. Denn Interpretationen basieren immer auf unsicheren Schlussfolgerungen über die Datenbasis hinaus, und eine Kontrolle der internen Konsistenz von Interpretationen kann dort die Wiedergabe verzerren, wo die zu interpretierenden Perspektiven selbst möglicherweise inkonsistent und inkohärent sind. Sie garantieren aber trotzdem eine hohe Validität, nicht nur bedingt durch die vorgegebene externe Validität des gesamten Forschungssettings, sondern besonders auch deshalb, weil der sogenannte 'Versuchsleitereffekt' nicht intervenieren konnte: Die Forscher waren keine Akademiker und Wissenschaftler, sondern zukünftige Berufskollegen, denen man sehr wohl und sehr gerne aus dem eigenen Berufsverständnis heraus erzählte und berichtete.

Hingegen war möglicherweise das Problem einer Überidentifikation ("going native") nicht gänzlich von der Hand zu weisen: dem in der Literatur der interpretativ-qualitativen Forschung bekannten Phänomen, sich bei der teilnehmenden Beobachtung zu sehr mit dem zu erforschenden 'Subjekt' - hier dem Expertenlehrer - zu identifizieren, so dass es unmöglich ist, die notwendige Distanz zur Erfüllung der Beobachtungsaufgaben zu wahren. Insbesondere dort, wo der Expertenlehrer im Verlaufe der Ethnographie den angehenden Novizenlehrer mehrfach beeindruckte, kann nicht ausgeschlossen werden, dass dieser Effekt der *Überidentifikation* möglicherweise eingetreten ist. Ich schliesse das induktiv aus meinen Beobachtungen und Protokollanalysen, ohne aber konkrete Hinweise oder klare Überzeichnungen in den Porträts oder sonstigen Materialien festgestellt zu haben. Im Gegenteil muss ich auf jene Stellen in den Schlussporträts hinweisen, wo sich die Lehrerstudierenden - trotz der festgestellten hohen Qualitäten beim Expertenlehrer - ausdrücklich von diesen Qualitätsprinzipien distanzieren, etwa in der Form: "Ich habe T. R. nicht als Durchschnittslehrer erlebt. Sein Beispiel lässt mir den Lehrerberuf als lebbare Herausforderung erscheinen, eine Tätigkeit, die weder zu Resignation und Verhärtung noch in lustlose Routine führen muss. Ich habe durch und bei T. R. eine Berufseinstellung kennengelernt, die ich respektiere und achte, teilweise auch bewundernswert finde, *ohne sie aber in dieser Konsequenz für mich persönlich übernehmen zu können."* [SR, P 3]

### 8.4.5. Die qualitativen Datenquellen

Was bedeutet dies nun für die vorliegenden ethnographisch-interpretativen Fallstudien? Für gute Erkenntnisse braucht es gute Fälle, und interessante Fälle findet man an den offensichtlichen und den verdeckten Intensitätspunkten des sozialen Lebens, so auch beim Lehrer, wo Unvereinbares mit Vereinbarem zusammenkommt, und wo einstmals 'Sichergeltendes' brüchig wird. Dazu aber muss man sowohl beweglich als auch unvoreingenommen sein, in der Beobachtung als auch der Protokollierung, und man muss sich bei der Datenerhebung der Notwendigkeit zufälliger Beobachtungen sowie der Unmöglichkeit einer lückenlosen Protokollierung bewusst sein. Mit der empfohlenen Devise, einmal 'alles aufzuschreiben, was da kreucht und fleucht' solle es in Anlehnung an Geertz (1973) zu wahrhaft dichten Beschreibungen kommen. Dem Kursleiter waren somit folgende Arten von Daten zugänglich, die er prinzipiell dazu verwenden konnte, die eingangs aufgelisteten Rahmen-Kursziele zu überprüfen:

1. Mündliche Äusserungen von Veranstaltungsteilnehmern (je acht Lehrer und Studierende) und zwar in der Form von Fragen, Antworten, Aufgabenbeiträgen, Berichten, Stellungnahmen, Wunschäusserungen, Vorschlägen etc. Diese erfolgten in Plenumsaussprachen, in Arbeitsgruppensitzungen während der Plenumsveranstaltung oder ausserhalb; in informellen Gruppentreffen und Einzelgesprächen, in Arbeitssitzungen zur nachträglichen Einschätzung bzw. zur Planung und Vorbereitung des weiteren Veranstaltungsverlaufs;[215] schliesslich in je einem längeren Einzelinterview mit jedem Kursteilnehmer am Schluss des Kurses.
2. Beobachtungsprotokolle, Interviewprotokolle und -transkriptionen, Übersicht zum Wochenrückblick (semantisches Differential);
3. schriftlicher Abschlussbericht in Form des Lehrerporträt, welches über die verschiedenen Projektstationen hinweg entstand;
4. schriftliche Kursrückmeldung zur Form, zum Verlauf und Inhalt des Kurses.

Aus dieser schier unübersehbaren Datenfülle konnten nur die schriftlich fixierten Daten einer systematischen Auswertung und Analyse zugänglich gemacht werden. So wurden zwar die mündlichen Äusserungen in Plenumsveranstaltungen und Einzelgesprächen mittels Tonband aufgenommen, standen aber bloss ergänzend zur Verfügung. Die Ausschöpfung aller Auswertungsmöglichkeiten bedeutete zusätzlich einen hohen Aufwand. Die Datenanalyse beschränkte sich deshalb in der Folge im wesentlichen auf eine deskriptive Auswertung des klar ersichtlichen Materials aus den verschiedenen Projektteilen.

### 8.4.6. Offenheit und Interaktion zwischen Forscher und Erforschtem

Ein Grundelement der Fallbeschreibung ist die aus der Kulturanthropologie bekannte teilnehmende Beobachtung, wobei anstelle einer ausgewogenen Stichprobe eine vergleichende Fallstudie - gleichsam als verdichtete Feldarbeit - treten kann, bei der eine Reihe von Fällen wissenschaftlich parallel begleitet wird, indem diese detailliert aufgenommenen und protokollierten Wahrnehmungen analysiert werden, um dann mittels dieser Fallanalysen induktiv-interpretativ zu bestimmten Aussagen zu gelangen.
Der interessanten wie brisanten Frage einer wertfreien Fallbeschreibung ist hier insofern ein Stellenwert zuzuordnen, als dies in der konkreten Arbeit gar

[215] Völlig ungeplant war dies deshalb notwendig, weil vielfach der individuelle Stundenplan der Studierenden, und zwar vermehrt auf der ausseruniversitären Ebene als auf der universitären, ein zeitlich individualisiertes Vorgehen erforderte: So hatte ein Studierender während des Kurses einen obligatorischen einwöchigen Sportkurs, zwei andere einen zehntägigen Wiederholungskurs (Militär) zu absolvieren, um nur die einschneidendsten Beispiele zu nennen. - Zudem waren in den Wintermonaten Januar-Februar bei einzelnen OS-Schulzentren noch verschiedentlich Skitage oder in einem Fall eine Skiwoche anberaumt, welche zudem zeitlich verschieden geplant waren, so dass auch von seiten der erfahrenen Lehrer ein völlig parallelisierter Ablauf des Projektkurses nicht möglich war.

nicht das Ziel war: Die Beschreibungen, Protokollierungen, Interpretationen und Reflexionen der Lehrerstudierenden konnten von der Anlage des Auftrags her nicht 'wertfrei' sein, sollten es auch nicht, da ja gerade eine Auseinandersetzung mit dem betreffenden 'Fall' gewünscht war, eine Auseinandersetzung, die nicht wertfrei sein sollte, sondern beispielsweise verkrustete Denkmuster aufbrechen oder ein zweifelndes Theorieverständnis festigen helfen sollte. Kurz: der reflexive oder tatsächliche Handlungsspielraum sollte durch diese 'stellvertretenden Erfahrungen' erweitert werden. Zudem hätten sich sog. 'objektive' Fallbeschreibungen bald in aussageschwachen Allgemeinplätzen verloren.

Bei den vorliegenden Fallstudien - hier als verdichtete Porträts - war zudem die Gefahr einer zu starken Rollentrennung zwischen Forscher und zu erforschenden 'Subjekten' nicht gegeben, weil diese Subjekt-Objekt-Trennung gar nicht erst vorgenommen worden ist und deshalb auch kein hierarchisches Gefälle entstehen konnte: Die beiden Lernpartner 'erforschten' immer mehr gemeinsam die anstehenden oder neu aufgeworfenen Fragen, und selbst die Auswertungsoptik der metaanalytischen Betrachtung des gesamten Materials durch den Kursleiter hatte keinen grossen Einfluss auf diese Lernpartnerschaft:

> "Im Verlauf der verschiedenen Interviews, durch die ich T. immer besser kennenlernte, befanden wir uns natürlicherweise nicht immer in innerer Übereinstimmung. Vor allem zwei Eigenschaften haben es mir erleichtert, meine Voreingenommenheit gegenüber Äusserungen und Überzeugungen, mit denen ich nicht übereinstimmte oder denen ich vorerst sogar ablehnend gegenüberstand, zu überwinden: Seine Offenheit und seine Fähigkeit, sich nicht allzu ernst zu nehmen und auch einmal über sich selbst lachen zu können. T. R. lachte viel, oft im Anschluss an Äusserungen, die ob ihrer Prägnanz oder ihres überraschenden Effekts beim Gesprächspartner eine Abwehrhaltung hätten provozieren können; dieses Lachen über den ausschliesslichen und unumstösslichen Ton solcher Aussagen hatte die Wirkung, diese gleich wieder ein wenig zu relativieren." [US, P 1]

Ein anderer Lehrerstudierender gibt sich über die Offenheit der Expertenlehrkraft ausserordentlich erstaunt und erfreut, wenn er in seinem Expertenporträt schreibt:

> "Mit Interesse hat sie die Fragen aufgenommen und versucht, diese zu beantworten, wobei sie immer sehr ausführlich und breit erzählt hat, mit einer Offenheit die mich erstaunt hat. Sie hat nie lange überlegt, um auf die Fragen zu antworten, höchstens, dass sie mal nachfragte, wenn sie die Fragenstellung nicht, respektive die Frage an sich nicht verstand. Es hat mir imponiert, wie ausführlich sie oft antwortete und wie sie manchmal so klar und durchsichtig auf Grund ihrer persönlichen Erfahrung antwortete." [NP, P 2]

Damit habe ich teilweise bereits auch antizipierend Durchführungserfahrungen miteinbezogen, die Gegenstand des nächsten Kapitels 9 sein werden. Vorerst aber möchte ich gerne die spezifischen Analyse- und Auswertungsverfahren erläutern, die mit der vorliegenden ethnographisch-interpretativen Forschung verbunden sind.

## 8.5. Analyse- und Auswertungsschritte des Projekts

### 8.5.1. Lehrerwissen: Beschreibung des 'Unsichtbaren'?

> "Anders als der Literaturwissenschaftler, welcher dem Leser den untersuchten Text plus Auswertung zwecks Prüfung der Nachvollziehbarkeit mitliefern kann, untersucht der Ethnograph etwas, das der Leser (a) selbst nicht in Augenschein nehmen kann, (b) dessen erneute Untersuchung unter gleichen Bedingungen ausgeschlossen ist und (c) das er aufgrund seines Vorwissens nicht adäquat nachbilden kann." (Reichertz, 1991, S. 3; zit. in Lüders, 1991, S. 24)

Ein Zentralproblem bei der Erforschung des berufstypischen Wissens von Lehrern liegt darin, wie man gewissermassen in die Haut von Lehrern schlüpfen kann, um dieses Wissen und damit die Einstellungen, Überzeugungen und Wertmuster dieser Lehrer beschreiben zu können. Die Fundierungsschwierigkeiten der Beschreibung durch Beobachtungsprotokolle sind offensichtlich - zeigen die Daten eben nicht direkt an, was Lehrer denken oder empfinden. Die andere Möglichkeit, Lehrer einfach dazu aufzufordern, über ihr Wissen zu berichten, garantiert andererseits noch keineswegs die Einhaltung der 'Insider'-Perspektive. Lässt man bewusste Irreführung einmal beiseite, so ist es schwierig einzuschätzen, wie korrekt Lehrer ihre eigene Perspektive wiedergeben (Nisbett & Ross, 1980). Und selbst wenn bei Expertenlehrern ein guter Zugang zu den eigenen Kognitionen vorliegt, besteht immer noch die Gefahr einer unklaren Artikulation. Dies lässt sich am Beispiel des praktischen Wissens und an Überlegungen zu berufstypischen Professionsauffassungen erläutern, wie ich dies in meiner Projektstudie erfahren habe.
Weshalb ist denn das praktische Wissen von Lehrern schwer zu beschreiben? Häufig wissen Lehrer, wie man etwas macht. Sie sind jedoch nicht immer dazu in der Lage, dieses Wissen zu artikulieren und auch zu erklären. Darüber hinaus scheinen weder Forscher noch Lehrer über ein geeignetes Vokabular zu verfügen, um praktisches Wissen zu beschreiben, welches somit häufig 'implizit' bleibt. Philosophische und pädagogisch-psychologische Wendungen oder Konstrukte wie 'Theorie', 'Behauptung', 'Konzept' entsprechen einem expliziten, kodifizierten, nicht aber einem impliziten Wissen. Somit ist die Forschung bislang über erste Vorschläge zur Untersuchung praktischen Wissens nicht hinausgekommen. Werden Lehrer dazu angehalten, allgemeine Beschreibungen zu geben, so verwenden sie nicht selten dieselbe Sprache wie Sozial- und Erziehungswissenschaftler. Man erinnert sich dann an Elemente und Begriffe aus der theoretischen Ausbildungsphase oder bemüht sich schlicht um die Verwendung einer heute dominanten, stark von sozialwissenschaftlichem Jargon durchsetzten Bildungssprache. Dabei geht aber die authentische Eigenperspektive verloren. Wie bereits Schwab (1964) vermutete, ist das für eine bestimmte Schul- oder Unterrichtssituation passende praktische Wissen von Lehrern weder abstrakt noch flexibel genug, um den Unterschiedlichkeiten der Kontexte gerecht werden zu können. Die Verwendung eines pädagogischen, psychologischen oder soziologischen Vokabulars beispielsweise könnte somit den Zugang zu den beruflichen 'Dilemmata' der Lehrer verstellen. Somit sind die Übergänge zwischen Wissenschaft, Alltag und Literatur plötzlich fliessend, was Clifford &

Marcus (1986) dazu veranlassten, Ethnographien als 'wahre Novellen' ("true fictions") zu bezeichnen, die aber durch folgende Elemente konstituiert sind:

> "Ethnographic writing is determined in at least six ways: *(1) contextually* (it draws from and creates meaningful social milieux); *(2) rhetorically* (it uses and is used by expressive conventions); *(3) institutionally* (one writes within, and against, specific traditions, disciplines, audiences); *(4) generically* (an ethnography is usually distinguishable from a novel or a travel account); *(5) politically* (the authority to represent cultural realities is unequally shared and at times contested); *(6) historically* (all the above conventions and constraints are changing). These determinations govern the inscription of coherent ethnographic fictions." (Clifford & Marcus, 1986, p. 6; Hervorhebungen A. D.)

In meiner Projektstudie erwies sich nun interessanterweise das Faktum der gewählten Kursstruktur - Lehrerstudierende erforschen erfahrene Lehrer - als höchst günstige Komponente: *Erstens* waren diese zukünftigen Junglehrer gerade von ihrer Berufswahl her 'prädestiniert', erfahrene Lehrer zu befragen. *Zweitens* 'durften' sie dies - aus dem Berufsverständnis der erfahrenen Lehrer heraus, im Sinne der 'Meister-Lehrling-Tradition', sollten sie dies auch tun. *Drittens* vermochten die sprachlichen Formulierungen der Lehrerstudierenden möglichst eng an ihre Wahrnehmungen und die Sprache der Lehrer selbst anzuschliessen. Dass dieser Punkt mit einer gewissen möglichen 'Überidentifikation' korrelieren mochte, habe ich bereits weiter oben diskutiert. Ein Lehrerstudierender drückte dieses 'Malaise' folgendermassen aus:

> "Mit diesem meinem Porträt von C. bin ich nicht hundertprozentig zufrieden. Auf jeden Fall enthält es all das, was ich denke, über C. herausgefunden zu haben. Was mir hingegen missfällt ist, dass meinem Porträt von C. etwas fehlt, nämlich die Schwachpunkte des Interviewten, oder eben das, was mir nicht so gefällt an C. - Die Schwierigkeit besteht nun aber nicht darin, dass ich es nicht gewagt hätte, diese Negativpunkte niederzuschreiben, sondern *dass ich solche Stellen gar nicht entdeckt habe.* Selbst ein Kind weiss aber, dass jeder Mensch seine Fehler hat. Ich habe sie aber nicht entdecken können, und das 'fuxt' mich ein wenig. Damit will ich in keiner Weise sagen, dass C. wie ein unantastbarer 'Heiliger am Himmel' steht, beileibe nein, sondern ich mache mir selbst bloss Vorwürfe, dass eben mein Porträt wohl nicht vollständig ist." [SA, P 7]

Auf Seiten der Expertenlehrer ist die nachfolgende (meist) kritischere Eigeneinschätzung - nach der 'Enthüllung' des Porträts - nicht untypisch:

> "Im Grossen und Ganzen trifft die Beschreibung auf mich zu, insbesondere finde ich hier meine Beziehung zur Schule äusserst präzis wiedergegeben. (...) Andererseits wirkt die Beschreibung auf mich zu idealistisch. Ich möchte einen Satz herausnehmen: 'Nobody is perfect.' Ich vermisse meine Schwächen. Wenn man beispielsweise zuviel macht, dann leidet Gewisses darunter (zum Beispiel meine Ehefrau). Mit diesem Gefühl lebe ich auch, nämlich dem Gefühl, für gewisse Sachen zuwenig aufwenden zu können." [SG, P 21]

Das Vorwissen, die Herangehensweise und der Blickwinkel der Lehrerstudierenden interferierten möglicherweise mit dem Bild, das vom 'Forschungsgegenstand' - hier dem Expertenlehrer - gewonnen wurde, und die Interpretation

von Beobachtungen bzw. der Beobachtungs- und Transkriptionsprotokolle[216] beruhte natürlich letztlich auf der alltagspraktischen Deutungskompetenz des 'Forschers', womit die Alltagssprache dann nämlich zur letzten Metasprache wird (Binneberg, 1985). Dass das Ergebnis in Form des Porträts auch nach erfolgtem Prüfprozess - sei es mittels kommunikativer Validierung oder mehrperspektivischer Triangulation (vgl. Punkt 8.4.4.) - trotzdem kein einheitliches, sondern eher ein kaleidoskopartiges Bild ergeben konnte, durfte angesichts der Komplexitätsfülle der verschiedenen Ethnographie-Phänomene nicht verwundern.
Nachfolgend möchte ich nun aber auf die Analyseschritte meinerseits zu sprechen kommen: Wie ging ich selber vor, um diese unübersehbare Datenflut einigermassen in den Griff zu bekommen? Ich nahm zwei grundlegende Sichtungen des Materials vor, wie ich nachstehend erläutere, indem ich mich auf Goetz & LeCompte (1984) stützen konnte: "The researcher first establishes broad outlines of the phenomenon studied. The next step is to assemble chunks of data, fitting those pieces together so that they are a coherent whole." (p. 192). Die solchermassen aus den Daten ausgewählten Kategorien werden daraufhin auf gemeinsame oder diskriminante Themen oder Muster hin analysiert.

### 8.5.2. Konstruktivistische Analyse- und Auswertungs-methoden

**a)** Eine *erste Sichtung* des Materials - hunderte von Seiten - erfolgte mit dem Ziel der integralen Einsicht- und Perspektiveneinnahme des vorliegenden Materials. Im Vollzug dieser ersten Sichtung bemühte ich mich darum, die Äusserungen der Handelnden selbst - d.h., sowohl der Lehrerstudierenden als auch der Expertenlehrer - als Basis für erste Interpretationen und vorläufige Schlussfolgerungen zu bewahren. Die Verfügbarkeit der Aufzeichnungen von Beobachtungen, Analysen, Gesprächen und Interviews boten dabei immer wieder die Möglichkeit, die möglicherweise vom 'Forscher' selbst[217] eingebrachten Perspektiven 'gegenzukontrollieren', weshalb ich auch alle aufgezeichneten Gespräche nach Möglichkeit von den Lehrerstudierenden transkribieren liess und die (immer noch ansehnliche) 'Restmenge' selber transkribierte. Auf dieser Grundlage entwickelte ich zusammenfassende Beschreibungen in Form von 'Resümee-Dateien', welche (a) die Verhaltensweisen und Handlungsformen im Unterricht, (b) die Überlegungen und Reflexionen sowie (c) die Berufseinstellungen und Professionsbeziehungen jedes einzelnen Forschungsteilnehmers darstellten. Diese zusammenfassenden Beschreibungen entsprechen im wesentlichen dem konstruktivistischen Prozess der Datenanalyse von Altrichter & Posch (1990), wo Daten 'gelesen', anschliessend reduziert und schliesslich dargestellt und inter-

---

216 Die Interviews wurden halbstrukturiert durchgeführt; ein in der ersten Phase von mir entwickelter Leitfaden (insbesonders des Erst- und des Schlussinterviews, cf. Anhang, Kapitel 11) sicherte die Vergleichbarkeit.

217 Dieser Hinweis richtet sich sowohl an die Lehrerstudierenden als 'Forscher' als auch an den Verfasser dieser Arbeit, der den Ethnographieprozess 'Lehrerstudierende-Expertenlehrer' erforschte.

pretiert werden. Dass diese Analysetätigkeiten nicht nur während des eben beschriebenen Prozesses erfolgte, sondern während des gesamten Projektkurses, darauf habe ich bereits weiter oben hingewiesen (Punkt 8.4.1.). Diese zusammenfassenden Beschreibungen wurden von mir als eigene Textverarbeitungsdateien übertragen und bildeten die Basis für alle weiteren Beschreibungen, Analysen und Interpretationen, wobei mir die gemachten Quer- und Rückverweise immer wieder erlaubten, 'triangulierend' in die Originalabschriften zurückzugehen.

**b)** Die *zweite Sichtung*, der kritisch-prüfende Teil der Analyse, wurde sodann unter dem Aspekt der folgenden vier Fragen vorgenommen, wobei dieser Analyseschritt in etwa der 'Ereignismusteranalyse' in Altrichter & Posch (1990) entspricht: (1) Identifizierung von Schlüsselereignissen bei jeder Tandemgruppe ('Fallereignis'); (2) Interpretation und Bedeutungszuordnung der identifizierten Ereignisse; (3) Identifizierung von 'Themen' (oder 'Mustern'),[218] die Schlüsselelemente innerhalb eines 'Falles' miteinander verbinden; (4) Identifizierung einer Struktur, welche einen Fall mit einem andern Fall oder gar mehreren Fällen verbindet.

Daraus wird ersichtlich, wie sehr die Sichtung des Materials bis hin zur Interpretation einen zyklischen Prozess darstellte mit dem Ziel, kontradiktorische Evidenzen zu eruieren. Die Ähnlichkeit mit dem sog. 'hermeneutischen Zirkel' liegt damit auf der Hand, wenn wir dieses zyklische Auswertungsmoment mit Palmers (1969) Grundprinzipien hermeneutischer Interpretationen vergleichen:

> "What we understand forms itself into systematic unities, or circles made up of parts. The circle as a whole defines the individual part, and the parts together form the circle. A whole sentence, for instance, is a unity. We understand the meaning of an individual word by seeing it in reference to the whole of the sentence; and reciprocally, the sentence's meaning as a whole is dependent on the meaning of individual words. By extension, an individual concept derives its meaning from a context or horizon within which it stands; yet the horizon is made up of the very elements to which it gives meaning. By dialectical interaction between the whole and the part, each gives other meaning, understanding is circular, then. Because within this 'circle' the meaning comes to stand, we call this the 'hermeneutical circle'." (p. 87)

Dieser zyklische hermeneutische Prozess[219] spielte sich in den vier Einzelschritten wie folgt ab: Die Identifizierung der Schlüsselereignisse (1) erfolgte

---

[218] "Muster sind regelhafte, immer wieder ähnlich ablaufende Handlungen." (Altrichter & Posch, 1990, S. 168); dabei reduzieren, ordnen und interpretieren sie durch ihre 'Regelhaftigkeit' Datenmengen, indem sie auf tieferliegende Sachverhalte und mögliche Wirkungen verweisen. Ich habe diese vorliegende Definition von Muster auf die Reflexionen der Expertenlehrer und Lehrerstudierenden angewendet, als ähnlich ablaufende Handlungskognitionen, und diese anschliessend auf ihre 'Prognosetauglichkeit' hin untersucht (vgl. Kapitel 9).

[219] Die zentrale Idee des *hermeneutischen Zirkels* galt sowohl für das Gesamtprojekt als auch für die individuelle Arbeit der Lehrerstudierenden, wobei der Begriff für mich als Projektleiter zur hermeneutischen Spirale ausgedehnt werden konnte: So begann meine erste theoretische Arbeit mit losen theoretischen Konstrukten, welche ich hier und dort in der Literatur vorfand, bevor mit der eigentlichen Datensammlung begonnen werden konnte. Während der Datenanalyse und den ersten auftauchenden Vermutungen verschob sich die bisherige offene Sicht auf einige geschlossenere theoretische Rahmenkonzepte, wobei der Gesamtprozess im Sinne Miles & Hubermans (1984) ein interaktiver war zwischen Datensichtung, Dateninter-

fast ausschliesslich auf einer intuitiven Ebene, durch Lesen und nochmaliges Lesen der Interviews und dem unmittelbaren oder allmählichen Aufscheinen von Ereignissen, die sich als Hauptthemen 'konstituierten'. - In einem zweiten Schritt (2) versuchte ich Möglichkeiten zu finden, mir über die besondere Bedeutung dieser Schlüsselelemente klarzuwerden, ein Schritt, der oftmals ein nochmaliges Eintauchen in das Material erforderte: Besondere Merkmale und Hinweise manifestierten sich plötzlich als sehr wichtig, die vorher bloss intuitiv als bemerkenswert festgehalten wurden. Dass ich mich als Projektleiter parallel dazu in der Literatur zur Unterrichts-, Lehrer- und Curriculumforschung, zur kognitiven Psychologie, zu Kulturanthropologie und -soziologie umsah und eventuelle Konstrukte aus diesen mittel- oder unmittelbar benachbarten Forschungsrichtungen mit in Betracht zog, sei keineswegs verschwiegen. Trotzdem glaube ich sagen zu dürfen, dass die Kategorien und Konfigurationen im Sinne der "grounded theory" allesamt aus den Daten selber entsprangen, und mir die zusätzliche Literatursichtung in der möglichen Fokussierung auf bestimmte Bereiche bloss unterstützend behilflich war. - Der dritte und vierte Schritt erfolgte eigentlich sehr stark parallelisiert: So wurden (3) jene Themen herausdestilliert, welche nicht bloss einige der oben identifizierten Schlüsselereignisse (mit besonderem Bedeutungsgehalt) zusammenhielten, sondern als 'Fall' zusammengefasst werden konnten; d.h., worin ein Ereignis-'Set' aufgezeigt und erklärt wurde, welches für ein bestimmtes, wichtiges Phänomen repräsentativ war. Dabei waren nicht selten sogenannte Erziehungs- und Unterrichtsdilemmata hilfreiche Indikatoren, die sich als Spannungsverhältnisse oder Widersprüche der Berufsarbeit manifestierten.[220] - Im letzten Schritt (4) wurde dann versucht, diese 'Fall-Themen' miteinander zu vergleichen und etwelche ähnliche oder verbindende Strukturmerkmale zu eruieren und vom Bedeutungsgehalt her miteinander zu koppeln. Gemeinsamkeiten und Unterschiede zwischen den Falleinheiten wurden als Einzelelemente des entstehenden Systems betrachtet.
Ein solcher dialektischer Auswertungsprozess verhalf mir in der Folge immer mehr, spiralförmig zu vertieftem Bedeutungs- und Erkenntnisgewinn zu kommen, indem Einzelereignisse über die Interpretation auf neue Ereignisse verwiesen, deren Interpretation wiederum auf ein Gesamtthema schliessen liess, welches mit bestimmten theoretischen Überlegungen verknüpft werden konnte. So konnten äusserst entfernte 'Fall'-Abgrenzungen durch progressives Aufklären und Erläutern artikuliert werden, deren theoretische Komponenten den Gesamtthemen wiederum einen Rahmen aufsetzten. Die Auseinandersetzung mit

---

pretation und theoretischem Erkenntnisgewinn. In einem hermeneutischen Sinne wurde mein Verständnis von Einzel-Ereignissen immer transparenter, je mehr theoretische Konstrukte 'aufschienen' und entsprechend zu Hilfe gezogen werden konnten, Konstrukte also, welche aus der Erkenntnis von Beziehungen und Gemeinsamkeiten über alle 'Fall-Themen' hinweg resultierten.

220 Altrichter & Posch (1990, S. 187) schlagen bei der Dilemma-Analyse folgendes Vorgehen vor: (1) Dilemmas finden; (2) Dilemmas formulieren und charakterisieren; (3) Dilemmas bearbeiten: Die Autoren zollen der Dilemma-Analyse zudem die Funktionen zu, a) in 'Lehrer-als-Forscher'-Kontexten Minderheitenauffassungen aufzuwerten; b) durch differenzierende Gesichtspunkte entlastend zu wirken; und c) zusätzlich wertvolle Gesprächsgrundlagen abzugeben.

den Daten hatte mir zudem gezeigt, dass die Ereignisse in einigen Fällen nicht als abgestimmte 'Fall-Einheiten' - mit statischen, klar ersichtlichen Abgrenzungen - bestanden, sondern dass sich oftmals erst in einer unmerklichen Verbindung von offenen empirischen Daten und darunterliegenden theoretischen Konstrukten die endgültigen Grenzziehungen ergaben. Damit näherte ich mich wiederum der von Glaser & Strauss (1967) vertretenen Auffassung, substantielle Konzepte und Konstrukte theoretisch wenig voreingenommen erst im Prozess der Feldforschung selbst zu gewinnen, statt vorgängige Hypothesen und Theorieansätze mit der Forschungsrealität zu konfrontieren und verifizieren respektive falsifizieren zu lassen.
Für die Auswertung wurden nun im konkreten Fall die Interviewtranskripte in jene thematischen Einheiten eingeteilt, welche sich bereits durch die verschiedenen Projekt- und Ethnographiephasen ergeben hatten: Die Aussagen wurden anschliessend themen- und blockweise komprimiert und einer Inhaltsanalyse (Mayring, 1990) unterzogen. Weitschweifige Formulierungen wurden, wo es ohne Inhaltsverlust und Bedeutungsverzerrung möglich war, stilistisch auf ihren Aussagekern reduziert, wobei die Analyseeinheiten nicht formaler Art waren, sondern thematisch definiert wurden und somit aus einzelnen Wörtern, einem Satz oder aus mehreren Sätzen bestanden.[221] Die thematischen Einheiten aus allen Projektschritten wurden den Interviewkategorien des allumfassenden Erstinterviews zugeordnet, was zu einer Bündelung der Aussagen und gleichzeitig zu einer Strukturierung der übrigen Interviewprotokolle führte. Daraus entstanden Themen unterschiedlicher Breite und Komplexität, und zwar aufgrund logischer oder schlussfolgender Beziehungen zwischen untergeordneteren Themen aus den verschiedenen Datenquellen der Ethnographiestationen, deren Grobhierarchisierung dem Raster des Interviewleitfadens entsprach, nämlich:

- Themenkreis 'Lehrer' (Berufswahl, Berufsbiographie, Selbsteinschätzung der Berufsidentität, respektive Berufszufriedenheit)
- Themenkreis 'Schüler' (Unterrichtsfertigkeiten, -fähigkeiten und - kompetenzen mittels Selbst- und Fremdeinschätzung)
- Themenkreis Schulkontext (Eltern, Kollegen, Vorgesetzte, Schulbehörde etc.)

Zur Überprüfung einer möglichen *Interpretationsübereinstimmung* wurden die Daten vom Verfasser je im Abstand von einem Jahr dreimal ausgewertet: (a) unmittelbar nach der Datenerhebung, (b) ein zweites Mal nach Abschluss der Überlegungen zur thematischen Kategorienfestlegung innerhalb der Falldarstellung; und (c) ein letztes Mal vor der definitiven Niederschrift der Einzelfallstu-

221 Die Originaldatenquellen hingegen, das heisst die wörtlich transkribierten Zitate der Expertenlehrer, erfuhren nur dann geringfügigste sprachliche 'Retouchen', wenn der semantische Inhalt der sprachlichen Formulierung in der betreffenden schweizerdeutschen Mundart nicht in adäquater Weise einer parallelen Aufschlüsselung in die deutsche Hochsprache entsprach.

dien. Interpretative Unterschiede zeigten sich in sehr geringfügigem Masse, und zwar nur bezüglich des Auflösungsgrades einzelner Unterkategorien, sehr selten aber bei der Zuordnung einzelner Aussagen zu thematischen 'Mustern' oder Kategorien, wobei diese Ausnahmen bloss auf Mehrfacheinteilungen zutrafen. Sporadisch erfolgte auch eine Sichtung einzelner Transkripte durch externe Personen, nur 'fehlte' diesen externen 'Hermeneutikern' der nähere Bezug zum Projektkurs, so dass ich bei Interpretationsdifferenzen nicht selten mit einem (plausiblen) Informationsvorsprung 'gegenargumentieren' konnte.

### 8.5.3. Entwicklung einzelner 'Fallstudien'

Die hermeneutische Rekonstruktion bedient sich somit aller verfüglichen Mittel, um den Eigenwert eines Falls darzustellen, denn nur auf dem Hintergrund des Allgemeinen tritt im Einzelfall das Besondere hervor. Dabei halten sich problemorientierte Fallanalysen in der qualitativen Forschung nach Mayring (1990, S. 13f.) an folgende Postulate:

1. Das Postulat der *Subjektbezogenheit* sei mit drei Aspekten näher erläutert; nämlich durch die Ganzheit des Subjekts, die berücksichtigt werden, die Geschichtlichkeit, die Beachtung finden sowie die Problemorientierung, die an den alltäglichen Problembereichen dieses Subjekts' ansetzen soll.
2. Das Postulat der *Deskription* beinhaltet die folgenden wichtigen Grundsätze:
   - Die genaue Beschreibung muss sich auf den Einzelfall beziehen, d.h., der ausgewählte Fall muss in seiner Besonderheit angegangen werden.
   - Eine genaue Beschreibung bedingt auch, dass dem Untersuchungsgegenstand mit möglichst grosser Offenheit begegnet wird, wobei diese Offenheit durch die auswertungsmethodischen Schritte - wie ich sie oben ausgeführt habe - einer genauen Kontrolle unterworfen wird.
3. Das Postulat der *Interpretation* geht von der Annahme aus, dass Forschung nie ganz vorurteilsfrei sein kann, d.h., dass das jeweilige Vorverständnis des Forschers in bezug auf den Forschungsgegenstand offen dargelegt werden soll. Dieser Punkt ist insofern wichtig, als er den Begriff der Introspektion, den Einbezug subjektiver Erfahrungen, ermöglicht: In einer solchen Sichtweise wird der Forschungsprozess als Gegenstandsauseinandersetzung, als Forscher-'Gegenstand'-Interaktion betrachtet (vgl. dazu auch Terhart, 1981).
4. Innerhalb der Fallanalyse werden mittels der *argumentativen Verallgemeinerung* schrittweise Generalisierungsmomente aufgebaut, womit eine gewisse Induktion vom Typischen auf das allgemeine Moment zulässig ist. Es geht dabei nicht um die Formulierung von Gesetzmässigkeiten, sondern um die Herausarbeitung von Mustern oder Regelbegriffen, indem das zu erforschende Phänomen von verschiedenen Seiten her beleuchtet wird (inhaltliche Triangulation).

Die Umarbeitung der Interviewtranskripte zu strukturierten Falldarstellungen ermöglichte eine personenübergreifende Zusammenfassung der Ergebnisse. Dazu wurden die Antworten aller Interviewteilnehmer zu den einzelnen Auswertungskategorien mittels der erwähnten Zusammenfassungs-Dateien zusammengestellt. In dieser Weise personenübergreifend zusammengefasst, traten Gemeinsamkeiten und Unterschiede zwischen den Lehrertandems mit grösserer Deutlichkeit zutage als in den einzelnen Interviewprotokollen. Damit waren die Voraussetzungen geschaffen, mehrfache Vergleiche zwischen den Lehrergruppierungen vorzunehmen und auf einen Blick festzustellen, welche Aspekte von allen Kandidaten erwähnt wurden oder wo vergleichbare Bedingungen bei einzelnen Lehrertandems zutrafen.

### 8.5.4. Offene Validitätsfragen zum Interpretationsprozess

Von den verschiedenen diskussionsträchtigen Aspekten dieser Untersuchung - Art der Datenerhebung und -auswertung, Art der Modellentwicklung und Merkmale dieses Modells - konnten aus Platzgründen nur einige herausgegriffen werden. Da eines der erklärten Ziele der Arbeit darin bestand, die Fruchtbarkeit eines qualitativ-fallstudienorientierten Ansatzes für die Lehrerbildung darzustellen, werde ich im folgenden auf einige zentrale Punkte hinweisen, die in diesem Zusammenhang wichtig sind. Es sind dies zentrale Fragen der Zuverlässigkeit der verschiedenen Auswertungsschritte und der Validität sowohl der Fallstudienergebnisse als auch der daraus abgeleiteten Thesen (vgl. Kapitel 10). Wie berichtet, wurden die Daten vom Verfasser allein ausgewertet und der Projektkurs anhand der freiwilligen Partizipation der Teilnehmer durchgeführt, welche sich bereit erklärt haben, an dieser Lehrer(aus/fort)bildung teilzunehmen. Diese Einschränkungen konnten von mir durch zusätzliche Erkenntnissen aus weiteren Folge-Projektkursen ausgeglichen werden, in denen die wichtigsten Prozesserkenntnisse 'validiert' worden sind. Weiter ist positiv zu bemerken, dass die Nähe zum Alltagsphänomen 'Schule und Unterricht', die durch die einzelnen Fallstudien gegeben war, allzu spekulative Überlegungen zu unterrichtlichen Prozessen und Schuleinstellungen verhinderte. Eine weitere ausgiebige Nutzung aller vorliegenden Belege, schriftlichen Notizen und Protokollabschriften ist jederzeit möglich und kann aufgrund des gespeicherten Datenmaterials rekonstruiert werden, wobei die Analyse - und Auswertungsschritte noch intensiviert werden könnten, etwa mittels “intra- und interrelated comparisons” (Goetz & LeCompte, 1984), gerade beispielsweise innerhalb einzelner Antwortitems der Erst- und Schlussinterviews, eine Nutzung, die hier aus Platzgründen entfallen musste.

Durch eine Reihe von Reduktions- und Interpretationsschritte konnte eine Verknüpfung von Fallstudien und Ethnographie geleistet werden, die in der hier gedrängten Darstellung für den Leser zwar nicht ganz ohne weiteres nachvollziehbar sein dürfte, durch die Existenz aller Datenoriginale aber in konkreter Weise vorgenommen werden kann (LeCompte & Goetz, 1982). Auch wenn das hermeneutisch-orientierte interpretative Vorgehen nicht sämtliche aufgeworfenen Fragen der erforschten Phänomene 'lösen' konnte, führte es im Verlaufe der Untersuchung zu zahlreichen theoretischen Überlegungen und Ansatzmöglichkeiten für Folgeuntersuchungen, die über einen rein explorativen Charakter hinausgehen (cf. Kapitel 10).

#### 8.5.5. Fallauswahl und -darstellung

Zur exemplarischen Falldarstellung habe ich die Kriterien von Yin (1984) bereits in Kapitel 6 detailliert erläutert, weshalb sie hier als Auswahlkriterien meiner Fallauswahl bloss enumerierend genannt werden sollen:

**a)** Jede Fallstudie soll bedeutsam sein, d.h., die Fälle sind unüblich und von besonderem Interesse für ein Allgemeininteresse;

**b)** sie sollen 'vollständig' sein, sei es auf der Ebene der Informationseinholung als auch auf jener der Auswertung und Falldarstellung;

**c)** Fallstudien sollen des weiteren alternative Perspektiven miteinbeziehen, hinreichendes Beweismaterial aufzeigen können sowie in einer engagierten Form erhoben und dargestellt werden.

Ich habe bei den nachfolgend ausgewählten Fallausschnitten im 9. Kapitel sowohl eine thematisch orientierte als auch eine personenzentrierte Fallauswahl getroffen, wobei ich eingangs des jeweiligen Kapitelabschnitte meine Falleinheiten auf das 'Typische' hin (Falleinheit *für* etwas ganz Bestimmtes) charakterisiere, damit ein Nachvollzug eher gewährleistet ist. - Die generellen Einsichten bezüglich der gemeinsamen Tandemarbeit sowie des Lehrerwissens als 'Falleinheiten' hingegen werden separat dargestellt.

# 9. Darstellung und Diskussion der Ethnographie-Arbeiten

*"My lord, facts are like cows. If you look them in the face hard enough, they generally run away." (Sayers, 1958, S. 74)*[222]

> "Ich pflege die verschiedenen Aspekte eines Menschen oft mit dem Bild eines Rundbogentores zu vergleichen. Jeder Stein stellt dabei eine Eigenschaft des Menschen dar, aber es gibt dabei eine Eigenschaft, die das Ganze zusammenhält, ihm Sinn und Stütze zugleich gibt. Nimmt man nun diesen 'Schlussstein' heraus, so droht das Tor sofort zusammenzubrechen. Wenn dies geschieht, so kann nur mit äusserster Kraft, mit Hilfe von aussen und ausgeklügelten Stützkonstruktionen die Katastrophe eines Kollapses vermieden werden. Bei B. R. - meinem porträtierten Lehrer - dünken mich die einzelnen Steine mit besonders vielen kunstvollen Klammern verbunden, aber ich frage mich, was bei ihm wohl der Schlussstein darstellen mag." [OE P,8]

In diesem Kapitel werde ich *zuerst* eine Prozessanalyse des Projektkurses vornehmen, indem ich von den Erfahrungen auf seiten der Studierenden wie auch auf seiten der Expertenlehrer berichte. In einem *zweiten* Schritt beschreibe ich den Entwicklungsverlauf der Lehrerstudierenden während der Projekt-Kursarbeit und konstruiere damit eine Stufenentwicklungstheorie ethnographischen 'Forschens' zukünftiger Junglehrer. Die thematisch ausgewählten Typiken der Falldarstellungen im *dritten Teil* werden mittels prototypischer Fallausschnitte vorgenommen, die von mir jeweils auf dem theoretischen Hintergrund der betreffenden Fall-Typik diskutiert werden: Die Falldarstellungen stehen für etwas ganz Bestimmtes, wobei ich vier ganz unterschiedliche thematische Fallausschnitte ausgewählt habe. Dies führt *viertens* über zu jenen Aspekten des Praxiswissens der Expertenlehrer, die für die Lehrerstudierenden am nachhaltigsten Einfluss ausgeübt haben. Dabei dokumentiere ich im *fünften* Schritt die Entwicklungserfahrungen und Veränderungsprozesse der Expertenlehrer während ihrer Berufskarriere, welche für die Lehrerstudierenden von besonderer Bedeutung waren. *Sechstens* versuche ich das praktische Wissen der Expertenlehrer als Synthese darstellend zusammenzufassen. Dies führt abschliessend zu Betrachtungen über die Schule als kultureller Erfahrungsraum, wo Professionsreflexionen erneuernd wirken können.

222 Sayers, Dorothy L. (1958). Clouds of Witness. (14. Aufl., S. 74; zit. aus H. Hörmann, 1978, S. 496).

## 9.1. Prozessanalyse des Projektkurses

Die Untersuchung umfasste auf der einen Seite zehn Lehrerstudierende an der Universität Freiburg (im Uechtland/ Schweiz), die dabei oder im Begriff waren, ihr letztes Studiensemester zu absolvieren, und auf der anderen Seite zehn erfahrene Lehrer mit mehrjähriger Praxis. Dabei versuchten die Lehrerstudierenden, die Expertenlehrer so stark wie nur möglich ethnographisch zu 'beschatten' und ihnen thematisch 'nachzustellen', wobei diese forschende Erkundungsarbeit selbstverständlich in einer offenen und direkten Form erfolgte. Die Interviewfragen teilen sich in drei Fragenkomplexe auf, nämlich

- globale und detaillierte Fragen zu Schule und Unterricht, um personenspezifische Einstellungen, subjektive Ansichten und eventuelle Schwierigkeiten aufzudecken;
- Fragen zu biographischen und situativen Prozessen, welche möglicherweise zu diesen Einstellungen geführt haben;
- Fragen zu Bedingungen, welche zur Festigung oder Ablehnung von Einstellungen geführt haben. Dazu gehörten Fragen über ev. verwendete Routinen, über etwelche Einschätzungsmechanismen und Evaluationskriterien zur Beurteilung dieser Handlungsmuster.

Je nach Umfang und Termingebundenheit der entsprechenden Projektteile wurden nebst den vorgegebenen 'Ethnographiestationen' (vgl. Abschnitt 8.3.5.) zusätzlich Begleitinterviews durchgeführt, in denen die Aussagen des Erstinterviews an der Realität überprüft werden konnten; zur Validierung der Interviewaussagen und sämtlicher protokollierter Notizen wurden nach Möglichkeit die Vor- und Zwischenfassungen des jeweiligen narrativen Porträttextes dem entsprechenden Expertenlehrer zur neuerlichen Diskussion 'vorgelegt'.

### 9.1.1. Ebenen der Kategorisierung

Anfänglich habe ich auf einer ersten Ebene ethnographische Aussagen (schriftlich oder mündlich) in die vier folgenden Kategorien eingeteilt:

EBENE 1:

1. *Spezifische unterrichtliche Handlungen* (Diskussion schulischer Sachverhalte wie die Planung, Durchführung oder Auswertung von Unterricht)
2. *Schriftliche Informationen* (Arbeitsblätter, Schülerarbeiten, Gesprächsprotokolle zu schulischen und unterrichtlichen Inhalten)
3. *Hintergrundgespräche* (Diskussionen mit Personen, beispielsweise über die Schulörtlichkeit oder über Ereignisse, welche für den näheren und weiteren Kontext der betreffenden Lehrperson von Wichtigkeit ist)
4. *Restkategorie:* schwer in eine der drei ersten Kategorien einzuordnende oder interpretierbare Inhalte bezüglich Schule und Unterricht

Diese vier Subkategorien der Ebene 1 habe ich anschliessend in einem zweiten Schritt den nachstehenden diversen inhaltlichen Kategorienebenen zugeordnet, wobei ich eine differenzierte Unterscheidung der Gesprächsaussagen von Expertenlehrern und der Gesprächsaussagen von Lehrerstudierenden vorgenommen habe. Die je vier Kategorienebenen habe ich mit den untenstehenden Abkürzungen markiert und kodiert:

EBENE 2:

**a) Gesprächsäusserungen der Expertenlehrer**

**ES:** **E**reigniserzählungen und **S**childerungen (Beschreibung und Diskussion): Erzählen persönlicher Erfahrungen; Beschreibungen von Zielsetzungen, Plänen und Erfolgserfahrungen eigener unterrichtlicher Handlungen.

**RI:** **R**eflexive **I**nterpretationen: Bei der Schilderung konkreter Fallbeispiele das Bemühen der Lehrperson, ihre Falldarstellung in einen erweiterten Rahmen zu stellen (reflektierte 'Theorie'-Anteile der Falldarstellungen).

**RE:** **R**eflexive **E**rklärungen: Erklärungsanteile (problematischer) pädagogischer Ereignisse a) aufgrund eigener Schwächen oder Unzulänglichkeiten; b) wegen Hindernissen oder Mängel, aufgrund von System- und Organisationsmängel, welche den näheren und weiteren Kontext der betreffenden Lehrperson tangieren.

**RV:** **R**eflexive **V**ergleiche: Das Bemühen oder der Versuch der Lehrperson, das geschilderte, konkrete Fallbeispiel auf dem Hintergrund anderer vergleichbarer pädagogischer Erfahrungen und/oder Situationen zu reflektieren.

**b) Gesprächsäusserungen der Lehrerstudierenden**

**VG:** **V**erwendung von konkretem, inhaltlichem **G**esprächsmaterial: Explizites Rekurrieren des Lehrerstudierenden auf die persönlichen Erfahrungen und Beschreibungen des Expertenlehrers.

**AR:** **A**ffektive **R**eaktionen: Der Lehrerstudierende als Interviewer gibt auf einer affektiven Ebene 'bekannt', wie er selber diese oder jene Aussage für seine eigene Lehrerwerdung einschätzt und gewichtet.

**SK:** **S**ubstantielle **K**ommentare: der Lehrerstudierende gibt substantiell einen persönlichen Kommentar ab über die Äusserungen/Interpretationen des Expertenlehrers, oder stellt inhaltlich-begründet weitergehende Fragen.

**ER:** **E**igen-**R**eflexion des Lehrerstudierenden: Aussagen des Expertenlehrers werden auf dem Hintergrund der eigenen Ausbildung und Biographie reflektiert.

**c) Andere Gesprächsäusserungen**

**NB:** **N**icht-**B**estimmbar: Akustisch oder inhaltlich nicht verstehbare, nicht einzuordnende oder nicht interpretierbare Gesprächsinhalte; oder aber belanglose Repetitionen mit 'Füll- oder Konfusionscharakter'.

*9.1.1.1. Grobe Auftretenshäufigkeiten der Kategorien*

Eine Einteilung der Gesprächsaussagen in diese obigen Kategorien ergab folgendes, relativ grobkörniges Bild, aufgeschlüsselt in Expertenlehrer und Lehrerstudierende:

Expertenlehrern: Aus den insgesamt über 1'500 Gesprächsäusserungen der Expertenlehrer, die von mir mittels der obigen Raster als solche charakterisiert worden sind, konnten aus den Transkriptionen eine überwiegende Zahl den beiden Kategorien Ereigniserzählung (ES) und Reflexive Interpretation (RI) zugezählt werden (je ca. 35 %), während die Kategorien Reflexive Erklärungen (RE), Reflexive Vergleiche (RV) und die nichtbestimmaren Gesprächsaussagen (Restkategorie NB) rund je 10 % der Gesprächsanteile ausmachten.

Lehrerstudierende: Aus den insgesamt über 800 Gesprächsäusserungen der Lehrerstudierenden, die mittels der obigen Raster als solche charakterisiert worden sind, konnte aus den Transkriptionen eine überwiegende Verwendung von konkretem inhaltlichem Gesprächsmaterial (VG) festgestellt werden (an die 60 %), während sich Affektive Reaktionen (AR), Substantielle Kommentare (SK) sowie Eigen-Reflexionen der Lehrerstudierenden (ER) mit je 10 % in etwa die Waage hielten. Die verbleibenden 10% konnten nicht eingeschätzt werden.

Diese quantitativen Zahlen belasse ich in dieser globalen, beschreibenden Form, d.h., ich verzichte bewusst auf eine detaillierte Aufschlüsselung der individueller Auftretenshäufigkeiten von Expertenlehrern und Lehrerstudierenden, weil diese vorliegenden quantifizierenden Prozentwerte wenig Aussagekraft innehat. So konzentriere ich mich in der Folge vermehrt der unterschiedlichen Gesprächsqualität.

*9.1.1.2. Einschätzungskriterien nach dem Grad der 'Reflexivität'*

Ich habe den Grad der Reflexivität der Aussagen von Lehrerstudierenden und Expertenlehrern aufgrund dreier Kriterien vorgenommen, die nachfolgend kurz beschrieben werden, nämlich a) nach dem Ausmass, wie eine pädagogische Frage, ein unterrichtliches Problem umrissen oder 'umrahmt' worden ist (vgl. dazu die Ausführungen in Punkt 4.2.); b) nach der Mittel-Ziel-Analyse, wonach die eingesetzten oder vorgeschlagenen Mittel nicht zum Ziel, sondern einem übergeordneten begründeten Ziel untergeordnet sind; c) abgestützte Verallgemeinerungen und vorsichtig befundene Handlungsempfehlungen. Reflexion wird dabei in Anlehnung an Schön (1987) als vorwiegend individueller Prozess bezeichnet, der insbesondere zwei Elemente enthält: Metakognition (das Bewusstsein jener Strategien, Theorien und Affekte, auf welchem die eigenen professionellen Problemlösungen aufbauen) sowie deren Einschätzung und Beurteilung als Element der Handlungswirksamkeit (Performanzebene):

| | |
|---|---|
| **REFLEXIV** | **a) Problem-Umriss (PU)**<br>• Hinweise auf ein Abwägen und Erörtern des Problems, ein Prozess, der als 'Problem-Setting' bezeichnet werden kann<br>• Ein Problem wird so definiert, dass es alternative Erklärungsmöglichkeiten offen lässt<br>• Die möglichen Prämissen und Annahmen, auf denen eine Frage aufgebaut sind, werden analysiert<br>• Definiert ein Problem in einer gewissen Art und Weise analog zu einer kleineren exemplarischen Falldarstellung<br><br>**b) Mittel-Ziel-Analyse (MZA)**<br>• Aktives Ausschau-Halten für 'Beweisstücke' (Evidenzen oder Gegenevidenzen, d.h. Pro- oder Kontraindizien)<br>• Das Miteinbeziehen einer Vielzahl von Alternativen<br>• Mögliche Evidenzen stehen in engem Zusammenhang mit der gestellten Ausgangsfrage oder -problemstellung<br>• Die Implikationen eines jeden 'Beweisstücks' (Evidenz) wird sorgfältig analysiert und abgewogen<br>• Die Analyse wird mittels adäquater Prinzipien vorgenommen, d.h. die Analyse geht weit über die einfache und bewährte 'Das-hat-schon-immer-geklappt'-Mentalität hinaus<br>• Ein stetes Bemühen darum, während der Analyse keine Beurteilung abzugeben<br><br>**c) Verallgemeinerung/Generalisierung (G)**<br>• Die Schlussfolgerungen oder Generalisierungsmomente ergeben sich aus den 'Beweisstücken' (Evidenzen) und aus den Mittel-Ziel-Analysen heraus<br>• Verallgemeinerungsmomente werden durch das Eingestehen eigener, möglicherweise limitierter Sichtweisen relativiert und eingeschränkt<br>• Es kommt dementsprechend auch nicht zu Übergeneralisierungen, sondern durch den<br>• Miteinbezug von Vor- und Nachteilen der Aussagenresultate zu abgewogenen Implikationen und Handlungsempfehlungen |

**Tab. 1a: Kriterienraster für hohe, ausgeprägte Reflexivität**

| PUNKTEZAHL | KRITERIEN-KURZFASSUNG |
|---|---|
| **hohe Reflexivität**<br><br>**+5** | • Deutliche Hinweise auf ein aufrichtiges Bemühen und echtes 'Ringen' mit schulischen Themen und Inhalten<br>• Aktives Miteinbeziehen von Alternativen sowie ein stetes Wiedererwägen vorgefasster Meinungen<br>• Langfristige Perspektiven werden ins Auge gefasst<br>• Die Fürsorge für Bedürfnisse der Schüler stehen im Zentrum<br>• Anerkennt die Komplexität des Erziehungs- und Bildungsunterfangens 'Schule und Unterricht'<br>• Hat Einsicht in die Notwendigkeit bloss vorläufiger Schlussfolgerungen sowie in mehrfache Rückmeldemöglichkeiten |

**Tab. 1b: Zusammenfassende Einschätz-Kriterien für hohe/geringe Reflexivität**

| | |
|---|---|
| UNREFLEXIV | **a) Problem-Umriss ('Problem-Setting')**<br>• Kein Abwägen und Erörtern des Problems, ein Prozess, d.h. keine Analyse möglicher Prämissen und Annahmen, auf denen eine Frage aufbaut<br>• Ein Problem wird so definiert, dass sich eine Lösung aufdrängt und damit keine alternativen Erklärungen zulässt<br>• Die Problemdefinition ist somit als exemplarische kleinere Falluntersuchung ungeeignet<br><br>**b) Mittel-Ziel-Analyse**<br>• Eine mögliche Vielfalt von Möglichkeiten wird ausgeschlossen und damit entfallen einige augenfällige alternative Vorschläge<br>• Kein Miteinbeziehen anderer, mehrfacher Datenquellen<br>• Augenfällige Diskrepanzen werden nicht 'verbindend' aufgelöst; es werden keine 'Gegenbeweisstücke' (Kontraindizien) erwogen oder gesucht<br>• Zeigt Dogmatismus, Rigidität, Vorurteil- und Sprunghaftigkeit, welche möglicherweise aus Routine, übertriebener Leidenschaftlichkeit oder einer gewissen Leichtfertigkeit heraus erwachsen ist<br><br>**c) Verallgemeinerung/Generalisierung**<br>• Die gemachten Schlussfolgerungen ergeben sich nicht aus der Analyse oder 'Beweisführung' (Evidenzen und Indizien)<br>• Deshalb kommt es auch zu Übergeneralisierungen, d.h.,<br>• Aussagen und Schlussfolgerungen werden mit überhöhter Selbstsicherheit und Überzeugung abgegeben |

**Tab. 2a: Kriterienraster für sehr geringe oder nichtvorhandene Reflexivität**

| PUNKTEZAHL | KRITERIEN-KURZFASSUNG |
|---|---|
| **geringe Reflexivität**<br><br>**- 5** | • Die Antworten sind simplistisch und 'unkritisch selbstsicher'<br>• Konzentration auf fast ausschliesslich praktische Bereiche<br>• Betonung ausschliesslich auf eigene Erfahrungen als Quelle des Lernens<br>• der Lehrer erscheint als 'Vermittler-von-Wissen' ("Briefträger")<br>• Zeigt mehr Sorge für sich und/oder für die unterrichteten Fachinhalte als für die Schüler (Selbst- /Fachbezogenheit)<br>• Kurzfristige Perspektiveneinnahmen dominieren |

**Tab. 2b: Zusammenfassende Einschätzungskriterien für hohe/geringe Reflexivität**

Auf Unterschiede in der Form vermehrter oder erhöhter Reflexionskapazitäten, die sich zwischen den Lehrerstudierenden und Expertenlehrern ergeben haben, komme ich weiter unten zu sprechen: inbezug auf die Interpretationsmöglichkeiten von Unterrichtsphänomenen, auf die Wahrnehmung wichtiger Unterrichtsereignisse sowie die Eruierung und Unterscheidung von typischen versus untypischen Ereignissen haben sich die beiden Gruppen deutlich unterschieden; auch bezüglich der Verwendung von Routinen, der Voraussagefähigkeiten, der Möglichkeiten von Gefühlsäusserungen und diversen anderen Teilaspekten.

| THEMEN: Berufsfragen - Lehrerhandlungen - Unterrichtsfragen -Schüler(er)leben | | | | | | | | |
|---|---|---|---|---|---|---|---|---|
| **Lehrer-studie-rende/r** | Reflexiv | Unre-flexiv | Nichtbe-stimmbar | **Kriterien der Refle-xivität ~ %** | Reflexiv | Unre-flexiv | Nichtbe-stimmbar | **Exper-tenleh-rer/in** |
| Lehrer-studie-rende/r 1 | 0 | 10 | 0 | a) PU | 30 | 0 | 0 | Exper-tenleh-rer/in 1 |
| | 40 | 0 | 10 | b) MZA | 20 | 10 | 0 | |
| | 10 | 20 | 10 | c) VG | 30 | 0 | 10 | |
| | 50 | 30 | 20 | ~ % | 80 | 10 | 10 | |
| Lehrer-studie-rende/r 2 | 20 | 10 | 20 | a) PU | 20 | 0 | 0 | Exper-tenleh-rer/in 2 |
| | 10 | 20 | 0 | b) MZA | 20 | 10 | 0 | |
| | 10 | 10 | 0 | c) VG | 30 | 10 | 10 | |
| | 40 | 40 | 20 | ~ % | 70 | 20 | 10 | |
| Lehrer-studie-rende/r 3 | 0 | 10 | 0 | a) PU | 30 | 0 | 0 | Exper-tenleh-rer/in 3 |
| | 40 | 0 | 10 | b) MZA | 30 | 0 | 0 | |
| | 20 | 10 | 10 | c) VG | 30 | 0 | 10 | |
| | 60 | 20 | 20 | ~ % | 90 | 0 | 10 | |
| Lehrer-studie-rende/r 4 | 20 | 0 | 10 | a) PU | 40 | 0 | 0 | Exper-tenleh-rer/in 4 |
| | 40 | 10 | 0 | b) MZA | 20 | 10 | 0 | |
| | 20 | 0 | 0 | c) VG | 20 | 10 | 0 | |
| | 80 | 10 | 10 | ~ % | 80 | 20 | 0 | |
| Lehrer-studie-rende/r 5 | 30 | 10 | 0 | a) PU | 30 | 0 | 10 | Exper-tenleh-rer/in 5 |
| | 10 | 20 | 0 | b) MZA | 0 | 10 | 10 | |
| | 10 | 20 | 0 | c) VG | 30 | 0 | 10 | |
| | 50 | 50 | 0 | ~ % | 60 | 10 | 30 | |
| Lehrer-studie-rende/r 6 | 20 | 10 | 0 | a) PU | 30 | 0 | 0 | Exper-tenleh-rer/in 6 |
| | 30 | 0 | 0 | b) MZA | 20 | 10 | 0 | |
| | 20 | 10 | 10 | c) VG | 30 | 0 | 10 | |
| | 70 | 20 | 10 | ~ % | 80 | 10 | 10 | |
| Lehrer-studie-rende/r 7 | 10 | 0 | 0 | a) PU | 10 | 10 | 0 | Exper-tenleh-rer/in 7 |
| | 10 | 20 | 10 | b) MZA | 40 | 0 | 10 | |
| | 10 | 30 | 10 | c) VG | 20 | 0 | 10 | |
| | 30 | 50 | 20 | ~ % | 70 | 10 | 20 | |
| Lehrer-studie-rende/r 8 | 00 | 10 | 0 | a) PU | 30 | 0 | 0 | Exper-tenleh-rer/in 8 |
| | 40 | 20 | 0 | b) MZA | 20 | 10 | 0 | |
| | 0 | 10 | 0 | c) VG | 30 | 0 | 10 | |
| | 60 | 40 | 0 | ~ % | 80 | 10 | 10 | |
| Lehrer-studie-rende/r 9 | 10 | 10 | 10 | a) PU | 30 | 0 | 0 | Exper-tenleh-rer/in 9 |
| | 40 | 0 | 10 | b) MZA | 20 | 0 | 0 | |
| | 20 | 0 | 0 | c) VG | 40 | 0 | 10 | |
| | 70 | 10 | 20 | ~ % | 90 | 0 | 10 | |
| Lehrer-studieren-de/r 10 | 0 | 10 | 20 | a) PU | 20 | 10 | 0 | Exper-tenleh-rer/in 10 |
| | 40 | 0 | 10 | b) MZA | 30 | 0 | 10 | |
| | 0 | 10 | 0 | c) VG | 30 | 0 | 0 | |
| | 50 | 20 | 30 | ~% | 80 | 10 | 10 | |

**Tab. 3: Resultate der Einschätzung aller Gesprächsepisoden - sowohl der Lehrerstudierenden als auch der Expertenlehrer - auf den Reflexivitätsgrad hin (PU = Problem-Umrahmung; MZA = Mittel-Ziel-Analyse; G = Generalisierung)**

*9.1.1.3. Kommentar zur Variabilität der quantitativen Ergebnisse*

Die Tabelle 3 zeigt mit einiger Deutlichkeit Verschiedenheiten innerhalb der drei Kategorien zur Reflexivität auf, und zwar sowohl bei den Expertenlehrern als auch bei den Lehrerstudierenden, wobei diese Variabilitäten bei den letzteren in einem viel deutlicheren Masse ersichtlich sind: Die Streuung bei den Lehrerstudierenden ist sowohl bezüglich der drei Reflexivitätskriterien als auch bezüglich der Einstufungsmöglichkeit recht gross und weist zusätzlich einen recht ansehnlichen Teil von nichtbestimmbaren Gesprächsepisoden auf. Während generell gesehen die Daten ziemlich deutlich die drei Kategorien der Reflexivität 'stützen' wie auch einen Trend in Richtung individuelle Reflexionsunterschiede aufweist, so muss hier gleichzeitig hinzugefügt werden, dass der insgesamt nicht geringe Anteil von nicht zu bestimmenden Gesprächsepisoden mögliche Hinweise auf gewisse Konstruktschwächen der drei Reflexivitätskategorien beinhaltet, haben doch eine recht ansehnliche Zahl von Äusserungen in den Reflexivitätskategorien nicht ihren 'Platz gefunden' (oder eben nicht finden können). Einige dieser 'nicht-kategorisierbaren' Äusserungen werde ich weiter unten als Fallausschnitte der Ethnographien öffentlich machen. Daran wird dann auch deutlich werden, dass möglicherweise das Konstrukt 'Reflexivität' mit den drei Subkategorien - a) Problem-Umreissen oder -'Umrahmen'; b) Mittel-Ziel-Analyse; c) Verallgemeinerungen und Handlungsempfehlungen - in seiner Globalität nicht genügend differenziert ausgelotet worden ist.

Was bedeuten nun aber diese Variabilitäten bezüglich der Reflexivitäten? Während ich meinen letzten Gedanken - dass ich möglicherweise aus Gründen der Reduktion einer (zugegebenermassen) schon anspruchsvollen Einschätzungskomplexität einen (zu) engen Rahmen des Konstrukts 'Reflexivität' gewählt habe - sehr wohl generalisiert verstanden haben möchte, so kann das von mir eingeschätzte Ausmass der Reflexivität der Lehrerstudierenden und Expertenlehrer nicht generalisiert werden; denn jede einzelne Ethnographie hat auf ihre Weise variiert, durch unterschiedliche Rahmenbedingungen, unterschiedliche Energieverfügung und Zeitbudgets, durch unterschiedliche Auffassungs- und Verarbeitungsmöglichkeiten etc., um nur einige wenige Faktoren zu nennen. Für die vorliegende Studie heisst dies, dass zwar jede Ethnographie im Mikrorahmen (der Reflexivität) variiert, im Makrorahmen des Gesamtgemäldes aber zur Validierung der von mir verfochtenen Hauptthesen einen Beitrag geleistet hat (vgl. Abschnitt 8.2.4.), wie ich dies im weiteren Verlauf dieses Kapitels noch ausführlicher darstellen werde. Einerseits sensibilisierten sich nämlich alle Lehrerstudierenden in der Fertigkeit des Erkundens hinsichtlich des praktischen Wissens von Expertenlehrern sowie im erhöhten Verstehen von Schulen als 'Kulturräume', in denen Entscheidungen oftmals nicht linear getroffen werden können, sondern mittels Alternativen auf die letzlich entscheidenden Ziel-Mittel-Dimensionen hin erfragt werden müssen. In den von ihnen angefertigten Porträts wird sodann beispielsweise deutlich - hie und da sehr explizit geäussert, hie und da implizit mitschwingend -, dass die Lehrerstudierenden befähigt worden sind, heikle pädagogische Entscheidungsfelder sprachlich zu veräussern und damit möglicherweise das abwägende und erwägende reflektive Moment zur 'Lösung' einiger dieser berufsinhärenten Dilemmatas zum Bestandteil der eigenen Professionsauffassung zu machen. - Die Expertenlehrer andererseits veröffentlichten ihr persönliches, praktisches Wissen und machten es den Lehrerstudierenden in einem Grad der Offenheit 'verfügbar', welches diese staunen und entsprechend schätzen liess. Indem von den Expertenlehrern ganz klar und deutlich ein waches, kritisches Selbstbewusstsein den eigenen Berufsbedürfnissen gegenüber geäussert wurde - eine Eigenschaft, die der Prozess der Berufsentwicklung vermehrt von Lehrpersonen 'verlangt' -, gelang es den Lehrerstudierenden, die ethnographischen Aufzeichnungen und Porträtsynthese ihren zukünftigen Berufskollegen gegenüber ebenfalls in einer ehrlichen Gesprächs- und aufrichtigen Kooperationsatmosphäre aufzuzeichnen und zurückzumelden.

### 9.1.2. Perspektivische Transformationen

Zusammenfassend seien hier einige weitere vorteilhafte Erfahrungsmomente genannt, welche das reflektierende Denken der Lehrerstudierenden charakterisiert haben:

- Die Nähe zwischen Forscher und Forschungsgegenstand ist verändert worden. Der Studierende hat sich direkt dem Erkundungsfeld genähert, d.h., der indirekte Diskurs über Schule und Unterricht der Ausbildung ist reduziert und zum direkten Erfahrungsgespräch transformiert worden. Niemand anderes als der betreffende Lehrerstudierende aber hat jenes Erlebnis an 'seiner' Stelle erleben können: Man musste *selber* dort gewesen sein, unmittelbare, Gedanken und Gefühle sind authentisch erfahren worden

- Die individuelle äussere Kontrolle, die sonst auf Lernende ausgeübt wird, ist für einmal entfallen und machte stattdessen jenem Phänomen Platz, welches von Brown et al. (1989) 'situierte Kognitionen' genannt wird: Aktivitäten, in denen Wissen entwickelt und verbreitet wird, sind dem Lernen und den Kognitionen weder untergeordnet noch voneinander getrennt worden; sie sind aber auch nicht neutral geblieben, "rather, it is an integral part of what is learned. Situations might be said to co-produce knowledge through activity". (p. 32). Diese Handlungen und Aktivitäten haben die Lehrerstudierenden authentisch erlebt, im Gegensatz zu all den transferierten und hermetisch abgeschlossenen Handlungen, wie sie (zu) oft in der (Hoch)Schule anzutreffen sind, indem ursprüngliche Erfahrungen von ihrem 'unterstützenden' Kontext abgehoben werden.

- Ohne volle Partizipation der Lehrerstudierenden wäre aber auch keine 'Performanz' möglich gewesen, d.h., reflektierendes Denken hat sich als Klärungs-, Prüfungs- und Interpretationsperformanz veräussert. Dies ist nicht bloss wegen der stark wirksamen Eigenerfahrung wichtig gewesen, sondern auch deshalb, weil der Erfahrungsprozess möglicherweise überdauernde Konstrukte anzubieten vermocht hat, die weit über die Dauer der Ethnographie hinaus wirksam werden könnten.

- Ein Bewusstsein von Kontinuität und Verbundenheit in der Schule ist schliesslich spürbar und teilweise gar zu einem Plädoyer, zu einer Losung für den Lehrerstudierenden geworden. Obwohl er die ganze Zeit über quasi im 'Schatten' des erfahrenen Lehrers gestanden ist, hat er diesen doch 'hautnah' - Schulter an Schulter, partnerschaftlich und gleichgestellt - begleitet. So sind all die Gespräche nicht isolierte Handlungsmomente eines Einzelnen gewesen, sondern haben in echter Zusammenarbeit die Konstruktion kommunikativer Brücken zwischen zwei unterschiedlichen Altersgemeinschaften dargestellt. Dieser Prozess ist mittels des Dialogs über Wissen und Erfahrungen in der Schule und im Klassenraum als gemeinsames Berufsfeld möglich geworden.
- Schule als kulturell zu erkundender Raum ist hiermit zum 'Text' geworden, der kontinuierlich über diese ethnographische Zeitspanne hinweg durch die beiden hauptsächlichsten Teilnehmer in seinem Kontext interpretiert werden musste. Durch ein kommunikatives Verhandeln, durch einen pädagogischen Diskurs, ist dabei manch eine neue Bedeutung schulischer und unterrichtlicher Inhalte geschaffen worden.

Reflexives Denken könnte somit abschliessend sowohl für die Lehrerstudierenden als auch für die Expertenlehrer in einem erweiterten Sinne folgendermassen definiert werden: Durch berufsorientierte und eigenmotivierte Gespräche mit einem Berufskollegen 'perspektivische Transformationen' anstreben, die bezüglich bestimmter Sichtweisen und Einstellungen möglicherweise den einen oder andern Wendepunkt einleiten könnten, welcher für die weitere Berufsentwicklung von entscheidender Bedeutung sein könnte.

### 9.1.3. Vom Fremd- zum Eigenporträt: Anspruchsverlagerungen

Die protokollierten oder festgehaltenen Eindrücke von Begegnungen, Gesprächen und Beobachtungen führten dazu, dass die Studierenden ihre Fremdbeobachtungen, Fremdeinschätzungen und Reflexionen allmählich auf die eigene Berufsrolle transponierten und so zu Eigenbeobachtungen und -einschätzungen gelangten, welche Selbstreflexionen über ihre eigene(n) Schulphilosophie(n) und Unterrichtstheorien auslösten. Um die Arbeit der Sekundarlehrerstudierenden in einen Rahmen des Machbaren zu stellen, habe ich versucht, einen wissenschaftlichen Jargon zu wählen, der ihnen diese Arbeit der 'Introspektion aufgrund einer Fremdeinschätzung' erleichtert. Statt also durchwegs von Ethnographie oder Fallbeschreibung zu sprechen - diese Begriffe wurden selbstverständlich in den theoretischen Erörterungen im Seminar verwendet - entschied ich mich zum bildlicheren Ausdruck 'Porträt', einem Begriff aus der Malerei, Bildhauerei und Fotografie, der mehr und mehr in der sozialwissenschaftlichen Literatur mit qualitativ-interpretativer Ausprägung Eingang findet. So etwa bei English (1988), Erickson & Wilson (1982), Shulman (1981a) oder insbesondere bei Lightfoot (1983a), welche Porträtarbeit folgendermassen beschreibt:

> “One searches for coherence, for bringing order to phenomena that people may experience as chaotic or unrelated. The search has the quality of an investigation (...) What evolves is

a piece of writing that conveys the tone, style and tempo of the school environment as well as its more static structures and behavioral processes." (Lightfoot, 1983a, p. 15f.)

'Fallgeschichten' sind nach Stenhouse (1975a) - in Anlehnung an die mündliche Geschichtsforschung ("oral history") und den Dokumentarfilm - mit den beiden wichtigsten Techniken des narrativen Porträts, der Skizze und Analyse, anzufertigen. Die im vorliegendem Fall mittels lautem Denken, Interviews, Ton- und Videoaufnahmen gewonnenen Erkenntnisse über Unterrichts- und Schulprozesse beruhen auf der Beobachtung eines Einzelfalls. Wie sehr eine Fallanalyse als wissenschaftliche Methode als verkannte Lichtblicke die Phantasie, Kreativität und Originalität von Lehrpersonen, aber auch Auslassungen, Ungenauigkeiten und Irrtümer alltäglichen unterrichtlichen Handelns aufdecken hilft, zeigen die nachfolgenden Fallausschnitte und Fallbeispiele nur in einem begrenzten Masse; denn - wie ein Lehrerstudierender in seinem Porträt meint -,

"... das vollständige Persönlichkeitsbild muss sich nun aus diesen Eindrücken, die hier festgehalten sind, aus diesen Einzelbildern, zusammenfügen. Diese synthetische Arbeit muss wohl doch der Leser dieses Porträts leisten - genau wie der Betrachter eines Bildes, der es zwar vollständig, in seiner ganzen Ausdehnung, vor sich hat, zur Betrachtung aber sich Ausschnitt um Ausschnitt vornimmt, um sich sein Verständnis, sein eigens Bild zu machen - das aber erst mit der Zeit wird, nicht schon nach dem ersten Hinschauen." [SD, P 6]

Dass während der Porträtlektüre der Eindruck entstehen könnte, es hätte dabei eine Vermischung von Fall-Aufzeichnung und persönlicher Bewertung stattgefunden, mag richtig sein, aber die einzelnen Projektstationen weisen eine möglichst objektnahe Beschreibung auf, die in den Protokollierungen (Schrift und/- oder Ton) nachgelesen werden können. Dass trotzdem vielleicht blosse Andeutungen, leise Vermutungen - als wörtliche Äusserungen der Lehrer in schwacher Erinnerung rekonstruiert - mit eigenen Vorstellungen oder gar Wunschdenken vermischt worden sind, mag vereinzelt vorgekommen sein. Der umfassende, durchaus gefühlsverankerte Gesamteindruck bleibt trotzdem unverwechselbar gültig bestehen:[223]

"Ich wählte für diesen Abschnitt des Porträts einen pathetischen Titel: 'B.R., ein ganzer Mensch' -, das weiss ich nur zu gut. Und wenn mir auch bewusst ist, dass dieser Mensch, den ich oben zu beschreiben versuchte, kaum B. sondern eher ein Wesen ist, *wie ich es selbst sein möchte*, so will ich es nicht leugnen: B.R. imponiert mir." [OE, P 5]

Ein anderer Lehrerstudierender, der sein Porträt mit dem Titel 'Facetten einer Leidenschaft überschrieben hat, beginnt dasselbe mit einem Rilke-Zitat: "... denn da ist keine Stelle, die dich nicht sieht: Du musst dein Leben ändern." Und

223 Für die meisten Studierenden waren die verschiedenen Ethnographiestationen Ereignisse, die sie 'neutral' einzufangen und zu schildern hatten. Die Reflexion darüber zeigte dann oft auf, dass kleine Ereignisdetails bei den Studierenden nicht selten einen nachhaltigen Eindruck auf der Erlebnisebene hinterlassen hatten, insbesondere bei der Erstellung des Gesamtporträts, d.h., ein registriertes *Ereignis* verdichtete sich durch die Auseinandersetzung mit eigenen Vorstellungen zum *Erlebnis*.

er setzt dann folgendermassen ein: "Rilke nimmt die Konsequenz aus dem Porträt Alexanders[224] vorweg: Wenn es denn also darum geht, von der Fremd- zur Selbstbeobachtung zu gelangen, dann wird diese in meinem Falle so aussehen, dass ich mein Lehrersein stets am Anspruch Alexanders überprüfen werde." - Nach vollendeter Arbeit, ganz am Ende der Ethnographie, fragt sich derselbe Studierende:

> "So bin ich denn mit meiner Ethnographie-Arbeit bereits am Schluss angelangt und muss mir die Frage zu Anspruch und Wirklichkeit, zum hermeneutischen Zirkel stellen: Bin ich wieder dort angelangt, wo ich ausgezogen bin, eine Lehrerpersönlichkeit kennenzulernen? Nur mit einem tieferen Verständnis von ihr? Wohl doch mit etwas mehr. Fast hätte ich gesagt, mit einem 'Mehrwert' an pädagogischem Wissen. Und der Ausdruck von Karl Marx stimmt sogar. Somit kann Rilke den Zirkel schliessen: "Du musst dein Leben ändern." " [SD, P 16]

Diese (selbst)kritische Haltung hatte diesen Lehrerstudierenden während der gesamten Ethnographiezeit begleitet, indem er sich immer wieder die Frage stellte: "Wozu und zu welchem Ende veranstaltet man Porträts von sogenannten Expertenlehrern? Gibt es wirklich soviel 'know-how' abzuholen, einen Schatz also, der sonst niemals gehoben würde? Wem, ausser dem Ethnographen, kommt dieser Schatz denn noch zugute? Wenn freilich der Hauptzweck darin liegt, dass der Ethnograph nach gehabter Mühe und getaner Arbeit über sein eigenes Lehrersein und Unterrichten nachzudenken und die gefundenen Schätze, sprich bedeutsamen Lehrweisen und -einstellungen in sein eigenes Unterrichten zu integrieren trachtet, dann hat 'die Absicht des Seminars denselbigen erreicht'." [SD, P 2]. Damit ist klar und deutlich der Anspruch, der an den Expertenlehrer gestellt worden ist, ausgesprochen worden:

> "So muss ich mich jetzt natürlich fragen: Sind denn Vorzüge (oder ist das, was einem am Unterricht vorzüglich erscheint), bei sogenannten Expertenlehrern nicht eine geradezu zu fordernde Selbstverständlichkeit? Oder ist ihre Unterrichtsweise deshalb vorzüglich, weil sie selbstverständlich, weil sie normal ist?" *[Bereits an einer früheren Stelle des Porträts hat er bohrende Fragen gestellt an den Anspruch, den er an den Ideallehrer stellt:]* "Messe ich nun die erhobene Wirklichkeit an diesem Anspruch? Und wie bewerte ich allfällig auftretende Differenzen? Muss ich meine Messlatte auf der Skala meiner Ansprüche höher setzen, sollte der Expertenlehrer meine Vorstellungen übertreffen? Oder aber muss ich feststellen, dass ich mich in meiner Einschätzung der 'Versuchsperson' geirrt habe, sollte sie meinem Ideal nicht genügen? Denn ideal müsste der Expertenlehrer doch sein, nicht wahr? als Lehrerexperte?" [SD, P 2]

Die Rolle und Funktion des 'kritischen Gegenübers', des 'kritischen Freundes' ist eine tatsächliche Herausforderung, besteht doch für den erfahrenen Lehrer als 'kritischer Freund' nur eine feine Trennlinie zwischen dem 'Als-Experte-Wirken' und dem Eröffnen-Können des eigenen praktischen Denkens (welches möglicherweise hie und da nicht konsistent ist oder nicht präzis genug ausgedrückt werden kann etc.). Dieser Umstand beeinflusst die Statusdefinition zwischen dem erfahrenen Lehrer und dem Lehrerstudierenden: Sind sie auf Statusgleichheit und damit auf loyale offene, aufrichtige 'Gegenseitigkeit der Bezie-

[224] Der fiktive Name ist natürlich von mir gewählt worden. Weshalb gerade Alexander? Sapienti sat!

hung' aus, dann kommen die tatsächlichen persönlichen Theorien zum Vorschein. Kroath (1989) spricht in diesem Zusammenhang vom kritischen Freund als einem "facilitator", welcher antagonistische Funktionen wahrnehmen muss: Auf der einen Seite muss er den Lehrerstudierenden bestätigen, unterstützen und 'erfahrene Autorität anbieten', auf der andern Seite aber zwingen ihn die erfahrenen Berufsunsicherheiten dazu, den zukünftigen Junglehrer herauszufordern, zu 'destabilisieren', d.h., seine 'erfahrene Autorität zurückzuziehen', indem er eigene Überzeugungen und Einstellungen relativiert. Eine solche Destabilisierung und Dekonstruktion rigid gehaltener Überzeugungen und unhinterfragter Sichtweisen der eigenen Unterrichtspraxis setzt möglicherweise den Prozess in Gang, Aspekte der eigenen Unterrichtsrealität aus neuen Perspektiven zu werten (vgl. auch Altrichter, 1990). Um in der Arbeit zwischen dem erfahrenen Lehrer als 'kritischer Freund' und dem Lehrerstudierenden gegenseitig einen solchen Re-Strukturierungsprozess in Gang zu bringen, gilt als wichtigste Grundprämisse die gegenseitige Achtung und das daraus folgende gegenseitige Vertrauen. (Diese Basis ist von allen Teilnehmern in gebührendem Masse gesetzt worden, wie ich dies im Abschnitt 8.3.6. ausgeführt habe.). Dass diese Lernpartnerschaft in unserem obigen Beispiel Erfolg gefruchtet hat, zeigt sowohl die zusammenfassende Beurteilung durch den oben erwähnten Lehrerstudierenden wie auch das zweite, durchaus repräsentative Zitatbeispiel:

> "Bis dahin hat Alexander praktisch Zug um Zug die von mir formulierten Ansprüche an einen idealen Lehrer eingelöst." [SD, P 15]

> "Für die Erstellung des Porträts versuchte ich, Peter in verschiedensten Situationen darzustellen und von wechselnden Seiten her zu beleuchten. Es kam mir vor, als ob ich ihn einzukreisen versuchte, geführt von der Absicht, ihn im Sinne der Theorie möglichst umfassend zu verstehen. Es scheint mir allerdings äusserst schwierig, wenn nicht unmöglich, einen Menschen wirklich authentisch und in all seinen Charaktereigenschaften vollständig abzubilden. Dies würde den Rahmen dieser Arbeit bei weitem sprengen. Das lateinische Prinzip 'pars pro toto', die Teile stehen für das Ganze, kann hier tröstlich wirken. Ich hoffe auch, dass die indirekte Charakterisierung - einzig durch Deskription begründet -, genügend zum Tragen kam. Von Peter selber profitierte ich enorm. Seine Art und Weise, seine Maxime, sich selber zu stimulieren, um der abtötenden Routine entgegezutreten, hat mich stark beeindruckt. Mit neuem Elan und Mut werde ich meine Lehramtsstelle antreten." [SG, P 20].

#### *9.1.3.1. Sprachliche Ausdruckskriterien*

Diese Porträtauszüge insbesondere, aber auch einige der weiter oben - und auch noch nachfolgend - zitierten Ausschnitte, verlangen geradezu einen Hinweis bezüglich der rhetorisch-sprachlichen Ausdrucksmittel, die bei der Erstellung der Porträts - als eigentliche Einzelfallberichte - eine gewichtige Rolle spielen. Ein narratives Porträt soll nämlich mit den nachfolgenden Kriterien 'beurteilt' werden, die ich den Lehrerstudierenden auch mit auf den Porträt--Arbeitsweg gegeben habe:[225]

---

[225] Ich stütze mich hier auf Lincoln & Guba (1985; 1990) und Shaker (1990).

a) Zuerst muss eine Gesamteinheit ("unity") festgestellt werden, d.h., ein Eindruck dafür vorherrschend sein, dass einzelne Teile gut organisiert und die Hauptideen durch die narrativ gewählte Struktur für den Leser klar ersichtlich ins Zentrum gestellt worden sind. Dies bedingt jene Kohärenz und strukturelle Korroboration, auf die weiter oben bereits mit Eisner (1990) hingewiesen worden ist: Mit Kohärenz sind die innere Konsistenz, die Logik und die Harmonie des Textes gemeint und mit Korroboration die klaren Hinweise auf Evidenzen für gemachte Behauptungen, Schlussfolgerungen sowie für Bedeutungsinterpretationen, die vorgenommen und für (metaphorische) Repräsentationen gewählt worden sind. Diese innere Konsistenz wird durch klare Hinweise auf die jeweiligen Datenquellen erleichtert.
b) Das zweite Kriterium, die generelle Organisation des Textes, geht mit dem ersten Punkt überein: Hinweise auf die Einfachheit und Klarheit in der Sprache helfen dem Leser zudem, gewisse individuelle Vorbehalte, die entstehen können, zu minimieren.
c) Das dritte, eher idiosynkratisch-ästhetische Element, ist vielleicht für Ethnographen am zentralsten. Lincoln & Guba (1990) sprechen von folgenden Charakteristiken, die in einer persönlichen Narration vorherrschend sein dürfen:
   Die Narration hat Kraft und Eleganz, ist kreativ, d.h., nebst präzisen Beschreibungen, die für sich sprechen, dürfen sowohl eher spielerisch als auch leicht (selbst)ironisch gehaltene Passagen nicht fehlen. Dabei ist die Narration auch offen für mögliche 'Verhandlungen der Inhalte', d.h., problematische Aspekte können explorativ, aber doch auch rekonstruierbar sein. Damit ist die Narration auch unabhängig, eine persönliche Konstruktion: Also kein passives Wiedergeben von Bekanntem, sondern ein aktiver Prozess der 'persönlichen Hermeneutik' mit Text- und Kontextelementen des schulisch-unterrichtlichen Settings. So darf auch das persönliche kognitive und emotionale Ringen um Ausdruck bestimmter Inhalte durchscheinen, die ganz persönliche Leidenschaft des Verfassers, welche durchaus durch Mut und Offenheit - sich der Kritik exponierend -, aber immer auch durch Wahrheit und Ehrlichkeit gekennzeichnet ist. Dies mögen die nachfolgenden beiden Zitate - als einleitende als auch abschliessende Bemerkungen aus demselben Lehrerporträt gewählt - veranschaulichen:

> "N. ist zu vergleichen mit einem Rad. Aber nicht einfach mit einem ganz gewöhnlichen Rad, nein, er ist ein Rad von besonderer Machart. So ist es kein Auto, Velo- oder Mofarad: Er braucht keinen schützenden Pneu und ist auch nicht aus Vollgummi. Er ist am ehesten mit einem Rad aus gutem einheimischem Holz zu vergleichen, mit einem guterhaltenen, *er-fahrenen* Wagenrad. Stabil, rund, natürlich, erträgt es die Schläge des Lebens.
> Das Rad steht nie still, immer dreht es weiter. Es ist rund und eckt nicht an. Es ist irgendwie auch weich und sanft wie die Landschaft, in der K. wohnt, die Region S.; auch diese ist irgendwie abgeschliffen, abgerundet, wie man auch sagt. Sanfte Hügel zieren die Ufer des Sees. Und doch darf man sich in ihr nicht täuschen. Aus weiter Ferne erscheinen die Rundungen eher flach, wenig gewölbt; rückt man aber näher, merkt man rasch, dass die Hügel und Täler nicht zu unterschätzen sind, die Landschaft ist nicht ohne Tücken. Auch K. ist nicht wie ein Postkartenfoto. Das Relief gewinnt bei näherem Hinsehen an Tiefe, an Substanz. Und doch ist alles ziemlich harmonisch. Die Rundungen sind dort, wo sie sein müssen, dort wo sie hingehören (...) ---

Auf über zwanzig Seiten habe ich nun versucht, ein einigermassen adäquates Bild von K. zu zeichnen. Ob es allerdings den Nagel auf den Kopf trifft, muss ich dahingestellt lassen. Sicher ist nur, dass ein Porträt von einem Menschen niemals an das Original in natura herankommen mag. Im Gegenteil, immer ist es eine Verzerrung, wird Wichtiges ausgelassen, Neues hinzugefügt, wird anders belichtet, wird ein Raster angesetzt. Bei der Lektüre des vorliegenden Porträts sollte man sich deshalb diese Subjektivität und auch Projektion immerzu vor Augen halten: Mir ist klar, dass ich nicht jede Faser des *Rades* erforscht habe, dass ich seine Dimensionen unmöglich im Verhältnis eins zu eins habe erfassen können und dass ich die *Speichen* bestimmt falsch gezählt habe. Dennoch bin ich der Meinung, dass sich der Leser unter N.Z. etwas vorstellen kann und durch das Raster, das ich aufgelegt habe, auch mich etwas genauer kennengelernt hat. Denn ein Porträt eines Menschen wirft nicht nur ein Licht auf den Porträtierten, sondern auch auf die Person, die das Porträt gemalt hat.
Das Porträt einer Person kann niemals abgeschlossen sein, vielmehr ist es als ein Prozess zu verstehen. Je länger ich mich mit N. beschäftige, desto mehr verändert und verdichtet sich das Bild, das ich von ihm habe, und dadurch auch das Bild, das ich von *mir* habe. Um den roten Faden dieses Portäts wieder aufzunehmen, könnte man sagen: Das Rad dreht sich weiter, und ich drehe mich mit ihm oder zumindest beeinflusst von ihm." [AR, P 25]

Die rhetorisch-sprachlichen Kriterien sind natürlich nicht von allen Ethnographen in der gleichen Intensität oder Vollständigkeit erreicht worden, zu gross waren die persönlichen Unterschiede, zu mannigfaltig die verschiedenen Verpflichtungen, zu unterschiedlich wohl auch das idiosynkratische Interesse an der ethnographischen Arbeit. (Ich muss an dieser Stelle den Leser auf die beim Autor dieses Buchs allesamt einsehbaren Porträts verweisen, welche die Heterogenität in der qualitativen Porträtarbeit aufzeigt.) Als äusserst bemerkenswertes Merkmal sei hier noch auf den Umstand hingewiesen, dass die Hälfte der Teilnehmer am Schluss Hinweise darauf machten, wie diese schriftliche Auseinandersetzung ihr Denken enorm herausgefordert habe, bezüglich der eigenen Vorstellungen, der Strukturen über gewisse Inhalte, die plötzlich ganz klar und eindeutig "beim Namen genannt werden mussten". So schreibt beispielsweise die vorgängig zitierte Lehrerstudentin:

"Sein Unterricht ist sehr schülerorientiert. Z.N. hat keine Mühe damit, im Zentrum zu stehen. Aber es bereitet ihm ebenso wenig Mühe, in den Hintergrund zu treten und einen, mehrere oder alle Schüler in den Mittelpunkt zu stellen. (...) Diese Stärke seinerseits ist eine meiner Schwächen. Ich habe mich lange Zeit immer versteckt und hatte nie den Eindruck, dass sich jemand wirklich für mich und für das, was ich zu sagen habe, interessieren könnte. Ich war überhaupt der Ansicht, ich hätte nichts zu sagen. Jetzt aber hat sich das Blatt gewendet und ich finde, dass ich sehr viel zu sagen habe; so rede ich auch schrecklich gerne, viel und schnell. Ich habe ein unermessliches Mitteilungsbedürfnis. Für mich ist es deshalb im Moment äusserst wichtig, meine Informationen und Mitteilungen auf ein Minimum zu beschränken und diese auf ein gesundes Mittelmass zu reduzieren.Natürlich ist mir klar, dass das ein langwieriger Prozess ist, aber ich habe in Z.N. ein ideales Vorbild gefunden, an dem ich mich orientieren kann: Er ist für mich quasi zu einem *Leuchtturm* geworden, und dies in mehr als einer Hinsicht." [AR, P 13]

### 9.1.4. Ein Porträtbeispiel

Ich gebe hiermit das Porträt eines Lehrerstudierenden integral wieder, weil es in seinem Aufbau, in seiner Sprache, aber auch im Grade der Selbstreflexion einen prototypischen Wert aufweist, und zudem durch die Darstellungsweise auch konkret 'für sich spricht'; d.h. der mangelnde Kontext fällt für einen neutralen Leser nicht dermassen ins Gewicht, wie das bei andern Porträts, die in der Qualität durchaus vergleichbar sind, der Fall gewesen wäre. Aus diesem primären Grunde habe ich das vorliegende exemplarische Beispiel ausgewählt; und erst sekundär deshalb, weil im Vergleich zu andern Porträts die ausführliche und intensive Auseinandersetzung vom Leser plausibel nachvollzogen werden kann:

### PORTRÄT VON B.R.: EIN PROTOTYPISCHES BEISPIEL[226]

**1. Der Erstkontakt mit B.R.**

Eigentlich kam ich auf indirektem Wege zu B: Mein armer Seminarleiter hatte sich in mir wohl ein etwas widerspenstiges Kind ausgesucht, traktierte ich ihn doch von allem Anfang an mit Sonderwünschen. So wünschte ich mir auch, einen Lehrer aus meinem Heimatkanton zugeteilt zu bekommen. Als mir dieser Wunsch nicht erfüllt wurde, war ich, und das will ich durchaus an dieser Stelle zugeben, schon ein bisschen enttäuscht, kannte ich doch jeden dieser vier Lehrer, die ich vorgeschlagen hatte, und war ich doch von deren pädagogischen Qualitäten überzeugt.

Nun, das Schicksal in Form meines Seminarleiters hatte es doch noch gut mit mir gemeint: B.R. aus S., und ich will dies betonen, sollte sich als ein Mensch herausstellen, dem ich von Mal zu Mal grössere Sympathien entgegenbringen sollte. Nur konnte ich ihm kaum wirklich auf Stufe von Kollege zu Kollege begegnen, zu gross war der Erfahrungsunterschied im Beruf und die Begabung dazu. B.R. ist ein Naturtalent, ein Naturtalent mit guter Ausbildung dazu ...

An die erste Kontaktnahme mit ihm entsinne ich mich noch: Es war am 25. November. Ich rief B.R. von der Wohnung meiner Eltern aus an, um mit ihm einen Termin für das 'ellenlange' Erstinterview zu machen. Erst war ich ein bisschen überrascht, einen Solothurner am anderen Ende der Leitung zu haben. B.R., darauf angesprochen, erklärte mir seine Herkunft und erwähnte auch, dass er aus einer Bauernfamilie stamme. Das Gespräch war eigentlich kurz, fast in einem geschäftsmässigen Ton gehalten, genau so, wie wenn ich einen Lehrer anrufe, dessen Arbeitsplatz infolge eines WK's (militärischer Wiederholungskurs) durch mich für einige Wochen vertreten wird. Wir machten miteinander einen Termin aus, B.R. erklärte mir den Weg nach S. von Freiburg aus, und liess mich auf meine Frage hin erfahren, dass er mit einem Reallehrer namens B.R. von Grenchen nicht verwandt sei.

**2. Das Erstinterview vom Mittwoch, 6.12.**

Wie könnte es anders sein: Das erste Interview hatte auch eine kleine Vorgeschichte, eigentlich eher eine kleine 'Vornacht'. Zwar wäre es verfehlt zu sagen, ich hätte diese Nacht durchgezecht, jedenfalls verspürte ich ein unbändiges Bedürfnis nach Schlaf. Der daraus folgerichtige Konzentrationsmangel sollte mich später insofern ärgern, als ich meinen Vorsatz, das Interview auf Hochdeutsch zu führen, vergass. In der Warnung am Ende dieses Abschnitts werde ich noch auf dieses Problem zu sprechen kommen.

Als ich in S. ankam, erwartete mich niemand. Wie ein Einbrecher schlich ich für einige Zeit um das dunkle Schulhaus herum, in der Hoffnung, ein erleuchtetes Zimmer zu finden, in dem ich entweder B.R. vermutete oder sonst irgend eine gute Seele finden konnte, der ich mein Anliegen klagen konnte. Ich hatte Erfolg: Der Direktor höchstpersönlich befand sich mit dem Abwart in einem Zimmer im Parterre, und es ist nicht übertrieben zu sagen, dass die beiden Herren nicht schlecht überrascht waren, als es plötzlich an ein Fenster klopfte ... B.R., ein unzuverlässiger Mensch? - Einen Termin vergessen, dazu noch an einem freien Nachmittag, nun, das ist nur allzu menschlich. Ich erinnere mich dieses Vorfalles nur deswegen so ausführlich, weil ich mir in der Folge doch etwas als Eindringling vorkam, so als eine Art von 'Zeiträuber'.

[226] Die nachfolgenden Fussnoten sind als Teil des Porträts allesamt Gedanken und Reflexionen des betreffenden Lehrerstudierenden als Porträtverfasser.

B.R. kam also. Er ist gross, kräftig gebaut, eine kraftvolle Erscheinung mit einem entsprechend kraftvollen Händedruck. Sein Kopf mit dichtem, bereits weiss- grauem Haar lassen vermuten, dass dieser Mensch weiss, was er will, lediglich seine Brille und seine langen Backenbärte machen aus ihm eine etwas eckige Erscheinung.[227]
Das Interview fand im Lehrerzimmer statt, einem Lehrerzimmer von moderner Sterilität, wie es sich überall findet. Wir setzten uns an einen Tisch, stellten das Tonband ein, und ich hakte schön der Reihe nach alle Fragen ab. B.R. war an diesem Tag sehr gesprächig, zeigte kaum Ermüdungserscheinungen - im Gegensatz zu mir, der ich doch einige Mühe hatte, mich zu konzentrieren und deshalb nicht besonders gut nachfragte.[228]

**3. Von der Schwierigkeit, einen Menschen zu porträtieren**
Wenn ich B.R. porträtieren soll, so habe ich mit 1001 Schwierigkeiten zu kämpfen, und diese Zahl ist exakt, denn ich habe sie genau nachgezählt, aber sie sollen nicht alle aufgeführt werden. Als unmöglich betrachte ich es, mich genau zu erinnern, zu welchem Zeitpunkt ich welches Bild von B.R. hatte. Wenn ich die Bekanntschaft mit einem Menschen mache, so baut sich in mir normalerweise nur ganz langsam ein Bild von ihm auf, ich treffe ihn mal da, mal dort, mal in dieser, mal in jener Situation. Er wird mir auch kaum gleich das erste Mal so viel von sich erzählen, wie B.R. es aufgrund des Erstinterviews tat. Irgendwie war das Erlebnis, B.R. kennenzulernen, doch ein wenig künstlich: Ich komme, quetsche ihn aus, und er lässt sich ausquetschen. Der normalerweise als organisch erlebte Prozess, mit jemandem bekannt zu werden, wird durch ein 'literarisch-rationales' Verfahren ersetzt.[229] Dabei möchte ich nicht dessen Berechtigung innerhalb dieses Seminars leugnen, aber ich habe B.R. eben doch anders kennengelernt, als ich meine Freunde kennengelernt habe.
Zudem gebe ich noch zu bedenken, dass ich in diesem Moment, in dem ich diese Zeilen schreibe, es ist dies am Freitag, dem 26. Februar um 15.15 Uhr, noch einiges Material ausstehen habe, und dass ich kaum weder Zeit noch Übersicht haben werde, Ergänzungen in halbwegs erwünschbarem Umfange vorzunehmen. Aber damit wird der geschätzte Leser aber ja von allem Anfang an gerechnet haben ...
Eine weitere Hauptschwierigkeit im Erstellen eines Porträts sehe ich darin, dass ich mir nur eine begrenzte Zeit nehmen kann, mich mit dem, was B.R. gesagt und getan hat, auseinanderzusetzen. Was die Informationsdichte des Erstinterviews angeht, so hat sich B.R. wirklich nicht gescheut, möglichst umfassend über sich und über sein Leben zu erzählen, und somit sehe ich mich ausserstande, ein vollständiges Bild über ihn, oder darüber, wie ich ihn erlebe, zu zeichnen. Deshalb verweise ich auf die Interviews.
B.R. wird in diesem Text von jemandem porträtiert, der ihm zugeneigt ist. Dass dies sein Bild in eine gewisse Richtung verfälschen wird, liegt auf der Hand. Ferner rechnete mein gewitzter Seminarleiter damit, dass B.R.s Porträt möglicherweise zum Selbstporträt des Verfassers dieser Zeilen werden würde, nur wird es Letzterer geflissentlich unterlassen, sich expressis ver-

227 "Dies ist der Eindruck, den ich mir am 22. 2. von B.R. aufnotierte aufgrund der Anregungen, die in den Anweisungen zum Porträt stehen. Damals im Dezember ist mir B.R.s äussere Erscheinung nicht besonders aufgefallen, aber das soll niemanden wundern. Ich leide an einem extrem schwach entwickelten Personengedächtnis."

228 "An dieser Stelle möchte ich eine ausdrückliche Warnung aussprechen: Da B.R. sein Interview auf Dialekt hielt, war ich später bei der Transkription gezwungen, seine Worte in ein annehmbares Deutsch zu übertragen. Allfällige Zitate sollten aus diesem Grunde unbedingt mit der Originaltonband-Kassette überprüft werden; mein deutsches Sprachgefühl hatte bei der Übertragung des Interviews oft sehr rebelliert, die Art und Weise, wie B.R. sprach, passte 'ihm' ganz und gar nicht. Noch mehr gilt dies für die andern Texte, die ich von B.R. verfasst habe. Hier machte ich mir Notizen, die später in einen fiktiven Interviewtext einflossen, etwa von der Art, wie B.R. spricht, wenn er sich Mühe gibt. Für diese Texte, wenn sie zitiert werden wollen, ist unbedingt vorher die Genehmigung B.R.s einzuholen."

229 "Man kommt im Leben nur selten dazu, sich so viele Informationen über sich selbst entreissen zu lassen. Die weitaus angenehmste ist es, wenn man verliebt ist und dem Partner aus seinem Leben erzählt. Aber das, was man hier erzählt, respektive hört, ist doch recht stark durch die rosarote Brille gesehen; erst später werden die Konturen schärfer, werden auch Schattenseiten das Bild des Andern modellieren ..."

bis selbst vorzustellen ...
Die grösste Schwierigkeit, B.R. vorzustellen, liegt aber für mich in B.R. selbst. Ich erlebe B.R. in erster Linie als Menschen, als Individuum, als einmaliges, unteilbares Wesen, mit Licht und Schatten, greifbar und doch als Phänomen, letztlich unerklärbar. Wenn ich nun in den untenstehenden Abschnitten B.R. in verschiedene Aspekte zerhacke, und letzteres Wort wähle ich mit voller Absicht, so bitte ich doch den geneigten Leser inständig darum, sich stets um den ganzen Menschen zu bemühen, der sich da B.R. nennt. Noch kaum, und ich betone dies, noch kaum begegnete mir ein Mensch, bei dem die verschiedenen Aspekte einer Persönlichkeit so innig miteinander verflochten sind, wie bei ihm.[230]
Ich werde mich aus diesem Grunde beim Erstellen von B.R.s Porträt weniger auf dessen Rolle als Lehrer, auf seine pädagogischen Erfahrungen, Rezepte und Engagements konzentrieren als es vielleicht erwünscht ist. Ich könnte dies nicht verantworten ...

**4. Ein ganzer Mann**
Ich wählte diesen Untertitel nicht des Pathos' wegen. Wenn ich B.R. beschreiben soll, so bekunde ich erhebliche Mühe, einen geeigneten Anfang zu finden; der Zugang zu ihm fällt mir schwer, obwohl er ein umgänglicher, fast herzlicher Mensch ist. Aber wie beginnen?
Der Haupteindruck von ihm ist verschwommen, ein Gefühl. B.R. ist für mich ein Mensch, der mit beiden Beinen auf dem Boden steht, fest, verwurzelt, und doch biegsam, dabei weder an eine Eiche erinnernd, die im Sturm brechen kann, noch dem Schilf gleichend, das sich im Sturm zu Boden legt, er ist eher eine Weide, die beide Eigenschaften vereinigt. Ich glaube, B.R. hat einen starken Willen, er weiss, wo es ihm wohl ist, und wie er erreichen kann, was er will. Zu seinem starken Willen gesellt sich ein fast untrüglicher Instinkt für das Richtige und das Verantwortbare, ein Instinkt, der ihn auf seinem bisher recht bewegten Lebenslauf nicht im Stiche gelassen zu haben scheint. Dieser Instinkt für das Richtige, eine Art von innerem Kompass, der immer in eine ähnliche Richtung zeigt, gepaart mit einem starken Willen, ermöglichte es ihm, mehrmals in seinem Leben eine neue Richtung einzuschlagen, und niemand mag dagegen gefeit sein, dass sich dies nicht wiederholt, er dabei am Wenigsten.
B.R. scheint mir ein glaubwürdiger Mensch zu sein.[231] Fähig, das auszudrücken, was er will und so zu leben, wie er es für gut findet, nimmt man, nehme ich, ihm ab, was er sagt. Ich glaube nicht, dass er es je nötig hatte, sich hinter vorgespiegelten Meinungen zu verstecken. Die verschiedenen Brüche in seinem Leben, die - näher betrachtet - keine Brüche, sondern als notwendig erkannte Kurskorrekturen seines Lebens sind, sprächen hier eine andere Sprache.
Es gibt viele Menschen mit ähnlichen Grundeigenschaften wie B.R., Menschen mit starkem Willen und dem untrüglichen Wissen für das, was sie für gut finden. Aber viele von ihnen wirken rigide, stolz, eigensinnig, ohne grösseren Horizont vor Augen als ihre Nasenspitze. Nicht so B.R., denn wenn auch starker Wille und Wissen um das Gute zwei seiner Eigenschaften sind, B.R. ist bei alledem auch ein Mensch, der sucht, der hinterfragt, der nicht einfach hinnimmt, was ihm zur Verfügung steht. B.R. ist von fragendem Ernst, sich und seiner Umgebung gegenüber, und er ist gegebenenfalls auch bereit, sich zu ändern, Neues auszuprobieren. Und doch, er wirkt nicht wie ein pessimistischer Skeptiker, ich habe bei all seiner Unzufriedenheit mit herrschenden Zuständen, trotz seiner Lust, Dinge zu hinterleuchten, keine Verzweiflung, keine selbstzerfleischende Verleugnung bemerkt, es ist, wie wenn B.R. gerade dank seiner Sensibilität zu einem Kern gefunden hätte, von dem er sagen könnte: “Ja, das bin

230 "Ich pflege die verschiedenen Aspekte eines Menschen oft mit dem Bild eines Rundbogentores zu vergleichen. Jeder Stein stellt dabei eine Eigenschaft des Menschen dar, aber es gibt dabei eine Eigenschaft, die das Ganze zusammenhält, ihm Sinn und Stütze zugleich gibt. Nimmt man nun diesen 'Schlussstein' heraus, so droht das Tor sofort zusammenzubrechen. Wenn dies geschieht, so kann nur mit äusserster Kraft, mit Hilfe von aussen und ausgeklügelten Stützkonstruktionen die Katastrophe eines Kollapses vermieden werden. Bei B.R. - meinem porträtierten Lehrer - dünken mich die einzelnen Steine mit besonders vielen Klammern verbunden, aber ich frage mich, was bei ihm wohl der Schlussstein darstellen mag."

231 "Dieser Text fusst in erster Linie auf den verschiedenen Interviews, die ich mit B. machte. Vielleicht ist es naiv und gewiss nicht besonders wissenschaftlich, wenn ich seinen Worten und deren Richtigkeit vertraue, allein, in diesem Falle könnte ich es verantworten, das wissenschaftliche Kriterium der Nachprüfbarkeit zu vernachlässigen."

ich, und dazu stehe ich!"
Ich wählte für diesen Abschnitt einen pathetischen Titel, das weiss ich nur zu gut. Und wenn mir auch bewusst ist, dass dieser Mensch, den ich oben zu beschreiben versuchte, kaum B.R. sondern eher ein Wesen ist, wie ich es selbst sein möchte, so will ich es nicht leugnen: B.R. imponiert mir.

**5. Bürger B.R.**
Nur der ist ein guter Lehrer, der auch ein guter Bürger ist. Und ein guter Bürger ist nur, wer schon jenseits des 'Zaunes'[232] gewesen ist, wer weiss, dass es sich auch anderswo leben lässt, wer seinen eigenen Zaun bisweilen weit steckt, um einen grossen Garten bepflanzen zu können. Aber nur der wird zum guten Gärtner, der das Leben liebt, für den Vielfalt und Anderssein Reichtum und umgekehrt uniforme Gleichheit Armut bedeuten. Denn wer als Lehrer ein schlechter Bürger ist, wird in seinem Schulgarten kaum andere als uniforme, normierte, gleiche Schüler haben wollen, Menschen, deren Angepasstsein an das heute Geltende sich in ein inneres Gefängnis transformieren wird, womit sie die Kraft verlieren werden, sich und das Ganze, das wir Staat, das wir Gesellschaft nennen, zu verändern. B.R. ist in diesem Geist Bürger und Bauer, im konkreten, wie auch im übertragenen Sinn. B.R. drückt dies im Hinblick auf die Schule wie folgt aus:
*"Mein wichtigstes Anliegen ist, dass der Schüler, und das ist für mich die nächste Generation, fähig ist, über sich selbst zu bestimmen. Das hat zuerst einmal mit Können zu tun, wie Kommunikationsfähigkeit, auch Rechnen, Üben des Abstraktionsvermögens, Zeichnen, musisches Empfinden, das alles gehört dazu, das ist klar. Aber nachher gehört auch noch ein Selbstwertgefühl dazu, dass der Schüler das, was er gelernt hat und selbst möchte, selbständig reflektiert und in sein Leben überträgt. Es ist also das, was man 'Erziehung zur Mündigkeit' nennt."*

Wenn ich B.R. richtig verstehe, so fliesst sein pädagogisches Engagement direkt aus seinem politischen Credo heraus. B.R. nennt das Stichwort, das ihm wichtig ist, und dies nicht nur für die Schule. Es ist die Mündigkeit, es ist das materiell und geistige 'auf seinen eigenen Füssen stehen', es ist der Bürger, der Mann oder die Frau, die ihren eigenen Fähigkeiten vertrauen können und so Ruhe, eine geistige Sicherheit in sich selbst finden. B.R.s politisches Selbstverständnis fusst also in den Idealen der amerikanischen und der französischen Revolution, im Glauben an die Würde des Menschen, an seine Freiheit, an die Menschenrechte, und an die Tatsache, dass diese Ideale in keinem Staat der Erde voll verwirklicht sind, sondern dass nach ihnen immer wieder gestrebt werden muss, und dass sie schliesslich von jeder neuen Generation neu erworben werden müssen.
B.R. gab mir im Eingangsinterview zu verstehen, dass er dieses politische Credo auch ganz konkret zu leben versuche. Er war Mitinitiator der 'Freien Wähler S.', erst die Passivität seiner Freunde veranlasste ihn, sich aus der Politik zurückzuziehen. Auch sonstige Bemerkungen zu Staat, Gesellschaft, Leistungsdenken und unserem Schulsystem zeigen, dass B.R. sich ständig neu zu orientieren versucht.
Wer so denkt wie B.R., muss ein friedfertiger Mensch sein. Ich glaube, er ist es auch. Folgende Szene aus dem Schlussinterview mag dies beweisen, als wir am Schluss über Israel sprachen, B.R. sagte, er sei von diesem Lande enttäuscht worden. Beim Stichwort "enttäuscht" dachte ich instinktiv an die beliebte Methode israelischer Kibbuzim, ausländische Besucher gratis für sich arbeiten zu lassen:
*"... mein Aufenthalt in Israel war eigentlich ein Unglück. Ich habe sehr viel gelernt, aber ich habe meine Illusion verloren. Ich wollte da hin, ich habe von ihnen was erwartet, und dieses gelobte Land hat mich mit 22 Jahren fasziniert, das hat (für mich damals) gestimmt. Diese Illusion wurde in einigen Monaten zerstört ..."*

---

232 "So Zäune sind ja bekanntlich in Helvetien seit dem Stanser Verkommnis und einem Heiligen oft so eng gesteckt, dass wir Eidgenossen nicht mal mehr den Zwischenraum zum Hindurchschaun wahrnehmen. Unsere europäische Nachbarschaft wirft uns dann jeweils vor, wir hätten ein Brett vor dem Kopf. Dass das aber nicht wahr ist, bewies die UNO-Abstimmung: Immerhin hatte damals jeder fünfte Schweizer das Gefühl, Helvetien gehöre auch zur Weltkugel und sei doch nicht so ein Sonderfall ..."

Frage: “Hast Du Dich ausgenützt gefühlt?”
*“Das nicht, nein. Ich habe freiwillig gearbeitet, ich habe dabei gelernt. Einzig und alleine die Beziehung zum Land, zu seinen Nachbarn, das hatte ich mir nicht so vorgestellt. Der Hass, der Hass im Land! Das habe ich nicht gewusst, dass der so tief war. Das war ein Problem, mit dem ich eigentlich nie fertig wurde. Es ist genau das: Politik, Weltgeschichte, ich muss mich arrangieren, wie ich kann, ich kann momentan nichts dazu tun ...”*

B.R.s Illusionen wurden also auch schon einmal zerstört. Doch sein Temperament ist von Grund auf positiv gestimmt. So leicht lässt er sich nicht unterkriegen, Enttäuschungen verarbeitet er insofern in seinem optimistischen Gemüt, dass sie zum Fundament eines neuen Glaubens an das Bessere werden, er schiebt sie gleichsam auf eine höhere Ebene. In Bezug auf sein Israelerlebnis meint er:
*“... dann hört bei mir diese Aufklärung irgendwie auf, ..., ich sage, gut, ich bin am Ende, ich kann nichts mehr machen, es ist traurig, aber deswegen bringe ich mich jetzt nicht um, im Gegenteil. Ich glaube, dass es irgendwo vielleicht zum Guten wird. Vielleicht gehört es zur Aufgabe, das durch zu machen, da 'durchzugehen'.”*

B.R.s Glauben ist trotz allem im Grunde unerschüttert: Er glaubt daran, dass der Mensch seinen weiteren Weg durch die Geschichte gehen kann, er glaubt an die Zukunft, wie immer sie auch aussehen mag, er ist von der Eigenschaft des Menschen, sich stets und immer neuen Gegebenheiten anpassen zu können, zutiefst überzeugt. Als Bürger sieht sich B.R. verpflichtet, hier dem Gemeinwesen beizustehen, als Lehrer, der nächsten Generation hier zu helfen, sie anzuleiten, als Vater, seinen Kindern hier Vorbild zu sein. Und er weiss, dass der Weg in die Zukunft nicht so schwer werden kann, wenn eine Grundeigenschaft nicht verloren geht, und das ist die Offenheit. B.R. glaubt auch, irgendwo eine 'Morgenröte' entdeckt zu haben:
*“Aber trotzdem, ich glaube, da ist ..., wir sind wieder in einer Aufklärung. Ich hoffe, dass dieses mal mehr Leute davon erfasst werden. Es ist auch, und das beruhigt mich, nicht eine Frage der Bildung, sondern eine Frage der Offenheit. Offensein für alles, nicht, was wir können, sondern was wir wollen. Und da hat die Schule und die Erziehung schon einen anderen Stellenwert als es in den Büchern steht.”*

**6. Ein 'totaler' Lehrer?**

B.R.s Weg zum Lehrerberuf war recht lang. Ich erinnere mich noch, wie ich mich über seinen Werdegang wunderte. B.R. sass im Lehrerzimmer in S. und erzählte seine Geschichte, als wäre nichts gewesen. “Ein Spätberufener also”, ging es mir durch den Kopf, “und erst noch, weil er aus dem Alltagstrott seines doch nicht allzu üblen Erstberufs ausbrechen wollte, um mehr für seine Kinder da zu sein!”- (Bei mir war der Entschluss, den Lehrerberuf zu ergreifen, schon aus anderen Gründen erfolgt: Ich fühlte damals, dass ich mich kaum zu einem Studium eignen würde und suchte eine Alternative, die sich, so hoffte ich, auch bewähren würde. Oder, wie man so schön boshaft zu sagen pflegt, ich wurde Lehrer, weil ich mich für nichts anderes eigne, genau so, wie meine Herren und Damen KantonsschullehrerInnen, die mir in dieser Beziehung als unbewusstes Vorbild gedient haben mögen. Aber nun genug über mich selbst gespottet ...).
B.R. wählte, glaube ich, seinen Zweitberuf aber auch aus anderen Gründen. Er hatte seit seiner Jugend Erfahrung mit hervorragenden Lehrern und Schulen gemacht; diesen offenen Menschen mussten diese Erfahrungen einfach aufs Nachhaltigste prägen. Auch bei ihm mögen Vorbilder bei seinem Entschluss mitgewirkt haben; an einer Stelle des Erstinterviews sagte B.R., er wolle seine Schulstube ähnlich gestalten, wie er es selbst erlebt habe.
Aber Lehrersein ist für B.R. nicht ein Zustand, in den man mit dem Erlangen eines Diplomes versetzt und der mit dem Erreichen des Pensionsalters beendet wird, vielmehr ist es für ihn ein Prozess, eine Herausforderung, ein immer sich Verändernmüssen und -wollen. Er bedauert es, nicht mehr auf dem neuesten Stand der didaktischen Literatur zu sein, er wirkt bei der Redaktion eines neuen, hervorragenden Lehrmittels mit, er hört sich die Klagen und Sorgen der Geschichtslehrer an, wenn er seine Einführungskurse für dieses neue Lehrmittel hält, B.R. besitzt eine Art von 'didaktischem Privatzentrum' für sein Lieblingsfach Geschichte, kurz, man glaubt ihm, wenn er behauptet, dass das Lehrersein an ihm rupfe.
Ich habe oben dargestellt, wie sich B.R. eigentlich als Lehrer versteht. Schule ist für ihn eine

Erziehung zur Selbstständigkeit, zur Mündigkeit. Aber nur der kann diese vermitteln, der selbst frei ist. B.R. glaubt, diese Freiheit in seinem Beruf gefunden zu haben, und hier wiederum schliesst sich ein Kreis, der den Aufklärer und den Pädagogen miteinander verbinden. B.R. sagt:
*"Ich bin erstaunt, ich hätte dies nie erwartet, dass ich soviele Freiheiten hätte. Ich bin nirgends, fast nirgends eingeengt, auch fachlich nicht, denke ich, um dies alles auch zu verwirklichen."*

Und doch wird ihm sein Selbstverständnis als Pädagoge schwer gemacht, es gibt fast übermächtige Kräfte, die seine Anstrengungen zunichte zu machen drohen:
*"Aber es gibt vieles, das dem entgegenwirkt. Zum Beispiel die Medien, die Eltern zum Teil, (...) und nachher vor allem die Berufswelt. (...) die Schüler kommen nachher in einen Beruf und in die Berufslehre, die 4 Jahre dauert. Ich konnte schon öfters beobachten, dass Schüler, die ein gutes Selbstbewusstsein hatten, während 4 Jahren dauernd (an diesem Problem) herumnagten. Auch während der Rekrutenschule bekamen sie noch einmal eins "aufs Dach", und dann kam es soweit, (...) dass ihnen im Erwerbsleben das Geldverdienen so wichtig wurde, dass man das Gefühl bekam, von ihrer Selbständigkeit sei nicht mehr sehr viel übrig geblieben."*

Wieder stellt sich damit B.R.s Grundproblem: der Kampf um die Freiheit, einer Freiheit, die stets wieder aufs Neue errungen werden muss. B.R. ringt somit um eine Balance zwischen Ideal und dem realen Zustand unserer Gesellschaft.
*"Also, wie kann man Selbstständigkeit und Wirtschaftssystem zu einer Synthese vereinigen? Das ist schwierig. Man kann ja nicht einfach den Schüler so nehmen, wie er jetzt ist und daran arbeiten, ohne sich zu überlegen, was einmal aus ihm werden soll."*

B.R. ist von Haus aus 'Generalist', er ist einer der wenigen Lehrer, die sich in den meisten Fächern wohlfühlen. Er bedauert es lediglich, in den musischen Fächern nicht besonders gut zu Hause zu sein, aber die Phil-2-Fächer beherrscht er noch aus seinem ersten Beruf. B.R.s offene Haltung schlägt sich auch in seiner Auffassung nieder, wie Unterricht eigentlich zu geschehen habe. Er ist ein Gegner des starren Fächersystems, wie es heute an den meisten Schweizer Schulen praktiziert wird. Dafür heisst seine heimliche Liebe, eine Liebe, die bei ihm wahrscheinlich nicht so verborgen ist, die aber kraft der Zustände stets zu kurz kommt, Projektunterricht. Er ist der Meinung, dass die Schüler, wenn ihnen Gelegenheit gegeben wird, sich einmal in einem Thema zu verlieren, weit mehr profitieren würden, als im herkömmlichen Unterricht, dessen kreative Phase höchstens auf 45 Minuten pro Tag und Fach begrenzt ist. Doch Projektunterricht hat für B.R. eine weitere Dimension, die ihn vom traditionellen unterscheidet: Ich möchte dies die Dimension der Rentabilität nennen, die B.R. anders definiert als Anhänger bisheriger Lernstile. In unserem Schlussgespräch sprachen wir über dieses Thema:

Frage: "Wird dann vom Projektunterricht dieselbe 'Effizienz' verlangt wie vom Frontalunterricht?"
*"Ich glaube, man unterscheidet nicht zwischen Wissen, Speichern und Lernen als Verhaltensänderung. Am konkreten Beispiel wieder: Viele glauben - nicht nur Kollegen, Eltern, sondern eben auch die Kinder, und das finde ich oft schade - die glauben also, dass das Datenspeichern Lernen sei. Aber sich mit Fragen beschäftigen, mit geschichtlichen Fragen - z.B. Zusammenhänge erarbeiten, sich schon für Politik interessieren, wie man sich dann später in der Politik verhalten will -, das ist eben nicht ein 'Lernen', das ist etwas, das 'daneben' steht. Das ist auch nicht überprüfbar, das sehen Schüler auch ein."*

Damit wird die Stossrichtung von B.R.s Auffassung klar: Als Lehrer kann es ihm gleichgültig sein, ob die Schüler am Ende der Schulzeit das Wissen des Curriculums so gut im Kopfe gespeichert haben, dass sie es jederzeit abrufen können oder nicht. Hier ist B.R. ebenso wenig naiv wie die meisten anderen Lehrer, Schulendprüfungen werden 'heut-zu-Tage' ja nur noch an den Universitäten gemacht. Nein, wichtiger ist für B.R. die Dimension der Verhaltensänderung des Schülers, er soll sich eben als Bürger einordnen und sein Geschick, wie auch das anderer, verantwortungsvoll selbst in die Hand nehmen. Aber B.R. ist eben überzeugt, dass diese erstrebte Verhaltensänderung eher mit offenen Unterrichtsformen eintreten wird als mit dem

herkömmlichen 45-Minutenrhythmus. Damit ist Projektunterricht letzten Endes doch rentabler als der herkömmliche, und B.R. sagt das auch:
*"Wenn man von der Effizienz des 'alternativen' Unterrichtes überzeugt wäre, dann würde man auch die Stundentafel ändern, das ist klar. Wir Lehrer können da mitreden (bei der Stundenverteilung vor Beginn eines Schuljahres), ich beklage mich hier gar nicht, dass wir nicht genügend mitreden können."*

B.R. hat aber nie den Eindruck erweckt, er sei mit der Schule in S. völlig unzufrieden. Nur habe ich doch das Gefühl bekommen, er könnte sich auch Staatsschulen anders, freier vorstellen. Doch er scheint sich mit dem Vorhandenen abzufinden, und so, wie ich ihn zu kennen glaube, bin ich überzeugt, dass B.R. auf der Suche nach 'ökologischen Nischen' ist, in denen er seine Vorstellung von Schule doch immer wieder einbringen kann. Denn B.R. fragt sich stets: "Non vitae, sed scolae", oder ist es nicht eher umgekehrt?

**[ENDE DES PORTRÄTS B.R.]**

Ich gehe in der Folge nicht auf dieses integrale Porträtbeispiel ein, weil ich es in seiner Gesamteinheit bestehen und wirken lassen will. Im Verlaufe dieses vorliegenden Kapitels werde ich mich aber intensiv sowohl mit den Fremd- als auch mit den Eigenreflexionen der Lehrerstudierenden auseinandersetzen, welche sich durch die Porträtarbeit mit den Expertenlehrern ergeben haben (vgl. Punkt 9.2. und insbesondere 9.5). Dem Leser ist möglicherweise auch die sehr bildhafte Sprache des Porträts sowie der Lehrerzitate aufgefallen, weshalb ich nachstehend die Sprache des Praxiswissens anspreche:

### 9.1.5. Durchführungserfahrungen

Im Seminar war es meine Aufgabe, einen unterstützenden Lernrahmen zu kreieren, wo in der Gruppe (oder in Kleingruppen) dialektisch-reflexive Prozesse 'geschehen' konnten.[233] Meine Entscheidung, den Kontext des 'Dialogs' als Medium der dialektischen Reflexion auch zu einem Kontext der Gruppe zu machen (und zwar aus konzeptionellen, und nicht etwa aus praktischen oder organisatorischen Überlegungen heraus), erwies sich aus folgenden Überlegungen heraus als günstig:

- Die Lehrerstudierenden, welche sich als 'Forscher' dem 'Expertenlehrer' gegenüber anfänglich etwas in der Defensive fühlten, fanden in der Gesamtgruppe des Seminars mit den andern Lehrerstudierenden einen gemeinsamen Nenner, was zu einer sehr kooperativen Haltung und damit auch zu guter Zusammenarbeit, und zwar unter verschiedenen Gesichtspunkten betrachtet, führte: Die Gruppe 'lieferte' für jeden individuellen Teilnehmer viele Situationen, in denen er ein Echo für seine eigenen Ideen, Erfahrungen und 'Sorgen' fand und durch Äusserungen von andern - zu ähnlichen oder unterschiedlichen Themen - ein Gefühl der Identifikation kriegen konnte. Dieses unterstützende Klima brachte die Lehrerstudierenden dazu, ihre Fragen, ihre Konflikte und ursprünglich verfolgten Vorgehensweisen, die nicht selten mit

233 Dialektische Reflexion basiert auf einem 'dialektischen Dialog' zwischen Forscher und Lehrer (Elbaz, 1981; 1990; Connelly & Clandinin, 1988; 1990).

Zweifeln behaftet waren, einander mitzuteilen; solche 'Veräusserungen' verhalfen ihnen, ihre Überzeugungen, Einstellungen und somit beispielsweise auch ihre Basisannahmen von 'gutem Unterricht' zu entblössen, d.h., möglicherweise beim nächsten Zusammentreffen mit dem erfahrenen Lehrer 'dialogfertiger' zu machen.

- Die Gruppe hatte im dialektischen Prozess oft die Funktion eines kleineren "think-tanks": Das Resultat war ein Vorgehenskatalog, aus dem konkrete Vorschlagsmöglichkeiten bezüglich jener Durchführungsprobleme 'resultierten', welche aus meiner Sicht als 'normal' angesehen, aus der Sicht der Ethnographen aber 'existentiell' betrachtet wurden und damit hemmungsauslösend sein konnten. Beim Erkennen von inhaltlichen Ähnlichkeiten oder Verschiedenheiten zwischen dem Expertenlehrer und ihren eigenen Unterrichtskonzeptionen waren die Studierenden auch fähig, mittels eigener Kriterien die ähnlichen oder verschiedenen Aspekten zu formulieren, d.h., sie vermochten ihr eigenes praktisches Wissen von Schule und Unterricht mit jenem des erfahrenen Lehrers als mögliche Denkkonzeption zusammenzufügen. Dieser Punkt scheint mir darum sehr wichtig, als er den Studierenden später bei Berufseintritt möglicherweise erlauben wird, die in Lehrerkollegien anzutreffenden unterschiedlichen Erziehungsphilosophien und Unterrichtskonzeptionen in einem erhöhteren Masse 'einordnen' und mit der eigenen Auffassung von Unterricht koordinieren zu können.
- Die Beziehung zwischen den Teilnehmern war nach grösster Möglichkeit auf Gleichheit aufgebaut und erlaubte damit ein vergleichbares Übernehmen von Verantwortung für den anlaufenden 'Forschungsprozess': Nach dem Auslösen des Reflexionsprozesses im Seminar wurde die Rolle des 'Forschers' mit zunehmender Dauer von den Teilnehmern vermehrt selber aufgenommen, ein Prozess, der durchwegs dem Modell des "Teacher-as-Researcher" nahekommt.

### *9.1.5.1. Generelle Kurserfahrungen*

**a) Erfahrene Lehrer**

Weder aus den schriftlichen Dokumenten, die von mir alle sorgfältig gesichtet wurden, noch aus den mündlichen Gesprächen mit den Lehrerstudierenden und den erfahrenen Lehrpersonen - in Form von abschliessenden Einzelinterviews - ist mir eine Konfliktsituation zu Ohren gekommen, welche sich negativ auf den Kurs ausgewirkt hätte. Keine Lehrperson fühlte sich in irgendeiner Weise angegriffen oder verletzt. Es gab auch keine unangemessenen Reaktionen; lediglich zu Beginn ein Zögern oder oft ein verbalisiertes Ausdrücken von Belastungen kamen zur Sprache. Nach anfänglich leichter und verhaltener Skepsis von seiten der Lehrpersonen, wurde es recht bald beiden Seiten klar, dass es nicht darum ging, Probleme zu besprechen, sondern schulische Situationen, unterrichtliche Phänomene als solche wahrzunehmen und ihnen mittels Veräusserung Form zu geben: Oft entpuppten sich bestimmte Fragenkomplexe nämlich als 'unlösbar', als Dilemmata im antinomischen Erziehungs- und Bildungsauftrag Schule und Unterricht. Mit der Verringerung der anfänglich 'ungewissen' Si-

tuation konnte auch eine klar zunehmende Unbeschwertheit festgestellt werden, die beidseits ausgedrückt wurde. An einigen Stellen der Interviews war auch eine (zumindest leicht) erhöhte Arbeits-, wenn nicht gar Berufszufriedenheit festzustellen, die wohl als Nebeneffekt des 'Einfach-mal-unzensiert-Erzählen-Dürfens' interpretiert werden darf.
Weil insgesamt die Tandemgruppen-Anzahl eher klein war, sind mögliche Zusammenhänge mit der Altersvariable vorsichtig zu interpretieren: trotzdem macht es den Anschein, dass die erfahrenen Lehrer mit höherem Alter in der Tendenz Gespräche ausführlicher und intensiver zu führen pflegten als ihre jüngeren Kollegen. Ein Indiz, welches wohl in der unterschiedlichen Länge und Qualität der Lebens- und Berufserfahrung begründet liegen mag. Die kommunikativen Fähigkeiten der Expertenlehrer, ihre Überzeugungen, Meinungen und Wertkategorien mitzuteilen, waren zudem recht unterschiedlich, wie dies nicht anders zu erwarten gewesen war. Einige Lehrer hatten ein hohes Niveau an Artikulation und Denkstrukturen, andere waren narrativer, oder 'disgressionsbedürftiger', wieder andere wurden von den Studierenden oft in ihren eher knappen Aussagen belassen, d.h., das notwendige Nachfragen fehlte, Begründungen blieben im 'Raum liegen', die wichtig und notwendig gewesen wären, um gewisse Sachverhalte zu klären, blieben somit aus. Es kann aber in keiner Weise von einem unterschiedlichen Lerngewinn der einen Altersgruppe versus der anderen gesprochen werden. Sowohl die jüngeren als auch die im mittleren Alter stehenden Lehrpersonen fanden den Kurs - und damit die aufgeworfenen Fragen und Elemente - im Stadium ihrer Biographie höchst hilfreich (9 Nennungen), zum Teil sehr notwendig (6 Nennungen) und allesamt adäquat (10 Nennungen).

**b) Lehrerstudierende**

Auf Seiten der Lehrerstudierenden galt es vorerst Startunterschiede zu überwinden: Diese gab es bezüglich der Zielsetzung des Kurses, die den einen nicht präzis genug operationalisiert waren, anderen wiederum als offene Kursstruktur neu und wohltuend erschienen. Erst mit fortschreitender Kursdauer - über die sich einstellende Intensität und Güte der Interviewgespräche - wurde allseits erkannt, wie viel Verantwortung selber übernommen werden konnte (Dies traf für die Lehrerstudierenden noch vermehrt und zeitlich verzögerter ein als für die Lehrkräfte). Das Fehlen einer sofort klar ersichtlichen 'Produkthaftigkeit', wie es in der Anlage des Kurses begründet ist, war für einige der Kursteilnehmer anfänglich schwierig einzuordnen. Während die Lehrerstudierenden durch die Erstellung des 'Porträts' immer mehr ein produkthaftes Zielmoment vor Augen hatten, gab es diesbezüglich für die Lehrpersonen kein entsprechendes 'Pendant'.[234]
Nebst Einsichten in ungenügende oder fehlerhafte Gemeinschafts- und Selbstkonzepte, in nicht ausreichend ausgebildete Fähigkeiten und Fertigkeiten oder

---

234 Gerne hätte ich die Expertenlehrer auch für eine 'Porträtierung' der Studierenden angefragt, aber das hätte mit Bestimmtheit den zeitlichen Rahmen des Arbeitsaufwands, der bereits recht strapaziös war, gesprengt. Trotzdem gab es zwei Lehrer, die sich 'einige Sachen aufschrieben', wie sie es mir gegenüber ausdrückten. Ein anderer verspürte Lust, endlich einmal seinen lange gehegten Wunsch, nämlich Tagebuch zu schreiben, auch zu verwirklichen.

in ungünstige Einstellungs- und Motivationsstrukturen, waren bei den Lehrerstudierenden aber vor allem persönliche und soziale Feldbedingungen die wichtigen 'intervenierenden Faktoren': Zwei von ihnen mussten als Werkstudierende fast wöchentlich um die freien Stunden ringen, um sich mit ihrem 'kritischen Freund' treffen zu können. Zwei andere rangen vermehrt mit der eigenen Berufsidentität, je länger die ethnographische Arbeit dauerte und je näher die endgültige Berufswahl heranrückte. Bei mindestens einem Lehrerstudierenden schien sich der recht ausgetrocknete Stellenmarkt in seinem Herkunftskanton auf die Studienmotivation niederzuschlagen, sich nämlich mit grundsätzlichen Berufsfragen auseinanderzusetzen, um vielleicht in ein paar Monaten arbeitslos zu sein. Vereinzelt weiss ich darum, dass solche 'intervenierenden' Themen interessanterweise auch Eingang fanden in die Gespräche mit der erfahrenen Lehrperson und da wiederum einen nicht unwichtigen Teil des Gesamtdiskurses darstellten.

*9.1.5.2. Konkrete Rückmeldungen zum Projektkurs*

Ich liste nachstehend einige schriftlich abgegebene Rückmeldungen zu den Kurserfahrungen auf, die sowohl von Studierenden als auch von Expertenlehrern abgegeben worden sind. Ich kann füglich behaupten, dass diese Rückmeldungen repräsentativ sind für alle andern Kursteilnehmer, die hier nicht zu Worte kommen können:

**a) Rückmeldungen von Studierenden**

"Persönlich hat mir die Arbeit mit T.R. viel gebracht. Ich habe dabei Themen wie Individualisierung, Lernklima und Stoffplan praxisbezogen mit einem Profi diskutiert. Dabei habe ich diese Begriffe neu 'erfahren' und zum Teil in mein Lehrerideal eingefügt, so, wie ich es oben beschrieben habe. Der Kontakt mit T. bleibt aufrecht, und wir werden sicher noch manche fachbezogenen Diskussionen zusammen führen." [LO, TR # 23]

"Viel gelernt!

Das Überlegen und Analysieren von R.s Antworten hat mir riesigen Spass gemacht, denn einerseits waren diese sehr interessant, und andererseits hat sich mir bei dieser Arbeit auch gleich eine ganz neue Welt aufgetan: die Welt des Computers. Ich habe mich auch gefragt, welcher Punkt mich am meisten beeindruckt hat: Grundsätzlich ist in R.s Bild vom Lehrersein vergleichbar mit einem Gärtner, der versucht, seinen jungen Pflanzen die günstigsten Rahmenbedingungen zu schaffen, damit sie wachsen und gedeihen können."Ich war von vielem, was R. sagte, sehr angetan, so etwa:

- von der Wichtigkeit, die er dem Wohlbefinden der Schüler beimisst
- vom ständigen Bemühen um 'Konsequenz gegenüber den Schülern'
- von der Bedeutung der Motivation und Methodenwahl
- von der Bereitschaft, aus Erfahrungen zu lernen
- von der Freude an der Zusammenarbeit mit jungen Menschen ... etc." " [DY, RR # 6].

"Diese gemeinsame ethnographische Arbeit ermöglichte es, einen intensiven Kontakt zu einem erfahrenen Lehrer aufzubauen. Dabei beschränkte sich unser Austausch nicht nur auf den Austausch von 'Schulzimmer-Erfahrungen', sondern der Kontakt weitete sich aus, beispielsweise auf den Austausch von Schulunterlagen und Prüfungsvorbereitungsmaterial. - Aber als wichtigsten Gewinn darf wohl die freundschaftliche Beziehung gezählt werden, die durch die Zusammenarbeit entstanden ist: Nicht zuletzt war die Erfahrung für mich enorm wichtig, dass auch jemand, der mit einer eher kärglichen pädagogischen und didaktischen Ausbildung ausgestattet ist, als 'sensibler' Mensch ein überaus guter Lehrer werden *kann*. Und mein Bekenntnis zu dieser Sichtweise wiederum bedeutete der Lehrperson eine sehr erfreuliche Selbstbestätigung." [AY, # 11]

"Schlussendlich kann ich sagen, dass ich sehr froh bin, H.s Bekanntschaft gemacht zu haben. Ich glaube, dass ich von ihm unglaublich viel gelernt habe (was ja das Ziel dieses Seminars war ...). Für mich hat H. als Lehrer Vorbildfunktion ... was ich übrigens nicht von vielen Lehrern sage. (...) Um eine Arbeit wie diese wirklich optimal auszuführen, und sie vielleicht noch ausgiebiger zu gestalten, ist der Faktor *Zeit* ein unbedingtes Muss, ein Faktor, den der Lehrer generös aufbrachte, ich aber zuwenig, leider. Zu H. kann ich deshalb nur sagen, dass ich mir wohl keinen angenehmeren, hilfsbereiteren und entgegenkommenderen Partner für eine gemeinsame Arbeit hätte wünschen können. Dieser Umstand verhalf mir, den Alptraum Zeit ein wenig in den Griff zu bekommen. - Einen wichtigen Punkt möchte ich noch hinzufügen, etwas, was für mich jedenfalls eine grosse Bedeutung hat, nämlich, dass mir der Spass an der Arbeit nicht gefehlt hat, sonst wäre mein Einsatz wohl kaum halb so gross gewesen. Danke allen Beteiligten!" [ST, # P 6]

**b) Rückmeldungen von Expertenlehrern**

Nebst Globaleinschätzungen haben sich einige erfahrene Lehrer auch ganz spezifisch zu einzelnen Ethnographiestationen geäussert, wie das erste Beispiel zeigt. So hatte das Arbeitselement der Wochen-Selbsteinschätzung für einige der Lehrer die Funktion, sich durch diese tagebuchartigen Eintragungen am Abend gleichsam vor sich selbst Rechenschaft abzulegen, wobei ihnen durch manch ein Ereignis, manch eine Begegnung, manch ein Gespräch deutlicher wurde, dass in künftigen ähnlichen Situationen eine andere Bedeutungszumessung dieser Situation vorgenommen werden könnte:

"Ich hatte den Eindruck, dass die Arbeit der Selbstbeobachtung während einer Woche sehr gut war: Zwischendurch eine Woche lang wieder mal so 'Buch zu führen', wäre ganz gut. Denn, man macht sich über die eigenen Gefühle, über die eigene Stimmungslage wieder einmal grundsätzlich Gedanken, dazu, was positiv ist, wenn man sich solche Fragen stellt, wie die nach dem Lachen (eines Kindes in der Klasse) oder nach dem Eigenbeitrag, damit ein Kind keine Angst hat, oder die besondere Bedeutung von Personen (Begegnungen im Schulhaus) -, dass man wieder vermehrt darauf achtet: 'Was sind eigentlich die kleinen Dinge, die einem einen Tag lebenswert machen?' - Es ist ganz gut, wenn man sich solche Fragen zwischendurch wieder einmal stellt. Sie sind an und für sich wichtiger als die summarischen Fragen wie: 'Ist der heutige Wochentag so oder so gewesen ...' Aber man sieht, dass es abfärbt, wenn z.B. nur ein kitzekleines Ereignis, ein kleines Detail positiv gewesen ist während eines Tages, dass sich dann die Gesamtbeurteilung des Tages eher in diese Richtung verändert. *Dass es also die kleinen Dinge sind, die das Leben in dem Sinne lebenswert machen*, und nicht irgendwie ein Grossereignis, welches alle 35 Jahre einmal eintritt." [SR, P 4]

"Im Zusammenhang mit dieser Projektarbeit war ich gezwungen, über Fragen nachzudenken, die, wenn sie nicht direkt angesprochen werden, eher selten reflektiert werden, wie z.B. Schule konkret, Unterricht, Verhältnis zu Schülern, zu Kollegen etc. Aber auch privat wurde vieles angesprochen, das ich bereits sehr weit verdrängt oder doch vergessen habe. - Durch A.s Arbeit war ich auch gezwungen, meinen Unterrichtsstil zu eröffnen, was jedes Mal für mich eine neue Herausforderung ist, denn auch wenn es nicht so aussieht, muss ich doch immer dann, wenn eine andere Person im Schulzimmer ist, eine Hemmschwelle überwinden. Es tut aber

gut, so konfrontiert zu werden. - Es war ein schönes Gefühl, über die bald neun Jahre in der Berufswelt nachzudenken. Dabei tauchten auch durch diese Projektarbeit Zusammenhänge auf, die vorher nicht so gesehen wurden. Welche? Einerseits, wie stark sich die Persönlichkeit eines Lehrers auf den Unterricht auswirkt, andrerseits, wie anspruchsvoll der Beruf ist und wie vielseitige Kämpfer Lehrer sein müssen.
Es hat mir auch Freude bereitet, auf die zufriedenen Stunden meines Lehrerlebens zurückzuschauen. Durch das Projekt habe ich das Gefühl erhalten, auf dem rechten Weg zu sein, ich erhielt eine Bestätigung. Wodurch? Wenn man von aussen beobachtet und gefragt wird, über Lehrer-Schüler-Beziehungen, über Unterrichtserfahrungen und Berufszufriedenheit usw., und nach all den Gesprächen sagt jemand, dies hätte Eindruck gemacht, so ist das ein gutes Gefühl. Es war bestimmt keine totale Neuentdeckung, die ich gemacht habe, sondern eher eine Bestätigung. Ich verschaffte mir in gewissen Punkten Klarheit, die bisher verdrängt wurden: Beruf, Berufsethos, Unterrichtsstil. Der Gesamteindruck ist sicher sehr positiv. Ich möchte diese Erfahrung nicht missen. Das alles hat mich auch für meinen weiteren Berufsalltag motiviert. Und nicht zuletzt die Beziehung zu A., es war eine schöne Zeit, ich war fasziniert und bleibe es auch." [AE, # 35]

"Zum Abschluss ein Brief und kein Formular: Ich habe diesen Kurs 'Reflexion' sehr geschätzt. So eine Arbeit ist nur möglich und bringt etwas Positives, wenn sich die zwei Personen gut mögen. Das war einfach toll mit Y.I. Sie konnte zuhören ohne zu unterbrechen, die richtige Frage oder das passende Wort finden, wenn es nicht mehr weiterging. Ich denke, so einen Kurs mache ich wohl nur einmal, und Y. war für mich die richtige Person. Ich schätzte auch die Vielfalt des Kurses (Inhalte) und freute mich jedes Mal auf unser nächstes Treffen." [YI, EZ # 2]

"Ich werde gebeten, mich zum vorliegenden Porträt (von mir selbst) zu äussern: ...
Ich bin tief beeindruckt vom Bild des Rades aus Holz, gerade weil mir der Bezug zu Herkunft und 'Heimat' so wichtig ist. Du hast es an meinem fast unverfälschten Dialekt gemerkt: Ich bin dank meiner geographischen und sozialen Herkunft mit wenig gebildeten - aber deswegen nicht dummen - Menschen verbunden geblieben. Mein elfenbeinerner Turm ist aus Holz. -
Nun hast Du das Rad doch etwas gar rund und schön skizziert. Aber dieses schmeichelhafte Element Deiner Arbeit freut mich doch, gibt es ja kaum noch Motive für berechnende 'Speichelleckerei'. Ich danke Dir, dass Du über die Lehrerrolle hinausgesehen haben. Das Porträt skizziert einen weiten Fächer von Charakterzügen, die ich auch für die Schule als wichtig betrachte. - Wir wissen es: man kann Kinder kaum je zuviel rühmen. Und nun hast Du mir gezeigt, dass dies auch bei Lehrern gilt: Du hast mich angeregt, wieder so zu sein, wie ich in Deinem Bild bin. Pygmalion lässt grüssen! (Dass Dein Professor Dich nicht verpflichtet hat, bei den betroffenen Schülern systematisch nachzufragen, danke ich ihm: deren Stellungnahmen hätten wohl einigen Stempelglanz weggekratzt. Und schliesslich, Deine zukünftigen Schüler und Kollegen darf man beglückwünschen: Du wirst viel Staub wegwedeln und muffige Schulstuben zügig lüften. Alles Gute, herzlichen Dank! [ZN, AB # 1]

Ich lasse diese Stimmen der Lehrer und Lehrerstudierenden 'für sich stehen'. Ein Hinweis, der sich bei den meisten Teilnehmern fand, war jener, diese Arbeit auf irgendeine Art weiterzuführen. (Aus persönlichen Gesprächen weiss ich auch, dass einige Expertenlehrer den Versuch wagten, einiges aus ihrer 'Praxisweisheit' aufzuschreiben. Vielleicht gibt ihnen diese vorliegende Arbeit Mut dazu, diesen Gedanken weiterzuverfolgen).

#### *9.1.5.3. Auswirkungen auf das Selbstbild*

Die Teilnahme als erfahrener Lehrer an der Erforschung des eigenen Unterrichts und der eigenen Erziehungsphilosophie hatte Auswirkungen auf das

Selbstbild und Selbstkonzept. Der Kurs wirkte sich auf das eigene Selbstbewusstsein, im eigentlichen Sinne des Begriffs, aus: Anfänglich bestand die leise Tendenz, sich 'optimal' präsentieren zu wollen, ein sehr menschlicher Zug natürlich. D.h., möglicherweise waren die von den Lehrerstudierenden besuchten und beobachteten Lektionen - trotz der deklarierten 'Unverbindlichkeit' des Besuchs ("ihr könnt irgend eine Alltagslektion wählen") - eine Spur aufmerksamer, eine Prise durchdachter vorbereitet; und auch das anschliessende evaluative Gespräch über die Lektionserfahrungen mochte explizitere metakognitive Ausführungen beinhalten, als wenn der Lehrer diese Stunde alleine gehalten hätte und sie anschliessend kommentieren würde: Der Lehrer - allein, bloss mit sich selbst als Beobachter und der Klasse als 'Publikum' (wie dies sonst, von sehr wenigen Ausnahmen abgesehen, immer der Fall ist) - hätte dann möglicherweise weniger analytisch und einsichtig argumentiert. Das Hören oder Sehen seiner selbst, auf Ton- oder Videoband, gibt dem Lehrer also möglicherweise eine ganz spezielle 'Akustik' oder 'Optik' seiner 'Person-als-Lehrer', eine ungewohnte, hie und da auch etwas beunruhigende Perspektive. Die Lektüre des Porträts schliesslich (worin *sein* Unterricht, *sein* Denken, *seine* Klasse, die *er* unterrichtet, festgehalten sind), die 'Bildenthüllung', sei es während der Ethnographie-Prozessphase in einer frühen oder am Schluss als Endfassung, hatte ebenfalls auch Effekte auf die Selbstwahrnehmung als Lehrer: Möglicherweise 'sah' er sich anschliessend in einigen Aspekten unterschiedlich, vielleicht auch dachte er anders über sich als bisher, was sich auf die nächstfolgende Ethnographie-Station ausgewirkt haben dürfte.
Solche Prozesse könnten nun als 'Diskreditierung' der Validität geltend gemacht werden. Ich betrachte sie als 'Stärken meines Kurskonzepts': Es sind allerdings Einfluss- und Veränderungsprozesse, denen in späteren Untersuchungen noch vermehrt Rechnung getragen werden sollten, sofern das möglich ist: Tut man dies systematisch, 'interveniert' man nämlich in diesen Prozess der Selbstauseinandersetzung. Die 'Bewusstsmachung' könnte allerdings noch grösser werden, insbesondere dann, wenn diese Prozesse von aussen, von einem Unterrichtsforscher ausschliesslich für wissenschaftliche Zwecke verwendet würden: Zwar hätte man einen möglichen Vorteil, nämlich innere Validitätskriterien erhöht, damit aber äussere Validitätsvorteile aufgegeben. Es ist demnach eine Frage, die nicht leicht zu lösen ist und weiterverfolgt werden muss.

## 9.2. ENTWICKLUNGSPHASEN DER LAIEN-ETHNOGRAPHEN?

Ich möchte hier auf die von mir festgestellten Entwicklungsverläufe der Lehrerstudierenden zu sprechen kommen, wie ich sie als Projektbegleiter *vor*, *während* und *nach* der ethnographischen Untersuchung wahrnehmen und im Gespräch mit den Studierenden rekonstruieren konnte. In den vier wahrgenommenen Phasen werden auch global jene Themen und Ideen der Ethnographiestationen repräsentiert, welche für die Studierenden während der Kurszeit von besonderer Bedeutung waren. Das professionelle (Mit)Teilen und professionelle Wachsen hat als Kurzform in etwa folgenden Entwicklungsverlauf aufgezeigt:

- Dissonanz
- Synthese
- Experimentierung
- Integration

### 9.2.1. Der 'naiv'-einfach Lernende und Ethnograph[235]

Diese erste Phase war von einem Dualismus durchzogen, jenem zwischen Selbstbezogenheit und angestrebter Zielrichtung; d.h., der Studierende machte sich grosse Sorgen um den eigentlichen Auftrag, den er zu erfüllen hatte. Die Zielsetzung war ihm nicht klar, die *Substanz* des Kurses neblig, die Art und Weise der Kursarbeit fremd. Fragen tauchten auf von der Art: "Um welches Phänomen geht es denn eigentlich? Welches wird die Interaktion zwischen der erfahrenen Lehrperson und mir sein, und wie wird dieser Prozess schriftlich festgehalten? - Wieviel Zeit ist denn genug, um überhaupt etwas 'erfahren' zu können? - Wo, wann und wie nehmen Personen, das Umfeld, die Zeit welchen Platz ein in meinem Porträt? - Kann ich auch tatsächlich darauf hoffen, von der Lehrperson in ihre private Welt, sowohl der Gedanken als auch der häuslichen Gemeinschaft, miteinbezogen zu werden? - Und schliesslich: 'Erlaubt das Setting, dass ich selber auch offen bin für Unerwartetes?"

> "Anfangs fühlte ich mich in meiner Rolle als 'Ethnographin' ein bisschen unwohl: Ich beobachtete, dass N. D. sehr stark von vielen möglichen Personen an seiner Schule ständig in Anspruch genommen wird und für mich zusätzlich noch viel Zeit aufwenden musste. Dieses Gefühl verschwand allmählich, als ich zu spüren begann, dass N. sich echt-interessiert Zeit für mich nahm, indem wir Termine vereinbarten, die für mich allein reserviert waren." [AL, P 14]

Zusammenfassend kann gesagt werden, dass der Ethnograph als Anfänger und Lerner die Komplexität und offene Struktur des Settings und der in Aussicht gestellten Kurserfahrung nicht übermässig schätzte. Er war mit gezielten Fragen vielmehr auf explizite Antworten aus, welche seine impliziten Auffassungen von Unterricht sowie Behauptungen oder Hypothesen bezüglich des Lehrerberufs im Wesentlichen bestätigen sollten.

### 9.2.2. Der Novizen-Ethnograph

Die Lehrerstudierenden glaubten in dieser nächsten Phase einmal daran, dass sie auf irgendeine Weise den Begriff 'Objektivität' möglicherweise mit 'Konsens' (im Sinne der intersubjektiven Übereinstimmung) ersetzen könnten. Dies würde es ihnen nämlich erlauben, ihre 'Resultate' mit Überzeugung dokumen-

235 Die Begriffe 'naiv' und 'einfach' sind in keiner Weise pejorativ gemeint, sondern weisen auf die verständliche Befangenheit und auf gewisse Undifferenziertheiten hin, welche in einem Anfangsstadium völlig normal sind.

tieren zu können. Langsam aber merkten sie an dieser Stelle des ethnographischen Prozesses, dass eventuell auch noch andere Fragen - als nur die gestellten - beantwortet werden könnten. Beziehungen, Vernetzungen - situativer, thematischer und persönlicher Art - gelangten plötzlich (auch) ins Zentrum des Interesses:

> "Nach der zweiten Unterrichtsbeobachtung liess N. das 'Sie' fallen. Diese Tatsache wirkte sich meiner Ansicht nach positiv auf unsere nächsten Begegnungen aus; denn ich spürte, dass N. nun auch mehr von sich selbst preis gab, was mir wiederum erlaubte, offener und 'fragender' zu sein. Die Themen intensivierten sich, und unsere Gespräche nahmen eine persönlichere Dimension an. Selbst auf der Strasse, wenn wir uns zufällig trafen, war N. für einen langen Schwatz zu haben." [AL, P 14]

Des weiteren wurden die Lehrerstudierenden sensibilisierter für jene Themen, welche in der Vorbereitung eingegeben wurden, wie z.B. wohlmeinende Vorschläge, Weisungen und Ratschläge mittels der Stichworte Zugang ("entrée" und "rapport"), Aufrechterhaltung des gegenseitigen Interesses und der gegenseitigen Wertschätzung, Fragen der Authentizität, Objektivität, Wertung/Kritik etc. So mussten einige der Studierenden die Erfahrung machen, dass ein rascher und unkomplizierter Zugang zum Lehrer noch keine klaren 'Daten' und keine direkte, offene Nähe und Vertrautheit zu der Lehrperson bedeutete. Dieses Thema, Nähe aufsuchen und doch nicht aufdringlich werden oder wirken, beschäftigte die Mehrzahl der Studierenden; d.h., das Dilemma, mit zunehmender Zeitdauer immer vertrauter Einsicht zu erhalten in die Welt des Lehrers; auf der andern Seite die Zweifel, inwiefern dieser Lehrer solches auch gerne zulässt, sei es aus persönlichen und möglicherweise auch aus zeitlichen Gründen. Noch anders gesagt: Eigentlich möchte man marginal handeln und doch ein Maximum an Informationen, an Gesprächen, an Beobachtungen 'herausholen'. Selbstzweifel kamen auf von der Art: "Aber selber bietet man diesem Lehrer der sich diese ganze Zeit nimmt, ja sowenig an, ... spricht er eigentlich nur mit mir, weil ich nun mal hier bin, so quasi mir zuliebe?"
Die obigen Themenbereiche weiteten sich dann aber mit der Zeit aus, Fragen rückten plötzlich ins Zentrum, wie beispielsweise entwicklungsbedingte und institutionelle Erwartungen des Lehrers an das Lernen der Kinder; oder auch zu heiklen Entscheidungssituationen, die vom Lehrer ein 'inneres Verhandeln' mit verschiedenen, inhaltlich durchführbaren, für den Lehrer attraktiven aber von den Schülern unerwünschten Möglichkeiten verlangten. Es waren in der Regel Entscheide, die vom Lehrer den Einbezug aller möglichen Konsequenzen erforderte, d.h., der Wert der Entscheidung für zukünftige Zusammenarbeit zwischen Lehrer und Schüler musste antizipatorisch miteinbezogen werden. Dieser Vorgang, dass einige der im voraus sorgfältig vorbereiteten Fragen plötzlich durch andere, ganz neue Fragen 'verdrängt' wurden, indem sie nicht mehr aktuell waren, verwirrte und verdross die Studierenden: Zweifel kamen hoch an ihrer Arbeit (ob sie wohl Fehler gemacht hätten?), transformierten sich doch 'ihre' Fragen und Zielsetzungen in einer nicht kontrollierbaren Art und Weise.
Der Studierende fühlte sich zwar gewissermassen als Teil der sozialen Gruppe dieses Lehrers mit der Klasse, aber er vermisste noch die Nähe dazu. Weil sich

diese Lernprozesse während der ethnographischen Arbeit mit dem Lehrer zusammen einstellten, vertraute man allmählich den sich hie und da unabhängig gebärdenden 'Richtungsänderungen'.

### 9.2.3. Der seriös-ethnographisch 'Studierende' und Lernende

In dieser Phase nahmen die Handlungsträger, und nicht nur die Handlungen der Teilnehmer, an Bedeutung zu: Die Wahrnehmung und das Interesse der Studierenden richtete sich vermehrt darauf, was der erfahrene Lehrer - und indirekt auch seine Schüler und vielleicht auch die Kollegen und Eltern - über den Beruf, die Schule und den Unterricht aussagten, was für sie wichtig und weniger wichtig sei. Damit fokussierte der Ethnograph seine Wahrnehmung auf tatsächliche Aussagen und liess seine eigene bange Vorstellung hinter sich, was für ein Lehrer das wohl sein könnte ... (aufgrund der ersten Kontaktaufnahme und des ersten Unterrichtsbesuchs). Trotzdem blieben wichtige Fragen unbeantwortet, wie etwa die folgenden: "Wie kann ich den Lehrer objektiv beschreiben? - Wie kann ich seine Meinungen, Auffassungen von Schule und Unterricht valide wiedergeben, ohne meine wertenden Gefühle und Gedanken miteinfliessen zu lassen, d.h., ohne bewertende Sprache, wenn ich diese seine Aussagen - als Porträt - in komprimierter Form wiedergebe? - Wann weiss ich, ob diese Aussage nun eine Reaktion (auf eine Situation, eine Frage meinerseits, auf einen inneren Vorgang, der ausgelöst wurde) oder eben eine Reflexion ist, die auf die Einstellung und Erziehungsphilosophie des Lehrers hindeutet?"
Sozialethische Themen, welche in der Kursvorbereitung zwar angesprochen, aber nicht explizit erklärt werden konnten, schienen hier an Wichtigkeit zu gewinnen: So u.a. Gegenseitigkeit, Vertrauen, Selbsteröffnung, Vertrautheit versus Fremdsein, ethisch-moralische Bedenken etc. Beispielsweise machten einige wenige Studierende die Erfahrung, dass sie für ihre Lehrperson teilweise zur 'Vertrauensperson' wurden, eine recht privilegierte Position, in der sie teilhaftig wurden an jenen Sorgen und problematischen Bereichen, welche die Lehrperson beschäftigten. Dass man dabei möglicherweise auch überfordert werden konnte, lernten Studierende dann kennen, wenn das erreichte 'Privileg der Nähe' zum Lehrer gleichzeitig auch die ethische Verantwortung und moralische Verpflichtung beinhaltete, das entgegengebrachte Vertrauen nicht zu missbrauchen:

> "Ich möchte abschliessend noch anmerken, dass ich nicht alles Material, das ich ethnographisch gesammelt habe, freigeben kann, weil ich Z. versprochen habe, dass sowohl Teile des Erst- wie auch des Schlussinterviews zwischen uns beiden bleiben. Dies ist damit zu begründen, dass wir uns schon sehr lange kennen und auch einige wesentliche persönliche Angaben auf der Tonkasette aufgezeichnet sind, die nicht für die 'breitere Öffentlichkeit' bestimmt sind. Deshalb bitte ich, die protokollierten Gespräche sehr wohl als authentisch zu betrachten, nur eben mit der Einschränkung verbunden, dass ein paar Gesprächssequenzen nicht transkribiert worden sind." [AR, P 18]

Zusammenfassend gesagt: Es gelang dem mitten in der Ethnographie drinstehenden Studierenden, an die eigene Kraft zu glauben, Themen und Gesprächsinhalte selber auch mitbeeinflussen zu können. Damit war er sich auch vermehrt bewusst über sein persönliches Mit-Involviertsein, über seine Gefühle und seine eigenen Positionen. Von diesem Moment an erfuhr die Ethnographie eine gewisse Unabhängigkeit und 'überliess' den Studierenden der Ambiguität von Situationen und Informationen, die sich vor ihm eröffnete. Damit aber realisierte er, dass selbst einfache Fragen nicht nur einfache Antworten voraussetzen konnten, weniger noch, dass bei Entscheidungssituationen einfache Lösungen zu erwarten waren; präsentierten sich diese doch oft als eigentliche Dilemmatasituationen. Dass der erfahrene Lehrer dem Lehrerstudierenden vertrauensvoll Einblick gewährte in die Komplexität der unterrichtlichen Schulwelten, erforderte als Vertrauensbeweis wiederum eine ethische Rücksichtsnahme und Verantwortung auf seiten des Studierenden.

### 9.2.4. Der ethnographisch gewandte und schon fast ausgebildete Lernende

Es gab bei fast allen Studierenden einen Punkt, wo sich die Beziehung mit der teilnehmenden Lehrperson soweit geklärt hatte, dass die Beziehungsebene keine 'bange Frage' mehr darstellte; d.h., von diesem Zeitpunkt an schien sich die ethnographische Arbeit auf eine Art und Weise zu 'verselbständigen': Die (inhaltlichen) Hauptrichtungen waren vorgegeben, ja, es wurden selbst auch vereinzelt Gedanken und Gefühle geäussert, wonach der - zwar noch nicht abzusehenden - Beendigung der gemeinsamen ethnographischen 'Forschungsreise' bereits mit Bedauern entgegengesehen wurde. Dieses externe Kriterium - ich nenne es 'Land in Sicht' - hatte eine Art innere Befreiung zur Folge, wo sich der Studierende emanzipieren konnte, und wo dieser Umstand den oft noch ungelösten Fragen oder Themenkreisen plötzlich eine Linie, eine Richtung vorgab, die vorher eher diffus erschienen. Es konnte nun auch nachgefragt oder auf frühere Äusserungen verwiesen werden, ohne befürchten zu müssen, dieses 'Einhaken' könnte als Wertung oder gar Bewertung missverstanden werden. Fragen wurden ungezwungener und dadurch präziser gestellt, das hilfreiche 'Nachfragen' stellte sich automatisch ein, diffuse Themen wurden schärfer umrissen und damit klarer einbezogen, oder aber ganz weggelassen:

> "Anlässlich des Erstinterviews wurde es mir bewusst: Das Pensum, das Peter als Vater, Lehrer und Parteipräsident leistet, ist enorm. Es ist beinahe unwahrscheinlich, dass er all diese Aufgaben unter einen Hut bringen kann. Er schafft es. Er selber meinte, darauf angesprochen ganz lapidar: "Gell, es sind viele, wenn man sie auflistet." Darum insistierte ich am entsprechenden Punkt, bohrte nach, um dieses Geheimnis zu ergründen:
> - Ist es pures Pflichtbewusstsein, das ihn treibt, all diese Aufgaben zu erfüllen?
> - Kann er schlicht nicht 'nein' sagen, wenn ihm eine Aufgabe angetragen wird?
> - Steckt in ihm ein grenzenloses Verantwortungsbewusstsein für Schule und Gesellschaft?
> - Ist er ein "workaholic"?
> - Baut er sich eine Karriere auf?
> - Nimmt er sich so wichtig, um unentbehrlich zu scheinen?
> - Sucht er Prestige zu ergattern?
>
> Eigentlich hat er sich diese Fragen nie genau gestellt. Er schweigt lange. "Ich weiss es nicht genau", sein erster Satz. Sicher ist, dass er seinen Beruf gerne ausübt. Er ist Lehrer aus Leidenschaft. Und was ihn speziell an der Sekundarstufe fasziniert, ist die "eingeschränkte Viel-

seitigkeit", die dort möglich ist: "Darum schaue ich, dass ich alle Jahre ein anderes Fach kriege, mindestens alle zwei Jahre. Ich habe selten die gleiche Fächerkombination im neuen Schuljahr, absichtlich nicht." " [SG, EI 22]

Dieses Credo seines Expertenlehrers veranlasst den Ethnographen im Porträt äusserst beeindruckt festzuhalten:

"Man muss sich das vorstellen: Während andere Lehrer peinlich darauf bedacht sind, aus irgendwelchen Gründen ihre angestammten *'Fächer-Pfründe'* zu bewahren, verhält sich R. absolut konträr und inkonsistent und lädt sich eine Menge Arbeit auf, weil er pädagogisches und anderes Neuland betreten will!" [SG, P 16]

An diesem Punkt der Ethnographie war die Aussage einiger Studierenden interessant, dass ihnen die sich langsam zum Ende neigende Zeit zu einer Vorwärtsbewegung verholfen hätte: "Keine (unnötige) Zeit mehr verlieren", hiess plötzlich die eigentliche Devise. Man könnte diesen Zustand auch mit dem Begriff des 'gesunden Menschenverstandes' umschreiben, der sich hier (wieder) einstellte. Man vertraute auf den "common sense" pädagogischer Argumentation[236], ohne diesen unnötig in Frage zu stellen. Eine spürbar kritische Selbstbetrachtung erlaubte es dem Studierenden, offen und unbelastet auf seine eigenen Handlungen, Gedanken und Ahnungen einzugehen. Gewisse Zweifel, Ängste und 'Widersprüche' bezüglich eigener praktischer Theorien lösten sich zwar nicht auf, sie waren aber deshalb weniger beklemmend, weil sie teils als 'klinisch' nicht klar lösbare Widersprüche erkannt wurden. Eine solche Selbstbetrachtung erlaubte somit auch eine wirkungsvolle Introspektion: vorschnell getroffene Schlussfolgerungen oder 'Erklärungen' wurden nun im Nachhinein revidiert, restrukturiert und in einen andern Bezugsrahmen gestellt. Der Kontext des Verstehens wurde wirksam, die Kognitionen 'situierten' sich und wurden zusammen verknüpft, kurz: Eine reflexive Haltung wurde spürbar, die sich unter anderem so auswirkte, dass mehr und mehr die äusserst komplexe Situation von Unterricht und Schule differenziert als ein Zusammenspiel von Situationen definiert wurde; jene Situationen beeindruckten am meisten, welche für den erfahrenen Lehrer oft einer Gratwanderung gleichzukommen schienen, "zwischen feinster Zerbrechlichkeit und unglaublicher Stärke", wie es jemand treffend ausdrückte.

#### *9.2.4.1. Zusammenfassung*

Ich habe hiermit versucht, die unterschiedlichen 'Entwicklungs'-Phasen der Lehrerstudierenden während der Ethnographie zu beschreiben, ihren Wert abzuschätzen und möglicherweise Erklärungshinweise zu liefern, und zwar darüber, was es heisst, über eine Fremdbeobachtung hin zur Eigenbeobachtung zu gelangen. Darin lag wohl auch der grösste Effekt in der Ethnographie verborgen, dieses 'Zurückgelangen' auf sich selbst, nachdem die Gespräche über Schule und Unterricht mit dem erfahrenen Lehrer eher unpersönlich distanziert begonnen hatten.

---

236 Vgl. dazu etwa Künzli (1988).

Diese vier dargestellten Phasen wurden natürlich *nicht linear* und nicht von allen Studierenden in der gleichen Intensität durchlaufen, deshalb sind sie hier als heuristischer Vorschlag zu werten. Die Studierenden durchliefen den Prozess vielmehr sehr eigenwillig und individuell, eine spiralförmige Repräsentation käme deshalb den eigentlich verlaufenen Entwicklungsschritten näher, als diese 'stufenartige' Darstellung, wobei ich der Meinung bin, dass sich diese Spirale weiterhin drehen wird: Der Studierende wird in seiner Erforschung und Entdeckung der Praxis weitere Restrukturierungen und Verfeinerungen vornehmen müssen: Angesichts neuer, immer wieder anderer Herausforderungen durch den Beruf werden Einstellungsrevisionen notwendig, wenn nicht unumgänglich sein, um im Beruf zufrieden und wirksam zu überleben. Diese Re-Konzeptualisierungen werden wohl oft schmerzhaft, aber gleichzeitig vielleicht auch befreiend erlebt: Eine Gewissheit, die der Lehrerstudierende hier in diesem Kurs bereits erfahren hat. So wird er sich bei Berufseintritt gewahr werden, dass er versucht, Personen - Schüler und Kollegen -, Zeitkomponenten und den gesamten schulischen und unterrichtlichen Kontext seinem subjektiven Bild unterordnen zu wollen. Erst mit der Zeit wird er herausfinden, dass nur über *interaktive* 'Negotiation', nur über gemeinsames Verhandeln mit Schülern, Lehrern der Direktion und den unzähligen 'Situationen' tatsächliche Lösungen oder Veränderungen möglich sind. Er wird dies möglicherweise etwas gelassener tun, und zwar deshalb, weil er gelernt hat, dass diese Komponenten, reziprok auch Einfluss haben können und gerade deshalb wohl alle von grösster Wichtigkeit sind. Als intervenierende Variablen und kritische Determinanten seiner zukünftigen Lehrerbiographie sind sie deshalb vollumfänglich ernst zu nehmen.

Die Studierenden lernten aber auch, wie sie als Einzelperson im Kulturraum Schule beeinflusst wurden und andererseits jemanden darin auch beeinflussten; wie der Kontext der Ethnographiearbeit nicht voraussagbar war, und die daraus resultierenden Unsicherheiten und Selbstzweifel langsam einem wachsenden Bewusstsein und einer Sensibilität eben diesem Kontext gegenüber und ihren Teilnehmern Platz machten. Sie realisierten die Fragilität von Interpretationen und Vermutungen, wenn diese alleine vorgenommen wurden: Bedeutungszumessungen und Interpretationen mussten innerhalb der verschiedenen Kontextfelder unterschiedlicher Wirklichkeitsauffassungen ausgehandelt werden.

Aber auch die Verschiedenheit der gegenseitig sich formenden Beeinflussungsmomenten musste erkannt werden, die aus den verschiedenen Interpretationsmöglichkeiten entstehen kann. Diese Reflexivität war es auch, die eigentlich angestrebt wurde: Eine Sensibilität zu entwickeln für Möglichkeiten, für Bedingungen der Möglichkeiten auch, und für das Abschätzen möglicher Konsequenzen, die sich daraus ergeben konnten. Diese Haltung, diese Einstellung, gleichsam 'Forscher seines eigenen Lehrerseins' zu sein, wies sowohl für den erfahrenen Lehrer wie auch für die Lehrerstudierenden auf einen kontinuierlichen Prozess des Entdeckens und Erfahrens hin. Sie implizierte damit auch, dass ein Überdenken des eigenen Denkens erforderlich war, wie auch ein Nachdenken darüber, welche Fragen an den eigenen Unterricht gestellt werden könnten sowie auf Möglichkeiten, wie die eigene Arbeit am besten analysiert werden sollte. Die Lehrer(studierenden) realisierten aber auch, dass eine solche Forschung keinen Endpunkt aufweisen kann, sondern als Forschungsreise so lange währt, wie unterrichtet wird:

"Meine Intention, die Ethnographie durch Tun zu erfahren, hat sich als höchst interessant und aufwendig entpuppt. Die Beschäftigung mit dem ethnographischen Ansatz war äusserst lehrreich. Mein Wissenshorizont hat sich erweitert, obwohl ich noch weit davon entfernt bin, mich als 'reifen und fähigen' Ethnographen einzustufen. Dafür bräuchte es noch intensiver Auseinandersetzung mit dieser Methode. (...) Ob die Arbeit den wissenschaftlich-ethnographischen Kriterien genügt, ob sie über das leere Beschreiben hinausgeht und auf eine höhere Stufe der Interpretation, des Verstehens oder gar der Theoriebildung steigt, kann ich im Moment schlecht beurteilen. Auf jeden Fall hatte ich meine liebe Mühe damit. Da kam ich an die Grenze meines bisher erworbenen wissenschaftlichen Wissens. Da fehlte mir wohl ganz einfach die nötige Erfahrung und Routine in solchen Belangen. Trotzdem scheint mir der qualitative Forschungsansatz verheissungsvoll, ein guter und ergiebiger Weg, ihn kann ich nach dieser Erfahrung besser beurteilen, ihn möchte ich weiterverfolgen. Prüfenswert scheint mir die Kombination des quantitativen und qualitativen Ansatzes, die verschiedenen Triangulationsmöglichkeiten; denn auch die quantitative Sozialforschung hat ihre unbestrittenen Stärken, die meiner Meinung nach nicht so leicht von der Hand zu weisen sind.
Insgesamt bin ich dankbar für die gemachten Erfahrungen und das neu erworbene Wissen. Jetzt lege ich die Arbeit zur Begutachtung in den Schoss des Seminarleiters." [SG, P 20]

## 9.3. THEMATISCHE FALLDARSTELLUNGEN

In diesem Kapitelabschnitt habe ich vier Falltypiken zu unterschiedlichen Themen ausgewählt, nachdem ich diese innerhalb des gesamten Fallmaterials - d.h., mit mehrfachen Quervergleichen innerhalb eines Falls, aber auch über die zehn Fallstudien hinweg - validiert habe. Es sind Fallausschnitte, die für die jeweils angegebene Thematik typisch sind. Den Beginn (1) macht ein Fallausschnitt zur 'Komplexitätsreduktion von Unterricht', die von Expertenlehrern auf ihre Weise - mittels eines tiefen pädagogischen Inhaltswissens - respektiert wird; als zweites (2) folgt ein Fallausschnitt zum pädagogisch-'intuitiven Wissen', welches die Expertenlehrer auszeichnet; als dritte Falltypik (3) erfolgt jene zur 'Bewältigung widersprüchlicher Unterrichtssituationen' oder 'unauflösbarer pädagogischer Dilemmatas; und schliesslich (4) eine Fallprototypik zu jenen Wissenskonzeptionen, wie sie bei Expertenlehrern vorrangig sind.

### 9.3.1. Erster Fallausschnitt: Trotz Reduktion die Inhaltskomplexität von Unterricht respektieren

- "Ich habe dann gesehen: Die Schüler gingen zur Pause hinaus und diskutierten." [TR, 4I 5]

T.R. legt in seinem Unterricht ein sehr starkes Gewicht auf die *Transformation von Inhalten,* d.h., seine Unterrichtsintentionen sind womöglich auf den Entwurf von Situationen aus, in denen Schüler dem Inhalt 'begegnen' können. Als zentrale Überlegung eines solchen fachbezogenen Unterrichts schält sich dabei heraus, wie unterrichtliche Vereinfachungen konzipiert werden können, die den Inhalt angemessen wiedergeben (also beispielsweise keine falschen Begriffe einführen), Bezug auf die eigenen Vorstellungen der Schüler nehmen und sie motivieren, sich in der theoretischen Arbeit zu engagieren, die notwendig ist, um neue Repräsentationen zu lernen. Der vorliegende Expertenlehrer hat einige ansehnliche Versuche unternommen, solche Zugänge zu entwerfen: T.R. unterrichtet beispielsweise das komplexe Thema 'Menschenrechte', indem er vom impliziten Weltbild der Schüler ausgeht. Er nimmt eine überraschende Analogie mit dem Pferd vor - einem den Schülern wohlvertrauten, beliebten Tier -, um den Übertragungswert dieser Analogie für die anschliessende Problemlösung zu nutzen:

"Dann, hinten auf dem Blatt, das 'Lachen'...: Ich glaube, es vergeht kein Tag, wo wir im Schulzimmer nicht lachen. Ich habe keine Mühe mit dem Lachen. Von mir aus gesehen, gehört das dazu, dass man zwischendurch ein wenig zum Lachen kommt; ich provoziere oft zwischendurch, dass es einfach etwas zum Lachen gibt. Ich glaube, ein bisschen Humor tut sehr gut.
*[Beispiel 'Menschenrechte' beim Thema Aufklärung im Geschichtsunterricht: T's Ansatz ist der, dass er den Schülern das folgende Problem stellt]:*
"Welche Bedingungen müssen erfüllt sein, dass es einem Pferd wohl ist?" (Schülerantworten: Richtiges Fressen, genügend Auslauf, richtige Boxen usw.). Weiterführende Problemstellung: Was müsste man noch genauer untersuchen, damit man bestimmt das Richtige in einem Rechtskodex für das Pferd festlegt? - Man müsste schauen, wie es sich in der Wildbahn verhält, ob es natürlicherweise über Hecken springt oder über Wassergräben, es sich lieber auf solchem oder anderem Untergrund bewegt, wann es der Ruhe bedarf ... Dann auf den Menschen bezogen: Welche Rechte würdet ihr einem Menschen zugestehen? Was müsste man hier alles untersuchen?]
In diesem Zusammenhang höre ich einen Schüler seinem Banknachbarn etwas von "Bedürfnisse befriedigen" zuflüstern; er sagte irgend etwas von 'Onanieren'. Da meinte ich eben: "Was müssten wir jetzt noch alles in Betracht ziehen, damit die Menschenrechte wirklich gut auf den Menschen abgestimmt wären?" Da kamen eine Menge Sachen. Ich sagte dann am Schluss: "Wenn einer onaniert, da müsste man genau untersuchen, ob das ein Menschenrecht ist oder möglicherweise ein Fehlverhalten." [Lachen].
Ich habe dann gesehen: Die Schüler gingen zur Pause hinaus und diskutierten. Einfach, so versuche ich, sie manchmal zu provozieren. Etwas zum Lachen muss es geben im Schulzimmer." [TR, 4I 5]

Die Komplexität von Unterricht respektieren und diese Komplexität gleichzeitig durch Humor transformieren: Unterrichtsinhalte werden vom Expertenlehrer als komplex anerkannt, wobei mit dieser Anerkennung beim Lehrer ein grosses Bewusstsein der Schülerunterschiede und der damit verbundenen Unterrichtsverantwortung, nämlich mit diesen 'Unterschieden' arbeiten zu müssen, deutlich wird. Dabei weist sein fächerübergreifendes Denken sowie eine kollegiale Zusammenarbeit mit den Schülern vermehrt auf jene vernetzten Unterrichtsstrukturen hin, welche Fachinhalte mit Pädagogik und mit persönlichen Einschätzmomenten von Schülern vereinen:

*Frage: Wenn ein Kind dich fragen würde: Es höre und lese dauernd von Aids, was das eigentlich sei? Was würdest du ihm da antworten?*

"Ich glaube, es hängt davon ab, wann es fragt. Wenn es während des Unterrichts wäre, beispielsweise, wenn bei der Lektüre in einem Titel das Wort Aids stünde, dann würde ich wahrscheinlich sagen, dass wir jetzt gerade nicht darüber sprechen. Aber dass wir es in allernächster Zeit miteinander ein wenig breiter anschauen werden. Gerade so grosse Sachen, die ins Leben eingreifen, grössere Probleme, handle ich nicht gerne einfach mit einem Satz ab. Ich mache eine grössere Reihe "Kameradschaft-Freundschaft-Liebe" und darin bekommt dann Aids seinen Platz. Ich mache solche Dinge auch nicht gerne isoliert. In dieser Reihe ist z.B. auch das Thema 'Verhütung'; ebenso das Thema, 'Wie bin ich enthaltsam'. Ich sage immer: Ihr sollt alles ein wenig lernen. Wenn ihr euch bewusst entschliesst, 'ich will enthaltsam sein', so überdenkt mal: "Welche Strategien führen mich dazu, dass ich enthaltsam sein kann?" Da schreiben wir jeweils an die Wandtafel, z.B. Peter ist 17 und hat eine Freundin, Karin. Sie entschliessen sich gemeinsam, dass sie bis nach Lehrabschluss enthaltsam sein wollen. So jetzt: Was müssen sie unternehmen, damit sie effektiv enthaltsam leben können? Dann heisst es beispielsweise, dass beide vielleicht Kleider anziehen sollen, die nicht ganz so 'sexy' sind, etc. Da müssen sie zusammen Strategien entwickeln, damit sie dieses Ziel erreichen können. [TR, 6I 7]

Es wird aus dem vorliegenden Ausschnitt sehr deutlich, wie T.R. mit den konkreten und spezifischen Aspekten dieser hypothetischen Frage-Situation klarkommt, ihre Bedeutung einzuschätzen weiss und entscheidet, wie er auswählt, was ignoriert werden kann, sowie jene Aspekte herausnimmt, die bei der Planung einer Lerneinheit über 'Aids' zu berücksichtigen wären. Es fällt insbesondere auf, dass ihn seine *Wahrnehmung*, sein Wissen über die Schüler, dazu befähigt, die relevanten Elemente der Thematik herauszufinden und für seinen Klassenunterricht adäquat zu 'deuten': Er nennt dies "so grosse Sachen, die ins Leben [der Schüler] eingreifen", welche er nicht gerne mit einem Satz abhandelt. Gleichzeitig zeigt er eine weitere Fähigkeit auf, jene nämlich des *Problematisierens*, indem er die Bedeutung des Themas so weiterentwickelt, dass er die Korrekturbedürftigkeit des Themas erkennt, die Ausweitung, indem damit die Sexualität und damit verbunden auch die Enthaltsamkeit innerhalb der Sexualität ihren Stellenwert hat. Mit dem spontan kreierten Situationsbeispiel (Peter und seine Freundin Karin, beide in der Lehre, nehmen sich vor, bis nach Lehrabschluss enthaltsam zu sein) befähigt er seine Schüler, alternative Handlungspläne zu entwerfen und zu diskutieren. Dabei werden ganz konkrete Möglichkeiten und Mittel erwogen, die dieser Zielsetzung am ehesten entsprechen könnten. - Es wird hiermit auch deutlich, dass dieser gesamten reflektierten Handlungssituation keine Linearität innewohnt, sondern die komplexe Interaktion von Intentionen und Mitteln widerspiegelt, was meiner Ansicht nach auf sehr entscheidende Merkmale des situativen pädagogischen Inhaltswissen dieses Lehrers hinweist:

"Und hier zurück zur Frage nach Aids. Man müsste zuerst die ganze Problematik behandeln, damit die Schüler die Krankheit kennen, und wenn sie diese nicht kriegen wollen, welche Strategien sie dafür zu entwickeln haben: Dann muss man sich wahrscheinlich so und so oder so verhalten ... Dann bekommt das Thema im Ganzen seinen Platz und wird nicht riesig aufgebauscht, bekommt dadurch keine Grösse im Ganzen, die ihm an und für sich nicht zusteht; denn heute ist es noch ein Randproblem, es sterben noch viel mehr Leute im Strassenverkehr als an Aids. Aber ich glaube einfach, wenn ein Thema vom Schüler her kommt, wenn es zu einer Schülerfrage wird, dann muss man es behandeln, und zwar halten wir es in der Klasse hier so: In der Biologie wird das Wissen vermittelt, wie das mit der Immunschwäche vor sich geht, wie es dazu kommt. Ich gebe ihm in der Reihe "Kameradschaft-Freundschaft-Liebe" seinen Platz. Ich sage nicht, den moralischen, ethischen Platz, sondern den Strategieplatz: Ich

will dieses oder jenes, und wenn ich mich dazu entscheide, dann wende ich diese oder jene Strategie an. Das hat mit Moral nichts zu tun.
Aufklärung ist in dem Sinn für mich nicht Sexualkunde. Ich schreibe jeweils hinten einen grossen Titel an: Unterwegs als Mann und Frau. Es ist für mich nicht Biologie, das ist einfach immer ein wenig am Rande dabei, der biologische 'Apparatebau' etc., das sagt nicht viel. Es geht mir vielmehr darum: Ihnen bewusst zu machen, was sie gerade erleben. Und da sieht man jeweils schöne Dinge. Die Pubertät z.B., in der sie gerade drin stecken, damit sie die nicht einfach gedankenlos über sich hinweg gehen lassen, sondern bewusst erleben. Mit all den Funktions-Schema-Darstellungen nimmt man der Sache das Gefühlsmässige, das Flair und auch das Erotische." [TR, 6I 7]

In diesem Zusammenhang verweist T.R. implizit auf das didaktische Prinzip der offenen Fragestellungen, welches nicht missverstanden werden darf mit der 'unbeantwortbaren oder hängigen Frage'. Offene Fragestellungen sind Fragen, welche in starkem Gegensatz zu methodisch geschlossenen Fragen stehen, wie sie vermehrt in naturwissenschaftlichen Fächern vorkommen: Hier ist die Antwort schon in einer bestimmten Weise durch die Fragestellung bedingt, indem eine bestimmt formulierte Erwartung bestätigt oder widerlegt wird. Eine offene Frage - hier eine (antizipierte) Lebenssituation, nämlich 'Kameradschaft-Freundschaft-Liebe' - ist eine Frage, ein Impuls, bei deren Untersuchung Neues und Unerwartetes in den Blick kommt, so dass dann rückwirkend die Fragestellung selbst durch die erzielten 'Ergebnisse' verwandelt und bereichert wird. Und während die geschlossene Frage im vorgezeichneten Rahmen eine abschliessende Antwort findet, ist bei einer offenen Frage jedes Ergebnis vorläufig und einer weitergehenden Bestimmung zugänglich. Dies wird sehr deutlich an der 'offenen' Situationsvorgabe weiter oben mit Peter und seiner Freundin, die noch beide in der Lehre stecken: Von der Aktualität und Schülernähe her gesehen, verleitet diese Situation die Schüler dazu, offene aber realitätsadäquate strategische Überlegungen anzustellen.

*Frage: Was deprimiert dich zuweilen am meisten in deinem Beruf?*

"Ich würde sagen: Das Korrigieren[237] gewisser diktatähnlicher Texte. Wenn man sieht, dass bei einigen Schülern einfach vieles, vieles begrenzt ist vom Hören her, und dass man sehr viel üben muss und der Ertrag sehr, sehr klein ist. Das ist auf diesem Niveau hier manchmal fast ein wenig deprimierend, die Stunden, die man vertrödelt mit Korrigieren, und wenn man dann die Ausbeute davon sieht ... Das braucht einfach eine Menge Energie, die verpufft fast ins Nichts, dünkt es einen bisweilen." [TR, 1I 9]

Die Antwort auf die Frage nach deprimierenden Momenten im Lehrerberuf beinhaltet meiner Ansicht nach für den Lehrerstudierenden implizit auch eine optimistische Note: T.R. verweist auf ein Malaise, welches für einige Schüler durch ständiges 'Nichtgelingen von Lernprozessen' zentral sein muss und deshalb Abhilfe not tut. T.R. schlägt deshalb eine vermehrte Individualisierung vor, die diesem für Lehrer und Schüler deprimierenden Moment entgegenge-

237 Bemerkung des Lehrerstudierenden: "Für mich ist dies eine ziemlich unerwartete Antwort. Eigentlich hätte ich Fehler/Mängel im Bereich Beziehungen erwartet. Deshalb habe ich dann noch die Anschlussfrage gestellt."

halten werden könnte; damit nimmt er jene pädagogischen Tendenzen 'vorweg-', die in der gegenwärtigen Schulentwicklungsdiskussion sehr stark besprochen und handelnd geprüft werden, nämlich eine Individualisierung durch die Anwendung sogenannt 'Erweiterter Lernformen', die sich letzlich auch bezüglich einer verbesserten Klassengemeinschaft 'bewähren' sollen:[238]

"Gut, ich würde sicher einen Schwerpunkt darauf zu legen versuchen, Individualförderung zu machen, Modelle zu entwickeln, wie man wirklich den Schüler individuell fördern könnte. Ich glaube, dort haben wir noch eine Schwachstelle in unserem Schulwesen. Man hat immer einfach zwanzig Schüler vor sich, und man sieht diese Schüler immer als Klasse, statt als Einzelpersönlichkeiten, die dies und dies und jenes nötig haben. Jedenfalls in vielen Bereichen ist das so; ich denke z.B. an Rechtschreibung: Nachdem ich viermal ein Diktat geschrieben gesehen habe, weiss ich, dieser und jener und jener ist einfach dazu verurteilt, Fehler zu machen, und er wird am Ende des Jahres gleich weit sein [wie jetzt], falls ich nicht Modelle habe, womit ich ihn in diesem Bereich wirklich individuell richtig fördern kann. Und dort stehen, von mir aus gesehen, viel, viel zu wenig Sachen bereit. Oder in der Mathematik: Ich sehe: Da und dort ist diese und jene Lücke ... Wenn man hinten im Schulzimmer 150 Ordner hätte,... "Du, Rolf, dort - diese Lücke: Schau bitte hinten, im Ordner A5, unter 275a, das ist es, was du gerade jetzt brauchst. - Und du, Röbi, bezüglich der Rechtschreibung - es hat keinen Sinn, dass wir das zusammen machen - dort [klatscht dabei in die Hände], 263IIb, hopp, bitte, 10 Minuten trainieren!" Dass man einfach in diesem Bereich mehr Sachen hätte, viel viel mehr. Man tritt immer noch viel zu hart an die Klasse heran. Hier liesse sich viel, viel machen. Gerade bei uns oben. Dann sehen die Schüler selber: Ich habe diese und diese Lücke. Aber man kann sie nicht immer stopfen, weil man nicht für zwanzig ein Programm machen kann für den nächsten Tag. - Ich habe schon sehr viel gemacht in diesem Bereich, gerade was Rechtschreibung anbelangt, viele, viele Dinge ..." [TR, 1I 10]

Insofern Wissen über pädagogisch-psychologische Prozesse als Basis benutzt wird, um über Unterrichtsprozesse nachzudenken und um Inhalte zu 'pädagogisieren', spiegelt diese vorgeschlagene Differenzierung des Expertenlehrers eine reichhaltige Vorstellung vom Fachinhalt und seiner Repräsentation wider (zum Beispiel Beziehungen oder Alltagshypothesen formulieren statt blosse Listen mit Wortpaaren aufstellen) sowie reichhaltige Beschreibungen der Perspektiven und Vorstellungen, mit denen Lernende den Inhalten begegnen.
Nebst diesen eher inhaltlichen Bereichen tippt der Lehrer aber auch den ungeliebten schulischen Bereich des 'Übens' an, jenes sachliche Lernprinzip, welches sich in der Unterrichtspraxis des öfteren für Lehrer und Schüler in gleicher Weise als eine eher unerfreuliche Angelegenheit präsentiert: Statt das Üben einfach nach Möglichkeit zu vermeiden oder dieses zu erleichtern, gar auf ein Minimum zu beschränken oder etwa in spielerische Formen zu maskieren, stellt er sich die Frage, ob das Missbehagen an dem in gewissen Lernsituationen notwendigen Üben nicht auf einem unzulänglichen Bedeutungsverständnis beruht, weshalb Übung als eine sinnvolle und unentbehrliche Leistung im menschlichen Leben zu begreifen ist, als ein notwendiges selbstvergessenes Einüben an der Sache. So gesehen wird Üben nicht als lästige Notwendigkeit sondern als notwendige Bedingung des Lernens gesehen. (Damit ist natürlich die Frage nicht beantwortet, wie diese 'Sinnhaftigkeit des Übens' einem Kind oder

238 Vergleiche dazu beispielsweise Niggli (1992a).

Schüler beigebracht werden kann; dass dies beim vorliegenden Lehrer aber möglich ist, konnte der Lehrerstudierende selbst beobachten.)

*9.3.1.1. Pädagogisches Wissen über Inhalte*

Mit diesen Beispielen eines 'Pädagogischen Wissens über Inhalte' des Expertenlehrers wird angedeutet, wie das ursprüngliche Wissen dieses Lehrers über bestimmte Inhalte in etwas anderes transformiert worden ist, als es früher war, transformiert in eine Form der praktischen Anwendung auf Unterricht: Dabei habe ich diejenigen Komponenten zu illustrieren versucht, die das Wissen über bestimmte Inhalte 'pädagogisch' werden lassen, wobei sehr deutlich wird, wie die Überzeugung, die 'Meinung des Lehrers über den Stoff' stark in den Unterricht einfärbt: T.R.s Meinungen über den Unterrichtsstoff stehen aber immer im Verbund mit seinen Meinungen über seine Schüler, über die Schule als kulturelle Institution, über das Lernen und über die Art des Unterrichts, welche alle einen sehr starken Einfluss auf seinen Unterricht ausüben.
Dabei unterscheidet er zwei Arten von Sichtweisen: Die *eine* befasst sich mit dem Stoff und mit den Prioritäten, die er als Lehrer ganz bestimmten Themen zuschreiben muss; die *andere* erfasst die Orientierung des Lehrers und Schülers *im* Stoff. Diese letzte Meinung, die auch mit Wertvorstellungen umschrieben werden kann, 'determiniert', von welcher Art der Geschichts-, Sprach-, Mathematik- oder Biologieunterricht dieses Lehrers für seine Schüler ist, d.h., wie dieser Fachunterricht auf dem persönlichen Hintergrund der Schüler und des Lehrers als wichtig erachtet wird. Diese eigene Meinung legitimiert eine Anzahl pädagogischer Möglichkeiten und Strategien, die von Lehrern als wichtig oder unwichtig gehalten werden, oder schliesst diese aus, um einen bestimmten Stoff der Klasse zu unterrichten. Dies veranlasst den Lehrerstudierenden sofort nachzuhaken und zu fragen:

*Bis zu welchem Grade bist Du frei darin, diese Bereiche abzudecken?*

"Das ist eben immer die Frage ... Ich selber habe mich immer sehr frei gefühlt. Und ich weiss auch, dass der Schuldirektor das akzeptiert. Ich habe mich immer, immer sehr frei gefühlt, weil ich mir sage: Der Stoff z.B., oder der Lehrplan oder wie das heissen mag, das ist an und für sich nicht zentral. Sondern zentral ist: "Tun wir das, was wir jetzt gerade unternehmen, tun wir das in vernünftigen Beziehungen miteinander, so, dass der Schüler selbst zur Initiative kommt und dass er nachher innerhalb der eigenen Initiative, die er ergreift, wirklich diese und jene Fertigkeit mitbekommt und sie trainieren kann; und zwar nicht halbbatzig, sondern wirklich für sich als Optimum trainieren kann." Und dabei ist doch im Grunde genommen inhaltlich egal, was genau. Gut, man kann nicht nur über ein Hobby lernen, aber es ist nicht so wichtig. Wichtig ist, dass das, was man miteinander macht, richtig macht und dabei vernünftig miteinander umgeht. Dann kann mir der Lehrplan Schnauze sein, manchmal, ist doch egal. Gut, wir sind da in der Realschule weniger eingeengt als in der Sekundarschule." [TR, 1I 9]

Nebst der ersten Wissensart, welche die kodifizierten Fakten des Fachgebiets umfasst, ist für ihn auch eine zweite Art von Wissen sehr wichtig, ich nenne es hier ein heuristisches Wissen: ein Wissen über sinnvolle praktische Vorgehensweisen und begründete Urteile in den verschiedenen Fächern. Es ist die 'Kunst begründeter Vermutung', die vom Lehrer in jahrelanger Unterrichtserfahrung erworben worden ist. Es ist ein Erfahrungswissen, welches den Expertenlehrer vom Lehrerstudierenden klar unterscheidet.

*9.3.1.2. Zusammenfassung*

Pädagogisches Inhaltswissen scheint bei den Expertenlehrern insbesondere in all jenen Themen zum Tragen zu kommen, welche von ihnen überzeugt als unabdingbarer Teil des Lehrplans unterrichtet werden. Dies bedingt nämlich für die Lehrer, die für solche Themen adäquatesten Repräsentationsformen, treffendsten Demonstrationen, Erklärungen, Beispiele, Illustrationen oder Analogien vorzunehmen; es erfordert praktische Kunstgriffe, diese Themen so zu transformieren, dass sie für die Schüler individuell assimilier- und akkomodierbar sind. Es beinhaltet aber auch das Wissen darüber, welche dieser Themen vom Schüler leichter, welche schwieriger integriert werden, d.h., welche möglichen Vorzüge oder Schwierigkeiten Schüler dem entsprechenden Thema gegenüber in den Unterricht mitbringen. Der Lehrer muss also um 'richtige' oder 'verstellende' Wissenskonstrukte und -vorstellungen auf seiten der Schüler, welche diese aus ihrem biographischen wie auch schulischen Vorwissen an einen entsprechenden Lerngegenstand herantragen.

Dieses Praxiswissen hat somit sehr viel mit Repräsentationsformen des Lehrers bezüglich all jenem deklarativen Wissen zu tun, welches in den verschiedenen Fachinhalten vorhanden ist. Es hat aber ebensoviel mit den impliziten, unbewussten prozeduralen Gestaltungsmöglichkeiten des Lehrers zu tun, sowohl effektiv als auch verantwortungsvoll zu handeln, d.h., oft sowohl inhaltlich diszipliniert-rigoros als auch sozial wohlwollend-unterstützend. Dabei ist immer die Perspektive der *Schüler als Lernende* der Ausgangspukt dieses pädagogischen Wissens. So gesehen ist dieses Praxiswissen weder technisches Wissen, weder die Anwendung von Theorien oder generellen Prinzipien und Maximen auf die Praxis, noch eine kritische Analyse von Unterricht, sondern die Konstruktion von situiertem, lernerzentriert-prozedural-inhaltsbezogenem pädagogischen Wissen, welches zusammengefasst als erfahrungsbezogenes intuitives Wissen wirksam wird (vgl. Kapitel 5). Als Überleitung zu diesem typischen Expertenbereich sei hier eine Lehrerin zitiert, die intuitiv in aussergewöhnlicher Weise ungewohnt gewöhnliche Mittel einsetzt, um damit ihre Klasse zur Gemeinschaftsförderung zu motivieren:

> "Ob es ist, weil ich eine Frau bin, ich weiss es nicht. Aber ich lege viel Wert auf kleine Sachen, die eine gewisse Atmosphäre schaffen in der Klasse selber oder im Schulzimmer, und zwar schon vom ersten Tag an: Indem ich etwas Kleines bastle oder ein Präsent verteile, was die Schüler immer wieder daran erinnert, und worauf auch ich zurückgreifen kann: "Erinnert Euch wieder, wir haben einmal darüber gesprochen und ein Symbol gewählt". Eigentlich sind das so kleine 'Sächelchen', wo ich das Gefühl habe, dass die Schüler das eigentlich sehr schätzen, und es ergibt sich auch eine ganz andere Beziehung zwischen mir und den Schülern und umgekehrt, die haben immer eine Riesenfreude daran. - Zum Beispiel habe ich nach den Osterferien jedem so als Symbol ein kleines Blümlein zum Anstecken gemacht: "Weil wir jetzt die letzte Phase der 3. Sekundarklasse angehen, das letzte 'Trimester', und weil draussen gerade Frühling ist, versuchen wir das beste daraus zu machen, damit diese letzte Phase auch so farbig und bunt wird wie dieses Ansteckblümlein, so dass wir voneinander profitieren können und einander anstecken mit diesen Farben." - Oder im Herbst, bei Schuljahresbeginn, ist es ein Säcklein, mit einem gebackenen Brötlein drin, einfach so, als Andenken, auf dem steht

hinten drauf ein Spruch, z.B. ein Bibelspruch, 'Säe, und Du wirst ernten', so dass alle ein wenig bewusster werden. Und es ist erstaunlich, wie Eltern mir von Buben - bei denen ich dachte, die werfen so etwas dann vielleicht weg, - berichten, dass diese das Geschenklein seit langer Zeit im Zimmer aufgehängt hätten." [SN, 9]

Worauf diese Lehrerin in ihrem Unterricht intuitiv viel Wert legt, sind kleine Überraschungen, die einen symbolischen Wert erlangen: Es sind besondere Symbolik-Elemente, die als Metapher des Frühlings gelten. Als Kontrast dazu der folgende Versuch ihres Mannes, der an einer anderen Schule unterrichtet:

"Ich möchte auch immer etwas Besonderes machen, aber ich bin nicht der Bastler in dem Sinne, dass ich ..., aber z.B. habe ich sehr gerne Blumen. Ich habe immer etwa Blumen in meinem Klassenzimmer, im Frühling, so habe ich auch ein Ämtlein in dieser Richtung in der Klasse, damit ein bisschen Blumen in die Schule kommen; oder ich sage etwa zu jemandem: 'Nimm doch einmal ein paar Blumen mit', ... oder eben, ich nehme sie selber mit." [RS, 11]

### 9.3.2. Zweiter Fallausschnitt: Pädagogisch-intuitives Wissen

- "Einfach manchmal 'den Karren' wenden." [TR, 4I 7]

Während das prinzipienhafte Wissen, welches insbesondere aus der Suche nach repetitiven Mustern besteht - die etwa auch 'Regeln' genannt werden -, eher wissenschaftsorientiert ist, kann das intuitive und das praktische Wissen nur aus der Person des Lehrers und der entsprechenden Unterrichtssituation heraus erklärt werden. Denn weder das gesamte Berufsverhalten noch das Handlungsrepertoire eines Expertenlehrer können mit dieser Regelhaftigkeit erfasst werden. Intuition, intuitives Wissen ist das Ergebnis eines jahrelangen Eingebundenseins in verschiedenste Unterrichtssituationen sowie das daraus resultierende Erkennen von Ähnlichkeiten solcher spezifischer Situationen. Hinzuzuzählen ist noch die Kategorie 'Improvisation', ein Begriff, der hier nicht bloss als Metapher verwendet werden soll. Das nachfolgende Beispiel zeigt, was ich damit meine:

"Ich habe mal ein Mädchen in der Klasse gehabt, das auch so, ..., bei dem war alles schwarz. Da sagten die Knaben: 'Ja, sie lacht nie, sie ist nicht gelöst, sie ist verkrampft. Sie kommt abends nie mit uns aus usw.' - Da sagte ich zu ihr: “Du, Laura, jetzt erzähl' halt mal, wie so ein Tag abläuft bei dir.” - Da begann sie:
Am Morgen um fünf aufstehen; dann in den Stall; dann in die Käserei; dann frühstücken; dann in die Schule; dann am Nachmittag um vier wieder zuhause sein, wiederum in den Stall; Nachtessen, Aufgaben machen; dann schlafengehen. Da bekamen die anderen immer grössere Augen, und einer sagte: 'Das nächste Mal kommst du einfach mit uns Flippern.' Worauf ich entgegnete: 'Hast du jetzt diesem Mädchen geholfen? Hilft jetzt das etwas?' Nun diskutiert das folgende Thema: 'Guckt, es gibt Situationen im Leben, die den Menschen schon relativ früh zeichnen, die ihm das Leben schwer machen.' Die Schüler gingen im Folgenden stark darauf ein, und das Mädchen hat dann in der Gruppe auch Unterschlupf gefunden. Es haben sich so-

fort einige bereit erklärt, ihm zu helfen, mit ihm zusammenzuarbeiten; weil sie gemerkt haben: "Gottfriedstutz', es muss schon 'fey ä Bitz' etwas drangeben in dem Alter." Sie sind dann auch bereit, solchen Menschen ein bisschen zu helfen, wenn sie einsehen, dass jemand so sein darf, weil er dieses und jenes eben erlebt hat. Ich glaube, in der Klasse ist es wichtig, dass in diesen Bereichen zwischendurch Sachen aufgearbeitet werden." [TR, 4I 6]

Das intuitive Wissen von T.R., wie mit dieser Situation der in der Klasse 'ausgestossenen' Laura umzugehen, hatte nichts mit Wissen von gewissen Regeln, Plänen oder Verfahrensweisen zu tun (wie in solchen Situationen zu reagieren sei), sondern er handelte intuitiv und der Situation entsprechend, d.h., er trat mit dieser schwierigen pädagogischen Situation intuitiv ins 'Gespräch', als kenne er diese schon, wobei ihm bestimmte frühere Situationen mit ähnlichem oder vergleichbarem Charakter bei seiner intuitiven 'Reflexion-in-der-Handlung' beigestanden sind; diese 'lieferten' ihm sozusagen die Bedingungs- und Kontextvariablen, damit er adäquat handeln konnte: Dem Mädchen in einfachster Weise die Möglichkeit geben, seinen Tagesablauf zu schildern, d.h. dieses 'schwarze Eingeschlossensein' zu erklären. Dabei zeichnete sich diese Handlung des Lehrers durch tiefste Anteilnahme an der pädagogischen Lebenssituation dieses Mädchens aus, er betrachtete diese aus einer ganz bestimmten empathischen Optik heraus, welche bestimmte Merkmale der Konfliktsituation als besonders relevant hervortreten liessen.

Dieses dargestellte *pädagogische-intuitive Wissen* leitet sich wohl ab aus unzähligen, wohlüberlegten 'Handlungsantworten' auf herausfordernde Erfahrungen vergangener Praxissituationen, d.h., dieses pädagogische Wissen 'formte' sich mit der Zeit im Kopf und Herzen des Lehrers, und zwar durch den unablässigen Zyklus Unterrichtshandlung-Reflexion-Unterrichtshandlung-Reflexion etc. (wobei der Anfangspunkt nicht festgelegt ist: Es mag sowohl eine Unterrichtshandlung als auch eine generelle Reflexion über Unterricht gewesen sein). Dieser enorme Reichtum an Erziehungs- und unterrichtsinformationen, welche sensible, hellhörig-gewiefte Praktiker aus ihrer Praxis schöpfen, ist ein grundlegend in der Erfahrung verankertes, sensitiv-kontextualisiertes Wissen, ein auf den täglichen Unterrichtshandlungen basierendes, situiertes Wissen von Schul- und Gemeinschaftskultur.

Dabei trifft dieser Expertenlehrer nicht aus Plänen, Erwartungen oder distanzierten Überlegungen heraus Handlungsentscheidungen; vielmehr 'geschieht' sein kluges, verantwortungsvolles Agieren einfach, als hätten ihm ähnliche Erfahrungen zu einem inneren Handlungsplan verholfen. Dies zeigt sich auch sehr deutlich im nächsten Beispiel:

"Ich hatte hier schon ganz, ganz grosse Erlebnisse im Schulzimmer. Ich hatte ein Mädchen, das einen Selbstmordversuch unternommen hat. Über Mittag hat es zuhause von der Schwester Schlafmittel genommen. Dann ist es hier in der Schule so langsam eingenickt, eingeschlafen. Ich dachte für mich: "Herrschaft, was ist wohl mit der Anna los! Die hat wohl nichts geschlafen letzte Nacht." Dann läutete die Schulglocke. Sie blieb hier, immer nahe am Einschlafen. Da sagte ich zu ihr: "Du, Anna, was ist los? Hast du nichts geschlafen letzte Nacht?" Daraufhin ging sie hinaus ..., worauf man es plötzlich laut pochen hörte. Ich dachte, irgendwer meissle etwas. Da kamen andere Schüler herein und berichteten, das Mädchen sei auf der Toilette und hämmere mit dem Kopf an die Wand. Ich sagte ihnen, sie sollen irgendwie versuchen, es herauszulocken, herauszubringen. Nach einer gewissen Zeit haben sie es herausge-

bracht. Es kam an seinen Platz zurück, vollkommen stumm.
Da habe ich ihm auf einen Zettel geschrieben: "Hab ich Dir etwas zuleide getan? Kreuze an: Ja oder Nein", und den Zettel neben das Mädchen gelegt. Da kreuzte es 'Nein' an. - "Haben Deine Kollegen und Kolleginnen Dir etwas zuleide getan? Kreuze an: Ja/Nein." Es kreuzte wiederum 'Nein' an. - Dann: "Haben Deine Eltern Dir etwas zuleide getan?" Da kreuzte es 'Ja' an. Und so hatte ich es. Ich hatte wenigstens einen Ansatzpunkt und konnte mit ihm reden, und es sagte mir, was es genommen hatte. Ich ging darauf zum Arzt - es wollte absolut nicht, es war aus einer angesehenen Familie. Da sagte ich: "Hör' zu. Ich kann es nicht verantworten, dich mit diesen Mitteln einfach heimgehen zu lassen." Dann beim Arzt, sagte der mir: "Ja, 1200 Milligramm wären tödlich gewesen, es hat 700 mg genommen." Es musste dann viel Kaffee trinken und wach bleiben bis abends um elf. Anschliessend bin ich mit ihm nach Hause und hatte dort sehr lange Gespräche mit den Eltern. - Es gibt schon solche Fälle, die unglaublich hart sind. Aber manchmal dünkt es einen wieder, wenn man eine so schwierige Situation gemeistert hat, man sei der gesamten Herausforderung gewachsen. So tut es vielleicht manchmal ganz gut, wenn nicht immer alles zu glatt abläuft." [TR, 6I 3]

Obwohl das Handeln 'intuitiv' organisiert scheint, zeigt diese Schilderung in Ansätzen, wie der Expertenlehrer seine Handlungskonsequenzen analysiert: 'Was werde ich als nächstes tun?' Er schätzt ab, welches die möglichen Folgen seines Handelns sein können. Charakteristisch scheint mir dabei auch, dass dieses pädagogisch-intuitive Praxiswissen die Unterscheidung zwischen Mitteln und Zielen 'thematisiert', indem das eine zwar vom andern getrennt, aber immer auch auf das andere *bezogen* betrachtet wird. Im Zentrum der Gedanken ist somit zuerst das Ziel, erst nachher werden die entsprechenden Mittel mit ins Spiel gebracht. Dies erfordert eine grosse Sensibilität, welche sich anscheinend erst über den Zeitraum einer bestimmten Lehrerbiographie entwickelt, eine Sensibilität, die sich auf die Frage konzentriert: 'Wie helfe ich meinen Schülern, ihre volle Energie auf ihr persönliches Lernen und Wachsen zu richten?' Ein solches pädagogisches Praxiswissen beinhaltet somit eine reflexive Haltung, und zwar allen nur erdenklichen auftauchenden Problemen gegenüber: Statt sie zu vermeiden, trachtet der Lehrer danach, diese zu verstehen und aufzugreifen, wobei er dies mittels seines Erfahrungswissens, gestützt durch bisher erfolgreiches intuitives Wissen, vornimmt; d.h., nebst analytisch ernsthafter Auseinandersetzung mit einer Situation, wie beispielsweise die oben dargestellte, tut er dies in einer gewissen Weise auch in einer fast spielerisch anmutenden Umgangsweise von Worten, Beziehungen und Erfahrungen. Eine solche Auffassung von Unterricht beinhaltet sehr wohl gewisse Fertigkeiten und Dispositionen, die aber allesamt generell in die Richtung eines speziellen pädagogischen Schüler- und Inhaltswissens hin tendieren: Es ist vielmehr eine *Unterrichtssensibilität*, welche unaufhörlich versucht, ein propositionales Wissen von Prinzipien und Maximen immer nur in feinster Abstimmung mit dem Schüler- und Kontextwissen zu verwirklichen.[239] Das kann so weit gehen, dass - sofern keine

239 Dieses Wissen kann vom Handelnden möglicherweise nicht (einfach) 'verbalisiert' werden, weshalb es nicht müssig ist, darüber zu diskutieren, ob hier sinnvollerweise überhaupt noch von 'Wissen' gesprochen werden kann (Bromme, 1987). Es gibt deshalb vermehrt Forscher, die in Anlehnung an Polanyi (1962, 1967) den Begriff des 'stummen Wissens' ("tacit knowledge") verwenden. Dieser Sachverhalt zeigt auf, wie schwierig es auch sein kann, dieses 'stumme Wissen' zu aktualisieren oder gar als Wissensbasis andern 'Menschen verfügbar' zu machen.

aussergewöhnlichen Schwierigkeiten auftauchen - dieser Expertenlehrer einfach das macht, was für ihn 'richtig' ist, d.h., er ist - quasi im Voraus des Handlungsvollzugs - von seiner auszuführenden Handlung überzeugt, ohne dass er vorgängig analytisch das Problem 'lösen' oder eine 'Entscheidung treffen' will, um zum richtigen Resultat zu kommen. Zu diesem 'stummen', impliziten, intuitiven Wissen, welches hier nachträglich veräussert werden konnte, noch ein Beispiel:

> *[Kurzbeschreibung einer Episode mit einem Hilfsschüler, der in der untersuchten Woche im Werkunterricht eine Auseinandersetzung mit anderen Schülern hatte und beim Auftauchen des Lehrers zu Lektionsbeginn weinte. T.R. löste den Konflikt beiläufig und schickte anschliessend den betrübten Schüler spontan ins Dorf, um zehn Bananen für den nachmittäglichen Wirtschaftsunterricht mit dem Thema "Die Banane im Wirtschaftskreislauf" einzukaufen.]:*
> "Dann war dieser Schüler wieder zufrieden. Und als er zurückkam, war er ein ganz anderer Mensch. Es ist manchmal merkwürdig, dass gerade in solchen Situationen ein Herausreissen aus der Sache vieles bewirken kann; irgend etwas anderes..., (dem 'Zeug'), und sie kommen zurück, als total andere Menschen.
>
> *[In einem anderen Fall kamen einem Mädchen, das einen schweren Unfall erlitten, in der Schule in Rückstand geraten und dadurch ein wenig depressiv geworden war, eines Tages in der Schule die Tränen. Da T.R. wusste, dass es gerne sang, liess er ein Lied anstimmen, wobei das Mädchen mitsang]:*
> Dann sagte ich zu ihr: "Hast du gemerkt, was mit dir passiert ist?" Und zu einem Knaben vis-à-vis: "Du, hast du gemerkt, was jetzt geschehen ist?" - "Ja, ja, sie lacht wieder." *[Allgemeines befreiendes Lachen].* Das heisst für mich als Lehrer in solchen Situationen: Einfach manchmal 'den Karren' wenden, schnell etwas anderes machen, anstatt sich in eine Richtung zu verbohren, zu versteifen und damit einer Sache fast die Lösungsmöglichkeit zu nehmen. Bisweilen muss man wirklich eine 180°-Wendung machen, etwas ganz anderes. Dann löst sich vieles von selber. Man muss gar nicht mehr viel darüber sprechen und diskutieren. Dort muss man manchmal den Mut haben, nicht auf dem 'Gleichen reitend' das Problem lösen zu wollen, sondern die Probleme manchmal fast 'sich selber lösen' zu lassen. Denn sie sind gar nicht so wichtig. Wenn man irgend etwas anderes macht - tack! -, löst sich das vorläufige Problem beinahe von selbst." [TR, 4I 7]

Eine solche Bereitschaft humaner Wachsamkeit und sensibler Einfühlsamkeit erfordert ein ständiges 'Abwägen und Ausbalancieren' von Lehrerwahrnehmungen einerseits und Schülerhandlungen andererseits; ein Beobachten, Wahrnehmen und Aufgreifen jener Faktoren, welche zum Wohl des Lernens, Gedeihens und Wachstums des Schülers beitragen. Eine solche Sichtweise bedeutet also für den Lehrer, ein aktiver Planer, ein sensibler Beobachter und analytische Erforscher seiner täglichen Unterrichtspraxis zu sein, aus der er täglich Schlussfolgerungen ziehen und Konsequenzen abschätzen muss,[240] die sowohl

240 Lave (1988) und Yinger (1987, 1990) verwenden in einem ähnlichen Zusammenhang den Begriff 'Arbeitswissen', welches in Handlungen wirksam wird: es steht in einer dialektischen Beziehung zwischen den Unterrichtsteilnehmern - Lehrer und Schüler - und den verwendeten Materialien, Medien und Hilfsmittel einer Lehr-Lernsituation, d.h. das Wissen liegt in der Interaktion dieser Systeme begriffen und nicht bloss - wie bisher oft angenommen - in den Köpfen der betreffenden Individuen. Yinger spricht dabei von einer 'ökologischen Intelligenz', einem systemischen Wissen, welches nebst personalen Elementen sowohl kulturelle, soziale und historische, wie auch materielle und physikalische Elemente aufweist.

sachlich als auch sozial angemessen sind. Ein dergestalt intuitives Wissen hat den Lehrerstudierenden sehr viel Respekt abgewonnen, hier stellvertretende ein Echo:

"Bevor ich das Zimmer verlasse, sticht mir ein Brief in die Augen, den die Klasse ihrem Lehrer auf Weihnachten geschickt hat, und der jetzt aufgefaltet an der grossen Steckwand hängt. Darin steht folgender Satz: *"Wir hoffen, immer gut mit Ihnen auszukommen und allfällige Probleme gemeinsam lösen zu können."* - Ich staune. Wonach ich jahrelang gestrebt hatte, hat Peter erreicht: Der Lehrer ist nicht mehr der grosse Herausreisser aus der Lethargie, der 'Showtimer' vor der Klasse, der bestrafende und belohnende Organisator, der ziehende und stossende Veranstalter, während die Klasse gähnend auf die Uhr blickt. Peter hat die Rolle und Funktion eines Beraters und Lernfachmanns gewonnen. Er hat es geschafft, eine Organisation und Atmosphäre zu schaffen, in der er in den Hintergrund treten kann, wo der Arbeitsschwerpunkt bei den Schülern liegt, wo Selbsttätigkeit Realität wird. Diskret und väterlich - das Bild erscheint wieder - hält er die Fäden in der Hand und lässt die Pflanzen wachsen." [SG, P 12]

### 9.3.3. Dritter Fallausschnitt: Pädagogische Dilemmata im Unterricht und Bewältigungsstrategien

• "Die Schule müsste eigentlich, von mir aus gesehen, keine Noten machen; sie sollte fähig sein, sie sollte kompetent genug sein, ohne Noten über die Runden kommen zu können." [TR, 3I 1]

Welche Bedeutung haben Noten innerhalb der Schulkultur? Welche Bedeutung misst ihr der Lehrer zu? Verfolgen wir einen Fallausschnitt desselben Expertenlehrers, der das Notendilemma - welches übrigens eines der am stärksten belastenden Probleme von Junglehrern ist - folgendermassen reflektiert:
Der Lehrer T.R. nimmt bezüglich des Benotungssystem eine wichtige Differenzierung vor, indem er zwischen einer Notenfunktion für die Binnenwelt der Schule (intern für den Lehrer, den Schüler, den Klassenverband) und eine für die Aussenwelt - sprich: 'Abnehmerwelt' der Schüler (weiterführende Schulen wie die Berufsschulen, Gymnasien etc.) - unterscheidet. Ein Wählen zwischen den zwei möglichen Alternativen - beispielsweise 'Noten ja oder nein' - ist nicht die einzige Möglichkeit, widersprüchliche Alternativen anzugehen. Das Noten-Dilemma 'lösen', heisst für T. R. nicht (unbedingt), eine forcierte Wahl zwischen Lösung A oder B anzustreben. Für ihn lautet die Definition des Dilemmas vielmehr etwa so: Es ist ein Argument, welches sich ihm, dem 'Handlungsträger', mit zwei oder mehr Alternativen präsentiert, welche alle beide als gleich überzeugend beweiskräftig und schlüssig erscheinen, unabhängig von der Wahl einer der beiden Alternativen:

"Ich glaube, man muss eine [Be-]Wertung machen, und zwar der Abnehmer wegen, nicht wegen der Schule. Die Schule müsste eigentlich, von mir aus gesehen, keine Noten machen. Sie

sollte fähig sein, sie sollte kompetent genug sein, ohne Noten über die Runden kommen zu können. Denn für mich ist das immer dasselbe Problem: Man sieht so viel in die Schulhäuser hinein und sieht so oft in den Lehrerzimmern, in den Diskussionen, wie die Noten vielfach nur dazu verwendet werden, Druck zu machen. Es ist nichts anderes als ein Druckmittel. Diese Mengen, Mengen und Mengen von kleinen Prüfungen, die mit 'Prüfung' überhaupt nichts zu tun haben, sondern reine Kontrollinstrumente sind, aber womit man den Schüler mittels einer Note zwingt, dass er überhaupt lernt ... Das dünkt mich das Katastrophale an den Noten. Man kann schon mal den Stand messen, aber dann müssten ein paar Unterrichtswochen vergangen sein, dass man über ein grösseres Kapitel hin sagen kann: 'Doch, jetzt bist du in dem grossen Kapitel etwa hier'. Aber nicht immer mit diesen kleinen Kontrollsachen, und das nachher als Prüfung bezeichnen, das hat mit Prüfung nichts zu tun. (...)
Wegen den Noten möchte ich doch noch anfügen ... ich habe vorhin gesagt, eine Eins bis Sechs täusche eine Differenzierung vor, die es nicht gibt. Ich habe über längere Zeit die Zeugnisse verfolgt, auch jene der Sekundar- und der Werkklassen. Und wenn man das gut verfolgt, dann sieht man im Grunde genommen, dass es einfach nur drei Noten gibt:
*a) Der Schüler erfüllt die Lernziele (die die Schule steckt) mit Leichtigkeit selbständig. Das wäre, sagen wir mal die beste Note (Note 1).*
*b) Dann gibt es solche, die erfüllen diese Ziele unter Anleitung und Hilfe (Note 2).*
*c) Dann gibt es diejenigen, die diese Ziele nicht erfüllen, auch wenn man ihnen hilft (Note 3).*
Das gäbe drei Noten, eine Eins, Zwei und Drei. Denn wenn man das Zeugnis überblickt, sieht man immer: Sechs, Fünfeinhalb = solche, die die Lernziele selbständig und mit Leichtigkeit erfüllen; dann gibt es fünf, Viereinhalb = diejenigen, denen man bereits ein wenig helfen muss, die die Lernziele jedoch erfüllen. Dann fällt es ab: Vier - da die Schule immer ein wenig zu positiv bewertet, ist eine Vier schon ein bisschen zu gut ... -, also, alles, was Vier und tiefer ist, sind einfach Schüler, die diese Ziele nicht mehr erfüllen. Und das würde eigentlich für den Abnehmer reichen; denn ein Bankmann will ja nur dies wissen: Wenn jemanden anstellen will, so geht er nur gucken, wo hat er Sechsen und Fünfeinhalb, dort und dort in diesen und jenen Fächern. Auf mehr schaut er gar nicht. Er will wissen, ist der Schüler in den Bereichen, die ihn interessieren, selbständig und kann er diese relativ mit Leichtigkeit erreichen.
Aber parallel dazu sollte man dann ein anderes Differenzierungsmodell haben, das einen viel gründlicher beobachten liesse, und das dem schulischen Abnehmer zu Hilfe käme. Eine Note Viereinhalb von der dritten zur vierten Klasse, oder eine Note Fünfeinhalb von der vierten zur fünften sagt überhaupt nichts aus, ist so durchschnittliches Blabla. Deshalb müsste es neben den drei Noten etwas ganz Differenziertes geben, das auf sprachlicher Ebene laufen würde." [TR, 3I 1/2]

Eine solche Umschreibung der Beurteilungsproblematik - weniger benotete Prüfungen, mehr lernzielorientierte, kriteriums- und diagnoseorientierte Lernkontrollen - legt das Gewicht auf das Abwägen, das Sich-Auseinandersetzen und In-Betracht-Ziehen, das Erwägen der verschiedenen Alternativen, statt einer eindeutigen Wahlentscheidung zwischen beiden. Damit wird der solchermassen 'konfliktbeladene' Lehrer gleichsam zu seinem eigenen 'Gegenspieler', wobei weder die eine noch die andere Alternative gewinnen kann. Statt eines Entscheidungsprozesses, welcher eine der beiden konfligierenden Alternativen eliminiert, verlangt das 'Dilemma-Lösen' vom Lehrer nach einem Argumentieren mit sich selbst, unter ständiger Berücksichtigung der verschiedenen möglichen Alternativen:

Frage: *Könnte man also sagen - wenn ich dies jetzt weiter interpretiere -, dass man auf dieser Skala, eins bis sechs nicht vertikal messen -, sondern eher horizontal die Fähigkeiten nebeneinander stellen und sagen sollte: Da ist deine Stärke, und da hast du noch Schwächen, da kannst du dich noch entwickeln?*

"Ja, weil das innerschulisch sehr wichtig ist, insbesondere wichtig für den Schüler, damit er

weiss, wo seine Stärken liegen. Für den Abnehmer hingegen sind natürlich Noten schon das Günstigste, weil sie mit einem Wort da sind: 'Dieser Schüler ist selbständig'; oder: 'Das geht ihm leicht von der Hand, das weniger leicht' ...
Man täuscht immer etwas vor mit den Noten; ich sehe, wie undifferenziert eine solche Sache zustande kommt. Die Schule müsste daneben etwas laufen lassen. Ich fände es beispielsweise gut, wenn ein solcher Beobachtungsbogen ab der 1. Klasse laufen würde. Aber der Erstklasslehrer dürfte vielleicht den Bogen beim Übertritt in die 2. Klasse nicht gleich weiter geben, sondern am Ende der 2. Klasse würden der Erst- und der Zweitklasslehrer zusammen schauen: 'Was sieht man jetzt?' - Bei manchem Schüler käme man auf vergleichbare Resultate, bei anderen vielleicht auf etwas ganz Gegensätzliches. Dann könnte man dies ausdiskutieren: 'Weshalb kommt man jetzt dazu?' etc. ..." [TR, 3I 2]

Ein wichtiges Element in der Arbeit eines Lehrers besteht somit im Argumentieren mit sich selbst. Das pädagogische Dilemma wird dann zum unmittelbaren Anlass dieses Argumentationsprozesses. Es ist ein spekulatives Argumentieren, welches keines der Argumente als Gewinner oder Verlierer betrachtet. Dieses Denken unterscheidet sich sehr wesentlich von der Art des Denkens, welches an ein korrektes Antizipieren der richtigen Alternative glaubt. Das Argumentieren des 'Hauptakteurs' mit sich selbst als 'Gegner' verhilft zur Artikulation unerwünschter Konsequenzen im Sinne potentieller Konfrontationsmöglichkeiten. Um diese konfligierenden Teile zwischen der Arbeit und seinem Selbst zusammenzuhalten, muss ein Weg gefunden werden, dieses Dilemma so zu 'handhaben', dass der darunterliegende Konflikt nicht noch verschärft oder verschlimmert wird:

"Es hat einfach sein *Für und Wider*, die ganze Sache. Für die schulischen Abnehmer, finde ich, müsste daneben etwas Differenzierteres laufen. Das Komische ist ja: Wenn man Schüler von der Primarschule zur Sekundarschule gehen lässt, dann braucht man plötzlich etwas Differenzierteres. Dann macht man den [Beurteilungs-]Bogen daneben. Aber man sollte diese Differenzierung schon vorher haben. Dann würde auch der Prüfungsdruck im Übertrittsverfahren von der Primarschule zur Sekundarschule viel kleiner. Denn dann wüssten Schüler, Eltern und Lehrkräfte schon, worum es geht. Alle Bereiche, die wichtig sind, könnte man vorher schön auf diesem Beobachtungsbogen erfassen; dann könnte man auch aufgrund dieses Beobachtungsbogens mit den Eltern konkrete Gespräche führen, nicht so allgemeines 'Bla-Bla-Zeug'." [TR, 3I, 3]

#### *9.3.3.1. Weitergehende Bedeutung von Dilemma-Erörterungen*

Das Argumentieren mit sich selbst, diese Ambivalenz darüber, was zu tun und was zu unterlassen sei, ist oft nicht bloss nur ein Konflikt des Willens, sondern auch einer der Identität: eine Identität der Situation zu finden, um die tägliche Arbeit ausführen zu können. Herausfinden, wer man im Klassenzimmer *ist*, das ist ein wesentlicher Teil der beruflichen Arbeit und des professionellen Selbstverständnisses. Dabei ist dieses Selbstverständnis kein einfach strukturiertes, das man so quasi integral mit sich in den Unterricht bringt: Die persönliche Biographie, die privaten Sorgen und Angelegenheiten verlangen nach der Fähigkeit, diese verschiedenen Aspekte des Selbst zusammenzufügen, selbst wenn diese unterschiedlichen Fazetten unterschiedliche Berufsbedürfnisse veräussern. Ein solcherartiges 'Handhaben' eines Dilemmas, mittels 'Zu-Bewältigen-Versuchen', statt dem absoluten 'Lösen-Wollen', porträtiert diesen Lehrer als aktiven

'Verhandler', als Verwalter seiner eigenen Bestimmung, der eine Vielzahl von Interessen im Klassenzimmer ausbalancieren kann. Dieser 'Dilemma-handhabende' Lehrer kann zugleich gesellschaftliche Aspekte wie auch Schülerperspektiven miteinbeziehen. Schliesslich arbeitet er aber auch auf die Bewältigung innerer Konflikte hin.
Es scheint für ihn keine leichte Aufgabe zu sein, seine eigene Arbeit so zu definieren, dass man herausspüren kann, wie er in diesem Netz von miteinander verbundenen Problemfaktoren am besten 'leben' kann. Die Sichtweise, sich 'echt mit Problemen herumzuschlagen', die nicht per se lösbar sind, wird nämlich oft als Schwäche betrachtet. Das resolute Anpacken und Aussortieren von Problemen sowie das zielstrebige Finden von Lösungen ist in den meisten Schulen immer noch ein höher valorisiertes Unterfangen. Somit haben es Strategien schwer, welche nicht darauf aus sind, eine Situation "à tout prix" zu bereinigen, sondern diese möglichst integral zu handhaben, indem ihr ehrlich begegnet wird, damit Wege erörtert werden, um diese schliesslich 'bewältigen' zu können.

"Ich möchte nicht, dass man von mir sagt: "Bei ihm lernt man nichts." Auf der anderen Seite habe ich es auch nicht gerne, wenn man meint, es sei streng bei mir. Ich bevorzuge es natürlich, wenn man sagt, bei mir sei es trotz aller anstrengender Arbeit schön in der Schule, das stellt mich auf: Es gibt Phasen in der Schule, die wirklich hart sind, wo es den Schülern nicht schön rund 'geht', und man die harte Arbeit aber verlangen muss. Ich versuche es dann zu erklären und sage: "Schaut, jetzt müssen wir 'reinbeissen'." Das kann ich heute besser sagen, ohne dass ich damit gleich negative Emotionen wecke, im Gegenteil, sie sehen, was arbeiten heisst. Es gibt Zeiten, in denen man vermehrt darauf pochen, mehr erklären muss und in denen ich nicht erwarte, dass die Schüler sagen, das sei schön. Somit versuche ich längerfristig Einfluss zu nehmen, so dass sie am Schluss sagen können: "Ja doch, es ist trotzdem schön gewesen, wenn man so viel gearbeitet hat." So gibt es Klassen, in denen wir miteinander halt dann auch Probleme haben, und diese Auseinandersetzungen sind nicht immer schön, es ist kein 'Kuchenessen'. Deshalb möchte ich eigentlich gar nicht, dass die Schüler stets nur sagen würden, sie kämen jeden Tag gerne zu mir in die Schule. Denn ich gehe auch nicht immer gerne zu jeder Klasse Schule halten. Aber wir müssen dies feststellen, wenn dem nicht so ist und daran arbeiten, allmählich, ohne damit zu rechnen, dass dies sofort verwirklicht werden könne." [BR, 1I 26]

Entsprechend diesem Beispiel betonten fast restlos alle Expertenlehrer in der Ethnographiearbeit mit ihren Studierenden dieses gefühlsvolle und geduldige 'Handhaben von Dilemmasituationen', diese täglichen Gratwanderungen zwischen 'Fördern und Fordern', zwischen 'Menschlichkeit und Konsequenz, d.h., die Akzeptanz und das Eingestehen bedeutender Einschränkungen und Begrenzungen von Kontrollmöglichkeiten, gerade wenn es sich um menschlich-soziale Problemsituationen handelt. Eine solche Haltung weist vielmehr darauf hin, dass einige Konflikte nicht in herkömmlicher Art gelöst werden können. Die Herausforderung besteht dann vielmehr darin zu verhindern, dass der Konflikt in noch stärker belastende Konfrontationen ausartet:[241]

241 Oft wird in diesem Zusammenhang den Begriff 'Unterrichtsmanagement' verwendet, als optimale Klassenführung. Die Metapher des 'Managers' - eine meiner Ansicht nach unglückliche Übersetzung in die deutsche Sprache - impliziert grob gesagt eine Person, welche die Angelegenheiten von andern Personen führt oder kontrolliert. Auch der Lehrerberuf be-

*[Kurzbeschreibung einer Episode mit einem Hilfsschüler, der in der untersuchten Woche im Werkunterricht eine Auseinandersetzung mit anderen Schülern hatte und beim Auftauchen des Lehrers zu Lektionsbeginn weinte. T.R. löste den Konflikt beiläufig und schickte anschliessend den betrübten Schüler spontan ins Dorf, um zehn Bananen für den nachmittäglichen Wirtschaftsunterricht mit dem Thema "Die Banane im Wirtschaftskreislauf" einzukaufen.]:*
"Dann war dieser Schüler wieder zufrieden. Und als er zurückkam, war er ein ganz anderer Mensch. Es ist manchmal merkwürdig, dass gerade in solchen Situationen ein Herausreissen aus der Sache vieles bewirken kann; irgend etwas anderes..., (dem 'Zeug'), und sie kommen zurück, als total andere Menschen." [TR, 4I 7]

[Merke: Diese sowie die anschliessende Interviewpassage habe ich weiter oben bereits zur Illustration von intuitiver Unterrichtssensibilität verwendet. Beide Episoden weisen meiner Ansicht nach für alle beiden 'Situationstypiken' jene exemplarische 'Beweiskraft' auf, die eine Doppelverwendung meinerseits legitimiert.]

*[In einem anderen Fall kamen einem Mädchen, das einen schweren Unfall erlitten, in der Schule in Rückstand geraten und dadurch ein wenig depressiv geworden war, eines Tages in der Schule die Tränen. Da T.R. wusste, dass es gerne sang, liess er ein Lied anstimmen, wobei das Mädchen mitsang]:*
"Dann sagte ich zu ihr: "Hast du gemerkt, was mit dir passiert ist?" Und zu einem Knaben vis-à-vis: "Du, hast du gemerkt, was jetzt geschehen ist?" - "Ja, ja, sie lacht wieder." *[Allgemeines befreiendes Lachen]*. Das heisst für mich als Lehrer in solchen Situationen: Einfach manchmal 'den Karren' wenden, schnell etwas anderes machen, anstatt sich in eine Richtung zu verbohren, zu versteifen und damit einer Sache fast die Lösungsmöglichkeit zu nehmen. Bisweilen muss man wirklich eine 180°-Wendung machen, etwas ganz anderes. Dann löst sich vieles von selber. Man muss gar nicht mehr viel darüber sprechen und diskutieren. Dort muss man manchmal den Mut haben, nicht auf dem 'Gleichen reitend' das Problem lösen zu wollen, sondern die Probleme manchmal fast 'sich selber lösen' zu lassen. Denn sie sind gar nicht so wichtig. Wenn man irgend etwas anderes macht - tack! -, löst sich das vorläufige Problem beinahe von selbst." [TR, 4I 7]

Diese Verwendung des Begriffs "to manage a problem" schlägt vor, dass jemand fähig ist, einen Weg zu finden, um etwas zu tun, und dass Handlung und kreative 'Erfindung' von möglichen Handlungsalternativen in diesem Prozess verschweisst sind.[242] Um diese Art der unterrichtlichen Problemlösungen aus-

inhaltet grosse Teile dieser Führungs- und Kontrollarbeit. Der Begriff muss in diesem, oben diskutierten Kontext jedoch unterschiedlich verwendet werden: "... to manage to do something" meint ein 'Es-Fertigbringen, etwas-zu-Tun' und kann deshalb auch heissen: Etwas ersinnen, ausdenken, zuwegebringen, etwas möglich machen. Sei es mittels eines Kunstgriffs, mittels Scharfsinn, Pfiffigkeit oder Findigkeit. Dies impliziert, dass die Fähigkeit der kreativen Problemlösung oder Improvisation ein notwendiger Teil des Repertoires eines 'Managers' ist. - In einem anderen Zusammenhang, aber mit durchaus vergleichbaren Überlegungen, verweisen Autorinnen wie Hatton (1989) und Wagner (1990) auf den umstrittenen Begriff "bricolage" von Lévy-Strauss (1962), den er jenem des technischen Wissens entgegensetzte: Bricolage enthält u.a. dieses angesprochene kreative Moment, welches jemand urplötzlich aus einer Situation heraus entwerfen und 'verwenden' kann.

242 Solchermassen gesehen kann "managen" durchaus auch darin bestehen, trotz 'Widerstand' von aussen weiterzuhandeln oder selbst in umgekehrter Richtung zu handeln: Die Arbeit des Lehrers kann nämlich hie und da auch darin bestehen, diese Art von Handlung und 'Erfin-

führen zu können, ist es notwendig, starke Ressourcen zu haben, um mit den gleichgewichteten Alternativlösungen umgehen zu können, und zwar auch dann, wenn es möglicherweise nicht angebracht ist, eine klare Präferenz zwischen zwei Möglichkeiten auszumachen.[243]
Der Expertenlehrer ist auch fähig, die einander oft konfligierenden Erwartungen der Umwelt von sich zu halten: Kluges Auseinanderhalten derer, die die Macht darüber haben zu entscheiden, ob man als Lehrer Erfolg haben kann oder nicht, und zur gleichen Zeit das Wissen darüber, wie möglicherweise einige dieser Erwartungen als Referenzpunkte, als Massstab zur Selbst-Definition von 'gutem Unterricht' herangezogen werden können. Eine solche Sichtweise hilft möglicherweise, die Beschränkungen, welche durch die hochkomplexen Unterrichtsprozesse von Lehrern täglich erfahren werden, teilweise zu erklären. Einer der Lehrer hat es so ausgedrückt: "Man muss lernen, mit sich selber auszukommen, und zwar auch in jenen Momenten, wo man merkt, dass man ein 'kompliziertes Ich' hat, welches manchmal inkonsistent denkt und handelt."

*9.3.3.2. Exkurs: Die Metapher 'Lehrer-als-Dilemma-Bewältiger"*

Welches sind mögliche Erklärungen, weshalb die sog. schulischen und erzieherischen 'unlösbaren Probleme' bisher - von einigen wenigen Ausnahmen abgesehen - sowohl aus der wissenschaftlichen wie auch aus der professionellen Diskussion ausgeschlossen waren? Möglicherweise
- weil in unserer Gesellschaft die Meinung vorherrscht, dass für jedes Problem auch eine Lösung zur Verfügung steht;
- 'erklärt' es die Tatsache - empirische Befunde, wonach Lehrer zwar gestresst, aber trotzdem zufrieden sind, scheinen dies nahezulegen -, dass Lehrer ganz einfach mit ihrer Arbeit fortzufahren vermögen, so als ob keine Konflikte in der von ihnen erwarteten Arbeit bestünden oder dass tatsächlich keine Konflikte in der Art und Weise, wie Lehrer ihre Arbeit definieren, existieren;
- besteht Grund für die Vermutung, dass einigen Lehrern die Fähigkeit abgeht, die oben beschriebenen schwierigen Situationen als solche zu erkennen.

Wenn das Konstrukt des 'Dilemma-Managers' innerhalb der Unterrichtstheorien ein Bedeutsames sein soll, so müssten in Zukunft bestimmt folgende Fragen genauer angegangen und untersucht werden:

**1. Fragen der Häufigkeit**
- Wie oft treten solcherlei Dilemma überhaupt auf?
- Wie stark ist im Unterricht die Rolle undWichtigkeit zu sehen in dieser Art des 'Dilemma-Ausstehens' (ohne Lösung)?
- Wie oft werden diese - wie oben gefordert - “gemanaged”, wie oft 'gelöst'?

---

dung' in jenen Situationen zu erbringen, wo eine potentielle Gegnerschaft die Lösung des Problems nicht als 'ratsam' erscheinen lässt.

243 Erfahrene Lehrer suchen nach Möglichkeit sehr wohl auch bei externen Experten nach Ratschlägen und Handlungshinweisen, aber sie wissen, was zu tun ist, wenn verschiedene 'Expertenhinweise' widersprüchlich sind: D.h., sie wissen, dass diese einem Wissen entsprechen, welches nur in einem ganz bestimmten partikulären Kontext 'gefunden' werden kann und somit dann, und nur dann, zutreffend sein mag.

- Welches sind die Charakteristika von Lehrern, denen mehr 'Dilemma-Management' gelingt als anderen?
- Welches sind mögliche Merkmale von Klassen, wo solches 'Dilemma-Management' oft vorkommt?

**2. Fragen der Strategien**

- Welche verschiedenen Strategien werden - von Lehrern und Schülern - verwendet, um in der Klasse solche 'unlösbaren Probleme' anzugehen?
- Wie könnten diese sinnvoll und hilfreich gruppiert werden?
- Gibt es bessere und weniger geeignete Möglichkeiten dazu?
- Wie vergleichen sich diese Strategien mit jenen anderer Berufsgruppen, die auch Dilemmasituationen begegnen?

**3. Fragen der Ressourcen**

- Welches sind die Ressourcen, die ein Lehrer zur Verfügung hat, um mit Widersprüchen - mit sich selbst oder in der Arbeit - umzugehen?
- Bringen Lehrer nebst Fertigkeiten und Wissen noch andere Ressourcen mit in den Unterricht?
- Wie lernen Lehrer Widersprüche zu 'bewältigen', d.h., ein angemessenes, passendes, geeignetes Vorgehen zu wählen?
- Welche Merkmale der Arbeitsplatzsituation ermöglichen/verunmöglichen ein Dilemma-"Managing"?
- Wie können Lehrer, welche konkret Schwierigkeiten haben mit Konflikten umzugehen, lernen, besser damit umzugehen?
- Welche Rolle spielen Supervisoren, Kollegen, Ausbildungsseminarien, andere lebensgeschichtliche Daten etc. in der Entwicklung der Fähigkeit, aktiv Ambiguitätstoleranz zu erlangen?
- Wie sind diese persönlichen Ressourcen, welche zur Handhabung pädagogischer Dilemmata unabdingbar sind, in Beziehung zu setzen mit jenen Fertigkeiten und Handlungskompetenzen, die Forscher und Bildungspolitiker zur Vorbeugung erzieherischer Probleme vorschlagen, oder mit dem von Unterrichtsforschern verwendeten Wissen, um Spannungen im Unterricht zu analysieren?

#### *9.3.3.3. Abschliessender Kommentar*

Abschliessend kann deshalb folgendes festgehalten werden: Ich bin davon überzeugt, dass das Verständnis des Unterrichtsgeschehens und der Rolle des Lehrers tiefgreifender werden könnte, wenn im oben skizzierten Sinne erkundet wird, welches Wissen Lehrer 'anwenden', welche Reflexionen Lehrer vornehmen, wie und warum Lehrer so und nicht anders handeln, wann sie einen 'unsichtbaren Konflikt', wie es die Dilemmasituationen sind, ertragen, aushalten, ab- und erwägen und dann aktiv etwas tun. Ein solches Verständnis ist hingegen schwerlich einzuholen, wenn wir uns von der Überzeugung leiten lassen, dass alle Probleme im Unterricht und im weiteren Kontext der Schule grundsätzlich lösbar sind, und wenn wir irrtümlicherweise der Meinung sind, dass das, was wir zur Lösung brauchen, ein Wissen ist, welches ausserhalb des Settings Schule produziert wird. Ich bin überzeugt davon, dass uns das 'intuitive Wissen' von

Expertenlehrern möglicherweise noch vermehrt Einblick geben könnte in dieses angetippte Feld der 'Praxisweisheit', wie es durch einige Lehrerreflexionen verdeutlicht worden ist.

### 9.3.4. Vierter Fallausschnitt: Konzeptionen von Wissen

• "Ich bin beauftragt, dass Keines 'verlorengehe'." [TR, 1I 2][244]

Der bis hierher festgestellte 'Humanisierungsprozess' der Expertenlehrer ihren Schülern gegenüber kann interessanterweise auch bei den Vorstellungen und Einstellungen bezüglich des Wissens festgestellt werden. So spricht ein Lehrer beispielsweise vom Prinzip der 'Sprache an Gegenständen machen', von sogenannten 'Sprachanlässen', die er in seinem Unterricht immer und immer wieder kreiert, und zwar unabhängig vom Fach: "Ich sehe nicht ein, weshalb ich von auswärts Sprachanlässe hereinholen sollte, wenn die Schüler einen Gegenstand der Physik oder der Chemie oder irgendwelche Dinge erleben können." So versucht er jeweils, Sprache mit jenen Inhalten aus anderen Fächern zusammenzufügen, die einen günstigen Sprachanlass darstellen. So ist z.B. für ihn die beobachtete Physiklektion mit dem Thema 'Dampfmaschine' auch zugleich eine Deutschlektion, für ihn "geht das ganz klar zusammen:"

> "Ich sage immer, die Sprache erhellt das Andere auch. Die Sprache erhellt die Einsicht und umgekehrt. Das Sehen und die Sprache bedingen einander, schärfen die Einsicht. Wenn ich also dann 'glasklar' bin in der Formulierung, wenn ich präzis bin in meiner Formulierung, dann wird (für die Schüler) auch die Einsicht klar." [TR, 2I 1]

Diese Wenn-Dann-Ausage ist ein klares persönliches Wissen des Lehrers, ein propositionales Wissen, welches sich auf sein bisheriges Erfahrungswissen stützt und mit der Zeit zur unentbehrlichen Maxime geworden ist. Diese Maxime wird vom Lehrer anhand des folgenden Präzedenzfalles erklärt und begründet:

> "Wir haben in der Sprache mit dem Thema "Die Funktion der Dampfmaschine".folgendes gemacht: Dies ist insofern alltäglich für mich, als ich immer möglichst konkrete Sachen nehme, anhand derer ich Sprachunterricht mache. So wähle ich Vorgänge, Funktionen, Rezepte oder irgend etwas 'Handgreifliches', woran sie (die Schüler) dann Sprache entwickeln können. *[Der Lehrer beschreibt im Folgenden kurz den Ablauf der Lektion. Siehe Lektionsbeobachtungen].* - Nachdem die Schüler einmal entdeckt haben, wie die Dampfmaschine funktioniert, geht es damit weiter, genau zu beschreiben, wie sie funktioniert. Im Sprachunterricht ist für

244 Im Kontext der gemachten Aussage heisst dies: "Ich als Lehrperson bin von meinem Beruf her beauftragt, dass keine/r meiner SchülerInnen in meinem Unterricht sowohl inhaltlich als auch persönlich 'verlorengeht'." (Der Lehrer hatte diesen einen Satz auf dem Vorbereitungsheft seines Vaters - auch er ein Lehrer - nach dessen Hinschied gefunden).

mich täglich wichtig, dass Sprache für die Schüler nicht allzu abstrakt ist, sondern dass Sprache etwas möglichst Konkretes bleibt, wo die Schüler Sachen benennen und Vorgänge beschreiben können, die mehr oder weniger gerade vor ihnen ablaufen, die sie somit begreifen können. So hast Du ja gesehen: Selbst der Schwächste hat es begriffen. *[Auch der Werkschüler, im 10. Schuljahr, hatte das Prinzip begriffen].* Das ist einfach das Alltägliche: Ich versuche, Sprache und Ähnliches immer möglichst an konkreten Dingen zu machen, damit der Sprachgebrauch von den Schülern als sinnvoll erlebt wird." [TR, 2I 1]

Die Ausrichtung und Abwägung seines maximenhaften Prinzipes 'Sprache an Gegenständen machen' wird klar erläutert mit dem Hinweis auf den Schwächsten, der es begriffen hat, womit für den Lehrer gleichzeitig die ethisch-moralische (Beurteilungs-)Norm vorgegeben ist, die einerseits als Legitimation und Begründung, andererseits als Beurteilungsmass dieses Prinzips gilt. Damit deklariert der Lehrer aber seinen Lehrstoff gleichzeitig auch zu einer Lerneinheit, die in unterschiedlichem Ausmass an unterschiedliche Schüler erfolgreich übermittelt werden soll. Dabei benutzt er geeignete Materialien und entsprechende Aktivitäten, um diesen Lerngegenstand praktisch brauchbar, machbar und anwendbar zu machen. Dies steht im Kontrast zu abstrakten und von der Erfahrung weiterentfernten Konzeptionen, wie dies beispielsweise Spekulationen, Hypothesen und Theorien darstellen.

Der Lehrer bezeichnet dieses Lernen um Sprachanlässe herum als einen zentralen Punkt seiner ihm ganz persönlichen Unterrichtsphilosophie. Es ist seine ihm eigene Unterrichtsauffassung, in der das Ziel - nämlich das Lernen des entsprechenden 'Gegenstandes' (in unserem Beispiel die Dampfmaschine) - mit den Mitteln und Wegen (hier eben die Sprache) einen *Konsens* bildet. Dass diese 'Schülerzentriertheit des Stoffes' - anhand konkreter Sprachanlässe aus der Wirklichkeit seiner Zöglinge - aber beileibe kein leichtes Unterfangen ist, belegt die nachfolgende Stelle; denn dieser anzustrebende Konsens erheischt immer wieder die Suche nach Einvernehmen und Abstimmen von "Sache und Schüler" bis in kleinste, lektionspraktische Details hinein:

"... dass ich dann probiere, diese Dinge auch wirklich durchzuziehen - auch wenn es Zeit braucht! (...) Wenn ich sage: 'Sprache an Gegenständen machen', versuche ich es nachher auch konkret durchzuziehen, auch wenn dies viel Vorarbeit benötigt. Es braucht dann eben sofort viel mehr: Ich muss Material bereitstellen, muss ein 'Tableau', Schema oder eine Skizze u.ä. machen - es braucht viel mehr Zeit (...); es ist nichts anderes, als konsequent zu sein gegenüber diesen Ideen, z.B. Sprachanlässe kreieren, von denen man sich sagt: "Doch, die sind richtig!" (...). - Denn man kneift gerne, weil es Arbeit gibt. Aber am Abend bei der Vorbereitung, wenn man sieht, jetzt muss es durch, ist es egal, ob es eine Stunde länger dauert oder nicht ...., wenn man es in der Konsequenz machen will, dann sagt man: 'Sprachanlässe sind genügend vorhanden, da und dort, man muss sie packen, auch wenn es viel Arbeit gibt.' (...). - . Wenn ich mal sage, das muss am nächsten Tag durch, und ich brauche noch ein Schema, da ist es mir gleichgültig, wie lange es dauert. Das ist mir vollkommen egal. Es gibt da keine Zeitlimite; da ist das Ziel konkret 'ein Sprachanlass' und fertig! Sonst drückt man sich immer nebendurch, und das ist gefährlich. Wenn man immer kneift - "Ja Herrgottnochmals, das gibt schon zuviel Arbeit!" - dann verlässt man ständig das gute Ideal. In dieser Beziehung wanke ich nicht sehr oft. Da gibt es einfach keine Limite mehr [Lachen]." [TR, 2I 2]

Somit ist T.R. auch kein zeitlicher Aufwand zuviel, seine Maxime 'Sprache an Gegenständen machen' als gesetzten Standard "partout" zu erreichen. Er gibt

gleichzeitig unumwunden zu, dass diesem seinem hohen Anspruch natürlich nicht alle Tage nachzukommen ist.
Seine Maxime, 'einen konkreten Sprachanlass zu kreieren' und als tägliche Herausforderung mit allen möglichen und erdenklichen Möglichkeiten in seinem späteren Beruf anzustreben, hat unser vorliegender Lehrer T.R. nach eigenen Aussagen von einem seltenen Vorbild 'mitbekommen', einem Praxislehrer nämlich, der ihm dieses Prinzip während der Ausbildung auch tatsächlich 'vorgelebt' und vordemonstriert hatte. Die Maxime 'Sprache an Gegenständen machen' von diesem besagten Lehrer ist für T.R. in der Folge zum klassischen Präzedenzfall geworden:

> "Gut, ich habe dieses Prinzip von einem merkwürdigen Kerl ["kurlige Chnobli"] übernommen. Bei dem gab es kein Pardon. So hat er z.B. einmal tausend Gramm hergestellt, tausend Gramm gemacht, für ein Kilogramm. Er hat effektiv aus Rundmessing tausend Stück von je einem Gramm hergestellt, damit der Schüler einmal sieht: Das sind tausend Gramm. Hat tausend gemacht, nicht bloss davon gesprochen: "Ja, man sollte halt schon mal die tausend Gramm sehen." Nein, einfach 'Tack!' Dann hat er es während einer Demonstrationslektion mit den Schülern zusammen gemacht!" [TR, 1I 12]

T.R. schwärmt in der Folge geradezu von diesem Ausbildner, der wirklich konsequent gewesen ist und eingesehen hat: 'Doch, wir müssen das haben!', und dann ist es gemacht worden*und nicht bloss davon gesprochen* ... Für ihn war er deshalb ein aussergewöhnlicher Mensch, weil er gewisse Inhalte nicht nur verbalisiert, sondern sich hinsetzte und diese Inhalte effektiv auch selber 'gemacht' haben wollte. Damit verdichtete sich propositional-deklaratives Wissen zum anschaulich-prozeduralen Fallwissen, welches eine sehr situationsbezogene Handlungsrelevanz aufwies.[245]

### *9.3.4.1. Welches Lernpotential steckt in diesem fallbezogenen Interviewausschnitt?*

**a)** Der dem Lehrerstudierenden von T.R. geschilderte Präzedenzfall (seines vorbildlichen Lehrers) nimmt recht eigentlich die Fallform einer Parabel an: Die fast 'mythosartig' anmutende Rückschau, mit welcher T.R. auf dieses 'einzigartig-heldenhafte' Moment seines ehemaligen Praxislehrers hinweist (der mit seinen Schülern zusammen diese tausend Grammstücke aus Messing herstellte), wurde zu einem der denkwürdigsten Ereignisse für die Berufsentwicklung des Lehrers (T.R.), und zwar weil es sowohl als allgemeine wie auch als spezifische berufsethische Verpflichtung der Maxime

[245] Es ist in diesem Zusammenhang sehr aufschlussreich festzuhalten, dass derselbe Lehrer an einer ganz anderen Stelle der Ethnographieprotokolle auf die Wichtigkeit des Lernens am Modell hinweist, und zwar übertragen auf die Lehrerausbildung, wo seiner Meinung nach dieses 'Vorbild'-Lernen noch vermehrt zum Zuge kommen könnte. Seine Vorstellung von Modell-Lernen ist als Verbindung eines aktiven Beobachtungslernens (von unterrichtlichem Fallwissen) und den nachbereitenden Gesprächen mit dem erfahrenen Lehrer zusammen zu verstehen, in welchem Prinzipien, Maximen und Normen - in Form von propositionalem Wissen - aufgrund der im Unterricht mehr oder weniger expliziten strategischen Handlungs- und Entscheidungssituationen thematisiert und diskutiert werden können.

gegenüber wirksam wurde, "wenn immer möglich, Sprachanlässe zu kreieren."

**b)** Gerade an diesem Beispiel ist sehr deutlich zu erkennen, wie das geschilderte Ereignis - mittels Rundmessing die tausend Stück Gramm herzustellen - für unseren Lehrer T.R. einen tiefen Erlebniswert beinhaltete und damit zum zu erinnernden 'Fallwissen' geworden ist, und wie exakt dieses selbe Fallwissen dann wiederum von ihm während der ethnographischen Arbeit als kasuistisches Wissen entsprechend verwendet wird: Während des Interviews im Anschluss an den ersten Lektionsbesuch erklärt und illustriert er dem ihn befragenden Lehrerstudierenden eines seiner wichtigen pädagogischen Anliegen mittels dieser Maxime 'Sprache an Gegenständen machen'.

**c)** Anhand des Beispiels wird aber auch transparent, wie dieses analogisierende Wissen und Denken - von diesem einen Fall ausgehend und inspiriert - als Fallwissen ohne Zweifel sehr gut gespeichert werden kann, d.h., es ist ein zu erinnerndes Wissen, das möglicherweise aufgrund seiner Situationsspezifität leichter einzuordnen und wieder abzurufen ist als beispielsweise sein Gegenpart, nämlich das entsprechende propositionale Prinzip 'Anschaulichkeit'.

**d)** Die leichte Zugänglichkeit wie auch die klare Repräsentativität für das Prinzip des konkret herbeigeführten 'Sprachanlasses' macht diesen Fall zu einem leicht zu erinnernden Element des Gedächtnisses, d.h., dieser Fall kann gerade wegen seiner propositionalen Kürze einen allgemeinen Anspruch für sich buchen, ohne den situationsbezogenen Handlungsanspruch zu verlieren.

**e)** Der wichtigste Test auch für diesen einen Fall ist ein Vergleich mit anderen Fällen sowie die Prüfung in der Optik allgemeiner Prinzipien. Die letztere Prüfung ist mittels der überprüften Maxime gegeben, während das erstere mittels diverser Querverweise in den verschiedenen Interviews und Unterrichtsbeobachtungen nachzuweisen ist. Deshalb kann hier guten Willens gesagt werden, dass die Schlussfolgerungen des Lehrers sicher nicht falsch sind, d.h., die Vorteile dieses Fallereignisses klar ersichtlich werden.

**f)** Dieses Beispiel eines fallbezogenen Wissens weist schliesslich auf jene Ausbildungsmöglichkeiten hin, wie aus Fällen gelernt werden kann und wie ein solches Fallwissen möglicherweise vermehrt in die Praxisausbildung angehender Lehrer eingesetzt werden kann. (Diesen Punkt greife ich im nächsten Kapitel 10 noch einmal extensiver auf).[246]

*9.3.4.2. Maximen als Lebenshilfen*

Diese vom erfahrenen Lehrer T.R. sehr präzis erinnerte Beobachtung und Wahrnehmung des 'Tausendgramm-Ereignisses' lieferte ihm eine äusserst

[246] Ich habe an anderer Stelle bereits darauf hingewiesen, dass ein leicht zugängliches Fallwissen auch eine ernstzunehmende Kehrseite aufweisen kann, indem lebendige Fallbeispiele oder Fallgeschichten, die einfallslos und unbedacht übernommen werden, zu Verzerrungen, Vereinfachungen und groben Schlussfolgerungen führen können.

wichtige Orientierung, eine moralische Norm (im Sinne einer permanenten Verpflichtung, diese auch einzuhalten), welcher er nachzuleben pflegt. Für ihn war die ebenso aufwendige wie überzeugende Demonstration seines ehemaligen Praxislehrers ethisch-moralisch richtig, was wiederum erklärt, weshalb dieses Einzelfallbeispiel - in der Form eines Präzedenzfalles - für ihn mit der Zeit den Status einer anzustrebenden Norm angenommen hat, die sich zu einer nicht mehr wegzudenkenden Wertkategorie transformierte.
In seiner eigenen Berufspraxis testet T.R. diese ethisch-moralische Maxime unaufhörlich; oder besser gesagt, er testet seine Berufspraxis mittels dieser Maxime, indem er in seiner Unterrichtsvorbereitung konsequent versucht, dieser Maxime Rechnung zu tragen: Er tut es mittels situativ-strategischer Handlungselemente, welche ihn anschliessend während des Unterrichts von der Richtigkeit und Tauglichkeit der Maxime (in Kombination mit dem Wissen aus dem Präzedenzfall) überzeugen. An verschiedenen Stellen seiner diversen Ausführungen berichtet er von seinen unermüdlichen Bestrebungen, dieser Maxime nachzuleben; so etwa in einer eigenen Projektunterrichtswoche, wo mit seinen Schülern zusammen ein gemeindeeigenes Haus renoviert worden ist:

"Gut, auch die Werkwoche, von der ich Dir bereits erzählte, als wir eine Woche lang diese Sachen bauen konnten. Das war ein länger andauernder Prozess, ein Projekt, das wir wirklich schön durchgezogen haben. Die Schüler gingen zuerst hinauf, um zu schauen: "Was könnten wir da machen?", und dann machten alle Schüler Vorprojekte ... Am Abend hat dann jede Gruppe hier im Schulhaus ihr Projekt dem Verwaltungsrat dieses Hauses [im Schwarzsee] vorgelegt. Darauf entschied dieser Verwaltungsrat: "Das wird gemacht!" Danach haben die Schüler all das Werkzeug, all das Material, all die Dinge vereint ["zämetüschet"], und mit dem Traktor all dieses 'Gerümpel', dieses Zeug von S. zum Schwarzsee hinauf transportiert; dann wurde eine Woche lang gebaut ... und es kam so gut heraus!

Damals konnte man sehen, da ist etwas gewachsen, hat etwas begonnen, gerade auch schulische Sachen und Fertigkeiten, von denen ich nie gedacht hätte, dass sie möglich sind. Manches geht viel leichter, wenn man es innerhalb eines Projektes machen kann: Die Schüler berechneten z.B. das spezifische Gewicht viel besser als je zuvor, weil sie für Sitzbänke Betonsockel berechnen mussten: "Können wir die tragen, wenn sie so dick sind, können wir das Zeug wirklich heben miteinander oder müssen wir einen kleinen Kran haben, um die Sache aufzustellen ...?" Einfach alle diese Dinge haben sie durchgerechnet, durchgedacht ...., man merkte das dem Schüler hinterher an, auch wenn es anstrengend war, auch wenn es Kraft gebraucht hat. Man spürte danach: "Doch, jetzt hat dieser oder jener Schüler ein Gefühl entwickelt, jetzt hat er etwas mitbekommen fürs Leben, nicht bloss, um einem Schulpapier zu genügen, einem Arbeitspapier." - Das war sehr, ausserordentlich schön. Und solche Erlebnisse, die wirklich toll sind, gibt es immer wieder, einmal länger, einmal kürzer." [TR, 1I 13]

Diese Aussage ist auch deshalb äusserst wichtig, als gezeigt wird, wie die Maxime des Lehrers, einen konkreten Sprachanlass zum Lernanlass zu machen, mittels eines wirklichen Handlungsanlasses, "nämlich in der Welt draussen ein Haus umbauen", noch klarer, noch eindeutiger, noch unmittelbarer 'Recht bekam', haben doch die Schüler bezüglich Lernbegierde und Lernverhalten seine kühnsten Erwartungen übertroffen: Die Werkwoche wurde zur 'Sternstunde' für Schüler und Lehrer.

Es geht T.R. aber sekundär auch darum (wie wir aus einer Fussnote[247] entnehmen können, wo er an einer ganz anderen Stelle der Ethnographie und in einem ganz unterschiedlichen Zusammenhang diese Werkwoche erneut erwähnt), dass er *es* als Lehrer mit seiner Klasse zusammen 'denen da draussen' auch ein wenig zeigen will, jenen, die die Selektionshürde übersprungen haben, d.h. also den Sekundar- und vor allem den Progymnasialschülern, welche vielleicht hie und da mit leicht verächtlichem Blick auf die Realschüler schauen. Damit setzt der Lehrer seinen Schülern den Leistungsmassstab, sich mit den Sekundarschülern - die sich vor Jahren via Selektionsprinzip als 'bessere Schüler' von den Realschülern abgekoppelt haben - zu messen, was ihnen zu einem motivierend-stimulierenden Ereignis verhelfen kann. Dieses Fallprinzip, mittels eines Projektes seinen Schülern immer wieder Leistungserfolgs- und Bestätigungsmomente zu verschaffen, ist gleichzeitig auch ein schönes Beispiel von *Theoriegeleitetheit* seines Prinzips.

#### *9.3.4.3. Maximen als Schwächen*

Der erfahrene Lehrer T. R. hält aber auch mit Selbstkritik nicht zurück: Er, der sich als leidenschaftlicher Anhänger seiner Fächer bezeichnet und diese Einstellung in jedem Fach auch konsequent durchziehen möchte, bringt Schüler hie und da in arge Nöte, ein Umstand, den er selber als eine seiner Schwächen bezeichnet:

> "Ja gut, ich habe schon auch Schwächen. Eine Schwäche ist zum Beispiel, dass ich eine gewisse Straffheit habe im Umgang mit der Zeit. Während des Unterrichts gebe ich immer Zeiten an, hast du das bemerkt?[248] Gut, bei mir ist es so, ich bin es mir gewohnt - auch vom Militärdienst her -, alles in einer gewissen Zeitspanne erledigt zu 'haben'. Nun, heute Nachmittag war es vielleicht noch nicht so schlimm; aber manchmal weiss ich, dass es die Schüler fast ein wenig 'nervt'.
> *Frage: Hast du das Gefühl, das sei eine Schwäche?*
> Es kann manchmal eine sein. Heute Nachmittag ist es bezüglich der Zeit in etwa 'dringelegen'. Die Schüler konnten den Auftrag in der geforderten Zeit(spanne) machen. Aber im Rechnen ist es manchmal gefährlich, dann löst es zu stark Stress aus, wenn ich sie 'jage'und 'jage'. In der Sprache [d.h., im Deutschunterricht] entfaltet es sich ein wenig langsamer, im zeitlichen Rahmen gesehen. Hingegen im Rechnen, wenn ich noch irgend etwas möchte, löst es manchmal fast ein wenig Stress aus." [TR, 2I 3]

---

247 "Ich bin einmal mit einer Klasse ins Jugendhaus Schwarzsee hinauf, und wir verbrachten dort eine Werkwoche, haben alles vorbereitet, genau, von A bis Z, um nachher dort hinauf Treppen, Wege und "Züg u Gschichte" zu bauen, einfach wirklich alles (...). Und es hat funktioniert; wir konnten nach einer Woche genau nach Plan unsere Arbeiten beenden. - *So probiere ich immer wieder, mit einem Projekt zu zeigen, dass Schüler wirklich fähig sind, etwas zu leisten.* Und ich probiere es immer so gut wie möglich zu machen, dass auch andere Schüler, gerade auch Sek-Schüler und Progymnasiasten, sehen: 'Doch, diese Kerle ["Chnöble"] können auch etwas, die bringen etwas zustande'." [TR, 1I 6]

248 Kommentar des Lehrerstudierenden: "T.R. meint damit die Zeitvorgaben für Gruppenarbeiten oder für das Durchlesen eines Arbeitstextes (was ich für didaktisch begründbar und völlig legitim halte)." [TR, 2I 3]

Die 'Reflexion-in-der-Handlung' drin kann als anspruchsvollstes Element von Unterricht bezeichnet werden (vgl. dazu ausführlicher den nächsten Abschnitt), wie dies der Lehrer in seiner Reflexion bemerkt:

> *Es hängt manchmal davon ab, was du damit erreichen willst...*
>
> "Ja. Ich weiss jetzt nicht, eine andere Schwäche ist manchmal die Sprache; wenn man als Lehrer soviel Material hat, wenn man ständig schauen muss, wie weiter, was muss ich jetzt noch bereithalten für den nächsten Schritt ..., dann ist es manchmal gefährlich, dass die persönliche Sprache ein wenig darunter leidet, dünkt mich; dass Sätze nicht so klar abgerufen werden, wie sie sollten, und man dann so eine Satzwurst konstruiert, einen Bandwurm. Ich weiss nicht, ob es Dir diesen Nachmittag aufgefallen ist, jedenfalls habe ich hie und da das Gefühl, dass ich die Sprachdisziplin nicht durchhalten kann (...). - Es ist manchmal einfach eine Frage der Konzentration: 'Wie kann ich mich noch darauf konzentrieren, was ich sage, wenn ich parallel dazu noch dies und jenes berücksichtigen muss.' Ich weiss, dass ich bisweilen - das ist auch ein wenig eine Temperamentssache - vor den Schülern durch das 'Material-Hin-und-Her' fast ein wenig zerfahren wirke." [TR, 2I 3]

#### *9.3.4.4. Drei Wissensausprägungen*

In Kapitel 5 haben wir die verschiedenen Wissensausprägungen kennengelernt, wie sie für Lehrer von Wichtigkeit sein können. Ich habe innerhalb einer Fallstudie eines Expertenlehrers die nachfolgenden drei Wissenstypen, nämlich das propositionale Wissen, das fallbezogene Wissen und das strategische Handlungswissen untersucht (vgl. untenstehend jeweils die Zusammenfassungen der drei Wissenstypen; zur intensiveren Verdeutlichung verweise ich auf die detaillierten Ausführungen im Abschnitt 5.2.). Dabei werde ich nachfolgend anhand dieses einen Expertenlehrers jene Wissensaussagen in tabellarischer Form auflisten, wie ich sie innerhalb meiner Fallanalysen auf die *Kernaussage* reduziert habe. Ich habe mich bezüglich der Darstellung deshalb auf einen Expertenlehrer beschränkt, weil die Veranschaulichung damit plausiblel erscheint, indem damit auch intra-fallbezogene Vergleiche hergestellt werden können, beispielsweise zwischen seinem propositionalen, seinem fallbezogenen und seinem strategischen Handlungswissen. Der Nachvollzug der Kernaussagen ist nicht leicht, weil diese Wissensformen nicht im entsprechenden Gesprächskontext eingebettet sind. Einige der Aussagen sind aber in den bisherigen Falldarstellungen bereits in einem grösseren Zusammenhang diskutiert worden.

**1. Propositionales Wissen (Inhalt)**

| | |
|---|---|
| **a)** Prinzipien: | wissenschaftsintern erzeugte und regulierte empirische und/oder philosophische Erkenntnisse |
| | |
| **b)** Maximen: | praktische Erfahrungen |
| | |
| **c)** Normen/Werte: | moralisch-ethisches 'Raisonnieren' |

Interessanterweise habe ich in der nachstehenden Analyse keine einzige Aussage auf dem propositionalen Niveau der Prinzipien gefunden, während die Maximen sowie die Normen und Werte sehr rege und häufig benutzt worden sind:

| | a) Prinzipien | b) Maximen | c) Normen/Werte |
|---|---|---|---|
| ***Propo-sitiona-les Wissen*** | | "Einfach immer wieder sprechen mit ihnen, nach der Schule." [TR, 2I 4] | "... auf dass die Schwächsten nicht unter den Schlitten kommen ..." [TR, 4I 5] |
| | | "Einfach manchmal den 'Karren' wenden." [TR,4I 7] | "'Le savoir du coeur!', das versteht jeder." [TR, 1I 49] |
| | | "... wie eine stumpfe Langlauflatte ..." [TR, 4I 1] | "Diese Begrenztheiten sind Menschenrecht!" [TR, 6I 6] |
| | | "Ich bin ein unverbesserlicher Optimist!" [Lachen] [TR, 4I 4] | "Leben heisst ja für ein Kind (...) vor allem nichts anderes als 'Hoffnung'." [TR, 4I 4] |
| | | "Jeder Lehrer hat so eine Knetmasse in der Hand. Diese Knetmasse ermöglicht es ihm, einen Teil seiner Persönlichkeit im täglichen Berufsleben einzubringen und sich so zu verwirklichen." [TR, FP 4] | "Die Schule müsste eigentlich, von mir aus gesehen keine Noten machen; sie sollte fähig sein, sie sollte kompetent genug sein, ohne Noten über die Runden kommen zu können." [TR, 3I 1] |
| | | "... man wird fast ein wenig 'sprachlos' für Sachen, die man gerne sagen würde ..." [TR, DA 4] | "Die Schüler sind zu jeder Zeit eine Herausforderung gewesen, zu allen Zeiten." [TR, 2I 3] |
| | | "... dass es also die kleinen Dinge sind, die das Leben in dem Sinne lebenswert machen, und nicht irgendwie ein Grossereignis, welches alle 35 Jahre einmal eintritt." [TR, 4I 9] | "Vergleiche nie ein Kind mit einem andern, vergleiche es nur mit sich selbst." [TR 5I, 3] |
| | | "Wichtig ist einfach, dass das, was man miteinander macht, richtig macht und dabei vernünftig miteinander umgeht. Und dann kann der Lehrplan mir Schnauze sein, manchmal." [TR, 1I 9] | "Ich habe das Wörtchen 'dumm' aus meinem Vokabular gestrichen." [TR, 6I 6] |
| | | "Wenn man jung ist, meint man wahrscheinlich, alles sei machbar." [TR, 4I 2] | |

**2. Fallbezogenes oder fallabgestütztes Wissen (Prozess)**

| | |
|---|---|
| **a)** Prototypen: | verdeutlichen theoretische Prinzipien (theoriegeleiteter Gebrauch) |
| | |
| **b)** Präzedenzfälle: | beinhalten und vermitteln Maximen der Erfahrung (praxisorientierter Einsatz) |
| | |
| **c)** Parabeln/Gleichnisse: | vermitteln Normen und Werte (moralisch-normative Ausrichtung) |

Hier zeigt sich ein ähnliches Bild: Die Aussagen des Expertenlehrers beziehen sich auf die Präzedenzfälle und Parablen/Gleichnisse, während die erste Wissensform, die Prototypen, nur ein einziges Mal auftritt:

| | a) Prototypen | b) Präzedenzfälle | c) Parabeln / Gleichnisse |
|---|---|---|---|
| ***Fallbe-zogenes Wissen*** | "Einfach Gelegenheiten eröffnen, aber dann nicht ums Verrecken die Sache durchstieren' wollen und antreiben." [TR, 4I 9] | "Du, Anne, jetzt erzähl' halt mal, wie so ein Tag abläuft bei dir." [TR, 4I 6] | "Es gibt Leute, die haben ein Supervorstellungsvermögen, arbeiten aber nicht sauber." [TR, 3I 2] |
| | | "Hör' zu, garniere jetzt in dieser Zeit Torten." [TR, 4I 4] | "Eine Note ist meistens schon wieder ein wenig negativ: Wenn man nicht eine Sechs hat, dann bedeutet dies eigentlich: 'Ja, Du solltest noch ..., hier noch ..., dort noch ...' ; d.h., es ist an und für sich ein willkommener Grund, immer ein wenig zu nörgeln." [TR, 3I 2] |
| | | "... wenn die Schüler genau wissen, jetzt ist 'der Alte' dran ..." [TR, 6I 3] | "Sie schauen nur noch das an, was sie beweisen wollen und kommen dann in ihrer Beweisführung zu messerscharfen Formulierungen, die einen fast erschlagen." [TR, DA 17] |
| | | "Und da tat keiner einen Streich." [TR, 6I 3] | "Ich habe dann gesehen, die Schüler gingen zur Pause hinaus und diskutierten." [TR, 4I 5] |
| | | | "Ich bin beauftragt, dass Keines verlorengehe". [TR, 1I 2] |

Es zeigt sich auch bei diesem Expertenlehrer, dass das *strategische Handlungs-Wissen (C.)* nicht im gleichen Sinne ein Wissen ist wie etwa das propositionale oder das fallbezogene Wissen. Strategisches Wissen oder Urteilen stellt vielleicht bloss einen analytischen Prozess des Vergleichens, Kontrastierens von Prinzipien und Fällen - im Lichte der Konsequenzen für die Praxis - dar. Der Lehrer baut auf einem Vorrat von erprobten Faustregeln oder 'heuristischen Regeln' auf - sei es als erprobtes propositionales oder erfahrenes fallbezogenes Wissen -, womit er im Vergleich zu deklarativem 'Bücherwissen' zum Experten seiner Praxis wird. Wenn dieses strategische 'Verarbeiten' in neuen Situationen verwendet wird, werden die Ergebnisse daraus entweder als neue Propositionen oder als neuer Fall gespeichert. Solche neukreierten Prinzipien oder Fälle werden sodann dem eigenen Erfahrungsschatz beigefügt und entsprechend verwendet. In diesem Sinne ist es möglich, dass diese strategische Handlungsanalyse mittels der andern beiden Wissensformen aufscheint und somit das bestgeeignete Mittel ihrer Überprüfung und Verbesserung und damit ihrer Ausweitung sein kann.

**3. Strategisches Handlungswissen (Kombination von Inhalt und Prozess)**

Der Lehrer sieht sich Situationen gegenüber, in denen Prinzipien und/oder Fälle miteinander kollidieren und keine einfachen Lösungen möglich sind. Wer die Begrenztheiten einzelner Prinzipien oder die Allgemeinheiten besonderer Erfahrungen erkennen kann, wer eine Dialektik des Allgemeinen und des Partikulären, d.h., ev. widersprechende Prinzipien oder Erfahrungen, oder entgegengesetzte Interpretationen von Fällen in seine Handlungsentscheidung miteinbezieht, der handelt kluge und weise, d.h., zeigt eine professionelle Urteilskraft. Wenn das Wissen von Prinzipien, Maximen, Normen und Werte mittels fallbezogenem Wissen 'verstanden' wird, kann ein strategisch geleitetes Handlungswissen erzeugt werden. Dieses Wissen garantiert dann jene Flexibilität beim Urteilen, beim Abwägen und Erwägen von Handlungsalternativen, beim Reflektieren über Ziele und Mittel, welche den Lehrer von ungeahnten Zwängen befreit. Dies verhilft ihm somit, nicht nur selbstreflexiv, sondern auch selbstbegründet zu handeln.

Eine Trennung von Wissen und Denken, von Handeln und Interagieren, von Sprechen und Kommunizieren ist offensichtlich nur analytisch möglich: In der praktischen Situation eines Lehrers stellen sich diese unterrichtswissenschaftlichen Konstrukte stets in unlösbarer Verknüpfung. Weil nun das Denken über Handlungen und die Handlungen selbst nicht voneinander getrennt werden können, lässt sich das Handeln auch als praktisches Schlussfolgern betrachten: Ein allgemeines Handlungsprinzip (Prinzip, Maxime, Regel, Norm, etc.) und konkrete Gründe zum Handeln - der jeweilige Fall, die entsprechende Situation, wie ich sie wahrnehme - führen dann sozusagen folgerichtig zum strategischen Handlungsvollzug. Konkrete unterrichtliche und erzieherische Entscheidungen sind dabei fast immer durch einander widerstreitende Prinzipien, Gründe und Neigungen gekennzeichnet, was wiederum die Reflexion über das eigene Handeln anregt.

## 9.4. Wesensmerkmale eines praxiswissensorientierten Lehrers

Folgende Wesensmerkmale charakterisieren zusammenfassend die 'erforschten' Lehrpersonen, die jenes ausgeprägte berufsbezogene, praktische Wissen aufwiesen, welche Schulentwicklungsbestrebungen - wie sie gegenwärtig stark in Diskussion sind - von innen auslösen:[249]

---

[249] In sieben Kantonen der Nordwestschweiz erproben Klassen und Schulen verschiedener Typen und Stufen eine Lern- und Schulkultur, die unterschiedliche Schülerinnen und Schüler je spezifisch fordert und fördert. Mittels sogenannter 'Erweiterter Lehr- und Lernformen' sollen Selbsttätigkeit und Selbständigkeit ermöglicht werden. Gleichzeitig ist das Projekt auf Gemeinschaftsbildung angelegt. Die Grundsätze der Projektleitung akzentuieren eine Absicht, schulische Innovation mehr und mehr als schulische Gesamtentwicklung auf den Ebenen 'Lehrer/Schüler' - 'Schule/Gemeinde' - 'Kanton' - 'Überregionaler Raum Nordwestschweiz' zu verstehen. Es geht infolgedessen nicht primär darum, das Methodenrepertoire einer einzelnen Lehrperson zu erweitern. Das Methodenspektrum soll vielmehr im Horizont

**a)** Unterricht ist komplex, oft zweideutig und sehr häufig nicht-linear: Das Wissen über Unterricht ist unbeständig und 'unterzieht' sich in der Folge permanent Erwägungen nach Veränderung.

**b)** Das Lernen von Unterricht ist - für Schüler *und* Lehrer - im Sinne der Curriculumspirale additiv, kontinuierlich und unaufhörlich: Unterrichtsinhalte und Stoffvermittlung erfolgen kohärent und systematisch, über Zeit, über Klassenjahrgänge und über Fachdisziplinen hinweg.

**c)** Unterrichten, Lehren und Lernen, wird immer im Lichte gegenwärtiger als auch vergangener lokaler Kontextbedingungen neu 'beurteilt'.

**d)** Pädagogisches Wissen und Fachwissen wird gleichermassen hochgehalten: Forschungswissen *und* praktisches Handlungswissen beeinflussen das Schulethos, die Pädagogik und Bildungsphilosophie sowie den pragmatischen Auftrag der Lehrkräfte an einer Schule.

**f)** 'Schulisches' Wissen wird von Schülerinnen und Schülern aktiv mitkonstruiert - unterstützt mittels der bedeutsamen Teilnahme aller involvierten Lehrpersonen: Lehrerinnen und Lehrer sind mit den Schülerinnen und Schülern zusammen kontinuierliche 'Stoff'-Erneuerer.

**k)** Lehrerinnen und Lehrer demonstrieren selber das Gütezeichen professionellen Handelns.

Kann nun dieses 'Wissen' einfach an die Lehrerstudierenden weitergegeben werden? Wie ich im Abschnitt zu den Entwicklungsschritten der Lehrerstudierenden als Ethnographen nachgezeichnet habe, ist dieser Lernprozess ein allmählich einsetzender, wenig strukturierter und von aussen ein klar ersichtlicher. - Trotzdem gab es inhaltliche Momente, die in allen vorliegenden Materialien auftauchten, und die ich als Denkanstösse an die Junglehrer verstanden haben möchte. Ich versuche nachstehend ein paar dieser Denkanstösse als übergreifende Forderungen der Expertenlehrer an die zukünftigen Junglehrer zu formulieren:

### 9.4.1. Drei übergreifende Forderungen der Expertenlehrer

In den Interviews, Beobachtungen und problem- und themenzentrierten Gesprächen taucht folgendes Thema immer wieder auf: Lehrer, die gut unterrichten wollen, müssen 'permanente Lerner' sei. Dies im Sinne der drei nachfolgenden Forderungen, welche jene Situationselemente von Unterricht darstellen, mit denen Lehrer immer wieder konfrontiert werden. Diese Situationsmomente erfordern deshalb ein kontinuierliches Lernen aus und ein Anwenden von Situationen. Es führt zu einem systematischen 'Management' der eigenen Wahrnehmungen. Diese sind unabdingbar, um gültige Konsequenzen aus der Vielfalt von möglichen Einflussquellen und Erwartungshaltungen ziehen zu können:

---

einer bestimmten Schulkultur reflektiert und verstanden werden. Mögliche methodische Ansätze werden von den Initianten u. a. folgende genannt: Freiwahlarbeit, Schülermitplanung, Arbeit mit Wochenplan, Interdisziplinärer Unterricht, Veränderung der Zeit- und Organisationsmuster von Unterricht, Projektunterricht, Werkstattunterricht (vgl. ausführlicher, Niggli, 1992a).

1. *Konstanz der Zielsetzungen:* Es ist jene einfache Basisregel, wonach eine Lehrperson klar umrissene Ziele haben muss. Diese Zielsetzungen zeichnen sich dadurch als besonders präzis umrissen aus, wenn diese Ziele oder diese Absichten eine gewisse 'immanente Gültigkeit' und damit auch eine überdauernde Kraft aufweisen: Es sind Ziele, die vom Lehrer und vom Schüler, von der gesamten Klassengemeinschaft als 'richtig' und 'wahr' anerkannt und deshalb gegen 'innere oder äussere Angriffe' verteidigt werden können. Das heisst nicht, dass solche Zielsetzungen nicht verändert oder variiert werden können, sondern vielmehr, dass die gesteckten Ziele immer wieder zum Ausgangspunkt genommen werden, um damit einen zufriedenstellenden und erfolgreichen Unterricht zu ermöglichen und zu 'garantieren'. Diese Ziele als Ankerpunkte des Unterrichts sind aber veränderbar, insbesondere dann, wenn auch dem zweiten Prinzip 'nachgelebt' wird.
2. *Wachsamkeit für Gelegenheiten:* Jene äusseren und inneren Gelegenheiten (a) müssen wahrgenommen werden, welche es erlauben, die eigenen Zielsetzungen kritisch zu durchleuchten, so dass diese je nach 'Rückmeldung' adaptiert werden müssen. Es können eigene, diffuse Unzufriedenheitsgefühle oder vage Schülerhinweise sein, ein Telephonanruf einer ratsuchenden Mutter oder die sanfte Frage des Parallellehrers bezüglich der einen Klasse. Solcherlei Hinweise müssen sensibel und offen interpretiert werden. Eine Wachsamkeit ganz anderer Art (b) bedingt die Wahrnehmung jener besonderen Vorkommnisse innerhalb oder Ereignisse ausserhalb von Schule und Unterricht, die sich zufällig oder intuitiv 'einstellen' oder 'ergeben' können und sich als wertvolle, willkommene Lerngelegenheiten einsetzen lassen. Schliesslich (c) jene feinfühligen, prozeduralen Handlungsfähigkeiten, die mitten in Lernsituationen drin helfen können, den langen, beschwerlichen Weg effektiven und verantwortlichen Lernens so zu ebnen, dass er nicht nur für den Lehrer und die Mehrzahl der Klasse, sondern besonders auch für den leistungsschwächeren Schüler 'begehbar' ist. Somit steht dieses Prinzip sehr stark im Zusammenhang mit dem nächstfolgenden.
3. *Einsicht in die Variabilitäten* der verschiedenen 'Settings', die auf die Lehrperson 'zukommen': Schüler kommen bekanntlich nicht gleichgeschaltet uniform daher, weder in ihrer Persönlichkeit, ihren Zielsetzungen und Absichten, noch in ihren Fähigkeiten. Diese individuelle Variation verlangt deshalb viel Einfühlung und Einsichtnahme von seiten des Lehrers, weil sie sich zudem täglich oder von Stunde zu Stunde - zudem horizontal (innerhalb einer Klasse) oder eben vertikal (bei einem einzelnen Schüler) - verändern und verschieben kann. Zudem ist es sehr wichtig, die Einflussfaktoren der näheren und weiteren Umgebung miteinzubeziehen, in welche der Unterricht eingebettet ist. Burke (1987, p. 21) verwendet dabei das Bild des "shifting sands of a teacher's environment", und bringt damit genau auf den Punkt, wie eine Präskription bezüglich vermehrter Einbezugnahme dieser äusseren Faktoren ungenau ausfallen müsste: Die situative 'Unberechenbarkeit' des Erziehungskontextes (als 'wandernde Sanddüne') lässt sich zwar

nicht vorausberechnen, aber bestenfalls auf ein Minimum vorausantizipieren.

Dieser letzte Punkt wird nachfolgend noch weiter ausgeführt, weil diese verschiedenen Einfluss-Settings gerade für den Junglehrer oft von zentraler Bedeutung sind. Ich habe zudem versucht, diese Themen unter dem Begriff 'freiwillige Denkanstösse für zukünftige Junglehrer' zusammenzugruppieren, so wie ich sie in den Datensätzen der Lehrerethnographien angetroffen habe. Als wiederum übergreifende Metapher wird vom 'Lehrer-als-Lernender' gesprochen, der seine aktuelle Praxis immer neu reflektiert, und dabei zum 'Schüler seiner eigenen Lernprozesse' wird. Dabei konnte ich bei allen Tandem-Ethnographien folgende fünf Bereiche feststellen:

1) Erwartungen nicht aus den Augen lassen
2) Die Arbeit mit anderen ins Auge fassen
3) Die Berufszukunft vor Augen halten
4) Erziehungseinflüsse der Umgebung wahrnehmen
5) Immer auch 'unerwartete Erwartungen' erwarten

### 9.4.2. Lehrer-als-Lernende: Differenzierte 'Denkanstösse' der Expertenlehrer

Einleitend sei kurz darauf verwiesen, dass ich bezüglich der Einschätzung konkreter Vorschläge oder Ratschläge der Expertenlehrer an die Adresse der Lehrerstudierenden die folgende Unterscheidung getroffen hatte: a) Ist der Ratschlag explizit vom Lehrerstudierenden eingeholt worden und/oder implizit aus einer konkreten Frage des Lehrerstudierenden heraus erwachsen? b) Initiierte der Expertenlehrer die thematische Sachlage, aus der er den Ratschlag formuliert hat? - Auf die sich grob errechneten Häufigkeiten in Prozentzahlen will ich hier nicht eingehen, weil diese keinen besonderen bedeutungsvollen Aussagegehalt aufgewiesen haben, sind sie doch von der Konstruktvalidität her problematisch zu interpretieren gewesen: Einige der ethnographischen Ausgangsfragen waren ja bekanntlich von mir vorgegeben, Fragen, welche sowohl die Expertenlehrer als auch die Studierenden zu weitergehenden Fragen 'veranlassten', womit sich mein Unterscheidungsraster als schwierig anzuwenden entpuppte). - Interessant hingegen war meine zweite Aufteilung in die beiden folgenden inhaltlichen Kategorien: Sind Vorschläge entweder a) mit Erklärungen und Begründungen abgegeben worden; oder b) mit einem exemplarischen, kategoriellen Referenzsystem (oder mit strategischen Handlungsratschlägen):

**a)** Vorschlag mit Erklärung
Geäusserte Ratschläge in dieser Kategorie beinhalteten eine Erklärung oder Begründung für die vorgeschlagene Handlung, immer aber mit dem Hauptgewicht auf eine konkrete Situation, und zwar mittels Verweis auf den kon-

kreten Unterrichtskontext. Während diese Ratschläge bei den Lehrerstudierenden nicht zwingend eine vertiefte Reflexion erzeugt haben, sind diese Maximen aber auch nicht als blindes Befolgen des geäusserten Ratschlags aufgefasst worden, sind diese doch genügend begründet oder illustriert gewesen, dass sie den Lehrerstudierenden plausibel erschienen sind; und zwar entweder durch die Einbettung in die betreffende, klar umschriebene pädagogische Situation, oder durch Rekurrieren auf ein bestimmtes pädagogisches Prinzip.

**b)** Vorschlag mit exemplarischem, kategoriellen Referenzsystem oder mit strategischen Handlungsratschlägen
Ratschläge auf dieser Ebene sind über die aktuell miteinander diskutierten Inhalte hinausgegangen und haben in eine Richtung tendiert, in welcher der Lehrerstudierende speziell für die spätere Zukunft lernen, d.h. sein zukünftiges berufliches Handeln davon tangiert würde. Solche Ratschläge haben in einem gewissen Sinne auf eine ganz bestimmten Klasse von Situationen verwiesen, die bekannt oder unbekannt sein können. Die geäusserten Ratschläge haben aber vielfach auch deutlich gemacht, dass ein diskutiertes Ereignis als 'Exemplar' dieser einen bestimmten 'Ereignisklasse' zu betrachten ist: Der Ratschlag verweist dann auf dieses Verbindungsmoment. - Eine weitere Form daraus kann etwa als strategischer Handlungsratschlag benannt werden: Es ist eine Ermutigung dazu, Ausschau zu halten nach konzeptuellen Wissensbeständen und Regeln, die theoretisch auf einer höheren Ebene angesiedelt sind als blosse singuläre Beispiele.
Mittels dieser Unterscheidung konnte ich die interessante Feststellung machen, dass es keine klare Linientrennung gab, wonach beispielsweise ein Expertenlehrer den Vorschlägen mit Erklärungen den Vorrang vor jenen mit strategischen Handlungsratschlägen gegeben hätte oder umgekehrt. Immerhin ist die erste Kategorie wie auch die letzte jeweils von den Lehrerstudierenden in besonderer Weise durch das eigentliche Nachfragen 'ergänzt' worden, so dass sich letztendlich in der Datenanalyse auch diese meine Unterscheidung zugunsten einer vermischten 'Einheitsklasse' von Vorschlägen oder Ratschlägen 'aufgelöst' hat. Ich versuche diese nachstehend zusammenfassend darzustellen:

#### *9.4.2.1. Erwartungen nicht aus den Augen lassen*

Erwartungen sind eher als Ziele denn als Einschränkungen zu betrachten. Zudem muss festgehalten werden, dass Erwartungen sich immer wieder verändern. Natürlich gibt es handfeste Erwartungen, für jeden, der in der beruflichen Arbeitswelt eines Lehrers steht, und dies eigentlich permanent. Aber die Intensität der Erwartungen verändert sich über die Zeit. Mit anderen Worten: Wenn bei Berufseintritt gewisse klare Erwartungen spürbar sind und einschränkend wirken, heisst das noch lange nicht, dass diese Erwartungen über das ganze Jahr hinweg substantiell die gleichen bleiben werden.
Dies hat zur Konsequenz, dass der 'Lehrer-als-Lernender' lernen muss, jene Erwartungen zu entdecken und zu identifizieren, welche sich im Laufe seiner Berufsarbeit 'entwickeln'. Dabei muss er unterscheiden zwischen individuellen

und institutionellen Erwartungen, welche zwar miteinander in Beziehung stehen, aber unterschiedliche Ansprüche generieren. Dabei braucht es sehr viel Fingerspitzengefühl und die Entwicklung spezifischer Kompetenzen, um diese aufkommenden Erwartungen 'aufzudecken', die in ganz unterschiedlichen Situationen 'auftreten'. Zudem braucht es beispielsweise vom Lehrer einen hohen Grad an Gewandtheit, um die Erwartungen der Schulgemeinde, die Erwartungen von einem Teil der Elternschaft, die Erwartungen von einem Teil der Lehrerschaft mit der eigenen Berufsentwicklung 'akkomodieren' zu können.

*9.4.2.2. Die Arbeit mit anderen ins Auge fassen*

Verantwortlichkeit ist wohl einer der wichtigsten Faktoren, der bei der kooperativen Zusammenarbeit von Lehrern gegenseitig gefordert wird. - Es ist aber auch wichtig, die eigenen Zielsetzungen mit jenen der anderen Lehrer 'kompatibel' zu halten, d.h., zu ermessen, ob und wann mit welchem Lehrer Gemeinsamkeiten festzustellen sind, welche eine Zusammenarbeit als wünschbar 'deklarieren' und somit auch möglich machen. Das heisst, jener Lehrer ist ein 'Lernender', der darauf bedacht ist, die Quellen möglicher Unterstützung zu identifizieren und sich dieser möglichen, aber nicht zwingenden Ressourcen kreativ zu bedienen. Dabei ist selbstverständlich immer das Prinzip der Reziprozität gültig, damit es nicht zu einer rein individuell-utilitaristischen Nutzung dieser Ressourcen kommt: Man ist selber ebenso offen, möglichen Unterstützungsbedürfnissen und -hinweisen von Kollegen nachzukommen. Interessant ist in diesem Kontext der Punkt, wonach bei Zusammenarbeit das Kriterium 'Zuverlässigkeit' eine nicht zu unterschätzende Rolle zu spielen scheint: Wer bezüglich einer Gruppenbesprechung oder Teamarbeit Pünktlichkeit und andere Sekundärtugenden vermissen lässt - ich fasse diese hier unter dem Begriff 'Zuverlässigkeit' zusammen -, verliert relativ rasch an 'Kreditwürdigkeit' bezüglich weiterer gemeinsamer Projekte von Zusammenarbeit. Tiefergreifende 'Enttäuschungen' gehen dann noch ein Stück weiter, welche längerfristig und grundsätzlich die Glaubwürdigkeit einer Zusammenarbeit in Frage stellen.

*9.4.2.3. Die Berufszukunft vor Augen halten*

Die Berufsidentität und damit auch die Berufszukunft vor Augen halten heisst für Lehrer, die Gründe, weshalb der Lehrerberuf und nicht ein anderer Beruf gewählt worden ist, immer wieder neu als 'Antrieb-Slogan' zu reaktivieren. Dies verhilft dann jeweils, schwierige Momente im Beruf in einen zeitlich-historischen Rahmen zu stellen, einen Raster, der von einem Lehrer mit 'Halbwertszeit-Vergänglichkeit' umschrieben worden ist: "Zeit heilt Wunden". Probleme, die anfangs bei Berufseintritt als sehr akut oder bedrohend erlebt werden, formen sich jeweils unter dem Einfluss von etwas mehr Geduld und mit längerer Berufserfahrung um. 'Weniger überstürzen', lautet dann die Devise. Damit werden diese Probleme oft konkret-fassbarer. - Es geht somit letztlich auch immer wieder um die Frage: "Weshalb bin ich eigentlich bis heute meinem Beruf treu geblieben?" Das Berufsverständnis mit all seinen Verantwortungsbereichen wird zum Gegenstand der Analyse und damit möglicherweise zur inneren 'Genugtuung': "Ich habe mich auch schon gefragt, frühmorgens, wenn ich allein im leeren Klassenzimmer stehe, lediglich die Wandtafel als Gegenüber, was ich denn eigentlich hier tue, ob dies alles einen Sinn habe, wie ich denn ... etc. etc. ..., wenn dann die Kinder hereinquellen und sich meine brennenden Fragen in ihren Gesichtern, in ihren Augen auflösen, dann weiss ich: 'Jetzt ist alles wieder gut.' Deshalb schätze ich meinen Beruf." [NI, IG 8]

*9.4.2.4. Erziehungseinflüsse der Umgebung wahrnehmen*
Erziehungseinflüsse der Umgebung werden von Berufsanfängern nicht selten als 'Angriffe' erlebt, weil zweifelsohne Eigeninteressen von aussen in der Schule verwirklicht werden sollen. Auch hier hilft eine gewisse Zuversicht, solche Momente eher als 'unstrukturierte' Einzelhandlungen wahrzunehmen, die nicht oder höchst, höchst selten als eigentliche (mehr oder weniger perfide) 'Überraschungsangriffe' geplant sind. Hilfreich scheint es, daran zu denken, dass die Erziehungs- und Bildungsvorstellungen bei Eltern oder Schulgemeindemitgliedern möglicherweise ebenso grosse Variationen aufweisen mögen, wie vergleichsweise im eigenen Lehrerkollegium immense Unterschiede hinsichtlich erzieherisch-beruflichen Vortellungen auftreten können. Eine solche Analogie hilft zu einer entsprechenden Perspektivenübernahme, und zwar auch heterogensten Elternerwartungen gegenüber. Damit leitet dieser Punkt über in eine expertenhafte 'Erwartungshaltung bezüglich unliebsamer Erwartungen':

*9.4.2.5. Immer auch 'unerwartete Erwartungen' erwarten*
Erwartungen - in verschiedensten Formen - tauchen immer wieder auf, unerwartet und plötzlich, und "so ist es gut, sich selber auf das 'Unerwartete' vorzubereiten, indem dieses auf eine gewisse Weise erwartet wird", lautete zusammengefasst die fast philosophisch anmutende Regel eines Lehrers. Das 'Unerwartete erwarten' heisst dann für den erfahrenen Lehrer, die eigene Fähigkeit der Antizipation zu entwickeln: Wenn mögliche konfliktuelle Situationen oder Spannungsmomente antizipiert werden, können alternative Handlungspläne vorausformuliert und je nach Umstand eingesetzt und wirksam werden. Diese Flexibilität eröffnet dann in der Folge auch einen erweiterten pädagogisch-didaktischen Spielraum, der es erlaubt, diesen Konfliktsituationen mit der notwendigen Ruhe begegnen zu können.
Zusammenfassend heisst das: Der 'Lehrer-als-Lernender' muss die Fähigkeit entwickeln, sich selber einzuschätzen. Dieses Urteil soll auf einer Analyse basieren, welche Informationen einholt und sie wieder 'abgibt', d.h., diese sollen - nebst objektiver Kritik - immer wieder zur Selbstwertschätzung beitragen. Das heisst auch, dass das Selbstbild allmählich von Klischee-Vorstellungen und Stereotypien 'befreit' werden muss, wie sie in einer breiteren Öffentlichkeit immer wieder (vereinzelt?) anzutreffen sind, weil solcherlei Stimmen als falsche 'Meinungsmacher' die individuelle Fähigkeit zum Entwicklungsfortschritt beeinträchtigen können. Solche Einsichten - gerade mit der Klasse - erfolgen aber nicht nach einem Fahrplan, sondern stellen sich ein, wenn die Zeit 'reif' dafür ist, und zwar insbesondere bei den Schülern; d.h., bedingt durch die unterschiedlichen Klassenkonstellationen "öffnet sich plötzlich der gordische Knoten". Das sind dann oft nicht genau feststellbare Momente. Aber die Sicherheit

und Überzeugung beim Lehrer - "es wird kommen!" - ist äusserst wichtig und 'zählt' dann gerade auch bei den Schülern als Vorschuss unglaublich viel, wirkt also möglicherweise als selbsterfüllende Prophezeiung.

*9.4.2.6. Vorgeschlagene Prinzipien in Metaphernform*

Konkretere, auf den Unterricht bezogene Prinzipien und Maximen, Normen und Werte, Präzedenzfälle und Parabeln, die nach Ansicht der Expertenlehrer für zukünftige Junglehrer bedeutsam sein mögen, sind die nachfolgenden, von mir hier zusammengefassten Prinzipien, welche von den verschiedenen Expertenlehrern authentisch als nachfolgende Metaphern formulierten worden sind:

a) Bezüglich mündlicher und schriftlicher Schülerbeiträge die Klasse dazu ermutigen, über knappe Antworten hinaus eigene Gedanken zu elaborieren *(Prinzip der 'Herausforderung')*

b) Das (Mit-)Teilen der eigenen Gedanken und Gefühle an die Mitschülerinnen und Mitschüler fördern *(Prinzip 'Veräusserung')*

c) Das Zusammenfügen unterschiedlicher Schüler zu einer Klassengemeinschaft ermöglichen, in welcher Schüler ihre persönliche Eigenart und Verschiedenheit erforschen/erfahren dürfen *(Prinzip 'Entdecken der Vielfalt')*

d) Lernstandards in einer Art und Weise ausdrücken und 'sichtbar' machen, dass diese für die Klasse bestmöglich zu erreichen sind *(Prinzip 'Zielflagge')*

e) Situativ bedingtes Aussenden von 'Kommando-Signalen', damit die Klassenführung aufrechterhalten werden kann *(Prinzip 'Steuermann')*

f) Lern- und Leistungskontrollen ankündigen und vorbereiten, basierend auf im voraus formulierten Zielen *(Prinzip 'Eigeneinschätzung')*

g) Ansprüche möglicherweise lockern, um verunsichernde Spannungen zu vermindern *(Prinzip 'Burgfrieden')*

h) Den Anspruch der Klasse initiieren, bei kollektiven Intensivarbeiten miteinander die notwendige Ruhe- respektive Aufmerksamkeitsdisziplin einzuhalten *(Prinzip 'Seilschaft')*

i) 'Evaluative' Aussagen von Schülern bezüglich eigener - schulischer und ausserschulischer - Tätigkeiten und Handlungen ermutigen*(Prinzip 'Selbstakzeptanz')*

j) Als Lehrer im Unterricht sein 'Nichteinverständnis' offen äussern können und gleichzeitig Schüler zu reziprokem Verhalten ermuntern *(Prinzip 'Selbstsicherheit')*

### 9.4.3. Humanisierungsprozess als Wandlung

• "Ich habe das Wörtchen 'dumm' [als Charakterisierungvon Schülern] aus meinem Vokabular gestrichen." [TR, 6I 6]

Die Expertenlehrer stellen einen zentralen bedeutsamen Wandel in der eigenen Entwicklung der beruflichen Perspektive fest. Dieser Prozess, der global als 'Humanisierungsprozess' umschrieben werden kann, beinhaltet verschiedene Elemente, und zwar sowohl auf der Einstellungs-, der Wissens- als auch der Handlungsebene. Die kontinuierliche Interaktion mit Schülerinnen und Schülern über Jahre hinweg, dieser wechselseitige Austausch von Kognitionen, Emotionen und Handlungen zwischen den Schülern, den Klassen und dem Lehrer, hat bei den Lehrern ein ständig wachsendes Verstehen des Einzelschülers und Verständnis *für* den Einzelschüler gezeitigt: Es ist ein Prozess der graduellen Perspektivenübernahme, ein "... in die Haut des Schülers schlüpfen". Je länger Schule gehalten wird, desto grösser erscheint die Wichtigkeit dieser Entwicklung. Denn auf der Grundlage der täglich intensivsten Interaktionen mit Schülern 'sammeln' die Lehrer ein enormes Wissen und ganze 'Datenbänke 'über ihre Schüler, über emotionale Bereiche, wie beispielsweise ihre Sorgen, Nöte, Ängste, Schwächen, Probleme, Unsicherheiten; diese werden recht eigentlich über die kognitiven Antennen der Schüler vermittelt, über Kanäle wie Lernanreiz, Fähigkeit, Ausdrucksstärke, Abstraktionsvermögen, Denkschemata, etc.: Solcherlei Kognitionen werden für die Lehrer aber immer mehr zum Spiegel jener inneren Prozesse, die auf grundlegende Emotionen der Schüler verwiesen.

Diese über Jahre hinaus ungeheuer reichhaltige Datensammlung, dieses progressive 'Sich-selbst-Aufklären-über-den-Schüler' *vermenschlicht* den Lehrer, humanisierte ihn, ein langwieriger Prozess, der sich - im Vergleich zur stark auf Selbst- und Stoffzentriertheit hin orientierten Berufseinstellung bei Berufsbeginn - in einer qualitativ unterschiedlichen Toleranz und Empathie den Schülern gegenüber ausdrückt:

*[Frage: Einen Beitrag leisten, damit die Schüler sich nicht zu fürchten brauchen?]*[250]
"Ich achte immer ein wenig darauf, dass die Schwächsten nicht unter den Schlitten kommen. Es besteht immer die Gefahr, dass sich eine Klasse dem Schwächsten dieser Klasse gegenüber sammelt und sich an ihm abreagiert. Ich habe sogar festgestellt, dass diejenigen Klassen untereinander am schlechtesten auskamen, ganz schlechte Beziehungen hatten, wo kein solch 'schwarzes Schaf' herum war. So stelle ich immer Soziogramme her, dabei habe ich folgendes festgestellt: Wenn in einer Klasse ganz klar ein Sündenbock existiert, läuft es in der Regel besser in der Klasse, als wenn z.B. drei Sündenböcke herum sind, oder wenn es gar keinen Aussenseiter gibt. Es ist schon merkwürdig, wonach eine Klassengemeinschaft fast jemanden braucht, über den sie sich zwischendurch in einer Richtung, die klar vorgegeben ist, entladen kann. Es scheint jedenfalls fast ein wenig so zu sein, wie ich es aus meinen Soziogrammen entnehmen konnte: Klassen sind katastrophal untereinander gelaufen, weil die Schüler nicht

250 Dies ist eine ethnographische Frage aus dem Wochenrückblick (siehe Anhang, Kapitel 11).

wussten, in welche Richtung sie sich jetzt zu entladen hätten, d.h., wenn ein 'Sündenbock' gegeben ist, da kann man - wenn mal ein Problemchen herum ist -, zack, kann man sich einmal mehr in eine Richtung, die längstens bekannt ist, entladen, und dann ist man wieder gelöst und frei. Damit das nicht geschieht, d.h. wenn man sieht, dass die Klasse eine solche Richtung einnimmt, muss man solche Prozesse mit der Klasse aufarbeiten, um damit dem Schwächsten zu helfen: Das ist für mich beinahe das Wichtigste." [TR, 4I 5]

### 9.4.4. Veränderungsprozesse der Expertenlehrer

Veränderungen, die sich bei den erfahrenen Lehrern über die Jahre ergeben haben und die im Verlauf der verschiedenen Gespräche mehr oder weniger explizit thematisiert oder gleichzeitig in besonderer Weise von den Lehrerstudierenden wahrgenommen und reflektiert worden sind, können in die drei folgenden Hauptkategorien eingeteilt werden, die - zwar nicht immer klar trennscharf - hier aber der einfacheren Darstellung wegen voneinander getrennt betrachtet werden:

- Rekonzeptualisierung des Curriculums
- Neu- und Überdenken von Beurteilungen
- Redefinierung von Rollen

#### *9.4.4.1. Redefinierung der eigenen Lehrerrolle*

- Weg vom 'Mittelfeldstrategen' hin zum 'Coach', oder vom 'Bühnenschauspieler' hin zum 'Theaterdirektor' ("Lange Zeit stand mein 'Auftritt', meine Performanz im Zentrum, ich konnte die Handlungen, das Lernen der Kinder nicht gleichzeitig beobachten. Jetzt ist das umgekehrt." - "Schüler kommen mit echten Fragen zu mir; ich selber habe plötzlich auch vermehrt echte Fragen, die mich selbst lange beschäftigt haben.").
- Eine neue Wissens- oder, besser gesagt, eine neueLernbegierde wird auf die Schülerinnen und Schüler übertragen.
- Die Schüler werden ganzheitlich erfahren; z.B. "Ich 'sehe' Jonathan nicht nur als mittelmässigen Mathi-Schüler, sondern als Jugendlicher, mit seinen Hobbies, Sorgen, Freuden, Wünschen und Träumen, mit den persönlichen Schwächen und Stärken." Damit sind viele Beobachtungen sogenannter "off-task"-Aktivitäten der Schüler gemeint, die für den Lehrer wichtig und aufschlussreich sind.
- Die Schüler werden zu 'Denkarbeitern' transformiert: den Schülern das Vertrauen und die Gabe des eigenen Denkens geben.
- Vom Kritiker und 'Nörgeler' zum Advokaten der Schüler werden: In jeder Situation Respekt für den Schüler empfinden.
- Kollegiale Beziehungen aufbauen: Die Zusammenarbeit bei Vorbereitung, Durchführung und Evaluation von fächerübergreifendem, projektorientiertem Unterrichten schätzen lernen.
- Die Komplexität von Unterricht respektieren: Unterrichten wird als weit komplexer betrachtet als anfänglich; daraus entwickelt sich ein grösseres Be-

wusstsein Schülerunterschieden gegenüber sowie der Verantwortung, mit diesen Unterschieden arbeiten zu müssen. Somit weist das fächerübergreifende Denken und das kollegiale Zusammenarbeiten vermehrt auf jene vernetzten thematischen Strukturen hin, welche Fachinhalte und Pädagogik zur Einschätzung und Prognose von Unterricht nicht trennen lassen.

*9.4.4.2. Neu- und Überdenken von Beurteilungsformen*

- Weniger benotete Prüfungen, mehr diagnoseorientierte Lernkontrollen.
- Einstufungen und Einschätzungen von Projektarbeiten (Performanzen statt Kompetenzen).
- Aufbau von Fertigkeiten, um diese Projektarbeiten ausführen zu können.
- Aufbau jener Fertigkeiten, sich selber einzuschätzen (z.B. die Frage: "Wie wissen wir, dass wir es wissen? - Welches ist die Evidenz? - Könnte dies auch noch anders gesehen, überlegt oder miteinbezogen werden? - Welches ist Dein/sein Standpunkt? - Welchen Unterschied macht das aus?") - Damit entfernt man sich ein Stück weit von sich selber, um das Lernen als Prozess statt als finales Produkt zu analysieren.

*9.4.4.3. Rekonzeptualisierung des Lehrplans*

- Als Ausgangspunkt 'verlangt' die unterrichtliche Planung wenn immer möglich ganzheitliche Fragen und Problemstellungen.
- Thematisch interdisziplinäre Zusammenhänge herstellen (fächerübergreifendes Arbeiten mit Kollegen zusammen).
- Vom 'Stoff-Durchnehmen' und generellen "à-fonds-Lernen" (Informationsfülle) hin zu einem ganzheitlichen Lernen mit exemplarischen Lernausschnitten.
- Vom inhaltlichen 'Text' wenn immer möglich auch zum Kontext vorstossen: Vom Textbuch- zum situierten, kontextuellen Lernen an inner- und ausserschulischen Gegenständen und Situationen.
- Schüler mithelfen lassen, nicht nur Lerngegenstände, sondern auch das Lernverständnis zu *re*konstruieren.

Faktoren, welche jeweils diese Veränderungsprozesse in der Biographie der erfahrenen Expertenlehrer begünstigt oder behindert haben, sind die folgenden:

*9.4.4.4. Unterstützung für Veränderungen*

- Vermehrter Sinn für Effizienz: Lehrer und Schüler werden zu kritischen Fragestellern, und zwar dem Stoff, aber auch sich selber gegenüber.
- Teil eines grösseren Netzwerkes von Lehrkräften werden: für die Expertenlehrer waren prinzipiell jeweils jene Fortbildungskurse wichtiger und entscheidender und wurden deshalb bevorzugt, in denen Prinzipien erarbeitet werden konnten, die auf das *Lernen von Schülern* hin angelegt war, statt auf das Verhalten der Lehrer. Dabei wuchs die eigene Selbstsicherheit mit dem akkumulierten Wissen von anderen Lehrpersonen, die mit ähnlichen pädagogischen Ideen und Überzeugungen arbeiteten.

- Systemische Unterstützung: Eine günstige Stundenplangestaltung beeinflusst die oben genannten Zielsetzungen dahingehend, als vermehrte Blockzeiten einen ganzheitlicheren Unterricht erlauben.
- Administrative Unterstützung: Ehrliche, aufrichtige Unterstützung durch die Schuldirektion erlaubt Entscheidungsautonomie bezüglich der Fachinhalte, pädagogischer Fragen und alternativer Beurteilungskriterien. Vertrauensvolle Unterstützung wird insbesondere dann stark empfunden, wenn die Innovationen oder Bestrebungen der Lehrer auch nach aussen hin 'legalisiert' werden.

#### *9.4.4.5. Hindernisse für Veränderungen*

- Furcht vor Veränderungen: Lehrer fürchten sich anfänglich vor Veränderungen, weil sie mit dem Öffnen ihres Unterrichts befürchten müssen, die Kontrolle aus den Händen zu verlieren. - So werden innerlich auch Zweifel an der persönlichen Tauglichkeit laut: "Weiss ich genug über die Konsequenzen dieser Innovationen? - Kann ich die Schüler 'bei der Stange halten', die alle ihren eigenen Lernrhythmus wählen? - Kann ich mich fachlich genügend absichern, insbesondere bei fächerübergreifenden Themen?" - Aber auch die persönliche Exponiertheit bereitet ihnen Sorgen: Ob Kollegen und die Direktion wohl bemerken, dass ich nicht jenes Wissen habe, welches eigentlich notwendig ist? - Das vermehrte Engagement mit innerschulischen Aktivitäten kann aber auch auf das Privatleben abfärben: Es ist schwieriger 'abzuschalten', Schüler und Eltern rufen vermehrt zuhause an; zwar nicht ausschliesslich aus negativen Momenten heraus, trotzdem stellt dies eine zusätzliche Belastung dar.
- Strukturelle Probleme: Je 'näher' an einzelnen Schülern gearbeitet wird, desto mehr werden strukturelle Bedürfnisse geweckt: Insbesondere eingrenzende Zeitgefässe gelten als permanenter Frustrationsherd. Sogenannte 'Routinen' der Schule sind aber schwer zu brechen, traditionelle Strukturen und konventionelle Unterrichtspraktiken überdauern manchen innovativen Wind. Nicht selten erleben sich dann Lehrer wieder als 'isolierte Einzelkämpfer'.
- Zusammenarbeit: Neue Spannungen und Dilemmata erwachsen aus Zusammenarbeit und Kollaboration. Zusammen arbeiten heisst nämlich oft, länger zusammen vorbereiten oder evaluieren, um einen Konsens zu finden. Meinungen bezüglich Methoden, Strategien, Inhalte oder Prüfungen gehen nicht selten auseinander.

All diese Veränderungen haben einen systemweiten Effekt mit sich gebracht, der wiederum Unsicherheiten ausgelöst und die Rollenveränderungen der Lehrer neu definiert hat:

### 9.4.5. Die Komplexität von Veränderungen

Die Expertenlehrer haben im Verlaufe ihrer Berufsarbeit sehr bald die Vernetztheit und Verschränktheit der verschiedenen schulischen Teile, wie auch die untereinander verbundenen Faktoren mit der erweiterten Schulgemeinde entdecken müssen. So haben auch bloss geringfügigste Veränderungen in der Stun-

denplangestaltung oder Hausaufgabenpraxis einen Einfluss auf die Kollaborations- oder Mithilfemöglichkeiten von Eltern. So zieht die veränderte Rolle des Lehrers im Unterricht als Nebeneneffekt ein vermehrtes Nachfragen seitens der Eltern nach sich. Die vermehrt zur Verfügung stehenden öffentlichen Lernplätze, wie Medienzentren, Museen, Wanderausstellungen, Infomobile und Bibliotheken müssen 'erschlossen' werden, um sie dem Schüler lernzielbezogen 'verfügbar' zu machen. Auf einen kurzen Nenner gebracht: Sobald die Lehrer eine Veränderung am sogenannten herkömmlichen Unterricht vornehmen, werden direkt oder indirekt Auswirkungen auf die nähere Erziehungsumgebung (Kollegen, Schuldirektion, andere Schulklassen, Eltern, Nachbarskinder etc.) spürbar. Oder noch anders gesagt, wichtige Personen aus diesem Einflusskreis müssen in irgendeiner Weise 'mitinformiert' werden, damit die Veränderungen auch wirksam werden können. Dass dies mit zusätzlichem Zeit- und Energieaufwand verbunden ist, versteht sich von selbst.
Auch Lektionsplanungsveränderungen wirken sich auf weitere involvierte Unterrichtsfaktoren aus, beispielsweise auf die Prüfungsvorbereitungen: 'Wie prüfe ich einen Prozess?' hat eine längerfristige Planung, mit grösserem Materialaufwand, mit weniger Vorbereitungsbeispielen aus der Praxis und aus der Literatur, zur Folge. So habe beispielsweise die Veränderung des Formats einer Lehrerkommissionssitzung an einer Schule annäherend soviel zu reden gegeben, dass fast keine Zeit mehr übrig geblieben sei für die Besprechung der eigentlichen Traktanden. Wenn neue, andere Raumbedürfnisse umgesetzt werden wollen, scheitert dies fast unweigerlich an bestehenden Funktionsstrukturen. Ein Lehrer drückte dies sehr schön aus: "Wenn immer was geändert werden möchte, dann hat dies einen Welleneffekt, zieht Kreise, so, wie wenn man einen Stein ins Wasser wirft, und man muss dann irgendwie daran denken, alle diese Wellenkreise zu informieren, zu erfassen und miteinzubeziehen." Selbst kleine Projekte können derartige Probleme kreieren. Hier trotzdem ein Beispiel, wo eine winzige innovative Idee trotz Widerstand doch noch Erfolg gehabt hat:

"Im ersten Jahr, um Ostern, verliessen vier Schüler aus Berufswahlgründen meine Klasse. So habe ich bei der letzten Mathematik-Stunde am zweitletzten Schultag das Gefühl gehabt: 'Jetzt kannst Du wirklich in dieser Stunde etwas anderes machen und nicht die Math.-Übungen stur durchziehen'. Das war für mich wirklich selbstverständlich, weil ich das früher als Schülerin auch immer erwartet habe. Zudem war es eine tolle Klasse, wir kamen sehr gut miteinander aus, speziell die vier Schüler. Und so organisierten wir ein Morgenessen, zu dem jeder Schüler etwas mitbrachte (...). Dem Klassenlehrer sagte ich am Vortag noch im Vorbeigehen, er sei auch freundlich eingeladen, sofern er Zeit hätte. "Nein, ich habe dann Schule, aber ich wäre auch sonst nicht gekommen", war seine Antwort, und am Abend erhielt ich von ihm ein Telefon, in dem er mir erklärte, er fände das gar nicht gut, wenn ich schon an Ostern mit den Schülern was Spezielles mache. Er und andere Kollegen hätten dann diese Klasse noch den ganzen Donnerstag und Freitag, und wenn da bereits eine Feststimmung oder so eine 'Ausplamperei-Atmosphäre' aufkäme ... Er werde noch in der letzten Lektion am Freitagnachmittag ein Diktat machen, und das zähle genau so, wie die andern Diktate. - Ich hatte irgendwie den Eindruck, dass er das Gefühl hatte, ich wolle ihm bei den Schülern den Rang ablaufen oder weiss nicht was, und anscheinend war es das erste Mal, dass jemand in dieser Schule so etwas durchführte. Ich erklärte ihm sodann, dass alles bereits organisiert sei und deshalb auch durchgeführt werde, aber ich würde es ein anderes Mal nicht mehr machen. Am andern Morgen erbat ich mir noch kurz die Einwilligung vom Schuldirektor, der einverstanden war und lediglich auf Lärmdämpfung hinwies, und dann lief in der Mensa alles tiptop ab. Am

Schluss bat ich die Schüler: 'Es sind nicht alle Lehrer einverstanden, dass wir das machen, und darum müsst ihr mir versprechen, in den restlichen Lektionen dann wirklich bei allen andern Lehrern noch voll mitzumachen. - Und diese andern Lehrer gaben mir beim Abschiedstrunk der Lehrerschaft im 'Stamm' nachträglich doch noch recht: 'Doch, doch, es ist dann doch noch gut gegangen, doch, es war in Ordnung'." [SA, 20/21]

Fast alle Lehrer stuften es als schwierig ein, über die gemischten Gefühle zu sprechen, die bei Innovationsversuchen empfunden werden. Nehmen wir das folgende Beispiel, welches zeigt, wie sehr die Experimentierfreude des Lehrers trotz Unsicherheiten am Schluss zur geteilten Erfahrung werden kann:

"Man versucht bestimmt immer wieder, etwas Neues zu machen, auch im eigenen Motivierungsinteresse. Als Beispiel gelte der letzte Donnerstag, wo wir zu zweit statt einer Tageswanderung ein sogenanntes Spielfest organisiert haben, und zwar nach der Konzeption der "new games". Aber wir mussten es regelrecht 'durchstieren', denn alle andern Lehrer sagten, sie hätten Angst vor etwas, das man nicht im voraus im genauen Ablauf planen könne; in dem Sinne nämlich, dass man nicht schon vorher entscheiden kann, welche Spiele wer macht, weil die Schüler wählen konnten, welches Spiel sie machen wollten. Die Lehrer konnteen also nicht sagen: 'Jetzt machst Du das, das und das ...', wie das z.T. im Unterricht stark der Fall ist. - Trotz dieser massiven Befürchtungen unserer Kollegen haben wir zwei entschieden, dass wir das einmal probieren müssen. Denn das einzige, was uns geschehen könne, sei, für einen Nachmittag auf die Nase zu fallen: Wenn anschliessend alle Schüler sagen, das sei ein Mist gewesen, wenn wir also an einem Nachmittag pro Jahr auf die Schnauze fallen, dann sollte man doch das Risiko eingehen. Und schliesslich konnten wir es 'durchstieren': Die ganze Organisation lag also bei uns beiden, wir holten das Material in Freiburg und brachten es auch wieder zurück. - Nun, der ganze Anlass hat *super* geklappt! Es kam so gut an wie noch kein Sportnachmittag in dieser Schule in den letzten drei Jahren, und zwar weil es neu war! Und dieser Erfolg hat sich sofort herumgesprochen, in allen Klassen, das hättest Du sehen sollen, wie ein Lauffeuer." [DY, 43]

Wieviel Kraft und Energie das Einbringen und Durchsetzen von Innovationen, Neuerungen und Veränderungen kostet, schildert die nachfolgende Passage derselben Lehrperson:

"In einer gewissen Phase merkt man dann plötzlich, man ist gereift, und das ist ein schönes Gefühl, denn auf eine gewisse Art und Weise ist man gerne reifer geworden. Aber wenn man dann in dieser selben Phase gleichzeitig entdeckt, wie stark man in der Schule gebunden, wie eingeschränkt man wirklich ist, und dies je länger, je mehr, dann ist es das, was mir je länger je mehr zu schaffen macht, wo ich manchmal den Verleider kriege, weil ich denke: 'Also nein, das dürfte man eigentlich nicht, vom Pädagogischen her, diese Zentralisierung, alles wird grösser, es wird alles überorganisiert, man fühlt sich eingeschränkt: dies darf man nicht und jenes nicht; sei es vom Direktor her, manchmal rein von der ganzen internen Organisation des Schulhauses her. Wo man immer irgendwie an Grenzen stösst, und wo man dann zwischendurch fast ein wenig resigniert, dies dünkt mich bei mir eine Gefahr; denn ich höre mich dann sagen: 'Ach, was will ich jetzt da Energie investieren, wenn ich dann schlussendlich doch 'eins aufs Dach' kriege."

"So ist man wahnsinnig eingeschränkt, einmal irgend etwas Neues auf die Beine zu stellen, das auch schülergerechter wäre, es fehlt vielfach an Räumen, und dann das Koordinieren immer, das Absprechen, bei vier Parallelklassen. Man kann nichts Neues unternehmen, ohne dass man das Einverständnis von irgend jemandem einholen muss, beispielsweise mit drei anderen Lehrern abklären muss: 'Ja, wer gibt denn jetzt diese Stunden, oder wer macht was? Wie beschäftigen wir in der Zwischenzeit die restlichen Schüler?' Und dadurch wird man passiver, man wird dann plötzlich zum 'Einzelstunden-Geber', weil man vielleicht vier, fünf, sechs, sieben Mal eine schlechte Erfahrung gemacht hat. Und ich glaube, das spüren die Schüler an einem Lehrer, die merken das, diesen 'Stundenvertrieb'. Zu Beginn finden sie das gut, immer dreiviertel Stunden mit einem andern Lehrer, da sagen sie auch etwa, das ist Abwechslung. Aber mit der Zeit bringt das automatisch eine Unruhe oder Phlegmatik mit sich, so dass keine grosse Beziehung mehr zum Ganzen, zur Schule entstehen kann." [DY, 30]

Eine solchermassen erfolgte Partialisierung des Kulturraumes Schule, welcher damit seine Gesamtheit verliert und sich in Einzelteile zersplittert, mag zwar ein Mikroabbild unserer Kulturgesellschaft sein. Diese Resignationsanzeichen, solche Momente voller Gefühle und Zweifel, liegen aber besonders dann vor, wenn es bei Lehrern, Schuldirektoren und anderen involvierten Personen im selben Umfeld Schule nicht zu Veränderungsmöglichkeiten kommen kann. Wenn Gefühle des Unwohlseins, aufkommende Unsicherheiten bei Innovationen im schulischen Umfeld latent spürbar sind, dann 'arbeiten' diese Faktoren daraufhin, dass Veränderungen schliesslich vermieden werden.
Dieser schleichende Prozess mag auch zu eigentlichen 'Regressionsmomenten' führen, die für Lehrer besonders schmerzhaft sind, beispielsweise dann, wenn ein Lehrer in bestimmten Situationen genau merkt: "Jetzt habe ich zu alten Strategien gegriffen. Da verlangte ich doch bei der Gruppenarbeit schon fast wieder absolute Ruhe und Stille!", und zwar aus dieser 'Urangst' heraus, die Arbeitsatmosphäre sei zu laut und deshalb im Nebenraum oder im Korridor draussen hörbar und werde dementsprechend beurteilt. Der Druck der Fremdkontrolle führt zur Aufweichung einer aufgebauten Selbstwirksamkeit, die dazu führen kann, dass man als Lehrer seine eigenen pädagogischen Entscheidungen nicht mehr unter Kontrolle hat: Dies wird beispielsweise dann ersichtlich, wenn Eltern die Arbeit eines Lehrers generell schätzen, gleichzeitig aber durchblicken lassen, dass ein *solcher* Unterricht zu ihrer Schulzeit undenkbar gewesen wäre.
Eine andere oft wiederauftauchende Sorge ist jene des 'Hast-Du-das-jetzt-schon-Durchgenommen', oder anders gesagt: Die schon fast permanente Angst, im Vergleich zur Parallelklassenlehrperson im Stoff des betreffenden Fachs 'hintennachzuhinken'. Dies ist ein zusätzlich internalisierter Sachzwang, dessen sich Lehrpersonen nur sehr schwer entledigen können.[251] Selbst wenn Lehrer davon überzeugt sind, dass Schüler besser und eingehender lernen, ist die subjektive Sichtweise des 'Stoffdurchnehmens' immer wieder subtil spürbar. Ein ganz anders gelagertes Problem ist jenes des 'Abschalten-Könnens', des einmal auch 'Sein-Lassens', wie es die folgende Lehrperson bezeugt:

"Das Gefühl, das ich stark habe, ist: 'Du bist nie fertig'. Ich habe immer das Gefühl, ich sei nie fertig. Du kannst nicht sagen, jetzt habe ich alles korrigiert. Denn auch wenn alles korrigiert ist, hast Du sicher noch etwas vorzubereiten. Und wenn Du alles vorbereitet hast, dann bleibt Dir sicher noch etwas zu korrigieren. So habe ich mich am Anfang sogar ertappt, in den Ferien selbst, irgendwo in Griechenland, dass ich dachte: 'Oh, das ist es, was ich im Herbst noch machen muss. Das ist eine gute Idee.
Was ich zwischendurch einfach lernen muss, ist das Abschaltenkönnen, wo ich sagen kann,

251 Da haben es Dozenten an Hochschulen einfacher mit ihrer 'Lehrfreiheit': Mir sind keine Hochschul-Curricula bekannt, die einen solchen permanenten Stoffdruck auf die unterrichtenden Personen ausüben könnten, wie dies auf den Stufen der Volks-, Berufs- und Mittelschule der Fall ist.

das ist mir jetzt egal und das regt mich nicht auf. Denn wenn ich mich als Lehrerin beschreibe, bin ich eher engagiert, manchmal zu engagiert und zwar emotional, so dass ich nicht einfach sagen kann: 'Jetzt ist vier Uhr, ich schliesse die Schulzimmertüre, oder gehe aus dem Schulhaus nach Hause, jetzt ist der Tag vorbei.' Ich kann dann nicht abschalten und schleife das Ganze noch nach, oder frage mich: 'Warum ist jetzt das so und nicht anders?' Auch oft nachts, obwohl ich schon Fortschritte gemacht habe, gegenüber den ersten Jahren, also das hat mich manchmal einfach beschäftigt. Und es ist oft nicht ein klares Problem, kein Problemschüler, sondern irgend etwas, was vorgefallen ist; einer hat die Aufgaben nicht gemacht, dann wühlt mich das bereits irgendwie innerlich auf. Dabei würden einige sagen: 'Na ja, das ist doch nicht so schlimm.' Mich beschäftigt das immer wahnsinnig." [N, 35]

Abschliessend und zusammenfassend können die Aussagen der Expertenlehrer hiermit so festgehalten werden, dass Lehrer vermehrt über ihren Unterricht nachdenken, wenn ihre Berufsarbeit in einer Atmosphäre ausgeführt werden kann, in welcher ein 'Experimentieren', ein Pröbeln und Suchen möglich ist und unterstützt wird. So haben alle befragten Lehrer gerne über Innovationen gesprochen, wie etwa kooperative Formen, interdisziplinärer Unterricht, Werkstatt- und Projektunterricht, etc. Es ist ihnen aber um einiges schwerer gefallen, über ihre ersten Versuche, die voller Unsicherheiten, Zweifel und möglicherweise auch zum Scheitern verurteilt waren, zu sprechen. Dabei sind solche Lernerfahrungen recht eigentlich doch fast unabdingbare Faktoren des Wachsens und der Veränderung.

Nicht die Tatsache, dass ein Lehrer Defizite hat - und welcher Lehrer würde von sich behaupten, er hätte keine -, ist letzlich ausschlaggebend, sondern die, dass er bereit ist, diese aufzusuchen, zu erkennen und schliesslich zu beseitigen. Der Lehrer muss ständig und aufs Neue seine Professionalität beweisen: Er muss in fachlichen Fragen sachlich kompetent sein und es zu bleiben versuchen. Nur das sichert und verschafft ihm echte 'Autorität'. Ungenügende Qualifikationen beim Lehrer, seien sie durch durch persönliche Versäumnisse oder die Versäumnisse der Ausbildung begründet, bewirken oder verstärken Gefühle, die mit Selbstzweifel bezeichnet werden können: Ängste vor dem Unbekannten, vor der eigenen Unzulänglichkeit, vor dem 'Sich-Blamieren' und 'Sich-Blossstellen'. Viele der Expertenlehrer berichteten, dass sie lange Zeit gar nicht wussten, dass ihre Ängste aus der Idee 'unzureichender Qualifikationen' heraus erwuchsen. Eine zusätzliche - oft in Kursen erworbene - fachliche und pädagogische Qualifikation liess die kompetenten Lehrer unberechtigte Forderungen erkennen und eventuell ablehnen, d.h., sie hatten gelernt, zwischen den Schnittstellen von öffentlichem Auftrag ihres Berufs und ungerechtfertigten Ansprüchen zu unterscheiden, womit sich ein gewisses Angstpotential eliminieren liess.

## 9.5. Unterricht aus der Sicht der Expertenlehrer

Aus der Vielfalt aller aufgezeichneten Interviewprotokolle und Porträts versuche ich *erstens* als Übersicht jene 'Marksteine' guten Unterrichts darzustellen, welche von den Lehrerstudierenden generell und quasi über alle erfahrenen Lehrer hinweg eingeholt worden sind und welche bei ihnen den nachhaltigsten Eindruck hinterlassen haben. Dabei unterteile ich hier die Sichtweise von 'gutem Unterricht' in jene drei Bereiche, wie sie sich mir in der kontinuierlichen

Analyse und Interpretation als Hauptkategorien ergeben haben (einige der Studierenden kamen in ihren Porträts auf eine sehr ähnliche Dreierstrukturierung).
Ich versuche *zweitens*, diese Zeugnisse aus erster Hand mit jenen wenigen Meinungen zu kontrastieren, welche eine entgegengesetzte Position einnehmen: Dieser Dualismus ist hie und da bei den Lehrern selbst spürbar geworden, indem sie auf die gegenüberliegende Seite (individuell-assimilatorische Konzeption) verwiesen, um sich davon abzugrenzen, oder aber um mitzuteilen, wie sie selber hie und da 'regredieren', oder wie sie es noch nicht ganz geschafft haben, sich von dieser Konzeption losgelöst zu haben. Andererseits zeigt es auch, wie die Lehrerstudierenden etwa - explizit oder implizit - durch die Art des Fragens, Nachfragens oder Wiedereinhakens an andern Stellen der Ethnographie, diese Dichotomie ausgedrückt, d.h. recht eigentlich ihre Unterrichtsphilosophie mit in die Diskussion miteingebracht haben. Ich bin dabei auf zwei sozusagen kontradiktorische Erziehungsphilosophien gestossen, die ich in der Folge als **(A)** kulturell-gemeinschaftliche Konzeption versus **(B)** die individuell-assimilatorische Konzeption von Schule und Unterricht bezeichnen werde. Diese beiden Konzeptionen stehen sich diametral gegenüber und drücken sehr stark jene Antinomien aus, wie sie sich den Expertenlehrern während ihrer Unterrichtsbiographie in vielfältigen Schulsituationen präsentiert hat:

- Unter der kulturell-gemeinschaftlichen Konzeption (A) verstehe ich folgende Auffassung von Unterricht: Sie möchte jene Erziehung und Bildung fördern, die dem Schüler Kraft und Selbstvertrauen ermöglicht, positiv auf seine Umwelt einwirken zu können, d.h., in seinem gesellschaftlichen Umfeld und in seinem Kulturkreis möglicherweise auch aktiv-konstruktivistische Veränderungen vornehmen zu können.
- Unter der individuell-assimilatorischen Konzeption (B) verstehe ich eine Vorstellung von Unterricht und Schule, die utilitaristisch auf die Ausübung einer ganz bestimmten Position innerhalb der Gesellschaft ausgerichtet ist, d.h., sie beruht eher auf dem Status Quo eines individualistischen und demzufolge auf sozialer und ökonomischer Ungleichheit beruhenden Gesellschaftsbildes.

Ich möchte hiermit betonen, dass im vorliegenden Datenmaterial die Sichtweise (A) von mir direkt erschlossen werden konnte, während die Gegenposition (B) teilweise auf den geäusserten Vermutungen, Andeutungen sowie interpretierten Einstellungen und Handlungen der aufgezeichneten Gespräche mit den Expertenlehrern basiert. Zudem habe ich im folgenden bezüglich der sprachlichen Formulierungen absichtlich jene Repräsentationsmuster beibehalten - sei es als Vergleich, als Metapher, als Analogie oder anderes mehr -, wie sie von den Lehrern authentisch benützt worden sind:

### 9.5.1. Veränderungen der Eigen- und Fremdwahrnehmung

Der Lehrer mit einer kulturell-gemeinschaftlichen Sichtweise (A) drückt eine persönliche Verpflichtung aus, die er sich selber als Lehrer zuschreibt. Eine solche Berufshaltung drückt gleichzeitig auch eine tiefe Achtung und Liebe seiner Berufsarbeit aus. Er wünscht sich ein unbeschränktes Verstehen seiner Schüler und drückt gleichzeitig die Überzeugung aus, dass trotz aller festgestellten Unterschiede alle Schüler seiner Klasse 'erfolgreich' und 'glücklich' sein können:

| (A) Kulturell-gemeinschaftliche Sichtweise | (B) Individuell-assimilatorische Sichtweise |
|---|---|
| Der Lehrer sieht sich als 'Künstler' und versteht Unterricht als Kunst: Ein Unterrichtsgemälde gelingt, ein anderes misslingt. Es ist jedesmal eine neue Herausforderung. | Der Lehrer sieht sich als Vermittler, als didaktisch-technisch versierter Organisator von Unterricht. |
| Der Lehrer versteht sich als Teil einer Gemeinschaft und Unterricht folgedem als ein gewisses 'Zurückfliessen' an die Gemeinschaft. Diese Auffassung möchte er auch an seine Schüler weitergeben. | Der Lehrer sieht sich als ein Individuum, welches Teil oder nicht einer Gemeinschaft sein wird. Dabei wird Leistungserfüllung als Errungenschaft betrachtet, dieser Gemeinschaft zu 'entrinnen'. |
| Der Lehrer glaubt daran, dass alle Schüler - jeder auf seine Art - 'erfolgreich' sein können. | Der Lehrer betrachtet schulische Misserfolge einiger Schüler als unabänderlich. |
| Der Lehrer hilft seinen Schülern Beziehungen herzustellen, und zwar innerhalb der Klassengemeinschaft, innerhalb der verschiedenen sozialen Gruppierungen, und dies immer auch hinsichtlich global-ökologischer Zusammenhänge (Schule für eine Welt). | Der Lehrer homogenisiert seine Schüler zu einer Klasse, wo alle 'gleich' sind, trotz ihrer eindeutig individuellen Gegebenheiten. |
| Unterrichten wird gesehen als ein 'Bloss- und Freilegen' von Fähigkeiten, als ein 'Entdecken verborgener Goldminen' eines jeden einzelnen Schülers. | Der Lehrer versteht Unterrichten als ein Überbringen, ein Über- und Abliefern von Inhalten (Lehrer als 'Briefträger'). |

### 9.5.2. Veränderungen der Konzeptionen sozialer Beziehungen

In einer kulturell-gemeinschaftlichen Sichtweise (A) ist die soziale Struktur der Klasse für einen erfolgreichen Unterricht eine notwendige Bedingung :Der Lehrer wünscht, dass Beziehungen über den Klassenraum, über die Schule hinaus Bestand haben und somit wirken können. Nicht selten werden in diesem Zusammenhang Metaphern wie die Klasse als 'grosse Familie' oder als 'Gemeinschaft' gebraucht. Der Lehrer drückt damit die Überzeugung aus, dass alle Kinder auch sozial erfolgreich sein können.

| (A) Kulturell-gemeinschaftliche Sichtweise | (B) Individuell-assimilatorische Sichtweise |
|---|---|
| Die Lehrer-Schüler-Beziehungen sind human und gegenseitig auf Gleichheit bedacht; sie erstrecken sich auch über den Unterricht hinaus. | Die Lehrer-Schüler-Beziehungen fussen auf festen Hierarchien und beschränken sich damit auf formale Kontakte und Austauschmöglichkeiten. |
| Der Lehrer demonstriert Verbundenheit, und zwar mit jedem einzelnen Schüler, aber immer auch im Verbund mit allen Schülern der Klasse. | Der Lehrer hat individuelle Kontakte mit jedem einzelnen Schüler oder punktuell mit einzelnen Schülern. |
| Der Lehrer ermutigt zu einer Gemeinschaft des Lernens, propagiert eine Lerngemeinschaft: Diese hat Vorrang vor allen andern Prioritäten. | Der Lehrer verstärkt und ermutigt individuelle Leistungen und deklariert sie - explizit oder implizit - als seine Priorität. |
| Der Lehrer ermutigt seine Schüler dazu, gemeinsam-kollaborativ zu arbeiten und zu lernen: Schüler sind mitverantwortlich, sich selber zu unterrichten, wie sie auch mitverantwortlich sind jedem Mitschüler gegenüber. | Der Lehrer verstärkt und ermutigt dabei die Einzelarbeit der Schüler; der Einzelerfolg misst sich am Misserfolg der Mitschüler. |

### 9.5.3. Veränderungen der Wissenskonzeptionen

Lehrer wissen um die gesellschaftsrelevanten Dimensionen von schulischem Wissen. Sie durchforsten dieses Wissen und lassen sich davon herausfordern, ebenso wie das Wissen für die Schüler eine Herausforderung darstellt. Das Wissen wird - wohl informiert und abgewogen - stets im Hinblick auf die Schülerbiographien ausgewählt. Der Lehrer drückt mögliche Diskrepanzen aus, wenn gewisse Fachinhalte von Eltern, Schulbehörden oder Interessengruppierungen 'verlangt' werden, während echt schülerbezogene Inhalte oft bei denselben Personen nicht dasselbe Verständnis wecken. Der Lehrer weiss das Vertrauen zu schätzen, welches Eltern in seine Arbeit und in die von ihm ausgewählten Inhalte hegen. Der Lehrer drückt die Überzeugung aus, dass alle Kinder gemeinsam erfolgreich sein können.
Im Vergleich zu diesen Veränderungen in den kulturell-gemeinschaftlichen Sichtweisen von Expertenlehrern (A) erwarten Lehrerausbildungsinstitutionen von Junglehrern ein Wissen, welches auf diesem Hintergrund von der Vielfalt und Komplexität her noch mehr beeindruckt, insbesondere wenn dieses additiv aufgelistet wird, wie etwa im nachfolgenden Zitat von Zumwalt (1989):

> "... it is proposed that beginning teachers have knowledge of subject matter, pedagogy, instructional psychology, sociology, socio-linguistics, anthropology, classroom management, self-regulatory strategies, learners, social and political contexts, the school district, social organization of classes and school, curriculum, instruction, interactive teaching, evaluation, subject-specific pedagogy, skill development, computers, teachers' roles, professional functions, ethical and legal issues, and continuing professional growth." (Zumwalt, 1989, p. 176).

| (A) Kulturell-gemeinschaftliche Sichtweise | (B) Individuell-assimilatorische Sichtweise |
|---|---|
| Das Wissen wird von Lehrern und Schülern kontinuierlich neu kreiert, 'wiederverwertet', und ausgehandelt, d.h. es wird gleichermassen daran Anteil genommen. Es ist damit weder statisch noch nicht-veränderbar. | Das Wissen wird statisch, unidirektional vom Lehrer zum (Einzel)Schüler 'weitergereicht', wie es der Lehrer seinerzeit als Schüler auch 'überreicht' gekriegt hat. |
| Fachwissen, Fachinhalte und pädagogisches Wissen werden kritisch hinterfragt, und zwar vom Lehrer und vom Schüler. | Generell ist das Wissen, sind Fachinhalte 'unfehlbar', speziell, wenn dieses in Fachbüchern kodiert ist. |
| Der Lehrer ist ein engagierter leidenschaftlicher Anhänger seiner Fächer. | Der Lehrer steht dem Inhalt neutral, fast ein wenig abgehoben gegenüber. |
| Der Lehrer hilft jedem seiner Schüler, jenes Wissen und jene Fertigkeiten zu entwickeln, welche für seinen nächsten Lebensabschnitt eine Brücken- oder Gerüstfunktion einnehmen. | Der Lehrer erwartet von den Schülern, dass sie jenes Wissen und jene Fertigkeiten entwickeln, welche später für sie von Wichtigkeit sein werden. |
| Der Lehrer sieht Brillianz und Spitzenleistung als einen komplexen Standard an, welcher von einigen Schülern erreicht werden kann; er trägt Schülerunterschieden und individuellen Unterschieden Rechnung. | Der Lehrer sieht Brillianz und Spitzenleistung als den zu erreichenden Standard an, welcher nur von einigen Schülern erreicht werden kann, sofern die Intelligenz, der Wille und der Einsatz da ist. |

Implizite pädagogische Probleme müssen durch den Lehrer explizit gemacht werden, wobei daraus resultierende Konzeptionen, Regeln oder Konstrukte von ihm wiederum als Wissensbasis gelernt werden müssen, statt als Lernprozess nur einfach nützlich zu sein. Deshalb muss in der Forschung und in der Lehrerausbildung längerfristig noch klarer unterschieden werden zwischen explizitem, deklarativem Wissen und implizitem, prozeduralem Verstehen. Ich meine hier ganz deutlich, dass nur eine konkrete Verbindung dieser beiden Ansätzen die Praxis bereichern kann, möglicherweise ansatzweise, wie ich es mittels der weiter oben dargestellten Fallausschnitte aufgezeigt habe.

## 9.6. Das Praxiswissen: Der unmögliche Versuch einer 'möglichen' Synthese

Die vier wichtigsten zusammenfassenden Werke der Unterrichts und Lehrerbildungsforschung (Houston, 1990; Jackson, 1992a; Reynolds, 1989; und Wittrock, 1986) haben sehr wenig bis fast keine Hinweise auf konkret mit Lehrern ausgeführte Forschung gemacht, auf eigentliche *Lehrerforschung*, obwohl eine solche seit ein Jahren existent und immer aktiver wird. In vereinzelten Kapiteln werden zwar verwandte Themen zur Lehrerforschung aufgegriffen, Themen wie das Denken von Lehrern (cf. Clark & Peterson, 1986), die Kultur des Unterrichts (Feiman-Nemser & Floden, 1986), das professionelle Wissen von Lehrern (Tom & Valli, 1990; Zumwalt, 1989), die Lehrerentwicklung (Burden, 1990; Zeichner & Gore, 1990), der Lehrer als 'Curriculum-Maker' (Clandinin & Connelly, 1992). Die Autoren aus den genannten vier Handbüchern machen zwar einige vielversprechende und nützliche Forschungshinweise zum praktischen Wissen von Lehrern. Hingegen sind diese Hinweise ganz dem optimistischen Ton des Aufsatzes "Capturing Craft Knowledge in Teaching" von Leinhardt (1990) verpflichtet, dem womöglich das einschränkende Fragezeichen fehlte. Unzweifelhaft nützlich sind diese Beiträge aus der Literatur,

> "... however, these compilations still perpetuate the view that the knowledge that makes teaching a profession comes from authorities (i.e., university researchers, not teachers) outside the profession itself. Such a view is exclusionary and disenfranchising. It stipulates that knowing the knowledge base for teaching - what university researchers have discovered - is the privileged way to know about teaching." (Grimmett & MacKinnon, 1992, p. 442f.)

Mit sehr wenigen Ausnahmen finden sich nämlich keine konkreten Forschungsunterfangen zu diesem praktischen Handlungswissen. Die ganz wenigen Ausnahmen werden einzig in den zwei Review-Aufsätzen "Craft Knowledge and the Education of Teachers" (Grimmett & Erickson, 1992) sowie "Teacher Education and the Case Idea" (Sykes & Bird, 1992) aufgeführt und besprochen.[252] Ich mache deshalb hier einen Versuch, das Praxiswissen mittels meiner analysierten ethnographisch-narrativen Daten und mittels Rückgriff auf die beiden Übersichtsartikel einer Synthese zu unterziehen. Dabei nenne ich aus den bisherigen Ausführungen heraus Praxiswissen jenes akkumulierte Wissen, welches sich gemeinsam aus dem eigenen Berufs- und Unterrichtsverständnis von Lehrern und aus jenem der praxisorientierten Forschung ableitet. Dieses Wissen dient damit - gewissermassen immer auch ein wenig als ergänzende Sichtweise - der Frage, welche Bedeutungszuschreibung Lehrer und Forscher den im Unterricht inhärenten Dilemmata und Unsicherheiten beimessen. So gesehen betont Praxiswissen oft auch das Einschätzen und Beurteilen von Unterricht, wobei diese Einschätzung vorwiegend in bildhaft-ästhetischer Sprache ausgedrückt wird, anstatt - wie klassisch-empirisch üblich - propositional, durch Messungen der Produkthaftigkeit anhand von Prinzipien oder Maximen aus forschungsgeneriertem Wissen, um den letztendlichen Schulerfolg zu verifizieren. Das Praxiswissen basiert stattdessen stark auf dem Erfahrungswissen und intuitiven Wissen reflektierender Praktiker, und ist somit angeleitet durch Achtsamkeit, Mitgefühl und Empathie den Schülern und ihrem Lernen gegenüber; d.h., es kann als 'moralverhaftet' bezeichnet werden, weil es kontinuierlich auf der Suche ist nach der grundsätzlichen Bedeutsamkeit von Lernen und dem Lernreichtum für die Schüler. Die Epistemologie des Praxiswissens scheint sich dabei um die folgenden drei zentralen Fragen zu kreisen:

---

252 a) Grimmett, P. P., & MacKinnon, A. M. (1992). Craft Knowledge and the Education of Teachers. In G. Grant (Ed.), *Review of Research in Education* (Vol. 18, pp. 385-456). AERA: Washington, D.C. - b) Sykes, G., & Bird, T. (1992). Teacher Education and the Case Idea. In G. Grant (Ed.), *Review of Research in Education* (Vol. 18, pp. 457-521). AERA: Washington, D.C.

**a)** Zielsetzungen von Unterricht, d.h., die unterrichtlichen Kontexte sowie das weitere Arbeitsumfeld, in welchem Lernen stattfinden kann;

**b)** Gedanken und Gefühle der Lehrpersonen inbezug auf ihre professionelle Aufgabe und Berufsrolle, nämlich Initiatoren, 'Verfechter *und* Unterstützer' von Lernprozessen zu sein; schliesslich auf das

**c)** legitime Bedürfnis von Lehrern, vermehrt 'gehört zu werden' und ihre Arbeit vermehrt 'sichtbar' zu machen, dies in der sich in sehr starkem Wandel begriffenen Berufswelt.

Diese drei übergreifenden Merkmale können in weitere Komponenten aufgeteilt werden, die hier in einem nächsten Schritt als 'heuristischer Versuch' aufgelistet werden. Bevor ich dies tue, muss eine einschränkende Bemerkung angebracht werden, die ich aus Gründen der Wichtigkeit nicht als blosse Fussnote dem Haupttext subordinieren wollte:

> Ein solcher Versuch einer Zusammenfassung der wichtigsten Gedanken, Gefühle und Ideen des in dieser Arbeit ansatzweise dargestellten und kommentierten Praxiswissens verweist meiner Ansicht nach in eindrücklicher Weise auf das Problem, wieviel von der Substanz, wieviel von der Hingabe, wieviel vom Humanismus dieser Lehrer für ihre Schüler und für ihre Schule bei einem solchen datenreduzierenden Versuch 'verlorengeht'. Eine solche Zusammenfassung - besonders noch, wenn sie darnach trachtet, die nichtwissenschaftliche Sprache der Praxis zu berücksichtigen - verengt die Komplexität des Praxiswissens und die Kraft und Ästhetik der verwendeten Sprache, womit die Qualität dieses Praxiswissens substantiell an Aussagegehalt verliert.[253] Deshalb muss mit aller Deutlichkeit darauf hingewiesen werden, dass nur die gesamte Lektüre aller ethnographischen Datensätze der erforschten Lehrer eine valide Einsichtnahme in die Epistemologie der Praxis garantieren könnte, eine Aussage, die mir als Forscher (der seine Datenmenge aus einsichtigen Gründen reduzieren musste) ein unlösbares Dilemma darstellt.

Ich muss deshalb eindringlich davor warnen, diese 'Metainterpretation' im Sinne einer Synthese der Einzelfallanalysen, wie sie einerseits von den Studierenden, andererseits von mir selber vorgenommen worden sind, im analytisch-empirischen Wissenschaftsverständnis zu lesen; denn diese sind induktiv-interpretativ-narrativ, aus den Daten heraus erschlossen, und nicht analytisch-deduktiv-bestätigend abgeleitet worden. Aus diesem Grunde auch ist es problematisch, diese stellvertretenden Erfahrungen nach den klassischen Gütekriterien der Unterrichtsforschung, wie Objektivität, Validität und Reliabilität zu beurteilen, weil die Originalquellen der narrativen thematischen Beschreibungen, Interviews und Porträts als eigentliche 'Lehrergeschichten' eine *integrale* Aussagekraft haben und hier - aus Gründen der Forschungstransparenz bedingt - analytisch auseinandergenommen werden mussten, gleichzeitig aber auch bloss partiell dargestellt werden konnten. Die Aussagen der Expertenlehrer sind zwar immer noch authentisch, aber die Praxissprache hat durch die Transformation

---

253 "... the essential validity and morality of craft knowledge resides in readers *'living'* the life of particular teachers through stories, narrative, case studies, and other forms of vicarious experience." (Grimmett & MacKinnon, 1992, p. 396; Kursivschrift A. D.; vgl. dazu auch Pratte & Rury, 1991)

in eine deskriptiv-analytische Sprache möglicherweise an Authentizität und damit auch an Zuverlässigkeit eingebüsst.

Das Praxiswissen zeichnet sich durch folgende Charakteristika aus:

1) Das primäre Ziel des Praxiswissens ist das Verstehen und das sich Einlassen auf die Lernprozesse *aller* Lernenden. Unterrichten kann dann nicht mehr lehrer- oder stoffzentriert sein, wo nur mehr der Lehrer lehrt und nur mehr die Schüler lernen. Praxiswissende Lehrer wollen ihre Schüler kennenlernen, hören auf sie, versuchen sie zu verstehen und fürsorglich auf sie zuzugehen. Dieses fürsorgliche Verstehen bildet die Basis der Lehrer-Schüler-Beziehungen. Und es ist dieses Schüler-Lehrer-Verhältnis, welches dem Lehrer wiederum erlaubt, jene Möglichkeiten und Fähigkeiten seiner Schüler zu tangieren, die weit über bisherige Wissensvorstellungen reichen.

2) Lehrer mit einem Praxiswissen sind darauf bedacht, einen 'ungestillten Hunger' für das Lernen, eine ebenso ungestillte Neugierde bezüglich Ereignissen, Begegnungen und Erfahrungen zu vermitteln. Diese Absicht gründet aber auf der Erkenntnisannahme, dass jeder Schüler begründete Möglichkeiten hat, Phänomene und Erfahrungen für sich einzuordnen, und dass dementsprechend die Organisation der verschiedenen Lerninhalte diesen singulären Schülerkonzeptionen möglichst Rechnung trägt. Eine solche Reorganisierung der Inhalte ist oft thematischer Natur und damit interdisziplinär ausgerichtet; dabei werden wesentliche Fragen des 'Stoff-Erforschens' mit den Schülern zusammen aufgeworfen. Damit transformieren sich Lernereignisse zu Lernerlebnissen, d.h., Lernereignisse werden erinnerbare, lebendige Fälle *von etwas ganz Bestimmtem* und damit zum (unvergesslichen) Lernerlebnis.

3) Lernen wird auch dann erinnerbar, wenn jeder Schüler zum aktiven Erkunder und 'Lehrer' werden kann; mit einer solchen Vorstellung kann nun nicht jeder inhaltliche Aspekt des betreffenden Fachs im Lehrplan abgedeckt werden. Deshalb werden zentrale und wichtige Kernideen erarbeitet und von allen möglichen Seiten her abgedeckt, um dem Schüler Möglichkeiten aufzuzeigen, jetzt oder später diese Kernideen je nach Bedarf und Bedürfnis - fast beliebig - weiterzuentwickeln.[254]

4) Somit bildet das Verstehen und nicht die Schnelligkeit der Ausführung oder die Quantität des Inhalts das Basiselement eines praxiswissenden Lehrers, weil Schüler - wenn sie einen rellen Inhalt wirklich 'begriffen' haben - auch die Fähigkeiten entwickeln, jene neuen Informationen einzuholen, die zum Verständnis eines dazu verwandten Themas notwendig sind.

5) Damit ist das wichtigste unterrichtliche Ziel des Praxiswissenden jenes, zum Advokaten aller Schüler und ihrer Lernprozesse zu werden. Diese Haltung impliziert somit konsequenterweise das Zurückweisen jeglicher Annahmen, wonach ein Schüler nicht fähig zum Lernen ist; dies beinhaltet auch Ab-

[254] Dieser Gedanke der 'Kernideen' wird insbesondere von Gallin & Ruf (1990) erörtert und mittels Beispielen aus dem Fach Deutsch und Mathematik veranschaulicht.

sprachen mit Kollegen und Vorgesetzten darüber, dass diesem Schüler nicht unfairerweise ein belastendes 'Etikett' umgehängt wird. Damit versuchen praxiswissensgesteuerte Lehrer auch, längerfristig ihre Klassen - und damit indirekt auch die Schulen - zu kulturellen, gemeinschaftlichen 'Lernplätzen' zu verändern, wo jeder Schüler zum (mehr oder weniger 'gefeierten') Lernenden werden kann, indem er sein eigenes Lernen und 'Forschen' vermehrt selbstkontrolliert, aber dieser Prozess immer auch in der Auseinandersetzung mit seinen Schülerkollegen und der Lehrperson reflektiert wird.

6) Somit ist das Lernen und 'Erforschen' auch ein Gemeinschaftsprozess - ich verweise in diesem Zusammenhang auf das von einem Expertenlehrer verwendeten Bild einer Schulklasse als 'Seilschaft' -, wo Lehrer und Schüler, Schüler und Schüler bezüglich multipler Inhalte und Aufgaben gemeinsam Bedeutungszuschreibungen vornehmen und Aktivitäten und Aufträge aushandeln. Dieser Arbeitsprozess des Lernens in der Klassengemeinschaft ist aber immer auch nach aussen gerichtet, in Richtung jener Wirklichkeit, die *den* Schüler und dessen Lebenswelt 'erwartet', d.h., dem Lehrer gelingen immer wieder konkrete Verknüpfungsmomente zu dieser Arbeits- und Lebensrealität.

7) Ein solches Verständnis von Praxiswissen bedingt eine sehr grosse Planung und Vorbereitung des Unterrichts, indem versucht wird, unzählige Situationen zu antizipieren, welche möglicherweise im Klassenverband als wichtige Themen auftauchen könnten: So werden sehr viele Materialien gesichtet, Ideen und mögliche Aktivitäten vorausgemerkt, verschiedene unterrichtliche Ressourcen ausfindig gemacht, d.h., es wird in der Regel viel mehr vorbereitet, als es dann die Unterrichtssituation tatsächlich auch erfordert. Diese Vorbereitung aber gibt einem 'praxiswissenden' Lehrer ein Repertoire von Möglichkeiten, auf welches er insbesondere dann zurückgreifen kann, wenn er dem singulären Lernweg jedes einzelnen Schülers Rechnung tragen will, oder wenn er Aktivitäten mit den Schülern gemeinsam zu planen beabsichtigt. Eine solchermassen intensive Planung und Vorbereitung seines Unterricht gibt dem Lehrer andererseits eine generell sehr geschätzte Flexibilität und Geruhsamkeit während sehr vielen unterrichtlichen Situationen.

8) Damit mag in der Summe der aufgeschlüsselten Qualitäten des Praxiswissens ersichtlich geworden sein, dass Lehrer, welche dieses entsprechende Praxiswissen erarbeitet und entwickelt haben, ihre Unterrichtsarbeit als Beruf betrachten, dem mit einer stets erneuerten Leidenschaftlichkeit nachzukommen getrachtet wird: "Es ist meine Aufgabe, dass Keines verlorengehe", dies die Aussage des einen Expertenlehrers. Dieses sein 'unmögliches' Unterfangen soll trotzdem angestrebt und damit in Ansätzen möglich gemacht werden. - In diesem Zusammenhang ist der Hinweis auch sehr wichtig, dass die verwendete Sprache des Praxiswissens von dieser Leidenschaftlichkeit gekennzeichnet ist: Die praxiswissenden Lehrer sprechen an vielen Stellen und sehr häufig und ausführlich *für* ihre Schüler, sie sprechen an ihrer Stelle, weil diese nicht zu Wort kommen (können). Die dabei feststell-

bare Syntax ist existentiell mit Begriffen durchzogen wie 'Fürsorge', 'Liebe', 'Horchen und Hören', 'empathisches Verstehen', 'Verbinden', 'Sprachlos-Werden'. - Eher technisch-methodische Aspekte von Unterricht sind dabei zwar wichtige, aber klar untergeordnete Mittel, nicht wegzudenkende 'Nebensächlichkeiten', die einzig auf grundlegende Aspekte der Hauptsache ausgerichtet sind, auf die Absicht hin, wie jeder Schüler lernzielorientiert *'erreicht'* werden kann. Es sind Mittel, die sich nicht verselbständigt haben, sondern immer auf diese übergreifenden Zielsetzungen hin ausgerichtet sind: Nämlich dem Kind behilflich sein, bestmögliche Entwicklungsschritte aufzudecken.

### 9.6.1. Das Dilemma mit dem Praxiswissen

Wie kann dieses Praxiswissen so in einen theoretischen Rahmen eingebettet werden, dass es seine ureigenen Züge beibehält und nicht wiederum zu einer zusätzlichen präskriptiven Wissenbasis wird? Der implizite, unbestimmte Charakter von Praxiswissen macht seine Erklärung ausserordentlich schwierig. Tom & Valli (1990, p. 390) haben diesem Dilemma in Form von Fragen Ausdruck gegeben:

> "In what ways can tacit knowledge from the craft tradition be codified? Which forms of codification make this knowledge accessible to other practitioners? Or is the codification of craft knowledge, knowledge sensitive to various contexts and to contrasting conceptions of good teaching, a contradiction in terms? Is the very idea of codification, that is a knowledge base, appropriate only in the case of positivism, an orientation that presumes that practice can be derived from knowledge? Can craft knowledge ever be viewed as a systematic way of knowing, with its characteristic methods of inquiry, rules of evidence, and forms of knowledge, so that we can talk about an epistemology of craft knowledge? What is the warrant for craft knowledge?" (Tom & Valli, 1990, p. 390)

Erickson (1988) versuchte diese grundsätzlichen Einwände dahingehend zu beantworten, wonach eine Erforschung des Praxiswissens eher Fragestellungen produziere, welche das 'Suchen' ("searching") betone, im Gegensatz zu 'Resultaten', welche in den herkömmlichen Forschungsvorhaben als Wissensakkumulationen zu finden seien. Trotzdem muss weitergefragt werden, ob das Praxiswissen synthetisiert erfasst und dargestellt werden kann, ohne wiederum wissenschaftlich 'kolonialisiert' zu werden. So ist es beispielsweise für Yinger (1987) klar: Jeder Versuch, dieses 'Aufsuchen' des Praxiswissens in einer ähnlichen Art und Weise kodifizieren zu wollen wie positivistisch erhobene Wissensgrundlagen, hiesse für ihn, das Praxiswissen seiner Vitalität und ureigenen Bedeutung zu berauben. Für Damon (1992), Oser (1992), Goodlad, Soder & Sirotnik (1990) und Tom (1984) ist Lehrerausbildung gerade deshalb eher ein Prozess der moralischen Entwicklung als die Vermittlung einer Wissensbasis in Form des Aufbaus von Fertigkeiten und 'Expertise'. Aus diesen Gründen spreche ich in der Folge nicht von Praxiswissen als eine Wissenbasis per se, sondern als ein Raster, eine Folie, die gegenwärtigen Lehrerstudierenden wie auch erfahrenen Lehrern dazu verhelfen kann, permanent reflexiv ihr Repertoire von Verstehen, Handeln und Reagieren zu erweitern und zu entwickeln. Trotzdem mache ich nachfolgend einen Versuch, das praktische Wissen von Lehrern strukturell zu charakterisieren. Dieser Versuch soll als Heuristik für spätere Arbeiten gelten und ergibt sich mir aus Erkenntnissen der Vor- und Hauptstudie, reflektiert in permanenter Verbindung mit einer aktiven Literatursichtung (vgl. dazu beispielsweise Hierdeis & Hug, 1992):

*9.6.1.1. Das praktische, persönliche Wissen von Lehrern*

Auf einer mehr formalen Ebene zeichnet sich das praktische Wissen von Lehrern durch die folgenden Strukturelemente aus:

**a)** Praxiswissen besteht aus persönlichen Konstruktionen, mittels derer sich der mit Unterricht und Erziehung befassende Lehrer 'seine' Erziehungs- und Unterrichtswirklichkeit immer wieder neu herstellt. Praktisches Wissen stellt damit auch ein Abwägen von früher und/oder gegenwärtig vermitteltem oder erfahrenem Wissen und dem eigenen persönlichen Erfahrungswissen dar.

**b)** Praxiswissen - fussend auf den eigenen erzieherischen 'Philosophien', Überzeugungen und Meinungen - besteht aus Beschreibungen, Deutungen und Vorhersagen jener Prozesse, Ereignisse und Handlungen von Unterricht, die für pädagogisch bedeutsam gehalten werden. Dabei tritt praktisches Wissen nicht selten in Form allgemeiner Aussagen oder als 'Ein-Satz-Theorie' auf, welche den Charakter von Theoremen (Lehrsätzen) haben können.

**c)** Praxiswissen von Expertenlehrern lässt eine Tendenz mehrkausaler Erklärungen erkennen, die analytisch nicht immer klar und konkret nachzuvollziehen sind. Denn praktisches Wissen trennt Beschreibungen, Berichte nicht immer von normativ-moralischen Aussagen. Diese widerspiegeln gewissermassen die ethische Ausrichtung der Berufsauffassung, d.h., das praktische Wissen scheint in der Tendenz immer auch normativ ausgerichtet zu sein.

**d)** Praxiswissen weist erfahrenen Lehrern deshalb die (Wert-)Orientierung in einer widersprüchlichen, komplexen, mit Dilemmata bestückten, nicht leicht vorhersagbaren Schulwelt vor. Praktisches Wissen ermöglicht aber auch ein überlegtes, sicheres und - sofern notwendig - rasches Handeln angesichts 'kritischer Situationen', in denen der Handlungsdruck gross und eine Entscheidung allernotwendigst ist.

**e)** Praxiswissen 'funktioniert' mittels Problem-Erörterung, Problemumschreibung, Problembewertung und daraus sich 'aufdrängenden' möglichen Ursachenerklärungen, aus denen Handlungsalternativen entspringen und mögliche Erfolgs- oder Misserfolgsprognosen der nachfolgenden Konsequenzen gebildet werden. Erst auf dieser Basis wird eine Handlungsentscheidung getroffen.

**f)** Praxiswissen 'bedient' sich aber auch alternativer abstrakterer Konzepte aus der pädagogischen Literatur und Forschung, wenn diese in der täglichen Praxis komplexitätsreduzierend und situativ plausibel erscheinen.

Dieser vorliegende Versuch einer Zusammenfassung der wichtigsten Gedanken und Ideen der hier kommentierten Lehrer, welche ein Praxiswissen aufweisen, verlangt einen abschliessenden, persönlichen Kommentar. Ein solcher Syntheseversuch zeigt meiner Ansicht nach in eindrücklicher Weise, wieviel Substanz, wieviel Liebe, wieviel Humanismus dabei 'verlorengeht'; denn eine Zusammenfassung reduziert - auch wenn sie darnach trachtet, die nichtwissenschaftliche Sprache der Praxis zu verwenden - einerseits die Komplexität des Praxiswissens, und andererseits die Kraft und Ästhetik dieser Sprache. Das Praxiswissen verliert kurz gesagt meiner Ansicht nach enorm an Aussagegehalt, Qualität und Güte.

vollständig / für sich bestehende

### 9.6.2. Die integrale Ausdruckssprache des Praxiswissens

Sprache wurde von den Unterrichtswissenschaften aus methodologischen und erkenntnistheoretischen Gründen zu lange isoliert betrachtet. Zudem verfügt nach Auffassung der Professionssoziologie der Lehrerberuf zumindest im deutschen Sprachraum über keine eigenständige Fachsprache (Terhart, 1991a). Weil die Sprache der Lehrer im Alltag und Lebenszusammenhang stets im Zusammenspiel mit den Schülern steht, kann sie unter phänomenologisch-kritischen Gesichtspunkten nicht als isoliertes Phänomen betrachtet werden; denn Sprache ist untrennbar verbunden mit Erfahrung und umgekehrt, d.h., Erfahrungen drücken sich nicht nur in Handlungen aus, sondern auch im Vorgang der Benennung der Erfahrungen: damit spreche ich von den narrativen Erzählungen der Lehrer, der Geschichten, der fallbezogenen Episoden und anderen Erfahrungsberichten, wie sie in den verschiedenen Ethnographien dokumentiert sind:

> "... the essential validity and morality of craft knowledge resides in readers 'living' the life of particular teachers through stories, narrative, case studies, and other forms of vicarious experience." (Grimmett & MacKinnon, 1992, p. 396)

Somit werden Sprache und Handlungen von Lehrern sehr wohl durch ihr Denken gesteuert, aber Sprache und Handlungen beeinflussen gleichermassen diese Kognitionen, indem sie diese zum Revidieren eigener Einsichten und Erkenntnissen, zum Umstrukturieren bewährter Gedankenkonzepte 'zwingen' können. Es ist deshalb schwierig, diese Erfahrungen von Lehrern quasi 'stellvertretend' darzustellen, weil die Originalquellen dieser Geschichten, diese narrativen thematischen Beschreibungen, Interviews und Porträts *integral* wirken und hier aus darstellerischen und analytischen Gründen auseinandergenommen und bloss partiell dargestellt werden können.

#### *9.6.2.1. Die Praxissprache der Lehrer*

Auf der allgemeinsten Ebene drücken die Gesprächsprotokolle das Wissen und die Absichten der Expertenlehrer aus; sie 'liefern' damit sehr allgemeine Handlungsorientierungen, determinieren nicht immer spezifische Handlungen. Gefühle, Werte, Bedürfnisse und Überzeugungen der Lehrer fliessen zu einem Bild darüber zusammen, wie Unterricht sein sollte. Darüber hinaus organisieren sie Langzeit-Erfahrungen, theoretisches Wissen und schulbezogenes Alltagswissen, wodurch dem Bild einheitliche Substanz gegeben wird. Eine Lehrerin benutzte beispielsweise das Bild der Klasse als 'Schafherde', um die erzieherischen Intentionen ihrer Unterrichtsarbeit zu veranschaulichen: Sie wünschte sich dabei Kinder, die sich in der Gruppe ('Herde') wohlfühlten; darüber hinaus wünschte sie sich aber auch eine Klasse, die für sich selbst entscheidet, um nicht blind wie eine 'Schafherde' dem Hirten (Lehrperson) zu vertrauen. - Ein Lehrerstudierender auf der andern Seite - angetan von der äusserst bildlichen Sprache seines Expertenlehrers-, setzt diese Ausdruckssprache in seinen Porträtüberlegungen selber um: "Ohne dass ich einen grösseren künstlerischen Anspruch hätte, bleibt indessen der erste Unterrichtsbesuch die - durchaus konturierte - Aquarellstudie; das Ölgemälde muss erst ausgeführt werden. Doch ans Werk, die Farben sind angerührt: Das Sehen als primärer Akt des Verarbeitens, des Lernens ist für Alexander ungeheuer wichtig." Und etwas später:

> "Alexanders Charakter liesse sich vielleicht mit der etwas kühnen Metapher fassen: Er ist in seinem Beruf Ordensmann, also der Wahrheit verpflichtet und damit offen. Es ist, als halte er mehrere Gelübde ein, als halte er sich an eine Benediktinerregel des Unterrichtens." (...)
> Im christlichen Abendland haben Berufszweige ihre Schutzheiligen. Alexander hat nie von solchen gesprochen. Sollte er dennoch in aussichtslosen Situationen eine Schutzheilige oder einen Schutzpatron anrufen, dann heissen sie jedenfalls nicht Pygmalion oder Matthäus: Alexander braucht keinen Identifikationsraster, um Mit-der-Klasse-zu-sein (frei nach Kounin). Er erlebt die Schüler "jeden Tag anders, also immer wieder neu, als individuelle Wechselbäder". Auf die Frage nach dem institutionellen und politischen Rahmenbedingungen hin gefragt, moniert Alexander: "Die Schule ist zuallerst Sache der Schüler und der Lehrer." " [SD, P 3]

Somit könnte der Begriff 'Bild' oder Metapher für die weitere Untersuchung des praktischen Lehrerwissens von einigem Wert sein. Bilder vermögen auf einer allgemeineren Ebene zwischen Denken und Handeln zu vermitteln als etwa Regeln und Prinzipien; sie zeigen, wie verschiedene Wissensformen und Wertmuster zusammenfliessen. 'Bilder' drücken die fundamentalen Einstellungen und Absichten eines Lehrers aus. Weil sie nicht selten 'offen' und sinnhaft strukturiert sind, leiten sie auf intuitive Art an und inspirieren bestimmte Handlungen, statt sie zu determinieren. Regeln und Prinzipien beinhalten unterrichtsbezogenes Wissen, wohingegen 'Bilder' gesamtheitliche Aspekte des praktischen Wissens einschliessen. Dahingehend vermögen 'Bilder' das propositionale Wissen zu erweitern, indem sie möglicherweise neue, veranschaulicht-ganzheitliche Regeln und Prinzipien generieren und damit die Auswahl zwischen der Vielzahl atomisierter Propositionen erleichtern helfen (vgl. dazu die aufgelisteten Prinzipien der Expertenlehrer, wie sie teilweise in Metaphernform abgegeben worden sind, Abschnitt 9.4.2.6.).

### 9.6.3. Zusammenfassung

Die Teilnahme der Lehrerstudierenden am ethnographischen Erforschungsprozess der Expertenlehrer verlangte die Artikulation dessen, was dieser erfahrene Lehrer tut und warum er es so tut, wie er es tut; zudem,was er glaubt, wovon er überzeugt ist und was er liebt (oder hasst) bezüglich schulischer Inhalte, Schüler und Lehrerkollegen und dem gesamten Kontextfeld 'Schule'. Es ist unüblich, dass Lehrer geduldige, intelligente, interessierte Zuhörer haben für ihre

Reflexionen. Es erforderte trotzdem viel Mut und Vertrauen, um ihre Sichtweisen darzulegen und Standpunkte einzunehmen, welche möglicherweise Kritik und Einwände hervorrufen würden. Indem Lehrer jemandem Berufserfahrungen berichten und erzählen, werden ihre persönlichen, impliziten Theorien, wird ihr persönliches Wissen explizit gemacht. Das wiederum kann die Art und Weise, wie sie bisher unterrichtet haben, entscheidend verändern: Ihre möglicherweise modifizierten, 'neuumrahmten' Perspektiven von Unterricht transformieren wiederum ihre Handlungsalternativen in der Schule. Ich wage selbst zu behaupten, dass ein Lehrer, der dem Lehrerstudierenden gegenüber eine moralisch starke Position einnimmt, es kaum sich selber gegenüber verantworten könnte, diese seine vertretene Position in seiner Unterrichtspraxis Lügen zu strafen. Er fühlt sich durch die 'Veräusserung' moralisch an diese Aussagen gebunden, auf jeden Fall mehr, als wenn er diese implizit verankerten Theorien nicht explizit gemacht hätte. Solches Publikmachen der Aussen- und Innenbilder, Perspektiven, Einsichten und Einsichtnahmen, Gefühle und Kognitionen entsprechen einem Öffnen der privaten Welt des eigenen Unterrichtens einem informierten Aussenstehenden und zukünftigen Junglehrerkollegen gegenüber, d.h., einem 'Noch-Outsider', der sehr bald ein 'Berufsinsider' sein wird.
Nebst diesen unmittelbaren Projektkurserfahrungen kann füglich auch behauptet werden, dass die Wirkung dieser Worte, dieser Porträts, dieser Bilder, dieser Gespräche möglicherweise nicht mit der Phase der Beendigung der Ethnographie abgeschlossen worden ist. Eine Erklärung, eine Klarstellung, eine Einsicht, die dem Studierenden an irgendeinem Punkt der Arbeit gegeben worden ist, kann womöglich in ein paar Wochen oder Monaten seine Kognitionen bezüglich kritischer Momente in der Unterrichtsvorbereitung, inbezug auf erzieherische Situationen mit extremem Zündstoff entscheidend mitprägen. Artikulierte Überzeugungen und vormals noch 'versteckte' implizite Theorien vermögen plötzlich vermehrt als Leitlinien und pädagogische Standards zur Verfügung stehen, und zwar sowohl für das Denken wie auch für das Handeln der zukünftigen Lehrer:

> "Naturalistic descriptive research on teaching *does* change things in the classrooms under study, and ... such research can instigate changes that reverberate for months and even years. The footprints we leave and the pictures we take make a difference in the lives and work of teachers and students." (Clark, 1991, p. 432)

Damit möchte ich nicht behaupten, dass generell jede deskriptive Studie jede Lehrperson wirksam verändert oder dass sich Veränderungen in all den weiter oben genannten Faktoren einstellen werden. Es soll damit lediglich ausgesagt werden, dass die forschungsorientierte Zusammenarbeit mit Lehrern als Möglichkeit der Veränderung von Schule von innen heraus nicht länger ignoriert werden kann. Dabei könnten sich Veränderungen insbesondere auch bezüglich schulisch-unterrichtlicher Aspekte einstellen, die möglicherweise bisher von der Forschung 'übersehen' worden sind.

### 9.6.4. Ein gewisser Vorbehalt

Ob im Rahmen der Ausbildung oder des Kurses Einstellungsrevisionen aufgebaut werden konnten, die als günstig zur Bewältigung der zukünftigen Berufsaufgaben zu bezeichnen sind, und ob sich diese Veränderungen längerfristig als tragfähig genug erweisen, um im Berufsalltag bestehen zu bleiben und um möglicherweise gar die längerfristige Berufszufriedenheit zu optimieren, kann mittels vorliegender Resultate und Überlegungen nicht gesichert ausgesagt werden. Worauf hingegen mit Bestimmtheit hingewiesen werden muss, ist die Feststellung, dass die bisherige Ausbildung in diesem Bereich des kognitiven Restrukturierens und Neuvalidierens eigener, impliziter Theorien nicht genügen kann, um nicht zu sagen, defizitär ist.[255] Der Interpretation von Einstellungsänderungen oder der Wissensumstrukturierungen war natürlich durch andere Semestereinflüsse klare Grenzen gesetzt, welche erhärtete Aussagen bezüglich Veränderungen erschwerten. So wirkten möglicherweise andere handlungsorientierte Fachkurse und Lehrinhalte, etwa auch pädagogisch-didaktische Frei- und Pflichtliteratur sowie die Aussicht auf den kurz bevorstehenden Berufseintritt wohl ebenso positiv-restrukturierend; andererseits wirkten die anstehenden Abschlussprüfungen, die ungewissen beruflichen Zukunftsaussichten, ev. auch das bevorstehende Aufbrechen sozial gesicherter Strukturen als mögliche intervenierende 'negative' Einflussfaktoren. So kann gerade die in Unterrichtsbesuchen vermehrt festzustellende Befürwortung eines disziplinierenden, kontrollierenden Handelns vermutlich zum Teil als Reaktion auf unterrichtliche Schwierigkeiten verstanden werden, zu deren Bewältigung viele Junglehrer auf Erziehungsstrategien zurückgreifen, die sie in ihrer eigenen Schulzeit, während ihrer Praktika oder Stellvertretungen oder bei Kollegen als wirkungsvoll erlebt haben. Diese Einstellungsregression ist zudem bei einigen wohl auch als Ausdruck eines Lernprozesses zu verstehen, bei dem illusionäre oder idealisierende pädagogische Überzeugungen zugunsten realitätsadäquateren aufgegeben werden.

Es muss des weiteren ebenfalls einschränkend gesagt werden, dass möglicherweise die angebrochenen Einstellungs- und Verhaltensänderungen der Lehrerstudierenden bei Berufseintritt zugunsten anderer 'wichtigerer' Bereiche, wie Disziplin und fachliche Vorbereitung, zurücktreten müssen. Mit anderen Worten muss der Junglehrer soviel Energie für die Bewältigung anderer Berufsaufgaben aufbringen, im Sinne einer ökonomisch wirksamen und pädagogisch bedeutungsvollen Unterrichtsvorbereitung, -durchführung und -auswertung, für administrative Belange, für Kooperationsaufgaben mit Kollegen, Fachgruppen,

---

255 Beck's (1989) Postulat, Lehrerstudierende sollten spätestens in ihrer Ausbildung selber dazu angeregt werden, ihre kognitiven Handlungen und Lernprozesse zu beobachten, zu reflektieren und zu evaluieren, ist mit der vorliegenden Arbeit in Ansätzen initiiert und verwirklicht worden. Es sind reflexive Eigenerfahrungen, welche den Lehrerstudierenden jene Sensibilität vermitteln können, um später - bei der eigenen Berufsausübung - gleichsam transferhaft das Verstehen der Lernprozesse der eigenen Schüler in der eigenen Klasse zu reflektieren (Beck, Guldimann & Zutavern, 1991). Der Lehrer als reflektiver Praktiker wird dann zum Forscher seiner eigenen Praxis, d.h. die Selbstreflexion des Lehrers wird zum Prärequisit seiner professionellen Entwicklung.

Behörden und Eltern, dass ihm die übergreifend gesetzte Zielsetzung, verantwortlich und wirksam zu unterrichten, aus dem Blickfeld gerät.
Ein weiterer Aspket, der hier auch kurz angesprochen werden soll, ist der folgende: Nicht selten werden schulische Innovationen schliesslich durch Bildungspolitiker von oben nach unten 'verordnet'. Einige dieser aufoktruierten Innovationen könnten aber von Lehrern beispielsweise durch konkret ausformulierte und vorliegende Fallstudien freiwillig zur Umsetzung akzeptiert werden, weil sich die Forschung vor Ort, d.h., im reziproken Verständnis von Forschern und Lehrern abspielt und daraus Innovationsmöglichkeiten abgeleitet werden können. Projektkurse dieser vorliegenden Art müssten deshalb vermehrt in die Ausbildung miteinbezogen werden. Haben meine bisher durchgeführten Reflexionskurse bis anhin auf dem Prinzip der Freiwilligkeit beruht, nämlich im Rahmen eines Wahlpflicht-Kursprogramms, so wäre ebenfalls die Möglichkeit zu überlegen, Lehrerstudierende mit aufklärenden Argumenten aktiv für die Teilnahme an solchen Kursen zu gewinnen. Die geringe Einflussnahme auf die Gruppenzusammensetzung setzt gleichzeitig eine Lernatmosphäre voraus, die von Toleranz, Aufrichtigkeit, Offenheit und Freundlichkeit geprägt ist. Dies sind die grundlegenden Anforderungen, welche an Kursleiter und Kursteilnehmer herangetragen werden müssten. Betreffs der Kursdauer kann ich guten Glaubens vertreten, dass ein Trimester- oder ein Semesterkurs - mit zwei oder drei Wochen-Stunden - hinreichend ist, um grundsätzliche Prozesse in Gang zu bringen; ebenso überzeugt bin ich aber davon, dass eine zeitliche Verlängerung jederzeit möglich und wohl auch gewinnbringend sein könnte. Eine Form von gemischten regulären Kursstunden mit zeitlichen Kompaktbausteinen (halbe oder ganze Tage) wäre wohl besonders wünschenswert, wobei wöchentliche Zusammenkünfte von zwei bis vier Stunden das optimale Ausgangsgefäss darstellen könnten.

### 9.6.5. Die Schule als 'reflexiver Raum'

Trotz dieser Einwände haben die vorliegenden ethnographischen Erkundungsarbeiten den Teilnehmern zur Kreierung von (neuen) Kategorien verholfen, indem Unterscheidungen getroffen, Bilder und Metaphern als Ordnungshilfen kreiert und Repräsentationen formuliert worden sind: Es ist ein Prozess, welcher möglicherweise in eine 'Restrukturierung' subjektiver, (un)bewusster Kategorien ausgemündet hat. Die Konfrontationen mit der Vielzahl von Perspektiven haben auch zum ausgeprägteren Bewusstsein schulischer Kontextvariablen und die vermehrte Differenzierung dieser Aussenwelt zu einer unweigerlichen Verfeinerung der eigenen inneren Gedankenwelt geführt. Somit ist die Schule als kulturelle Institution schlechthin für die Lehrerstudierenden und die Expertenlehrer zum reflexiven Raum geworden, in dem - obwohl ursprünglich intellektuell konzipiert und mittlerweilen auch symbolisch verkodiert - mittels unabhängiger Handlungen individuelle Bedeutungskonstruktionen vorgenommen worden konnten. Die Integrität der gesammelten Erfahrungen sehr variabler Charakteristika und die damit zusammenhängenden Interpretationen sind zudem durch die Ganzheit, Ausgewogenheit und Qualität des Settings Schule 'gefördert' worden. Die Schule als kulturelle Institution hat somit Kommunikation und Diskurs induziert, dies wiederum Erneuerung und Veränderung erzeugt. Die Schule hat also formativ gewirkt, weil durch das Entdecken, Explorieren und durch die Reflexion persönliche Transformationen 'erlaubt' gewesen sind, welche unter die vordergründig zur Verfügung stehenden Oberflächeninformationen haben leuchten können. Damit hat sich die Schule der Fragmentarisierung widersetzt, hat sie doch die ganze Palette von Philosophien, Ideen und 'Gegenständlichkeiten' gezeigt, unter welcher verschiedenste Themen und Muster gefunden werden konnten, welche beim Lehrerstudierenden neue Verstehenspartikel erzeugt haben: Im besten Fall wird Schule so zum Begegnungspunkt, wo Dialog und Transaktionen ebenso wirksam werden können wie das Überprüfen von Einsichten, das Vornehmen von Schlussfolgerungen und das Aufstellen von Hypothesen und Diagnosen, d.h., wo Spekulationen über die Glaubwürdigkeit und Echtheit von Meinungen offen und frei geäussert werden können:

> "The form of teacher cultures (...) consists of the characteristic patterns of relationship and forms of association between members of those cultures. The form of teacher culture is to be found in the particular articulation of relations between teachers and their colleagues." (Hargreaves, 1992)

Das 'ethnographische Setting' Schule hat somit folgende Vorteile anzubieten gehabt, um eben diese perspektivischen Transformationen zu begünstigen:

a) Die Schule als kulturelle Institution betont die wichtigen Beziehungsstrukturen zwischen den verschiedenen verstreuten Erfahrungen und den ebenso vielen fragmentarisierten Informationen.
b) Die Schule bietet eine grosse Auswahl an empirischem Material und Daten an; diese Datenfülle eines fallbezogenen Wissens weist oft auf alternative Erschliessungsmöglichkeiten hin.
c) Die kontextuellen Informationen sind äusserst reichhaltig, vielfältig, aber nicht themenspezifisch festgelegt.
d) Der Lehrerstudierende konstruiert Ordnung, Struktur oder Muster, zwar anfänglich typischerweise mittels Einzelfallbeispielen oder monokausaler Inferenzen; eigenes Urteilen wird trotzdem vermehrt sichtbar, welches aber als vorläufig, relativ und kontextuell bedingt betrachtet wird, d.h., es ist ein Urteilen, welches nicht mehr im voraus 'determiniert' ist.
e) Die Schule als kulturelle Institution kann Wirklichkeitserfahrungen anbieten, die direkt auf empirischen Tatsachen beruhen. Jede Erfahrung kollidiert mit Erwartungen, und verändert diese möglicherweise. Damit wird die eigene Denkwelt immer mehr zur Fragestellung.
f) Die Schule als kulturelle Institution nährt somit nicht-routiniertes, exploratives Denken.
g) Weil die Schule somit ein 'unmittelbarer Stimulus' darstellt, sind persönlich wichtige Erfahrungsmomente fast unumgänglich (wie z.B. die Thematik um die Auseinandersetzungen der Notengebung).
h) Weil Schule als Erfahrungs- und Beobachtungsraum die sprachliche Auseinandersetzung stimuliert, verlangt dies eine Klarheit und Genauigkeit in

der Wahrnehmung: Die Sprache ermöglicht Klassifizierungen, Fragestellungen und Urteilsmöglichkeiten.

i) Die Schule zeitigt auch einen klaren 'Erwachsenen-Charakter': Die Unterscheidung zwischen Ideal und Wirklichkeit wird darin überflüssig; denn es gibt nurmehr den Realidealisten, ein Umstand, der zu konkreten Innovationen führen kann, muss doch Altes - Bewährtes oder Nichtbewährtes - stets mit Neuem - Modernem, nicht Modischem - verglichen werden.

k) Eine selbstempfundene Veränderung ist dahingehend möglich, weil im Kulturraum Schule gelernt werden kann, dass ein zukünftiger oder bestandener Lehrer selber zu (noch) mehr fähig, wahrnehmungsfreudiger und aufgeschlossener ist als er das bisher von sich gedacht hat.

### 9.6.6. Schule als kultureller Erfahrungsraum

- Schule als kulturelle Institution vermag somit - wenn sie als Lernanlass in einem umfassenden Sinn gesehen wird - die komplexen Extreme menschlicher Erfahrungen und menschlichen Wissens aufzuzeigen: Sie kombiniert, ordnet und veranschaulicht diese zwecks öffentlicher Einsichtnahme durch zukünftige Junglehrer. Die Schule als ein solcher Schauplatz mit einem kulturellen Rahmen offeriert neue Informationen für Lehrerstudierende in ihrer kontinuierlichen Entwicklung: Sie können erwägen, vergleichen, integrieren und denken, und zwar über jene 'Offenkundigkeiten' hinaus, welche viele unserer Erfahrungen aufweisen.
- Schulen können damit zum Forum von unabhängigem Lernen und Kommunikation werden, von Selbstpräsentation und Selbsteinordnung, mit dem Ziel, sich selbst einen Platz in diesem Forum zu suchen und gleichzeitig aber während des Prozesses informiert zu werden durch diejenigen, die täglich neu ihren Platz in der Schule belegen, die Lehrpersonen und Schüler nämlich.
- Die Schule als kulturelle Institution, angereichert mit Schemata, Konstrukten, Taxonomien und Perspektiven, hält die sich ständig verändernde Lage 'konstant' und offeriert damit Strukturformen, die von den Kognitionen der Lehrerstudierenden erfasst und reflektiert werden können, indem sie sich im 'Gesamtdesign' dieser sich verändernden Konstanten orientieren müssen.

Eine solche bewusstseinserweiternde Sicht, welche differenzierende Kategorien als Orientierungshilfen betrachtet, kontrastiert mit jener der gedankenlosen Einstellung, die sich eher durch dieselben Regeln 'regieren' lässt und damit sowohl physisch als auch psychisch in eine Art von Fremdabhängigkeit gerät, in welcher eigene Entdeckungen und intellektuelles Wachstum nicht mehr möglich sind. Ein erwachsener Lehrer zu sein, heisst dann, täglich daran erinnert zu werden, dass das eigene Lernen nicht beendet ist, dass sozusagen mit jedem Tag neue ungelöste kulturelle und intellektuelle Fragenkomplexe aufgeworfen werden, die den Lehrer dazu herausfordern, neue Definitionen der schulischen Alltagswelten zu artikulieren, Unterscheidungen zu klären und auf die grosse Zahl von Unsicherheiten und Herausforderungen sensibel erwägend zu reagieren. In diesem Spannungsfeld, zwischen der Suche nach Eigenresonanz und vorgegebenen Formen von Ordnung, wird ein kritisch-kulturelles Denken neu belebt, und zwar in der Erkenntnis permanenter Veränderung der täglichen Lebensvorgaben.

Dies kann dem Sog und den Strömungen täglicher Routine, aber auch dem Stress und "burn-out" entgegenwirken als kreative, kritische, kulturelle Innovationstätigkeit.

Aus der vorliegenden Ergebniseinsicht möchte ich abschliessend folgendes festhalten: Vermehrte Einsicht darüber, wie sehr sogenannte 'Unterrichtseffekte' durch Tätigkeiten, Handlungen und Reflexionen, durch den Kontext, durch das Wissen und Verstehen der Unterrichtenden vermittelt werden, zwingt zur Aussage, dass Unterrichtsereignisse nicht direkt mit Unterrichtserfolg im Sinne von Produkthaftigkeit gekoppelt werden können, und Lehrerhandlungen demnach situativ zu betrachten sind. Damit werden sie weniger 'fassbar'. Dabei können unterschiedliche Unterrichtspraktiken unter verschiedenen Umständen gleichermassen 'effektiv' sein. Mit andern Worten, es kann niemals eine dahingehende 'Effizienzgarantie' abgegeben werden, welche eine über Klassen hinweg funktionierende, gleichgeschaltete Erfolgspraxis 'garantieren' könnte: Lehrerstudierende neigen hie und da zu dieser verfänglichen Möglichkeit, Expertenlehrer 'belehren' sie eines besseren: Die Alternative dazu ist in keiner Weise absoluter Relativismus oder blinder Glaube in die 'Praxisweisheit'. Denn obwohl die Einschätzung ihres eigenen Unterrichts von vielen Lehrern unglaublich genau ist, sind nicht alle Entscheidungen oder Praktiken notwendigerweise adäquat. Aber mit der Erforschung des Praxiswissens werden diese Themen auf den Tisch gelegt und können diskutiert werden. Die thematische Wende im Unterrichtsforschungsfeld der Lehrerbildung impliziert dann endlich auch, dass die Qualitätskontrolle von Unterricht nicht mehr ausschliesslich nur einer äusseren Instanz unterliegt, sondern auch dem tatsächlich zur Verfügung stehenden Lehrerwissen über Inhalte und Praktiken in der Schule und dessen Beziehungen zum Unterricht. Statt aufgrund externer Kriterien zu fragen 'Ist dieser Unterricht gut oder effektiv?', verschiebt sich die Frage in Richtung der *Verantwortlichkeit*: Ist das entsprechende, angemessene Wissen in dieser Situation vom Lehrer erörtert und verwendet worden? Dann sind jene beiden unterrichtskonstituierenden Dimensionen angesprochen, die von Oser, Dick & Patry (1992a) integral als Effizienz und Verantwortung festgehalten werden: Unterricht hat sich immer sowohl Wirksamkeits- als auch Verantwortlichkeitskriterien gegenüber zu 'verantworten', wenn er auf seine Bedeutsamkeit hin eingeschätzt wird. Eine solche Synthese der intellektuellen und moralischen Verpflichtungen dem Schüler, dem Lernen und dem Beziehungsprozess gegenüber führt dann nämlich zum generellen Verzicht, die verlockende Trennung von Zweck und Mittel im Unterrichts- und Erziehungsprozess vorzunehmen. Denn die eben erwähnte pluralistische Grundhaltung - getragen von einer gemeinschaftsorientierten Wertvorstellung - verbietet solchermassen utilitaristisches zweckrationales Denken.

Der eigentliche theoretische Rahmen zur Erforschung von Lehrerwissen umfasst demnach sowohl den weiteren Unterrichtskontext wie auch das nähere Denken von Lehrern, um das Regelwerk und die 'Konventionen' von Unterricht expliziter zu machen, welche ihrerseits die

Einsichtnahme in die Bedeutsamkeit und die Verständlichkeit dieses praktischen Wissens ermöglichen. Um diese Bedeutungskonstruktionen von Lehrern im Unterricht adäquat erfassen zu können, braucht gerade auch die Wissenschaft eine aussagekräftige Sprache, die sich insbesondere auch der expressiven Sprache der Expertenlehrer 'bedienen' könnte, um sowohl die Ereignisse wie auch die Interpretationen beschreiben zu können, welche ihrerseits je unterschiedliche Bedeutungszuschreibungen umfassen. Solchermassen kombiniertes fallbezogenes Wissen mit analytischem Wissen über diese interpretativen Prozesse von Unterricht und Schule ist aber möglich, und die Forschung darüber wird dann nicht mehr nur Verhaltensindikatoren, sondern kontextbezogene Rahmentheorien generieren, und zwar darüber, *was* Lehrer wissen, *wie* sie *warum* handeln, und *welche* Entscheidungen sie unter *welchen* Bedingungen vornehmen, in ihrem Versuch, den täglichen Unterricht - mit all den offenen und verdeckten Unterrichtsdilemmata - zu 'bewältigen'. Dies war *die* eine zusammenfassende Botschaft der Expertenlehrer an die Lehrerstudierenden. Alle haben diese Botschaft vernommen und gehört, einige haben sie auch 'verstanden'.

Damit gebe ich abschliessend jenem Lehrerstudierenden das Wort, der bezüglich seiner allerletzten Frage im Schlussgespräch eine 'letzte Antwort' - als möglicher sinngebender Raster seiner intensiven Porträtarbeit - erhalten hat:

*Habe ich eine Frage, eine zentrale Frage noch nicht gestellt? [Das Tonbandgerät versagte leider genau ab diesem Moment den Dienst, sodass ich T.R.'s Antwort aus der Erinnerung zu zitieren versuche].*

[T. sprach die Religion an. Sie sei für ihn eine zentrale Grösse, auch in seiner Lehrtätigkeit. Auf meine Frage präzisierte er, dass er nicht etwa Bibelkunde oder eine andere Lektion mit religiösem Inhalt unterrichte. Eher in dem Sinn sei die Religion etwas Zentrales für ihn, dass sie ihm einen unbedingten Rückhalt gebe, eine Richtschnur im Leben. Er sei kein grosser Kirchgänger, das sei nicht das Entscheidende. Er verwebe religiöse Inhalte auch nicht direkt in den Unterricht; er versuche aber die Haltung zu vermitteln, dass es hinter dieser Wirklichkeit und in diesem so komplexen Leben noch etwas gebe, dem ein absolutes Vertrauen entgegengebracht werden könne, in dem alles zusammengefasst sei. Eine Art Raster, Gerüst, von dem alles gehalten wird (wenn ich in diesem Zusammenhang einen bildlichen Vergleich T.'s verwenden darf)].

***Abschliessende Bemerkung von L.R. (Lehrerstudierender)***

*"Als persönliche Bemerkung möchte ich hinzufügen, dass ich diese letzte Antwort nicht erwartet habe und überrascht gewesen bin, vielleicht auch gerade deswegen, weil sie doch so naheliegend war, so dass ich mich gewundert habe, weshalb wir diesen zentralen Punkt unbewusst nicht angetastet haben; vielleicht aus einer gewissen Scheu (einer falschen vielleicht) oder aus der verbreiteten Ansicht heraus, wenn etwas (wenn nicht Sexualität), dann 'touchiere' [berühre] diese Gretchenfrage zu stark die Privatsphäre. Ich erlaube mir deshalb abschliessend die Frage: Religion nur noch als Privatsache?" [LR, P 6]*

# 10. Implikationen - Konklusionen

*"If pedagogical problems could be separated one from another rather than entangled in a web of contradictory goals, then they could be solved in some sort of linear progression - shot down like ducks coming up in a row at a penny arcade." (Lampert, 1985, p. 193)*

Die oft gestellte und leider immer wieder berechtigte Frage, was denn die Forschung zur Lösung anstehender Probleme beitragen würde, d.h., wie es eigentlich um die Diskurs- und Kommunikationsfähigkeit und -bereitschaft der Unterrichtswissenschaftler stehe (Buchmann, 1992), haben sich beispielsweise Floden & Klinzing (1990) zum Ausgangspunkt und Titel ihres Aufsatzes genommen: "What can research on teacher thinking contribute to teacher preparation?" Auf der Prämisse fussend, dass das Denken von Lehrern die Handlungen beeinflussen und umgekehrt, ist innerhalb der Kognitions- und/oder Reflexionsforschung von Lehrpersonen klar geworden, dass Handlungs- und Verhaltensänderungen nur dann erfolgreich angestrebt werden können, wenn den mentalen und emotionalen Prozessen vermehrt Aufmerksamkeit geschenkt wird, jenen Bereichen also, welche diese Verhaltensweisen sensitiv 'beeinflussen und steuern' (Bullough & Gitlin, 1989; Weinstein, 1990; Zahorik, 1990). Ich gehe dabei konsequent mit Floden & Klinzing (1990) einig, wenn sie festhalten: "It is inappropriate to turn research results into teaching prescriptions ... but research knowledge still can, and should, play a substantive, constructive role in teacher education." (p. 15). Wenn es so ist, wie ich es in der Tendenz an dieser Studie habe aufzeigen können, dass Lehrerstudierende und Expertenlehrer im gemeinsamen Diskurs über Schule und Unterricht aneinander wachsen können, dass das im Unterricht und in der Schule gewachsene praktische Handlungswissen erweitert und weitergegeben werden kann, dann müssen wir in der Lehrerbildung jene Bedingungen erweiterter Ausbildungsmöglichkeiten schaffen, welche den Entwicklungsprozess der Lehrerwerdung intensiviert und verbessert (vgl. auch Lampert & Clark, 1990).
So werde ich abschliessend versuchen, einige dieser Ausbildungsalternativen zu skizzieren, welche durch die vermehrte Ausrichtung auf Kontextsensitivität generell ein unabhängigeres und reflexiveres Unterrichten ins Zentrum stellt und damit der enormen Komplexität von Handlungssituationen möglicherweise antizipativ-strukturierend vorausgeht. Vorgängig aber werde ich einige Desiderata formulieren, die sich aus der gesamten Arbeit herauskristallisiert haben, sowie anschliessend thesenartig acht Behauptungen zum 'Lehrer-als-Forscher'-Thema aufstellen, um diese schliesslich in ein Plädoyer einer fallbezogeneren Lehrerausbildung ausmünden zu lassen, welche die Schule vermehrt als kulturellen Erfahrungsraum kasuistisch auslotet.

## 10.1. Selbstreflexion als Prärequisit professioneller Entwicklung

Es scheint mir wichtig, hier noch einmal auf die wesentlichen Prämissen hinzuweisen, die dem Reflexionskurs zugrundelagen: In diesem Kurs ging es nicht direkt um die Ausbildung von berufstypischen und professionsspezifischen Kenntnissen, Fertigkeiten und Einstellungen, sondern im Vordergrund stand die erkenntniswirksame Bewältigung einer pädagogischen Diskurssituation zwischen einem Lehrerstudierenden und einem erfahrenen Lehrer. Mit Bewältigung meine ich kein zwingend produktorientiertes 'Lösen' anstehender Sachfragen, sondern ein Sich-Auseinandersetzen mit den Meinungen, Überzeugungen des Lehrers, ein sich einmal 'Darauf-Einlassen' und ein andermal möglicherweise davon 'Distanzieren-Können'. Dieser Erwägungsprozess kann - dies meine Behauptung - möglicherweise gewisse Neustrukturierungen und Neuformulierungen eigener subjektiver Erziehungs- und Unterrichtstheorien nach sich ziehen. Zusammenfassend seien hier nochmals die theoretisch abgestützten Basisannahmen festgehalten, auf welchen der Projektkurs 'aufgebaut' ist:

- Verantwortungsvolle und effektive Expertenlehrer sind rational handelnde Lehrer, deren Unterrichtshandlungen einen hohen Grad an Kongruenz mit ihren Einstellungen und Unterrichtsphilosophien darstellen.
- Grundlegende Veränderungen in Schulen stellen sich als evolutionäre Prozesse dar, welche von Lehrern zum Teil selbst-initiiert, d.h., nur zum Teil von aussen her eingeführt werden. Wesentlich dabei sind nicht so sehr organisatorische Veränderungen, sondern Prozesse der persönlich-beruflichen Entwicklung.
- Lehrer lernen - übrigens wie alle andern Berufspraktiker auch - von und aus ihrer Praxis: Mit dem Ansetzen bei Problemen innerhalb des Unterrichts und vieler 'Reflexionen-in-der-Handlung' entwickeln sie unter anderem persönliche Theorien 'in-den-Handlungen-selbst'.
- Die persönlich-berufliche Entwicklung der Lehrerwerdung wird am besten mittels einer 'forschungsorientierten' Gruppe unterstützt.

Daraus folgernd bestand meine Aufgabe als Projektleiter darin, die ethnographisch von mir in Gang gesetzten Prozesse zu 'begleiten', indem die individuelle Unterrichtspraxis, das Praxiswissen und die Berufsphilosophie der entsprechenden Expertenlehrer - anfangs in vermehrtem Masse und zunehmend in sukzessiv abnehmender Weise - in einem dialektischen Prozess zwischen Eigenerfahrung des betreffenden Lehrerstudierenden und der Reflexion in der Seminargruppe unterstützend besprochen wurde.

### 10.1.1. Implizite Ziele

Es lassen sich im wesentlichen folgende gesamtheitlichen Zielvorstellungen formulieren, die in der vorliegenden Kursstruktur 'enthalten' waren:

1. Die Entwicklung eines sozialkritischen Dialogisierens mit einem 'kritischen Freund'. Hierbei ging es vor allem um die Herausbildung einer kollegialen, selbst- und fremdkritischen Gesprächsbereitschaft, die sich über methodische und unterrichtliche bis hin zu erziehungsphilosophische und persönlich-berufsbezogene Themen erstreckte. Diese Zielebene könnte zusammengefasst als mögliche Erweiterung der 'selbstkritische Toleranz' bezeichnet werden.

2. Dies erforderte soziale und kommunikative Kompetenzen beider 'Lehrer', hatten doch sowohl der Lehrerstudierende als auch der erfahrene Lehrer gleichermassen das Anliegen, die Interaktion bei jedem weiteren Gesprächsanlass (noch) flüssiger zu gestalten. Eine verbesserte Kommunikationsfähigkeit, sowie die Eigenreflexion sozial relevanter Einstellungen (zum Thema 'Schule und Unterricht', aber auch zur eigenen Person) erforderten einen behinderungsfreien Umgang mit Gefühlen, indem nicht selten emotional tiefergehende Erlebnisse und Vorgänge verbalisiert wurden.

3. Die Sensibilisierung für fachliche und soziale Wahrnehmungen implizierte Fähigkeiten, sowohl fachspezifische als auch soziale Situationen adäquat wahrzunehmen, d.h., 'bekannte Muster' nach Möglichkeit neu zu beurteilen. Damit ergaben sich möglicherweise innovative Lösungsstrategien zur Bewältigung alltäglicher unterrichtlicher und pädagogischer Situationen.

4. Die Synthese daraus, nämlich die Förderung und Entwicklung *fachpädagogischer* Kompetenzen, zielte weniger auf die Unterrichtsführungs- und Effizienzebene als auf den umfassenden Erziehungsprozess, d.h., das Augenmerk wurde auf die pädagogische Auseinandersetzung mit Fachinhalten gelegt.[256] Solche fachpädagogischen Dialoge zwischen den Lehrern warfen epistemologische Fragen auf, die möglicherweise zu einer Restrukturierung von bereits 'verarbeitetem Fachwissen' führen könnten. (Ich benütze hier absichtlich den Konjunktiv, weil dies eine wenig 'überprüfte' Aussage ist. Vielleicht wäre auch der Ausdruck 'Wiedererwägung' von bereits 'verarbeitetem Fachwissen' adäquater, dem ein Restrukturieren nachfolgen mag.)

Aus der Literatur ist bekannt, dass Einstellungs-, Erwartungs- und Handlungsveränderungen ein grosses individuelles Bemühen und Engagement erfordern. Sehr wenige Personen können sich durch fremde oder eigene Anstrengung in ihrer Persönlichkeit grundlegend verändern. Mit Hilfe des 'Gegenüber' (der kein Psychotherapeut sein muss), des sogenannten kritischen Freundes, können die in der Kursstruktur angelegten, offenen Dialogformen zwischen dem Lehrerstudierenden und dem erfahrenen Lehrer einen Prozess in Gang setzen, der

[256] In Anlehnung an die Ausführungen zu Shulmans (1987b) 'pädagogischem Inhaltswissen' - im Theorieteil der vorliegenden Arbeit ausführlich dargestellt -, spreche ich hier absichtlich nicht von fachdidaktischen, sondern von fach*pädagogischen* Kompetenzen der Lehrer.

es erlaubt, langsam eingeschliffene Handlungsroutinen und verzerrte individuelle Wahrnehmungsmuster aufzubrechen, zu restrukturieren und nach Möglichkeit flexiblere, bewusstere und vertretbarere Handlungsalternativen erschliessen zu helfen.
Damit wird auch explizit gemacht, dass mögliche Einflussfaktoren der sozialpolitischen Umwelt, d.h., beispielsweise äussere Bedingungen der Schulorganisation oder bildungspolitische Aspekte der Lehrpläne in die Diskursmöglichkeit der Tandemgruppen miteinbezogen werden können. Ein solchermassen kontexteinschliessender Diskurs kann somit nicht rezeptologisch sein, weil er keine voreiligen, schnellebigen Ratschläge erlaubt: Denn er konstituiert sich aus einer Reihe von Einzelfällen *für* ganz bestimmte, handlungsrelevante Themen, die als anschauliche, und damit oft auch angstabbauende Informations- wie auch als selbstkritische Analyse- und Reflexionsgrundlagen jeweils vom einzelnen 'Gegenüber' genutzt werden können: "Dadurch entstehen zwar keine grossen Schulreformen aber möglicherweise eine Schule der notwendigen kleinen Reformen." (Wahl, Weinert & Huber, 1984, S. 7). Innere, kleinere Reformen stossen bei Lehrern auf eine grössere Akzeptanz als von aussen in grossem Stil herbeigeführte Veränderungen (Huberman, 1990).

### 10.1.2. Desiderata aus der Arbeit

Auf der Grundlage der vorliegenden Arbeit möchte ich den Versuch der Formulierung folgender vorläufiger Handlungsmöglichkeiten vorschlagen, welche mir unabdingbar erscheinen, um bei zukünftigen Junglehrern interaktive Prozesse der Eigeneinschätzung zu verstärken. Als Lehrerbildner sollten wir die Lehrerstudierenden vermehrt dazu anleiten,

**a)** die Kluft zwischen frühen Vorstellungen von Unterricht und gegenwärtigen berufspraktischen Handlungen zu erkennen (und damit die eigenen Wertmuster und Erziehungsziele zu hinterfragen), um einige möglicherweise permanente Unsicherheiten und Dilemmata in der Schule als 'endemisch-zum-Unterricht-gehörende' anzuerkennen;

**b)** Handlungsreflexionen und Reflexionsroutinen zu entwickeln, welche es möglicherweise erlauben, gewisse Antizipationen von 'unlösbaren' Situationen im Unterricht vornehmen zu können, um damit die Situationskomplexität auf ein erträgliches Mass zu reduzieren, d.h., eine verantwortungsvolle 'Kontrolle' darüber verspüren zu können;

**c)** ihre Wahrnehmungs- und Analysefertigkeiten zu schärfen, und zwar nicht nur in psychologischen und didaktischen Fragen, sondern umfassender auch kulturell-anthropologischen und pädagogisch-soziologischen Fragestellungen gegenüber;

**d)** ihre vorausgehenden Perspektiven der persönlichen Eigeneinschätzung unter dem Gesichtspunkt zu überprüfen, dass sie Teil eines umfassenderen Selbstreflexionsprozesses über früheres Wissen von Unterricht sein mögen.

Nach der qualitativen Inhaltsanalyse aller vorliegenden Daten (mit speziellem vergleichenden Augenmerk auf die Erstinterviews, vgl. Kapitel 9) möchte ich folgende Thesen formulieren, die in weiteren Untersuchungen zum praktischen Wissen von Lehrern überprüft werden müssten:

### 10.1.3. Acht Thesen zum 'Lehrer-als-Forscher'

Die nachfolgend formulierten Thesengenerierungen zielen thematisch auf mögliche Perspektiven längerfristiger Berufszufriedenheit ab. Dieses existentielle Thema 'Berufszufriedenheit' schien bei den meisten erfahrenen Lehrern an verschiedenen Stellen der Ethnographie immer wieder auf. Deshalb entschloss ich mich, aufgrund des vorliegenden Datenmaterials und aufgrund meiner persönlichen Gespräche mit den Lehrern bei Kursabschluss dieses Thema differenziert aufzugreifen und aufgrund der Kurseinsichten thesenartig Behauptungen aufzustellen, die in weiterführende Forschungsarbeiten zu diesem Thema der spezifischeren Überprüfung unterzogen werden müssten. Die acht Thesen, die aus der vorliegenden Arbeit generiert wurden, lauten folgendermassen:

(1) Je weniger die Identität des Lehrers unentwirrbarer Teil seiner Berufsidentität im Unterricht ist, desto grösser ist möglicherweise seine Fähigkeit zur Selbstreflexion: Er kann dann nämlich aus der Schulsituation 'heraustreten' und sich ein gesamtes Bild davon machen. Es ist ein Prozess, der auch mit einer verstärkten Selbstüberprüfung, Selbstkritik und Selbststeuerung einhergehen kann.

Um eine objektive Einstellung zur eigenen Praxis aufbauen zu können, müssen Lehrer fähig sein, selbstreflexiv die Existenz von Diskrepanzen zwischen den eigenen Bestrebungen und Bemühungen sowie der konkreten Unterrichtspraxis zu tolerieren, und zwar mit einer damit verbundenen Senkung der beruflichen Gratifikationsansprüche. Je mehr sich Lehrer selbst evaluieren und 'selbstüberwachend' steuern können, desto mehr entzieht sich ihnen die vollständige 'Beherrschung' ihres Handwerks. Erinnern wir uns der Lehrerin, die sagte:

> "Von meinem Beruf erwarte ich nichts Konkretes zurück. Was ich will, ist unterrichten und mit Kindern zusammen sein. Ich erwartete nie ein Feedback. Ich will etwas geben, und ich gebe noch immer sehr gerne und immer noch mit Liebe. - Und die Kinder, die geben einem auch etwas. *Manchmal Frechheit, manchmal Liebe,* manchmal auch etwas anderes, aber sie geben etwas." [EZ, EI 5]

Eine solche 'Nullerwartungshaltung' - welche beispielsweise als 'Verlust der Selbstachtung' sehr negativ erlebt werden könnte - ist schwierig auszuüben, solange die einzige Quelle der Befriedigung in persönlichen Leistungen und Errungenschaften von Klassenunterricht begründet liegt. Um berufliche Misserfolge oder Schattenseiten tolerieren zu können, braucht es - oder wird dies je nach Umständen sogar notwendig - Befriedigung auch aus ausserberuflichen Aktivitäten oder selbstverständlich aus dem persönlichen Familien- oder Bekanntenkreis.

> **(2)** Je weniger die eigenen unterrichtlichen Bestrebungen und Bemühungen in der Schule mit administrativen Führungs- und Betreuungsaufgaben, Rollen und Funktionen konfligieren, desto befriedigender wird die eigene Unterrichtspraxis erlebt, was wiederum die Bereitschaft zu vermehrter reflexiver Selbst- und Fremdauseinandersetzung von Unterricht erhöht.

Die Sekundarschule hat eine Vielzahl von administrativen und betreuerischen Aufgaben wahrzunehmen, wobei sich die organisatorisch-supervisorischen Arbeiten der Lehrer in der Regel auf verschiedene Klassen verteilen, d.h., sie sind 'verpflichtet', gewisse Betreuungs- oder Organisationsaufgaben zu übernehmen, welche bloss indirekt mit ihren Klassen und mit ihrem Unterricht in Verbindung stehen.[257] Die systematische Reflexion der eigenen Praxis nimmt nun aber Zeit in Anspruch, insbesondere, wenn man dies beispielsweise in schriftlicher Form (Stichwort 'Lehrer-als-Forscher') machen möchte. Fast durchwegs alle Orientierungsstufenlehrer 'beklagen' sich in der einen oder andern Form über fehlende Zeitgefässe, um diese Selbstreflexion in gewünschtem Masse systematisch angehen zu können.
Bei der hypothetischen Frage 26 im Erstinterview (vgl. Anhang, Kapitel 11), - wie man als Lehrer zehn zusätzlich geschenkte Freistunden 'verwenden' würde -, haben alle Lehrer an erster Stelle binnendifferenzierende Aspekte des eigenen Unterrichts genannt, sowie als zweites die Intensivierung der Elternkontakte:

> "Ich würde sicher den Schwerpunkt darauf legen, Individualförderung voranzutreiben, Modelle zu entwickeln, wie man wirklich den einzelnen Schüler individuell fördern könnte. Ich glaube, dort haben wir noch eine Schwachstelle in unserem Schulwesen (...). Bestimmt aber nicht Lehrplankommissionsarbeit, ich habe früher in Lehrplankommissionen mitgearbeitet. Aber ich habe im Verlauf meines Lehrerlebens gesehen, wie wenig eigentlich ein Lehrplan nachher schlussendlich die Schule ändert. Mir wäre wichtiger, z.B. die Zusammenarbeit mit der Universität zu suchen und gewisse unterrichtspraktische Sachen anzuschauen und zu überlegen: 'Wie ist meine Fragestellung im Schulzimmer? Löst sie Impulse aus, oder bindet sie eher die Schüler zurück? etc." [TR, EI 10]

Elliott (1990) hat darauf hingewiesen, dass fast ohne Ausnahme die Lehrer mit der geringsten Fähigkeit für Selbst- oder Eigenkritik auch jene sind, welche

257 Im Vergleich zur Primarschule, wo administrative und betreuerische Aufgaben eher unmittelbar für die *eigene* Klasse gelten, scheint dieser Punkt der mittelbaren, anonymen Organisation die Orientierungsschule verstärkt zu treffen, wobei diese Aussage überprüft werden müsste.

sich am meisten mit ausserschulischen Rollen identifizieren; es scheint, als ob extracurriculare Tätigkeiten als 'Gedankenkatalysator' für Frustrationen und Enttäuschungen wirksam werden. Es scheint des weiteren, dass Lehrer bloss deshalb ohne nennenswerten persönlichen 'Stress' in den vielen fragmentierten Lehrerrollen funktionieren können, weil das Selbstbewusstsein über den eigenen Klassenunterricht tief gehalten wird. - Der einzige Weg der Situationsbewältigung ist entweder die ausschliessliche Identifizierung mit administrativen und/oder Betreuungsaufgaben (so dass die Unterrichtsqualität nicht mehr länger als Frage der quälenden Selbstachtung auftaucht), oder aber ein vollständiges Sich-Zurückziehen aus diesen Aufgaben, was mit einer gewissen Statussenkung, aber auch mit (möglicherweise gewinnbringenden) andern ausserschulischen Gelegenheiten verbunden sein kann.

**(3)** Je mehr sich Lehrer als potentielle 'Forscher' verstehen und einschätzen, desto grösser wird ihre Fähigkeit zur Toleranz Schülern sowie eigenen 'Unterrichtsleistungen' gegenüber, d.h., mögliche Verluste der Selbstachtung können aufgefangen werden.

Wenn Lehrer sich selber als potentielle Forscher von Unterricht wahrnehmen und erkennen, dann entwickeln sie berufsinhärenten Widersprüchen und Diskrepanzen gegenüber, d.h., dem Auseinanderklaffen zwischen eigenen Bemühungen, Erwartungen und der tatsächlichen Praxis, eine grössere Toleranz.[258]

"Nach Beendigung der Schulzeit fragt dich in der Regel kein Mensch mehr, keine Mutter, kein Vater, wie Du als *Mensch* ihrem Kind gegenüber warst. Es heisst dann einfach verkürzt: 'Bei dem Lehrer hat mein Kind etwas gelernt, bei dem nicht, ...' [CI, EI 18]

Die Beurteilungspraxis der Notengebung ist vielen Lehrern ein permanentes Dilemma. Dies entnehmen wir beispielsweise aus dem Porträt eines Lehrerstudierenden, der darin stark auf diesen 'wunden Punkt' im Unterricht eingeht:

"Er [der erfahrene Lehrer] sagt, dass Noten bei den Schülern angstauslösend wirken. Für ihn sei die Notengebung ein Zwang, den die Öffentlichkeit von ihm verlangt. - Ich glaube fast, dass C. am liebsten auf Noten verzichten möchte, und zwar aus Rücksichtsnahme auf die Schüler; denn er ist nicht jener 'Lehrertyp', der Noten als Druckmittel einzusetzen braucht. Doch an dieser Stelle macht sich wieder das Dilemma der Noten bemerkbar: Wenn ein Schüler später eine Stelle antreten will, wie kann sich ein Lehrmeister über dessen Qualitäten informieren? Es ist ein Problem, das sich meiner Meinung nach kaum so schnell lösen lässt." - "Er verurteilt die Jugend nie, im Gegenteil, er unterstützt und verteidigt sie. Das habe ich bereits im Erstinterview festgestellt, in dem er einen Fall schildert, wo er einem Schüler bis vor das Jugendgericht geholfen hat." [ST, P 4/5]

258 Eine der Lehrpersonen aus dem Kurs sprach mich beim Schlussgespräch auf Möglichkeiten schriftlicher Schülerrückmeldungen an. Die Unterlagen, die ich ihr in der Folge zukommen liess, setzt sie nach eigenen Aussagen seither regelmässig zur Unterrichtsevaluation ein.

**(4)** Je mehr Lehrer einen Unterrichtsbeobachter als 'Miterkunder' und 'Mitforscher' statt als Evaluator wahrnehmen, desto grösser ist ihre Bereitschaft zur Selbstreflexion; d.h, es wird mehr Introspektion zugelassen und Informationen über Schule und Unterricht werden grosszügiger abgegeben.

Die Lehrerstudierenden, als extern teilnehmende Beobachter, 'verhalfen' durch Fragen und Nachhaken einigen Lehrern dazu, bezüglich gewisser Themen alternative Sichtweisen zu entwickeln, welche auf Inkonsistenzen der Berufsarbeit hinwiesen. Ein solcher Forschungsprozess bedingt allerdings, dass sich die beiden involvierten Personen als Partner begegnen können, d.h., Offenheit und Vertrauen sind unabdingbare Grundlagen dazu. Denn für viele Lehrer wird ein 'Evaluator' mit Lob und Tadel in Beziehung gebracht, der wenig Recht auf Entgegnungen erlaubt. Mit der 'Forscherbrille', welche die Studierenden aufzusetzen trachteten, konzentrierte sich die Optik generell vermehrt auf die *'Praxis-als-solche'* und nicht so sehr auf den Praktiker. Durch die ethnographische Arbeit wurde also die Einschätzung der Praxis, welche in einem bestimmten Kontext stattfindet, immer im Diskurskontext *mit* dem erfahrenen Lehrer zusammen vorgenommen. In einer solchen dialogischen Situation nahmen die erfahrenen Lehrer die 'Forscher' (die Lehrerstudierenden) als nicht-beurteilend wahr: Die Devise, bezüglich Konfliktsituationen keine 'Schuldzuweisungen' einzuholen, verhalf zudem einigen Lehrern dazu, die Diskrepanz zwischen eigener Erwartung und der tatsächlichen Praxis anzusprechen und diese in erhöhtem Masse zu tolerieren. Dieser Umstand weist somit möglicherweise auf die Notwendigkeit institutionalisierter Formen hin, in denen Lehrer ihre Unterrichtserfahrungen in angst- und bewertungsfreier Atmosphäre austauschen können.

**(5)** Je besser Lehrer ihre Unterrichtspraxis einschätzen können und diese als mit Diskrepanzen 'behaftet' akzeptieren, desto eher partizipieren sie bei Innovationen oder gar grundlegenden Veränderungsmöglichkeiten mit. Damit ermöglichen sie andern Lehrern auch vermehrt 'Zugang' zu ihrem Unterricht, d.h., je grösser ihre Fähigkeit ist, Verluste der Selbstachtung zu tolerieren, desto eher finden Gespräche über eigene Unterrichtsprobleme statt.

Ein Auszug aus dem Porträt eines Lehrerstudierenden stützt diese Behauptung vortrefflich, wenn er von seinem Expertenlehrer B.R. schreibt:

"Es gibt viele Menschen mit ähnlichen Grundeigenschaften wie B.R., Menschen mit starkem Willen und dem untrüglichen Wissen für das, was sie für gut befinden. Aber einige von ihnen wirken rigide, stolz, eigensinnig, ohne einen grösseren Horizont vor Augen als ihre Nasenspitze. - Nicht so B.R. Wenn auch ein starker Wille und ein Wissen um das Gute zwei seiner Eigenschaften sind: B.R. ist bei alledem auch ein Mensch, der sucht, der hinterfragt, der nicht einfach hinnimmt, was ihm zur Verfügung steht. B.R. ist von fragendem Ernst, sich und seiner Umgebung gegenüber, und er ist gegebenfalls auch bereit, sich zu ändern, Neues auszuprobieren. Und doch, er wirkt nicht wie ein pessimistischer Skeptiker, ich habe bei all seiner Unzufriedenheit mit herrschenden Zuständen, trotz seiner Lust, Dinge zu hinterleuchten, keine Verzweiflung, keine selbstzerfleischende Verleugnung bemerkt, es ist, wie wenn B.R. gerade dank seiner Sensibilität zu einem Kern gefunden hat, von dem er sagen kann: 'Ja, das bin ich, und dazu stehe ich!' " [OE, P 5]

In den Abschlussgesprächen mit den Expertenlehrern und Lehrerstudierenden habe ich von über der Hälfte der Kursteilnehmer folgenden übereinstimmenden Stimmungsreport erfahren: Als in den verschiedenen Schulzentren andere Lehrerkollegen durch den an der Ethnographie partizipierenden erfahrenen Lehrer oder durch die Studierenden hörten, dass in einer sehr bewertungsfreien Atmosphäre bereitwillig über schulische und unterrichtliche Fragen gesprochen werden konnte, dass aber auch mögliche Probleme eingehend und objektiv betrachtet würden, erschien diese Arbeit einer ansehnlichen Zahl von nicht partizipierenden Lehrern eine Möglichkeit der beruflichen Auseinandersetzung mit sich selbst zu sein. Dabei wurden anfängliche Ängste bezüglich Verluste der Selbstachtung als weniger problematisch betrachtet als ursprünglich angenommen.

**(6)** Je offener Lehrer expliziten und impliziten Schüler-Reaktionen gegenüberstehen, desto grösser ist ihre Fähigkeit, die eigene Unterrichtspraxis einzufangen und einzuschätzen: Dann werden Schülermerkmale möglicherweise zu wertvollen 'Rückmeldungen' über unterrichtliche Entwicklungsprozesse.

"Ganz bestimmte Signale der Kinder sind es, die nicht selten falsch gedeutet werden können. Ich erinnere mich an den Fall eines Jungen in der letzten Sekundarklasse. Alle Lehrer behaupteten von ihm, er möge sie - die Lehrer - nicht. Dann hat mir dieser Knabe einmal in einem Gespräch gesagt: "Ja, es ist schon so: Die Lehrer mögen *mich* nicht." Er hatte genau das umgekehrte Gefühl, nämlich, dass die Lehrer ihn nicht mögen, und alle Lehrer hatten das Gefühl, er möge sie nicht. Das war ein interessanter Aspekt, und ich konnte dann abklären, warum das so ist: Er hatte wirklich ein ekelhaftes Benehmen, überall dieses hämische Grinsen! Wahrscheinlich hatte er sich da etwas antrainiert, das der Beziehung mit Lehrern abträglich war. Ich habe ihn im Anschluss daran darauf aufmerksam gemacht - eine Art Verhaltenstraining -, d.h., wenn er wieder so dreist und einfältig grinste, dann sagte ich ihm: "Bitte, [grinse] etwas anders." Er hat sich in der Folge bemüht, und jetzt geht es wesentlich besser mit ihm, auch bei andern Lehrern." [BR, SI 8]

Der Lehrer wird in dieser schülerzentrierten Sensibilität noch mehr zum Forscher seiner eigenen Unterrichtspraxis, womit in diesem Beispiel eine spiralförmige zirkuläre Entwicklung augenfällig wird, vom Lehrer über den Unterricht zum Schüler und wieder zurück zum Lehrer. Genau dieser Punkt wird an einer späteren Stelle vom selben Lehrer dahingehend wieder aufgenommen, wo er von den leistungsschwächeren Schülern spricht, mit denen es oft wirklich schwierig sei, Leistungen zu erbringen: "Aber im zweiten und dritten Jahr wechselt das plötzlich: Die Erfahrung ist bei mir schon so gross, dass ich da voller Optimismus bin und diesen Entwicklungsschub schon beinahe erwarte." D.h., die Schüler, die vorher leistungsschwächer waren, drängen plötzlich zur Spitze vor, ihre Leistungen sind gut und sie zeigen auch ein angenehmes soziales Verhalten. Der Lehrer 'weiss' darum, dass die psychische Entwicklung positiv verläuft, was ihn beruhigt: "Vorurteile sind bei mir äusserst schwierig; ich ignoriere sie eher ... meine Erfahrungen gehen nämlich genau in die andere Richtung, dass sich die Schüler in die positive Richtung entwickeln." Er nennt dies 'Geduld-haben-können' bezüglich der Lernprozesse seiner Schüler, weshalb es für ihn auch sehr wichtig ist, eine Klasse über drei Jahre hinweg in diesem Lernprozess begleiten zu dürfen; den erst dann ist Geduld und Zuversicht auch möglich.

**(7)** Je mehr Lehrer Verluste der Selbstachtung zu tolerieren vermögen, desto offener sind sie Beobachter-Rückmeldungen gegenüber. Je offener Lehrer Beobachter-Rückmeldungen oder Rückmeldungen von Kollegen gegenüberstehen, desto grösser ist ihre Fähigkeit, ihre eigene Unterrichtspraxis einzufangen.

Zwar ist das Beobachter-Feedback nicht so bedrohlich wie jenes der Schüler, aber immer noch 'problematisch' genug. Nach der angstfreien Erfahrung mittels der Ethnographie, speziell wenn diese von Studierenden ausgeführt ist, sind Lehrer möglicherweise bereit, einem Kollegen und selbst auch einem externen Beobachter zu vertrauen.

**(8)** Je grösser die Fähigkeiten des Lehrers sind, seine eigene Unterrichtspraxis einzuschätzen, desto gegensätzlicher oder möglicherweise 'konfliktreicher' erlebt er in seinem Geltungsbereich die eigene Verantwortlichkeit: Als Erzieher für die Art, wie Schüler lernen (Prozess) und als Bürger die Verantwortlichkeit der Gesellschaft gegenüber, die oft Lernprodukte 'sehen' will. Es geht also um die Frage, wie diese unterschiedlichen Ansprüche einander bestmöglich angenähert werden können.

"Viele glauben - nicht nur Kollegen, Eltern, sondern eben auch die Kinder, und das finde ich schade - dass das 'Datenspeichern' Lernen sei. Sich aber mit Fragen beschäftigen, mit geschichtlichen Fragen beispielsweise, Zusammenhänge erarbeiten, sich schon für Politik interessieren, wie man sich später in der Politik verhalten will, das ist eben nicht ein 'Lernen' im herkömmlichen Sinn, das ist etwas, das 'daneben' steht.[259] Das ist dann auch nicht überprüfbar, das sehen sie auch ein. Der Lehrer kann keine Prüfungen machen, also bereitet es mehr Mühe, dieses Lernen 'fassbar' zu machen." [BR, SI 7]

Die Fähigkeit der Selbsteinschätzung sensibilisiert Lehrer für ganz zentrale Fragen der Verantwortlichkeit, ein Dilemma zwischen dem Bewahren eines selbstgesteuerten Lernens einerseits und einem Weitergeben des Wissens zur Verbesserung der sozialen, ökonomischen und ökologischen Gesellschaftsaspekte andererseits: Die reflexive Praxis in Schulen generiert oder intensiviert ein Bewusstsein für jene Dilemmata, welche Lehrer zwischen der Realisierung wertvoller sozial-erzieherischer Prozesse und fachlicher Ansprüche hin- und herreissen. So antwortet ein Expertenlehrer folgendermassen auf die Frage, was ihn zuweilen am meisten deprimiere in seinem Beruf:

"Dass man z.B. die pädagogische Seite des Berufes schon wahrnehmen kann, aber dass die Effizienz oft zu wünschen übrig lässt; denn ich bin ja nicht der einzige, der erzieht. Ich habe Erziehungsziele, die Eltern haben solche, und ich weiss, dass sie sich oft sogar decken. Aber das Handeln ist dann recht oft doch etwas anderes. Ein konkretes Beispiel 'Die Umwelterziehung': Hier muss ich sehr zurückhaltend sein, sonst erreiche ich genau das Gegenteil, und ich begreife es sogar, denn es ist ja häufig ein Beruf der Eltern, welcher der Umwelt abträglich sein könnte. So habe ich ein Kind in der Klasse, dessen Vater eine Autogarage besitzt, und da ist schon bloss eine Diskussion über Abgasbelastung schwierig. Denn Frustrationen helfen ja niemandem." [BR, SI 2]

Reflexive Praxis impliziert Reflexion und Selbstbewusstsein. Diese beiden Qualitäten bringen Einsicht in die Art und Weise, wie das Selbst in der Handlung geformt oder gehemmt wird, sei es durch individuelle, soziale oder institutionelle Faktoren. Das 'Selbstbewusstsein' sowie das Bewusstsein des institutionellen Kontextes des Lehrerberufes werden nicht durch unterschiedliche kognitive Prozesse entwickelt. Es sind Qualitäten derselben reflexiven Analysen. Reflexive Praxis beinhaltet demnach notwendigerweise beides: Selbstkritik und institutionelle Kritik.

Abschliessend sei noch der Hinweis erlaubt, dass bei der Verbreitung und Dissemination einer reflexiven Praxis bei Lehrern längerfristig darauf geachtet werden muss, die Zielsetzungen dieser reflexiven Praxis ebenso bei Schulvorstehern, Bildungsverantwortlichen und selbst bei den 'Schulkonsumenten' - also Schülern und Eltern - transparent zu machen, damit eine übergreifende und vernetzte Unterstützung des Konzepts gewährleistet werden kann.

## 10.2. DAS PRAXISWISSEN IN DER LEHRERBILDUNG

Die Berücksichtigung des praktischen Wissens von Lehrern wirft essentiell ein neues Licht auf die Lehrerausbildung: Lehrertrainings, als eher technologische,

---

259 Anmerkung des Lehrerstudierenden: "Der Begriff 'daneben' ist hier nicht im übertragenen Sinn, sondern als ein räumliches Bild gemeint: Es liegt gleichsam neben dem, was man Lernen nennt, es ist grundsätzlich etwas Eigenständiges."

verhaltensorientierte Ansätze, sind durch die Dominanz behavioristisch orientierter Unterrichtsforschung immer noch in der Lehreraus- und Lehrerfortbildung verbreitet. Wenngleich praktische Fertigkeiten sicherlich wichtig sind, legt die Forschung zum Lehrerwissen und zur Lehrerkultur doch nahe, dass grosse Teile des Lehrerwissens nicht zu den Zweck-Mittel-Aussagen des Prozess-Produkt-Paradigmas der empirischen Unterrichtsforschung passen. Deshalb muss die Lehrerausbildung bei jenen Wissensbeständen ansetzen, über die angehende und erfahrene Lehrer bereits verfügen: Beim praktischen Wissen, das - wenn reflektiert - restrukturiert und neu geformt werden kann (Liston & Zeichner, 1990a). Deshalb plädiere ich nachfolgend für eine vermehrt fallbezogene pädagogisch-didaktische Lehrerausbildung, die sich auf dieses praktische Wissen von Tausenden von erinnerten und aufgezeichneten Einzelfällen aus Schule und Unterricht stützt.

### 10.2.1. Kollaborative Forschung

Nebst der Erforschung des Praxiswissens leistete diese Arbeit als sekundäres Ziel auch einen Beitrag zur Verminderung der 'Forschungsfeindlichkeit' von Lehrern, weil nämlich diese Art von Gegenwarts- und Alltagsforschung für den Praktiker weder bedeutungsleer, noch praxisirrelevant ist. Die Lehrer werden in einem solchen Forschungsprozess partizipativ ernst genommen, können Gespräche mitgestalten und mitstrukturieren, d.h., sie agieren nicht bloss als Datenlieferanten (Lucas, 1988).[260] Partiell haben nämlich die Lehrer und Lehrerstudierenden mitgeholfen, die Forschungsfragen mitzubeeinflussen und demnach die Ausgangsfragestellung zu revidieren und neu zu formulieren. Das heisst, die Forschungsarbeit ist gekennzeichnet gewesen durch Veränderung im Vorverständnis wie auch in der Auseinandersetzung mit dem 'Untersuchungsgegenstand'. Damit sind die praktizierenden Lehrer und Lehrerstudierenden nicht ausserhalb des Forschungsprozesses stehen geblieben, sie sind mit anderen Worten nicht von diesem kontrolliert worden, sondern sie haben sich zu einem grossen Teil damit identifizieren können; diese Feststellung hat nicht nur für den Erhebungsteil, sondern sowohl für den Interpretationsteil als auch für den Auswertungsteil ihre Gültigkeit.

Wenn Fälle mit einem analytischen Rahmen versehen werden, dann sind es mehr als nur Beschreibungen: Sie vermögen Theorieelemente zu generieren, welche bestimmte Praxisperspektiven eröffnen. Damit diese Perspektiven funktionalen Charakter aufweisen, müssen die Fallstudien in einer Sprache und Form geschrieben werden, welche sie den Lehrern direkt zugänglich machen: sie 'erschliessen' sich dem Praktiker, der situative Momente 'wiedererkennt'. Parallel dazu werden mit Fallstudien aber auch Unterrichtswissenschaftlern neue Perspektiven aufgezeigt (in meinem Falle habe ich diese weiter oben als Thesen formuliert). Diese Feststellung ist deshalb so wichtig, weil das vor-

---

[260] Der Autor hofft, mit der vorliegenden Arbeit somit auch einen kleinen Beitrag zu liefern, das jahrzehntealte Packeis 'Forschungsskepsis' von Lehrern aufzutauen, und zwar im Bemühen, dass eine solchermassen kollaborative Forschung fortan sowohl Lehrer als auch Schulbehörden nicht länger 'kalt' lassen kann.

dringlichste Ziel einer fallorientierten Forschung jenes ist, den Lehrern und Forschern einen gewichtigen interpretativen Rahmen zu geben, mit dem die eigene oder 'fremde' Praxis neu getestet und überprüft werden kann. Ein solches Fallwissen für den eigenen Unterricht dergestalt sinnvoll einzusetzen - Schön (1987) nennt diesen Vorgang 'reflexive Transformation' -, bedeutet für Lehrpersonen, dieses Wissen in ihr Handlungsrepertoire aufzunehmen, und zwar in einer ähnlichen Art und Weise, wie sie aufgrund bisheriger Erfahrungen 'gelernt' haben mögen, nur eben klar umrissener, konzentrierter, prototypischer: Damit wird dieses fallgeprüfte Wissen funktionell-tätig, indem es durch erneutes 'Auf-der-Stelle-Erproben' im eigenen Kontext transformiert und in einer ähnlichen Situation - zwar möglicherweise leicht überarbeitet oder verändert - validiert werden kann. Weil die meisten fallbezogenen Wissensbereiche auf Beschreibung und Theoriebildung jener Phänomene beruhen, welche tatsächlich im Praxisfeld Schule auftreten, ist eine Mitarbeit, besser noch eine Zusammenarbeit von Lehrern unabdingbar, d.h., etwas programmatisch ausgedrückt: keine Forschung mehr *an* Lehrern, sondern eigentlich nur noch *mit* Lehrern zusammen. Denn diese Lehrer haben den privilegiertesten Zugang zu dem interessierenden Forschungsfeld 'Schule', ein Zugang, der für aussenstehende Forscher nicht leicht zu bewerkstelligen ist (Jackson & Haroutunian-Gordon, 1989).

### 10.2.2. Plädoyer für eine fallbezogene(re) Lehrerausbildung

Ein fruchtbares Zusammenfügen von fallbezogenem Praxiswissen und empirisch erhobenem propositionalen Wissen setzt letzlich ein solchermassen 'Eingetauchtsein' in den betreffenden kulturellen Handlungsraum Schule schon fast voraus: Schule, Lehrer und Schüler bieten den reichhaltigen interpretativen Analyserahmen, der für die betreffenden Wissensformen - propositionaler, fallbezogener oder handlungsstrategischer Natur - in diesem Raum Garant stehen kann (Lather, 1990). Als weiteres positives Moment ist zu vermerken, dass dieselben Lehrer auch als einzige einen 'Gültigkeitstest' an der Kohärenz und Sprache der erstellten Episoden und Falldarstellungen zu machen vermögen, welche als exemplarische, narrative 'Geschichten' zur reflektierenden Transformation von Unterricht gereichen können. Nebst dem kollaborativ-demokratisierenden Element der Fallforschung muss die besondere Aktualität des fall bezogenen Wissens auch dem Paradigmenwechsel zugeschrieben werden, der sich innerhalb der pädagogischen Lehrerforschung unwiderruflich vollzogen hat (Cochran-Smith & Lytle, 1993): Vermehrt werden in der Unterrichtsforschung (“research on teaching”) gutbegründete, methodologisch differenzierte, logisch fundierte Ansätze qualitativer und fallbezogener Lehrerforschung (“teacher research”) in Ergänzung zu den bereits bestehenden korrelativen und experimentellen Untersuchungsformen entwickelt (Knowles & Holt-Reynolds, 1991).

Der Einsatz der fallbezogenen Methode in der Lehrerausbildung wird dabei immer vielgestaltiger: In gewöhnlichen Klassen oder speziellen Laborklassen wird mittels Simulationen, Unterrichtsdokumenten - als Text-, Audio- oder Videoband-Aufzeichnung - sowie analysierten, beziehungsweise kommentierten Unterrichtsprotokollen das praktische, strategische Handlungsverständnis der angehenden Lehrer entwickelt, um ihre Fähigkeit zu professionellem Unterrichten voraussehend aufzubauen.[261] Solche Ausbildungskonzepte würden auch die sorgfältige 'Konfrontation' von Prinzipien und Fällen, von allgemeinen Regeln und konkreten Ereignissen beinhalten - jene Dialektik des Allgemeinen und Besonderen, in der die jeweiligen Begrenzungen pädagogisch-unilateraler Sichtweisen verdeutlicht werden können (Shulman, 1992a). Dieses Fallwissen wird dann in sogenannten *"vignettes"* (Kilbourn, 1988; Miles, 1990) oder *"portfolios"* (Barton & Collins, 1993; Batzle, 1992; Belanoff & Dickson, 1991; Shulman, 1992c) weiterverarbeitet, welche in der Lehrerbildung als exemplarische oder prototypische Fälle - mit ganz konkreten Sammlungen von unterrichtlichem Material, von Lehrern, Schülern, Eltern, Schulbehörden - eingesetzt werden können.[262] Aber auch die schulinterne Lehrerfortbildung, als heute gängige Form von Schulentwicklung, bedient sich vermehrt des eigens erhobenen Fallwissens: So gilt das "PEEL-Project, Project for Enhancing Effective Learning", an der Monash University in Melbourne (Australien) als Musterfallbeispiel von Schulentwicklung, die von den Lehrern mittels regelmässiger fallorientierter Unterrichtsvorbereitung immer wieder neu vorangetrieben wird (Baird, & Mitchell, 1987; Baird, & Northfield, 1992; White, 1992) Dadurch, dass wir fallbezogenes Wissen, eine fallbezogene Literatur (vgl. beispielsweise J. Shulman & Colbert, 1986) sowie schliesslich eine fallbezogen vorgehende Lehrerausbildung (Bullough, 1993) zu zentralen Elementen unserer Unterrichtsdiskussionen und -analysen machen, werden wiederum zahlreiche bedeutsame Forschungsprobleme aufgeworfen:

- Können wir von anderen Berufen oder Disziplinen (Medizin, Recht, Architektur), in denen ein induktives Denken gebräuchlich(er) ist, lernen, wie sich im Bildungsbereich fallbezogenes Wissen herausbildet und nutzen lässt?
- Wenn propositionales Wissen deduktiv aufgebaut ist - d.h., aus allgemeinen Aussagen werden konkrete Anwendungen abgeleitet -, wie wird das von Fällen ausgehende induktive Denken erlernt, praktiziert und 'abgestimmt'?
- Weshalb kann man Fälle besser behalten als propositionales Wissen? Hängt das mit ihrer narrativen Form zusammen, aufgrund derer sie leichter einzu-

---

261 Deborah Ball und Magdalena Lampert boten an der AERA 1993 in Atlanta ein eindrückliches Beispiel, wie ihr eigener Unterricht - mittels interaktivem Video und computergesteuertem Hypertext - in vielfältigster Weise und vernetzt die komplexen, individuellen Lehr- und Lernprozesse veranschaulicht werden kann ("Using Multimedia Technology to Support a New Pedagogy of Teacher Education", Invited Address/Demonstration 37.02).

262 In neuster Zeit wird in den USA vermehrt der Begriff "portfolio" verwendet: Lehrer oder Lehrerstudierende sammeln in der Hängemappe einer Aktentasche *("portfolio")* eigene Unterrichtserfahrungen und -reflexionen, die - von einem Forscher unterstützt - systematisiert, interpretiert, analysiert und narrativ in eine Form gebracht werden, um sie damit einem Berufskollegen als eigene, aufgearbeitete Fallgeschichte zu erschliessen (vgl. etwa Belanoff & Dickson, 1991; Shulman, 1991; 1992c). - Analog dazu wird auch von einem "student portfolio" gesprochen, welches in etwa einem Lerntagebuch oder 'Reisejournal' von Gallin & Ruf (1990) entspricht, bloss dass es auch als Sammelmappe aller Schülerarbeiten fungiert.

ordnen und zu erinnern sind als ihre propositionalen Gegenstücke? (Jackson, 1987)

- Wodurch genau wird ein unterrichtliches Ereignis zum prototypischen Fall?
- Wie werden Fälle zu fallbezogenem Wissen transformiert, d.h., wie wird aus einem Wissen über Fälle ein fallbezogenes Wissen?
- Wie lernen Lehrerstudierende an unterrichtlichen Fällen?
- Wie setzt man als Lehrer das Fallwissen im Unterricht dann selber ein?
- Welches ist methodologisch der beste Weg, dem Kriterium 'Zugänglichkeit von Fallstudien' bestmöglich Genüge zu leisten?

Fälle sind ausgewählte dokumentierte (oder porträtierte) Gelegenheiten oder Mengen von Gelegenheiten, deren Grenzen fixiert sind. Worin eine bestimmte Gelegenheit 'ein Fall' ist, wird nicht unmittelbar am Bericht selbst deutlich. Verallgemeinbarkeit steckt nicht 'im' Fall, sondern im begrifflichen Apparat desjenigen, der den Fall expliziert. Ein Ereignis kann man beschreiben; ein Fall muss expliziert, interpretiert, zerlegt und neu zusammengesetzt werden. Mr. Keating, der charismatische Lehrer in Peter Weirs Filmepos "Dead Poet's Society" kann als Präzedenzfall gelten, der von seinen College-Studierenden ein eigenständiges - vom Bücherwissen unabhängiges - Denken erwartet: Der Begriff 'Lehrererwartung' ist als theoretisches Konstrukt unerlässlich, um diesen Fall richtig zu verstehen.[263] Insofern gibt es kein echtes fallgerichtetes Wissen ohne theoretisches Verständnis. Atheoretisches Fallwissen bleibt Anekdote, "... a parable without a moral." (Shulman, 1986b, p. 12). Echte, gute Fälle sind somit Momentaufnahmen, hie und da auch 'Schnappschüsse' von Theorien.

Haben bereits Cronbach (1982) und Geertz (1983) argumentiert, dass jegliche Forschung sich immer auf Fälle oder Reihen von Fällen bezieht sowie auf die speziellen Eigenschaften, die diese kennzeichnen, so stimulieren diese neueren, erweiterten Ansätze Lehrer und Forscher dazu, sowohl innovative Datensammlungen als auch erweiterte Analyseverfahren der Datensätze zu erproben (Angelo & Cross, 1993; Schratz, 1993; White & Gunstone, 1992) und für die Lehrerausbildung vermehrt nutzbar zu machen (Grossman, 1990; Hargreaves & Fullan, 1992; Perrone, 1992; Russell & Munby, 1992). Wenn die Umsetzung dieser Ansätze innerhalb der Unterrichtswissenschaft weiter ausgebaut werden kann, dann wird nicht nur der Umfang der fallbezogenen Literatur zunehmen, sondern auch die Zahl derjenigen Wissenschaftler und reflektierender Praktiker, die dazu in der Lage sind, Fallgeschichten auszuarbeiten und zu interpretieren (Carter, 1992; Freiberg et al., 1989; Jackson, 1990). Somit plädiere ich mit Shulman (1992c) dafür, dass die Kraft einer fallbezogenen Literatur bezüglich des praktischen Lehrerwissens sowohl zur authentischen Beleuchtung der Praxis als damit auch zum Theoriefortschritt eingesetzt werden kann.[264] Dieses

263 Ein zweites Beispiel - als Buchbestseller ebenfalls verfilmt ("Stand and Deliver") - ist Mathews (1988) Buch "Jaime Escalante, the best teacher in America" zu nennen, dessen prototypisches Handeln mit verwahrlosten "barrios-kids" von East Los Angeles auf der pädagogischen Konstruktmaxime des Pygmalion-Effektes beruht.

264 Vergleiche dazu drei neu herausgegebene Bände: a) Donald A. Schön (Ed.). (1991), The Reflective Turn. Case Studies In and On Educational Practice; b) Judith Shulman (Ed.). (1992), Case Methods in Teacher Education; c) Linda Valli (Ed.). (1993), Reflective Teacher Education. Cases and Critiques [Verlagsangaben cf. Literaturverzeichnis, Kap. 12].

Plädoyer erstreckt sich auf die Entwicklung einer fallbezogenen Literatur, deren Organisation und Verwendung auf gründliche und selbstbewusste Art selbst wiederum theoretischer Natur ist (Broudy, 1990). Zudem treten Lehrer und damit auch ihre Berufsarbeit mittels Fallstudien aus ihrer Anonymität heraus und werden sichtbarer (J. Shulman, 1990).

> "Case methods have the potential to make a major contribution to this redesign [of teacher education]. But their contribution is not easily achieved. It requires our dedication to documenting the varied work of wise practitioners. It requires our deep understanding of the relation between case writing and case methods. It requires our best understanding of the complexities of learning to teach. In short, it requires our best thinking, our utmost care, and our constant vigilance. (Grant, 1992, p. 225)

Es müssen hier allerdings auch einige latent mögliche *Nachteile* von Fallereignissen als zugängliche Quelle des Lehrerwissens erwähnt werden. So haben beispielsweise Kahneman, Slovic & Tversky (1982) auf einen eventuell potentiell irreführenden Charakter von Fällen hingewiesen, indem sich die attraktive Bedeutung lebendiger Fallgeschichten als Fallgrube für Verzerrungen im Denken der Lehrer herausstellen könnte. Sowohl die leichte Zugänglichkeit wie auch ihre Repräsentativität machen Fälle nämlich möglicherweise zu Gedächtniselementen, welche 'allzu leicht' zu erinnern sind; damit beeinflussen diese entsprechend - je nach Kontext - möglicherweise auch die Einschätzung ihrer Auftretenswahrscheinlichkeit (Grant, 1992). Eine zu starke Fallbezogenheit könnte die ergänzende Sichtweisen von Fallwissen zu Theorien verbauen (Grossman, 1992). Denn der wichtigste Test für einen Fall ist der Vergleich mit anderen Fällen sowie seine Prüfung im Licht allgemeiner Prinzipien (Jüttemann, 1989). Eine solche Prüfung kann die Gefahr voreiliger oder gar falscher Schlussfolgerungen aus Fällen reduzieren, ohne dass die genannten Vorteile verringert werden (vgl. auch Günther, 1986; McAninch, 1991).

- Fallstudien, und in der vorliegenden Studie die konkrete Ethnographiearbeit der Lehrerstudierenden mit den Lehrern, vermitteln dem Berufsanfänger ein Problembewusstsein hinsichtlich der unmittelbaren Zukunft, und zwar nicht bloss auf der didaktischen Mikroebene, sondern auf der soziokulturellen Meso- wenn nicht gar auf der Makroebene. Damit stellen Fallstudien auch ein wichtiges Fortbildungsangebot an die Lehrer dar (das in der hier vorliegenden Form sehr wohl auch an Grenzen stossen kann, dort nämlich, wo beispielsweise mangelnde Kenntnisse der Biographie des erfahrenen wie auch des zukünftigen Junglehrers eine echte situative Auseinandersetzung nur unzureichend zulässt).
- Fallstudien sind zudem multidimensional, d.h., mehrschichtig zu verstehen und zu interpretieren, so dass eher selten kausale Funktionalitäten daraus ersichtlich werden. Der Leser muss sich für das eine Deutungsmuster entscheiden, welches ihm aufgrund von Plausibilitätsgründen stringent erscheint.
- Fall-Beschreibungen sind schliesslich nicht nur eine bewährte (Eigen-)Darstellungsmöglichkeit für Lehrer, sondern sie sind auch leicht und anregend zu lesen, weil sie im vorliegenden Fall ein konkretes Abbild der Unterrichts- oder Schulwirklichkeit wiedergeben und auf eine kommunikative Auseinandersetzung hin angelegt sind, die den Handlungsspielraum des Lesers erweitern hilft.

Ein auf Begleitforschung abgestütztes Lehrerausbildungsprogramm muss sich zunehmend diesen fallgeleiteten Überlegungen zu Inhalt und Prozess von Unterricht zuwenden.[265] Eine ausführliche fallbezogene Literatur muss in der Lehrerbildung eingesetzt werden, um damit ein breiteres Spektrum von Unterrichtssituationen zu verdeutlichen als dies je in der Ausbildung vermittelt werden kann, und um im Speziellen Prototypen, Präzedenzfälle und Parabeln bereitzustellen, auf deren Grundlage Unterricht zu reflektieren wäre. Ein solches fallorientiertes Ausbildungsprogramm kann sich zudem als übergreifendes Paradigma sowohl bei geisteswissenschaftlichen wie auch bei naturwissenschaftlichen Fächern bewähren, d.h., auch besondere Fächer der Lehrerstudierenden sind von einem fallorientierten Vorgehen nicht ausgenommen.[266]

Es gibt sie bereits heute, eine solche fallbezogene Literatur, wie ich sie im vorhergehenden Abschnitt kurz gestreift habe - für eine neuere kritische Würdigung siehe Sykes & Bird, 1992 - und damit erwächst der Forschung zur Lehrerausbildung eine neue Aufgabe. Zusätzlich zu selbstverständlich notwendigen, an streng wissenschaftlichen Kriterien orientierten Fallstudien liegt eine weitere Alternative nahe: Eine der hervorragenden Eigenschaften von Fallstudien besteht nämlich darin, dass es nicht ausschliesslich Sozial- oder Erziehungswissenschaftler sein müssen, die sich die nötigen Kompetenzen zur Vorbereitung, Durchführung und Evaluation von sinnvollem fallbezogenem Wissen aneignen können. Sofern von universitärer Seite her die Vorbereitung und Unterstützung gesichert sind, können Lehrerstudierende, Lehrer und Lehrerausbildner ganz grundlegend und aktuell zur Erweiterung der fallbezogenen Unterrichtsliteratur beitragen. Dies wiederum entspräche meinem weiter oben geäusserten Postulat nach einer kollaborativen Forschung, welches das Dilemma des bisherigen wissenschaftlichen Diskurses zu einem Vorteil umgestalten könnte (Buchmann, 1992): Je öfter eine solche Zusammenarbeit geschieht, desto eher werden Lehrer möglicherweise auch (endlich) zu Mitgliedern der wissenschaftlichen "community", und desto eher werden Forscher (schliesslich) zu akzeptierten Mitgliedern professioneller Lehrergemeinschaften. Schliesslich wird der so oft anonym wirkende Lehrer 'sichtbarer' gemacht, was gerade der Lehrerprofession, die überall tätig und doch so 'unsichtbar' erscheint, gut tun wird: Einerseits bezüglich des Transparentmachens ihrer Arbeit für die breite Öffent-

---

265 Ein solches Ausbildungskonzept kann sich beispielsweise bereits auf eine stetig anwachsende Forschungsliteratur zu pädagogisch-kognitiven Strukturen des Verstehens, respektive Missverstehens von Schülern im Unterricht stützen (vgl. dazu Bereiter, 1990; Chan, Burtis, Scardamalia & Bereiter, 1992; Scardamalia & Bereiter, 1989).

266 An der Universität Freiburg/Schweiz belegen Lehrerstudierende des Sekundarlehramtes auch sog. Orientierungsfächer, welche in der Essenz Fächer sind, die nicht als universitäre Fächer gelten, die aber später mit einiger Wahrscheinlichkeit unterrichtet werden müssen. Es sind dies bspw. Sprecherziehung, Berufswahlvorbereitung, Fotografie in der Schule, Lebenskunde, Maschinenschreiben, Handarbeit nichttextil, Theaterarbeit, Technisches Zeichnen, Umwelterziehung, Zeichnen und Gestalten etc.). - Dabei müsste möglicherweise die Ausbildung im kulturhistorisch-geisteswissenschaftlichen Bereich entscheidend intensiviert werden, um den Studierenden jene kulturellen Standards von Verstehen und Einsicht näherzubringen, die für die Erstellung und 'Lektüre' von Fällen auch gerade in diesen Fächern von zentraler Bedeutung sein könnten.

lichkeit, und andererseits womöglich zur Statusrehabilitierung des wohl meistkritisierten Berufes 'Lehrersein'.

#### *10.2.2.1. Unterricht als praktisches 'Kunsthandwerk'*

> "Every art, whether it be teaching, stone carving or judicial control of a court of law ... has rules, but knowledge of the rules does not make one an artist. Art arises as the knower of the rules learns to apply them appropriately to the particular case. Application, in turn, requires acute awareness of the particularities of that case and ways in which the rule can be modified to fit the case without complete abrogation of the rule. In art, the form must be adapted to the matter. Hence, the form must be communicated in ways which illuminate its possibilities for modification." (Schwab, 1983, p. 265)

Wenn wir Unterricht zusammenfassend in diesem eben zitierten Ausmass als eine 'praktische Kunst' betrachten, dann benötigt also die Ausübung dieses praktischen Kunsthandwerks, dann 'erzwingt' quasi die Unterrichtspraxis mindestens die folgenden drei Formen des Wissens, wie ich diese weiter oben sowohl theoretisch als auch praktisch dargestellt habe:

(a) das Wissen von propositionalen Aussagen (Regeln, Gesetzmässigkeiten)

(b) das Wissen partikulärer Fälle (dokumentiertes, erläutertes Fallwissen)

(c) das Wissen um Möglichkeiten, propositionale Regeln in ganz bestimmten Fällen anzuwenden (handlungsstrategisches, praktisches Wissen)

1. Zwei Feststellungen sind hier angebracht: Wenn wir die didaktische Ausbildung von Lehrern in der Lehrerbildung insgesamt betrachten, sehen wir, dass wohl eine grosse Zahl der angebotenen Kurse implizit Regeln als solche betonen, Regeln zur Führung und Interaktion, zur Analyse von Lehrbüchern, zur Ausführung von indirekten und direkten Lehrformen etc. Zudem werden solche Regeln oder Maximen sehr oft aus den Resultaten der empirischen Unterrichtsforschung abgeleitet. Die Aussagen und Propositionen, welche sich als Haupterkenntnisse zusammenfassen, dienen dann als Basis pädagogischer Maximen für praktizierende Lehrer.

2. Der Lehrerstudierende lernt während und nach der Allgemeinen Didaktik und der Fachdidaktik-Ausbildung anhand einzelner isolierten Lektionen, sowie während der Praktikumszeit und Übungsschule Möglichkeiten kennen, *aus* und *von* ganz bestimmten Fällen zu lernen, und zwar insbesondere dann, wenn die Anwendung bestimmter Regeln in spezifischen Situationen erforderlich ist. Aber gerade die Praktikumszeit weist Mängel auf: Die Auswahl und Bandbreite von Fällen ist reduziert auf den bestimmten Klassenraum, in dem das Praktikum absolviert wird und in dem die entsprechenden Schüler unterrichtet werden. Selten auch wird der systematische Versuch gemacht, die Junglehrerstudierenden mit einer repräsentativen Auswahl von prototypischen Fällen zu konfrontieren, welche mit den Grundprinzipien der Pädagogik und Didaktik einhergehen, d.h., miteinander vereinbar sind. Nun muss aufrichtigerweise sogleich die Frage aufge-

worfen werden, ob einem solchen Desiderat - nämlich im Rahmen eines Praktikums eine repräsentative Auswahl von unterschiedlichen Fallsituationen miteinzubeziehen - überhaupt realistisch entsprochen werden kann, oder ob es eine überrissene Forderung darstellt. Dies muss unter verschiedenen Gesichtspunkten betrachtet werden:

- Die Auswahl von Praktikalehrern ist in vielen Kantonen der Schweiz eher beschränkt, so dass selbst eine richtungsweisende Fortbildung wohl nur eine beschränkte Verbesserung im Sinn der obigen Zielsetzungen erbringen könnte;
- die Praktikumslehrer fühlen sich vielerorts nicht selten 'angehalten', ihr Stoffprogramm einzuhalten (insbesondere im Vergleich zu Parallelklassen, respektive zur Parallellehrkraft. So kommt es verschiedentlich vor, dass einige Lehrer bereits den leichten Rückstand 'beklagen', den sie etwa durch die Betreuung von Praktikanten in Kauf nehmen müssen. Zudem lassen einige Praktikumslehrer durchblicken, dass sie von Praktikanten die Übernahme ihres 'Stils', die Einhaltung ihrer Regeln, die Durchsetzung ihrer Erwartungen bezüglich Heftgestaltung, Hausaufgaben- und Korrekturarbeiten etc. erwarten, weil sich diese bisher bewährt und durch Erfahrung validiert hat. Damit übernimmt der Studierende gleichsam unreflektiert Regeln, die zwar im Unterrichtssetting des betreffenden Lehrers ohne weiteres legitim und sinnvoll, für den angehenden Junglehrer aber ohne Kontextrelevanz sein mögen, da er diese Regeln nicht selber - durch die 'Not und Tugend' der Realsituation - einsichtig 'erfahren' und somit eingeführt hat.
- der zeitliche und inhaltliche Aufwand dieser mehrwöchigen Praktika ist in der Regel für einen Lehrer mit einem Vollpensum sehr gross, während die finanzielle Entschädigung leider (noch) nicht jenem Einsatz entspricht, der von ihnen im Praktikum erwartet wird.
- Eine doch immer noch recht ansehnliche Zahl der Praktikalehrer gehört einer älteren Generation an, welche zu ihrer Zeit, im Vergleich zu den seit 1983 heutigen sieben Semestern bloss eine vier- oder, etwas später, fünfsemestrige Lehrerausbildung genoss und damit die neuen Ausbildungseinheiten nicht kennengelernt haben. Zudem lag ihr Ausbildungsschwerpunkt noch stark in der Fachausbildung begründet; so verhielt sich das Verhältnis zwischen der Fachausbildung und der pädagogisch-didaktisch-psychologischen in einem Verhältnis von 7 (respektive 5) : 1, verglichen mit dem heutigen Verhältnis von 3 : 1. Damit können die heute ausgebildeten Studierenden im Unterschied zu älteren Praktikalehrern eine vertiefte pädagogisch-psychologisch-didaktische Ausbildung vorweisen, was zu gewissen verunsichernden Faktoren führen mag (cf. Oser, 1987).

Unter diesen Umständen ist es möglicherweise verständlich und einsichtig, weshalb sich systematische Fälle in den Praktika bloss spärlich als repräsentative situative Lerneinheiten präsentieren, welche die Anwendung von präzis designierten Handlungsregeln oder Durchführungsmaximen veranschaulichen und notwendig machen würden. Eine gezielte, allmähliche Lehrerfortbildung in diese Richtung könnte bezüglich der genannten Mängelfaktoren grosse Abhilfe schaffen.

#### *10.2.2.2. Zusammenfassend auf Unterricht bezogen*

Ungeachtet der unbestrittenen Wichtigkeit von Fällen im Formungsprozess der Unterrichtskunst spielen diese - sowie das generelle Fallwissen - in der beruflichen Ausbildung von Lehrern immer noch eine sehr untergeordnete Rolle.[267] Ob dies u. a. darauf zurückzuführen ist dass die Ambiguität des Begriffs 'Fall' augenfällig ist? 'Fall' wird nämlich oft in einem umfassenden Sinne verwendet: Beispielsweise repräsentiert ein Fall Typen von Kindern, 'typische' Klassen und Schulen, 'Typen' von anspruchsvollen Stoffinhalten; all diese Typen schlüsseln sich auf in Subgruppen. Der Gebrauch des Ausdrucks 'typisch' oder 'Typen von' verweist demnach daraufhin, dass Fälle nicht als einzigartige Vorfälle gelten, sondern als beispielshafte Vorkommnisse einer breiteren thematischen Gruppierung. Etwas einen 'Fall' zu nennen, heisst, die Forderung aufzustellen und damit den Anspruch zu erheben, dass dies ein typischer Fall 'von etwas' (ganz Bestimmtem) ist. Das heisst, selbst wenn dies als ein idiographisches Unterfangen angesehen wird, müssen beide Momente - Fälle und ihre Konstrukte - eine gewisse Generalisierungsmöglichkeit in sich tragen, die den Charakter der Repräsentativität 'für etwas' beinhalten, weil sonst ihr Potential für die professionelle Ausbildung als stark beschränkt betrachtet werden muss (cf. Shulman, 1992a).

Halten wir also fest: Es scheint dem beruflichen Ausbildungsfeld 'Lehrerbildung' an einer breiten Palette von reichhaltigen und dichten Fallbeschreibungen zu fehlen, die den Lehrerstudierenden ganz spezifische Aspekte von Unterrichtskontexten und Unterrichtsdilemmata - mit Reflexionsmöglichkeiten ausgestattet - aufzeigen könnten. Die Unterrichtsforschung produziert Resultate, welche anschliessend zu propositionalen Regeln transformiert werden, aus welchen die unterrichtliche Auswahl bestimmter Aspekte hergeleitet wird. Diese generalisierten Propositionen, welche ihre Aussagekraft aus dem Erhebungs- und Forschungsprozess der systematischen Beobachtung, der Generalisierung, dem Experiment und der Interpretation beziehen, erlangen oft annähernd den Status 'erhabener' Prämissen, aus welchen die pädagogische Praxis abgeleitet oder hergeleitet wird (oder daraus Schlussfolgerungen für die Praxis gezogen werden). Das Insgesamt dieser Erkenntnisse wird aber vermittelt durch Beobachtungen partikulärer Umstände, welche leider immer noch zu oft als geringere Prämissen dienen (cf. Fenstermacher, 1986; 1988), und deshalb nicht selten - zwecks Reduktion der Gegenstandskomplexität - den Mechanismen der Forschungsdesigns zum Opfer fallen.

#### *10.2.2.3. Konsequenzen für die Lehrerausbildung*

Eine Lehrerausbildung, welche auf ähnlichen Prinzipien aufbauen würde wie die eben dargestellten, unterschiede sich in wesentlichen Aspekten von jener, wie wir sie im Moment an unserer Lehrerbildungsinstitution haben: Zwei 'Ty-

---

267 Als positives Gegenbeispiel zu nennen ist dabei etwa das Ethos-Projekt am Pädagogischen Institut der Universität Freiburg/Schweiz, wo mit ganz konkretem Fallmaterial gearbeitet worden ist (Oser & Zutavern, 1987; Oser et al., 1991).

pen' allgemeiner Wissensaussagen kämen dabei nämlich explizit zur Anwendung:

1. jene, welche aus den empirischen Unterrichtsforschungsresultaten der Lehr- und Lernforschung her- und oder abgeleitet werden; und
2. jene breit gefächerten normativen Regeln, welche sich aus den moralischen Prinzipien der Erziehung herleiten (cf. beispielsweise Damon, 1992; Fenstermacher, 1992; Oser, 1986; 1992).

Dies würde eine systematische Präsentation, eine gründliche Analyse und Auseinandersetzung sowie eine wohlüberlegte Auswahl von 'Fällen' nach sich ziehen - und zwar sowohl durch eine 'stellvertretende' Lektüre einer (bis anhin noch nicht) zur Verfügung stehenden Fallliteratur als auch durch direkte, fallbezogene Felderfahrungen im Rahmen der Praktika und/oder Übungsschule. Eine solche Konzeption würde natürlich von seiten der Lehrerbildner nicht nur eine grosse Aufklärungsarbeit bei der Lehrerschaft, bei den Eltern, bei den Behörden und bei Bildungspolitikern bedingen, sondern auch ein Angebot zur Hilfestellung bei der Erstellung von Fällen sehr notwendig machen. Zudem müsste eine solche *Konzeption des Fallwissens* als Bereicherung der Praxisausbildung wiederum in die Auffassungen der neueren Unterrichtsforschung integriert werden können, eine Fallliteratur, die sich aus aktuellen Lehrer- und Schulethnographien zusammensetzen könnte, sofern sich diese Ethnographien thematisch nicht nur sozialen Interaktionen, sondern vermehrt auch beispielsweise den inhaltsbezogenen Fachfragen und Lernaufgaben, den manifesten und latenten Lehrplänen der Schule etc. widmen würden.
Damit würde jenen Experten-Postulaten - die ich im theoretischen Teil meiner Arbeit an verschiedenen Stellen explizit gemacht habe - entsprochen (Berliner, 1991; Dreyfus & Dreyfus, 1986; Fenstermacher, 1992; Fenstermacher & Richardson, 1991; Kennedy, 1987), wonach die Ausbildung eines Lehrers nicht zur Hauptsache im Erlernen von Fertigkeiten-Sets oder unterrichtlichen Kompetenzen durch Wissen und Verhaltenstraining besteht, sondern auch in der Beeinflussung der Prämissen des 'praktischen Argumentes' im Kopf des Lehrers. Diese zu beeinflussenden Prämissen verkörpern nämlich teilweise Generalisierungen empirischer Erhebungen und/oder sind als normative Prinzipien entstanden. Im Gegensatz zu diesen 'theoretischen Argumenten' würden aufgrund einer fallbezogenen Ausbildung 'praktische Argumente' in ganz bestimmten Umständen und Situationen aktiviert, in denen der Lehrerstudierende sich gezwungen fühlt, klare Entscheide oder Urteile zu fällen, die sich auf einer sorgfältigen Problemanalyse, einer klugen Handlungsauswahl und auf einer notwendigen moralischen Entscheidungskraft abstützen (Bergem, 1992). Weil die Prämissen als Entscheidungsbegründungen dienen, determinieren sie die nachfolgenden Entscheidungshandlungen zwar nicht direkt, aber doch sehr mittelbar. Die Lehrerbildung würde deshalb ihr Ausbildungsangebot substantiell verbessern können, wenn notwendige Praxiserfahrungen mit der aktiven Einsichtnahme in die Quellen solcher Prämissen kombiniert werden könnten, um diese dann bei bestimmten konkreten Unterrichtssituationen, bei echten Fallsituationen also, wieder und in adäquater Weise anwendbar zu machen.

## 10.3. SCHLUSSÜBERLEGUNGEN BEZÜGLICH DEM ANSATZ 'REFLEXIVE LEHRER'

In meinem vorliegenden Ansatz wird der Prozess des kritischen Erkundens als notwendig erachtet für die Entwicklung von Fertigkeiten *und* Einstellungen und damit zur Verstehensbasis für reflektiertes Unterrichten: Die Lehrerstudierenden werden zu selbstkritischen, reflektierenden 'Problemlösern' angeleitet.

- Dieser Prozess des kritischen Erkundens beinhaltet zwei grundsätzliche Elemente: Er ist nicht bloss reflexiv, was heisst, empfänglich bezüglich des Überdenkens eigener Definitionen der Lernbedürfnisse von Schülern, sondern weist für die Lehrerstudierenden auch auf die Notwendigkeit hin, sich kritisch zu bereits existierenden Formen pädagogischer Fragen Gedanken zu machen, und zwar aus vielfältigsten Perspektiven heraus.

- Lehrerstudierende werden fähig, ihre eigenen aktuellen Probleme zu definieren und aus einer erweiterten Perspektive über ihre Praxis und ihre eigene persönliche Erziehungs- und Bildungsphilosophie nachzudenken. Dazu müssen Lehrerstudierende eine breite Palette von Beobachtungs- und Erkundungsmöglichkeiten verwenden können, damit sie befähigt werden, sich selber und Handlungen anderer ins erkundende ethnographische Blickfeld nehmen zu können.

- Die Entwicklung von Unterrichtsfertigkeiten sind notwendige, aber nicht hinreichende Anforderungen, um ein 'reflexiver Lehrer' zu werden. Es ist wichtig, auch andere, spezielle Fertigkeiten zu entwickeln, wie etwa die Fähigkeiten, als Teil in einer Gruppe arbeiten zu können, Gedanken austauschen und mitteilen zu können, mittels Verwendung einer Palette von Methoden beobachten, wahrnehmen und eingeholte Daten interpretieren, analysieren und evaluieren zu können; schliesslich die Selbsteinschätzung zu initiieren sowie die Fähigkeit entwickeln, gegenwärtig existierende Zustände von einem moralisch-sozialen und politischen Gesichtspunkt her kritisch zu beleuchten (cf. auch Gitlin & Teitlebaum, 1983; Liston & Zeichner, 1990b).

In einer solchen Art des reflexiven Erkundens kann das daraus resultierende 'Wissen' im allumfassenden Begriff *Transformation* festgehalten werden, eine Transformation des Denkens, welches die Voraussetzung dafür sein kann, das institutionell-gesellschaftliche Einschränkungen und Zwänge sowie individuell-gemeinschaftliche Emanzipationsbedürfnisse besser zu verstehen. Abschliessend beschreibe ich drei Basisvoraussetzungen, welche die Reflexion beim Unterrichtenden unterstützend bedingen und ermöglichen:

- Offenheit und Aufgeschlossenheit
- Verantwortung
- Aufrichtigkeit

- *Offenheit und Aufgeschlossenheit* meint den Wunsch zur Disposition, alternative Perspektiven auszuprobieren und zu beurteilen, d.h., eine erzieherische Idee oder die vorherrschende bildungsphilosophische und organisatorische Denkweise einer Schule oder einer Klasse nicht einfach zu akzeptieren oder zurückzuweisen, sondern diese im Lichte der Erfahrung zu erwägen und zu beurteilen. Das Resultat dieses Erwägungsprozesses kann dann wiederum mit neuen Ideen von Lehrern, Eltern, Kindern, der Gemeinschaft, der Erziehungswissenschaft und bildungspolitischer Organisationen verglichen und möglicherweise neu rekonstruiert werden.
- *Verantwortung* als Parameter wird von den Lehrerstudierenden für die Betrachtung von kurz- wie auch von langfristigen möglichen Handlungskonsequenzen aller Beteiligten im Unterricht miteinbezogen - also auch von Schülern, Lehrerkollegen und vor allem von Eltern. Verantwortungsvolle Studierende gehen über die utilitaristische Betrachtung eines 'Das, was hinhaut und funktioniert, ist gut' ("What works") hinaus und versuchen, generell einen ethisch-moralischen Standpunkt einzunehmen: Kann ich diese oder jene Handlungskonsequenz verantworten? Eine solche Grundsatzfrage beinhaltet beispielsweise auch eine ständige Evaluation der eigenen Unterrichtskonzeptionen, die in einem sozial-ökonomisch-politischen Umfeld eingebettet sind, wobei versucht wird, diese individuell auf dem Hintergrund eines jeden einzelnen Schülers zu adaptieren.
- *Aufrichtigkeit* impliziert, dass die beiden genannten Dispositionen, Offenheit und Verantwortung zu ständigen Attributen der Lehrerstudierenden werden, so dass die zwei Komponenten nicht bloss in partikulären Momenten, Situationen oder Lektionen in Erscheinung treten, sondern das gesamte persönliche und berufliche Leben durchziehen (cf. Oser, Dick & Patry, 1992).

Eine solche Sichtweise von Unterricht entspricht dann der von Münch (1982, in Kroll, 1989) geforderten voluntaristischen Theorie des Handelns, wo die Komplementaritätslücke - welche durch die hierarchische Struktur der Lehrer-Schüler-Beziehung gegeben ist - durch die moralische Integrität des Lehrers für den Schüler und umgekehrt durch das Vertrauen des Lernenden in die Fähigkeiten und Gewissenhaftigkeit des Lehrenden annäherungsweise reduziert werden kann. In dieser Optik müssen hier zusammenfassend zwei Akzentuierungen bezüglich des Lehrerberufs besonders hervorgehoben werden:

a) Die in Ausbildungs- und Lehrerkreisen lange Zeit implizit oder explizit geltende Überzeugung, wonach es eine homogene Lehrerkultur gäbe, ist durch die vielen minutiösen, deskriptiv-ethnographischen Erhebungen klar widerlegt worden. Die Existenz *einer* gemeinsam geteilten Berufskultur von Lehrern muss sehr stark bezweifelt werden, d.h., nicht alle Lehrer folgen identischen Normen, Leitbildern und Leitmotiven von 'gutem Unterricht'. Die lokalen emischen Unterschiede in der Kultur der Lehrer an einzelnen Schulen werden immer manifester, und selbst innerhalb von Schulorganismen können entscheidende Differenzen zwischen verschiedenen Lehrergruppen an einer Schule festgestellt werden (Hargreaves, 1992).[268]

b) Zweitens skizziert die Forschung zum praktischen Wissen von Lehrern, d.h., im weiteren Sinne auch zur Berufskultur der Lehrerprofession, das Bild eines aktiven, konstruktiven und verhandelnden Lehrers, welches das Klischee des passiven, von der Ausbildung geformten und von externen bürokratischen und bildungspolitischen Faktoren 'kontrollierten' Lehrers ersetzt.

Status, Attraktivität und Qualität des Lehrerberufs können durch die Entwicklung eines spezialisierten Berufswissens gesteigert werden. Die weitverbreitete Auffassung, derzufolge eigentlich jedermann unterrichten kann, lässt keinen Berufsstolz aufkommen und ist zugleich Anlass für Spannungen zwischen Lehrern, Schulleitern und Eltern. Die Unsicherheit angesichts der Frage, ob ein Lehrer überhaupt über ein spezialisiertes Berufswissen verfügt, senkt den Status des Lehrers und lässt ihn an seiner Berufswahl zweifeln.[269] Die Heterogenität der Lehrerkultur verbessert zudem die Aussichten für Veränderungsprozesse in den Schulen, welche somit Klagen über unbewegliche Schulverhältnisse Lügen straft; denn die Schulkultur ist keineswegs uniform. Die Tatsache, dass einige Lehrer an einigen Schulen sehr inspirierend wirken und keineswegs demoralisiert sind, eröffnet ein enormes Potential von Verbesserungsmöglichkeiten, welche ohne weitgreifende Strukturreformen möglich sind: Das Wissen dieser Lehrer, die Unterschiedlichkeiten einzelner Schulen, die Vielfalt dieser kulturellen Heterogenität, muss genutzt werden, damit gerade angehende junge Lehrer innovativ daraus lernen können.

### 10.3.1. Epilog

Die Erforschung des Lehrerwissens ist in vollem Gange. Auf der Grundlage eines erweiterten Verständnisses dieses berufsbezogenen Wissens, seiner Entwicklung und seiner Verwendung, wird der Stellenwert dieses speziellen alltäglichen Wissens im Lehrerberuf erst heute allmählich erkannt (Dick, 1992a; Grimmett & MacKinnon, 1992; Schrag, 1992; J. Shulman, 1992; Valli, 1992). Bezüglich der Untersuchungsmethoden, die in den nächsten Jahren zur Erforschung des Lehrerwissens angewendet werden mögen, besteht die einzigartige Möglichkeit, beinahe die ganze Breite des Methodologien-Repertoires auf das Berufswissen von Lehrern anzuwenden, von teilnehmenden Beobachtungen und ethnographischen Interviews über narrative Fallstudien bis zu 'wahrhaftigen

---

268 Bereits Feiman-Nemser & Floden (1986) haben mit Entschiedenheit auf diesen Unterschied hingewiesen.

269 Wir wissen von Lightfoot (1983b), dass Unsicherheiten - hinsichtlich des eigenen Urteils und Status' - Lehrpersonen für Angriffe oder Kritik von seiten der Eltern sehr verletzlich macht. - Zu den Berufswahlmotiven von Lehrern siehe Steltmann (1980).

Lehrernovellen' (Carter, 1992). Denn vermehrt unterstützen Forschungsgemeinschaften und Erziehungswissenschaftler solchermassen 'eklektische' Ansätze,[270] welche dazu geeignet sind, nicht nur quantitativ den Umfang, sondern insbesondere qualitativ die Bedeutung der Forschung zum berufsbezogenen Wissen von Lehrern zu vertiefen (Tom & Valli, 1992).

Dass die Lehrerausbildung unausweichlich von jenen 'kulturellen Codes' und materiellen Bedingungen der Gesellschaft beeinflusst wird, in welcher sie verankert ist, muss in der Lehrerforschung zudem vermehrt Berücksichtigung finden, wobei sich zugegebenermassen die empirische Überprüfung des Einflusses dieser Bedingungen auf die individuelle, berufliche Entwicklung eines zukünftigen Lehrers schwierig gestaltet und dementsprechend noch nicht sehr fortgeschritten ist. Trotzdem müssen sich meiner Ansicht nach Lehrerausbildner vermehrt der Tatsache stellen, dass es sich bei jeglicher Lehrerausbildung um einen politisch und moralisch sensiblen Bereich handelt, der Lehrerstudierende entweder in die Strukturen der bestehenden sozialen Ordnung integriert oder ihnen aber eine stärker innovationsorientierte Einstellungoptik vermittelt. Lehrplan- und didaktische Entscheidungen zur Lehrerausbildung müssen in der Perspektive dieser beiden Möglichkeiten bewertet werden. Die irreführende und unglückliche Annahme von Lehrerausbildnern, dass Ausbildungsprogramme - im Sinne technischer Rationalität - gleichsam neutral und wertfrei gehalten werden können, ignoriert den Einfluss kultureller, politischer und sozioökonomischer Faktoren. Als Lehrerausbildner müssen wir uns deshalb fragen, ob die letztlich sozialpolitischen Auswirkungen unserer Lehrerausbildung moralisch und ethisch vertretbar sind. Eine solche Perspektive, welche die Ebene der individuellen Berufsentwicklung eines Lehrers mit der Frage nach Gleichheit und Gerechtigkeit als gesellschaftlichem Auftrag verbindet, verfolgt die gegenwärtige Forschung zum praktischen Lehrerwissen, um damit Möglichkeiten zur Verbesserung sowohl der Lehrerausbildung wie auch der Schulverhältnisse aufzurollen (Clark & Jensen, 1992).

Wie aus dieser Arbeit deutlich geworden ist, stellt das persönliche, praktische Wissen, die 'Praxisweisheit' von Lehrern, für die Unterrichtsforschung einen relativ weichen Forschungsgegenstand dar, der nicht 'hart angefasst' werden kann. Gerade weil sowohl das Berufswissen wie auch die Berufskultur an verschiedenen Schulen, bei verschiedenen Individuen und zu verschiedenen Zeitpunkten immer anders aussehen mag, hat sich die Unterrichtsforschung lange Zeit vor einer Beschreibung gescheut. Dass dem nicht (mehr) so sein muss, zeigt in Ansätzen die gewählte Richtung der vorliegenden Arbeit. Gleichwohl bin ich hinsichtlich der Forschungsaussichten zu diesem Gegenstand optimistisch; insbesondere wohl deshalb, weil nicht nur qualitativ arbeitende Forscher gelernt haben, mit den multiplen Unsicherheiten ihrer Schlussfolgerungen zu leben und gleichwohl davon auszugehen, dass auch solchermassen unvollständige Schlüsse sinnvoll sein können. Denn ein realistischer Erkenntnisanspruch

---

270 Ich zitiere hier Oelkers & Tenorth (1991): "Die systematisch (!) beste Bestimmung von Eklektik als notwendige Qualität praktischen Wissens (auch im Sinne des Wissens von Praktikern) leistet Schwab, 1978. Wir verwenden den Begriff in seinem Sinne, also ausdrücklich *nicht* pejorativ." (Oelkers & Tenorth, 1991, S. 31)

zielt zuerst auf die Beschreibung dieser Vielfalt und erst dann auf mögliche Erklärungsversuche. Somit hat eine Optik der Akzeptanz von Vielfalt die Perspektive von oft kurzsichtigen Hoffnungen auf universelle Verallgemeinbarkeiten ersetzt. Indem die Schwierigkeiten einer Erfassung, Einschätzung und Beurteilung des praktischen Berufswissens von Lehrern freimütig anerkannt werden, ist jener erste Schritt zur Position hin gemacht, Lehrer als Menschen, als Personen und als professionelle Berufsleute zu respektieren, ohne damit ihre Sichtweisen 'über alle Zweifel' zu erheben. Ich bin überzeugt, dass die vorliegende Arbeit zwar nur einen kleinen, dafür aber umso 'richtungsweisenderen' Schritt in dieses neue, spannende und verheissungsvolle Forschungsfeld des praktischen Lehrerwissens eingeschlagen hat. Aus diesem Grunde auch möchte ich abschliessend exakt diesem Praxiswissen der Lehrer das Wort erteilen:

"Was die Schule im Moment nur in einem ganz beschränktem Masse anbieten kann, das ist Wärme, emotionale Zuwendung, Unterstützung (...). Ich glaube aber, dass die Schule in Zukunft nicht nur 'Nützliches' - im wirtschaftlich rational-rationellem Sinne - lehren und lernen will, sondern vor allem auch Lebensfreude und Lebensbewältigung. [BR, SI 1]

Mein wichtigstes Anliegen ist, dass der Schüler - und das ist für mich die nächste Generation - fähig ist, über sich selbst zu bestimmen. Das hat zuerst einmal mit 'Können' zu tun, wie Kommunikationsfähigkeit, Rechnen, mit Üben des Abstraktionsvermögens, aber auch mit Zeichnen, musischem Empfinden, das alles gehört dazu, das ist klar. Aber nachher gehört auch noch ein Selbstwertgefühl dazu, dass der Schüler das, was er gelernt hat und selbst 'möchte', selbständig reflektiert und in sein Leben überträgt. Es ist also das, was man 'Erziehung zur Mündigkeit' nennt, hin zur eigenständigen Gestaltung einer gemeinsamen Welt." [BR, EI 12]

# 11. ANHANG

*"Es gibt einfach Schüler, die in gewissen Bereichen Begrenztheiten haben, und ich sage immer: 'Diese Begrenztheiten sind Menschenrecht!' "[TR, 1I 17]*

## 11.1. UNTERLAGEN DES PROJEKTKURSES 'VOM REFLEXVERHALTEN IM UNTERRICHT ZU REFLEKTIERTEN HANDLUNGEN IN DER SCHULE'

**Ethnographie-Stationen (Eine thematische Auflistung)**

(1) Erstkontakt

(2) Das Erstinterview

(3) Der erste Unterrichtsbesuch

(4) Unterrichts- und Erziehungsphilosophie (mittels vorgegebener Texte)

(5) Ausserschulische Kontaktnahme mit der Lehrperson

(6) Gespräche über Beurteilung, Noten und Zeugnisse

(7) Wochenrückblick (einwöchige Selbstbeschreibung der Lehrperson)

(8) Der zweite Unterrichtsbesuch (ohne strukturierte Vorgaben)

(9) Schlussinterview

(10) Das Porträt

(11) Selbstkonfrontation des Lehrers mit Porträt: mögliche Reaktion darauf

(12) Einzel-Schlussgespräch mit dem Kursleiter

## 11.1.1. Erstkontakt

Keine näheren inhaltlichen Angaben als die im Kurs mündlich abgegebenen (cf. Punkt 8.3.6. und 11.1.10.)

## 11.1.2. Das Erstinterview

### *11.1.2.1. Einige fakultative Interview-Regeln*

*Im Prinzip kannst Du der Einfachheit halber die Fragen so übernehmen, wie sie in der Vorlage stehen oder diese thematisch bündeln. Streiche oder ergänze jene Fragen, die Dir relevant oder nicht relevant erscheinen, und zwar auf der Folie Deiner zunehmenden Kenntnisse und Beobachtungen der Expertenlehrperson, sowie auf dem Hintergrund Deiner bisherigen Berufsbiographie.*

**a)** Bei sogenanntem 'Nichtverstehen' einer Frage durch die Lehrperson hilft oftmals ein nochmaliges Repetieren der gleichen Frage, ohne diese 'en détail' umschreiben zu müssen.

**b)** Hie und da lohnt es sich sehr, sogenannte einstimmende Sätze zu bilden, die angstvermindernd wirken können (oder welche die Fragen verdeutlichen und begründen helfen), wie beispielsweise:
- *"...die nächste Frage ist vielleicht nicht so leicht zu beantworten ..."*
- *"... Du hast mir bezüglich der nächsten Frage zwar schon weiter oben wertvolle Hinweise gegeben, trotzdem möchte ich noch genauer wissen, wie ..."*
- *"... ich möchte gerne nochmals auf Aussagen zurückkommen, die Du weiter oben ..."*

**c)** Darf vom Fragenkatalog abgewichen werden? Im Prinzip ja, wenn das Gespräch anschliessend wieder dort aufgenommen wird, wo die inhaltliche 'Denk-Schlaufe' eingesetzt hat.

**d)** Beachte wenn möglich auch die Mimik, Gestik und Körpersprache Deines Interviewpartners, daraus kann möglicherweise ersichtlich sein, ob es ihm immer noch 'wohl' ist im Gespräch mit Dir (was generell unser Bemühen sein soll).

**e)** Auch wenn in einem Gespräch 'Ungereimtheiten' zwischen verschiedenen Antworten auftauchen sollten, weise nicht darauf hin: In einem nächsten Gespräch wird dies mit eindeutigerer Vorbereitung Deinerseits leichter möglich sein: "Das letzte Mal hast Du mir gesagt, dass ..., und dabei ist mir aufgefallen ...".

**f)** Ein Lächeln, ein Zustimmen ("Hmm"), ein Zunicken bricht oft härtestes Eis: damit signalisierst Du Deiner Gesprächspartnerin nicht, dass Du mit den Aussagen einverstanden bist (und darum geht es uns bekanntlich überhaupt nicht), sondern dass Du sie akzeptierst, mit allem, was sie Dir sagt oder nicht sagt: Du zeigst Empathie (Einfühlung).

**g)** Versuche harte Formen des Feedbacks oder gar der Beurteilung Deinerseits an die Lehrperson zu vermeiden, sei es verbaler Art ("damit bin ich überhaupt nicht einverstanden"), oder nonverbaler Art (Stirnrunzeln, ungläubiges 'Dreinschauen', etc.), weil wir ja die Argumentation der Lehrperson vielmehr verstehen, statt beurteilen wollen.

**h)** Ein Tonband einzusetzen - samt Kassette über mich im PI erhältlich, sofern notwendig - lohnt sich jedenfalls als "Backup" (Absicherung), im Falle dass diese oder jene zentrale Stelle beim anschliessenden Protokollieren nicht mehr rekonstruierbar ist (*Merke*: Tonbandaufnahme überprüfen, mittels Aufnahme von Namen, Datum, und Gesprächstitel: dann als Check zurückspulen ... auch dies lohnt sich!). Ich würde das Gespräch auch in der Hochsprache initiieren, weil Dir damit die Transkription erleichtert wird.

**i)** ...

*Viel Spass und ebensoviel Glück!*

### *11.1.2.2. Die Fragen des Erstinterviews*

**Merke:** ***Ist das Tonband bereit, Ort, Datum, Zeit, Name draufgesprochen?***

**1.** In welchem Jahr bist Du geboren?

**2.** In welcher Gemeinde bist Du geboren?

**3.** Wo bist Du auferzogen worden? *(Bei Zweifel nachfragen, wo die meisten Jahre vor sechzehnjährig verbracht worden sind).*

**4.** Welchen Beruf übte Dein Vater/Deine Mutter aus während jener Zeit, wo Du die Mittelschule besuchtest?

**5.** Bist Du zurzeit oder warst Du verheiratet?
Hast Du Kinder? Wenn ja, wie viele und wie alt?

**6.** An welcher Stelle in Deinem Leben hast Du den definitiven Entscheid gefasst, in den LehrerInnenberuf einzusteigen?
Wie waren die Berufsbedingungen damals? *(Das ist eine sog. weiterführende Nachfrage, um dem Befragten die Möglichkeit des Ausholens zu geben, insbesondere nach der klaren Frage-Antwort-Sequenz am Anfang des Interviews.*

**7.** Welches waren die hauptsächlichen attraktiven Seiten des Unterrichts zu jenem Zeitpunkt, wo Du Dich für den Beruf entschieden hast?

**8.** Welche Menschen, Personen in Deinem Leben beeinflussten Deiner Meinung nach Deinen Entscheid, LehrerIn zu werden? (Sondiere: in der Familie? .............; LehrerInnen? .... ...............; Andere?..............................................................................).

**9.** Welchen anderen Beruf hast Du ernsthaft als Möglichkeit und Alternative erwogen?

**10.** Wenn Du heute zurückblickst, was glaubst Du, welches wohl die wichtigsten Faktoren waren in der Entscheidung, LehrerIn zu werden?

**11.** Kannst Du Dich erinnern was Du über Dich selbst gedacht hast, damals als Du Dich entschieden hast, in den LehrerInnenberuf einzusteigen? Was ich meine ist: Kannst Du Dich erinnern, welche Qualitäten Du Deinem Gefühl nach als Arbeitsgrundlage von Unterricht als notwendig erachtet hast?

**12.** Inwiefern ist Unterricht heute anders als Du es erwartet hast, damals bei Deinem Entscheid, LehrerIn zu werden?
(Inwiefern ist es heute besser als Du dies erwartet hast? Inwiefern schlechter?)

**13.** Welche Sekundarschule hast Du besucht?

**14.** Welche Mittelschule (Gymnasium, LehrerInnenseminar) hast Du besucht? ...................
In welchem Maturatypus hast Du abgeschlossen (Fächerkombinationen angeben)?
..........................................

**15.** Aus welchem Grund hast Du *(Name der Mittelschule......................)* besucht?

**16.** Hast Du seit der Matura/LehrerInnenpatent irgendwelche Arbeit ausgeführt? Welche?
............................................... Warum?

**17.** Bildest Du Dich im Moment weiter aus? Was und Wo? *(Nebst und/oder innerhalb der Schule?)* ......................................................

**18.** Kannst Du kurz 'Positionen' (Ämter, Vorsteher, Pflichten) angeben, die Du seit Matura/ Patent/LehrerInnenpatent in den Schulen innegehabt hast?

| *Schulsystem u.-organisation;* | *spezifische Position (Fach, Stufe);* | *Jahr;* |
|---|---|---|
| **a.**...................................... | ..................................................................................... | ....... |
| **b.**...................................... | ..................................................................................... | ....... |
| **c.**...................................... | ..................................................................................... | ....... |
| **d.** etc. | | |

**19.** Hast Du Deine Stelle bereits einmal gewechselt? (Weshalb hast Du ................ verlassen, um nach ......................... zu wechseln?)

**20.** Du hast also erwähnt, dass Du hier in...*(Ort)*..... zu unterrichten begonnen hast. Du hast auch gesagt, dass Du aus ... *(Grund)* ..... hierhergekommen bist. Gab es noch etwas Anderes in oder an dieser Schule, das Dich 'angezogen' hat?

**21.** Welches ist Deine 'Position' hier in der Schule? *(Soviel als möglich Informationen über Klasse, Stufe, etc. einholen und Aktivitäten, die über den Lehrplan hinausgehen.)*

**22. a)** Wie wichtig ist es für Dich, auf der Sekundarschulstufe zu unterrichten?
**b)** Was würde es für Dich bedeuten, auf anderen, d.h., den folgenden Stufen zu unterrichten:
- Erwachsenenbildung (Abendkurse)
- Mittelschule (Kollegiumsstufe)
- Abschlussklasse
- Primarschule
- Kindergarten
- andere

**c.)** War für Dich die Wahl der Studienrichtung (Phil 1/Phil 2) damals eindeutig?

**23. a.** Welchen Tagesabschnitt ist Deiner Ansicht nach der beste, um den SchülerInnen wirklich etwas mitzugeben?
**b.** Neigst Du selber dazu, spezielle Fächer oder Aktivitäten auf diesen Zeitraum hin zu planen, sofern das möglich ist?
**c.** Was würdest Du empfinden, wenn Du beispielsweise andere Fächer unterrichten müsstest als *( Haupt- und Nebenfächer der Lehrperson einsetzen* ..................................................... ....................................................................................................................................*).*
**d.** Gibt es andere Fächer, die Du gerne unterrichten würdest?
*(Wenn es nicht klar ist, dass die Lehrperson sich selbst als 'Spezialist' oder 'Generalist' sieht, dann frage folgendermassen:)*
Sind die zwei folgenden Annahmen richtig, wonach Du Dich selber als ein Spezialist in den Fächern X, Y und Z siehst? Und wonach Du Dich als Spezialist betrachtest in der zu unterrichtenden Altersstufe (z.B. 12-16)?

**24.** Innerhalb der Vielzahl von Aufgaben und Aktivitäten, welche zum LehrerInnenberuf gehören: welche ist Deiner Ansicht nach die wichtigste?

**25.** Bis zu welchem Grade bist Du frei darin, diesen obig genannten Bereich mehr oder weniger abzudecken?

**26.** Angenommen, Du kriegtest zehn zusätzliche Stunden pro Woche geschenkt, verbunden mit der Auflage, dass diese für die Unterrichtsarbeit verwendet würden; in welchem der folgenden Arbeitsbereiche würdest Du diese Zeit einsetzen?

**(Karte 1)**

1. Lehrplankommissionen
2. Persönliche Unterrichtsvorbereitung
3. Öffentlichkeitsarbeit
4. Einzelunterricht, Individualförderung, Innere Differenzierung.
5. Schulische Tätigkeiten (Administration, z.B. Aufbau einer Mediothek, Bibliothek, Fotolabor, Pausenplatzgestaltung etc.)
6. Elterngespräche, Elternabende,...
7. Beratung

**27.** Weil wir gerade über 'Zeit' sprechen: kannst Du mir in etwa ein Bild davon abgeben, wie Du Deine Zeit ein- und verteilst in einer gewöhnlichen, durchschnittlichen Schulwoche?

**a.** Zuerst einmal, wieviel Zeit verbringst Du in der Schule selbst? (wieviele Stunden? ..........................................................................................)

**b.** Wie verteilst Du Deine Schulzeit auf die folgenden Bereiche:

1. eigentliche Unterrichtszeit
2. Direkte Unterrichtsvorbereitung, wie Lektionsplanung, Unterlagen-, Geräte- und Raumbereitstellung, ...
3. SchülerInnenbeurteilung (Korrekturen, Benotung, Einschätzung,...)
4. Administrative Routinearbeit
5. Einzelgespräche und Einzelarbeit mit SchülerInnen
6. Aktivitäten ausserhalb des Lehrplans (z.B.: freiwillige Aufgabenhilfe, bspw. Vorbereitung eines Flohmarktes, Papiersammlung, etc.)
7. Sitzungen, Kommissionen, andere formelle und informelleTreffen, etc.
8. Andere Bereiche? Spezifiziere:

- Wieviel Zeit arbeitest Du wöchentlich zuhause für die Schule (inklusive Wochenende)? Wie oder womit verbringst Du diese Zeit?
- Verwendest Du noch zusätzlich Zeit für schulische Belange, und zwar weder in der Schule noch zuhause?
- Das ergibt also ein durchschnittliches Total von rund .................... Stunden pro Woche. Stimmt das so in etwa?

**28.** Wenn wir Deine Position mit jener der andern LehrerInnen vergleichen, und zwar bezüglich des Arbeitsaufwandes, glaubst Du, dass Du eher mehr, etwa gleich viel, oder eher weniger arbeitest als die Mehrheit der LehrerInnen? *(Die Frage zielt weniger auf die Arbeitszeit als auf den Arbeitsaufwand.)*

**29.** Welche Deiner LehrerInnen, zu denen Du einmal zur Schule gingst, betrachtest Du noch heute als aussergewöhnlich? Kannst Du mir eine/n davon beschreiben?
*(Nachfragen, wenn zu allgemein: Gib mir ein Beispiel, oder schildere mir eine ganz bestimmte Episode)*

**30.** Aus der Vielzahl von LehrerInnen, die Du kennst, und die heute noch im Unterricht stehen: Kennst Du welche, die Du aussergewöhnlich findest? Kannst Du mir eine/n beschreiben?
*(Nachfragen, wenn zu allgemein)*

**31.** Hie und da berichten LehrerInnen, sie hätten einen richtig guten Tag gehabt. Kannst du mir einen solchen Tag schildern, wie er für Dich 'prima' ist?

**32.** Erinnere Dich bitte jener besonderen Momente, wo Du besonders stolz auf Dich warst als LehrerIn, wo Du etwas erreicht hast. Bitte erzähle mir davon:
Waren da eventuell noch andere Augenblicke, die Dich mit Stolz erfüllten (mit Freude)?

**33.** Alle von uns haben wir Momente (und wir hoffen auch alle, dass sie rar sind), wo wir beschämt sind über etwas, was wir im Unterricht getan haben, oder etwas, was vorgefallen ist. Welche dieser schwierigen oder traurigen Momente könnten vorgefallen sein, die Du anschliessend bereut hast?

**34.** Ich weiss, dass es nicht leicht ist, diese Frage klar zu beantworten, trotzdem: Kannst Du versuchen, mir zu erklären, was Du als LehrerIn am meisten, am vehementesten versuchst, zu erreichen? Was ist letztendlich das Entscheidendste für Dich?

**35.** Welche Wechsel, Veränderungen - irgendwelcher Art in Deinem Umfeld, bezüglich Deiner Person - würden es Dir erlauben, (noch) bessere Arbeit zu leisten in dem obig beschriebenen Sinne?

**36.** Hast Du Schwierigkeiten, Deine eigene Arbeit einzuschätzen und zu bewerten? Was ich meine ist, fällt es Dir eher schwer, Dir selber zu sagen, wie, wo und wann Du eigentlich eine gute Lehrperson bist? Warum? Was ist schwierig daran?
Weshalb finden es einige LehrerInnen wohl schwierig?

**37.** Wie findest Du heraus, ob das, was Du tust, dem entspricht, was Dir vorschwebt? Worauf achtest Du, um Deine Effektivität beurteilen zu können?

**38.** Wenn Du sonst jemanden um Hilfe anfragen würdest bezüglich Deiner eigenen Arbeitseinschätzung, an wen würdest Du Dich möglicherweise wenden?

**39.** Heute vielleicht mehr denn je hört man von Schwierigkeiten, welche LehrerInnen haben oder erwarten können. Insgesamt sind x-tausend LehrerInnen in der Schweiz tätig. Was glaubst Du, wirkt sich anziehend, attraktiv aus für diese Lehrpersonen, dass sie der Berufsausübung treu bleiben?

**40.** Was Dich ganz persönlich und alleine betrifft: Welches sind die wirklich wichtigen Befriedigungen, die Du durch Deine Arbeit als LehrerIn erfährst? *(Soviele als möglich)*
Von den eben genannten, welche ist Deiner Meinung nach die wirklich allerwichtigste Befriedigung?

**41.** Hast Du im LehrerInnenberuf Bereiche der Befriedigung und Zufriedenheit kennengelernt, welche Du damals beim Berufswahlentscheid nicht erwartet hast, vorzufinden?

**42.** Welches sind die echt tollen Bereiche in Deinem Arbeitsfeld (die Dich beispielsweise um keinen Preis Deinen Beruf aufgeben lassen werden)?

**(Karte 2)**

**43.** Rein hypothetisch gefragt: Angenommen, man wäre gleichzeitig mit einer Reihe von Berufsausübungsmöglichkeiten an Dich herangetreten. Welche der aufgelisteten Aspekte hätte Dich bei der Wahlentscheidung möglicherweise beeinflusst? (Kannst Du diese bitte nach dem Attraktivitätsgrad in eine Rangordnung bringen?

1. SchülerInnen und andere innerschulische Bedingungen
2. Besoldung
3. Berufsprestige
4. Administrativer Einflussbereich
5. Spezielle Bedürfnisse werden abgedeckt
6. Berufsfreiheit

Sind ev. Faktoren nicht aufgeführt, die für eine neue Arbeit entscheidend sein könnten? Weshalb sind die ersten drei Rangplätze attraktiv?

**(Karte 3)**

**44.** Welche dieser Aussagen *(Karte austeilen)* kommt Deinen Empfindungen über Unterricht am nahesten?

1. Ich bin überaus zufrieden mit meinem Beruf als LehrerIn.
2. Ich bin sehr zufrieden mit meinem Beruf als LehrerIn.
3. Ich bin mehr zufrieden als unzufrieden mit meinem Beruf.
4. Ich bin gleichermassen zufrieden/nicht zufrieden mit meinem Beruf als LehrerIn.
5. Ich bin mehr unzufrieden als zufrieden in meinem Beruf.
6. Ich bin sehr unzufrieden mit meinem Beruf als LehrerIn.
7. Ich bin überaus unzufrieden mit meinem Beruf als LehrerIn.

*(Bitte Kommentare einholen über seine Wahl: Warum-Fragen)*

**45.** Kannst Du Dir Wechsel vorstellen - irgendwelcher Natur -, welche Deine Berufszufriedenheit als LehrerIn erhöhen könnte?

**46.** Ich glaube, keine Arbeitsmöglichkeit ist perfekt. Welches sind gleichwohl die Bereiche, die Du am wenigsten magst in Deinem Beruf? Welches die Dinge, die Dich am meisten strapazieren?

**47.** Was glaubst Du möglicherweise als LehrerIn im Vergleich mit andern Berufsgruppen auslassen oder verpassen zu müssen?

**48.** Welches sind die Details, Kleinigkeiten, die Dich in Deiner Arbeit irritieren?

**49.** Welche Art von Wissen muss ein/e LehrerIn besitzen, d.h., was muss er/sie wissen und kennen, um guten Unterricht zu gewährleisten in der Art, wie Du dies tust?
Welche ist die wichtigste Art von Wissen?

**50.** Was muss ein/e LehrerIn tun können, d.h., welche Art von Fertigkeiten muss ein/e Lehrer besitzen, um guten Unterricht zu garantieren in der Art, wie Du dies tust?
Welche ist die wichtigste?

**51.** Welche Erfahrungen waren Deiner Meinung nach die einflussreichsten inbezug auf das Lernen hin, wie zu unterrichten?

**52.** Gab es je so etwas ähnliches wie eine sogenannte 'Kehrtwende' in Deiner LehrerInnenkarriere, wo Du anschliessend irgendwie 'wusstest', dass Du es also quasi zum 'LehrerInnenprofi' geschafft hattest?

**53.** Was meinst Du, sind wohl Deine grössten Stärken als Lehrer?

**54.** Einige LehrerInnen legen viel Gewicht auf Wärme, Beziehung und SchülerInnennähe, während wieder andere vermehrt die schulische Leistungseffizienz gewichten. Welcher der beiden Bereiche ist für Dich wichtiger?

**(Karte 4)**

**55.** Wenn Du im kommenden Schuljahr Deine SchülerInnen auswählen könntest, welche der nachfolgenden Klassen würdest Du am liebsten wählen? ....................................
Warum?

1. Eine Klasse von SchülerInnen, deren emotionalen Bedürfnisse für eine/n LehrerIn eine Herausforderung darstellen.
2. Eine Klasse von netten SchülerInnen aus durchschnittlichem Elternhaus, die gut arbeiten und respektvoll sind.
3. Eine Klasse von kreativen und intellektuell anspruchsvollen SchülerInnen, die einen besonderen Aufwand brauchen.
4. Eine Klasse von minderbemittelten SchülerInnen aus schwierigem Elternhaus, für welche die Schule eine grosse Gelegenheit darstellen kann.
5. Eine Klasse von SchülerInnen mit beschränkteren Fähigkeiten, also sog. 'langsame Lerner', welche ungewöhnliche Geduld und Sympathie brauchen.

- Welches wäre Deine zweite Wahl? Warum?
- Gewöhnlich ziehst Du also *(... Charakteristika einsetzen ...)* SchülerInnen vor?

**56.** Welche Art von 'Reputation' (Ruf, Ansehen) möchtest Du am liebsten bei den verschiedenen Klassen und Schülern haben, die Du unterrichtest?
Ist dem in Wirklichkeit auch so?

**57.** Welche Hilfsmittel sind ausserordentlich wichtig in Deinem Unterricht, d.h., welche instrumentellen Dinge (Buch, Gerät, Labor etc.) machen wirklich einen Unterschied aus in Deinem Unterricht?

**58.** Welchen Unterschied macht die An- oder Abwesenheit der obig genannten Hilfsmittel aus für Dich als LehrerIn?

**59.** Einige LehrerInnen 'schwören' darauf, ein eigenes Klassenzimmer zu haben, in dem sie das verwirklichen können, was für sie wichtig ist. Stimmt das für Dich?
Warum ist dies wichtig/weniger wichtig?

- **Eltern**

**60.** Wieviele Eltern(teile) hast Du im letzten Schuljahr durchschnittlich im Monat gesehen?
Welches waren die Anlässe dazu?

**61.** Möchtest Du die Eltern Deiner SchülerInnen lieber öfters sehen oder eher weniger? Weshalb?

**62.** Von Deinem Gesichtspunkt aus als LehrerIn: Was sind 'gute Eltern', ein 'gutes Elternhaus' für Deine SchülerInnen?

• **Hilfskräfte**

**63.** Was bedeuten Dir Lehrerstudierende in Deinem Unterricht, anlässlich von Übungslektionen (Videolektionen), in der semestrigen Übungsschule oder in den Unterrichtspraktika? Siehst Du darin Bereicherungsmöglichkeiten für Deinen Unterricht?

**64.** Verursachen diese 'Fremdeinflüsse' eine Verlangsamung, und/oder eine Einbusse der Effizienz Deines Unterrichts? Weshalb denkst Du?

• **Andere LehrerInnen**

**65.** Arbeitest Du regelmässig mit andern LehrerInnen zusammen, oder bestreitest Du Deine Unterrichtsarbeit mehr oder weniger alleine?
- bei Kooperation: Welche Art von Arbeiten macht Ihr gemeinsam?
Möchtest Du lieber weniger, etwa gleichviel oder vermehrt mit Kollegen zusammenarbeiten? Warum?
- bei Einzelarbeit: Möchtest Du lieber enger mit andern Kollegen zusammenarbeiten? Weshalb?

**66.** Einige LehrerInnen schätzen Ihre Autonomie im Beruf hoch ein. Ist dies etwas, was für Dich sehr wichtig ist?
Wie oder inwiefern ist sie Dir wichtig?

**67.** Einige BildungspolitikerInnen sind überzeugt, dass alle LehrerInnen den gleichen Status haben sollten. Andere finden, dass eine gewisse Rangaufgliederung besser sei, vom 'Beginner' zum 'Experten' - ähnlich wie beispielsweise an der Universität, wo man Assistent, Lektoren, Assistent-Professoren und Lehrstuhlinhaber hat. Was denkst Du darüber?

**68.** Was charakterisiert Deiner Ansicht nach einen guten Kollegen, eine gute Kollegin im LehrerInnenteam? Wie handeln solche guten KollegInnen?

• **Schuldirektion**

**69.** Es gibt Personen, die sind überzeugt davon, dass Schulen wie ein guter Betrieb oder eine staatliche Verwaltung operieren sollten, indem jedermann Verantwortung übernimmt und die Verteilung der Autorität transparent und klar abgegrenzt ist (1). Dann gibt es Leute, welche überzeugt sind, dass Schulen eher in lockerem Rahmen organisiert sein sollten, d.h. wo die Beziehungen der einzelnen Personen in Richtung von Gleichheit statt Verschiedenheiten tendieren sollten (2).
- Welche dieser beiden Sichtweisen kommt Deiner näher?
- Weshalb (1) oder Warum (2)?

**70.** Welches ist Deiner Ansicht nach die grösste Verantwortung des Schuldirektors Dir gegenüber?

**71.** Welches ist Deiner Ansicht nach Deine grösste Verantwortung dem Schuldirektor gegenüber?

**72.** Einige Studien haben gezeigt, dass LehrerInnen den Schuldirektor als nicht unwichtigen Faktor angeben bei der Wahl des Berufsortes. Wäre dies für Dich entscheidend bei einer möglichen Stellenwahl?
Wenn ja, welche Faktoren wären Dir dabei wichtig?

**73.** Einige Leute meinen, dass unsere Schulen unsere traditionellen Lebensformen betonen, und dass sie sich demnach nur langsam verändern sollte (a). - Andere wiederum meinen, dass unsere Gesellschaft sich so rasch verändert, dass unsere Schulen sich diesen Veränderungen angleichen und stets innovativ sein sollte (b).
Welche dieser beiden Meinungen kommt Deiner eigenen Auffassung am nächsten? Warum?

**74.** Wenn Du die Gelegenheit und Möglichkeit hättest, Wechsel oder Veränderungen in unseren öffentlichen Schulen zu bewirken, welche Veränderung möchtest Du am liebsten verwirklicht sehen? Warum?

**75.** Was denkst und empfindest Du bezüglich der Informatisierung des Lernens in der Schule? Glaubst Du, dass eine solche Entwicklung grosse Möglichkeiten verspricht oder nicht?

**76.** Was denkst und empfindest Du bezüglich der Lehrplanveränderungen, die immer wieder im Gange sind, sowie bezüglich der Überarbeitung von Lehrmitteln?

**77.** Was denkst Du beispielsweise von einem 'Sabbatjahr' für LehrerInnen, sagen wir alle sieben Jahre, wo im Austausch mit einem Kollegen in einem andern Kanton oder gar in einem andern Land neue Schul- und Unterrichtserfahrungen gemacht werden könnten?

**78.** Was hältst Du von sogenannten "Team-teaching", wo zwei LehrerInnen gemeinsam (und ev. fächerübergreifend) unterrichten?

**79.** Bist Du Mitglied von LehrerInnenvereinen oder andern Organisationen, die in Zusammenhang mit Schule und Unterricht stehen?
Was für eine Rolle nimmst Du dabei ein?

**80.** Welches sind Deine Hauptinteressen und Aktivitäten ausserhalb von Schule und Unterricht?

**81.** Wenn Du die Wahl hättest und nochmals 'von vorne' beginnen könntest: welchen Beruf würdest Du vorziehen?

**82.** Wo hoffst Du, beruflich zu stehen, sagen wir

- in 5 Jahren?
- in 15 Jahren?
- in 25 Jahren?

**83.** Insgesamt, alles in allem gesehen, was glaubst Du, bisher in Deinem Unterricht verwirklicht zu haben? Würdest Du sagen, dass Du sehr erfolgreich, erfolgreich, durchschnittlich oder weniger erfolgreich warst in Deiner Laufbahn als LehrerInnen?

**84.** Metafragen:

a) Wenn ich Dich fragen darf: ist Dir beim Überlegen einiger Fragen möglicherweise noch anderes durch den Kopf gegangen?

b) Wie hast Du die Fragen allgemein empfunden? Ist Dir die eine oder andere Frage speziell in Erinnerung geblieben?

**Ganz herzlichen Dank für das Gespräch!**

*(Das Tonband eventuell nicht unmittelbar ausschalten ... hie und da erstreckt sich das Gespräch informell noch etwas weiter ...)*

## 11.1.3. Der erste Unterrichtsbesuch

### *11.1.3.1. Allgemeines*

Die Unterrichtsbesuche und Interviews sind wohl die wichtigsten Elemente in diesem Kurs, weil Ihr darin versuchen werdet, ein bestimmtes pädagogisches Thema - welches sich als genügend reich und komplex präsentiert und 'plötzlich' aufscheint - aufzugreifen und pädagogisch und/oder bildungspolitisch zu analysieren und zu interpretieren.

### *11.1.3.2. Protokollierung*

- Wenn immer das gegenseitige Einverständnis zwischen Dir und der Lehrperson vorhanden ist, bist Du grundsätzlich frei in der Wahl der Protokollierungsmethode: Ob Du Video- oder Audioband-Aufnahmen machen willst oder nicht, steht Dir also frei, hingegen sind schriftliche Protokollierungen immer und jederzeit notwendig. Diese sollen wenn immer möglich 'live' erfolgen, d.h., unmittelbar (der Arbeit eines Protokollführers bei einer Versammlung entsprechend): Wichtige Schlüsselbegriffe sollen, wenn wortwörtliches Mitschreiben nicht möglich ist, so buchstabengetreu wie möglich notiert werden (nach Möglichkeit zusätzlich die Ton- und Stimmvariationen markieren, Gestik und Mimik erörtern, Körperhaltung und Körpersprache miteinbeziehen, wie z.B. ruhiges Hin- und Herlaufen, nervöses rhythmisches Beinschwenken etc.). Diese Schlüsselbegriffe können anschliessend als sog. *Deskriptoren* gewertet werden, welche die Einschätzung komplexer Gesprächssituationen reduzieren helfen.
- Wenn Du das Nach-Protokoll verfasst, versuche zuerst einen allgemeinen Eindruck zu gewinnen von der zu beobachtenden Lektion, und zwar hinsichtlich dessen, wie diese als Teil in eine breitere Lektionsreihe eingebettet ist. Anschliessend eventuell, welchen Platz diese Unterrichtsreihe als Ganzes in einem Jahreskurs einnimmt sowie die hauptsächlichen Zielsetzungen. Frage Dich auch, welcher fachliche Zyklus bei der Planung miteinbezogen worden ist - wobei Du das 'Ganze' betonst, von welchem diese Lektion nur ein Teil ist -, und versuche, die verschiedenen Beziehungen untereinander in berichtender Form aufzuzeigen.
- Versuche des weiteren, das inhaltliche Verständnis der Lehrperson herauszuschälen: Wie veräussert oder wie drückt sie die hauptsächlichen unterrichtlichen Ideen, welche gelernt werden sollten, aus? Tut sie dies in ihrer 'ureigenen' *Einzigartigkeit*? D.h., erkennst Du Elemente, die nur diese Lehrperson in ihrer eigenen handelnd tätigen Art und Weise vorleben kann, erkennst Du ihre ihr ganz allein 'gehörende' Persönlichkeit, ihren eigenen Stil, ihre Authentizität?

### *11.1.3.3. Beobachtung*

Protokolliere sorgfältig und umfassend die Unterrichtsinteraktionen (Du kannst eine Tonbandaufnahme machen, aber nur, wenn dies auf das Klassengeschehen nicht störend wirkt). Schreibe alles auf, was Du siehst, hörst und bemerkst, verlier Dich aber nicht unnötig in Details. Bezüglich de Lehrperson, frag Dich, welche Arten von Repräsentationen sie benützt und konzentriere Dich insbesondere auf die Verwendung von Analogien, 'Bildern', Metaphern, Beispielen, Demonstrationen, etc. - Auf seiten der SchülerInnen: Drücken deren Beiträge, Fragen und Hinweise ein Verständnis des Lerngegenstandes aus oder mögliche Missverständnisse, ist eine Einsicht festzustellen? Wie reagiert die Lehrperson darauf?

*Merke*: Frage die Lehrperson freundlich um eine Kopie sämtlicher Unterrichtsmaterialien, welche verwendet wurden: Beispiele von SchülerInnenarbeiten, Textauszüge, Unterrichtsvorbereitung etc.

Wir unterscheiden grundsätzlich zwischen zwei Positionen der Unterrichtsbeobachtung und -interpretation, nämlich: a) der herkömmlichen Position, Unterricht zu verbessern (normativ); und

b) der beschreibenden Position (deskriptiv), welche nicht Fragen stellt von der Art 'Wie kann man dies oder jenes verbessern?', sondern vielmehr 'Welches sind die Unterschiede bspw. zu meinen Vorstellungen von Unterricht? Und/oder: Warum sind diese und jene Unterschiede mir wohl aufgefallen? Sind sie auch tatsächlich 'feststellbar'?

*Merke:* Versuche deshalb bei der teilnehmenden Beobachtung insbesondere zwei Punkte zu berücksichtigen:

**a)** Folge dem Gedanken- und Ideenfluss, dem Kommunikationsinhalt, den Fragen, Antworten, Beiträgen etc.

**b)** Halte Dich deskriptiv in der Beobachtungskolonne, während Du Dir die Interpretationen für die zweite und dritte Kolonne ('Bemerkungen' und 'Fragen') aufsparen kannst.[271]

***Beobachtungsraster:***

| Zeit | Meine Beobachtungen | Meine Bemerkungen | Meine Fragen |
|---|---|---|---|
| | | | |

### *11.1.3.4. Reflexions-Fragen*

So rasch als möglich nach der Unterrichtsbeobachtung triffst Du Dich mit der Lehrperson an einem ruhigen, 'diskreten' Ort, um die Lektion miteinander zu diskutieren und zwar aufgrund Deiner Beobachtungen, Bemerkungen (Interpretationen) und möglicherweise Deiner Schlussfolgerungen:

***a)*** *Pflichtauftrag:*
*Protokolliere das Gespräch (mitsamt TB-Aufnahme) und achte insbesondere auf folgende Punkte: Welches war die Reaktion der Lehrperson auf die Lektion? Welches war Deine (Beobachter)Reaktion?*

***b)*** *Freiwilliger Auftrag:*
*Nach Beendigung dieses Interviewgesprächs schreibt Ihr beide je unabhängig voneinander eine Seite 'freie Eindrücke' über diesen Teil der gemeinsamen Arbeit.*

---

[271] Die Einschätzung eines Lehrers ist dabei entfernt vergleichbar mit dem Verfahren von Punkterichtern bei sportlichen Anlässen wie Kunstturn-, Eiskunstlauf- und Wasserspring-Wettkämpfen, wo die 'Unparteiischen' zwei verschiedene Darbietungen bewerten: a) die Pflicht (absoluter Standard: für alle gleich), wo das Minimum an vorgegebenen Figuren und Schwierigkeitsübungen gezeigt werden muss; b) die Kür (relativer Standard: für alle individuell verschieden), wo die Teilnehmer in freier Wahl selber Figuren erfinden und den Schwierigkeitsgrad bestimmen können.

### *11.1.3.5. Fragen an die Lehrperson*

**a)** Inwiefern war diese Lektion typisch und alltäglich für Dich?

**b)** An welchen Stellen des Unterrichts ist wohl Dein Dir ganz eigener Stil, Deine 'Einzigartigkeit' - welche Dich von allen andern LehrerInnen unterscheidet - bemerkbar geworden?

**c)** An welcher Stelle des Unterrichts ist eine Deiner persönlichen Stärken sichtbar geworden?

**d)** An welcher Stelle der Lektion hast Du eine Deiner Schwächen verspürt?

### *11.1.3.6. Zusammenfassende Gedanken*

Versuche gleich anschliessend, Deine zusätzlichen Eindrücke, Gedanken, Gefühle und Empfindungen zu Blatt zu bringen (im Notfall auf einen kleinen Zettel, dem Kaffeticket in der Beiz, oder auf die innere Handfläche). Sollte es Dir leichter fallen, kannst Du auch Deine Selbstgespräche (Lautes Denken) mittels Minitonband aufnehmen.

*Merke:* Es ist kein Gedanke, keine Frage, (fast) keine Beobachtung 'daneben' oder nicht reportierträchtig oder -würdig genug: Alles, restlos alles kann, darf, soll, 'muss' festgehalten werden, wenn immer möglich.

Es scheint mir auch ausserordentlich wichtig zu sein, *Deine* Gedanken, Gefühle, Empfindungen und Ideen zu hören, was Dir 'durch-den-Kopf-gegangen' ist, was Du gelernt hast, was für Dich neu, erstaunlich, unglaublich war.

## 11.1.4. Unterrichts- und Erziehungsphilosophie (Textvorgabe)

*Lesen Sie bitte die nachfolgenden Textauszüge zeitgenössischer Pädagogen und äussern Sie sich bitte hernach bezüglich der angeführten Fragen:*

***a.) Hartmut von Hentig** (1975). Vorwort. In: Ph. Ariès. Geschichte der Kindheit, München, S. 35 ff.*

"Die heutigen Kinder sind ganz offensichtlich die Kinder ihrer Zeit und ihrer Umwelt, sie sind ihr entlarvendster Spiegel. Sie sind nicht nur nervös, ungeordnet ("disorganized" nennt sie einer ihrer besten Kenner, U. Bronfenbrenner), vital, 'gestört' - sie terrorisieren einander, sie streiten sich ununterbrochen (um Gegenstände, als lebten sie in tiefer Armut; um Rangplätze, als lebten sie vor Leviathan; um die Zuwendung der Erwachsenen, als lebten sie in einer besonders lieblosen Welt), sie vandalisieren das Gemeingut, sie sind weitgehend unfähig, tiefere anhaltende Beziehungen zu Menschen oder Sachen einzugehen - und sie müssen ununterbrochen schreien. Natürlich haben sie auch liebenswerte, ja bewundernswerte neue Eigenschaften, aber diese sind meist die unmittelbare Folge und Kehrseite einer ihrer Schwierigkeiten: aggressiv wie sie sind, können sie Erwachsenen frei, ungebeugt begegnen; indifferent, unkooperativ und kritisch wie sie sind, können sie diese Schwächen sehr ehrlich einsehen und sehr beredt beklagen; ungeordnet wie sie sind, können sie in bestimmten Lagen sich selbst und ihren Anspruch zurücknehmen." (S. 35)

***b.) Klaus Hoos** (1988). Lehrerprobleme - über die Unwägbarkeiten der Erzieherpersönlichkeit und ihre Auswirkungen auf den Schüler. In: Die Deutsche Schule, 3, 299-312.*

"Kindheit heute (ist) Fernsehkindheit, ist pädagogisch gefilterte Kindheit, durch die Schule bestimmte Kindheit, in der immer stärker auf planende Rationalität bedachten Welt wird sie Zukunftskindheit, bei der man nie mehr ganz in der Gegenwart lebt, durch unsere Siedlungsformen wird sie zunehmend Stadtkindheit, bedingt durch unsere Lebensform spielt sich der grösste Teil des Erlebens in der altershomogenen Gruppe ab, deshalb nennt er diesen Aspekt Kinder-Kindheit, andererseits ist - zumindest in den Industrienationen - nicht einmal mehr die Kleinfamilie der Regelfall. Kinder wachsen in einer neurotisierten Erwachsenengesellschaft auf." (S. 299)

***FRAGEN AN DEN/DIE LEHRERIN:***

*1.) Welche Gefühle, welche Gedanken und Überlegungen werden wach beim Lesen dieser Texte? Weshalb? Erläutere. Gib ev. Beispiele etc.*

*2.) Im Vergleich zu den Autoren, wie erlebst Du die Kinder und Jugendlichen von heute, insbesondere im Vergleich mit der Zeit Deines damaligen Berufseinstiegs, mit andern Worten: Welche Erfahrungen hast Du mit ihnen gemacht, schulisch, ausserschulisch, ev. privat?*

*3.) Möchtest Du noch etwas zu diesem Themenkreis beifügen?*

## 11.1.5. Ausserschulische Kontaktnahme mit der Lehrperson

*1.) Frage den Lehrer, die Lehrerin höflich an, bei einer ausserschulischen Tätigkeit (sei dies bei einem Musikereignis, bei einem Lehrerturnen, bei einem Erwachsenenbildungskurs, bei*

*2.) Es könnte auch eine Situation zuhause sein, bei der Aufgabenhilfe mit den eigenen Kindern oder beim Kochen, Basteln, etc. ...*

*(Stelle beiläufige Fragen, versuche einige Beobachtungen zu notieren, unauffällig, oder Wahrnehmungen in Deinem Gedächtnis zu speichern)*

## 11.1.6. Gespräche über Beurteilung, Noten und Zeugnisse

*1.) Es ist Zeugniszeit, Notenzeit: Was bedeutet das für Dich?*
*(Bitte soviel wie möglich nachfragen !)*

*2.) Wie erlebst Du Notenkonferenzen, was für eine Rolle spielst Du dabei (im Gesamt des Lehrerkollegiums?*

## 11.1.7. Wochenrückblick (Selbstbeschreibung der Lehrperson)

**1. TEIL: SELBSTBEOBACHTUNG DEINES GEFÜHLSMÄSSIGEN ZUSTANDES**

***Wochentag:*** ***Datum:*** / / ***Name:***

***a.)*** *Halte in der nachfolgenden Adjektivliste Deinen gefühlsmässigen Zustand während des heutigen Tages - als Selbstbeobachtung - fest.*

***b.)*** *Ich empfehle Dir dabei, zuerst in jeder Zeile beide entgegengesetzt formulierten Bezeichnungen für Gefühle zu lesen und dann erst die Antwort dem eigenen Zustand entsprechend einzustufen.*

***c.)*** *Beachte auch, dass in jeder Zeile sowohl positive als auch negative Gefühle stehen (sofern diese als solche 'bewertbar' sind); kreise jeweils für jede Zeile nur eine der sechs Zahlen (1 bis 6) an:* 1 2 3 4 5 6

**Während des heutigen Tages fühlte ich mich vorwiegend ...**

| | | | | | | | | |
|---|---|---|---|---|---|---|---|---|
| a) | gespannt | 1 | 2 | 3 | 4 | 5 | 6 | entspannt |
| b) | locker | 1 | 2 | 3 | 4 | 5 | 6 | steif |
| c) | gehemmt | 1 | 2 | 3 | 4 | 5 | 6 | frei |
| d) | verschlossen | 1 | 2 | 3 | 4 | 5 | 6 | offen |
| e) | zögernd | 1 | 2 | 3 | 4 | 5 | 6 | spontan |
| f) | unruhig | 1 | 2 | 3 | 4 | 5 | 6 | ruhig |
| g) | wohl | 1 | 2 | 3 | 4 | 5 | 6 | unwohl |
| h) | überempfindlich | 1 | 2 | 3 | 4 | 5 | 6 | unempfindlich |
| i) | friedlich | 1 | 2 | 3 | 4 | 5 | 6 | aggressiv |
| k) | gelassen | 1 | 2 | 3 | 4 | 5 | 6 | wütend |
| l) | gereizt | 1 | 2 | 3 | 4 | 5 | 6 | ausgeglichen |
| m) | unsicher | 1 | 2 | 3 | 4 | 5 | 6 | sicher |
| n) | ausgeliefert | 1 | 2 | 3 | 4 | 5 | 6 | geschützt |
| o) | hilflos | 1 | 2 | 3 | 4 | 5 | 6 | souverän |
| p) | pessimistisch | 1 | 2 | 3 | 4 | 5 | 6 | optimistisch |
| q) | zufrieden | 1 | 2 | 3 | 4 | 5 | 6 | unzufrieden |

*Gib stichwortartig Gründe dafür an, welche diese Einschätzungen möglicherweise verdeutlichen oder gar erklären (ev. Rückseite des Blattes benützen):*

## 2. Teil: Selbstbeobachtung Deines gefühlsmässigen Zustandes

***Wochentag:*** ***Datum:*** **/ / /** ***Name:***

**1. Frage:** Kommentiere die Adjektiv-Liste, von **a)** bis **q)**

**2. Frage:** Habe ich heute ein Kind, eine/n SchülerIn lachen sehen?

**3. Frage:** Habe ich heute einen Beitrag geleistet, wonach sich ein Kind, ein/e Jugendliche/r, ein/e SchülerIn nicht zu fürchten brauchte?

**4. Frage:** Ich erinnere mich an die Begegnung mit folgender/n Person/en, welche heute für mich eine besondere Bedeutung hatten:

**5. Frage:** Hat sich meine Stimmung von heute morgen bei mir zuhause auf die Schule ausgewirkt und/oder meine Stimmung in der Schule auf die Rückkehr nach Hause?

**6. Frage:** Der heutige Wochentag war für mich ein …

ganz gewöhnlich 1 2 3 4 5 6 ganz ungewöhnl., weil ...

**7. Frage:** Der heutige Wochentag war für mich insgesamt …

unangenehm 1 2 3 4 5 6 angenehm, weil ...

## 3. Teil: Wochenrückblick insgesamt

***Woche (vom bis):*** ______________________________

*(Tag, Datum Tag, Datum)*

***Name, Vorname:*** ______________________________

*1.) Wähle fünf oder mehr beschreibende Wörter, Begriffe, welche - global ausgedrückt - Deine Woche abbilden, repräsentieren könnten:*

A. ____________ B. ____________ C. ____________

D. ____________ E. ____________ F. ____________

*Bemerkungen dazu:*

*2.) Du hast während einer Woche eine Selbstbeobachtung Deines eigenen gefühlsmässigen Zustandes vorgenommen:*

**a.** *Bitte übertragt gemeinsam auf einem leeren solchen Blatt die Summe der beschriebenen Selbstbeobachtungen.*

**b.** *Kommentiere die am häufigsten eingekreisten Adjektive (immer noch im Sinne des Gesamt-Wochenrückblicks):*

*Bemerkungen dazu:*

*3.) Geht bitte jeden einzelnen Tag kurz miteinander durch: Frage nach, wenn Dir bei einzelnen Hinweisen der Lehrperson Unklarheiten auftauchen oder wenn Dir Interview-Passagen - als Ergänzung oder als Kontrast - in den Sinn kommen:*

*Bemerkungen dazu:*

## 11.1.8. Der 2. Unterrichtsbesuch (ohne strukturierte Vorgaben)

***Wochentag:*** ***Datum:*** ***Name:***

***Klasse:*** ***Fach:*** ***Zeit:***

***Merke:*** *Du bist in dieser zweiten Unterrichtsbeobachtung, im Gegensatz zur 1. Lektion, völlig frei in der Beobachtung, denke aber daran, dass Du - mit der Eisbergmetapher gesprochen - unter die Verhaltensoberfläche der Lehrperson blicken möchtest!*

***a)*** *Deshalb sollten Deine Fragen nach der Unterrichtsstunde dazu dienen, zu Meinungen, Überzeugungen und Einstellungen der Lehrperson, wenn nicht gar zu Wert- und Gedankenmuster vorzustossen, welche bei ihr oft implizit und subjektiv vorhanden sind, wenn nicht gar 'un-bewusst'.*

***b)*** *Beobachte aber auch 'äussere Faktoren', 'Details' (die vielleicht gar keine sind?), was sich zwischen dem Schul- und Lehrerzimmer alles 'ereignet', Schüler und Schülerinnen beim Betreten, beim Verlassen des Schulzimmers, die Garderobe in den Gängen, die Lichtverhältnisse, Pausenplatz vs. Parkplatz (Autos, Velos, Töffli) etc., etc.*

*Nenne ein paar dieser 'Nebensächlichkeiten auf den ersten Blick':*

.........................................................................................................................................

.........................................................................................................................................

.........................................................................................................................................

.........................................................................................................................................

.........................................................................................................................................

..

***Protokolliere mir bitte auch Deine Fragen an den/die LehrerIn:***

*1.)*

*2.)*

*3.)*

*4.)*

*5.)*

*6.)*

*7.)*

...

## 11.1.9. Schlussinterview

*Name* :

*Zeit* : *Beginn:* *Ende:* *Total:*

*Ort, Räumlichkeit* :

*Interviewer* :

- *Es werden abschliessend letzte Interviewfragen gestellt, wobei klar darauf hingewiesen wird, dass diese wiederum nicht mit falsch oder richtig beantwortet oder bewertet werden können, sondern vielmehr Einsicht liefern in das Denken und Fühlen der Lehrperson.*
- *Wähle aus den vorliegenden Fragen jene aus, die Dir im Porträt noch fehlende Pinselstriche, Farbtöne oder Konturen zu ergänzen ermöglichen. Streue diese, gemeinsam mit Deinen Fragen aus dem Porträt und Deinem bisherigen Material der verschiedenen Einheiten, diesmal kunterbunt ein, damit auch ein gewisser Überraschungseffekt gewahrt wird, welcher nun zu diesem Zeitpunkt durchaus berechtigt ist:*

**1)** Wenn Du wählen könntest, welches wäre heute Deine Berufswahl? Warum?

**2)** Glaubst Du zuhause, weg von der Schule, ein anderer Mensch zu sein, als im Klassen-, im Lehrerzimmer?

**3)** Denkt Deine Frau, Deine Freundin, Dein bester Freund, Du seist ein/e gute/r LehrerIn? Weshalb?

**4)** Möchtest Du Dein Kind (Deinen Neffen) zu Dir als LehrerIn in die Schule schicken?

**5)** Was deprimiert Dich zuweilen am meisten in Deinem Beruf?

**6)** Wenn ein/e SchülerIn Dich fragt:
- "Ich höre und lese stets von Aids, was ist das eigentlich?" - Was antwortest Du ihm?
- "Ich hab schon oft von "Genmanipulation" (Retortenbabies) gehört. Können Sie mir erklären, was das ist?" - Wie antwortest Du?
- "..."

**7)** Angenommen, Du hättest die Möglichkeit, von einem Tag zum andern etwas in der Schule zu verändern, was wäre das?

**8)** Welches ist wirklich Deine grösste Stärke als LehrerIn?

**9)** Welches ist tatsächlich Deine grösste Schwäche im Beruf?

**10)** Als Du zu unterrichten begannst, glaubtest Du damals, so lange zu unterrichten, wie Du es bis heute gemacht hast?

**11)** Möchtest Du, dass Dein eigenes Kind später mal den LehrerInnenberuf ergreift? Warum, warum nicht?

**12)** Glaubst Du an den Lehrerberuf? (Oder wird dieser beispielsweise einmal abgelöst, in irgendwelcher Form?)

**13)** Liest Du Fachzeitschriften, Bücher aus der Psychologie, Pädagogik, Didaktik? Warum/ warum nicht?

**14)** Ist Unterricht für Dich eine Kunst oder ist es eine Wissenschaft? (N. Gage) oder mit andern Worten: Ist man ein/e geborene/r LehrerIn oder kann man das (Kunst-)Handwerk lernen?

**15)** In Anlehnung an einen Buchtitel aus der USA ("Don't smile until Christmas", dt.: 'Anfänglich immer die Zügel anziehen, lockern kann man sie noch allemal'), glaubst Du, dass bei der Übernahme einer neuen Klasse im Herbst dieser Ratschlag für eine/n LehrerIn seine Berechtigung hat?

**16)** Führst Du ein privates Tagebuch als LehrerIn? Hast Du auch schon den Wunsch gehabt, einmal *alles* aufzuschreiben, was Du so als LehrerIn erlebst?

**17)** Macht es Dir was aus zu wissen, dass Dich ein/e SchülerIn mag/nicht mag?
- Macht es Dir was aus zu wissen, dass Dich ein/e KollegeIn mag/nicht mag?
- Macht es Dir was aus zu wissen, dass dich der Schuldirektor mag/nicht mag?

**18)** Hast Du Dich auch schon darin ertappt, zähneknirschend für Dich zu denken: "Ich habe zwar keine Vorurteile gegen *den* Schüler (oder *die* Schülerin), aber der ist nun mal wirklich ein ausgesprochen fauler und dummer Kerl, der es zu nichts bringen wird!"

**19)** Hast Du auch schon mal in irgendeiner Situation im Schulzimmer völlig überreagiert, urplötzlich, und bist dann erschrocken über Deine Reaktion? (und wo Du im Nachhinein gerne ein "Time-out" eingelegt hättest?)

**20)** Pausenaufsicht: Ist Dir wohl dabei? Verstrickst Du Dich hie und da in ein persönlicheres Gespräch, oder wirst Du von SchülerInnen auf einer informellen Basis angesprochen?

**21)** Stell Dir vor, die drei bis vier besten SchülerInnen werden aus Deiner Klasse entfernt. Wie würde Dein Unterricht nun aussehen? (Mit andern Worten: Rufst Du bei schwierigen Situationen oft - zu oft? - die guten SchülerInnen auf, um den andern oder Dir zu beweisen, dass Du den Lernstoff doch richtig vermittelt hast, mit andern Worten, dass die Lektion nicht schlecht vorbereitet oder nicht zu schwierig war?

**22)** Wie gehst Du mit dem heiklen Thema Erotik undSexualität um? Ich meine, Erotik/ Sexualität zwischen Schülern und Schülerinnen, zwischen SchülerInnen und LehrerInnen?

**21)** Hast Du auch schon mal eine Klasse gehasst?

**22)** Was machst Du, wenn ein bis zwei Minuten vor dem Gong - nach einer harzigen Lektion, zu der Du noch ein paar Minuten zu spät kamst - SchülerInnen unruhig werden, oder jemand zusammenpackt, ein anderer gar in die Klasse ruft: "Es ist *endlich* Zeit!"

**23)** Du begegnest einem/einer Deiner ehemaligen SchülerInnen, der/die alles andere als 'geglänzt' hat in Deiner Klasse, um es gelinde auszudrücken. Du hörst von ihm/ihr, dass er/sie nach der Mittelschule jetzt auch an die ETH zu gehen gedenkt. Was löst das in Dir aus?

**24)** Gibt es Tabus in der Schule, zwischen SchülerInnen und LehrerInnen, zwischen LehrerInnen, zwischen LehrerInnen und SchuldirektorInnen?

**25)** Wann hast Du das letzte Mal in den Lehrplan geguckt (Curriculum)?

**26)** Schmerzt es Dich manchmal, nicht mehr vom Novitätseffekt zehren zu können, den Du als JunglehrerIn gehabt hast?

**27)** Hab ich eine Frage, eine zentrale Frage noch nicht gestellt, die wichtig ist zum Verständnis Deiner Person, als LehrerIn, als Privatperson?

**28)** ...

***Ganz herzlichen Dank für das Schlussgespräch, die umfassende Gesamtarbeit und das grosse Vertrauen!***

## 11.1.10. Das Porträt

*Versuche , Deine Skizze, Deine vagen Bleistiftstriche, die Konturen und Silhouetten, die sich bisher bezüglich 'Deiner' Lehrperson in Deinem Kopfe ergeben haben, aufs Blatt zu bringen:*

- Der *Erstkontakt* (telephonisch oder persönlich): Die Stimme, der Tonfall, das Sprechtempo, die Fragen, die Hinweise, die Angebote etc.: Was für ein Bild 'entstand' da bei Dir, ohne die Person gesehen zu haben?
- Das ellenlange *Erstinterview* anschliessend; wie kam es dazu, wo, wann, unter welchen Umständen: Die Palette an Möglichkeiten ist gross, die Fragen lang und unaufhörlich. Trotzdem: Was für ein Porträt entsteht da? Grossformat, ein Brustbild nur, mit welchem Hintergrunddekor? Sind Deine Eindrücke naturalistische, klare Impressionen oder eher expressionistische Pinselstriche? Was imponiert Dir an Deinem Porträt? Was ist noch vage, unbestimmt und sprengt fast den Rahmen?
- Der *erste Unterrichtsbesuch,* direkt in der Klasse: Wie kontrastieren diese Wirklichkeitsfarben mit jenen, die Du eher theoretisch, so quasi als Farbenlehre, mit ihm diskutiert hast? Und die Reflexion über das tägliche Farbenmischen, ergab dies neue Aufschlüsse, oder ist viel Gesagtes bloss Staffage ('Beiwerk, zur Belebung des Bildes') gewesen?

  *Merke: Achte auch auf Dein Nachfragen, Deine Retouchen, die sind sehr aufschlussreich (cf. dazu das sehr schöne Beispiel von S.R., das ich Euch ausgeteilt habe)*
- Dieses eher didaktische Moment oben wird dann ergänzt durch *pädagogische Überlegungen*, mittels der beiden Texte (von Hentig/Lassahn), welche erziehungsphilosophische Gedanken zur Jugend von heute ins Bild einfügen lassen. - In etwas engerem Sinne tun das dann auch die Gespräche über *Noten und Zeugnisse* sowie mögliche Begründungszusammenhänge bezüglich der Stimmungsbilder, die bei der Teilnahme an Notenkonferenzen entstehen ...
- Die *ausserschulische Kontaktnahme* mit der Lehrperson: Zeigt sie Dir ein völlig neues Gesicht, welches Dein Porträt im wesentlichen erschwert, oder bestätigt es Dein Profil, welches Du bisher in doch ziemlich klaren Linienzügen nachzeichnen konntest? Ist Dein Standpunkt, Dein Blickwinkel plötzlich ein anderer? Hast Du nach vielen 'Teleobjektiv-Aufnahmen' - fokusiert auf die Lehrperson in Schule und Unterricht - unvermittelt eine ansehnliche Zahl von 'Weitwinkel-Bildern', die an den Rändern leichte Verzerrungen ergeben? Oder sind selbst 'Blitzaufnahmen' vonnöten gewesen, die eine andere Farbkomposition erzeugen?
- Wie ist die *einwöchige Selbstbeschreibung* der Lehrperson ausgefallen? Bildet es in etwa Dein nun doch bereits recht elaboriertes Porträt auf Deiner Staffelei ab oder musst Du da noch sehr viele Retouchen vornehmen? Sind darin auch Hinweise enthalten, wonach statt in den Malkasten ev. nach Touche oder Kohlenstiften zu greifen ist, je nach verschiedenen Farbtönen, je nach Tagesstimmung, nach Gefühlsempfindungen?
- Du hast der *2. (ev. 3.) Unterrichtsstunde* ohne strukturierte Vorgaben beigewohnt, mit vielen Beobachtungen über die Lektion hinaus ins weitere Umfeld Schule hinein, vom Schulsignet über die WC-Tür bis hin zu Kaffee- (und Raucher)-Gewohnheiten im Lehrerzimmer: Verblassen Deine Farben zur undeutlichen Radierung, mit unerklärlichen Schattierungen und blanken Stellen, oder machen sich plötzlich dadaistische Elemente als Stilveränderung bemerkbar?
- Das *Schlussinterview* als 'Abrundung' und Ausklang des Ganzen: Die 'letzten Fragen' als letzte Farbtupfer oder Radiermöglichkeiten ... und ganz am Schluss der Ethnographiearbeit die Frage an die Lehrperson: "Erkennst Du Dich in Deinem Porträt?" (Bitte auch ein eigens ausgewähltes Foto kommentieren lassen)

  *Merke: Nach Möglichkeit jeweils Deine Gedanken, Hypothesen und Vermutungen, Deine Interpretationen und Schlussfolgerungen mit prototypischen Interview- und/oder Protokollaussagen belegen und untermauern.*

## 11.1.11. Selbstkonfrontation der Lehrperson mit dem Porträt

Unsere Arbeit ist eine hermeneutische[272]; d.h. mit Wilhelm Dilthey gesprochen, dass wir der Forderung nachkommen müssen, das Ganze des Textes und Kontextes aus den Einzelstellen und diese umgekehrt im Lichte des Ganzen zu interpretieren. Dies erfordert 'Einfühlung' (Brinkmann, 1989), bzw. 'Nacherleben':

*"Das Verstehen setzt ein Erleben voraus, und das Erlebnis wird erst zu einer Lebenserfahrung dadurch, dass das Verstehen aus der Enge und Subjektivität des Erlebens hinausführt in die Region des Ganzen und des Allgemeinen. Und weiter fordert das Verstehen der einzelnen Persönlichkeit zu seiner Vollendung das systematische Wissen, wie andererseits wieder das systematische Wissen abhängig ist von dem lebendigen Erfassen der einzelnen Lebenseinheit."*

### *11.1.11.1. Der 'hermeneutische Zirkel'*

Ein Kreis besteht aus Punkten oder Teilen, wobei der Kreis die einzelnen Teile definiert, und die Teile zusammen wiederum den Kreis bilden. Ein ganzer Satz (beispielsweise aus dem Interview) ist eine Einheit; die Bedeutung eines einzelnen Wortes dieses Satzes ist für uns nur verstehbar in Referenz auf den Gesamtsatz; und reziprok dazu ist das Verstehen des Gesamtsatzes abhängig vom Verstehen der einzelnen Wörter. Wenn wir diesen Gedanken ausweiten, so leitet ein individueller Text (Konzept) seine Bedeutung vom Kontext (oder 'Horizont') ab, in welchem er situiert ist; und dieser Kontext besteht wiederum aus jenen Konzeptteilen, die ihm diese Bedeutung verleihen. Diese dialektische Interaktion (Hegel, K. Lewin) zwischen dem Ganzen und den Teilen verleiht jedem gegenseitig Bedeutung. Und in diesem Sinne ist das Verstehen zirkulär. [273] Unsere Porträtelemente,

- *die erste Kontaktaufnahme*
- *1. Unterrichtsbesuch*
- *das Erstinterview I.*
- *das Erstinterview II.*
- *Bildungsphilosophie (mittels Textverständnis)*
- *Beurteilen: Noten und Zeugnisse*
- *Ausserschulischer Kontakt*
- *Befindlichkeitstagebuch (Wochenrückblick)*
- *2. Unterrichtsbesuch*
- *Schlussinterview; ev. Selbstkonfrontation*

können auch als Einzelteile aufgefasst werden, die das Gesamt(-Porträt) ergeben; das in Entstehung begriffene Gesamtbild beeinflusst immer wieder die Interpretation der Einzelelemente.

### *11.1.11.2. Mögliche Erklärungszusammenhänge*

| | |
|---|---|
| **a)** Biologisch-konstitutionelle Bedingungen: | äussere Erscheinung, Charakter, Persönlichkeit |
| **b)** Psychologische Faktoren: | Biographie; individuell-familiärer Hintergrund |
| **c)** Situative Faktoren: | aktuelle Lebensumstände; kritische Lebensereignisse, |
| **d)** Soziokulturelle und politische Faktoren: | soziale und 'ökologische' Rahmenbedingungen |

---

272 Der Begriff 'Hermeneutik' - als Kunst der Auslegung [von Texten] - löste im 17. Jh. den humanistisch-lateinischen Ausdruck 'ars interpretandi' ab.

273 Dies führte zum Begriff des 'Hermeneutischen Zirkels', wonach in der geisteswissenschaftlichen Auseinandersetzung fast an jedem Punkt eine Zirkulation von Erleben, Verstehen und Repräsentation der geistigen Welt in allgemeinen Begriffen stattfindet. (Diese Entwicklung führte später zur Gründung der Chicagoer-Schule um G. H. Mead: Dieser prägte den mittlerweilen ebenso bekannten wie schwerfälligen Begriff 'Symbolischer Interaktionismus'.)

# 12. LITERATURVERZEICHNIS

*"The ability to sustain a coherent line of thought through a flurry of wildly assorted invitations, to talk here, to contribute there, to honor someone's memory or celebrate someones's career, to advance the cause of this journal or that organization, or simply to repay similar favors one has oneself asked of others, is, though rarely mentioned, one of the defining conditions of contemporary scholarly life." (Geertz, 1983, p. 7)*


Acheson, K. A. & Gall, M. D. (1980). Techniques in the Clinical Supervision of Teachers. New York: Longman.

Achtenhagen, F. (1984). Qualitative Unterrichtsforschung: Einige einführende Bemerkungen zu einer kontrovers diskutierten Problematik. *Unterrichtswissenschaft*, 12(3), 206-217.

Achtenhagen, F. (1992). The Relevance of Content for Teaching-Learning Processes. In F. K. Oser, A. Dick, & J.-L. Patry (Eds.), Effective and Responsible Teaching: The New Synthesis (pp. 315-328). San Francisco: Jossey Bass.

Achtenhagen, F., Sembill, D., & Steinhoff, E. (1979). Die Lehrerpersönlichkeit im Urteil von Schülern. *Zeitschrift für Pädagogik*, 25(2), 191-208.

Adler, P. A., & Adler, P. (1987). Membership Roles in Field Research. Sage University Paper series on Qualitative Research Methods, Volume 6. Newbury Park, CA: Sage.

Adler, S. (1991). The Reflective Practitioner and the Curriculum of Teacher Education. *Journal of Education for Teaching*, 17(2), 139-150.

Adler, S. (1993). Teacher Education: Research as Reflective Practice. *Journal of Education for Teaching*, 9(2), 159-167.

Aebli, H. (1987). Grundlagen des Lehrens. Eine Allgemeine Didaktik auf psychologischer Grundlage. Stuttgart: Klett-Cotta.

Agar, M. H. (1980). The Professional Stranger: An Informal Introduction to Ethnography. New York: Academic Press.

Agar, M. H. (1986). Speaking of Ethnography. Sage University Paper Series on Qualitative Research Methods, Volume 2 (2nd Printing 1987). Newbury Park, CA: Sage.

Aitken, J. L., & Mildon, D. (1991). The Dynamics of Personal Knowledge and Teacher Education. *Curriculum Inquiry*, 21(2), 141-162.

Aksamit, D. L., Hall, S. P., & Ryan, L. (1990). Naturalistic inquiry applied to the evaluation of a teacher education program. *Teaching & Teacher Education*, 6(3), 215-226.

Altman, I., & Rogoff, B. (1987). World views in psychology: Trait, interactional, organismic, and transactional perspectives. In D. Stokolis & I. Altman (Eds.), Handbook of environmental psychology (pp. 1-40), New York: Wiley.

Alexander, H. A., Schallert, D. L., & Hare, V. C. (1991). Coming to Terms: How Researchers in Learning and Literacy Talk About Knowledge. *Review of Educational Research,* 61(3), 315-343.

Alexander, P. A. (1989). Liberal Education and Open Society: Absolutism and Relativism in Curriculum Theory. *Curriculum Inquiry*, 19(1), 67-70.

Alisch, L.-M. (1990). Neuere theoretische Entwicklungen in der Lehrerhandlungstheorie. *Empirische Pädagogik,* 4(1), 3-33.

Altbach, P. G., & Kelly, G. P. (Eds.). (1984). Education and the Colonial Experience. New Brunswick: Transaction Books.

Altbach, P. G., & Kelly, G. P. (Eds.). (1986). New Approaches to Comparative Education. Chicago: The University of Chicago Press.

Altrichter, H. (1990). Ist das noch Wissenschaft? Darstellung und wissenschaftstheoretische Diskussion einer von Lehrern betriebenen Aktionsforschung. München: Profil.

Altrichter, H., & Posch, P. (1989). 'Does the grounded theory approach offer a guiding paradigm for teacher research?' *Cambridge Journal of Education*, 19(1), 21-31.

Altrichter, H. & Posch, P. (1990). Lehrer erforschen ihren Unterricht. Eine Einführung in die Methoden der Aktionsforschung. Bad Heilbrunn/Obb.: Julius Klinkhardt.

Altrichter, H., & Gstettner, P. (1993). Action Research: a closed chapter in the history of German social science? *Educational Action Research,* 1(3), 329-360.

Ammann, B. (1988). Berufsbiographie und Entwicklung des beruflichen 'Ethos' bei Lehrern, 6 Fallstudien. Unveröffentlichte Lizentiatsarbeit, Pädagogisches Institut der Universität Freiburg/Schweiz.

Anders, P., & Richardson, V. (1992). Teacher as Game-Show Host, Bookkeeper, or Judge? Challenges, Contradictions, and Consequences of Accountability. *Teachers College Record,* 94(2), 382-396.

Anderson, G. L. (1989). Critical Ethnography in Education: Origins, Current Status, and New Directions. *Review of Educational Research*, 59(3), 249-270.

Anderson, L. M. (1989). Learners and Learning. In M. C. Reynolds (Ed.), Knowledge Base for the Beginning Teacher (pp. 85-99). Oxford: Pergamon Press.

Anderson, L., Evertson, C., & Brophy, J. (1979). An Experimental Study of Effective Teaching in First-grade Reading Groups. *The Elementary School Journal*, 79(4), 193-223.

Anderson, R. C. (1984). Some reflections on the acquisition of knowledge. *Educational Researcher*, 13(9), 5-10.

Angelo, T. A., & Cross, K. P. (1993). Classroom Assessment Techniques. A Handbook for College Teachers. San Francisco: Jossey Bass.

Apple, M. W., & Weis, L. (Eds.). (1983). Ideology and Practice in Schooling. Philadelphia: Temple University Press.

Arbeitsgruppe Aumeister (1976). Der Praxisschock: Vom Hörsaal ins Klassenzimmer. München, Berlin, Wien: Urban & Schwarzenberg.

Argyris, C., & Schön, D. A. (1974). Theory in practice: Increasing Professional Effectiveness. San Francisco: Jossey-Bass.

Argyris, C., & Putnam, R., & McLain Smith, D. (1985). Action Science. (3rd printing, 1990). San Francisco: Jossey-Bass.

Arnheim, R. (1985). The Double-Edged Mind: Intuition and the Intellect. In E. W. Eisner (Ed.), Learning and Teaching the Ways of Knowing (pp. 77-96). Eighty-fourth Yearbook of the National Society for the Study of Education. Part II. Chicago: University of Chicago Press.

Arnold, R. (1983). Deutungsmuster. Zu den Bedeutungselementen sowie den theoretischen und methodologischen Bezügen eines Begriffs. *Zeitschrift für Pädagogik*, 29(6), 894-912.

Aschenbach, G., Billmann-Mahecha, E., & Zitterbarth, W. (1985). Kulturwissenschaftliche Aspekte qualitativer psychologischer Forschung. In G. Jüttemann (Hrsg.), Qualitative Forschung in der Psychologie (pp. 25-44). Weinheim: Beltz.

Ashcroft, K. & Griffiths, M. (1989). Reflective Teachers and Reflective Tutors: school experience in an initial teacher education course. *Journal of Education for Teaching*, 15(1), 35-52.

Ashton-Warner, S. (1963). Teacher. (First Touchstone Edition, 1986). New York: Simon & Schuster, Inc.

Aster, R. (1990). Schule und Kultur. Zur Rekonstruktion schulischer Wirklichkeit aus dem Blickwinkel von Schülern und Lehrern. Monographie einer Hauptschule als Beitrag zur ethnografischen Schulforschung. Bern/ Frankfurt: Lang.

Atkin, J. M. (1992). Teaching as research: an essay. *Teaching & Teacher Education*, 8(4), 381-390.

Atkinson, P. (1991). Supervising the text. *International Journal of Qualitative Studies in Education*, 4(2), 161-174.

Atkinson, P. & Delamont, S. (1985). Socialisation into teaching: The research which lost its way. *British Journal of Sociology of Education,* 6(3), 307-322.

Atkinson, P., Delamont, S., Hammersley, M. (1988). Qualitative Research Traditions: A British Response to Jacob. *Review of Educational Research*, 58(2), 231-250.

Aufenanger, S., & Lenssen, M. (Hrsg.). (1986). Handlung und Sinnstruktur: Bedeutung und Anwendung der objektiven Hermeneutik. München: Kindt.

Baacke, D., & Schulze, T. (Hrsg.). (1979). Aus Geschichten lernen: Zur Einübung pädagogischen Verstehens. München: Juventa.

Bachmair, G. (1979). Sequentielle Unterrichtsanalyse. *Unterrichtswissenschaft*, 5(2), 167-173.

Baird, J. R., & Mitchell, I. J. (1987). Improving the Quality of Teaching and Learning: An Australian Case Study - The Peel Project. Melbourne, Victoria: Monash University Printery.

Baird, J. R., & Northfield, J. R. (1992). Learning from the Peel Experience. Melbourne, Victoria: Monash University Printery.

Ball, S. J. (1990). Self-doubt and soft data: social and technical trajectories in ethnographic fieldwork. *International Journal of Qualitative Studies in Education*, 3(2), 157-171.

Ball, D., & Brown, M. (1987). What do experienced teachers know? What do we want to know? Paper presented at the Annual Meeting of the American Educational Research Association (AERA), Washington, D.C., April.

Bandura, A. (1986). Social Foundations of Thought and Action (A Social Cognitive Theory). Englewood Cliffs, NJ: Prentice-Hall.

Barnes, H. (1989). Structuring Knowledge for Beginning Teaching. In M. C. Reynolds (Ed.), Knowledge Base for the Beginning Teacher (pp. 13-22). Oxford: Pergamon Press.

Bartlett, L. (1989). Images of reflection: a look and a review. *International Journal of Qualitative Studies in Education*, 2(4), 351-357.

Barton, J., & Collins, A. (1993). Portfolios in Teacher Education. *Journal of Teacher Education,* 44(3), 200-210.
Basseches, M. (1986). Dialectical Thinking and Young Adult Cognitive Development. In R. A. Mines & K. S. Kitchener (Eds.), Adult cognitive development: Methods and models. New York: Praeger.
Batzle, J. 1992). Portfolio Assessment and Evaluation. Developing and Using Portfolios in the K-6 Classroom. (Eds. B. Maio). Cypress, CA: Creative Teaching Press.
Beck, E., Borner, A., & Aebli, H. (1986). Die Funktion der kognitiven Selbsterfahrung des Lehrers für das Verstehen von Problemlöseprozessen bei Schülern. *Unterrichtswissenschaft,* 14(3), 303-317.
Beck, E. (1989). Eigenständiges Lernen - Eine Herausforderung für Schule und Lehrerbildung. *Beiträge zur Lehrerbildung,* 7(2), 169-178.
Beck, E., Guldimann, T., & Zutavern, M. (1991). Eigenständig lernende Schülerinnen und Schüler. *Zeitschrift für Pädagogik,* 37(5), 735-768.
Becker, G. E. (1984). Durchführung von Unterricht. Handlungsorientierte Didaktik, Teil II. Weinheim/Basel: Beltz.
Becker, H. S. & Geer, B. (1979). Teilnehmende Beobachtung: Die Analyse qualitativer Forschungsergebnisse. In C. Hopf, & E. Weingarten (Hrsg.), Qualitative Sozialforschung (pp. 139-166). Stuttgart: Klett-Cotta.
Becker, H. von Hentig, H. (Hrsg.). (1984). Der Lehrer und seine Bildung. (Beiträge zur Überwindung einer Resignation). Stuttgart: Klett Cotta.
Belanoff, P., & Dickson, M. (1991). Portfolios: Process and Product. Portsmouth: Boynton/ Cook Publishers, Inc.
Bellack, A. A., Kliebard, H. M., Hyman, R. T., & Smith, F. L. Jr. (1966). The language of the classroom. New York: Teachers College Press.
Bellack, A., et al. (1974). The classroom game. In R. T. Hyman (Ed.), Teaching: Vantage points for study (2nd ed., pp. 347-354). Philadelphia: Lippincott.
Ben-Peretz, M., Bromme, R., & Halkes, R. (Eds.). (1986). Advances of Research on Teacher Thinking. Lisse: Swets & Zeitlinger B.V.
Ben-Peretz, & Halkes, R. (1987). How Teachers Know Their Classrooms: A Cross-Cultural Study of Teachers' Understanding of Classroom Situations. *Anthropology & Education Quarterly,* 18(1), 17-32.
Bennett, N., & Carre, C. (1993). Learning to teach. London: Routledge.
Bereiter, C. (1990). Aspects of an Educational Learning Theory. *Review of Educational Research,* 60(4), 603-624.
Bergem, T. (1992). Teaching the Art of Living: Lessons Learned From a Study of Teacher Education. In F. K. Oser, A. Dick, & J.-L. Patry (Eds.), Effective and Responsible Teaching: The New Synthesis (pp. 349-364). San Francisco: Jossey Bass.
Berger, P. L., & Luckman, T. (1966). The Social Construction of Reality. New York: Anchor.
Berlak, A., & Berlak, H. (1981). Dilemmas of schooling: Teaching and social change. New York: Methuen.
Berlak, A., & Berlak, H. (1987). Teachers Working with Teachers to Transform Schools. In J. Smyth (Ed.), Educating teachers: Changing the Nature of Pedagogical Knowledge (pp. 169-178). Barcombe: Falmer Press.
Berliner, D. C. (1986). In Pursuit of the Expert Pedagogue. *Educational Researcher,* 15(7), 5-13.
Berliner, D. C. (1987a). Knowledge Is Power: A Talk to Teachers About a Revolution in the Teaching Profession. In D. C. Berliner & B. V. Rosenshine (Eds.), Talks to Teachers (pp. 3-33). New York: Random House.
Berliner, D. C. (1987b). Simple Views of Effective Teaching and a Simple Theory of Classroom Instruction. In D. C. Berliner & B. V. Rosenshine (Eds.), Talks to Teachers (pp. 93-110). New York: Random House.
Berliner, D. C. (1987c). Der Experte im Lehrerberuf: Forschungsstrategien und Ergebnisse. *Unterrichtswissenschaft,* 15(3), 295-305.
Berliner, D. C. (1987d). Ways of Thinking About Students and Classrooms by More and Less Experienced Teachers. In J. Calderhead (Ed.), Exploring Teachers' Thinking (pp. 60-83). London: Cassell Educational Ltd.
Berliner, D. C. (1988). Studies of Expertise in Teaching: Novices, Postulants and Experts. Center for Advanced Study in the Behavioral Sciences, Stanford University (Unpublished Paper; May 26th).
Berliner, D. C. (1991). Educational Psychology and Pedagogical Expertise: New Findings and New Opportunities for Thinking About Training. *Educational Psychologist,* 26(2), 145-155.
Berliner, D. C. (1992). The Nature of Expertise in Teaching. In F. K. Oser, A. Dick, & J.-L. Patry (Eds.), Effective and Responsible Teaching: The New Synthesis (pp. 227-248). San Francisco: Jossey Bass.
Berliner, D. C., & Rosenshine, B. V. (Eds.). (1987). Talks to Teachers. A Festschrift for N. L. Gage. New York: Random House.
Berry, J. W., & Dasen, P. R. (1974). Culture and Cognition: Readings in Cross-Cultural Psychology. London: Methuen.
Berscheid, E. (1985). Interpersonal Modes of Knowing. In E. W. Eisner (Ed.), Learning and Teaching the Ways of Knowing (pp. 60-76). Eighty-fourth Yearbook of the National Society for the Study of Education. Part II. Chicago: University of Chicago Press.
Bessoth, R. (1986). Lehrerberatung - Lehrerbeurteilung. (2. Aufl.), Darmstadt: Luchterhand.
Beyer, B. K. (1987). Practical Strategies for the Teaching of Thinking. Boston: Allyn and Bacon, Inc.

Beyer, L. E. (1991). Schooling, Moral Commitment, and the Preparation of Teachers. *Journal of Teacher Education*, 42(3), 205-215.
Beynon, J. (1987). An ethnography of questioning practices. *Questioning Exchange: A Multidisciplinary Review, 1(1), 39-43.*
Biddle, B. J., & Anderson, D. S. (1986). Theory, Methods, Knowledge, and Research on Teaching. In M. C. Wittrock (Ed.), Handbook of Research on Teaching (3rd ed., pp. 230-252). New York: Macmillan.
Biermann, R. (Hrsg.). (1985). Interaktion-Unterricht-Schule. (Wege der Forschung; Bd. 534). Darmstadt: Wissenschaftliche Buchgesellschaft.
Biklen, S. K. (1983). Teaching as an occupation for women: A case study of an elementary school. Syracuse, NY: Education Designs Group.
Bilang-Iten, K. (1993). Eintauchen in die Ethnographie durch Portätieren eines Lehrers. Unveröffentlichte Seminararbeit, Pädagogisches Institut der Universität Freiburg/Schweiz.
Binneberg, K. (1979). Pädagogische Fallstudien. *Zeitschrift für Pädagogik*, 25(2), 395-402.
Binneberg, K. (1985). Grundlagen der pädagogischen Kasuistik. *Zeitschrift für Pädagogik,* 31(6), 773-788.
Blase, J. J. (1985). The socialization of teachers. An ethnographic study of factors contributing to the rationalization of the teacher's instructional perspective. (dt. übersetzt, in E. Terhart, Hg., Unterrichten als Beruf, 1991, S. 7-21). *Urban Education*, 20(3), 235-256.
Blase, J. J. (1986). A Qualitative Analysis of Sources of Teacher Stress: Consequences for Performance. *American Educational Research Journal*, 23(1), 13-40.
Bloom, B. S. (1964). Stability and change in human characteristics. New York.
Blumer, H. (1969). Symbolic Interactionism. Perspective and Method. Englewood Cliffs, N.: Prentice-Hall.
Bonns, W., & Honneth, A. (1982). Sozialforschung als Kritik. Zum sozialwissenschaftlichen Potential der Kritischen Theorie. TB-Ausgabe (stw 400), Frankfurt a.M.: Suhrkamp.
Boos-Nünning, U. (1979). Professionelle Orientierung, Berufszufriedenheit, Fortbildungsbereitschaft. Eine empirische Untersuchung bei Grund- und Hauptschullehrern. Königstein/Ts.: Hain.
Borich, G. D., & Klinzing, H. G. (1987). Paradigmen der Lehreffektivitätsforschung und ihr Einfluss auf die Auffassung von effektivem Unterricht. *Unterrichtswissenschaft*, 15(1), 90-111.
Borko, H., Cone, R., Russo, N.A., & Shavelson, R. J. (1979). Teachers' decision making. In P. L. Peterson & H. J. Walberg (Eds.), Research on teaching: Concepts, findings, and implications (pp. 136-160). Berkeley, CA: McCutchan.
Borko, H., & Wildman, T. (1987). Teacher as Problem Solver. *Curriculum and Teaching*, 2(1), 49-58.
Borko, H., Lalik, R., & Tomchin, E. (1987). Student teachers' understandings of successful and unsuccessful teaching. *Teaching & Teacher Education*, 3(2), 77-90.
Borko, H., Livingston, C., McCaleb, J., & Mauro, L. (1988). Student Teachers' Planning and Post-lesson Reflections: Patterns and Implications for Teacher Preparation. (Rev. 1987 AERA-Paper, to appear in Calderhead, J. Teachers' Professional Learning. London: Falmer Press).
Boydell, D. (1986). Issues in teaching practice supervision research: a review of the literature. *Teaching & Teacher Education,* 2(2), 115-125.
Brandt, R. S. (1986). On the Expert Teacher: A Conversation with David Berliner. *Educational Leadership*, 44(2), 4-9.
Bridges, E. M. (1986). The Incompetent Teacher: The Challenge and the Response. Philadelphia: The Falmer Press.
Brinkmann, M. (1989). Empathie - Probleme bei der Operationalisierung eines vieldeutigen Konstruktes. *Unterrichtswissenschaft,* 17(1), 2-12.
Britzman, D. P. (1986). Cultural Myths in the Making of a Teacher: Biography and Social Structure. *Harvard Educational Review*, 56(4), 442-456.
Britzman, D. P. (1988). On Educating the Educators. *Harvard Educational Review*, 58(1), 85-94.
Britzman, D. P. (1989). Who Has the Floor? Curriculum, Teaching, and the English Student Teachers's Struggle for Voice. *Curriculum Inquiry,* 19(2), 143-162).
Brodkey, J. J. (1986). Learning while Teaching: Self-Assessment in the Classroom. Unpublished doctoral dissertation, Stanford University.
Brodkey, L. (1987a). Writing Ethnographic Narratives. *Written Communication,* 4(1), 25-50.
Brodkey, L. (1987b). Writing Critical Ethnographic Narratives. *Anthropology & Education Quarterly*, 18(2), 67-76.
Bromme, R. (1984). On the limitations of the theory metaphor for the study of teachers' expert knowledge. In R. Halkes & J. K. Olson (Eds.), Teacher Thinking: a new perspective on persisting problems in education. Lisse (pp. 43-57). Lisse: Swets & Zeitlinger B.V.
Bromme, R. (1985). Was sind Routinen im Lehrerhandeln? Eine Begriffsklärung auf der Grundlage neuerer Ergebnisse der Problemlösungsforschung. *Unterrichtswissenschaft*, 13, 182-192.
Bromme, R. (1987a). Die Untersuchung des professionellen Wissens von Lehrern: Zum Inhalt und zur psychologischen Struktur von Wissen. In G.-A. Eckerle & J.-L. Patry (Hrsg.), Theorie und Praxis des TheoriePraxis-Bezugs in der empirischen Pädagogik (pp. 179-204). Baden-Baden: Nomos.

Bromme, R. (1987b). Teachers Assessments of Students' Difficulties and Progress in Understanding in the Classroom. In J. Calderhead (Ed.), Exploring Teachers' Thinking (pp. 125-146). London: Cassell Educational Ltd.
Bronfenbrenner, U. (1978). Ansätze zu einer experimentellen Ökologie menschlicher Entwicklung. In Oerter, R. (Hg.), Entwicklung als lebenslanger Prozess (pp. 33-65). Hamburg: Hoffmann & Campe.
Bronfenbrenner, U. (1986). Dix annés de recherche sur l'écologie du développement humain. In M. Crahay, & D. Lafontaine (Eds.), L'art et la Science de l'Enseignement (pp. 283-301). Liège: Ed. Labor.
Brophy, J. (1987). On Motivating Students. In D. C. Berliner & B. V. Rosenshine (Eds.), Talks to Teachers (pp. 201-245). New York: Random House.
Brophy, J. E., & Good, T. L. (1974). Teacher-student relationships: Causes and consequences. New York: Holt, Rinehart & Winston. (Deutsch: Die Lehrer-Schüler-Interaktion. München: Urban & Schwarzenberg, 1976).
Brophy, J. E., & Good, T. L. (1986). Teacher Behavior and Student Achievement. In M. C. Wittrock (Ed.), Handbook of Research on Teaching (3rd ed., pp. 328-375). New York: Macmillan.
Broudy, H. S. (1990). Case Studies - Why and How. In S. Tozer, T. H. Anderson, & B. B. Armbruster (Eds.), Foundational Studies in Teacher Education: A Reexamination (pp. 151-161). New York: Teachers College Press.
Brown, A. F. (1984). How to change what teachers think about teachers: affirmative action in promotion decisions. In R. Halkes & J. K. Olson (Eds.), Teacher Thinking: a new perspective on persisting problems in education (pp. 197-209). Lisse: Swets & Zeitlinger B.V.
Brown, A. L., & Palincsar, A. S. (1993). Guided cooperative learning and individual knowledge acquisition. In L. B. Resnick (Ed.), Knowing, learning, and instruction: Essays in honor of Robert Glaser. Hillsdale, NJ: Erlbaum.
Brown, J. S., Collins, A., & Duguid, P. (1989). Situated cognition and the culture of learning. *Educational Researcher,* 18(1), 32-42.
Brown, S., & McIntyre, D. (1986). How do teachers think about their craft? In M. Ben-Peretz, R. Bromme & R. Halkes (Eds.), Advances of Research on Teacher Thinking (pp. 36-44). Lisse: Swets & Zeitlinger B.V.
Brück, H. (1978). Die Angst des Lehrers vor seinem Schüler. Zur Problematik verbliebener Kindlichkeit in der Unterrichtsarbeit des Lehrers - ein Modell (rororo TB 7988, 1986). Hamburg: Reinbek.
Brück, H. (1986). Seminar der Gefühle. Von der Innenseite der Wissenschaft. Hamburg: Reinbek.
Brüderl, L. (Hg.). (1988). Theorien und Methoden der Bewältigungsforschung. Weinheim; München: Juventa-Verlag.
Brügelmann, H. (1982). Fallstudien in der Pädagogik. *Zeitschrift für Pädagogik,* 28(4), 609-623.
Brumlik, M. (1983). Symbolischer Interaktionismus. In D. Lenzen & K. Mollenhauer (Hrsg.), Theorien und Grundbegriffe der Erziehung und Bildung. (Enzyklopädie Erziehungswissenschaft; Bd.1, pp. 232-245). Stuttgart: Klett.
Bruner, J. S. (1966). The Process of Education. (1977 edition), Cambridge: Harvard University Press. (Deutsch: J. S. Bruner, Der Prozess der Erziehung, 1970 Berlin Verlag, 5. Aufl. 1980, Düsseldorf: Pädag. Verlag Schwann).
Bruner, J. S. (1979). On Knowing: Essays for the Left Hand. (Expand. Ed., 3rd Print. 1982). Cambridge: Belknap Press of Harvard University.
Bruner, J. S. (1985). Narrative and Paradigmatic Modes of Thought. In E. W. Eisner (Ed.), Learning and Teaching the Ways of Knowing (pp. 97-115). Eighty-fourth Yearbook of the National Society for the Study of Education. Part II. Chicago: University of Chicago Press.
Bruner, J. S. (1986). Actual minds, possible worlds. Cambridge: Harvard University Press.
Bruner, J. S. (1987). Life as Narrative. *Social Research. An International Quarterly of the Social Sciences,* 54(1), 11-32.
Bruner, J. S. (1990). Acts of Meaning. Cambridge: Harvard University Press.
Bucher, A. A. (1990). Gleichnisse verstehen. Strukturgenetische Untersuchungen zur Rezeption synoptischer Parabeln. Praktische Theologie im Dialog 5, Fribourg.
Buchmann, M. (1984). The use of research knowledge in teacher education and teaching. (dt. übersetzt, in E. Terhart, Hg., Unterrichten als Beruf, 1991, S. 175-190). *American Journal of Education,* 92(4), 421-439.
Buchmann, M. (1986). Role over person: Legitimacy and authenticity in teaching. In M. Ben-Peretz, R. Bromme & R. Halkes (Eds.), Advances of Research on Teacher Thinking (pp. 55-69). Lisse: Swets & Zeitlinger B.V.
Buchmann, M. (1989). Changing Teacher Education Curriculum: Breaking from Experience. Paper presented at the Annual Meeting of the American Educational Research Association (AERA), San Francisco, April.
Buchmann, M. (1992). Dilemmas and Virtues in Research Communication. *Curriculum Inquiry,* 22(3), 313-329.
Buchmann, M., & Floden, R. E. (1989). Research Traditions, Diversity, and Progress. *Review of Educational Research,* 59(2), 241-248.
Bude, H. (1988). Der Fall und die Theorie. Zum erkenntnislogischen Charakter von Fallstudien. *Gruppendynamik,* 19(4), 421-427.
Bullough, Jr., R. (1987). Planning and the First Year of Teaching. *Journal of Education for Teaching,* 13(3), 231-250.
Bullough, Jr., R. V. (1989). First Year Teacher: A Case Study. New York: Teachers College Press.

Bullough, Jr., R. V. (1992). Beginning teacher curriculum decision making, personal teaching metaphors, and teacher education. *Teaching & Teacher Education*, 9(4), 385-396.
Bullough, Jr., R. V. (1993). Case Records as Personal Teaching Texts for Study in Preservice Teacher Education. *Teaching & Teacher Education*, 9(4), 385-396.
Bullough, Jr., R. V., & Gitlin, A. D. (1989). Toward educative communities: teacher education and the quest for the reflective practitioner. *International Journal of Qualitative Studies in Education*, 2(4), 285-298.
Bullough, Jr., R. V., Crow, N., & Knowles, G. (1989). 'Teaching is Nurturing': Metaphor in a case study of a beginning teacher. Paper presented at the Annual Meeting of the American Educational Research Association (AERA), San Francisco, March.
Bullough, Jr., R. V., & Knowles, J. G. (1991). Teaching and nurturing: changing conceptions of self as teacher in a case study of becoming a teacher. *International Journal of Qualitative Studies in Education*, 4(2), 121-140.
Burden, P. R. (1990). Teacher Development. In W. R. Houston (Ed.), Handbook of Research on Teacher Education (pp. 311-328). New York: Macmillan.
Burgess, R. G. (Ed.). (1985). Issues in Educational Research: Qualitative Methods. Basingstoke: The Falmer Press/Taylor & Francis (Printers) Ltd.
Burke, P. J. (1987). Teacher Development: Induction, Renewal and Redirection. Lewes: The Falmer Press.
Bussis, A., Chittenden, E., & Amarel, M. (1976). Beyound surface curriculum. Boulder, CO: Westview Press.
Butler, J. (1992) Teacher and Professional Development: an Australian case study. *Journal of Education for Teaching*, 18(3), 221-238
Butt, R. L. (1984). Arguments for using biography in understanding teacher thinking. Teacher Thinking: a new perspective on persisting problems in education (pp. 95-102). Lisse: Swets & Zeitlinger B.V.
Butt, R., & Raymond, D. (1987). Arguments for using qualitative approaches in understanding teacher thinking: The case for biography. *Journal of Curriculum Theorizing*, 7(1), 62-93.

Calderhead, J. (1984) Planning and thinking in junior school writing lessons: an exploratory study. In R. Halkes & J. K. Olson (Eds.), Teacher Thinking: a new perspective on persisting problems in education (pp. 85-94). Lisse: Swets & Zeitlinger B.V.
Calderhead, J. (Ed.). (1987). Exploring Teachers' Thinking. London: Cassell Educational Limited.
Calderhead, J. (1988). Learning from Introductory School Experience. *Journal of Education for Teaching*, 14(1), 75-83.
Calderhead, J. (1989). Reflective Teaching and Teacher Education. *Teaching & Teacher Education*, 5 (1), 43-51.
Calderhead, J. (1991). Images of Teaching: Student Teachers' early Conceptions of Classroom Practice. *Teaching & Teacher Education*, 7(1), 1-8.
Calderhead, J. (1992). Modes of Thinking and Learning about Classroom Practice in Student Teaching. Paper presented at the Annual Meeting of the American Educational Research Association (AERA), San Francisco, March.
Calfee, R. C. (1987). Those who can explain, teach.... *Educational Policy*, 1(1), 9-27.
Cardinet, J. (1986). L'interaction entre caractéristiques des élèves et méthodes d'enseignement. In M. Crahay, & D. Lafontaine (Eds.), L'art et la Science de l'Enseignement (pp. 127-147). Liège: Ed. Labor.
Carnoy, M., & Levin, H. M. (1985). Schooling and Work in the Democratic State. Stanford: Stanford University Press.
Carnoy, M. (1984). The State and Political Theory. Princeton: Princeton University Press.
Carr, D. (1991). Minds in Museums and Libraries: The Cognitive Management of Cultural Institutions. *Teachers College Record*, 93(1), 6-27.
Carr, W. (1989). Quality in Teaching: Arguments for a Reflective Profession. Lewes: The Falmer Press.
Carr, W., & Kemmis, S. (1986). Becoming Critical: Education, Knowledge and Action Research. Lewes: The Falmer Press (Reprinted 1988).
Carroll, J. B. (1972). Lernerfolg für alle. *Westermann's Pädagogische Beiträge*, 24. Jh., Heft 1 (Jan.), 7-12.
Carroll, J. B. (1989). 'The Carroll Model.' *Educational Researcher*, 18(1), 26-31.
Carter, K. (1987). Teachers' Assessments of Students' Difficulties and Progress in Understanding in the Classroom. In J. Calderhead (Ed.), Exploring Teachers' Thinking (pp. 147-160). London: Cassell Educational Ltd.
Carter, K. (1990). Teachers' Knowledge and Learning to Teach. In W. R. Houston (Ed.), Handbook of Research on Teacher Education (pp. 291-310). New York: Macmillan.
Carter, K. (1993). The Place of Story in the Study of Teaching and Teacher Education. *Educational Researcher*, 22(1), 5-12, 18.
Carter, K., Gonzales, L. (1993). Beginning Teachers' Knowledge of Classroom Events. *Journal of Teacher Education*, 44(3), 223-232.
Carter, K., Sabers, D., Cushing, K., Pinnegar, S., & Berliner, D. C. (1987). Processing and using information about students: a study of expert, novice, and postulant teachers. *Teaching & Teacher Education*, 3(2), 147-157.
Carter, K., & Unklesbay, R. (1989). Cases in teaching and law. *Journal of Curriculum Studies*, 21(6), 527-536.
Caruso, J. J. (1977). Phases in Student Teaching. *Young Children*, Nov. 77, 57-63.

Cattell, R. B. (1966). Psychological theory and scientific method. In R. B. Cattell (Ed.): Handbook of multivariate experimental psychology. Chicago.
Cazden, C. B. (1986). Classroom Discourse. In M. C. Wittrock (Ed.), Handbook of Research on Teaching (3rd ed., pp. 432-463). New York: Macmillan.
Cazden, C. B. (1988). Classroom Discourse: The Language of Teaching and Learning. Portsmouth, NH: Heinemann.
Cazden, C. B., & Mehan, H. (1989). Principles from Sociology and Anthropology: Context, Code, Classroom, and Culture. In M. C. Reynolds (Ed.), Knowledge Base for the Beginning Teacher (pp. 47-58). Oxford: Pergamon Press.
Chan, C. K. K., Burtis, P. J., Scardamalia, M. & Bereiter, C. (1992). Constructive Activity in Learning From Text. *American Educational Research Journal*, 29(1), 97-118.
Chastko, A. M. (1993). Field Experiences in Secondary Teacher Education: Qualitative Differences and Curriculum Change. *Teaching & Teacher Education*, 9(2), 169-181.
Chi, M. T. H., Glaser, R., & Farr, M. J. (Eds.). (1988). The Nature of Expertise. Hillsdale, NJ: Lawrence Erlbaum Associates.
Chilcott, J. H. (1987). Where Are You Coming From and Where Are You Going? The Reporting of Ethnographic Research. *American Educational Research Journal,* 24(2), 199-218.
Chomsky, N. (1957). Syntactic structures. Hawthorne, NY: Mouton.
Cicourel, A. V. (1970). Methode und Messung in der Soziologie. Frankfurt.
Cicourel, A. V., Jennings, K. H., Jennings, S. H. H., Leiter, K. C. W., Mackay, R., Mehan, H., & Roth, D. R. (1974). Language use and school performance. New York: Academic Press.
Clandinin, D. J. (1986). Classroom Practice: Teacher Images in Action. Philadelphia: The Falmer Press.
Clandinin, D. J. (1989). Developing Rhythm in Teaching: The Narrative Study of a Beginning Teacher's Personal Practical Knowledge of Classrooms. *Curriculum Inquiry*, 19(2), 121-141.
Clandinin, D. J., & Connelly, F. M. (1986). What is 'personal' in studies of the personal? In M. Ben-Peretz, R. Bromme & R. Halkes (Eds.), Advances of Research on Teacher Thinking (pp. 21-35). Lisse: Swets & Zeitlinger B.V.
Clandinin, D. J., & Connelly, F. M. (1992). Teacher as Curriculum Maker. In P. W. Jackson (Ed.), Handbook of Research on Curriculum (pp. 363-401). New York: MacMillan.
Clark, C. M. (1986). Ten Years of conceptual development in research on teacher thinking. In M. Ben-Peretz, R. Bromme & R. Halkes (Eds.), Advances of Research on Teacher Thinking (pp. 7-20). Lisse: Swets & Zeitlinger B.V.
Clark, C. M. (1988). Asking the Right Questions About Teacher Preparation: Contributions of Research on Teacher Thinking. *Educational Researcher*, 17(2), 5-12.
Clark, C. M. (1991). Real lessons from imaginary teachers. *Journal of Curriculum Studies,* 23(5), 429-433.
Clark, C. M., & Jensen, K. I. (1992). Toward Relational Responsibility. In F. K. Oser, A. Dick, & J.-L. Patry (Eds.), Effective and Responsible Teaching: The New Synthesis (pp. 431-440). San Francisco: Jossey Bass.
Clark, C. M., & Lampert, M. (1986). Quel savoir sur l'enseignement pourrait être utile aux maîtres? In M. Crahay, & D. Lafontaine (Eds.), L'art et la Science de l'Enseignement (pp. 185-198). Liège: Ed. Labor.
Clark, C. M., & Peterson, P. L. (1986). Teachers' Thought Processes. In M. C. Wittrock (Ed.), Handbook of Research on Teaching (3rd ed., pp. 255-296). New York: Macmillan.
Clark, C. M., & Yinger, R. J. (1987a). Teacher Planning. In D. C. Berliner & B. V. Rosenshine (Eds.), Talks to Teachers (pp. 342-365). New York: Random House.
Clark, C. M., & Yinger, R. J. (1987b). Teacher Planning. In J. Calderhead (Ed.), Exploring Teachers' Thinking (pp. 84-103). London: Cassell Educational Ltd.
Clarridge, P. B. (1989). Alternative Perspectives for Analyzing Expertise in Teaching. Paper presented at the Annual Meeting of the American Educational Research Association (AERA), San Francisco, March.
Clemson, R. L., Arends, R. I., Young, D. B., & Mauro, L. H. (1989). Teachers as researchers and researchers as teachers. Paper presented at the Annual Meeting of the American Educational Research Association (AERA), San Francisco, March.
Clifford, J., & Marcus, G. E. (Eds.). (1986). Writing Culture. The Poetics and Politics of Ethnography. Berkeley: University of California Press.
Clift, R. T., Houston, W. R., & Pugach, M. C. (Eds.). (1990). Encouraging Reflective Practice in Education. New York: Teachers College Press.
Cloetta, B., & Hedinger, U. K. (1981). Die Berufssituation junger Lehrer. Bern: Paul Haupt. Eine empirische Untersuchung über Probleme, Einstellungen, Befinden und Schulsituation von Berufsanfängern an Primarschulen des Kt. Bern. Bern: Verlag Paul Haupt.
Cloetta, B., Dann, H.-D., Müller-Fohrbrodt, G. (1987). Schulrelevante Einstellungen junger Lehrerinnen und ihr konservativer Wandel im Beruf: eine Replik. *Zeitschrift für Pädagogik,* 33(6), 761-770.
Cochran-Smith, M. (1991). Learning to Teach against the Grain. *Harvard Educational Review,* 61(3), 279-310.
Cochran-Smith, M., & Lytle, S. L. (1990). Research on Teaching and Teacher Research: The Issues That Divide. *Educational Researcher*, 19(2), 2-11.

Cochran-Smith, M., & Lytle, S. L. (1993). Inside/Outside: Teacher Research and Knowledge. New York: Teachers College Press.

Coe, D. E. (1991). Levels of knowing in ethnographic inquiry. *International Journal of Qualitative Studies in Education,* 4(4), 313-331.

Cohn, M. M., Kottkamp, R. B., Provenzo, E. F. (1987). To Be a Teacher (Cases, Concepts, Observation Guides). New York: Random House.

Cole, A. L. (1989a). Making Explicit Implicit Theories of Teaching: Starting Points in Preservice Programs. Paper delivered at the Annual Meeting of the American Educational Research Association (AERA), San Francisco, March.

Cole, A. L. (1989b). Researcher and Teacher: partners in theory building. *Journal of Education for Teaching,* 15(3), 225-237.

Cole, A. L. (1992). Teacher Development in the Work Place: Rethinking the Appropriation of Professional Relationships. *Teachers College Record,* 94(2), 365-381.

Cole, A. L., & Knowles, J. G. (1993). Teacher Development Partnership Research: A Focus on Methods and Issues. *American Educational Research Journal,* 30(3), 473-495.

Cole, M. (1985). Mind as a Cultural Achievement: Implications for IQ Testing. In E. W. Eisner (Ed.), Learning and Teaching the Ways of Knowing (pp. 218-249). Eighty-fourth Yearbook of the National Society for the Study of Education. Part II. Chicago: University of Chicago Press.

Cole, M., Gay, J., Glick, J. A., Sharp, D. W. (1971). The Cultural Context of Learning and Thinking. An Exploration in Experimental Anthropology. London: Methuen & Co Ltd.

Condon, M. W. F., Clyde, J. A., Kyle, D. W., & Hovda, R. A. (1993). A Constructivist Basis for Teaching and Teacher Education: A Framework for Program Development and Research on Graduates. *Journal of Teacher Education,* 44(4), 273-278.

Connelly, F. M., & Clandinin, D. J. (1984). Personal practical knowledge at Bay Street School: ritual, personal philosophy and image. In R. Halkes & J. K. Olson (Eds.), Teacher Thinking: a new perspective on persisting problems in education (pp. 134-148). Lisse: Swets & Zeitlinger B.V.

Connelly, F. M., & Clandinin, D. J. (1985). Personal Practical Knowledge and the Modes of Knowing: Relevance for Teaching and Learning (pp. 174-198). In E. W. Eisner (Ed.), Learning and Teaching the Ways of Knowing. Eighty-fourth Yearbook of the National Society for the Study of Education. Part II. Chicago: University of Chicago Press.

Connelly, F. M., & Clandinin, D. J. (1988). Teachers as Curriculum Planners: Narratives of Experience. New York: Teachers College Press.

Connelly, F. M., & Clandinin, D. J. (1990). Stories of Experience and Narrative Inquiry. *Educational Researcher,* 19(5), 2-14.

Constas, M. A. (1992). Qualitative Analysis as a Public Event: The Documentation of Category Development Procedures. *American Educational Research Journal,* 29(2), 253-266.

Copeland, W. D., Birmingham, C., de la Cruz, E., Lewin, B. (1993). The Reflective Practitioner in Teaching: Toward a Research Agenda. *Teaching & Teacher Education,* 9(4), 347-359.

Corno, L. (1987). Teaching and Self-Regulated Learning. In D. C. Berliner & B. V. Rosenshine (Eds.), Talks to Teachers (pp. 249-266). New York: Random House.

Court, D. (1988). 'Reflection-in-Action': Some Definitional Problems. In P. P. Grimmett & G. L. Erickson (Eds.), Reflection in Teacher Education (pp. 143-146). Vancouver: Pacific Educational Press.

Crahay, M. (1986). Hommage à G. De Landsheere. In M. Crahay, & D. Lafontaine (Ed.), L'art et la Science de l'Enseignement (pp. 185-198). Liège: Ed. Labor.

Creemers, B. P. M. (1986). Relationships between research on teaching, educational innovation, and teaching: the case of the Netherlands. *Teaching & Teacher Education,* 2(2), 105-113.

Cronbach, L. J. (1975). Beyond the two disciplines of scientific psychology. *American Psychologist,* 30(2), 116-127.

Cronbach, L. J. (1982). Prudent aspirations for social inquiry. In L. Kruskal (Ed.), The future of the social sciences. Chicago: University of Chicago Press.

Cronbach, L. J., & Suppes, P. (Eds.). (1969). Research for tomorrow's schools: Disciplined inquiry for education. London.

Cronbach, L. J., & Snow, R. E. (1981). Aptitudes and Instructional Methods. A Handbook for Research on Interactions. New York: Irvington Publ. Inc.

Cruickshank, D. R. (1985). Uses and Benefits of Reflective Teaching. *Phi Delta Kappa,* 66(10), 704-706.

Cruickshank, D. R., & Kennedy, J. J. (1986). Teacher clarity. *Teaching & Teacher Education,* 2(1), 43-67.

Cryns, T., & Johnston, M. (1993). A collaborative case study of teacher change: from a personal to a professional perspective. *Teaching & Teacher Education,* 9(2), 147-158.

Cuban, L. (1984). How Teachers Taught: Constancy and Change in American Classrooms 1890-1980. Research on Teaching Monograph Series. New York: Longman.

Cuban, L. (1989). Reforming again, again, and again. *Educational Researcher,* 19(1), 3-13.

Cziko, G. A. (1989). Unpredictability and indeterminism in human behavior: Arguments and implications for educational research. *Educational Researcher,* 18(3), 17-25.

Damon, W. (1992). Teaching as a moral craft and developmental expedition. In F. K. Oser, A. Dick, & J.-L. Patry (Eds.), Effective and Responsible Teaching: The New Synthesis (pp.139-153). San Francisco: Jossey Bass.

Daniels, L. (1993). Diversity as an educational principle. *Journal of Curriculum Studies,* 25(1), 65-76.

Dann, H.-D. (1989). Subjektive Theorien als Basis erfolgreichen Handelns von Lehrkräften. *Beiträge zur Lehrerbildung*, 7(2), 247-254.

Dann, H.-D., Tennstädt, K.-C., Humpert, W., Krause, F. (1987). Subjektive Theorien und erfolgreiches Handeln von Lehrern/-innen bei Unterrichtskonflikten. *Unterrichtswissenschaft*, 15(3), 306-320.

Danner, H. (1988). Die hermeneutische Bedeutung der Sinne in der Pädagogik. *Bildung und Erziehung*, 41(3), 305-316.

Darling-Hammond, L. (1990). Teachers and Teaching: Signs of a Changing Profession. In W. R. Houston (Ed.), Handbook of Research on Teacher Education (pp. 267-290). New York: Macmillan.

De Brabander, K. (1987). Das Bewusstsein von Lehrern über Schule und Unterricht. *Zeitschrift für Pädagogik,* 33(6), 805-822.

De Groot, A. D. (1965). Thought and choice in chess. The Hague: Mouton.

De Landsheere, G. (1987). Concepts of Teacher Education. In M. J. Dunkin (Ed.), The International Encyclopedia of Teaching and Teacher Education (pp. 77-83). New York: Pergamon Press.

Devereux, G. (1967). From Anxiety to Method in the Behavioral Sciences. Editions Mouton & Co. und Ecole Pratique des Hautes Etudes. Dt. TB-Ausgabe, stw 461 (1984). Angst und Methode in den Verhaltenswissenschaften, Frankfurt a/M.: Suhrkamp.

DeVries R., with Kohlberg, L. (1987). Programs of Early Education. The Constructivist View. New York & London: Longman.

Dewey, J. (1900). The Child and the Curriculum (and) The School and Society (Rev. ed. 1915). Chicago, University of Chicago Press, 159 pp. (Paperback, Phoenix Books, Combined Edition, 1956).

Dewey, J. (1904). The relation of theory to practice in education. In C. A. McMurry (Ed.), The relation of theory to practice in the education of teachers. (Third yearbook of the National Society for the Scientific Study of Education, Part I) Chicago: University of Chicago Press.

Dewey, J. (1916). Democracy and Education. New York: Macmillan.

Dewey, J. (1933). How we think: a restatement of the relation of reflective thinking to the educative process. Chicago: Henry Regnery Co. (Original work published 1904).

Dewey, J. (1934). Criticism and Perception. In Art as Experience (pp. 298-325). New York: Minton, Balch and Co.

Dewey, J. (1935). Liberalism and Social Action. New York, G. P. Putnam's Sons, 99 pp. (Paperback, 1st Print. Perigee Books, 1980).

Dewey, J. (1938). Experience and Education. New York, Macmillan Co. (Paperback, Collier Books, 1975).

Diamond, J. (1987). Soft sciences are often harder than hard sciences. *Discover,* 8, 34-39.

Diamond, C. T. P. (1988). Construing a career: a developmental view of teacher education and the teacher educator. *Journal of Curriculum Studies*, 20(2), 133-140.

Dick, A. (1985). Lehrer sein - Rolle oder Beruf? *Schweizerische Lehrerzeitung*, 85(25), 1/7-8.

Dick, A. (1986). Novice Teachers Coping with Teaching Reality: Praxisschock der Junglehrer Theorieschock der erfahrenen Lehrer? (Forschungseingabe, Schweizerischer Nationalfonds zur Förderung der wissenschaftlichen Forschung, 137 S., Fellowship N° 85 FR 17).

Dick, A. (1990). Researching the Familiar: Student Teachers' long last Look at the Teaching Profession. Scientific Contributions on Education, No. 86, Pädagogisches Institut der Universität Freiburg, Schweiz.

Dick, A. (1992a). Ethnography as Biography: Student Teachers Reflecting on 'Life-Stories' of Experienced Teachers. Paper delivered at the Annual Meeting of the American Educational Research Association (AERA), San Francisco, April (ERIC Clearinghouse on Teacher Education, N° ED 352360).

Dick, A. (1992a). Putting Reflectivity Back into the Teaching Equation. In F. K. Oser, A. Dick, & J.-L. Patry (Eds.), Effective and Responsible Teaching: The New Synthesis (pp. 365-382). San Francisco: Jossey Bass.

Dick, A. (1992b). New Models For Teaching and Learning: Changing the Role of the Teacher. Chairing of Symposium 28.02 at the Annual Meeting of the American Educational Research Association (AERA), Atlanta, GA, April (Audiotaped Symposium N° RA-3-28.02).

Dick, A. (1993a). Ethnography of Biography: Learning to Live Like a Teacher. *Teaching Education,* 5(2), 11-22.

Dick, A. (1993b). Effective Biographies: The Learning on 'Life-Stories' of Responsible Teachers. Paper delivered at the 5th Conference of the European Association for Research on Learning and Instruction (EARLI), Aix-en-Provence, September.

Dick, A. (1994). Expert Teachers Lived Experiences as 'Text and Test' for Student Teachers Learning Processes. Paper delivered at the Annual Meeting of the American Educational Research Association (AERA), New Orleans, April (i. Vorb.).

Dick, A., & Klaghofer, R. (i. Vorb.). Je nach Standpunkt: Praktikumslehrer und Praktikanten schätzen gegenseitig die Praktikazeit ein. *Bildungsforschung und Bildungspraxis.*

Dillon, J. T. (1982). The effect of questions in education and other enterprises. *Journal of Curriculum Studies*, 14, 127-152.
Dillon, J. T. (1983). Teaching and the Art of Questioning. In Phi Delta Kappa, Fastback 194.
Dilthey, W. (1914). Gesammelte Schriften. Leipzig, Vol. 7, S. 79-88, 130-166.
Dippo, D. (1990). Stravinsky's rag. *International Journal of Qualitative Studies in Education*, 3(2), 185-188.
Dörner, D., Kreuzig, H. W., Reither, F., & Stäudel, T. (1983a). Lohhausen. Im Umgang mit Unbestimmtheit und Komplexität. Bern: Huber.
Dörner, D., Reither, F., & Stäudel, T. (1983b). Emotion und problemlösendes Denken. In H. Mandl & G. L. Huber (Hg.), Emotion und Kognition (pp. 61-84). München: Urban & Schwarzenberg.
Donmoyer, R. (1985). The rescue from relativism: Two failed attempts and an alternative strategy. *Educational Researcher*, 14(10), 13-20.
Donmoyer, R. (1990). Subjectivity and Objectivity. In E. W. Eisner, & A. Peshkin (Ed.), Qualitative Inquiry in Education: The Continuing Debate (pp. 175-200). New York: Teachers College Press.
Doyle, W. (1977). Paradigms for Research on Teacher Effectiveness. In L. S. Shulman (Ed.), *Review of Research in Education* (Vol. 5, pp. 163-198). Itasca, Ill.: F. E. Peacock.
Doyle, W. (1983). Academic work. *Review of Educational Research*, 53, 159-199.
Doyle, W. (1986). Classroom Organization and Management. In M. C. Wittrock (Ed.), Handbook of Research on Teaching (3rd ed., pp. 392-431). New York: Macmillan.
Doyle, W. (1987). Paradigms for Research. In M. J. Dunkin (Ed.), The International Encyclopedia of Teaching and Teacher Education (pp.113-119). New York: Pergamon Press.
Doyle, W. (1990). Themes in Teacher Education Research. In W. R. Houston (Ed.), Handbook of Research on Teacher Education (pp. 3-24). New York: Macmillan.
Doyle, W. (1992a). Curriculum and Pedagogy. In P. W. Jackson (Ed.), Handbook of Research on Curriculum (pp. 486-516). New York: MacMillan.
Doyle, W. (1992b). Constructing Curriculum in the Classroom. In F. K. Oser, A. Dick, & J.-L. Patry (Eds.), Effective and Responsible Teaching: The New Synthesis (pp. 66-79). New York: MacMillan.
Doyle, W., & Ponder, G. A. (1977). The Practicality Ethic in Teacher Desicion-Making. *Interchange*, 8, 1-12.
Doyle, W., & Westbury, I. (1992). Die Rückbesinnung auf den Unterrichtsinhalt in der Curriculum- und Bildungsforschung in den USA. *Bildung und Erziehung*, 45(2), 137-157.
Drerup, H., & Terhart, E. (1979). Wissensproduktion und Wissensanwendung im Bereich der Erziehungswissenschaft. *Zeitschrift für Pädagogik*, 25(2), 377-394.
Dreyfus, H. L. (1985). Die Grenzen künstlicher Intelligenz. Was Computer nicht können. Frankfurt a. M.: Königstein/Athenäum.
Dreyfus, H. L. & Dreyfus, S. E. (1986). Künstliche Intelligenz. Von den Grenzen der Denkmaschine und dem Wert der Intuition. Reinbek bei Hamburg: Rowohlt.
Dubs, R. (1981). Reflective Teaching: Eine neue Form des Lehrerverhaltenstrainings. *Zeitschrift für Berufs- und Wirtschaftspädagogik*, 77(10), 723-733.
Dubs, R. (1978). Aspekte des Lehrerverhalten. Schriftenreihe für Wirtschaftpädagogik, Band 11. Aarau u. Frankfurt a/M.: Verlag Sauerländer.
Dubs, R. (1982). Der Führungsstil des Lehrers im Unterricht. Eine Analyse des Forschungsstandes zum Unterrichtsverhalten des Lehrers. Studien und Berichte des IWP, Heft 3.
Duckworth, E. (1986). Teaching as Research. *Harvard Educational Review*, 56(4), 481-495.
Duckworth, E. (1987). 'The Having of Wonderful Ideas' and Other Essays on Teaching and Learning. New York: Teachers College Press.
Duckworth, E. (1991). Twenty-four, Forty-two, and I Love You: Keeping It Complex. *Harvard Educational Review*, 61(1), 1-24.
Duncker, L. (1987). Erfahrung und Methode. Studien zur dialektischen Begründung einer Pädagogik der Schule. Langenau-Ulm: Vaas.
Dunkin, M. J. (Ed.). (1987). The International Encyclopedia of Teaching and Teacher Education. New York: Pergamon Press.
Dunkin, M. J., & Biddle, B. (1974). The study of teaching. New York: Holt, Rinehart & Winston.
Dunkin, M. J., & Barnes, J. (1986). Research on Teaching in Higher Education. In M. C. Wittrock (Ed.), Handbook of Research on Teaching (3rd ed., pp. 754-777). New York: Macmillan.
Dunn, T. V., & Taylor, C. A. (1993). Cooperating Teacher Advice. *Teaching & Teacher Education*, 9(4), 411-423.
Dürichen, G. (1980). Der Beitrag der Kulturanthropologie zur Pädagogischen Anthropologie. In E. König, & H. Ramsenthaler (Hrsg.), Diskussion Pädagogische Anthropologie. (Kritische Information Erziehungswissenschaft: Bd. 3.) München: Wilhelm Fink.
Durkheim, E. (1924). Soziologie und Philosophie. (Originalausgabe: Sociologie et Philosophie, Paris: Félix Alcan). TB-Ausgabe (stw176), 1976. Frankfurt a.M.: Suhrkamp.

Eaton, J. F., Anderson, C. W., & Smith, E. L. (1984). Student preconceptions interfere with learning: Case studies of fifth-grade students. Paper from the Institute for Research on Teaching, Michigan State University.

Eberwein, H., & Köhler, K. (1984). Ethnomethodologische Forschungsmethoden in der Sonder- und Sozialpädagogik. *Zeitschrift für Pädagogik*, 30(3), 363-380.
Eckerle, G.-A. (1987). Die Kompetenzanforderungen an Lehrerinnen bei der Anwendung von empirischen Forschungsergebnissen. In G.-A. Eckerle, & J.-L. Patry (Hrsg.), Theorie und Praxis des Theorie-Praxis-Bezugs in der empirischen Pädagogik (pp. 103-123). Baden-Baden: Nomos.
Eckerle, G.-A., & Kraak, B. (1991). Kausale Landkarten - Ein Weg zur Nutzung wissenschaftlichen Wissens für pädagogisches Handeln. *Unterrichtswissenschaft*, 19(2), 152-166.
Edgar, D. E. (1974). The Competent Teacher. Sydney: Angus & Robertson.
Eigler, G., & Nenniger, P. (1981). Lehrerfortbildungsinteressen. *Unterrichtswissenschaft*, 9(1), 34-42.
Eisenhart, M. A., & Borko, H. (1991). In Search of an Interdisciplinary Collaborative Design for studying Teacher Education. *Teaching & Teacher Education*, 17(1) 51-69.
Eisenhart, M. A., Behm, L., & Romagnano, L. (1991). Learning to Teach: developing expertise or rite of passage? *Journal of Education for Teaching*, 17(2) 137-157.
Eisner, E. W. (1982). Cognition and Curriculum: A Basis for Deciding What to Teach. New York: Longman.
Eisner, E. W. (1983). Anastasia Might Still be Alive but the Monarchy is Dead. *Educational Researcher*, 12(5), 13-24.
Eisner, E. W. (1985a). The Educational Imagination: On the Design and Evaluation of Educational Programs. Second Edition. New York: Macmillan.
Eisner, E. W. (1985b). The Art of Educational Evaluation: A Personal View. London: The Falmer Press.
Eisner, E. W. (1985c). Aesthetic Modes of Knowing. In E. W. Eisner (Ed.), Learning and Teaching the Ways of Knowing (pp. 23-36). Eighty-fourth Yearbook of the National Society for the Study of Education. Part II. Chicago: University of Chicago Press.
Eisner, E. W. (1986a). Ethical Tensions in Qualitative Research. Paper presented at the Annual Meeting of the American Educational Research Association, San Francisco, CA.
Eisner, E. W. (1986b). The Primacy of Experience and The Politics of Method. Lecture delivered Sept. 2, on occasion of receiving the Doctor of Philosophy Degree (Honoris Causa), The University of Oslo, Norway.
Eisner, E. (1989). Slippery Moves and Blind Alleys: My Travels with Absolutism and Relativism in Curriculum Theory. *Curriculum Inquiry*, 19(1), 59-65.
Eisner, E. (1990). The Enlightened Eye. Qualitative Inquiry and the Enhancement of Educational Practice. New York: Macmillan/Merrill.
Eisner, E., & Peshkin, A. (Eds.). (1990). Qualitative Inquiry in Education: The Continuing Debate (pbk.). New York: Teachers College Press.
Eisner, E. W. (1992). What a Professor Learned in the Third Grade. In F. K. Oser, A. Dick, & J.-L. Patry (Eds.), Effective and Responsible Teaching: The New Synthesis (pp. 261-277). San Francisco: Jossey Bass.
Eisner, E. W. (1993). Forms of Understanding and the Future of Educational Research. *Educational Researcher*, 22(7), 5-11.
Elbaz, F. (1981). The Teacher's 'Practical Knowledge' report of a case study. *Curriculum Inquiry*, 11, 43-71.
Elbaz, F. (1983). Teacher Thinking: A Study of Practical Knowledge. New York: Nichols Publish ing Company.
Elbaz, F. (1990). Research on teacher's knowledge: the evolution of a discourse. *Journal of Curriculum Studies*, 23(1), 1-19.
Elbaz, F., Hoz, R., Tomer, Y., Chayot, R., Mahler, S., & Yeheskel, N. (1986). The use of concept mapping in the study of teachers' knowledge structures. In M. Ben-Peretz, R. Bromme & R. Halkes (Eds.), Advances of Research on Teacher Thinking (pp. 45-54). Lisse: Swets & Zeitlinger B.V.
Elliott, J. (1987). Teachers as Researchers. In M. J. Dunkin (Ed.), The International Encyclopedia of Teaching and Teacher Education (pp. 162-165). New York: Pergamon Press.
Elliott, J. (1990). Teachers as Researchers: Implications for supervision and for Teacher Education. *Teaching & Teacher Education*, 6(1), 1-26.
Elliott, J. (1991). Action Research for Educational Change. Milton Keynes: Open University Press.
Elliott, J. (1993). What Have We Learned from Action Research in School-based Evaluation? *Educational Action Research*, 1(1), 175-186.
Elsässer, T., Oser, F., Patry, J.-L., & Wagner, B. (1993). Basic models of teaching. Paper delivered at the Annual Meeting of the American Educational Research Association, April, 12-16, Atlanta/GA.
Elstein, A. S., Shulman, L. S., & Sprafka, S. A. (1978). Medical problem solving: An analysis of clinical reasoning. Cambridge, MA: Harvard University Press.
Emmer, E. T. (1986). Academic activities and tasks in first-year teachers' classes. *Teaching & Teacher Education*, 2(3), 229-244.
Emmer, E. T., Evertson, C. M., Sanford, J. P., Clements, B. S., & Worsham, M. E. (1989). Classroom management for secondary teachers (2nd ed.). Englewood Cliffs, NJ: Prentice-Hall.
English, F. W. (1988). The Utility of the Camera in Qualitative Inquiry. *Educational Researcher*, 17(4), 8-15.
Entwicklungsplan für Bildungsforschung (1985). Herausgegeben von der Schweizerischen Gesellschaft für Bildungsforschung, SGBF, Aarau/AG.
Erickson, F. (1975). What makes school ethnography 'ethnographic'? *Council of Anthropology and Education Quarterly*, 4(2), 10-19.

Erickson, F. (1977). Some approaches to inquiry in school/community ethnography. *Anthropology and Education Quarterly*, 8, 58-69.
Erickson, F. (1982). Classroom discourse as improvisation: Relationships between academic task structure and social participation structure in lessons. In L. C. Wilkinson (Ed.), Communicating in the classroom. New York: Academic Press.
Erickson, F. (1986). Qualitative Methods in Research on Teaching. In M. C. Wittrock (Ed.), Handbook of Research on Teaching (3rd ed., pp. 119-161). New York: Macmillan.
Erickson, F., Schultz, J. (1981). When is a context? Some issues and methods in the analysis of social competence. In J. Green, & C. Wallat (Eds.), Ethnography and language in educational settings. Norwood, NJ: Ablex.
Erickson, F., & Mohatt, G. (1982). The cultural organization of participation structures in two classrooms of Indian students. In G. Spindler (Ed.), Doing the ethnography of schooling (pp. 132-175). New York: Holt, Rinehart & Winston.
Erickson, F., & Wilson, J. (1982). Sights and sounds of life in schools: A resource guide to film and videotape for research and education. (Research Series No. 125). East Lansing: Michigan State University, Institute for Research on Teaching.
Erickson, G. L. (1988). Explorations in the Field of Reflection: Directions for Future Research Agendas. In P. P. Grimmett & G. L. Erickson (Eds.), Reflection in Teacher Education (pp. 195-205). Vancouver: Pacific Educational Press.
Ericsson, K. A., & Simon, H. A. (1984). Protocol Analysis. Verbal Reports as Data. (Paperback edition, 1985). Cambridge: MIT Press.
Etheridge, C. P. (1989). Acquiring the teaching culture: how beginners embrace practices different from university teachings. *International Journal of Qualitative Studies in Education*, 2(4), 299-313.
Eugster W. (1984). Eignung und Motivation für den Lehrerberuf (Eine empirische Untersuchung über Persönlichkeitsmerkmale von Lehramtskandidaten). Wattwil: Buchdruckerei AG.
Evans, H. L. (1986). How Do Early Field Experiences Influence the Student Teacher? *Journal of Education for Teaching*, 12(1), 35-46.
Evertson, C. M. (1987). Managing Classrooms: A Framework for Teachers. In D. C. Berliner & B. V. Rosenshine (Eds.), Talks to Teachers (pp. 54-74). New York: Random House.
Evertson, C. M., & Emmer, E. (1982). Effective management at the beginning of the school year in junior high classes. *Journal of Educational Psychology*, 74, 485-498.
Evertson, C. M., & Green, J. L. (1986). Observation as Inquiry and Method. In M. C. Wittrock (Ed.), Handbook of Research on Teaching (3rd ed., pp. 162-213). New York: Macmillan.
Evertson, C. M. (1989). Classroom Organization and Management. In M. C. Reynolds (Ed.), Knowledge Base for the Beginning Teacher (pp. 59-70). Oxford: Pergamon Press.

Farber, B. A. (1984). Teacher Burnout: Assumptions, Myths, and Issues. (dt. übersetzt, in E. Terhart, Hg., Unterrichten als Beruf, 1991, S. 217-230). *Teachers College Record*, 86, 321-338.
Farber, B. A. (1991). Crisis in Education. Stress and Burnout in the American Teacher. San Francisco: Jossey Bass.
Fatke, R. (1977). Schulumwelt und Schülerverhalten. München, Zürich: Piper Verlag.
Fauser, P., & Schweitzer F. (1979). Methodenprobleme der Erziehungswissenschaft. *Zeitschrift für Pädagogik*, 25(2), 609-632.
Feierabend, P. (1975). Against Method. (Verso Ed. 1986). Norfolk: Thetford Press. (Deutsch: Wider den Methodenzwang, Frankfurt, 1976).
Feiman-Nemser, S. (1983). Learning to teach. In L. S. Shulman & G. Sykes (Eds.), Handbook of teaching and policy (pp. 150-170). New York: Longman.
Feiman-Nemser, S. (1990). Teacher Preparation: Structural and Conceptual Alternatives. In W. R. Houston (Ed.), Handbook of Research on Teacher Education (pp. 212-233). New York: Macmillan.
Feiman-Nemser, S., & Buchmann, M. (1985). Pitfalls of Experience in Teacher Preparation. *Teachers College Record*, 87(1), 53-65.
Feiman-Nemser, S., & Buchmann, M. (1986). When is student teaching teacher education? (Research Series No. 178). East Lansing, Michigan: Institute for Research on Teaching, Michigan State University.
Feiman-Nemser, S., & Floden, R. E. (1986). The Cultures of Teaching. In M. C. Wittrock (Ed.), Handbook of Research on Teaching (3rd ed., pp. 505-526). (dt. übersetzt, in E. Terhart, Hg., Unterrichten als Beruf, 1991, S. 41-84). New York: Macmillan.
Fenstermacher, G. D. (1979). A philosophical consideration of recent research in teacher effectiveness. In L. S. Shulman (Ed.), *Review of Research in Education* (Vol. 6, pp. 157-185). Itasca, Ill.: Peacock.
Fenstermacher, G. D. (1986). Philosophy of Research on Teaching: Three Aspects. In M. C. Wittrock (Ed.), Handbook of Research on Teaching (3rd ed., pp. 37-49). New York: Macmillan.
Fenstermacher, G. (1988). The Place of Science and Epistemology in Schön's Conception of Reflective Practice. In P. P. Grimmett & G. L. Erickson (Eds.), Reflection in Teacher Education (pp. 39-46). Vancouver: Pacific Educational Press.

Fenstermacher, G. (1988). The Practical Argument. Paper presented at the Annual Meeting of the American Educational Research Association (AERA), Chicago, April.

Fenstermacher, G. D. (1992). The concepts of method and manner in pedagogy. In F. K. Oser, A. Dick, & J.-L. Patry (Eds.), Effective and Responsible Teaching: The New Synthesis (pp. 95-108). San Francisco: Jossey Bass.

Fenstermacher, G. D., Richardson V. (1991). The Elicitation and Reconstruction of Practical Arguments in Teaching. Paper presented at the Annual Meeting of the American Educational Research Association (AERA), Chicago, April.

Fetterman, D. M. (Ed.). (1984). Ethnography in Educational Evaluation. (2nd printing 1987). London: Sage Publications.

Fetterman, D. M. (1988a). Qualitative Approaches to Evaluation in Education. Praeger.

Fetterman, D. M. (1988b). Qualitative Approaches to Evaluating Education. *Educational Researcher,* 17(8), 17-23.

Fetterman, D. M. (1988c). Ethnography: Step by Step. Berkeley: Sage Publications.

Fielding, N. G., & Fielding, J. L. (1986). Linking Data. Sage University Paper Series on Qualitative Research Methods, Volume 4. Newbury Park, CA: Sage.

Filipp, S.-H. (Hg.). (1981). Kritische Lebensereignisse. München, Wien, Baltimore: Urban & Schwarzenberg.

Filipp, S.-H. (1988). Das Selbst als Gegenstand psychologischer Forschung. *Bildung und Erziehung*, 41(3), 281-292.

Firestone, W. A. (1987). Meaning in Method: The Rhetoric of Quantitative and Qualitative Research. *Educational Researcher,* 16(7), 16-21.

Fisher, C., Filby, N., Marliave, R., Cahen, L., Dishaw, M., Moore, J., & Berliner, D. (1978). Teaching behaviors, academic learning time, and student achievement. (Phase III-b, final report) Beginning Teacher Evaluation Study. San Francisco: Far West Laboratory.

Flammer, A. (1990). Erfahrung der eigenen Wirksamkeit. Einführung in die Psychologie der Kontrollmeinung. Bern: Verlag Hans Huber.

Flavell, J. H., & Ross, L. (Ed.). (1981). Social Cognitive Development (Frontiers and possible Futures). New York/Melbourne: Cambridge University Press.

Flick, U., v. Kardorff, E., Keupp, H., v. Rosenstiel, L., & Wolff, S. (1991). Handbuch Qualitative Sozialforschung. Grundlagen, Konzepte, Methoden und Anwendungen. München: Psychologie Verlags Union.

Flitner, A., & Scheuerl, H. (Hrsg.). (1984). Einführung in pädagogisches Sehen und Denken. (10. Aufl.). München: Piper.

Floden, R. E. (1985). The role of rhetoric in changing teachers' beliefs. *Teaching & Teacher Education*, 1(1), 19-32.

Floden, R. E., & Clark, C. M. (1988). Preparing Teachers for Uncertainty. (dt. übersetzt, in E. Terhart, Hg., Unterrichten als Beruf, 1991, S. 191-210). *Teachers College Record*, 89(4), 505-524.

Floden, R. E., & Klinzing, H. G. (1990). What Can Research on Teacher Thinking Contribute to Teacher Preparation? A Second Opinion. *Educational Researcher*, 19(4), 15-20.

Florio-Ruane, S. (1987). Sociolinguistics for Educational Researchers. *American Educational Research Journal*, 24(2), 185-197.

Florio-Ruane, S. (1989). Social Organization of Classes and Schools. In M. C. Reynolds (Ed.), Knowledge Base for the Beginning Teacher (pp. 163-172). Oxford: Pergamon Press.

Fölsch, G. (1988). Verblasst die Lehrerpersönlichkeit? *Die Deutsche Schule*, 80(3), 291-298.

Fowler, F. J. (1984). Designing Questions to be good measures. In F. J. Fowler, Survey Research Methods (pp. 74-97). Beverly Hills: Sage.

Freedman, S., Jackson, J. & Boldes, K. (1983). Teaching: an imperilled 'profession'. In L. S. Shulman & G. Sykes (Eds.), Handbook of Teaching and Policy (pp. 261-299). New York: Longman.

Freiberg, J. H., Vaughan, J. C., & Weil, M. (1989). Images of teaching in teacher education. Reston, VA: Association of Teacher Educators.

Freyer, M. (1983). Zur pädagogisch-anthropologischen Diskussion völkerkundlicher Forschungen. *Zeitschrift für Pädagogik*, 30(2), 297-308.

Friedrich, G., & Krainz, E. (1979). Lehrereinstellungen, Lehrerverhalten, Schulangst. Wien: Jugend und Volk.

Füglister, P., Born, R., Flückiger, V., & Kuster, H. (1985). Alltagstheorien von Berufsschullehrern über ihr unterrichtliches Handeln. Bern: Wiss. Schlussbericht, NF-Programm 'Bildung und das Wirken in Gesellschaft und Beruf'.

Füglister, P. (1987). Abholen und Begleiten - Ein Versuch, zwei didaktische Metaphern auf den Begriff zu bringen. *Beiträge zur Lehrerbildung*, Heft 3.

Fukui, F. (1985). The student teacher - cooperating teacher dyad: an inside look. Unpublished doctoral dissertation, Stanford University.

Fuller, F. F. (1969). Concerns of teachers: A developmental characterization. *American Psychologist*, 39, 93-104.

Fuller, F., & Bown, O. (1975). Becoming a teacher. In K. Ryan (Ed.), Teacher Education (pp. 25-52). The seventy-fourth NSSE yearbook, Part II. Chicago: University of Chicago Press.

Gage, N. L. (Ed.). (1963). Handbook of Research on Teaching. Chicago: Rand McNally. (Deutsch: Ingenkamp, K. [Hg. in Zusammenarbeit mit E. Parey]. Handbuch der Unterrichtsforschung. Weinheim: Beltz, 1970).
Gage, N. L. (1978). The scientific basis of the art of teaching. New York: Teachers College Press, Columbia University. (Deutsch: Gage, N. L., Unterrichten - Kunst oder Wissenschaft? München: Urban & Schwarzenberg, 1979).
Gage, N. L. (1981). Wie allgemein ist die Lehr-Lern-Forschung? *Unterrichtswissenschaft*, 9(1), 82-102.
Gage, N. L. (1985a).The Scope and Purpose of *Teaching and Teacher Education:* An International Journal of Research and Studies. *Teaching & Teacher Education*, 1(1), 1-3.
Gage, N. L. (1985b). Hard gains in the soft sciences: The case of pedagogy. Bloomington, IN: Phi Delta Kappan.
Gage, N. L. (1989). The Paradigm Wars and Their Aftermath: A 'Historical' Sketch of Research on Teaching since 1989. *Educational Researcher*, 18(7), 4-10.
Gagné, R. M. (1972). Domains of Learning. *Interchange*, Vol. 3, No. 1, 1-8.
Galambos, J. A., Abelson, R. P., & Black, J. B. (Eds.). (1986). Knowledge structures. Hillsdale, NJ: Lawrence Erlbaum Associates, Publishers.
Gallimore, R. & Goldenberg, C. N. (1992). Mapping teachers' zones of proximal development: A Vygotskian perspective on teaching and teacher training. In F. K. Oser, A. Dick, & J.-L. Patry (Eds.), Effective and Responsible Teaching: The New Synthesis. San Francisco: Jossey Bass.
Gallin, P. & Ruf, U. (1990). Sprache und Mathematik in der Schule. Auf eigenen Wegen zur Fachkompetenz. Zürich: Verlag Lehrerinnen und Lehrer Schweiz
Ganser, T. M. (1989). Managing the researcher/subject relationship in a qualitative study of five beginning high school teachers. Paper presented at the Annual Meeting of the American Educational Research Association (AERA), San Francisco, March.
Gardner, H. (1985). Frames of Mind. The Theory of Multiple Intelligences. New York: Basic Books (dt. Abschied vom IQ: die Rahmentheorie der vielfachen Intelligenzen, Stuttgart: Klett-Cotta, 1991).
Gardner, H. (1993). Multiple Intelligences. The Theory in Practice. New York: Basic Books.
Garfinkel, H. (1967). Studies in Ethnomethodology. Englewood Cliffs, N.: Prentice-Hall.
Garner, R. (1990). When Children and Adults Do Not Use Learning Strategies: Toward a Theory of Settings. *Review of Educational Research*, 60(4), 517-529.
Garz, D. & Kraimer, K. (Hrsg.). (1983). Brauchen wir andere Forschungsmethoden? Beiträge zur Diskussion interpretativer Verfahren. Frankfurt a.M.: Scriptor.
Garz, D. & Kraimer, K. (Hrsg.). (1991). Qualitativ-empirische Sozialforschung im Aufbruch. In D. Garz, & K. Kraimer (Hrsg.), Qualitativ-empirische Sozialforschung (pp. 1-33). Opladen: Westdeutscher Verlag.
Gather Thurler, M. (1993). Amener les enseignants vers une construction active du changement. *Education & Recherche*, 15(2), 218-235.
Geertz, C. (1973). The Interpretation of Cultures. New York, Basic Books. (Dt. Ausg.: Dichte Beschreibung, 1987, stw 696. Frankfurt a/M.: Suhrkamp).
Geertz, C. (1975). Common sense as a cultural system. *The Antioch Review*, 33(1), 5-26.
Geertz, C. (1983). Local Knowledge: Further Essays in Interpretive Anthropology. New York: Basic Books.
Geertz, C. (1988). Works and Lives: The Anthropologist as Author. Stanford, CA: Stanford University Press (Dt. Ausg.: Die künstlichen Wilden, Hanser Vg., 1990).
Georges, R. A., & Jones, M. O. (1980). People Studying People: The Human Element in Fieldwork. Berkeley: The University of California Press.
Gerner, B. (1982). Schulalltag verändern. (Schulklima und Schülererwartungen - Praxishilfen). Bad Heilbrunn: Klinkhardt.
Gerris, J. R. M., Peters, V. A. M., & Bergen, T. C. M. (1984). Teachers and their educational situations they are concerned about: preliminary research findings. In R. Halkes & J. K. Olson (Eds.), Teacher Thinking: a new perspective on persisting problems in education (pp. 186-195). Lisse: Swets & Zeitlinger B.V.
Getzels, J. W., & Jackson, P. (1963). The teacher's personality and characteristics. In N. L. Gage (Ed.), Handbook of research on teaching (pp. 832-856). Chicago, IL: Rand McNally et Co.
Geulen, D. (1982). Die historische Entwicklung sozialisationstheoretischer Paradigmen. In K. Hurrelmann, & D. Ulich (Hrsg.). Handbuch der Sozialisationsforschung (2. Aufl., S. 15-50). Weinheim: Beltz Verlag.
Giesecke, H. (1985). Das Ende der Erziehung. Neue Chancen für Familie und Schule. Stuttgart: Klett/Cotta.
Giesecke, H. (1987). Pädagogik als Beruf. Grundformen pädagogischen Handelns. Weinheim und München: Juventa.
Gilliss, G. (1988). Schön's Reflective Practitioner: A Model for Teachers? In P. P. Grimmett & G. L. Erickson, Reflection in Teacher Education (pp. 47-53). Vancouver: Pacific Educational Press.
Ginsburg, M. B., & Clift, R. T. (1990). The Hidden Curriculum of Preservice Teacher Education. In W. R. Houston (Ed.), Handbook of Research on Teacher Education (pp. 450-465). New York: Macmillan.
Giroux, H. A. (1988). Teachers as Intellectuals: Toward a Critical Pedagogy of Learning. New York: Bergin & Garvey.
Girtler, R. (1988). Methoden der qualitativen Sozialforschung. Anleitung zur Feldarbeit. (2., unveränd. Aufl.), Wien: Böhlau Verlag.

Gitlin, A. (1983). School Structure and Teachers' Work. In M. W. Apple & L. Weis (Eds.), Ideology and Practice in Schooling. Philadelphia: Temple University Press.
Gitlin, A., & Teitlebaum, K. (1983). Linking theory and practice: the use of ethnographic methodology by prospective teachers. *Journal of Education for Teaching*, 9(3), 225-234.
Gitlin, A., Rose, E., Walther, C., & Magleby, L. (1985). Why supervisors behave as they do: relationship of beliefs, socialization and practice. *Journal of Education for Teaching*, 11(1), 50-62.
Glaser, B., & Strauss, A. L. (1967). The discovery of grounded theory: Strategies for qualitative research. Chicago: Aldine.
Glaser, B. G. & Strauss, A. L. (1979). Die Entdeckung gegenstandsbezogener Theorie: Eine Grundstrategie qualitativer Sozialforschung. In C. Hopf, & E. Weingarten (Hrsg.), Qualitative Sozialforschung (pp. 91-111). Stuttgart: Klett-Cotta.
Goetz, J. P., & LeCompte, M. D. (1984). Ethnography and Qualitative Design in Educational Research. New York: Academic Press.
Gomez, M. L. (1990). Reflections on research for Teaching: collaborative inquiry with a novice teacher. *Journal of Education for Teaching*, 16(1), 45-56.
Götz, W. (1979). Einstellungs- und Verhaltensänderung durch Unterricht. Eine Untersuchung über den Einfluss alternativer Unterrichtsprogramme auf das pädagogische Verhalten von Erziehern. Weinheim, Basel: Beltz.
Good, T. (1983). Research on Classroom Teaching. In L. S. Shulman & G. Sykes (Eds.), Handbook of teaching and policy (pp. 42-80). New York: Longman.
Good, T. L. (1987). Teacher Expectations. In D. C. Berliner & B. V. Rosenshine (Eds.), Talks to Teachers (pp. 159-200). New York: Random House.
Good, T. L., & Brophy, J. E. (1986). School Effects. In M. C. Wittrock (Ed.), Handbook of Research on Teaching (3rd ed., pp. 570-602). New York: Macmillan.
Good, T. L., & Brophy, J. E. (1987). Looking in Classrooms. (4rd Ed.). New York: Harper and Row.
Goodlad, J. I. (1984). A Place Called School: Prospects for the Future. (1st PB-edition) San Francisco: McGraw-Hill Book.
Goodlad, J. I., Soder, R., & Sirotnik, K. A. (1990). (Eds.). The Moral Dimensions of Teaching. San Francisco: Jossey Bass.
Goodman, J. (1985a). Field-based experience: a study of social control and student teachers' response to institutional constraints. *Journal of Education for Teaching*, 11(1), 26-49.
Goodman, J. (1985b). What students learn from early field experiences: A case study and critical analysis. *Journal of Teacher Education*, 36(2), 42-48.
Goodman, J. (1986). Making Early Field Experience Meaningful: a critical approach. *Journal of Education for Teaching*, 12(1), 109-125.
Goodman, J. (1987). Factors in Becoming a Proactive Elementary School Teacher: a preliminary study of selected novices. *Journal of Education for Teaching*, 13(3), 207-229.
Goodman, J. (1988). Constructing a philosophy of teaching: a study of preservice teachers' professional perspectives. *Teaching & Teacher Education*, 4(2), 121-137.
Goodman, N. (1978). Ways of Worldmaking. (Fourth Print., 1985). Indianapolis: Hackett Publ. (Deutsch: Weisen der Welterzeugung, 1990, stw 863).
Goodman, N. (1982). The Fabrication of Facts. In M. Krausz, & J. W. Meiland (Eds.), Relativism: Cognitive and Moral (pp. 18-29). London: University of Notre Dame Press.
Gordon, E. W., Miller, F., & Rollock, D. (1990). Coping with Communicentric Bias in Knowledge Production in the Social Sciences. *Educational Researcher*, 19(3), 14-19.
Gore, J. M. (1987). Reflecting on Reflective Teaching. *Journal of Teacher Education*, 38(2), 33-39.
Gore, J. M., & Zeichner, K. (1991). Action Research and Reflective Teaching in Preservice Teacher Education: A Case study from the United States. *Teaching & Teacher Education*, 7(2), 119-136.
Goldenberg, C. N. & Gallimore, R. (1992). Local Knowledge, Research Knowledge, and Educational Achievement: A Case Study of Early Spanish Reading Improvement. *Educational Researcher*, 20(8), 2-14.
Grant, G. (1992). Using Cases to Develop Teacher Knowledge. A Cautionary Tale. In J. H. Shulman (Ed.), Case methods in teacher education (pp. 211-226). New York: Teachers College Press.
Greber, U., Maybaum, J. Priebe, B., & Wenzel, H. (Hrsg.). (1991). Auf dem Weg zur 'Guten Schule': Schulinterne Lehrerfortbildung. Weinheim/Basel: Beltz Verlag.
Green, J., & Wallat, C. (Eds.). (1981). Ethnography and language in educational settings. Norwood, NJ: Ablex.
Green, K. E., & Kvidahl, R. F. (1989). Teachers as researchers: training, attitudes, and performance. Paper delivered at the Annual Meeting of the American Educational Research Association (AERA), San Francisco, March.
Green, T. F. (1983). Excellence, Equity, and Equality. In L. S. Shulman & G. Sykes (Eds.), Handbook of teaching and policy (pp. 318-341). New York: Longman.
Greene, M. (1986a). Philosophy and Teaching. In M. C. Wittrock (Ed.), Handbook of Research on Teaching (3rd ed., pp. 479-501). New York: Macmillan.
Greene, M. (1986b). In Search of a Critical Pedagogy. *Harvard Educational Review*, 56(4), 427-441.
Greene, M. (1989). Social and Political Contexts. In M. C. Reynolds (Ed.), Knowledge Base for the Beginning Teacher (pp. 143-154). Oxford: Pergamon Press.

Greene, M. (1989). The Teacher in John Dewey's Works. In P. W. Jackson, & S. Haroutunian-Gordon (Eds.), From Socrates to Software: The Teacher as Text and the Text as Teacher (pp. 24-35). Eighty-eighth Yearbook of the National Society for the Study of Education. Part I. Chicago: University of Chicago Press.

Greenfield, P. (1984). A theory of the Teacher in the Learning Activities of Everyday Life. In B. Rogoff & J. Lave (Eds.), Everyday Cognition. Its Development in Social Context (pp. 117-138). Cambridge/MA: Harvard University Press.

Greuel, M., Heinze, T., & Lutz, U. (1988). Rekonstruktion einer Interaktionsszene eines Beratungsgesprächs. *Gruppendynamik*, 19(4), 389-395.

Greverus, I.-M. (1978). Kultur und Alltagswelt. (1. Aufl.), München: Beck'sche Schwarze Reihe, Bd. 182.

Griffin, G. A. (1986). Clinical Teacher Education. In J. V. Hoffman & S. A. Edwards (Eds.), Reality and Reform in Clinical Teacher Education (pp. 1-23). New York: Random House.

Griffin, G. A. (1989). Coda: The Knowledge-Driven School. In M. C. Reynolds (Ed.), Knowledge Base for the Beginning Teacher (pp. 277-286). Oxford: Pergamon Press.

Griffiths, G. (1985). Doubts, Dilemmas and Diary-Keeping: Some Reflections on Teacher-Based Research. In R. G. Burgess (Ed.), Issues in Educational Research: Qualitative Methods (pp. 197-215). Basingstoke: The Falmer Press/Taylor & Francis (Printers) Ltd.

Griffiths, M., & Tann, S. (1992). Using Reflective Practice to Link Personal and Public Theories. *Journal of Education for Teaching*, 18(1), 69-84.

Grimmett, P. P. (1988). The Nature of Reflection and Schön's Conception in Perspective. In P. P. Grimmett & G. L. Erickson (Eds.), Reflection in Teacher Education (pp. 5-15). Vancouver: Pacific Educational Press.

Grimmett, P. P. (1991). Teacher Planning, Collegiality, and the Education of Teachers: A Developmental Integration of Research-Validated Knowledge with Practice. In L. Katz (Ed.), Advances in Teacher Education, Vol. 3 (pp. 50-81). Norwood, NJ: Ablex.

Grimmett, P. P., & Erickson, G. (1988). (Eds.).Reflection in Teacher Education. Vancouver: Pacific Educational Press.

Grimmett, P. P., MacKinnon, A. M., Erickson, G. L., & Riecken, T. J. (1990). Reflective Practice in Teacher Education. In R. T. Clift, W. R. Houston, & M. C. Pugach (Eds.), Encouraging Reflective Practice in Education (pp. 20-38). New York: Teachers College Press.

Grimmett, P. P., & MacKinnon, A. M. (1992). Craft Knowledge and the Education of Teachers. In G. Grant (Ed.), *Review of Research in Education* (Vol. 18, pp. 385-456). American Educational Research Association. Washington, D.C., AERA.

Groeben, N. (1981). Handlungsperspektive als Theorierahmen für pädagogische Forschung. In M. Hofer (Hg.), Informationsverarbeitung und Entscheidungsverhalten von Lehrern (pp. 17-48). München: Urban & Schwarzenberg.

Grossman, P. L. (1989). A Study in Contrast: Sources of Pedagogical Content Knowledge for Secondary English. *Journal of Teacher Education*, 40(5), 24-32.

Grossman, P. L. (1990). The Making of a Teacher. Teacher Knowledge and Teacher Education. New York: Teachers College Press.

Grossman, P. L. (1992). Teaching and Learning with Cases/ Unanswered Questions. In J. H. Shulman (Ed.), Case methods in teacher education (pp. 227-239). New York: Teachers College Press.

Grossman, P. L., & Richert, A. E. (1988). Unacknowledged knowledge growth: a re-examination of the effects of teacher education. *Teaching & Teacher Education*, 4(1), 53-62.

Grossman, P. L., Wilson, S. M., & Shulman, L. S. (1989). Teachers of Substance: Subject Matter Knowledge for Teaching. In M. C. Reynolds (Ed.), Knowledge Base for the Beginning Teacher (pp. 23-36). Oxford: Pergamon Press.

Grove, R. W. (1988). An analysis of the constant comparitive method. *Qualitative Studies in Education,* 1(3), 273-279.

Grumet, M. R. (1987). The Politics of Personal Knowledge. *Curriculum Inquiry*, 17(3), 319-329.

Guba, E. G. (1990). Subjectivity and Objectivity. In E. W. Eisner, & A. Peshkin (Ed.), Qualitative Inquiry in Education: The Continuing Debate (pp. 74-91). New York: Teachers College Press.

Guba, E. G., & Lincoln, Y. S. (1987). Naturalistic Inquiry. In M. J. Dunkin (Ed.), The International Encyclopedia of Teaching and Teacher Education (pp.147-151). New York: Pergamon Press.

Guba, E. G., & Lincoln, Y. S. (1991). Effective Evaluation (First print 1981). San Francisco: Jossey Bass.

Gudjons, H. (1977). Fallbesprechungen in Lehrergruppen. *Westermann's Pädagogische Beiträge*, 29(9), 373-379.

Gudmundsdóttir, S. (1988). Knowledge use among experienced teachers: Four case studies of high school teaching. Unpublished doctoral dissertation, Stanford University.

Gudmundsdóttir, S. (1990). Curriculum Stories: Four Case Studies of Social Studies Teaching. In C. Day, M. Pope, & P. Denicolo, Insights into Teachers' Thinking and Practice (pp. 107-118). London: The Falmer Press.

Gudmundsdóttir, S. (1991). Story-maker, story-teller: narrative structures in curriculum. *Journal of Curriculum Studies*, 23(3), 207-218.

Gudmundsdóttir, S., & Shulman, L. (1987). Pedagogical Content Knowledge in Social Studies. *Scandinavian Journal of Educational Research*, 31(2), 59-70.
Gudmundsdóttir, S., & Grankvist, R. (1992). Deutsche Didaktik aus der Sicht neuerer empirischer Unterrichts- und Curriculumforschung in den USA. *Bildung und Erziehung*, 45(2), 175-188.
Guillaume, A. M., & Rudney, G. L. (1993). Student Teachers' Growth Toward Independence. *Teaching & Teacher Education*, 9(1), 65-80.
Gundem, B.B.(1992). Notes on the Development of Nordic didactics. *Journal of Curriculum Studies*, 24(1), 61 - 70
Günther, K. H. (1986). An Fällen lernen - Überlegungen zur Kasuistik in der Lehreraus- und -fortbildung. *Bildung und Erziehung*, 39(3), 279-293.
Guyton, E., & McIntyre, D. J. (1990). Student Teaching and School Experiences. In W. R. Houston (Ed.), Handbook of Research on Teacher Education (pp. 514-534). New York: Macmillan.

Haberman, M., & Backus, J. M. (Eds.). (1987). Advances in Teacher Education, Vol. 3. Norwood, NJ: Ablex.
Habermas, J. (1976). Zur Rekonstruktion des Historischen Materialismus. Frankfurt/M.: Suhrkamp.
Habermas, J. (1981). Theorie des Kommunikativen Handelns, Band I, Handlungsrationalität und gesellschaftliche Rationalisierung. (Engl.: The Theory of Communicative Action, Vol. 1. Boston: Beacon Press, 1984).
Haft, H., & Kordes, H. (Hrsg.). (1984). Methoden der Erziehungs- und Bildungsforschung. (Enzyklopädie Erziehungswissenschaft; Bd. 2: Handbuch u. Lexikon d. Erziehung in 11 Bd./ hrsg. von D. Lenzen. Mitarb. A. Schründer). Stuttgart: Klett-Cotta.
Hage, K., Bischoff, H., Dichanz, H., Eubel, K.-D., Oelschläger, H.-J., & Schwittmann, D. (1985). Das Methodenrepertoire von Lehrern. Eine Untersuchung zum Unterrichtsalltag in der Sekundarstufe I. Opladen: Leske & Budrich.
Halkes, R. (1988). Perspectives on teacher thinking: a comment on Clandinin and Connelly's study of the 'personal' in studies of the personal. *Journal of Curriculum Studies*, 20(2), 155-158.
Halkes, R. & Olson, J. K. (Eds.). (1984). Teacher Thinking: a new perspective on persisting problems in education. Proceedings of the first symposium of the International Study Association on Teacher Thinking, Tilburg, October 1983. Lisse: Swets & Zeitlinger B.V.
Halsig, N. (1988). Erfassungsmöglichkeiten von Bewältigungsversuchen: Interview/Exploration und Fragebogenverfahren. In L. Brüderl (Hg.), Theorien und Methoden der Bewältigungsforschung (pp. 162-191). Weinheim; München: Juventa-Verlag.
Hamilton, S. F. (1983). The social side of schooling: Ecological studies of classrooms and schools. *Elementary School Journal*, 83(4), 313-334.
Hammersley, M. (Ed.), (1986). Case Studies in Classroom Research. Milton Keynes: Open University Press.
Hammersley, M. (1990a). Herbert Blumer and qualitative method. *International Journal of Qualitative Studies in Education*, 3(1), 31-36.
Hammersley, M. (1990b). Classroom Ethnography. Empricial and Methodological Essays. Milton Keynes: Open University Press.
Hammersley, M. (1993). On the Teacher as Researcher. *Educational Action Research,* 1(3), 425-445.
Hammersley, M., & Atkinson, M. (Eds.).(1983). Ethnography: Principles in Practice. New York: Tavistock Publications.
Handal, G., & Lauvås P. (1987). Promoting Reflective Teaching: Supervision in Action. Milton Keynes: The Society for Research into Higher Education & Open University Press.
Hänsel, D. (1985). Der Mythos vom konservativen Wandel der Lehrer. *Zeitschrift für Pädagogik*, 31(5), 631-645.
Hargreaves, A. (1988). Teaching Quality: a sociological analysis. *Journal of Curriculum Studies*, 20(3), 211-231.
Hargreaves, A. (1992). Cultures of Teaching: A Focus for Change. In A. Hargreaves & M. G. Fullan. (Eds.), Understanding Teacher Development (pp. 216-240). New York: Teachers College Press.
Hargreaves, A., & Dawe, R. (1990). Paths of professional development: Contrived collegiality, collaborative culture, and the case of peer coaching. *Teaching & Teacher Education*, 6(3), 227-241.
Hargreaves, A., & Fullan, M. G. (1992). (Eds.). Understanding Teacher Development. New York: Cassell/Teachers College Press.
Haroutunian, B. (1987). Interactive teacher preparation. *Curriculum and Teaching,* 2(1),87-92.
Harrington, H. L., & Garrison, J. W. (1992). Cases as Shared Inquiry: A Dialogical Model of Teacher Preparation. *American Educational Research Journal,* 29(4), 715-735.
Harvey, O. J. (1986). Belief systems and attitudes toward the death penalty and other punishments. *Journal on Personality,* 54, 143-159
Hatton, E., J. (1985). Team teaching and teacher orientation to work: implications for the preservice and inservice preparation of teachers. *Journal of Education for Teaching*, 11(1), 26-49.
Hatton, E. (1989). Lévi-Strauss's Bricolage and Theorizing Teachers' Work. *Anthropology & Education Quarterly*, 20(2), 74-96.

Hayes, L. F., & Ross, D. D. (1989). Trust versus control: the impact of school leadership on teacher reflection. *International Journal of Qualitative Studies in Education*, 2(4), 335-350.
Heath, S. B. (1982). Questioning at home and at school: A comparative study. In G. Spindler (Ed.), Doing the ethnography of schooling (pp. 102-131). New York: Holt, Rinehart & Winston.
Heid, H. (1988). Über Informationsgehalt und Stichhaltigkeit von Argumenten, mit denen die Aktualität von Weiterbildung begründet wird. *Bildung und Erziehung*, 41(4), 459-476.
Heinze, T., Loser, F. W., & Thiemann, F. (1981). Praxisforschung: wie Alltagshandeln und Reflexion zusammengebracht werden können. München: Urban & Schwarzenberg.
Henle P. (Hg.). (1975). Sprache, Denken, Kultur. Frankfurt a/M.: Suhrkamp (stw 120).
Herndon, J. (1985). Notes from a Schoolteacher. New York: Simon and Schuster Inc.
Hierdeis, H., & Hug, T. (1992). Pädagogische Alltagstheorien und erziehungswissenschaftliche Theorien. Bad Heilbrunn/Obb.: Klinkhardt.
Highet, G. (1950). The Art of Teaching. New York: Vintage Books (Random House).
Hinsch, R. (1979). Einstellungswandel und Praxisschock bei jungen Lehrern: Eine empirische Längsschnittuntersuchung. Weinheim: Beltz.
Hirsch, G., Ganguillet, G., & Trier, U. P. (1990). Wege und Erfahrungen im Lehrerberuf. Eine lebensgeschichtliche Untersuchung über Einstellungen, Engagement und Belastung bei Zürcher Oberstufenlehrern. Arbeits- und Forschungsbericht der Pädagogischen Abteilung der Erziehungsdirektion des Kantons Zürich, Bd. 7. Bern: Verlag Haupt.
Hitchcock, G., & Hughes, G. (1989). Research and the Teacher. A Qualitative Introduction to School-based Research (Reprint. 1991). London: Routledge.
Höhn, E. (1989). Subjektive Persönlichkeitstheorien als Gegenstand psychologischer Forschung - ein historischer Überblick. *Empirische Pädagogik*, 3(2), 177-190.
Hörmann, H. (1978). Meinen und Verstehen. Frankfurt a/M.: Suhrkamp (stw 230).
Hofer, M. (Hg.). (1981). Informationsverarbeitung und Entscheidungsverhalten von Lehrern. München: Urban & Schwarzenberg.
Hofer, M. (1986a). Sozialpsychologie erzieherischen Handelns. Göttingen: Verlag für Psychologie, Dr. C. J. Hogrefe.
Hofer, M. (1986b). Forming judgements in the classroom: how do teachers develop expectations of their students' performances? In M. Ben-Peretz, R. Bromme & R. Halkes (Eds.), Advances of Research on Teacher Thinking (pp. 113-121). Lisse: Swets & Zeitlinger B.V.
Hofer, M., & Dobrick, M. (1981). Naive Ursachenzuschreibungen und Lehrerverhalten. In M. Hofer (Hg.), Informationsverarbeitung und Entscheidungsverhalten von Lehrern (pp. 110-156). München: Urban & Schwarzenberg.
Hofer, M., & Köpke, B. (1987). Die Kategorisierung von Schülern durch Lehrer: eine Methodenstudie. *Unterrichtswissenschaft*, 15(3), 285-294.
Hoffman, J. V., & Edwards, S. A. (Eds.). (1986). Reality and Reform in Clinical Teacher Education. New York: Random House.
Hogben, D., & Simpson, K. (1986). The Role of the Practicum in Teacher Education: A Particular Point of View. In J. D. Raths & L. G. Katz (Eds.), Advances In Teacher Education (pp. 75-87), Vol. 2, Norwood, NJ: Ablex Publ. Corp.
Hollingsworth, S. (1992). Learning to Teach Through Collaborative Conversation: A Feminist Approach. *American Educational Research Journal*, 29(2), 373-404.
Holt, L., & Johnston, M. (1989). Graduate Education and Teachers' Understandings: a collaborative case study of change. *Teacher & Teacher Education*, 5(2), 81-92.
Hopf, C. (1991). Qualitative Interviews in der Sozialforschung. Ein Überblick. In U. Flick, et al. (Hrsg.), Handbuch Qualitative Sozialforschung (S. 177-182) München: Psychologie Verlags Union.
Hopf, C., & Weingarten, E. (Hrsg.). (1979). Qualitative Sozialforschung. Stuttgart: Klett-Cotta.
House, E. R., Mathison, S., & McTaggart, R. (1989). Validity and Teacher Inference. *Educational Researcher,* 18(7), 4-10.
Houston, W. R. (Ed.). (1990). Handbook of Research on Teacher Education. A Project of the Association of Teacher Educators. New York: Macmillan.
Howe, K., R. (1988). Against the Quantitative-Qualitative Incompatibility Thesis or Dogmas Die Hard. *Educational Researcher*, 17(8), 10-16.
Howe, K., & Eisenhart, M. (1990). Standards for Qualitative (and Quantitative) Research: A Prolegomenon. *Educational Researcher*, 19(4), 2-9.
Howey, K. R., & Zimpher, N. L. (1986). New curriculum directions in the education of teachers. *Curriculum and Teaching,* 1(1&2), 93-102.
Hoy, W. K., & Woolfolk, A. E. (1990). Socialization of Student Teachers. *American Educational Research Journal*, 27(2), 279-300.
Huber, G. L. & Mandl, H. (Hrsg.). (1982). Verbale Daten. Weinheim: Beltz.
Huberman, M. (1982). L'utilisation de la recherche éducationnelle: vers un mode d'emploi. *Education et Recherche*, 4(2), 136-152.

Huberman, M. (1986). Répertoires, recettes et vie de classe: comment les enseignants utilisent l'information. In M. Crahay, & D. Lafontaine (Ed.), L'art et la Science de l'Enseignement (pp. 151-183). Liège: Ed. Labor.
Huberman, M. (1987). How well does educational research really travel? *Educational Researcher*, 16(2), 5-13.
Huberman, M. (1988). Teacher careers and school improvement. *Journal of Curriculum Studies*, 20(2), 119-132.
Huberman, M. (1989). The professional life-cycle of teachers. (dt. übersetzt, in E. Terhart, Hg., Unterrichten als Beruf, 1991, S. 249-267). *Teachers College Record*, 91(1), 31-57.
Huberman, M. (1990). Linkage Between Researchers and Practitioners: A Qualitative Study. *American Educational Research Journal*, 27(2), 363-391.
Huling-Austin, L. (990). Teacher Induction Programs and Internships. In W. R. Houston (Ed.), Handbook of Research on Teacher Education (pp. 535-548). New York: Macmillan.
Huling-Austin, L. (1992). Research on Learning To Teach: Implications for Teacher Induction and Mentoring Programs. *Journal of Teacher Education*, 43(3), 173-180.
Hunsaker, L., & Johnston, M. (1992). Teacher under Construction: A Collaborative Case Study of Teacher Change. *American Educational Research Journal*, 29(2), 350-372.
Hunt, D. E. (1987). Beginning with Ourselves: In Practice, Theory, and Human Affairs. Cambridge, MA: Brookline Books, Inc.
Hustler, D., Cassidy, A., & Cuff, E. C. (Eds.). (1986). Action Research in Classrooms and Schools. London: Allen & Unwin.
Hyde, A. A. (1987). Theory Used in Ethnographic Educational Evaluations: Negotiating Values. *Anthropology & Education Quarterly*, 18(3), 131-148.

Ingenkamp, K. (1970). (Hg. in Zusammenarbeit mit E. Parey). Handbuch der Unterrichtsforschung. Weinheim: Beltz.
Ingvarson, L., & Mackenzie, D. (1988). Factors affecting the impact of inservice courses for teachers: implications for policy. *Teaching & Teacher Education*, 4(2), 139-155.
Iran-Nejad, A., McKeachie, W. J., & Berliner, D. C. (1990). The Multisource Nature of Learning: An Introduction. *Review of Educational Research*, 60(4), 509-515.
Irle, G., & Windisch, M. (1983). Der Gebrauch von Evaluationswissen als Handlungsalternative in der Praxis. *Zeitschrift für Pädagogik*, 29(6), 913-927.

Jackson, P. W. (1968). Life in Classrooms. New York: Rinehart and Winston.
Jackson, P. W. (1986). The Practice of Teaching. New York: Teachers College Columbia University Press.
Jackson, P. W. (1987). On the place of narration in teaching. In D. C. Berliner & B. V. Rosenshine (Eds.), Talks to Teachers (pp. 307-328). New York: Random House.
Jackson, P. W. (1990). The Functions of Educational Research. *Educational Researcher*, 19(7), 10-18.
Jackson, P. W. (Ed.). (1992a). The Handbook of Research on Curriculum. A Project of the American Educational Research Association. New York: MacMillan.
Jackson, P. W. (1992b). Conceptions of Curriculum and Curriculum Specialists. In P. W. Jackson (Ed.), The Handbook of Research on Curriculum (pp. 3-40). New York: MacMillan.
Jackson, P. W. (1992c). The Enactment of the Moral in What Teachers Do. *Curriculum Inquiry*, 22(4), 401-407.
Jackson, P. W., & Haroutunian-Gordon, S. (Eds.). (1989). From Socrates to Software: The Teacher as Text and the Text as Teacher. Eighty-eighth Yearbook of the National Society for the Study of Education. Part I. Chicago: University of Chicago Press.
Jacob, E. (1987). Qualitative Research Traditions: A Review. *Review of Educational Research*, 57(1), 1-50.
Jacob, E. (1988). Clarifying Qualitative Research: A Focus on Traditions. *Educational Researcher*, 17(1), 16-24.
Jacob, E. (1989). Qualitative Research: A Defense of Traditions. *Review of Educational Research*, 59(2), 229-235.
James, W. (1899). Talks to teachers on psychology: And to students on some of life's ideals. New York: W. W. Norton, 1958.
Janos, A. C. (1986). Politics and Paradigms: Changing Theories of Change in Social Science. Stanford: Stanford University Press.
Jardine, D. W., & Field, J. C. (1992). "Disproportion, monstousness, and mystery": Ecological and ethical reflections on the initionation of student-teachers into the community of education. *Teaching & Teacher Education*, 8(3), 301-310.
Jendrowiak, H. W., & Kreuzer, K. J. (1980). Lehrer beurteilen Lehrer (Methoden - Befunde - Alternativen). Düsseldorf: Schwann.
Johnson, M. (1989). Embodied Knowledge. *Curriculum Inquiry*, 19(4), 361-377.
Johnston, M. (1990). Experience and reflections on collaborative research. *International Journal of Qualitative Studies in Education*, 3(2), 173-183.
Johnston, S. (1988). Focusing on the *Person* in the Study of Curriculum in Teacher Education. *Journal of Education for Teaching*, 14(3), 215-223.

Johnston, S. (1992a). Diversifying the Curriculum at the School Level: Personal Questions about Why and How. *Curriculum Inquiry,* 22(3), 291-312.
Johnston, S. (1992b). Images: A way of unterstanding the practical knowledge of student teachers. *Teaching & Teacher Education*, 8(2), 123-136.
Jordell, K. Ø. (1987). Structural and Personal Influences in the Socialization of Beginning Teachers. *Teaching & Teacher Education*, 3(3), 165-177.
Jüttemann, G. (Hrsg.). (1985). Qualitative Forschung in der Psychologie. Weinheim: Beltz.
Jüttemann, G. (Hrsg.). (1989). Komparative Kasuistik. Heidelberg: Asanger.

Kagan, D. M. (1988). Research on the Supervision of Counselors- and Teachers-in-Training: Linking Two Bodies of Literature. *Review of Educational Research*, 57(1), 1-50.
Kagan, D. M. (1990). Ways of Evaluating Teacher Cognition: Inferences Concerning the Goldilocks Principle. *Review of Educational Research*, 60(3), 419-469.
Kagan, D. M. (1992). Professional Growth Among Preservice and Beginning Teachers. *Review of Educational Research*, 62(2), 129-169.
Kagan, D. M., & Albertson, L. M. (1987). Student Teaching: perceptions of supervisory meetings. *Journal of Education for Teaching*, 13(1), 49-60.
Kagan, D. M., & Grandgenett, D. J. (1987). Personality and interaction analysis. *Research in Education*, 37, 13-24.
Kahneman, D., Slovic, P., & Tversky, A. (1982). Judgement under uncertainty: Heuristics and biases. New York: Cambridge University Press.
Kallweit, G. (1988). Zwischen Theorie und Praxis: Aus der Innenperspektive eines Studienseminars. *Die Deutsche Schule*, 80(3), 393-408.
Kaminski, G. (1983). Probleme einer ökopsychologischen Handlungstheorie. In Montada, L., Reusser, K., & Steiner, G. (Hg.), Kognition und Handeln (S. 35-53). Stuttgart: Klett-Cotta.
Kaminski, G. (1987). Einige Reflexionen über Forscher-Reflexionen über Lehrer-Reflexionen. *Unterrichtswissenschaft,* 15(3), 321-331.
Karmiloff-Smith, A. (1986). Stage/structure versus phase/process in modelling linguistic and cognitive development. In I. Levin (Ed.), Stage and structure: Reopening the debate (pp. 164-190). Norwood, NJ: Ablex.
Katz, L. G., & Raths, J. D. (Eds.). (1984). Advances in Teacher Education, Vol. 1. Norwood, NJ: Ablex.
Kaunitz, N., Spokane, A. R., Lissitz, R. W., & Strein, W. O. (1986). Stress in student teachers: a multidimensional scaling analysis of elicited stressful situations. *Teaching & Teacher Education*, 2(2), 169-180.
Keiny, S. & Dreyfus, A. (1989). Teachers' Self-reflection as a Prerequisite to their Professional Development. *Journal of Education for Teaching*, 15(1), 53-63.
Kelchtermans, G. (1992). Lehrer, ihre Karriere und ihr Selbstverständnis: Eine biographische Perspektive. *Zeitschrift für Sozialisationsforschung und Erziehungssoziologie,* 12(3), 250-271.
Kelchtermans, G. (1993). A Teacher Is a Teacher Is ... : Biographical Approach to a Teachers's Professional Development. Paper delivered at the Annual Meeting of the American Educational Research Association, April, 12-16, Atlanta/GA.
Kennedy, M. M. (1987). Inexact Sciences: Professional Education and the Development of Expertise. In E. Z. Rothkopf (Ed.), *Review of Research in Education* (Vol. 14, pp. 133-167). Washington, D.C.: AERA.
Kilbourn, B. (1988). Reflecting on Vignettes of Teaching. In P. P. Grimmett & G. L. Erickson (Ed.), Reflection in Teacher Education (pp. 91-111). Vancouver: Pacific Educational Press.
Kilgore, K., & Ross, D. (1993). Following Proteach Graduates: The Fifth Year of Practice. *Journal of Teacher Education,* 44(4), 279-287.
Kincheloe, J. L. (1991). Teachers as researchers: qualitative inquiry as a path to empowerment. London: Falmer Press.
King, J. R. (1991). Collaborative life history narratives: heroes in reading teachers' tales. *International Journal of Qualitative Studies in Education*, 4(4), 45-60.
Kirk, D. (1986), Beyound the limits of theoretical discourse in teacher education: towards a critical pedagogy. *Teaching & Teacher Education*, 2(2), 155-167.
Kirk, J., & Miller, M. L. (1986). Reliability and Validity in Qualitative Research. Sage University Paper Series on Qualitative Research Methods, Volume 1. Newbury Park, CA: Sage.
Klafki, W. (1983). Verändert Schulforschung die Schulwirklichkeit? *Zeitschrift für Pädagogik*, 30(2), 281-296.
Klafki, W. (1988). Neue Studien zur Bildungstheorie und Didaktik. Weinheim: Beltz.
Klafki, W. (1993). Didaktik/Curriculum and the Teaching Content. Paper given at the IPN in Kiel "Didaktik and/or Curriculum", 5 - 8 octobre.
Klauer, K. J. (1980). Experimentelle Unterrichtsforschung. *Unterrichtswissenschaft*, 8(1), 61-72.
Klauer, K. J. (1985). Framework for a theory of teaching. *Teaching & Teacher Education*, 1(1), 5-17.
Kleber, E. W. (1984). Strukturell-funktionale Erziehungsforschung. In H. Haft, & H. Kordes. (Hrsg.). Methoden der Erziehungs- und Bildungsforschung. (Enzyklopädie Erziehungswissenschaft; Bd. 2) Stuttgart: Klett-Cotta.

Knowles, J. G. (1989). Models for understanding preservice and beginning teachers' biographies: illustrations from case studies. Paper presented at the Annual Meeting of the American Educational Research Association (AERA), San Francisco, March.

Knowles, J. G., & Holt-Reynolds, K. (1991). Shaping Pedagogies through Personal Histories in Preservice Teacher Education. *Teachers College Record*, 90(1), 87-113.

Koch-Priewe, B. (1986). Subjektive didaktische Theorien von Lehrern. Tätigkeitstheorie, bildungstheoretische Didaktik und alltägliches Handeln im Unterricht. Frankfurt a.M.: Haag + Herchen.

Köckeis-Stangl, E. (1982). Methoden der Sozialisationsforschung. In K. Hurrelmann, & D. Ulich (Hrsg.). Handbuch der Sozialisationsforschung (2. Aufl., S. 321-370). Weinheim: Beltz Verlag.

Kohlberg, L., & Mayer, R. (1972). Development as the aim of education. *Harvard Educational Review*, 42(4), 449-496.

Kohlmann, C.-W. (1988). Persönlichkeitsspezifische Aspekte der Erfassung von Belastungsreaktionen. In L. Brüderl (Hg.), Theorien und Methoden der Bewältigungsforschung (pp. 192-199). Weinheim; München: Juventa-Verlag.

König, E., & Ramsenthaler, H. (1979). Zum Stand der wissenschaftstheoretischen Diskussion in der Pädagogik. *Zeitschrift für Pädagogik*, 25(3), 433-446.

Koring, B. (1989). Zur Möglichkeit einer empirisch-hermeneutischen Erziehungswissenschaft. *Bildungsforschung und Bildungspraxis*, 11(2), 105-118.

Korthagen, F. A. J. (1992). Techniques for stimulating reflection in teacher education seminars. *Teaching & Teacher Education*, 8(3), 265-274.

Kounin, J. K. (1970). Discipline and Group Management in Classrooms. New York: Holt, Rinehart & Winston (dt. Ausg.: Techniken der Klassenführung. Stuttgart: Klett, 1976).

Kraak, B. (1987). Was Lehrerinnen und Lehrer denken und tun, erklärt mit der Handlungs-Entscheidungs-Theorie. *Unterrichtswissenschaft*, 15(3), 274-284.

Kraimer, K. (1985). Abweichendes Verhalten als Gegenstand Alltags- und Interaktionstheoretischer Erziehungswissenschaft. (Europäische Hochschulschriften XI/255). Frankfurt a/M.: Verlag Peter Lang.

Kramis-Aebischer, K. (1990). Teachers' stress and Teachers' burnout. In A. Dick et al., Scientific Contributions on Education (pp. 45-58), No. 86, Pädagogisches Institut der Universität Freiburg, Schweiz.

Kremer-Hayon, L. (1987). Perceived teaching difficulties by beginning teachers: personal and environmental antecedents. *Research in Education*, 37, 25-33.

Kremer-Hayon, L., & Ben Peretz, M. (1986). Becoming a teacher: The transition from teachers' college to classroom life. *International Review of Education*, XXXII, 413-422.

Kroath, F. (1989). Der Lehrer als Forscher. Fallstudien zur Evaluation forschungsorientierter Lehrerfortbildung unter beruflichen Alltagsbedingungen. (Habil.) Innsbruck.

Kröll, M. (1989). Lehr-Lernplanung. Grenzen und Möglichkeiten. Köln: Müller Botermann Verlag.

Kuhlmann, W., & Böhler, D. (Hrsg.). (1982). Kommunikation und Reflexion. Frankfurt a/M.: Suhrkamp (stw 408).

Kuhn, T. (1962). The structure of scientific revolutions. Princeton, NJ: Princeton University Press. (2nd edition, enlarged, 1970).

Kunert, K. (1992). Lernen im Kollegium: Theorie und Praxis der schulinternen Lehrerfortbildung. Bad Heilbrunn/Obb.: Julius Klinkhardt Verlag.

Künzli, R. (1988). Vergewöhnlichung des Neuen. Der Common sense in pädagogischen Argumentationen. *Bildung und Erziehung*, 41(4), 365-378.

Kurth-Schai, R. (1991). The Peril and Promise of Childhood: Ethical Implications for tomorrow's Teachers. *Journal of Teacher Education*, 42(3), 196-204.

Kutzbach, D. (1982). Tagebuchnotizen zum Alltag in der Lehrerausbildung. *Zeitschrift für Pädagogik*, 28(6), 883-892.

Laberee, D. F. (1990). Doing Good, Doing Science: The Holmes Group Reports and the Rhetorics of Educational Reform. *Teachers College Record*, 93 (4), 628-640.

Lacey, C. (1977). The socialisation of teachers. London: Methuen.

Lacey, C. (1987). Professional socialization of teachers. In M. J. Dunkin (Ed.), The International Encyclopedia of Teaching and Teacher Education (pp. 634-644). New York: Pergamon Press.

Ladson-Billings, G. (1990). Like lightning in a bottle: attempting to capture the pedagogical excellence of successful teachers of black students. *International Journal of Qualitative Studies in Education*, 3(4), 335-344.

Lakomski, G. (1993). The incomplete naturalist. *Journal of Curriculum Studies*, 25(6), 553-567.

Lamnek, S. (1988). Qualitative Sozialforschung (Band 1: Methodologie). München und Weinheim: Psychologie Verlags Union.

Lamnek, S. (1989). Qualitative Sozialforschung (Band 2: Methoden und Techniken). München und Weinheim: Psychologie Verlags Union.

Lampert, M. (1984). Teaching about thinking and thinking about teaching. *Journal of Curriculum Studies*, 16, 1-18.

Lampert, M. (1985). How do Teachers Manage to Teach? Perspectives on Problems in Practice. *Harvard Educational Review*, 55(2), 178-194.

Lampert, M. (1986). Teachers' strategies for understanding and managing classroom dilemmas. In M. Ben-Peretz, R. Bromme & R. Halkes (Eds.), Advances of Research on Teacher Thinking (pp. 70-83). Lisse: Swets & Zeitlinger B.V.

Lampert, M. (1988). What can research on teacher education tell us about improving quality in mathematics education? *Teaching & Teacher Education*, 4(2), 157-170.

Lampert, M. (1990). When the Problem Is Not the Question and the Solution Is Not the Answer: Mathematical Knowing and Teaching. *American Educational Research Journal*, 27(1), 29-63.

Lampert, M. (1992). Practices and Problems in Teaching Authentic Mathematics. In F. K. Oser, A. Dick, & J.-L. Patry (Eds.), Effective and Responsible Teaching: The New Synthesis (pp. 295-314). San Francisco: Jossey Bass.

Lampert, M., & Clark, C. M. (1990). Expert Knowledge and Expert Thinking in Teaching: A Response to Floden and Klinzing. *Educational Researcher*, 19(5), 21-23+.

Lange, H. (1979). Ein dogmatischer Rückfall hinter POPPER. *Zeitschrift für Pädagogik*, 25(2), 403-422.

Langer, S. K. (1941). Philosophy in a New Key: The Symbolism of Reason, Rite, and Art. (Third Ed. 1978). Cambridge, MA: Harvard University Press.

Langer, S. (1954). Expressiveness. In Problems of Art (pp. 13-26). New York, Charles Scribner Sons.

Lanier, J. E., & Little, J. W. (1986). Research on Teacher Education. In M. C. Wittrock (Ed.), Handbook of Research on Teaching (3rd ed., pp. 527-569). New York: Macmillan.

Lantermann, E.-D. (1983). Kognitive und emotionale Prozesse beim Handeln. In H. Mandl & G. L. Huber (Hg.), Emotion und Kognition (S. 248-281). München: Urban & Schwarzenberg.

Larsson, S. (1984). Describing teachers' conceptions of their professional world. In R. Halkes & J. K. Olson (Eds.), Teacher Thinking: a new perspective on persisting problems in education (pp. 123-133). Lisse: Swets & Zeitlinger B.V.

Lasley, T. J., Applegate, J. H., & Ellison, C. (1986). The Expectations and Problems of University Supervisors of Early Field Experiences. *Journal of Education for Teaching*, 12(1), 127-140.

Lather, P. (1986). Research as Praxis. *Harvard Educational Review*, 56(3), 257-277.

Laucken, U. (1974). Naive Verhaltenstheorien. Stuttgart: Klett.

Lave, J. (1988). Cognition in Practice. New York: Cambridge University Press.

Lawler, R. W. (1985). Computer Experience and Cognitive Development: A Child's Learning in a Computer Culture. Chichester, U.K.: Horwood.

LeCompte, M. D., & Goetz, J. P. (1982). Problems of Reliability and Validity in Ethnographic Research. *Review of Educational Research*, 52(1), 31-60.

Leinhardt, G. (1983). Novice and expert knowledge of individual students' achievement. *Educational Psychologist*, 18(3), 165-179.

Leinhardt, G. (1986). Expertise in Mathematics Teaching. *Educational Leadership*, 43(7), 28-33.

Leinhardt, G. (1990). Capturing Craft Knowledge in Teaching. *Educational Researcher*, 19(2), 18-25.

Leinhardt, G., & Greeno, J. G. (1986). The Cognitive Skill of Teaching. *Journal of Educational Psychology*, 78(2), 75-95.

Leinhardt, G., & Putnam, R. T. (1987). The Skill of Learning From Classroom Lessons. *American Educational Research Journal*, 24(4), 557-587.

Leinhardt, G., Weidman, C., & Hammond, K. M. (1987). Introduction and Integration of Classroom Routines by Expert Teachers. *Curriculum Inquiry*, 17(2), 135-176.

Lenzen, D. (1987). Mythos, Metapher und Simulation. *Zeitschrift für Pädagogik*, 33(1), 41-60.

Lévi-Strauss, C. (1962). Das wilde Denken. (Originalausgabe: La pensée sauvage, Paris: Librairie Plon). TB-Ausgabe (stw14), 1968. Frankfurt a.M.: Suhrkamp.

Lieberman, A. (Ed.). (1992). The Changing Contexts of Teaching. Ninety-first yearbook of the National Society for the Study of Education, Part I. Chicago: University of Chicago Press.

Liedtke, M. (1980). Pädagogische Anthropologie als anthropologische Fundierung der Erziehung. In E. König, & H. Ramsenthaler (Hrsg.), Diskussion Pädagogische Anthropologie. (Kritische Information Erziehungswissenschaft: Bd. 3.) München, Wilhelm Fink Verlag.

Light, M. (1987). Chess and Artificial Intelligence: To Move, Or Not To Move. *Computer Currents,* 5(2), San Francisco: Bay Area CC Publ.

Lightfoot, S. L. (1983a). The good high-school: Portraits of character and culture. New York: Basic Books.

Lightfoot, S. L. (1983b). The Lives of Teachers. In L. S. Shulman & G. Sykes (Eds.), Handbook of teaching and policy (pp. 241-260). New York: Longman.

Lincoln, Y. S. (1989). Qualitative Research: A Response to Atkinson, Delamont, and Hammersley. *Review of Educational Research*, 59(2), 237-239.

Lincoln, Y., & Guba, E. (1985). Naturalistic inquiry. New York: Sage.

Lincoln, Y., & Guba, E. (1990). Judging the quality of case study reports. *International Journal of Qualitative Studies in Education*, 3(1), 53-59.

Lindenberg, S., Coleman, J. S., & Nowak, S. (Eds.). (1986). Approaches to Social Theory. New York: The Russell Sage Foundation.
Lindop, C. (1985). Evaluating effectiveness in teacher education. *Journal of Education for Teaching*, 11(2), 165-176.
Linn R. L. (1986). Quantitative Methods in Research on Teaching. In M. C. Wittrock (Ed.), Handbook of Research on Teaching (3rd ed., pp. 92-118). New York: Macmillan.
Liston, D. P., & Zeichner, K. M. (1990a). Reflective Teaching and Action Research in Preservice Teacher Education. *Journal of Education for Teaching*, 16(3), 235-254.
Liston, D. P., & Zeichner, K. M. (1990b). Teacher Education and the Social Context of Schooling: Issues for Curriculum Development. *American Educational Research Journal*, 27(4), 610-636.
Little, J. W. (1982). Norms of collegiality and experimentation: Workplace conditions of school success. (dt. übersetzt, in E. Terhart, Hg., Unterrichten als Beruf, 1991, S. 85-98). *American Educational Research Journal*, 19, 325-340.
Little, J. W. (1990). The Mentor Phenomenon and the Social Organization of Teaching. In C. B. Cazden (Ed.), *Review of Research in Education* (Vol. 16, pp. 297-351). Washington, D.C.: AERA.
Lortie, D. (1973). Observations on Teaching as Work. In R. Travers (Ed.), Second Handbook of Research on Teaching. Chicago: Rand McNally.
Lortie, D. C. (1975). Schoolteacher: A Sociological Study. Chicago: University of Chicago Press.
Loser, F., & Terhart, E. (1986). Lehrerausbildung und Lehrerarbeitslosigkeit: 'Professionalisierung' als Problem. *Bildung und Erziehung*, 39(3), 255-262.
Lowyck, J. (1984). Teacher thinking and teacher routines: a bifurcation? In R. Halkes & J. K. Olson (Eds.), Teacher Thinking: a new perspective on persisting problems in education (pp. 7-18). Lisse: Swets & Zeitlinger B.V.
Lowyck, J. (1986). Post-interactive reflections of teachers: a critical appraisal. In M. Ben-Peretz, R. Bromme & R. Halkes (Eds.), Advances of Research on Teacher Thinking (pp. 172-185). Lisse: Swets & Zeitlinger B.V.
Lucas, P. (1988). An Approach to Research Based Teacher Education Through Collaborative Inquiry. *Journal of Education for Teaching*, 14(1), 55-73.
Lüders, K. (1991). Ethnographie und Qualitative Forschung. Unveröffentlichtes Papier.
Luhmann, N., & Schorr, K. E. (1979). Reflexionsprobleme im Erziehungssystem. (1. Aufl. 1988). Suhrkamp: Frankfurt a/M. (stw 740).
Lyons, N. (1990). Dilemmas of Knowing: Ethical and Epistemological Dimensions of Teachers' Work and Development. *Harvard Educational Review*, 60(2), 159-180.
Lytle, S. L., & Fecho, R. (1989). Meeting Strangers in Familiar Places: Teacher Collaboration by Cross-Visitation. Paper presented at the Annual Meeting of the American Educational Research Association (AERA), San Francisco, March.

MacDonald, R. E. (1991). A Handbook of Basic Skills and Strategies for Beginning Teachers. Facing the Challenge of Teaching in Today's School. New York: Longman.
MacKinnon, A. (1987). Detecting reflection-in-action among preservice elementary science teachers. *Teaching & Teacher Education*, 3(2), 135-145.
Magliaro, S. G., & Borko, H. (1986). A naturalistic investigation of experienced teachers' and student teachers' instructional practices. *Teaching & Teacher Education*, 2(2), 127-137.
Magliaro, S. G., Wildman, T. M., Niles, J. A., McLaughlin, R. A., & Ferro, S. (1989). Modeling the transition from novice to expert: A three-year study of teacher problem solving. Paper presented at the Annual Meeting of the American Educational Research Association (AERA), San Francisco, March.
Magrath, C. P., Egbert, R. L. & Ass. (1987). Strengthening Teacher Education: The Challenges to College and University Leaders. San Francisco: Jossey-Bass.
Malinowski, B. (1944). Eine wissenschaftliche Theorie der Kultur. (Originalausgabe: A Scientific Theory of Culture, Chapel Hill). TB-Ausgabe 1975, Frankfurt a.M.: Suhrkamp (stw 104).
Malinowski, B. (1929). Das Geschlechtsleben der Wilden. In Malinowski, B., Schriften in 4 Bänden. Bd. 2 (1979). Frankfurt/M.: Suhrkamp.
Mandl, H., & Huber, G. L. (Hrsg.). (1983). Emotion und Kognition. München: Urban & Schwarzenberg.
Manning, P. K. (1987). Semiotics and Fieldwork. Sage University Paper Series on Qualitative Research Methods, Volume 7. Newbury Park, CA: Sage.
Manning, B. H., & Payne, B. D. (1993). A Vygotskian-based Theory of Teacher Cognition: Toward the Acquisition of Mental Reflection and Self-Regulation. *Teaching & Teacher Education*, 9(4), 361-371.
Marland, P., & Osborne, B. (1990). Classroom theory, thinking, and action. *Teaching & Teacher Education*, 6(1), 93-109.
Marsella, A. J., DeVos, G., & Hsu, L. K. (Eds.). (1985). Culture and Self. New York: Tavistock Publications.
Marshall, M. J. & Barritt, L. S. (1990). Choices Made, Worlds Created: The Rhetoric of AERJ. *American Educational Research Journal*, 27(4), 598-609.
Mathews, J. (1988). Escalante: The Best Teacher in America. New York: Henri Holt Co.
Mathison, S. (1988). Why Triangulate? *Educational Researcher*, 17(2), 13-17.

Mayer, R. E. (1989). Models for Understanding. *Review of Educational Research*, 59(1), 43-64.
Mayr, J., Eder, F., & Fartacek, E. (1988). Praxisschock auf Raten. Einphasige Lehrerausbildung und Einstellungsentwicklung. *Unterrichtswissenschaft*, 16(1), 68-82.
Mayring, P. (1983). Qualitative Inhaltsanalyse: Grundlagen und Techniken. Weinheim, Beltz.
Mayring, P. (1985). Qualitative Inhaltsanalyse. In G. Jüttemann (Hg.), Qualitative Forschung in der Psychologie (pp. 187-211). Weinheim: Basel.
Mayring, P. (1988). Qualitative Auswertung im Rahmen des Belastungs-Bewältigungs-Paradigmas. In L. Brüderl (Hg.), Theorien und Methoden der Bewältigungsforschung (pp. 200-207). Weinheim; München: Juventa-Verlag.
Mayring, P. (1990). Einführung in die qualitative Sozialforschung. München: Psychologie Verlags Union.
McAninch, A. R. (1991). Casebooks for teacher education: the latest fad or lasting contribution? *Journal of Curriculum Studies*, 23(4), 345-355.
McCombs, B. L. (1991). Motivation and Lifelong Learning. *Educational Psychologist*, 26(2), 117-127.
McCullough, L. L., Mintz, S., & Biermann, M. J. (1989). In the beginning: the questions of teacher education students. Paper presented at the Annual Meeting of the American Educational Research Association (AERA), San Francisco, March.
McDiarmid, G. W., Ball, D. L., Anderson, C. W. (1989). Why Staying One Chapter Ahead Doesn't Really Work: Subject-Specific Pedagogy. In M. C. Reynolds (Ed.), Knowledge Base for the Beginning Teacher (pp. 193-205). Oxford: Pergamon Press.
McDonald, J. P. (1989). A Reflective Conversation about Teacher Education. *Harvard Educational Review*, 59(2), 251-259.
McGarvey, B., & Swallow, D. (1986). Microteaching in Teacher Education & Training. London: Croom Helm.
McLaughlin, H. J. (1991a). The reflection on the blackboard: student teacher self-evaluation. *International Journal of Qualitative Studies in Education*, 4(2), 141-159.
McLaughlin, H. J. (1991b). Reconciling Care and Control: Authority in Classroom Relationships. *Journal of Teacher Education*, 42(3), 163-172.
McLaughlin, M., & Phillips, D. C. (Eds.). (1991). Evaluation and Education: At Quarter Century. Ninethieth Yearbook of the National Society for the Study of Education. Part II. Chicago: University of Chicago Press.
McNamara, D. (1990). Research on Teachers' Thinking: its contribution to educating student teachers to think critically. *Journal of Education for Teaching*, 16(2), 147-1160.
McNergney, R. F., & Carrier, C. A. (1986). Teacher Development. New York: Macmillan Publishing Co., Inc.
McNergney, R., Aylesworth, M. (1986). Evaluating preservice teachers. *Curriculum and Teaching*. 1(1&2),103-111.
McQualter, J. W. (1985). Becoming a teacher: preservice teacher education using personal construct theory. *Journal of Education for Teaching*, 11(2), 177-1.
Mead, G. H. (1934). Mind, Self, & Society. (1964, Ed. by C. W. Morris: Works of G. H. Mead, vol. 1). Chicago: University of Chicago Press. Deutsch: Geist, Identität und Gesellschaft,1980, 4. Aufl., Frankfurt a.M.: Suhrkamp (stw 28).
Mead, G. H. (1972). The Philosophy of the Act. (Ed. by C. W. Morris: Works of G. H. Mead, vol. 3); 7th impr. Chicago: University of Chicago Press.
Medley, D. M. (1987). Evolution of Research on Teaching. In M. J. Dunkin (Ed.), The International Encyclopedia of Teaching and Teacher Education (pp.105-113). New York: Pergamon Press.
Mehan, H. (1979). Learning lessons: Social organization in the classroom. Cambridge, MA: Harvard University Press.
Meighan, R., & Harber, C. (1986). Democratic Learning in Teacher Education: a review of experience at one institution. *Journal of Education for Teaching*, 12(2), 163-172.
Meinberg, E. (1989). Zur Diskussion: die Phänomenologische Pädagogik. *Forum Pädagogik*, 3, 140-149.
Meloy, J. M. (1993). Problems of writing and representation in qualitative inquiry. *International Journal of Qualitative Studies in Education*, 6(4), 315-330.
Merriam, S. B. (1988). Case Study Research in Education: A qualitative approach. San Francisco: Jossey-Bass.
Merton, R. K. (1972). Insiders and Outsiders: A Chapter in the Sociology of Knowledge. *The American Journal of Sociology*, 78(1), 9-47.
Merton, R. K. (1975). Structural analysis in sociology. In P. Blau (Ed.), Approaches to the study of social structure. New York: The Free Press.
Merton, R. K. & Kendall, P. L. (1979). Das fokussierte Interview. In C. Hopf, & E. Weingarten (Hrsg.), Qualitative Sozialforschung (pp. 171-204). Stuttgart: Klett-Cotta.
Metz, P. (1983). Literatursammlung und -auswertung zu den Themen Tätigkeitsfeld und Qualifikationsprofil des Lehrers (Materialien - Tendenzen - Ergebnisse). Im Auftrag des Amtes für Unterrichtsforschung und -planung der Erziehungsdirektion des Kantons Bern.
Meyers, C. (1986). Teaching Students to Think Critically. San Francisco: Jossey-Bass.
Mezirow, J. (Ed.). (1990). Fostering Critical Reflection in Adulthood: A Guide to Transformative and Emancipatory Learning. San Francisco: Jossey-Bass.

Miles, M. B. (1990). New methods for qualitative data collection and analysis: vignettes and pre-structured cases. *International Journal of Qualitative Studies in Education*, 3(1), 37-51.
Miles, M. B., & Huberman, A. B. (1984). Qualitative data analysis. Beverly Hills: Sage Publications.
Miller, L., & Lieberman, A. (1988). School improvement in the United States: nuance and numbers. *International Journal of Qualitative Studies in Education*, 1(1), 3-19.
Miller, S. E., Leinhardt, G., & Zigmond, N. (1988). Influencing Engagement Through Accommodation: An Ethnographic Study of At-Risk Students. *American Educational Research Journal*, 25(4), 465-488.
Mishler, E. G. (1990). Validation in Inquiry-Guided Research: The Role of Exemplars in Narrative Studies. *Harvard Educational Review*, 60(4), 415-442.
Mitchell, J., & Marland, P. (1989). Research on teacher thinking: the next phase. *Teaching & Teacher Education*, 5 (2), 115-128.
Molitor, S. (1987). Weiterentwicklung eines Textproduktionsmodells durch Fallstudien. *Unterrichtswissenschaft*, 15(4), 396-409.
Mollenhauer, K., & Rittelmeyer, C. (1977). Methoden der Erziehungswissenschaft. München.
Montada, L. (1989). Bildung der Gefühle? *Zeitschrift für Pädagogik*, 35(3), 293-312.
Morine-Dershimer, G. (1982). Pupil perceptions of teacher praise. *Elementary School Journal*, 82, 421-434.
Morine-Dershimer, G. (1985). Talking, listening, and learning in elementary classroms. New York: Longman.
Morine-Dershimer, G. (1987). Can We Talk? In D. C. Berliner & B. V. Rosenshine (Eds.), Talks to Teachers (pp. 37-53). New York: Random House.
Morine-Dershimer, G. (1987). Research to Revision to Research: A Revolving-Door Approach to Innovation in Teacher Education. Paper presented at the Annual Meeting of the American Educational Research Association, Washington, D.C., April.
Morine-Dershimer, G. (1993) Tracing Conceptual Change in Preservice Teachers. *Teaching & Teacher Education*, 9(1), 15-26.
Morine-Dershimer, G., & Oliver, B. (1986). Examining complexity of thought in secondary student teachers. Paper presented at International Study Association on Teacher Thinking meeting, Leuven, Belgium, October.
Müller-Fohrbrodt, G., Cloetta, B., & Dann, H. D. (1978). Der Praxisschock bei jungen Lehrern (Formen - Ursachen - Folgerungen). Stuttgart: Klett.
Mueller, K., & Kendall, M. A. (1989). Capturing leadership in action: portraiture as a collaborative tool. Paper presented at the Annual Meeting of the American Educational Research Association (AERA), San Francisco, March.
Mummendey, H. D. (Hg.). (1979). Einstellung und Verhalten. Bern: Huber.
Munby, H. (1986). Metaphor in the thinking of teachers: an exploratory study. *Journal of Curriculum Studies*, 18, 197-209.
Munby, H. (1989). Reflection-in-Action and Reflection-on-Action. Paper presented at the Annual Meeting of the American Educational Research Association (AERA), San Francisco, March.
Munby, H., & Russell, T. (1993). Reflective Teacher Education: Technique or Epistemology? (An Essay-Review of *Reflective Teacher Education: Cases and Critiques*, L. Valli, 1992). *Teaching & Teacher Education*, 9(4), 431-438.
Münch, R. (1988). Theorie des Handelns. Rekonstruktion der Beiträge von Talcott Parsons, Emile Durkheim und Max Weber. Frankfurt: Suhrkamp (stw 704).
Münzinger, W., & Voigt, W. (1988). Routine und Reflexion: Fachspezifische Kommunikationsanalysen in der Lehrerfortbildung. *Die Deutsche Schule*, 80(3), 351-369.
Murray, F. B. (1989). Explanations in Education. In M. C. Reynolds (Ed.), Knowledge Base for the Beginning Teacher (pp. 1-12). Oxford: Pergamon Press.

Nash, R. J. (1991). Three Conceptions of Ethics for Teacher Educators. *Journal of Teacher Education*, 42(3), 163-172.
Needels, M. C. (1988). A New Design for Process-Product Research on the Quality of Discourse Teaching. *American Educational Research Journal*, 25(4), 503-527.
Nelson, C. (Ed.). (1986). Theory in the Classroom. Urbana and Chicago: University of Illinois Press.
Nespor, J. (1987). The role of beliefs in the practice of teaching. *Journal of Curriculum Studies*, 19, 317-328.
Nespor, J., & Barylske, J. (1991). Narrative Discourse and Teacher Knowledge. *American Educational Research Journal*, 28(4), 737-758.
Neumann, K. (1987). Quantitative and qualitative approaches in educational research-problems and examples of controlled understanding through interpretive methods. *International Review of Education*, 13, 159-170.
Newell, A., & Simon, H. A. (1956). The logic theory machine: A complex information processing system. *Transactions on information theory*, 2, 61-79.
Newton, E. E. & Robinson, S. (1989). Integration of research and practice through an extended practicum. Paper presented at the Annual Meeting of the American Educational Research Association (AERA), San Francisco, March.
Niessen, M. (1979). Zur Grundlegung der Pädagogik als Handlungswissenschaft. Das Problem der 'Alltagsorientierung' der Erziehungswissenschaft. *Zeitschrift für Pädagogik*, 25(3), 331-344.

Niggli, A. (1992a). Erweiterte Lernformen: Argumentationshilfen, Organisationsformen, Methoden, Raumgestaltung, Interaktion (ELF-Einführungskurs FR). Unveröffentliche Unterlagen. Freiburg: Pädagogisches Institut.
Niggli, A. (1992b). Das Sekundarlehrerstudium an der Universität Freiburg: Ein Fragekatalog. Unveröffentliches Manuskript. Freiburg: Pädagogisches Institut.
Nisan, M. (1992). Beyond Intrinsic Motivation: Cultivating a 'Sense of the Desirable'. In F. K. Oser, A. Dick, & J.-L. Patry (Eds.), Effective and Responsible Teaching (pp. 126-138): The New Synthesis. San Francisco: Jossey Bass.
Nisbett, R. E., & Ross, L. (1980). Human Inference: Strategies and Shortcomings of Social Judgement. Englewood Cliffs: Prentice-Hall.
Noddings, N. (1985). Formal Modes of Knowing. In E. W. Eisner (Ed.), Learning and Teaching the Ways of Knowing (pp. 116-132). Eighty-fourth Yearbook of the National Society for the Study of Education. Part II. Chicago: University of Chicago Press.
Noddings, N. (1986). Fidelity in Teaching, Teacher Education, and Research for Teaching. *Harvard Educational Review*, 56(4), 496-510.
Noddings, N. (1987). Locating Ethical Issues in Qualitative Research. Unpublished Paper, Stanford University.
Noddings, N. (1992). The Challenge to Care in Schools. An Alternative Approach to Education. New York: Teachers College Press.
Noddings, N. (1993). Educating for Intelligent Belief or Unbelief. Columbia University, New York: Teachers College Press.
Noddings, N., & Shore, P. J. (1984). Awakening the Inner Eye (Intuition in Education). Columbia University, New York: Teachers College Columbia University Press.
Norman, D. A. (1980). What Goes on in the Mind of the Learner. New Directions for *Teaching and Learning*, 2, 37-49.
Norman, D. A. (1982). Learning and Memory. New York: Freeman.
Nussbaum, A. (1984). Quantitative oder qualitative Unterrichtsforschung? *Unterrichtswissenschaft*, 12(3), 218-231.

Oelkers, J. (1987). Pädagogische Reflexionen zur Lehrerbildung. *Beiträge zur Lehrerbildung*, 5(2), 93-101.
Oelkers, J. (1987). Subjektivität, Autobiographie und Erziehung. *Zeitschrift für Pädagogik*, 33(3), 325-344.
Oelkers, J. (1988). Die Aufgabe der Pädagogik in der Lehrerbildung. *Beiträge zur Lehrerbildung,* 6(2), 191-203.
Oelkers, J. & Tenorth, H.-E. (1991). Pädagogisches Wissen als Orientierung und als Problem. *Zeitschrift für Pädagogik*, 27. Beiheft, 31, 13-35.
Oesterreich, D. (1987). Vorschläge von Berufsanfängern für Veränderungen in der Lehrerausbildung. *Zeitschrift für Pädagogik,* 33(6), 771-786.
Oesterreich, D. (1989). Lehrerkooperation und Lehrersozialisation. Weinheim: Deutscher Studien Verlag.
Oldenbürger, H. A. (1987). Lehrerkognitionen über Schülereigenschaften - Theoretische und methodologische Perspektiven. *Unterrichtswissenschaft,* 15(3), 261-273.
Olson, J. K. (1984). What makes teachers tick? Considering the routines of teaching. In R. Halkes & J. K. Olson (Eds.), Teacher Thinking: a new perspective on persisting problems in education (pp. 35-42). Lisse: Swets & Zeitlinger B.V.
Olson, J. K. (1988). Making sense of teaching: cognition vs. culture. *Journal of Curriculum Studies,* 20(2), 167-169.
Olson, J. (1989). Surviving innovation: reflection on the pitfalls of practice. *Journal of Curriculum Studies,* 21(6), 503-508.
Olson, J. K. (1992). Understanding Teaching. Beyond Expertise. Milton Keynes, Philadelphia: Open University Press.
Olson, J. K., & Eaton, S. (1987). Curriculum Change and the Classroom Order. In J. Calderhead (Ed.), Exploring Teachers' Thinking (pp. 179-194). London: Cassell Educational Ltd.
Olson, P. M. (1989). Learning to be a teacher: an inquiry into the socialization of student teachers. Paper presented at the Annual Meeting of the American Educational Research Association (AERA), San Francisco, March.
Oser, F. K. (1986). Moral Education and Values Education: The Discourse Perspective. In M. C. Wittrock (Ed.), Handbook of Research on Teaching (3rd ed., pp. 917-941). New York: Macmillan.
Oser, F. (1987). Können Lehrer durch ihr Studium Experten werden? Ein Reformkonzept der Lehrerbildung. *Zeitschrift für Pädagogik*, 33(6), 805-822.
Oser, F. (1992). Teaching and professional morality: A discourse approach. In F. K. Oser, A. Dick, & J.-L. Patry (Eds.), Effective and Responsible Teaching (pp. 109-125): The New Synthesis. San Francisco: Jossey Bass.
Oser, F. & Zutavern, M. (1987). Shouldn't I ... Teachers' Ethos: Structures of Teachers ethical Beliefs. Paper presented at the Annual Meeting of the American Educational Research Association, Washington, D.C.
Oser, F., & Patry, J.-L. (1992). Choreographien unterrichtlichen Lernens. Forschungsgesuch an den Schweizerischen Nationalfonds zur Förderung der wissenschaftlichen Forschung. Freiburg: Pädagogisches Institut.
Oser, F. K., Dick, A., & Patry, J.-L. (1992a). Effective and Responsible Teaching: The New Synthesis. San Francisco: Jossey Bass.

Oser, F. K., Dick, A., & Patry, J.-L. (1992b). Responsibility, Effectiveness and the Domains of Educational Research. In F. K. Oser, A. Dick, & J.-L. Patry (Eds.), Effective and Responsible Teaching: The New Synthesis (pp. 3-13). San Francisco: Jossey Bass.

Oser, F. K., Dick, A., & Patry, J.-L. (1993). Responsibility versus Effectiveness - or both?. Paper presented at the Annual Meeting of the American Educational Research Association, Atlanta, GA.

Oser, Patry & Klaghofer (1991). Schule und Persönlichkeit. In 'Bericht über die pädagogische Rekrutenschule: Aktuelle pädagogische Probleme' (S. 5-35). Solothurn: Sekretariat PRP.

Oser, F., Fatke, R., & Höffe, O. (Hrsg.). (1986). Transformation und Entwicklung: Grundlagen der Moralerziehung. Frankfurt a/M.: Suhrkamp (stw 498).

Oser, F., Patry, J.-L., Rothbucher, H. Zutavern, M. (1988). Warum Lehrer Probleme auf unterschiedliche Weise lösen. In H. Rothbucher (Hsg.), Aspekte einer Lehrerbildung (pp. 171-185). Salzburg: Selbstverlag der Pädagogischen Akademie Salzburg.

Oser, F., Patry, J.-L., Zutavern, M. Reichenbach, R., Klaghofer, R., Althof, W., Rothbucher, H. (1991). Der Prozess der Verantwortung: Berufsethische Entscheidungen von Lehrerinnen und Lehrern. Bericht zum Forschungsprojekt 1.188-085 des Schweiz. Nationalfonds zur Förderung der wissenschaftlichen Forschung. Freiburg: Pädagogisches Institut.

Ostrow, J. M. (1990). The availability of difference: Clifford Geertz on problems of ethnographic research and interpretation. *International Journal of Qualitative Studies in Education*, 3(1), 61-69.

Pajares, M. F. (1992). Teachers' Beliefs and Educational Research: Cleaning Up a Messy Construct. *Review of Educational Research, 62(3), 307-332.*

Palincsar, A. S., & Brown, A. L. (1984). Reciprocal teaching of comprehension-fostering and comprehension-monitoring and regulation of learning: A comparison of successful and less successful fifth graders. *Journal of Educational Psychology,* 72, 250-256.

Palincsar, A. S. (1990). Less Charted Waters. *Educational Researcher,* 18(4), 5-7.

Palmer, R. E. (1969). Hermeneutics. Evanston, IL: Northwestern University Press.

Papert, S. (1987). Computer Criticism vs. Technocentric Thinking. *Educational Researcher*, 16(1), 22-30.

Paris, S. G., Lipson, M. Y., & Wixson, K. K. (1983). Becoming a strategic reader. *Contemporary Educational Psychology,* 8, 293-316.

Parker, W. C. & Gehrke, N. J. (1986). Learning Activities and Teachers' Decisionmaking: Some Grounded Hypotheses. *American Educational Research Journal,* 23(2), 227-242.

Parsons, T. (1966). Gesellschaften. (Originalausgabe: Societies. Evolutionary and Comparative Perspectives, Englewood Cliffs, NJ: Prentice-Hall); dt. Ausg., Frankfurt a.M.: Suhrkamp (stw 106) 1975.

Parsons, T. (1968). The Structure of Social Action. Vol. II. (PB Edition). New York: The Free Press.

Paschen, H. (1989). Stützungen. *Bildung und Erziehung,* 41(4), 411-426.

Patry, J. L. (1988). Transsituationale Konsistenz des Verhaltens und Handelns. Bern: Lang.

Patton, M. Q. (1987). How to Use Qualitative Methods in Evaluation. Newbury Park, CA: Sage Publ. Inc.

Pelto, P. J., & Pelto, G. H. (1975). Intra-cultural diversity: some theoretical issues. *American Ethnologist,* 2, 1-18.

Pereira, P. (1992). Eine Einführung in Joseph J. Schwabs Theorie curricularer Erörterung. *Bildung und Erziehung*, 45(2), 159-174.

Perkins, D. N., & Salomon, G. (1989). Are Cognitive Skills Context-Bound? *Educational Researcher,* 18(1), 16-25.

Perrenoud, P. (1993). Différenciation de l' enseignement: Résistances, deuils, et paradoxes. Faculté de psychologie et de sciences de l' éducation & Service de la recherche sociologique. Cahiers pédagogiques. Genève.

Perret-Clermont, A.-N. (1992). Transmitting Knowledge: Implicit Negotiations in the Student-Teacher Relationship. In F. K. Oser, A. Dick, & J.-L. Patry (Eds.), Effective and Responsible Teaching: The New Synthesis (pp. 329-341). San Francisco: Jossey Bass.

Perrone, V. (1992). A Letter to Teachers. Reflections on Schooling and the Art of Teaching. San Francisco: Jossey Bass.

Peshkin, A. (1982). The Researcher and Subjectivity: Reflections on an Ethnography of School and Community. In G. Spindler (Ed.), Doing the ethnography of schooling (pp. 48-67). New York: Holt, Rinehart & Winston.

Peshkin, A. (1984). Odd Man Out: The Participant Observer in an Absolute Setting. *Sociology of Education,* Oct. 84, 254-264.

Peshkin, A. (1993). After the Wake: Post Positivistic Educational Thought. *Educational Researcher,* 22(2), 24-30.

Peters, J. (1984). Teaching: intentionality, reflection and routines. In R. Halkes & J. K. Olson (Eds.), Teacher Thinking: a new perspective on persisting problems in education (pp. 19-34). Lisse: Swets & Zeitlinger B.V.

Peterson, P. L., Swing, S. R., Braverman, M. T., & Buss, R. (1982). Students' Aptitudes and Their Reports of Cognitive Processes During Direct Instruction. *Journal of Educational Psychology*, 74(4), 535-547.

Peukert, H. (1978). Wissenschaftstheorie - Handlungstheorie - Fundamentale Theologie. Frankfurt a.M.: Suhrkamp (stw 231).

Phillips, D. C. (1983). After the Wake: Post Positivistic Educational Thought. *Educational Researcher,* 12(5), 4-12.
Phillips, D. C. (1985). On What Scientists Know, and How They Know It. In E. W. Eisner (Ed.), Learning and Teaching the Ways of Knowing (pp. 37-59). Eighty-fourth Yearbook of the National Society for the Study of Education. Part II. Chicago: University of Chicago Press.
Phillips, D. C. (1987). Philosophy, Science, and Social Inquiry. New York: Pergamon Press.
Phillips, D. C. (1989). Absolutism, Relativism, and the Curriculum: A Response to Alexander. *Curriculum Inquiry,* 19(1), 51-57.
Phillips, D. C. (1991). On Teacher Knowledge: A sceptical Dialogue. (dt. übersetzt, in E. Terhart, Hg., Unterrichten als Beruf, 1991, S. 7-21). *Educational Theory,* 38, 457-466.
Phillips, D. C., & Soltis, J. F. (1985). Perspectives on Learning. New York: Teachers College Press.
Piaget, J. (1950). Die Entwicklung des Erkennens III. (Gesammelte Werke, Bd.10), 1. Aufl., Stuttgart: Ernst Klett, 1975.
Pintrich, P. R. (1990). Implications of Psychological Research on Student Learning and College Teaching for Teacher Education. In W. R. Houston (Ed.), Handbook of Research on Teacher Education (pp. 373-392). New York: Macmillan.
Plöger, W. (1988a). Argumentationsebenen in didaktischen Theorien. *Bildung und Erziehung,* 41(4), 445-457.
Plöger, W. (1988b). Phänomenologie und Empirische Unterrichtsforschung. *Unterrichtswissenschaft*, 16(1), 60-67.
Poelchau, H.-W. (1981). Unterrichtsdokumente und Phänomenkombinationen in der Lehrerausbildung. *Unterrichtswissenschaft,* 9(4), 362-368.
Polanyi, M. (1962). Personal knowledge. Chicago: The University of Chicago Press.
Polanyi, M. (1967). The Tacit Dimension. New York: Doubleday.
Polanyi, M., & Prosch, H. (1975). Meaning. Chicago: The University of Chicago Press.
Pollard, A. (1982). A model of classroom coping strategies. *British Journal of Sociology of Education,* 4, 19-37.
Pope, M. L., & Scott, E. M. (1984). Teachers' Epistemology and practice. In R. Halkes & J. K. Olson (Eds.), Teacher Thinking: a new perspective on persisting problems in education (pp. 112-122). Lisse: Swets & Zeitlinger B.V.
Popkewitz, T. S. (Ed.). (1986). Critical Studies in Teacher Education: its Folklore, Theory and Practice. Lewes: The Falmer Press.
Posner, G. J. (1978). Tools for Curriculum Research and Development: Potential Contributions from Cognitive Science. *Curriculum Inquiry,* 8(4), 311-340.
Powell, R. R. (1992). The influence of prior experiences on pedagogical constructs of traditional and nontraditional preservice teachers. *Teaching & Teacher Education*, 8(3), 225-238.
Pratte, R., & Rury, J. L. (1991). Teachers, Professionalism and Craft. *Teachers College Record,* 93(1), 59-72.
Prawat, R. S. (1989). Promoting Access to Knowledge, Strategy, and Disposition in Students: A Research Synthesis. *Review of Educational Research*, 59(1), 1-41.
Prawat, R. S. (1991). Conversations With Self and Settings: A Framework for Thinking About Teacher Empowerment. *American Educational Research Journal*, 28(4), 737-758.
Priesemann, G. & Petersen, J. (Hrsg.). (1984). Lehrerausbildung zwischen Unterrichts-Forschung und Unterrichts-Praxis. Kiel: Verlag Schmidt & Klaunig.
Pultorak, E. G. (1993). Facilitating Refelctive Thought in Novice Teachers. *Journal of Teacher Education,* 44(4), 288-295.
Punch, M. (1986). The Politics and Ethics of Fieldwork. Sage University Paper Series on Qualitative Research Methods, Volume 3. Newbury Park, CA: Sage.
Putnam, R. T., Lampert, M., & Peterson, P. L. (1990). Altemative Perspectives on Knowing Mathematics in Elementary Schools. *Review of Research in Education* (Vol. 16, pp. 57-150). Washington DC: American Educational Research Association, AERA.

Raths, J. D., & Katz, L. G. (1986). Advances in Teacher Education, Vol. 2. Norwood, NJ: Ablex.
Reetz, L. (1988). Zum Einsatz didaktischer Fallstudien im Wirtschaftslehreunterricht. *Unterrichtswissenschaft,* 16(2), 38-55.
Resnick, L. B. (1987). 'Learning in School and Out.' *Educational Researcher,* 16(9), 13-20.
Reusser, K. (1989a). Verstehen lehren: Verstehen als psychologischer Prozess und als didaktische Aufgabe. *Beiträge zur Lehrerbildung*, 7(2), 131-147.
Reusser, K. (1989b). Verbesserung der Lehrerbildung durch Reform des Lehrerbildungs-Curriculums? Vortrag, gehalten im Rahmen des Internationalen Kontaktseminars 'Improving Education by Improving Teacher Education', Zürich, Juni.
Reynolds, A. (1992). What Is Competent Beginning Teaching? A Review of the Literature. *Review of Educational Research*, 62(1), 1-35.
Reynolds, A., & Wineburg, S. (1987). Qualitative Queries about Qualitative Quandaries: Confessions of Qualitative Researchers in Education. Paper presented at the Annual Meeting of the American Educational Research Association (AERA), Washington, D.C., April.

Reynolds, M. C. (Ed.). (1989). Knowledge Base for the Beginning Teacher. Oxford: Pergamon Press.
Rich, Y. (1993a). Educational Goals of Teachers in Heterogeneous and Homogeneous Classes in Elementary and Junior High School. *Teaching & Teacher Education,* 8(3), 225-238.
Rich, Y. (1993b). Stability and Change in Teacher Expertise. *Teaching & Teacher Education,* 9(3), 137-146.
Richardson-Koehler, V. (1987). Statement of Policy/Editor's Statement. *American Educational Research Journal,* 24(2), 170-171.
Richardson-Koehler, V. (1988). *What Works* does and doesn't. *Journal of Curriculum Studies,* 20(1), 71-79.
Richardson, V. (1989). Practice and the improvement of research on teaching. Invited Address, presented at the Annual Meeting of the American Educational Research Association (AERA), San Francisco, March.
Richardson, V. (1990a). Significant and Worthwhile Change in Teaching Practice. *Educational Researcher,* 19(7), 10-18.
Richardson, V. (1990b). The Evolution of Reflective Teaching and Teacher Education. In R. T. Clift, W. R. Houston, & M. C. Pugach (Eds.), Encouraging Reflective Practice in Education (pp. 3-19). New York: Teachers College Press.
Richardson, V., Anders, P., Tidwell, D., & Lloyd, C. (1991). The Relationship Between Teachers' Beliefs and Practices in Reading Comprehension Instruction. *American Educational Research Journal,* 28(3), 559-586.
Richardson, S. A., Snell Dohrenwend, B., & Klein, D. (1979). Die 'Suggestivfrage'. Erwartungen und Unterstellungen im Interview. In C. Hopf, & E. Weingarten (Hrsg.), Qualitative Sozialforschung (pp. 205-231). Stuttgart: Klett-Cotta.
Rich, Y. (1993). Stability and change in teacher expertise. *Teaching & Teacher Education,* 9(2), 137-146.
Richert, A. (1987). Reflex to reflection: Facilitating reflection in novice teachers. Unpublished doctoral dissertation, Stanford University.
Ricoeur, P. (1981). Hermeneutics and the Human Sciences. (Ed. and Transl. by J. B. Thompson, repr. 1987). New York: Cambridge University Press.
Ricord, O. (1986). A Developmental Study of the 'Teaching Self' in Student Teaching. *Journal of Education for Teaching,* 12(1), 65-76.
Rist, R. (1980). Blitzkrieg Ethnography: On the Transformation of a Method into a Movement. *Educational Researcher,* 9(2), 8-10.
Rodriguez, A. J. (1993). A Dose of Reality: Understanding the Origin of the Theory/Practice Dichotomy in Teacher Education from the Students' Point of View. *Journal of Teacher Education,* 44(3), 223-232.
Roehler, L. R., Duffy, G. G., Herrmann, B. A., Conley, M., & Johnson, J. (1988). Knowledge structures as evidence of the 'Personal': bridging the gap from thought to practice. *Journal of Curriculum Studies,* 20(2), 159-165.
Rogers, D., & Webb, J. (1991). The Ethic of Caring in Teacher Education. *Journal of Teacher Education,* 42(3), 173-181.
Rogers, V. (1985). Ways of Knowing: Their Meaning for Teacher Education. In E. W. Eisner (Ed.), Learning and Teaching the Ways of Knowing (pp. 250-264). Eighty-fourth Yearbook of the National Society for the Study of Education. Part II. Chicago: University of Chicago Press.
Rogoff, B., & Lave, J. (Eds.).(1984). Everyday Cognition: Its Development in Social Context. Cambridge: Harvard University Press.
Rogoff, B. (1993a). A sociocultural approach to understanding learning. Invited Address at the 5th Conference of the European Association for Research on Learning and Instruction (EARLI), Aix-en-Provence, September.
Rogoff, B. (1993a). Observing Sociocultural Activity on Three Planes: Participatory Appropriation, Guided Participation, Apprenticeship. In A. Alvarez, P. del Rio, & J. V. Wertsch (Eds.), Sociocultural Studies of Mind. New York/Melbourne: Cambridge University Press (to appear).
Rosenshine, B. (1983). Teaching functions in instructional programs. *Elementary School Journal,* 83(4), 335-351.
Rosenshine, B. (1987). Explicit Teaching. In D. C. Berliner & B. V. Rosenshine (Eds.), Talks to Teachers (pp. 75-92). New York: Random House.
Rosenshine, B. (1986). Vers un enseignement efficace des matières structurées. Un modèle d'action inspiré par le bilan des recherches processus-produit. In M. Crahay, & D. Lafontaine (Eds.), L'art et la Science de l'Enseignement (pp. 39-80). Liège: Ed. Labor.
Rosenshine, B., & Stevens, R. S. (1986). Teaching functions. In M. C. Wittrock (Ed.), Handbook of research on teaching (3rd ed., pp. 376-391). New York: Macmillan.
Rosenthal, R., & Jacobson, L. (1968). Pygmalion in the classroom. New York: Holt, Rinehart & Winston.
Rösler, W. (1983). Alltagsstrukturen - kognitive Strukturen - Lehrstoffstrukturen. *Zeitschrift für Pädagogik,* 29(6), 947-960.
Ross, J. A., & Regan, E. M. (1993). Sharing Professional Experience: Its Impact on Professional Development. *Teaching & Teacher Education,* 9(1), 91-106.
Ross, D. D., & Kyle, D. W. (1987). Helping Preservice Teachers Learn to Use Teacher Effectiveness Research. *Journal of Teacher Education,* 38(2) 40-44.

Ross, L., & Lepper, M. R. (1980). The Perseverance of Beliefs: Empirical and Normative Considerations. In R. A. Shweder & D. Fiske (Eds.), New directions for methodology of behavioral science: Fallible judgment in behavioral research. San Francisco: Jossey-Bass.

Rovegno, I. (1992). Learning a new curricular approach: Mechanisms of knowledge acquisition in preservice teachers. *Teaching & Teacher Education,* 8(2), 253-264.

Rudinger, G., Chaselon, F., Zimmermann, E. J., & Henning, H. J. (1985). Qualitative Daten. Neue Wege sozialwissenschaftlicher Methodik. München: Urban & Schwarzenberg.

Rudduck, J. (1985). Teacher research and research-based teacher education. *Journal of Education for Teaching,* 11(3), 281-289.

Rumelhart, D. E. (1980). Schemata: the building blocks of cognition. In R. J. Spiro, B. C. Bruce & W. F. Brewer (Eds.), Theoretical issues in reading comprehension (pp. 33-58). Hillsdale, NJ: Lawrence Erlbaum.

Russell, T. (1988). From preservice teacher education to first year of teaching: A study of theory and practice. In J. Calderhead (Ed.), Teachers' professional knowledge (pp. 13-39). Lewes: Falmer.

Russell, T. (1989). Documenting reflection in action in the classroom. *International Journal of Qualitative Studies in Education,* 2(4), 275-284.

Russell, T., Munby, H., Spafford, C., & Johnston, C. (1988). Learning the Professional Knowledge of Teaching: Metaphors, Puzzles, and the Theory-Practice Relationship. In P. P. Grimmett & G. L. Erickson (Eds.), Reflection in Teacher Education (pp. 67-89). Vancouver: Pacific Educational Press.

Russell, T., & Munby, H. (Eds.). (1992). Teachers and Teaching. From Classroom to Reflection. London: The Falmer Press.

Rutter, M., Maughan, B., Mortimore, P., Ouston, J. (1980). Fünfzehntausend Stunden. Schulen und ihre Wirkung auf die Kinder. Weinheim: Beltz.

Rütter, T. (1980). Unterrichtsforschung - Unterrichtsalltag. Ideen zu einem kreativen Verhältnis von Praxis und Theorie. *Unterrichtswissenschaft,* 8(3), 265-279.

Ryan, K. (Ed.). (1970). Don't Smile Until Christmas. Chicago: The University of Chicago Press.

Säljö, R. (1993). (Ed.). Learning Discourse: Qualitative Research in Education. *International Journal of Educational Research,* 19(3), 517-599.

Sakharov, M. & Farber, B. A. (1983). A Critical Study of Burnout in Teachers. In B. A. Farber (Ed.), Stress and Burnout in the Human Service Professions (pp. 65-81). New York: Pergamon Press.

Sabers, D. S., Cushing, K. S., & Berliner, D. C. (1991). Differences Among Teachers in a Task Characterized by Simultaneity, Multidimensionality, and Immediacy. *American Educational Research Journal,* 28(1), 63-88.

Salomon, G. (1991). Transcending the Qualitative-Quantitative Debate: The Analytic and Systemic Approaches to Educational Research. *Educational Researcher*, 20(6), 10-18.

Salomon, G. (1992). The Changing Role of the Teacher: From Information Transmitter to Orchestrator of Learning. In F. K. Oser, A. Dick, & J.-L. Patry (Eds.), Effective and Responsible Teaching: The New Synthesis (pp. 35-49). San Francisco: Jossey Bass.

Salomon, G. & Perkins, D. N. (1989). Rocky roads to transfer: Rethinking mechanisms of a neglected phenomenon. *Educational Psychologist,* 24(2), 113-142.

Sarason, S. B. (1982). The culture of the school and the problem of change (2nd ed.). Boston: Allyn & Bacon.

Sarason, S. B. (1990). The predictable failure of educational reform: Can we change course before it's too late? San Francisco: Jossey-Bass.

Scardamalia, M., & Bereiter, C. (1989). Conceptions of Teaching and Approaches to Core Problems. In M. C. Reynolds (Ed.), Knowledge Base for the Beginning Teacher (pp. 37-46). Oxford: Pergamon Press.

Schein, E. H. (1987). The Clinical Perspective in Fieldwork. Sage University Paper Series on Qualitative Research Methods, Volume 5. Newbury Park, CA: Sage.

Schempp, P. G., Sparkes, A. C., & Templin, T. J. (1993). The Micropolitics of Teacher Induction. *American Educational Research Journal,* 30(3), 447-472.

Schwegler, Mirjam Sr. (1989). Fördern und Fordern des Schülers - eine konflikthafte, aber grundlegende Aufgabe der Schule. Unveröffentlichte Lizentiatsarbeit, Pädagogisches Institut der Universität Freiburg/Schweiz.

Schmid, P. (1993). Facetten einer Leidenschaft. Ein Lehrerporträt in Bildern. Unveröffentlichte Arbeit, Pädagogisches Institut der Universität Freiburg/Schweiz.

Schmidt, A., van Buer, J., & Reising, B. (1986). Zur impliziten Persönlichkeitstheorie von Lehrern an beruflichen Schulen im allgemein-gewerblichen Bereich. Untersuchungen zu Unterschieden zwischen den Lehrern. *Zeitschrift für Pädagogik,* 32(5), 661-678.

Schnydrig, B. (1992). Berufssorgen von Junglehrkräften. Dissertation, Pädagogisches Institut der Universität Freiburg/ Schweiz.

Schofield, J. W. (1990). Increasing the Generalizability of Qualitative Research. In E. W. Eisner, & A. Peshkin (Ed.), Qualitative Inquiry in Education: The Continuing Debate (pp. 201-232). New York: Teachers College Press.

Schön, B. (1973). Quantitative und qualitative Verfahren in der Schulforschung. In B. Schön, & K. Hurrelmann (Hg.), Schulalltag und Empirie (pp. 17-29). Weinheim: Beltz.

Schön, D. A. (1983). The Reflective Practitioner: How Professionals Think in Action. New York: Basic Books.

Schön, D. A. (1987). Educating the Reflective Practitioner: Toward a New Design for Teaching and Learning in the Professions. San Francisco: Jossey-Bass.

Schön, D. A. (1988). Coaching Reflective Teaching. In P. P. Grimmett & G. L. Erickson (Ed.), Reflection in Teacher Education (pp. 19-29). Vancouver: Pacific Educational Press.

Schön, D. A. (1991). (Ed.). The Reflective Turn. Case Studies In and On Educational Practice. New York: Teachers College Press.

Schön, D. A. (1992). The Theory of Inquiry: Dewey's Legacy to Education. *Curriculum Inquiry*, 22(2), 119-139.

Scholz, W.-D., & Wolter, A. (1981). Gesellschaftliches Bewusstsein von Lehrern als Problem der empirischen Sozialforschung. *Zeitschrift für Pädagogik*, 27(2), 305-325.

Schrag, F. (1992). Conceptions of Knowledge. In P. W. Jackson (Ed.), Handbook of Research on Curriculum (pp. 268-301). New York: MacMillan.

Schramm, H. (Hg.). (1979). Schulpraktikum. Arbeitsmaterialien zur Vorbereitung auf die Berufspraxis durch Unterrichtsversuche. Weinheim: Beltz.

Schratz, M. (1993). Researching while Teaching: promoting reflective professionality in higher education. *Educational Action Research,* 1(1), 111-133.

Schratz, M. (1993). (Ed.). Qualitative Voices in Educational Research. London: The Falmer Press.

Schratz, M., Mehan, H. (1993). Gulliver Travels into a Math Class. In Search of Alternative Discourse in Teaching and Learning. *International Journal of Educational Research,* 9(3), 247-264.

Schreckenberg, W. (1982). Vom 'guten' zum 'besseren' Lehrer: Über Eignung und Leistung von Lehrern. Düsseldorf: Schwann.

Schreckenberg, W. (1984). Der Irrweg der Lehrerausbildung: Über die Möglichkeit und Unmöglichkeit, ein 'guter' Lehrer zu werden. Düsseldorf: Schwann.

Schreckling, J. (1986). Zur Identifizierung routinierter vs. problembelasteter Handlungssteuerung beim Unterrichten. *Unterrichtswissenschaft,* 14(2), 190-205.

Schulz,W. (1965). Unterricht - Analyse - Planung. In P. Heimann, G. Otto, & W. Schulz (Hrsg.), Unterricht - Analyse und Planung (7. Auflage 1975). Hannover.

Schütze, F. (1976). Zur Hervorlockung und Analyse von Erzählungen thematisch relevanter Geschichten im Rahmen soziologischer Feldforschung. In Arbeitsgruppe Bielefelder Soziologen (Hg.), Kommunikative Sozialforschung (S. 159-260). München: Fink.

Schwab, J. J. (1964). The structure of the disciplines: Meanings and significances. In G. W. Ford & L. Pugno (Eds.), The structure of knowledge and the curriculum. Chicago: Rand McNally.

Schwab, J. J. (1978). Science, Curriculum, and Liberal Education: Selected Essays (I. Westbury, & N. J. Wilkof, Eds.). Chicago: University of Chicago Press.

Schwab, J. J. (1983). The Practical 4: Something for curriculum professors to do. *Curriculum Inquiry,* 13(3), 239-265.

Schwartz, H., & Jacobs, J. (1979). Qualitative sociology: A method to the madness. New York: Free Press.

Schwemmer, O. (1990). Die Philosophie und die Wissenschaften. Frankfurt a.M.: Suhrkamp (stw 869).

Scribner, S. (1984). Studying Working Intelligence. In B. Rogoff, & J. Lave (Eds.), Everyday Cognition: Its Development in Social Context. Cambridge: Harvard University Press.

Shaker, P. (1990). The metaphorical journey of evaluation theory. *International Journal of Qualitative Studies in Education*, 3(4), 355-363.

Shavelson, R. J. (1973). What is *the* basic teaching skill? *Journal of Teacher Education*, 24(2), 144-151.

Shavelson, R. J. (1983). Review of research on teachers' pedagogical judgements, plans and decisions. *Elementary School Journal,* 83(4), 392-413.

Shavelson, R. J. (1986). Interactive decisionmaking: some thoughts on teacher cognition. Invited address, I. Congresso Internacional 'Pensamientos de los Profesores y Toma de Decisiones', Sevilla, Spain, June 19-21.

Shavelson, R. J. (1989). Contributions of Research to Policy and Practice: A View from the United States. *Unterrichtswissenschaft,* 17(3), 251-269.

Shavelson, R. J., & Stern, P. (1981). Research on Teachers' Pedagogical Thoughts, Judgments, Decisions and Behavior. *Review of Educational Research*, 51(4), 455-98.

Shavelson, R. J., Webb, N. M., & Burstein, L. (1986). Measurement of Teaching. In M. C. Wittrock (Ed.), Handbook of Research on Teaching (3rd ed., pp. 50-91). New York: Macmillan.

Shavelson, R. J., & Berliner, D. C. (1988). Erosion of the Education Research Infrastructure. *Educational Researcher*, 17(1), 9-12.

Shor, I. (1992). Empowering Education. Critical Teaching for Social Change. Chicago: University of Chicago Press.

Shuell, T. J. (1990). Phases of Meaningful Learning. *Review of Educational Research*, 60(4), 531-547.

Shulman, J. H. (Ed.). (1992). Case methods in teacher education. New York: Teachers College Press.

Shulman, J. H. (1987). From veteran parent to novice teacher: a case study of a student teacher. *Teaching & Teacher Education,* 3(1), 13-27.

Shulman, J. H., & Colbert, J. A. (Eds.). (1986). The Mentor Teacher Casebook. San Francisco, CA: Far West Laboratory for Educational Research and Development.

Shulman, J. H. (1990). Anonymity Versus Visibility in Case Studies of Teachers. *Educational Researcher*, 19(6), 11-15.
Shulman, L. S. (1975). Pädagogische Forschung - Versuch einer Neufassung. In Kluge, N., & Reichel, H. (Hrsg.), Das Experiment in der Erziehungswissenschaft (Wege der Forschung; Bd. 476). Darmstadt: Wissenschaftliche Buchgesellschaft.
Shulman, L. S. (1981a). Disciplines of Inquiry in Education: An Overview. *Educational Researcher*, 10(6), 5-12, 23.
Shulman, L. S. (1981b). Recent developments in the study of teaching. In B. Tabachnik, T. S. Popkewitz, & P. B. Szekely (Eds.), Studying teaching and learning. New York: Praeger.
Shulman, L. S. (1983). Autonomy and Obligations: The Remote Control of Teaching. In L. S. Shulman & G. Sykes (Eds.), Handbook of teaching and policy (pp. 484-504). New York: Longman.
Shulman, L. S. (1984a). The missing paradigm in research on teaching. Lecture presented at the Research and Development Center for Teacher Education, Austin, TX.
Shulman, L. S. (1984b). The Practical and the Eclectic: A Deliberation on Teaching and Educational Research. *Curriculum Inquiry*, 14(2), 183-200.
Shulman, L. S. (1986a). Paradigms and research programs in the study of teaching: A contemporary perspective. In M. C. Wittrock (Ed.), Handbook of research on teaching (3rd ed., pp. 3-36). New York: Macmillan.
Shulman, L. S. (1986b). Those Who Understand: Knowledge Growth in Teaching. (dt. übersetzt, in E. Terhart, Hg., Unterrichten als Beruf, 1991, S. 145-160). *Educational Researcher*, 15(2), 4-14/21.
Shulman, L. S. (1987a). The Wisdom of Practice: Managing Complexity in Medicine and Teaching. In D. C. Berliner & B. V. Rosenshine (Eds.), Talks to Teachers (pp. 369-386). New York: Random House.
Shulman, L. S. (1987b). Knowledge and Teaching: Foundations of the New Reform. *Harvard Educational Review*, 57(1), 1-22.
Shulman, L. S. (1987c). Sounding an Alarm: A Reply to Sockett. *Harvard Educational Review*, 57(4), 473-482.
Shulman, L. S. (1987d). Assessment for Teaching: An Initiative for The Profession. *Phi Delta Kappan*, 9, 38-44.
Shulman, L. S. (1988). The Dangers of Dichotomous Thinking in Education. In P. P. Grimmett & G. L. Erickson, Reflection in Teacher Education (pp. 31-38). Vancouver: Pacific Educational Press.
Shulman, L. S. (1990). Reconnecting Foundations to the Substance of Teacher Education. In S. Tozer, T. H. Anderson, & B. B. Armbruster (Eds.), Foundational Studies in Teacher Education: A Reexamination (pp. 2-12). New York: Teachers College Press.
Shulman, L. S. (1991). Ways of seeing, ways of knowing: ways of teaching, ways of learning about teaching. *Journal of Curriculum Studies*, 23(5), 393-395.
Shulman, L. S. (1992a). Toward a pedagogy of cases. In J. H. Shulman (Ed.), Case methods in teacher education (pp. 1-30). New York: Teachers College Press.
Shulman, L. S. (1992b). Research on Teaching: A Historical and Personal Perspective. In F. K. Oser, A. Dick, & J.-L. Patry (Eds.), Effective and Responsible Teaching: The New Synthesis (pp. 14-29). San Francisco: Jossey Bass.
Shulman, L. S. (1992c). Portfolios for Teacher Educators: A Component of Reflective Teacher Education. Paper delivered at the Annual Meeting of the American Educational Research Association, April, 12-16, Atlanta/GA.
Shulman, L. S., & Elstein, A. S. (1975). Studies of problem solving, judgements, and decision making: Implications for educational research. In F. N. Kerlinger (Ed.), *Review of Research in Education* (Vol. 3, pp. 5-42). Itasca, IL: F. E. Peacock.
Shulman, L. S., & Keislar, E. R. (Eds.). (1966). Learning by discovery: A critical appraisal. Chicago: Rand Mc Nally.
Shulman, L. S., & Sykes, G. (Eds.). (1983). Handbook of teaching and policy. New York: Longman.
Shulman, L. S., & Sykes, G. (1986). A national board for teaching? In search of a bold standard (Paper commissioned for the Task Force on Teaching as a Profession, Carnegie Forum on Education and the Economy, March).
Sikes, P. J., Measor, L., & Woods, P. (1985). Teacher careers: crisis and continuities (Last chapter: Teacher Careers and Identites, pp. 227-244: dt. übersetzt, in E. Terhart, Hg., Unterrichten als Beruf, 1991, S. 231-248). London: The Falmer Press.
Simon, H. A. (1957). Models of man: Social and rational (Mathematical essays). New York: John Wiley.
Slavin, R. E. (1986). Best-Evidence Synthesis: An Alternative to Meta-Analytic and Traditional Reviews. *Educational Researcher*, 15(9), 5-11.
Slavin, R. E. (1987). Best-Evidence Synthesis: Why Less Is More. *Educational Researcher*, 16(4), 15-16.
Smith, D. G. (1991). Hermeneutic Inquiry: The Hermeneutic Imagination and the Pedagogic Text. In E. C. Short (Ed.), Forms of Curriculum Inquiry (pp. 187-209). Suny Press.
Smith, J. K. (1988). The Evaluator/Researcher as Person vs. The Person as Evaluator/Researcher. *Educational Researcher*, 17(2), 18-23.

Smith, J. K., & Heshusius, L. (1986). Closing Down the Conversation: The End of the Quantitative-Qualitative Debate. *Educational Researcher,* 15(1), 4-12.
Smith, L. M. (1992). Ethnography. In M. C. Alkin (Ed.), Encyclopedia of Educational Research (sixth ed., pp. 458-462). New York/Oxford/Singapore/Sydney: Macmillan.
Smith, L. M., & Geoffrey, W. (1968). The complexities of an urban classroom: An analysis toward a general theory of teaching. New York: Holt, Rinehart & Winston.
Smith, M. L. (1987). Publishing Qualitative Research. *American Educational Research Journal*, 24(2), 173-183.
Smyth, W. J. (1986). Reflection-in-Action. Deakin University Press.
Smyth, J. (1987). Transforming teaching through intellectualizing the work of teachers. In J. Smyth (Ed.), Educating teachers: Changing the Nature of Pedagogical Knowledge (pp. 155-168). Barcombe: Falmer Press.
Smyth, J. (1989). A critical pedagogy of classroom practice. *Journal of Curriculum Studies*, 21(6), 483-502.
Smyth, J. (1991). Teachers as collaborative learners. Challenging dominant forms of supervision. Milton Keynes, Philadelphia: Open University Press.
Smyth, J. (1992). Teachers' Work and the Politics of Reflection. *American Educational Research Journal*, 29(2), 267-300.
Sockett, H. T. (1987). Has Shulman got the strategy right? *Harvard Educational Review,* 57(1), 1-22.
Sockett, H. (1989). Research, practice and professional aspiration within teaching. *Journal of Curriculum Studies,* 21(2), 97-112.
Soeffner, H.-G. (1989). Auslegung des Alltags - Der Alltag der Auslegung. Frankfurt a.M.: Suhrkamp (stw 785).
Soeffner, H.-G. (1979). (Hrsg.). Interpretative Verfahren in den Sozial- und Textwissenschaften. Stuttgart: Metzlersche Verlagsbuchhandlung.
Soltis, J. F. (1990). A Reconceptualization of Educational Foundations. In S. Tozer, T. H. Anderson, & B. B. Armbruster (Eds.), Foundational Studies in Teacher Education: A Reexamination (pp.13-23). New York: Teachers College Press.
Sparks-Langer, G. M., & Colton, A. B. (1991). Synthesis of research on teachers' reflective thinking. *Educational Leadership,* 48(6), 37-44.
Spindler, G. (1982). Doing the Ethnography of Schooling. New York: Holt, Rinehart & Winston.
Spindler, G., & Spindler, L. (1987a). Interpretive Ethnography of Education: At Home and Abroad. Hillsdale: Lawrence Erlbaum.
Spindler, G., & Spindler, L. (1987b). Teaching and Learning How to Do the Ethnography of Education. In G. Spindler & L. Spindler (Ed.), Interpretive Ethnography of Education: At Home and Abroad. Hillsdale: Lawrence Erlbaum.
Spöhring, W. (1989). Qualitative Sozialforschung. Teubner-Studienskripten; 133: Studienskripten zur Soziologie. Stuttgart: Teubner.
Spradley, J. P. (1979). The Ethnographic Interview. New York: Holt, Rinehart and Winston.
Spradley, J. P. (1980). Participant Observation. New York: Holt, Rinehart and Winston.
Sprinthall, N. A., & Thies-Sprinthall, L. (1983). The Teacher as an Adult Learner: A Cognitive-Developmental View. In G. A. Griffin (Ed.), Staff development (pp. 13-35). Chicago: University of Chicago Press.
Sprinthall, N. A., & Sprinthall, R. C. (1987). Educational psychology: A developmental approach. New York: Random House.
Stadler, I. (1991). Verbesserung der Lehrerkooperation als Beitrag zur Schulentwicklung. Unveröffentlichte Lizentiatsarbeit, Pädagogisches Institut der Universität Freiburg/Schweiz.
Stallings, J. (1987). Implications from the Research on Teaching for Teacher Preparation. In M. Haberman & J. M. Backus (Eds.), Advances in Teacher Education (pp. 57-74) Volume 3, Norwood, NJ: Ablex Publ.
Stallings, J., Needels, M., & Sparks, G. M. (1987). Observation for the Improvement of Classroom. In D. C. Berliner & B. V. Rosenshine (Eds.), Talks to Teachers (pp. 129-158). New York: Random House.
Stein, M. K., & Wang, M. C. (1988). Teacher development and school improvement: the process of teacher change. *Teaching & Teacher Education,* 4(2), 171-187.
Steltmann, K. (1980). Motive für die Wahl des Lehrerberufs. Ergebnisse einer empirischen Untersuchung. *Zeitschrift für Pädagogik*, 26(4), 581-586.
Stenhouse, L. (1975a). An Introduction to Curriculum Research and Development (pp. 142-165). London: Heinemann.
Stenhouse, L. (1975b). The Humanities Curriculum Project. *Journal of Curriculum Theorizing,* 1, 26-33.
Stenhouse, L. (1985). Research as a Basis for Teaching. (Ed. by J. Rudduck & D. Hopkins). London: Heinemann.
Sternberg, R. J. (Ed.). (1986). Human Abilities: An Information-Processing Approach. New York: Freeman & Co.
Sternberg, R. J., & Caruso, D. R. (1985). Practical Modes of Knowing. In E. W. Eisner (Ed.), Learning and Teaching the Ways of Knowing (133-158). Eighty-fourth yearbook of the National Society for the Study of Education. Part II. Chicago: University of Chicago Press.
Stevens, J. T., & Smith, C. L. (1978). Supervising Teacher Accountability: Evaluation by the Student Teacher. *Peabody Journal of Education,* 56, October, 64-74.

Stodolsky, S. S. (1993). A Framework for Subject Matter Comparisons in High Schools. *Teaching & Teacher Education*, 9(4), 333-346.

Strahan, D. B. (1989). How Experienced and Novice Teachers frame their views of instruction: An Analysis of Semantic Ordered Trees. *Teaching & Teacher Education,* 5 (1), 53-67.

Strauss, A. (1987). Qualitative Analysis for Social Scientists. New York/Melbourne: Cambridge University Press.

Strauss, A. (1988). Teaching qualitative research methods courses: a conversation with Anselm Strauss. *International Journal of Qualitative Studies in Education,* 1(1), 91-99.

Strehmel, P. (1988). Prozessanalyse von Bewältigungsprozessen. In L. Brüderl (Hg.), Theorien und Methoden der Bewältigungsforschung (pp. 208-230). Weinheim; München: Juventa-Verlag.

Strike, K. A., & Soltis, J. F. (1985). The Ethics of Teaching. (Thinking about Education Series), New York: Teachers College Press, Columbia University.

Strittmatter, A. (1988). Die Schule von morgen ist eine teilautonome, geleitete Schule. *Beiträge zur Lehrerbildung,* 10(1), 5-19.

Strittmatter, P. (1979). Unterrichtswissenschaft - Wissenschaft für Unterricht? *Unterrichtswissenschaft,* 7(1), 13-23.

Strittmatter, P. (1981). Erfahrungswissenschaftliche Evaluation von Lehrerfortbildung. *Unterrichtswissenschaft,* 9(1), 54-63.

Susteck, H. (1989). Fallstudien als praxisorientierter Forschungsbeitrag. *Die Realschule,* 3, 120-125.

Swanson, H. L., O'Connor, J. E., & Cooney, J. (1990). An Information Processing Analysis of Expert and Novice Teachers' Problem Solving. *American Educational Research Journal*, 27(3), 533-556.

Sykes, G., & Bird, T. (1992). Teacher Education and the Case Idea. In G. Grant (Ed.), *Review of Research in Education* (Vol. 18, pp. 457-521). American Educational Research Association. Washington, D.C., AERA.

Tabachnik, B. R., & Zeichner, K. (1984). The impact of the student teaching experience on the development of teacher perspectives. *Journal of Teacher Education*, 35, 28-36.

Tabachnik, B. R., & Zeichner, K. M. (1986). Teacher beliefs and classroom behaviors: some teacher responses to inconsistency. In M. Ben-Peretz, R. Bromme & R. Halkes (Eds.), Advances of Research on Teacher Thinking (pp. 84-96). Lisse: Swets & Zeitlinger B.V.

Tabachnick, B. R. (1989). Needed for Teacher Education: Naturalistic Research that is culturally responsive. *Teaching & Teacher Education,* 5(2), 155-163.

Taft, R. (1987). Ethnographic Methods. In M. J. Dunkin (Ed.), The International Encyclopedia of Teaching and Teacher Education (pp.151-155). New York: Pergamon Press.

Tamir, P. (1988). Subject matter and related pedagogical knowledge in teacher education. *Teaching & Teacher Education*, 4(2), 99-110.

Terhart, E. (1978). Interpretative Unterrichtsforschung: Kritische Rekonstruktion und Analyse konkurrierender Forschungsprogramme der Unterrichtswissenschaft. Stuttgart, Klett.

Terhart, E. (1979). Ethnographische Schulforschung in den USA (Ein Literaturbericht). *Zeitschrift für Pädagogik,* 25(2), 291-306.

Terhart, E. (1980a). Neuer Optimismus in der empirischen Unterrichtsforschung? Zu dem Buch von N. L. Gage: Unterrichten - Kunst oder Wissenschaft? *Zeitschrift für Pädagogik,* 26(4), 609-614.

Terhart, E. (1980b). Ethnomethodologie und schulischer Alltag. *Unterrichtswissenschaft*, 8(2), 157-167.

Terhart, E. (1981). Intuition - Interpretation - Argumentation. *Zeitschrift für Pädagogik*, 27(5), 769-793.

Terhart, E. (1983). Aufgaben und Verfahren interpretativer Theoriebildung: Übersicht über die Beiträge. *Zeitschrift für Pädagogik,* 18. Beiheft, 333-342.

Terhart, E. (1986). Der Stand der Lehr-Lern-Forschung. In H.-D. Haller, & H. Meyer (Hrsg.), Ziele und Inhalte der Erziehung und des Unterrichts (Enzyklopädie Erziehungswissenschaft; Bd. 3, pp. 63-79). Stuttgart: Klett-Cotta.

Terhart, E. (1987). Vermutungen über das Lehrerethos. *Zeitschrift für Pädagogik*, 33(6), 787-804.

Terhart, E. (1989). Lehr-Lern-Methoden. Eine Einführung in Probleme der methodischen Organisation von Lehren und Lernen. Weinheim u. München: Juventa.

Terhart, E. (1991a). Pädagogisches Wissen. Überlegungen zu seiner Vielfalt, Funktion und sprachlichen Form am Beispiel des Lehrerwissens. *Zeitschrift für Pädagogik,* 27. Beiheft, 129-141.

Terhart, E. (Hg.). (1991b). Unterrichten als Beruf. Neuere amerikanische und englische Arbeiten zur Berufskultur und Berufsbiographie von Lehrern und Lehrerinnen. Köln: Böhlau.

Tharp, R. G., & Gallimore, R. (1988). Rousing minds to life. Teaching, learning, and schooling in social context. New York/Melbourne: Cambridge University Press.

Thies-Sprinthall, L., & Sprinthall, N. A. (1987). Experienced teachers: agents for revitalization and renewal as mentors and teacher educators. *Journal of Education,* 169(1), 65-79.

Thies-Sprinthall, L., & Sprinthall, N. A. (1987). Preservice Teachers as Adult Learners: A New Framework for Teacher Education. In M. Haberman & J. M. Backus (Eds.), Advances in Teacher Education (pp. 35-56) Volume 3, Norwood, NJ: Ablex Publ.

Thommen, B. (1985). Alltagstheorien von Lehrern über verhaltensauffällige Schüler. Bern: Huber.

Tillema, H. H., & Veenman, S. A. M. (Eds.). (1987). Developments in Training Methods for Teacher Education. *International Journal of Educational Research,* 11(5), 517-599.

Tochon, F. V. (1990). Heuristic Schemata as Tools for Epistemic Analysis of Teachers' Thinking. *Teaching & Teacher Education,* 6(2), 183-196.

Tochon, F. V., & Munby, H. (1993). Novice and Expert Teachers' Time Epistemology: A Wave Function from Didactics to Pedagogy. *Teaching & Teacher Education*, 9(2), 169-181.

Todd, J. (1983). Mixing Qualitative and Quantitative Methods: Triangulation in Action. In J. Van Maanen (Ed.), Qualitative Methodology. Beverly Hills: Sage.

Tom, A. (1984). Teaching as a Moral Craft. New York: Longman.

Tom, A. (1985). Inquiring into inquiry-oriented teacher education. *Journal of Teacher Education,* 36(5), 35-44.

Tom, A. R., & Valli, L. (1990). Professional Knowledge for Teachers. In W. R. Houston (Ed.), Handbook of Research on Teacher Education (pp. 373-392). New York: Macmillan.

Tomlinson, P. D., & Swift, D. J. (1992). Teacher-educator thinking in the context of radio-assisted practice: more patchwork pedagogy? *Teaching & Teacher Education,* 8(2), 159-170.

Travers, R. M. W. (Ed.). (1973). Second Handbook of Research on Teaching, Chicago: Rand McNally.

Trier, U. P., Ganguillet, G., & Hirsch, G. (1988). Einstellungen, Engagement und Belastung des Lehrers. Ein lebensgeschichtlicher Ansatz. Wissenschaftlicher Schlussbericht an den Schweiz. Nationalfonds und an die Erziehungsdirektion des Kt. Zürich.

Treinies, G., Einsiedler, G., & Glumpler, E. (1988). Auswirkungen unterschiedlicher Methoden der Wissensstrukturierung im Unterricht. *Unterrichtswissenschaft*, 16(4), 69-89.

Trumbull, D. J. (1990). Evolving Conceptions of Teaching: Reflections of One Teacher. *Curriculum Inquiry,* 20(2), 161-182.

Tyack, D. (1976). Ways of Seeing: An essay on the history of compulsory schooling. *Harvard Educational Review,* 46, 355-389.

Uhle, R. (1981). Grundlinien einer Rekonstruktion hermeneutisch praktischer Pädagogik. *Zeitschrift für Pädagogik,* 27(1), 7-30.

Valli, L. (1990). Moral Approaches to Reflective Practice. In R. T. Clift, W. R. Houston, & M. C. Pugach (Eds.), Encouraging Reflective Practice in Education (pp. 39-56). New York: Teachers College Press.

Valli, L. (1992). Reflective Teacher Education: Cases and Critiques. Albany, NY: State University of New York Press.

van Buer, J. (1984). 'Quantitative' oder 'qualitative' Unterrichtsbeobachtung? - Eine falsche Alternative. *Unterrichtswissenschaft,* 12(3), 252-267.

VanMaanen, J. (1988). Tales of the field. Chicago: University of Chicago Press.

van Manen, M. (1977). Linking ways of knowing with being practical. *Curriculum Inquiry,* 6, 205-218.

van Manen, M. (1991a). The Tact of Teaching. The Meaning of Pedagogical Thoughtfulness. Albany: State University of New York Press.

van Manen, M. (1991b). Reflectivity and the pedagogical moment: the normativity of pedagogical thinking and acting. *Journal of Curriculum Studies*, 23(6), 507-536.

Vansledright, B. A., & Putnam, J. (1991). Thought processes of student teachers. *Teaching & Teacher Education,* 7(1), 115-118.

Veal, M. L., Clift, R., & Holland, P. (1989). School contexts that encourage reflection: teacher perceptions. *International Journal of Qualitative Studies in Education,* 2(4), 315-333.

Veenman, S. (1984). Perceived Problems of Beginning Teachers. *Review of Educational Research*, 54(2), 143-178.

Von Hentig, H. (1982). Erkennen durch Handeln. In E. König & P. Zedler (Hrsg.), Erziehungswissenschaftliche Forschung. Positionen, Perspektiven, Probleme. München: Paderborn.

Vonk, J. H. C., & Schras, G. A. (1987). From beginning to experienced teacher: a study of the professional development of teachers during their first four years of service. *European Journal of Teacher Education,* 10, 95-110.

Vosniadou, S., & Brewer, W. F. (1987). Theories of Knowledge Restructuring in development. *Review of Educational Research*, 57(1), 51-68.

Vygotsky, L. S. (1962). Thought and language. (Originally published in Russian in 1934). Cambridge: MIT Press. [Deutsche Ausgabe: Denken und Sprechen. Frankfurt a/M: Fischer TB 6350].

Vygotsky, L. S. (1978). Mind in Society. The Development of Higher Psychological Processes. (Edited, M. Cole, V. John-Steiner, S. Scribner & E. Souberman.) Cambridge: Harvard University Press.

Wygotski, L. S. (1987). Ausgewählte Schriften. Bd. 2: Arbeiten zur psychischen Entwicklung der Persönlichkeit. (In dt. Sprache hrsg. von Joachim Lompscher) Berlin: Volk und Wissen.

Wagner, A. C. (1984). Conflicts in consciousness: imperative cognitions can lead to knots in thinking. In R. Halkes & J. K. Olson (Eds.), Teacher Thinking: a new perspective on persisting problems in education (pp. 163-175). Lisse: Swets & Zeitlinger B.V.

Wagner, A. C. (1987). 'Knots' in Teachers' Thinking. In J. Calderhead (Ed.), Exploring Teachers' Thinking (pp. 161-178). London: Cassell Educational Ltd.

Wagner, J. (1990). Bricolage and Teachers' Theorizing. *Anthropology & Education Quarterly*, 21(1), 78-81.

Wagner, J. (1993). Educational research as a full participant: challenges and opportunities for generating new knowledge. *International Journal of Qualitative Studies in Education* 6(1), 78-81.

Wahl, D. (1981). Methoden zur Erfassung handlungssteuernder Kognitionen von Lehrern. In M. Hofer (Hg.), Informationsverarbeitung und Entscheidungsverhalten von Lehrern (pp. 49-77). München: Urban & Schwarzenberg.

Wahl, D., Schlee, J., Krauth, J., Mureck, J. (1983). Naive Verhaltenstheorie von Lehrern (Abschlussbericht eines Forschungsvorhabens zur Rekonstruktion und Validierung subjektiver psychologischer Theorien). Universität Oldenburg.

Wahl, D., Weinert, F. E., Huber, G.L. (1984). Psychologie der Schulpraxis. Ein handlungsorientiertes Lehrbuch für die Schulpraxis. München: Kösel.

Waite, D. (1992). Instructional supervision from a situational perspective. *Teaching & Teacher Education,* 8(2), 319-332.

Walberg, H. J. (1986). Syntheses of Research on Teaching. In M. C. Wittrock (Ed.), Handbook of Research on Teaching (3rd ed., pp. 214-229). New York: Macmillan.

Walberg, H. J. & Tsai, S.-L. (1983). Matthew Effects in Education. *American Educational Research Journal,* 20(3), 359-373.

Wang, M. C., & Palincsar, A. S. (1989). Teaching Students to Assume an Active Role in Their Learning. In M. C. Reynolds (Ed.), Knowledge Base for the Beginning Teacher (pp. 71-84). Oxford: Pergamon Press.

Wanzenried, P. (1985). Schulpraktische Ausbildung: Die Kunst des Möglichen. *Beiträge zur Lehrerbildung,* Heft 3.

Wanzenried, P. (1989). Theorie-Praxis-Bezug in der Lehrerbildung. Vortrag, gehalten im Rahmen des Internationalen Kontaktseminars 'Improving Education by Improving Teacher Education'. Zürich, Juni.

Wasley, P. A. (1991). Stirring the Chalkdust: Changing Practices in Essential Schools. *Teachers College Record,* 93(1), 28-58.

Weber, S. (1990). The Teacher Educator's Experience: Cultural Generativity and Duality of Commitment. *Curriculum Inquiry,* 20(2), 141-159.

Weinert, F. E., Knopf, M., & Storch, C. (1981). Erwartungsbildung bei Lehrern. In M. Hofer (Hg.), Informationsverarbeitung und Entscheidungsverhalten von Lehrern (pp. 157-191). München: Urban & Schwarzenberg.

Weingarten, E. (1985). Die Methoden der Konstruktion sozialer Wirklichkeit: Grundpositionen der Ethnomethodologie. In G. Jüttemann (Hg.), Qualitative Forschung in der Psychologie (pp.108-124). Weinheim: Basel.

Weingarten, E., & Sack, F. (1979). Ethnomethodologie. Die methodische Konstruktion der Realität. In E. Weingarten, F. Sack, & J. Schenkein (Hrsg.), Ethnomethodologie: Beiträge zu einer Soziologie des Alltagshandelns (pp. 64 - 104). Frankfurt a.M.: Suhrkamp (stw 71).

Weinshank, A. B., Trumbull, E. S., & Daly, P. L. (1983). The Role of the Teacher in School Change. In L. S. Shulman & G. Sykes (Eds.), Handbook of teaching and policy (pp. 300-314). New York: Longman.

Weinstein, C. S. (1988). Preservice Teachers' Expectations about the First Year of Teaching. *Teaching & Teacher Education*, 4(1) 31-40.

Weinstein, C. S. (1990). Prospective Elementary Teachers' Beliefs about Teaching: Implications for Teacher Education. *Teaching & Teacher Education*, 6(3) 279-290.

Weinstein, C. F., & Mayer, R. F. (1986). The Teaching of Learning Strategies. In M. C. Wittrock (Ed.), Handbook of Research on Teaching (3rd ed., pp. 315-332). New York: Macmillan.

Weinstein-Shr, G. (1990). People, process, and paradox: qualitative research as journey. *International Journal of Qualitative Studies in Education,* 3(24), 345-354.

Weiss, J. (1993). Enseignant et chercheur, couple maudit ou partenaires du changement? Institut Romand de Recherche et de Documentation Pédagogiques (Pratiques 93.202). Neuchâtel.

Welker, R. (1991). Expertise and the Teacher as Expert: Rethinking a Questionable Metaphor. *American Educational Research Journal,* 28(1), 19-35.

Welker, R. (1992). The Teacher as Expert. A Theoretical and Historical Examination. Albany: State University of New York Press.

Wellendorf, F. (1980). Die Angst des Autors vor seiner Wissenschaft (Zu H. Brück: Die Angst des Lehrers vor seinem Schüler). *Zeitschrift für Pädagogik*, 26(4), 597-608.

Wertheimer, M. (1989). Verstehen aus gestaltpsychologischer Sicht. *Beiträge zur Lehrerbildung,* 7(2), 149-160.

"What Works" (1987). What Works: research about teaching and learning. (2nd ed., Author, Washington, DC: US Department of Education).

White, R. T. (1982). Memory for Personal Events. *Human Learning,* 1, 171-183.

White, R. T. (1989a). Metalearning and conceptual change. *International Journal of Science Education,* 11, Special Issue, 577-586.

White, R. T. (1989b). Recall of Autobiographical Events. *Applied Cognitive Psychology,* 3, 127-135.

White, R. T. (1992). Enhancing effective and responsible learning: Principles from long-term action research. In F. K. Oser, A. Dick, & J.-L. Patry (Eds.), Effective and Responsible Teaching: The New Synthesis (pp. 50-65). San Francisco: Jossey Bass.
White, R. T. (1993). The promotion of good learning behaviors. Paper delivered at the 5th Conference of the European Association for Research on Learning and Instruction (EARLI), Aix-en-Provence.
White, R. T., & Gunstone, R. F. (1989). Metalearning and conceptual change. *International Journal on Science Education,* 11 (special issue), 577-586.
White, R. T., & Gunstone, R. (Eds.). (1992). Probing Understanding. London: The Falmer Press.
Whyte, W. F. (1943). Street Corner Society (3rd ed., 1981). Chicago: University of Chicago Press.
Wiedemann, P. M. (1985). Deutungsmusteranalyse. In G. Jüttemann (Hg.), Qualitative Forschung in der Psychologie (pp.212-226). Weinheim: Basel.
Wigger, L. (1988). Tradition als pädagogisches Argument. *Bildung und Erziehung,* 41(4), 427-444.
Wilcox, K. (1982). Ethnography as a methodology and its application to the study of schooling: A review. In G. Spindler (Ed.), Doing the Ethnography of Schooling (pp. 456-488). New York: Holt, Rinehart & Winston.
Wildman, T., & Borko, H. (1985). Beginning teacher's handbook. Blacksburg, VA: Virginia Polytechnic, College of Education.
Wildman, T., & Niles, J. (1987). Reflective teachers: Tensions between abstractions and realities. *Journal of Teacher Education,* 38, 25-31.
Wildman, T. M., Niles, J. A., Magliaro, S. G., & McLaughlin, R. A. (1990). Reflective Practice among Beginning and Experienced Teachers. In R. T. Clift, W. R. Houston, & M. C. Pugach (Eds.), Encouraging Reflective Practice in Education (pp. 139-162). New York: Teachers College Press.
Wildman, T. M., Magliaro, S. G., Niles, R. A., & Niles, J. A. (1992). Teacher Mentoring: An Analysis of Roles, Activities, and Conditions. *Journal of Teacher Education,* 43(3), 205-213.
Wildt, J. (1981). Der Stellenwert schulpraktischer Studien für eine professionalisierte Lehrerausbildung. *Zeitschrift für Pädagogik,* 17. Beiheft, 147-154.
Willett, J. B. (1988). Questions and Answers in the Measurement of Change. In E. Z. Rothkopf (Ed.), *Review of Research in Education* (Vol. 15, pp. 345-422). Washington, D.C.: AERA.
Williams, M. (1989). Vygotsky's Social Theory of Mind. *Harvard Educational Review,* 59(1), 108-126.
Willinsky, J. (1989). Getting Personal and Practical with Personal Practical Knowledge. *Curriculum Inquiry,* 19(3), 247-264.
Wilson, S. M., & Gudmundsdóttir, S. (1987). What is this a case of? Exploring some conceptual issues in case study research. *Education and Urban Society,* 20(1), 42-54.
Wilson, S. M., Shulman, L. S., & Richert, A. (1987). '150 Different Ways' of Knowing: Representations of Knowledge in Teaching. In J. Calderhead (Ed.), Exploring Teachers' Thinking (pp. 104-124). London: Cassell Educational Ltd.
Wineburg, S. S. (1987). The Self-Fulfillment of the Self-Fulfilling Prophecy. *Educational Researcher,* 16(9), 28-37.
Winne, P. H., & Marx, R. W. (1987). The Best Tool Teachers Have - Their Students' Thinking. In D. C. Berliner & B. V. Rosenshine (Eds.), Talks to Teachers (pp. 267-304). New York: Random House.
Wittrock, M. C. (Ed.). (1986a). Handbook of Research on Teaching. A Project of the American Educational Research Association (AERA). New York: Macmillan.
Wittrock, M. C. (1986b). Students' Thought Processes. In M. C. Wittrock (Ed.), Handbook of Research on Teaching (3rd ed., pp. 297-314). New York: Macmillan.
Witzel, A. (1985). Das problemzentrierte Interview. In G. Jüttemann (Hg.), Qualitative Forschung in der Psychologie (pp. 227-255). Weinheim: Basel.
Wolcott, H. F. (1973). The Man in the Principal's Office: An Ethnography. Prospect Heights: Waveland Press.
Wolcott, H. F. (1984). Ethnographers sans Ethnography: The Evaluation Compromise. In D. M. Fetterman (Ed.), Ethnography in Educational Evaluation (pp. 177-210). Berkeley: Sage Publications.
Wolcott, H. F. (1990). On Seeking - and Rejecting - Validity in Qualitative Research. In E. W. Eisner, & A. Peshkin (Ed.), Qualitative Inquiry in Education: The Continuing Debate (pp. 121-152). New York: Teachers College Press.
Wood, P. (1988). Action Research: a field perspective. *Journal of Education for Teaching,* 14(2), 135-150.
Woods, P. (1986a). Inside Schools. Ethnography in Educational Research. New York: Routledge & Kegan.
Woods, P. (1986b). Sociology, Ethnography and Teacher Practice. *Teaching & Teacher Education,* 1(1), 51-62.
Woolfolk, A. (Ed.). (1990). Research Perspectives on the graduate preparation of teachers. Englewood Cliffs, NJ: Prentice Hall.
Wubbels, T. (1992). Taking account of student teachers' preconceptions. *Teaching & Teacher Education,* 8(2), 137-149.
Wubbels, Th., & Korthagen, F. A. J. (1990). The Effects of a Pre-service Teacher Education Program for the Preparation of Reflective Teachers. *Journal of Education for Teaching,* 16(1), 29-43.

Yin, R. K. (1984). Case Study Research (Design and Methods). Applied Social Research methods, Series Volume 5 (4th print. 1986). Beverly Hills: Sage Publications.

Yinger, R. J. (1977). A study of teacher planning: Description and theory development using ethnographic and information processing methods. Unpublished doctoral dissertation, Michigan State University, East Lansing.
Yinger, R. J. (1979). Routines in teacher planning. *Theory into Practice,* 18, 163-169.
Yinger, R. J. (1980). A Study of Teacher Planning. *The Elementary School Journal*, 80(3), 107-127.
Yinger, R. J. (1986). Examining Thought in Action: A Theoretical and Methodological Critique of Research on Interactive Teaching. *Teaching & Teacher Education*, 2(3), 263-282.
Yinger, R. J. (1987a). By the Seat of your Pants: An Inquiry into Improvisation and Teaching. Paper presented at the Annual Meeting of the American Educational Research Association, Washington, D.C., April.
Yinger, R. J. (1987b). Learning the Language of Practice. *Curriculum Inquiry*, 17(3), 293-318.
Yinger, R. J. (1990). The Conversation of Practice. In R. T. Clift, W. R. Houston, & M. C. Pugach (Eds.), Encouraging Reflective Practice in Education (pp. 73-94). New York: Teachers College Press.
Yinger, R. J., & Clark, C. M. (1982). Understanding Teachers' judgments about instruction: The task, the method, and the meaning. (Research series No. 121). East Lansing, Michigan: Institute for Research on Teaching, Michigan State University.

Zahorik, J. A. (1990). Stability and Flexibility in Teaching. *Teaching & Teacher Education,* 6(1), 69-80.
Zeichner, K. M. (1986a). Preparing reflective teachers: An overview of instructional strategies which have been employed in preservice teacher education. *International Journal of Educational Research,* 11(5), 565-575.
Zeichner, K. M. (1986b). Individual and Institutional Influences on the Development of Teacher Perspectives. In J. D. Raths & L. G. Katz (Eds.), Advances In Teacher Education (pp. 135-163), Volume 2, Norwood, NJ: Ablex Publ. Corp.
Zeichner, K. M. (1986c). Content and Contexts: neglected elements in studies of student teaching as an occasion for learning to teach. *Journal of Education for Teaching,* 12(1), 5-24.
Zeichner, K. M. (1986d). Lehrersozialisation und Lehrerausbildung: Forschungsstand und Perspektiven. *Bildung und Erziehung*, 39(3), 263-278.
Zeichner, K. M. (1990). Changing Directions in the Practicum: looking ahead to the 1990s. *Journal of Education for Teaching*, 16(2), 105-132.
Zeichner, K. (1992). Rethinking the Practicum in the Professional Development School Partnership. *Journal of Teacher Education,* 43(4), 296-307.
Zeichner, K. M. (1993). Traditions of Practice in U.S. Preservice Teacher Education. *Teaching & Teacher Education,* 9(1), 1-13.
Zeichner, K. M., & Gore, J. M. (1990). Teacher Socialization In W. R. Houston (Ed.), Handbook of Research on Teacher Education (pp. 329-348). New York: Macmillan.
Zeichner, K. M., & Grant, C. (1981). Biography and social structure in the socialization of student teachers. *Journal of Education for Teaching*, 7(1), 298-314.
Zeichner, K. M., & Tabachnick, B. R. (1981). Are the effects of teacher education 'washed out' by school experience? *Journal of Teacher Education*, 32(3), 7-11.
Zeichner, K. M., & Tabachnick, B. R. (1985). The development of teacher perspectives: social strategies and institutional control in the socialization of beginning teachers. *Journal of Education for Teaching*, 11(1), 1-25.
Zeichner, K. M., & Liston, D. P. (1985). Varieties of discourse in supervisory conferences. *Teaching & Teacher Education*, 1(2), 155-174.
Zeichner, K. M., & Liston, D. P. (1987). Teaching student teachers to reflect. *Harvard Educational Review*, 57(1), 23-48.
Zeichner, K. M., Tabachnick, B. R., & Densmore, K. (1987). Individual, Institutional, and Cultural Influences on the Development of Teachers' Craft Knowledge. In J. Calderhead (Ed.), Exploring Teachers' Thinking (pp. 21-59). London: Cassell Educational Ltd.
Zeuli, J. S., & Buchmann, M. (1988). Implementation of teacher-thinking research as curriculum deliberation. *Journal of Curriculum Studies*, 20(2), 141-154.
Zimmerman, D. H., & Pollner, M. (1979). Die Alltagswelt als Phänomen. In E. Weingarten, F. Sack, & J. Schenkein (Hrsg.), Ethnomethodologie: Beiträge zu einer Soziologie des Alltagshandelns (pp. 64 - 104). Frankfurt a.M.: Suhrkamp (stw 71).
Zulich, J., Bean, T. W., & Herrick, J. (1992). Charting stages of preservice teacher development and reflection in a multicultural community through dialogue journal analysis. *Teaching & Teacher Education,* 8(2), 345-360.
Zumwalt, K. K. (1982). Research on teaching: Policy implications for teacher education. In A. Lieberman & M. W. McLaughlin (Eds.), Policy making in education (pp. 215-248). Eighty-first yearbook of the National Society for the Study of Education. Chicago: University of Chicago Press.
Zumwalt, K. (1985). The Master Teacher Concept: Implications for Teacher Education. *The Elementary School Journal,* 86(1), 45-53.
Zumwalt, K. (1989). Beginning Professional Teachers: The Need for a Curricular Vision of Teaching. In M. C. Reynolds (Ed.), Knowledge Base for the Beginning Teacher (pp. 173-184). Oxford: Pergamon Press.